Deutsche Kulturgeschichte

Third Edition

Hans-Wilhelm Kelling
Brigham Young University

Boston   Burr Ridge, IL   Dubuque, IA   Madison, WI   New York   San Francisco   St. Louis
Bangkok   Bogotá   Caracas   Lisbon   London   Madrid
Mexico City   Milan   New Delhi   Seoul   Singapore   Sydney   Taipei   Toronto

McGraw·Hill

A Division of The McGraw·Hill Companies

Deutsche Kulturgeschichte

McGraw-Hill's Primis Custom Publishing consists of products that are produced from camera-ready copy. Peer review, class testing, and accuracy are primarily the responsibility of the author(s).

Front cover photograph entitled *Die bayerischen Alpen: Berchtesgaden mit dem Watzmann*.
Back cover photograph entitled *Ritterburg: Stolzenberg am Rhein*.
Photographs provided by Inter-Nationes in Bonn, Germany. Reprinted by permission.

3 4 5 6 7 8 9 0   QSR   QSR   0 9 8 7

ISBN-13: 978-0-07-287027-5
ISBN-10: 0-07-287027-3

Editor: Judith T. Wetherington
Production Editor: Carrie Braun
Cover Design: Maggie Lytle
Printer/Binder: Quebecor Printing Dubuque, Inc.

INHALTSVERZEICHNIS

KAPITEL 6

DIE ENTWICKLUNG DES REICHES
VON DEN MEROWINGERN BIS ZU DEN HOHENSTAUFEN   47

KAPITEL 10
DIE KUNST IM ZEITALTER ALBRECHT DÜRERS   93

KAPITEL 11

DIE DEUTSCHE KULTUR ZWISCHEN MINNESANG UND AUFKLÄRUNG   **103**

KAPITEL 12
    DAS ZEITALTER DER AUFKLÄRUNG   **119**

Die Bundesländer der Bundesrepublik Deutschland mit den Hauptstädten
Die bayerischen Alpen: Berchtesgaden mit dem Watzmann
Schweiz: Alpenlandschaft
Ritterburg: Stolzenberg am Rhein
Köln
Sitzung des Deutschen Bundestags
Büste Karls des Großen
Walter von der Vogelweide
Gotische Architektur: Der Kölner Dom
Barock Architektur: Salzburger Dom mit Jedermann Aufführung im Vordergrund
Barock Gartenanlage: Herrenhausen bei Hannover
Robert und Clara Schumann
Goethe-Schiller-Denkmal vor dem Nationaltheater in Weimar
Dürer Kupferstich: Ritter, Tod und Teufel
Dürer Selbstbildnis
Preußen: Die Tafelrunde Friedrichs des Großen in Sanssouci
Proklamation des preußischen Königs zum Deutschen Kaiser 1871 in Versailles
Reichskanzler Otto von Bismarck
Adolf Hitler 1935 in Nürnberg
Konferenz in Casablanca 1943: Roosevelt and Churchill
Kriegsende 1945: Keitel unterzeichnet die bedingslose Kapitulationsurkunde
Widerstand: Oberst von Stauffenberg
Widerstand: Die Geschwister Scholl und Christoph Probst
Salzburger Festspiele: Aufführung Hofmannsthals *Jedermann*
Hugo von Hofmannsthal
Franz Kafka

KAPITEL 16

DIE LITERATUR VON DER ROMANTIK BIS ZUM ERSTEN WELTKRIEG 185

Die "neue" Musik
Die modernen Komponisten
    Arnold Schönberg und seine Schüler von Webern und Berg
    Paul Hindemith, Carl Orff und Werner Egk
Elektronische Musik
Studienfragen

Die Schwächen des neuen Kaisers
    Fehlerhafte deutsche Außenpolitik
Die deutschen Kolonien, die Kriegsflotte und Handelserfolge
Die Einkreisung des Reiches
Die Balkankrise -- Sarajewo
Der Ausbruch des Ersten Weltkrieges
    Allianzen
    Der Verlauf des Krieges im Westen -- Grabenkrieg
    Der Seekrieg -- Die Skagerrakschlacht
    Der Krieg im Osten
    Die Lage im Westen
    Die letzte Großoffensive
Die Waffenstillstandsbedingungen
Die Situation in Deutschland
    Revolution gegen die Monarchie -- Deutschland wird Republik
Der Versailler Vertrag
    Gebietsverluste
    Abrüstungsbedingungen und die Schuldfrage
    Reparationen und die Zerschlagung Österreichs
War der Vertrag zu hart?
Studienfragen

Die Lage in Deutschland nach der Kapitulation
Die Nationalversammlung in Weimar
Die Verfassung der Weimarer Republik
    Persönliche Freiheit
    Freie Meinungsäußerung
    Versammlungsfreiheit
    Glaubensfreiheit
    Lehrfreiheit
    Parlament und Regierung
Schwächen der Verfassung
Opposition und Angriffe gegen die Republik
Freikorps und Geheimorganisationen
Adolf Hitler und die NSDAP

KAPITEL 20
DAS DRITTE REICH

PREFACE

DEUTSCHE KULTURGESCHICHTE

The materials for this book were collected during many years of teaching German cultural history. The manuscript, in its various stages of development, was used in the classroom by several colleagues and by me. During this time students and faculty from various institutions, as well as various consultants, made valuable suggestions and improvements. Many of these have been incorporated into this revised version, which is again available in published form thanks to McGraw-Hill publishers. The first editions of the book enjoyed considerable popularity among students and teachers at many universities in the United States and Canada, and teaching and learning the material contained in this book has been a delightful experience for thousands.

I am convinced that culture is a popular subject among students and teachers of German. The text presents (mainly in chronological order) the highlights of German cultural achievement. Throughout the book I have given the student the opportunity to understand present-day Germany and modern Germans by stressing and explaining features and aspects of culture or behavior that have helped shape Germany today. Thus, for example, the reluctance of many high German officials and officers of the armed forces, in the late 1930's and early 1940's, to oppose Adolf Hitler may be better understood if it is realized that the tradition of loyalty to leadership dates back to the earliest times of recorded German history.

The book is divided into twenty-five chapters. The instructor has, of course, the option of covering all or part of the material. Perhaps he or she may wish to stress the art and the literature and thus place less emphasis on history. The headings summarize, in precise form, a paragraph and serve as a convenient reference for quick orientation, preview and review. The introductory paragraph in each chapter, <u>Worum geht es in diesem Kapitel</u>, orients the reader to the material discussed in the chapter. <u>Wie gehen wir vor?</u> gives valuable hints for studying the material, and <u>Lernziele</u> helps the student to focus on the major information he/she is to learn. The study questions at the back of each chapter serve as a basis for study, review, both oral and written assignments, class discussions and essay examinations. To illustrate the material, I suggest that the instructor and the student make liberal use of the many teaching aids available in libraries, video stores or in departments of music, art, languages and humanities: films and videos on historical events, art, literature, and music; art books and reproductions; music CD's, tapes and recordings; records of speeches; maps, slides, graphs and other materials. These are available in libraries, departments of music, art, foreign languages and humanities. Film and slide collections have been assembled also by AATG, the Goethe Institute and other agencies. Students may be assigned to bring authentic materials to class. Whenever possible, specialists and informed natives should be invited to present and explain certain cultural items to the class.

This book is written in realistic German at a medium level of difficulty. The vocabulary section in the back of the book provides a translation of technical terms and more difficult words. The text can be used during the second half of the second year or, thereafter, on the college level or on the equivalent level in high school. At my institution, we use it in a special course on cultural history that is required by all majors and minors at the beginning of their third year of study.

I appreciate the help of the publishers, students and faculty. I would like to especially thank the editors for valuable direction. Constructive criticism and ideas for future editions are welcomed.

Hans-Wilhelm Kelling
Brigham Young University

KAPITEL 1
DIE BUNDESREPUBLIK DEUTSCHLAND

Worum geht es in diesem Kapitel?

Zum genaueren Verständnis der deutschen Geschichte und Kultur und für Ihre Allgemeinbildung ist die Kenntnis von Landeskunde wichtig. In diesem Kapitel befassen wir uns mit der Geographie der Bundesrepublik Deutschland: Den Landschaften, Gewässern und Städten. Sie lernen etwas über den Stadtkern, das Klima, die Landwirtschaft und die Bodenschätze.

Wie gehen wir vor?

1. Schauen Sie sich eine Landkarte von Europa an. Sie sehen, daß die Bundesrepublik Deutschland in der Mitte Europas liegt. Zählen Sie die Nachbarländer auf.
2. Studieren Sie eine politische Landkarte der Bundesrepublik, auf der die Bundesländer mit ihren Hauptstädten eingetragen sind. Dann schauen Sie sich genau eine physische Landkarte an, auf der die Flüsse, Seen, Kanäle, Gebirge, Städte und andere Einzelheiten zu finden sind.
3. Lesen Sie die Überschriften der einzelnen Abschnitte dieses Kapitels, so daß Sie einen ersten Eindruck von dem Material bekommen, das behandelt wird.
4. Lesen Sie dann jeden Abschnitt und verfolgen Sie die Einzelheiten auf der Landkarte.
5. Beachten Sie die Fragen am Ende des Kapitels und lesen Sie die einzelnen Abschnitte mit Hilfe dieser Fragen und Anregungen.

Lernziele:

In diesem Kapitel lernen Sie,

1. warum die Lage Deutschlands in der Mitte Europas wichtig für den Handel, Verkehr, Tourismus und für den Austausch philosophischer und politischer Ideen ist.
2. wie groß Deutschland ist und wie viele Einwohner es hat.
3. in welche fünf großen Landschaften man Deutschland einteilen kann, wie sie sich unterscheiden und was für diese Landschaften besonders charakteristisch ist.
4. wie die Flüsse und Kanäle heißen, wo sie fließen und warum sie wichtig sind.
5. wie die großen Städte heißen, wo sie liegen und wofür sie besonders bekannt sind.
6. wie die Mittelgebirge heißen, wo sie liegen und welchem Zweck sie dienen.
7. wie eine typische deutsche Stadt aussieht.
8. was Kleingärten sind und warum viele Städter sie lieben.
9. wie das Klima das Landschaftsbild beeinflußt.
10. welche Produkte die Landwirtschaft erzeugt und welche Bodenschätze man findet.

DIE GEOGRAPHISCHE LAGE

Die Bundesrepublik Deutschland liegt in der Mitte Europas und hat neun Nachbarn, mehr als jedes andere Land in Europa: Dänemark im Norden; die Niederlande, Belgien, Luxemburg und Frankreich im Westen; die Schweiz und Österreich im Süden; die Tschechische Republik und Polen im Osten. Besonders seit der Wiedervereinigung der beiden Teile Deutschlands im Oktober 1990 wird diese zentrale Lage von immer größerer Bedeutung, denn der Bundesrepublik, als wichtiges Land in der Europäischen Union, fällt die Rolle eines Vermittlers zu, zwischen den osteuropäischen und den westeuropäischen Staaten sowie zwischen Skandinavien und den Mittelmeerländern. Aber nicht nur für den Ausgleich politischer und philosophischer Ideen und Standpunkte, sondern auch ganz besonders für den Handel, den Verkehr und den Tourismus ist die Mittellage der BRD bedeutend.

Strategisch ist die Mittellage nicht vorteilhaft, da Deutschland besonders im Osten und Westen natürliche Grenzen fehlen. Man muß mit seinen vielen Nachbarn gut auskommen, um den Frieden zu bewahren, ein Ziel, das Deutschland im Laufe seiner langen Geschichte nicht immer geschickt oder glücklich verfolgt hat. Seit dem letzten Weltkrieg sind allerdings die meisten Gegensätze zwischen den westeuropäischen Ländern und Deutschland dadurch aus dem Wege geräumt worden, daß die Bundesrepublik Mitglied der Europäischen Union geworden ist. Auch mit den osteuropäischen Ländern bahnen sich weitaus freundschaftlichere Beziehungen an.

DIE FÖDERATION

Wie der Name schon andeutet, ist die Bundesrepublik Deutschland, ähnlich wie die Vereinigten Staaten von Amerika, ein föderatives Land, das in sechzehn Bundesländer gegliedert ist: Baden-Württemberg, Bayern, Berlin, Brandenburg, Bremen, Hamburg, Hessen, Mecklenburg-Vorpommern, Niedersachsen, Nordrhein-Westfalen, Rheinland-Pfalz, Saarland, Sachsen, Sachsen-Anhalt, Schleswig-Holstein und Thüringen. Bayern ist mit 70,550 qkm das größte Land, während Nordrhein-Westfalen die meisten Einwohner zählt (rund 17 Millionen). Die Bundesländer haben ihre eigene Regierung und ihr eigenes Parlament (Landtag) und sind unterteilt in Regierungsbezirke, Landkreise und Gemeinden.

DIE GRÖßE

Die Bundesrepublik ist mit 357,000 qkm nicht ganz so groß wie Montana oder Kalifornien. Deutschland ist heute kleiner als am Ende des 19. Jahrhunderts, denn es hat durch den Ersten und besonders durch den Zweiten Weltkrieg große Gebiete verloren, besonders im Osten an Polen und die frühere Sowjetunion: Schlesien, Ostpreußen, Danzig und Teile von Pommern und Brandenburg. Jetzt ist Deutschland kleiner als Frankreich oder Spanien, aber etwas größer als Polen. Die Entfernung von der dänischen bis zur schweizer Grenze beträgt etwa 870 km, von der belgischen zur polnischen etwa 640 km.

DIE BEVÖLKERUNG

Von allen europäischen Ländern hat Deutschland - außer Rußland - die meisten Einwohner, fast 80 Millionen (Italien 58, Großbritannien 57, Frankreich 56 Millionen). Es ist dicht besiedelt mit 250 Menschen pro Quadratkilometer (in den USA 26). Fast sieben Millionen Ausländer leben augenblicklich in der Bundesrepublik.

DIE LANDSCHAFTEN

Man kann Deutschland in fünf große Landschaften unterteilen: Das Norddeutsche Tiefland, die Mittelgebirge, das West- und Süddeutsche Bergland, das Süddeutsche Alpenvorland und die Alpen. Nur im Norden (die Nordsee und die Ostsee) und im Süden (die Alpen) hat Deutschland natürliche Grenzen. Im Norden erstreckt sich eine gewaltige Tiefebene von den Niederlanden bis nach Rußland quer durch die Bundesrepublik.

Das Norddeutsche Tiefland

Eine physische Landkarte zeigt im Norden vorwiegend ein tiefes Grün. Das bedeutet, das Land ist flach und liegt auf gleicher Höhe mit dem Meeresspiegel. Hohe, feste Deiche an den Küsten und an den Ufern der Flüsse entlang schützen das Land vor Überschwemmungen. Hinter den Deichen wechseln Marsch, Heide, Moor, Flußniederungen, Weideland, Ackerland und Seengruppen miteinander ab. Vereinzelte sandige Höhen, einige bis zu 300 Meter hoch, lockern das Landschaftsbild auf. Vor den Deichen erstreckt sich das Watt, das bei Ebbe frei vom Wasser und daher zum Teil befahrbar ist und eine Landverbindung zu einigen Inseln herstellt. Vor der Nordseeküste liegen zwei Inselgruppen: Die Ostfriesischen Inseln (Borkum, Juist, Norderney, Baltrum, Langeoog, Spiekeroog und Wangerooge) und die Nordfriesischen Inseln (Amrum, Föhr, Sylt und die Halligen). Zwischen beiden Gruppen liegt Helgoland, ein ehemaliges Seeräubernest, mit seiner markanten roten Sandsteinküste. Diese Inseln sind beliebte Badeorte, berühmt durch den ausgezeichneten Strand und die frische, salzige Seeluft. Die Einwohner leben hauptsächlich vom Fremdenverkehr, der Fischerei und der Seefahrt. Die wichtigsten Inseln vor der Ostseeküste sind Fehmarn, Rügen, Usedom und Wollin. Rügen ist zweifellos am bekanntesten mit seinen steilen, weißen Kalkfelsen, die hundert Meter hoch aus der Ostsee herausragen, und seinen schönen Buchenwäldern. Von Saßnitz, dem Fischereihafen Rügens, kann man mit der Eisenbahnfähre nach Schweden übersetzen.

Von außergewöhnlicher Schönheit ist die Lüneburger Heide, ein Gebiet, das bei Lüneburg, südlich von Hamburg liegt. Besonders im August, wenn die Heide blüht, ist die Farbenpracht dieser Landschaft ganz eigenartig; dann leuchten weite Flächen rotvioletter Farbe unterbrochen vom dunklen Grün des Wacholder, dem helleren Grün der Heidel- und Preiselbeersträucher und der Ginster und dem blendenden Weiß der Birkenstämme. Zu dieser Zeit bringen die Imker von weither ihre Bienenvölker in die Heide, denn Heidehonig ist in ganz Deutschland gefragt. Noch vor hundert Jahren zogen über eine Million Heidschnucken, kleine, anspruchslose, gehörnte Schafe über die Heide, aber heute sind die vielen Herden fast verschwunden, denn die Wolleherstellung ist zu unrentabel geworden. Die einsamen Schafställe mit den tief herabgezogenen Strohdächern sind meist verfallen; einige stehen unter Denkmalschutz.

Zum Bild der Heide gehören auch die sogenannten Findlinge, Felsblöcke von unterschiedlicher Größe, die hier und überall in Norddeutschland während der Eiszeit von den Gletschern abgelagert wurden. Die Germanen benutzten diese Steine zum Bau von Gräbern, den Hünengräbern (Hüne = Riese), in denen sie ihre Krieger mit Pferd, Waffen und Gebrauchsgegenständen beisetzten. (Siehe Kapitel: Die Germanen!) In Norddeutschland hat man viele Hünengräber gefunden und ausgegraben. Um den Wilseder Berg, wo ein großes Stück Heideland unter Naturschutz gestellt worden ist, kann man solche alten germanischen Gräber besichtigen. (Die Schriftsteller Annette von Droste-Hülshoff [Heidebilder], Adalbert Stifter [Heidedorf], Theodor Storm und der Jäger Hermann Löns haben die Heide mit ihren Menschen und Tieren anschaulich beschrieben.)

Die Mittelgebirge

Durch den mittleren Teil Deutschlands ziehen sich eine große Anzahl von mittelhohen Gebirgszügen, die meist bewaldet und landschaftlich von großem Reiz sind. Sie sind in der Dichtung und in Liedern oft besungen worden und werden zu allen Jahreszeiten von Hunderttausenden von Touristen besucht. In diesen Höhenzügen entspringen viele der kleinen Flüsse, die den größeren Flüssen Wasser zutragen. Ganz besonders wichtig sind diese Höhenzüge auch für den Forstbestand, der Holz als Baumaterial liefert. Außerdem beeinflußt der reiche Waldbestand das Klima günstig.

Am Mittelrhein liegen auf der linken Seite das Hohe Venn, die Eifel und der Hunsrück, auf der rechten das Rothaargebirge, der Westerwald und der Taunus. Am Hunsrück liegt Idar-Oberstein, ein Mittelpunkt der deutschen Edelsteinindustrie und des Edelsteinhandels. Die Eifel war früher vulkanisch und ist für den Wissenschaftler und Besucher von besonderem Interesse wegen ihrer Maare, kleiner, kreisrunder, tiefer Seen vulkanischen Ursprungs. An einem dieser Maare liegt das wunderschöne Benediktinerkloster Maria Laach. Auch der weltberühmte Nürburgring, die schwierigste Autorennstrecke Europas, liegt in der Eifel. Westerwald und Taunus und weiter im Norden der Teutoburger Wald sind beliebte Erholungsgebiete für die Einwohner der großen Städte, die in der Nähe dieser Waldgebiete liegen. Besonders im Taunus liegen bekannte Heilbäder wie Wiesbaden, Bad Nauheim, Bad Homburg vor der Höhe und Bad Ems, von wo der preußische König das berühmte Telegramm an Bismarck sandte, das den deutsch-französischen Krieg von 1870-71 auslöste.

Im zentralen Teil der Mittelgebirgszone liegen der Harz im Norden und südlich davon die hessisch-thüringisch-sächsischen Höhenzüge: der Spessart, die Rhön, der Thüringerwald, das Fichtelgebirge und das Erzgebirge. Der Harz ist ein wichtiger, steiler Gebirgsblock, der schroff aus der norddeutschen Ebene aufsteigt, und dessen höchste Erhebung der Brocken ist (1.142 m). Früher war der Berg ziemlich unzugänglich, weil dichte Urwälder und unangenehmes, oft nebliges Wetter die Besteigung sehr erschwerten. Das mag erklären, warum die Bewohner des Harzes glaubten, daß Hexen, Gespenster und Schneeriesen auf dem Gipfel des "Blocksbergs" ihr Unwesen trieben. Besonders in der Walpurgisnacht, der Nacht vom 30. April zum 1. Mai, kämen Hexen von weither auf ihren Besen dahergeritten. Was diese teuflischen Wesen dort auf dem Gipfel treiben, können Sie im 1. Teil von Goethes Faust nachlesen.

Wichtig ist der Harz als Regensammler, denn hier regnen sich die vollen Regenwolken ab, die von der Nordsee kommen. Die Wälder und Moore sind ausgezeichnete Wasserspeicher, aus denen die Harzflüsse, wie die Bode, Oker und Söse, entspringen. Talsperren stauen die Flüsse auf, schützen die Ebene vor Überschwemmungen und liefern dem Tiefland Trinkwasser und Elektrizität. Der reiche Waldbestand und die Höhe des Harzes sind verantwortlich für die gesunde Höhen- oder Waldluft, die der Arzt zur Erholung verschreibt und die der Kurgast in den zahlreichen Kurorten gut bezahlt.

Die Rhön besteht aus Bergen mit steilen Basaltkuppen und kahlen Hängen. Dieser Umstand und die Tatsache, daß hier fast immer ein starker Wind weht, macht die Gegend für das Segelfliegen äußerst günstig. Im Thüringerwald entspringt die Werra, aus der bei Hannoversch-Münden beim Zusammenfluß mit der Fulda die Weser entsteht. Die nördliche und östliche Grenze zwischen der Tschechischen Republik und Deutschland bilden eine Reihe von Höhenzügen und Gebirgen, darunter das Erzgebirge und das Elbsandsteingebirge südlich von Dresden. Das Erzgebirge liegt an der sächsischen Grenze und wie der Name andeutet, waren diese Berge reich an Silber-, Zinn- und Eisenerzen. Als der Abbau von Silber zu teuer wurde, verlegten sich viele Erzgebirgler vom Bergbau auf das Herstellen von Metallgeräten, Bürsten, Uhren, Musikinstrumenten und Spielwaren. Holzgeschnitzte Erzeugnisse aus dem Erzgebirge, wie Weihnachtskrippen, Kerzenständer und die buntlackierten Nußknacker, werden in viele Länder exportiert.

Das West- und Süddeutsche Bergland

Zwischen Main und Donau erstrecken sich eine Reihe von Gebirgszügen, die landschaftlich von großem Reiz und für die Wirtschaft von Bedeutung sind. Am Oberrhein liegt das in Amerika bekannteste Waldgebirge, der Schwarzwald. Er wird Schwarzwald genannt, weil die dunklen Tannen so dicht zusammenstehen, daß der Wald von fern und bei bedecktem Himmel fast schwarz aussieht. Die höchste Erhebung ist der Feldberg (1494 m). Bekannt ist der Schwarzwald aber nicht nur für die Schönheit seiner Landschaft, sondern auch für seine Uhren- und Schmuckindustrie. Früher wurden die Kuckucksuhren mit der Hand geschnitzt, aber heute werden sie meistens am Fließband mit Maschinen hergestellt. Interessant ist das Schwarzwaldhaus, ein mächtiger Holzbau mit einem riesigen Stroh- oder Schindeldach, das sich auf der Wetterseite fast bis zur Erde herabsenkt. Mit der Rückseite lehnt sich das Haus an einen Berghang, so daß der Bauer den vollen Heuwagen von hier aus direkt unter das Dach auf den Hausboden fahren kann. Auf der Vorderseite blühen Geranien und Nelken vor den Fenstern und auf dem Balkon. Auch hier ragt das Dach schützend weit vor.

Vom Südschwarzwald zur ostbayrischen Grenze erstrecken sich die Schwäbische und die Fränkische Alb, deren Südhänge zur Donau hin abfallen. Die ostbayrischen Gebirge trennen Bayern von der Tschechischen Republik. Der nördliche Teil heißt der Oberpfälzer Wald, der südliche der Bayrische Wald. Die Menschen leben hier von der Wald- und Steinbrucharbeit und von der Glasbläserei. Das Klima ist rauh und naß und der Boden steinig, so daß die Landwirtschaft mühsam ist.

Das Süddeutsche Alpenvorland

Das Süddeutsche Alpenvorland ist eine wellige Hochebene von etwa 500 Meter Höhe, die sich vom Bodensee zum Inn und von der Donau bis an die Alpen erstreckt. Kleinere Hügelrücken mit Fichten- und Buchenwäldern bewachsen, wechseln ab mit grünen Wiesen, reichen Äckern, armen Sandböden und idyllischen Dörfern. Die weißgekalkten Häuser mit den schön-verzierten Holzgittern vor dem Balkon und die schlanken Kirchtürme mit ihren Zwiebelkuppen unterbrechen das Grün der Landschaft. Hübsche, blau-grüne Seen, wie der Ammersee, der Starnberger See und der Chiemsee locken Städter und Touristen, hier ihren Urlaub zu verbringen. Besonders am Wochenende sticht das blendende Weiß der vielen Segel markant ab vom Blau des Wassers und vom Grün der Tannen. Der Bodensee mit seiner Umgebung ist eine der schönsten Landschaften Süddeutschlands. Wegen des milden Klimas gedeihen Obst, Wein und Gemüse gut. Die Insel Mainau ist ein kleines, fast tropisches Paradies; Meersburg und Lindau am Nordufer sind reizende, alte Städtchen mit romantischen Winkeln und Gassen. Konstanz, nach dem der See auf englisch „Lake Constance" heißt, liegt an der schweizer Grenze. Eine moderne Universität mit einem campus nach amerikanischem Vorbild ist hier entstanden.

Die Alpen

Nur ein geringer Teil der Alpen liegt in Deutschland; der weitaus größte Teil liegt in der Schweiz und in Österreich. Zwischen Bodensee und Lech, einem Nebenfluß der Donau, liegen die Allgäuer Alpen, zwischen dem Lech und dem Inn die Bayrischen und östlich davon die Berchtesgadener Alpen. Im Allgäu ziehen sich Wälder und fette Weiden hoch an den Hängen hinauf. Bauernhöfe und oben auf den Almen die Sennhütten liegen weit verstreut. Das Allgäu ist bekannt für seine Viehwirtschaft und Milchprodukte wie Käse und Butter. Oberstdorf, hart an der österreichischen Grenze, ist ein bekannter Ausflugs- und Urlaubsort für Sommerfrischler und Wintersportler.

Die Bayrischen Alpen sind steiniger und schroffer als die Allgäuer Alpen. Die Zugspitze (2963 m) im Wettersteingebirge ist Deutschlands höchster Berg. Von Garmisch-Partenkirchen, dem Winterkurort, in dem 1936 die olympischen Winterspiele ausgetragen wurden, kann man den Gipfel der Zugspitze mit der Zahnrad- und Seilschwebebahn erreichen. Mittenwald und Oberammergau sind weltberühmt, der eine Ort für den Geigenbau, der andere für die Passionsspiele, die alle zehn Jahre von den Einheimischen aufgeführt werden. Kochel-, Walchen- und Tegernsee sind beliebte Ferien- und Wochenendziele.

Über dem Berchtesgadener Land thront der Watzmann, ein äußerst imposanter Berg (2713 m) mit zwei größeren und mehreren kleinen Zacken. Die Leute in Berchtesgaden berichten, daß diese Zacken der König Watzmann mit seiner Frau und seinen sieben Kindern sind, die wegen ihrer Grausamkeit zu Stein verwandelt wurden. Am Watzmann, eingebettet zwischen steilen, 1500 Meter hohen Felswänden, liegt einer der schönsten Seen Deutschlands, der Königssee, mit kaltem, tiefgrünem Wasser. Die Rundfahrt mit einem elektrisch betriebenen Motorboot bleibt unvergeßlich, besonders wenn nicht gar zu viele Touristen die tiefe Stille unterbrechen. In den Berchtesgadener Alpen befinden sich unterirdische Salzlager, aus denen bereits vor zweitausend Jahren Salz gewonnen wurde. Heute wird das Salz mit Wasser aus dem Gestein gelöst und die so gewonnene Sole in Rohrleitungen nach Bad Reichenhall (hal = Salz) gepumpt und dort durch Verdampfen wieder aus der Sole gewonnen.

FLÜSSE UND KANÄLE

Flüsse und Kanäle sind für ein Land von großer Bedeutung, nicht nur für die Landwirtschaft, Industrie und die Wasserversorgung der Städte, sondern auch als Verkehrsstraßen. Auf dem Wasserweg können Güter weitaus billiger befördert werden als auf dem Landweg oder gar mit dem Flugzeug. Deutschland hat eine große Anzahl von mittleren und großen Flüssen, die zur Entwicklung des Landes als Industriestaat und Durchgangsland ungeheuer beigetragen haben und die der Landschaft einen besonderen Reiz geben.

Wir haben bereits festgestellt, daß das Land nach Süden zu ansteigt. Aus diesem Grunde fließt fast alles Wasser, das sich aus den Regenfällen und der Schneeschmelze in den Mittelgebirgen und den Alpen sammelt, nach Norden zur Nord- oder zur Ostsee. Eine Ausnahme macht die Donau, die im Schwarzwald entspringt und viel Wasser aus Baden, Württemberg und Bayern durch Österreich und Ungarn ins Schwarze Meer abführt. Die Donau ist länger als die anderen deutschen Flüsse, fließt aber nur zum Teil in Deutschland. Sie ist eine wichtige internationale Wasserstraße, die den Main und den Rhein mit dem Rhein-Main-Donau-Kanal verbindet. Es ist möglich, Güter mit dem Lastkahn von Rotterdam bis zu den Häfen des Schwarzen Meeres zu transportieren. Die Entfernung Rotterdam - Odessa wird durch diesen Kanal von 7200 km auf 3400 km verringert. Die wichtigsten Nebenflüsse der Donau sind der Lech, die Isar, an der München liegt, der Inn, der durch Innsbruck fließt und der Regen, der bei Regensburg in die Donau einmündet.

Der Rhein, der seine Quelle auf dem St. Gotthard in der Schweiz hat, ist der bekannteste deutsche Strom. Er fließt durch den Bodensee und stürzt bei Schaffhausen 20 Meter tief über die Rheinfälle hinab, fließt durch Basel und dann nach Norden durch die Tiefebene und mündet in die Nordsee. Die Oberrheinische Tiefebene verläuft von Basel bis Mainz als ein bis zu 30 km breiter Graben, der eingerahmt ist von den bis zu 1000 Meter hohen Höhen der Vogesen und des Schwarzwaldes. Diese Tiefebene hat das mildeste Klima Deutschlands, daher gedeihen hier Gemüse, vielerlei Obstsorten, Beeren, Mandeln, Edelkastanien und an den sonnigen Hängen Wein besonders gut. Die Bergstraße am Ostrand und die Weinstraße am Westrand dieser Ebene sind besonders im Frühjahr atemberaubend schön, wenn die Obstbäume in voller Blüte stehen. Goethes Gedicht Mailied, das in der Straßburger Gegend gedichtet wurde, drückt die Freude aus, die der liebende Mensch beim Anblick solcher Schönheit empfindet.

Wie herrlich leuchtet
Mir die Natur!
Wie glänzt die Sonne!
Wie lacht die Flur!

Es dringen Blüten
Aus jedem Zweig
Und tausend Stimmen
Aus dem Gesträuch . .

Und Freud und Wonne
Aus jeder Brust.
O Erd, O Sonne!
O Glück, O Lust!

O Lieb, O Liebe!
So golden schön.
Wie Morgenwolken
Auf jenen Höhn!

Du segnest herrlich
Das frische Feld,
Im Blütendampfe
Die volle Welt . .

Ab Basel ist der Rhein schiffbar und besonders bei dem großen Binnenhafen Mannheim-Ludwigshafen, wo der Neckar einmündet, wird der Schiffsverkehr sehr rege. Bei Mainz mündet der Main in den Rhein und bringt dem großen Fluß viel Wasser. Bei Bingen eilt der Strom durch das Binger Loch und fließt durch die Rheinischen Schiefergebirge. Diese Strecke von Mainz - Bingen bis Bonn ist zweifellos die schönste Strecke des Flusses und eine der herrlichsten in der Welt. Alte Ritterburgen, Schloßruinen, berühmte Weinorte, tückische Klippen wie die legendenumrankte Lorelei, und anmutige Städtchen wechseln einander ab. Die Ufer liegen dicht beieinander, und die Schiffahrt wird wegen der vielen Strudel und Felsenklippen gefährlich. Kein Wunder, daß der unaufmerksame Schiffer die Schuld am Verlust seines Schiffes einer blonden Jungfrau zuschob, die auf dem Felsen saß und sich das Haar kämmte. Noch manchen Nebenfluß nimmt der Rhein auf; der größte ist die romantische Mosel, die bei Koblenz in ihn einfließt. Ab Bonn öffnet sich die weite Ebene des Niederrheins. Der Strom ist hier so breit und mächtig, daß bis Duisburg selbst größere Seeschiffe kommen können.

Hier liegen Düsseldorf und andere große Industriestädte des Ruhrgebietes, des umfangreichsten Industriezentrums Europas. Ein Drittel aller deutschen Großstädte liegt in diesem Gebiet, das seine Entwicklung der Steinkohle verdankt, die hier gewonnen wird. Bergbau sowie Stahl- und Eisenindustrie prägen das Aussehen dieser Ruhrgebietlandschaft. Qualmende Schlote, ein Himmel voller Rauch, die Erde bedeckt mit Ruß und Staub, Hochöfen, Fördertürme, riesige Werkhallen, Eisenbahnstränge, Halden von Schlacke und Kohle, Wohnstraßen mit Wohnhausreihen, moderne Geschäftsstraßen mit Bürohochhäusern, dazwischen Siedlungen, Gärten, Grünanlagen, Waldstücke, Felder und wieder Häuserblocks, und überall Lärm und beissender Geruch: das war das Ruhrgebiet. Heute hat sich das Bild sehr verändert, denn viele Gruben sind zugemacht worden, weil sich die Industrie von Kohle auf andere Energiequellen umgestellt hat. Auch die einst gewaltige Eisen- und Stahlindustrie ist zusammengeschrumpft. Essen war der Mittelpunkt der Schwerindustrie; Duisburg, Mülheim, Bochum, Dortmund, Oberhausen und Gelsenkirchen sind die größten der rund 20 Industriestädte; Düsseldorf ist das Verwaltungs- und Finanzzentrum.

Die Weser ist der einzige deutsche Strom, dessen Quellen und Mündung innerhalb Deutschlands liegen. Werra und Fulda kommen aus dem Thüringerwald und aus der Rhön und fließen bei Hannoversch-Münden zusammen. An dieser Stelle steht ein Stein mit der Inschrift:

Wo Werra sich und Fulda küssen,
Sie ihren Namen lassen müssen,
Und dort entsteht durch diesen Kuß
Deutsch bis ans Meer der Weserfluß.

Die Weser fließt durch das Weserbergland nach Norden. Die Aller, der bedeutendste Nebenfluß, gibt der Weser einen Stoß nach Westen. Bis Bremen fahren Überseeschiffe, während die Passagierschiffe nur bis Bremerhaven an der Wesermündung kommen. Die Elbe entspringt auf der tschechischen Seite des Riesengebirges und verbindet dieses Land mit Sachsen und Hamburg. Die bekanntesten Nebenflüsse der Elbe sind die Mulde, die aus Sachsen kommt, die Saale aus Thüringen und die Havel aus Mecklenburg und Brandenburg. Bei Cuxhaven, der Elbmündung, ist der Strom 15 km breit.

Die Oder entspringt ebenfalls in der Tschechischen Republik und fließt durch Schlesien, Brandenburg und Pommern nach Stettin, wo sie in die Ostsee mündet. Zusammen mit der Neiße bildet sie die sogenannte Oder-Neiße-Linie, die Grenze der Bundesrepublik zu Polen.

Wichtige Kanäle verbinden die Flüsse miteinander und ermöglichen die Güterbeförderung auch von Westen nach Osten und umgekehrt. Der Dortmund-Ems-Kanal verbindet den Rhein mit der Ems, das heißt die holländischen und die Rhein- und Ruhrhäfen mit Emden und der Nordsee. Die Ems ist durch den Mittellandkanal mit der Weser und der Elbe und durch weitere künstliche Wasserstraßen mit der Oder und der Weichsel verbunden. Erwähnenswert ist außerdem der Nord-Ostsee-Kanal, der quer durch Schleswig-Holstein führt und die Elbmündung mit der Kieler Bucht verbindet. Dieser Kanal ist die verkehrsreichste Wasserstraße der Welt.

Wir haben festgestellt, daß die Flüsse und Kanäle für den Verkehr und die Wirtschaft von großer Bedeutung sind. Sie tragen auch zum Wohlstand der Nation bei, indem sie Arbeitsplätze schaffen. Zehntausende finden in der Binnenschiffahrt Beschäftigung, und Hunderttausende arbeiten in den Häfen, Werften, Schleusen und an der Instandhaltung der Wasserwege.

DIE STÄDTE

Die meisten Deutschen wohnen in selbständigen Gemeinden, den Dörfern oder Städten. Früher hatte Deutschland mehr als 24.000 Gemeinden, aber im Laufe der letzten Jahrzehnte wurde die Zahl der Gemeinden stark reduziert, weil viele kleinere Gemeinden zusammengelegt oder zu Vororten von größeren Städten wurden. In den Dörfern leben hauptsächlich Bauern, die in der Landwirtschaft arbeiten. Etwa ein Drittel der Bevölkerung wohnt in Kleinstädten mit 5.000 bis 20.000 Einwohnern. Über 200 Städte haben zwischen 20.000 und 100.000 Einwohnern. In den rund 80 Großstädten, die mehr als 100.000 Einwohner haben, wohnt etwa 30% der Bevölkerung. Vier Städte sind Millionenstädte: Berlin, Hamburg, München und Köln. Folgende Tabelle zeigt die 14 größten Städte Deutschlands:

Berlin	3.400.000
Hamburg	1.600.000
München	1.200.000
Köln	1.000.000
Frankfurt am Main	635.000
Essen	624.000
Dortmund	594.000
Düsseldorf	574.000
Stuttgart	570.000
Bremen	544.000
Duisburg	532.000
Leipzig	530.000
Hannover	506.000
Dresden	501.000

Berlin

Bis 1945 war Berlin mit fast 5 Millionen Einwohnern die Hauptstadt des Deutschen Reiches. Die Stadt wurde im Zweiten Weltkrieg stark zerstört und am Ende des Krieges von der Sowjetarmee erobert. Sie wurde in vier Besatzungszonen aufgeteilt und von Amerikanern, Engländern, Franzosen und Sowjets zunächst gemeinsam verwaltet. Im Kalten Krieg wurde die Stadt dann in Ost und West gespalten, und da sie 150 km innerhalb der DDR lag, 1948 von den Sowjets blockiert. Die Westalliierten versorgten ihre drei Sektoren der Stadt über ein Jahr lang mit Flugzeugen aus der Luft (die berühmte Luftbrücke!) und retteten sie vor dem Kommunismus. Am 13. August 1961 bauten die Kommunisten die berüchtigte Mauer und teilten dadurch die Stadt scheinbar endgültig in zwei entgegengesetzte Sektoren. Präsident Kennedy besuchte die Stadt 1963 und sprach seine berühmten Worte: "Ich bin ein Berliner." Präsident Reagan appellierte 1987 an Gorbatschow, die Mauer endlich abzureißen: "Mr. Gorbatschow, tear down this wall!" Zwei Jahre später, am 9. November 1989 wurde die Mauer dann tatsächlich geöffnet und danach total abgerissen.

Inzwischen ist Berlin wieder zur Hauptstadt des geeinten Deutschlands geworden und wird seine frühere Stellung als Industrie- und Kulturzentrum wieder erlangen. Als Regierungssitz wird Berlin im 21.Jahrhundert sicher eine Metropole von 8 Millionen Einwohnern werden. Bis dahin wird sicher der stark vernachlässigte östliche Teil der Stadt dem westlichen Lebensstandard angeglichen sein und die Menschen aus beiden Teilen sich wieder aneinander gewöhnt haben und zu einer wirklichen städtischen Gemeinschaft zusammengewachsen sein.

Ein Mittelpunkt der Stadt ist der Alexanderplatz, wo unter der DDR Regierung ein riesiges Bauprojekt mit einem 360 Meter hohen Fernsehturm, mit Hotels, Bürohäusern, Warenhäusern, Regierungsgebäuden und Wohnhäusern entstanden ist. Das Brandenburger Tor ist zum Symbol der wiedervereinten Stadt geworden. Berlins alte Prachtstraße, Unter den Linden, führt zum Brandenburger Tor. In der Nähe steht das Reichstagsgebäude, das wieder Sitz des deutschen Bundestags wird. Berühmt ist der Kurfürstendamm, eine breite, mit Bäumen eingefaßte, elegante Geschäftsstraße, an der auch Hotels, Theater und Kinos liegen. Überall in der Stadt entstehen neue Büro-, Geschäfts- und Wohnviertel, besonders dort, wo früher die Mauer stand.

Hamburg und Bremen

Wie Berlin sind die beiden Hansestädte Hamburg und Bremen ebenfalls Bundesländer. Beide sind wichtige Hafenstädte und haben eine lange Tradition als Handelszentren. Hamburg ist der größte Hafen Deutschlands, der seit der Vereinigung wieder an Bedeutung zugenommen hat. Riesige Schiffbauanlagen, Verladevorrichtungen, Export- und Importgeschäfte dominieren das Hafengebiet. Die Stadt mit ihren Vororten dehnt sich über eine weite Fläche aus. Im Zentrum liegt die Alster, ein zum See aufgestauter Fluß. Die Binnenalster ist von Hotels und Geschäftshäusern umsäumt; auf der Außenalster fahren im Sommer Segel- und Ruderboote. Eine breite Promenade, die mit hübschen Bäumen bewachsen ist, führt am Ufer entlang und lädt zum Spaziergang ein. Für den heimkehrenden Seemann und auch für den Touristen ist das Vergnügungsviertel St. Pauli ein beliebter Anziehungspunkt. Die meisten Passagierschiffe fahren nicht wie die Frachter die Elbe hinauf nach Hamburg, sondern legen in Cuxhaven an der Elbmündung an.

Die Hansestadt Bremen hat genau wie Hamburg ihre jahrhundertealte Tradition als Handels- und Hafenstadt bis auf den heutigen Tag bewahrt. Zusammen mit Hamburg, Lübeck und vielen anderen Handelsstädten des In- und Auslandes gehörte Bremen früher der Hanse an, einem wichtigen alten Handelsbund. Im Kern der Stadt liegt der Marktplatz, an dem der zweitürmige Dom und das reichverzierte Rathaus stehen, beide mit Dächern aus Kupferplatten, die im Laufe der Jahre hellgrün geworden sind. Vor dem Rathaus steht der Roland, ein übermannsgroßes Standbild, das die Stadtrechte symbolisiert. Die Bremer sind unabhängige, individuelle Einzelgänger, die vorwiegend gern in Einzelhäusern wohnen. Wegen dieser Vorliebe seiner Einwohner ist die Stadt viel ausgedehnter als andere Großstädte gleicher Einwohnerzahl. Auch Bremen hat wie Hamburg einen Passagierhafen an der Mündung der Weser, Bremerhaven, wo die Passagierschiffe abgefertigt werden.

Königsberg, Danzig, Breslau und Stettin

Die Städte in den an Polen und die Sowjetunion abgetretenen Gebieten haben heute polnische oder russische Namen. Bekannt waren Königsberg, die Hauptstadt Ostpreußens, Stettin, die Hauptstadt Pommerns und Breslau, die Hauptstadt Schlesiens. Danzig und das Gebiet um die Stadt herum wurde 1919 zum Freistaat erklärt und gehört jetzt ebenfalls zu Polen.

Das Ruhrgebiet mit Düsseldorf

Die größte Konzentration (32%) von Großstädten und Orten mittlerer Größe ist im Ruhrgebiet. Nach Essen die größte, aber zweifellos die schönste Stadt des Ruhrgebietes ist Düsseldorf. Es ist die Landeshauptstadt von Nordrhein-Westfalen, hat eine Universität, ein bekanntes Theater, eine bedeutende Kunstgalerie und ist das Finanz- und Verwaltungszentrum für die Industrie. Die Kö, die Königsallee, ist eine der schönsten und elegantesten Einkaufsstraßen Deutschlands.

Aachen, Köln und Bonn

Südlich und westlich des Ruhrgebietes liegen mehrere Städte, die schon vor 2000 Jahren Römersiedlungen waren: Aachen, Trier, Köln, Bonn, Koblenz und Mainz. Aachen war der Sitz Karls des Großen, der hier in der Pfalzkapelle begraben liegt. Vor 1562 wurden die deutschen Kaiser in dieser Stadt gekrönt, danach in Frankfurt. Köln wurde als Colonia Agrippina zu Ehren der Kaiserin Agrippina an einer günstigen Übergangsstelle des Rheins gebaut. Der Kölner Dom ist die gewaltigste gotische Kirche Deutschlands. Bonn war die Bundeshauptstadt oder das Bundesdorf wie es manchmal wegen seiner Größe spöttisch genannt wurde. Noch befinden sich hier die Regierung und das Parlament, aber bis zum Jahr 2000 soll der Umzug in die neue Hauptstadt Berlin vollendet sein. In Bonn wurde Beethoven geboren.

Frankfurt am Main und Heidelberg

Frankfurt am Main löste 1562 Aachen als Krönungsstadt ab. Bis 1806 wurden hier die Fürsten zum Kaiser des Heiligen Römischen Reiches Deutscher Nation gekrönt. In Frankfurt wurde Goethe geboren und verbrachte hier seine Jugend. In seiner Autobiographie Dichtung und Wahrheit schildert er die prunkvolle Krönung von Joseph II zum deutschen Kaiser. Von jeher war Frankfurt Handelsstadt und ist auch heute ein bedeutender Börsen-, Finanz- und Messeplatz, sowie Geschäftszentrum und Industriestadt. Es ist zum Sitz der Europäischen Zentralbank gewählt worden. Der Flughafen ist der größte in Deutschland. Außerhalb der Stadt am Main-Ufer bei Rüsselsheim liegen die Opelwerke. Südlich Frankfurts, am Neckar, liegt die älteste deutsche Universitätsstadt: Heidelberg. Die Universität wurde 1386 gegründet und hat einen ausgezeichneten Ruf im In- und Ausland. Die Universitätsbibliothek enthält viele berühmte Handschriften und Manuskripte, darunter die Große Heidelberger Liederhandschrift (Manessische Handschrift) mit mittelalterlichen Gedichten und herrlichen Miniaturen, sowie Arnims und Brentanos Des Knaben Wunderhorn, eine Volksliedersammlung aus dem Jahre 1805. Wegen seiner schönen Lage im Neckartal und seiner mittelalterlichen Atmosphäre wurde Heidelberg von den Romantikern besungen und zum Wohnort gewählt.

Stuttgart und München

Stuttgart, die Hauptstadt des Landes Baden-Württemberg, gilt als eine der schönstgelegenen Großstädte in Deutschland. Die Stadt selbst liegt in einem Talkessel. An den Hängen ziehen sich Weinberge und Obstgärten hinauf. Die Stuttgarter Maschinen-, Foto-, Auto- und Bekleidungsindustrie ist weit bekannt und Namen wie Daimler-Benz, Porsche, Agfa und Bosch sind auch im Ausland Begriffe. Die Hauptstadt Bayerns, München, war bis 1918 Residenz der bayrischen Könige. Zeugen dieser Zeit sind die Schlösser, Parks und Prunkbauten im Barockstil. Die Universität, die größte in Deutschland, war während des Krieges eine Zelle der Widerstandsbewegung. Hier arbeiteten die Geschwister Scholl und andere Mitglieder der Weißen Rose gegen die Tyrannei des Nationalsozialismus. Berühmt ist München besonders für seine ausgezeichneten Gemälde- und Kunstsammlungen, für sein Theater und seine Oper und für das Deutsche Museum, das der Geschichte der Wissenschaft und Technik gewidmet ist.

Leipzig und Dresden

Leipzig ist die größte Industrie- und Messestadt im Bundesland Sachsen. An der Universität hat Goethe studiert. Früher war die Stadt bekannt wegen ihres Buch- und Verlagswesens. Die Thomaskirche ist berühmt durch den Thomanerchor, den Johann Sebastian Bach geleitet hat. Das Gewandhausorchester ist eines der besten in Europa. Die Stadt hat einen der größten Bahnhöfe Europas. In der Völkerschlacht bei Leipzig besiegten die verbündeten Preußen, Österreicher und Russen Napoleon im Jahr 1813. 1989 versammelten sich im Stadtzentrum Zehntausende und demonstrierten friedlich für die Wiedervereinigung Deutschlands und trugen mit dem Ruf "Wir sind das Volk" zum Fall der DDR und der Beseitigung der Grenze bei.

Dresden, die Haupstadt Sachsens, liegt an der Elbe und war ein einmaliges Kulturzentrum mit herrlichen Bauten und Kirchen aus dem 18. Jahrhundert, die zum größten Teil 1945, gegen Ende des Krieges, von englischen und amerikanischen Bombern zerstört wurden. Wiederaufgebaut wurden der Zwinger, die schöne barocke Anlage, sowie die Oper und einige Kirchen. Die Museen der Stadt enthalten wertvolle Kunstschätze und Gemälde.

DAS BILD DER DEUTSCHEN STADT

So manche deutsche Stadt hat eine lange Tradition, die oft bis ins Mittelalter oder noch weiter bis in die Römerzeit zurückreicht. Die Stadtchronik berichtet, daß ein Bischof, ein Fürst oder gar die Römer die Stadt gegründet haben, die sich dann im Laufe der Jahrhunderte langsam um den Stadtkern herum entwickelte. Neuere Ausgrabungen haben erwiesen, daß Germanen, Kelten oder noch ältere Völker Siedlungen dort hatten, wo heute eine moderne Stadt steht. So hat man zum Beispiel entdeckt, daß der Römer, ein Hügel in der Mitte Frankfurts, bereits vor 5000 Jahren, also während der Steinzeit, besiedelt war. Auch in der Bronzezeit lebten hier Menschen, und die Kelten hatten dort eine große Siedlung. Die Kelten wurden von den Römern verdrängt, diese von den Alemannen, die dann von den Franken unterworfen wurden. Manche andere Stadt hat eine ähnliche Vergangenheit wie Frankfurt.

Außer der Tatsache, daß die Stadt viele hundert oder gar tausend Jahre alt ist, wird der Besucher darauf aufmerksam gemacht, daß einige sehenswerte Bauten aus dem Mittelalter stammen, so vielleicht der romanische Dom oder das gotische Münster, und daß andere im 17., 18. und 19. Jahrhundert errichtet worden sind, wie das Rathaus mit der Renaissance Fassade oder das Barockschloß und die Fachwerkhäuser der alten Kaufmannsfamilien. Meistens erwähnt der Geschichtsschreiber auch, daß die Stadt im Dreissigjährigen Krieg belagert und zum Teil zerstört worden ist und daß sie besonders im Zweiten Weltkrieg großen Schaden durch Bombenangriffe und Artilleriebeschuß erlitten hat. So erfahren wir, daß beispielsweise die Barockstadt Würzburg zu 75%, die Rheinmetropole Köln zu 70% und die meisten anderen großen Städte zu zwei Dritteln oder zur Hälfte zerstört in Trümmern lagen. Die Städteplaner waren vor eine fast unüberwindliche Aufgabe gestellt: Nicht nur mußte dringend Wohnraum geschaffen werden für diejenigen, die ihre Wohnungen verloren hatten, sondern auch für die 12 Millionen Vertriebenen aus den deutschen Ostprovinzen und Ländern Osteuropas und die drei Millionen Flüchtinge aus der DDR, die bis 1961 in den Westen strömten, um der kommunistischen Diktatur zu entrinnen. Die Not diktierte Art, Umfang und Hast des Wiederaufbaus, wobei es bemerkenswert ist, daß es trotzdem vermieden wurde, wieder Elendsviertel wie zu Anfang des Jahrhunderts zu bauen.

Verständlicherweise wollten die historisch gewachsenen Städte ihr altes Gesicht beim Neuaufbau nicht ganz durch eine moderne Struktur verlieren. So kommt es, daß man nach besten Kräften versucht hat, das Alte, historisch Wertvolle zu erhalten und die Vergangenheit mit der Zukunft harmonisch zu verschmelzen. Man bewahrte den Stadtkern und restaurierte die alten Gebäude. Um diesen inneren Stadtkern herum baute man Hochhäuser, die als Sitz der Verwaltung von Stadt und Wirtschaft dienen. Den Autoverkehr versuchte man möglichst aus dem Innern fernzuhalten, so daß die historische Zone und das Einkaufszentrum nur zu Fuß oder durch den öffentlichen Verkehr zugänglich sind. Der Autoverkehr wurde auf Ringstraßen oder Stadtautobahnen verlagert. Um die Stadtmitte herum entstanden neue Wohnviertel, Siedlungen und Trabantenstädte. Diese Trabantenstädte, wie die Vahr in Bremen, die Nordweststadt in Frankfurt, das Hansaviertel in Berlin, führen ihr eigenes Leben und haben ihr eigenes Einkaufszentrum, sind aber durch die Straßenbahn-, Bus- oder Untergrundbahnlinien mit der Innenstadt verbunden. So steht also das ultramoderne, vielstöckige Hochhaus aus Glas, Beton und Stahl oft nicht weit entfernt von dem spitzgiebeligen, dreihundert Jahre alten Fachwerkhaus. Der Kontrast von Vergangenheit und Gegenwart, von alt und modern hat einen ganz besonderen Reiz, der für die deutsche Stadt von heute charakteristisch ist.

Die Stadtmitte besteht meistens aus einem historisch gewachsenen Kern, einem echten Zentrum, das also entweder sehr alt oder neu wieder aufgebaut worden ist. Dort befindet sich der Marktplatz, um den sich die prunkvollen öffentlichen Gebäude gruppieren, wie der Dom, das Rathaus und die Häuser der Zünfte oder früher von angesehenen Bürgern. In unmittelbarer Nähe sind der Bahnhof, das Museum, das Theater, die Oper, der Konzertsaal, das Gerichtsgebäude, das Polizeipräsidium, die Hauptpost, vielleicht ein Schloß oder das Standbild eines berühmten Mannes, die Kunstgalerie, sowie die großen Banken, Kaufhäuser und Handelsfirmen.

Ein- oder mehrmals die Woche kommen die Bauern aus den umliegenden Dörfern in die Stadt, stellen ihren Stand auf dem Marktplatz auf und verkaufen Gemüse, Obst, Geflügel, Eier, Fleisch und andere Waren direkt an den Stadtbewohner. Dann herrscht hier ein geschäftiges, buntes Treiben, denn jeder Bauer will seine Waren möglichst günstig und schnell verkaufen, und jede Hausfrau will gern ein paar Groschen sparen.

Um das Stadtzentrum herum liegen die Wohnbezirke. Die meisten Leute mieten eine Wohnung, einige haben eine Eigentumswohnung und andere ein Eigenheim oder auch ein größeres Haus. Die neuen Wohnviertel sind von den Baugesellschaften mit staatlicher und städtischer Unterstützung gebaut worden, so daß die Miete erschwinglich ist. Die modernen Wohnhäuser stehen nicht mehr so dicht aneinander wie die älteren Mietskasernen, sondern sind durch Rasen und Grünanlagen voneinander getrennt. Fast jede Wohnung hat einen Balkon, auf dem die Hausfrau hübsche Blumen zieht, die im Sommer, wenn auch der farbenprächtige Sonnenschirm aufgespannt wird, dem ganzen Bau ein buntes Aussehen verleihen.

Besonders in den älteren Stadtteilen und bei der älteren Generation ist der Laden an der Ecke noch beliebt. So macht der Bäcker schon früh vor sieben auf, so daß die Hausfrau frisches Brot und Brötchen für das Frühstück holen kann. Zur Mittagspause, von zwölf bis zwei oder drei, wird dann allerdings geschlossen. Die meisten kleinen Geschäfte sind inzwischen von den großen Märkten verdrängt worden, und die Hausfrau kauft am Wochenende für mehrere Tage ein. Die ältere Generation bedauert die veränderten Einkaufsgewohnheiten, denn viele waren nicht berufstätig, hatten Zeit und kauften gern täglich ein. Sie wurden in jedem Geschäft, beim Bäcker, beim Schlachter, vom Gemüsehändler und vom Kaufmann freundlich mit dem Namen begrüßt und freundlich und aufmerksam bedient. Das tat der Hausfrau gut, denn hier war sie ein paar Augenblicke lang eine wichtige Persönlichkeit, um die sich alles drehte. Sie hatte Gelegenheit, ein paar Worte mit einer Nachbarin auszutauschen oder zu berichten, was die Kinder in der Schule oder in der Lehre leisteten. So kam sie jeden Tag eine Stunde, oder wenn sie in die Stadt oder auf den Markt fuhr sogar mehrere Stunden, aus ihrer Wohnung heraus und hatte menschlichen Kontakt und höfliche, persönliche Bedienung. Einige Psychologen behaupten, daß das für die menschliche Natur sehr von Vorteil war und sehen es nur ungern, daß die Gewohnheit des täglichen Einkaufens langsam aussterben wird.

DIE STADT ALS KULTURZENTRUM

Man kann eigentlich nicht behaupten, daß eine bestimmte deutsche Stadt das alleinige oder bekannteste Kulturzentrum Deutschlands ist, wie Paris etwa in Frankreich oder London in England. Das hat seinen Grund. Deutschland ist erst sehr spät (1871) zu einem Staat vereinigt worden. Vorher und selbst nach der Vereinigung waren die Residenzstädte der Fürsten Kulturzentrum mit Theatern, Opernhäusern, Orchestern, Museen, Kunstgalerien, Bibliotheken, Universitäten usw. Erst nach dem Ersten Weltkrieg entwickelte sich Berlin zum Zentrum der deutschen Kultur, hat aber seit dem 2. Weltkrieg diese Stellung nicht behaupten können. Hamburg, Düsseldorf, Köln, München, Frankfurt, selbst Bonn machten Berlin seinen Vorrang streitig, aber seit der Wiedervereinigung wird sich Berlin ganz sicher wieder zu einem erstrangingen Kulturzentrum entwickeln. Kleinere Städte genießen oft Weltruhm wegen besonderer Festspiele oder einer besonderen Einrichtung. Beispiele sind Bayreuth mit den Aufführungen der Opern von Richard Wagner, Bamberg mit seinen Philharmonikern, Mannheim mit seinem Theater und Oberammergau mit seinen Passionsspielen.

In der Bundesrepublik besitzt jede größere Stadt ein Theater (etwa 400), ein Museum und ein Orchester (etwa 80). Die Vorstellungen werden gut besucht und finanziell unterstützt von Einzelbesuchern und Besucherorganisationen. Private Abonnenten haben an bestimmten Wochentagen ihren festen Platz, und Industriewerke oder Vereine mieten in regelmäßigen Abständen einen Teil des Zuschauerraums (Rangmiete), was zu beweisen scheint, daß in Deutschland nicht nur einige Gebildete sondern auch der Durchschnittsbürger ziemlich regelmäßig ins Theater oder ins Konzert geht.

Fast so beliebt wie das Theater sind die Oper und die Operette; mit Abstand folgt das Ballett. Am beliebtesten sind die Opern von Verdi, Mozart und Puccini und die Operetten von Johann Strauß, Lehar, Kalmann und Offenbach. Nur wenige Städte haben sowohl ein Opern- sowie ein Symphonieorchester; meistens werden die Konzerte von demselben Orchester gegeben. In einer Saison werden etwa 10 oder 12 Konzerte gegeben, wobei die Kompositionen des 18. und 19. Jahrhunderts bevorzugt werden. Viele Städte und private Musikgemeinschaften unterhalten auch Oratorienchöre, Kammerorchester, Quartette, Musikschulen, Kirchenchöre, Kinderchöre und Gesangvereine. Einige davon haben internationalen Ruf. Oft finden auch schöne Orgelkonzerte in den Kirchen statt.

Auch ein Museum findet man in fast jeder deutschen Stadt. Ohne die Heimatmuseen, Schlösser und Burgen gibt es über 400 Museen in der Bundesrepublik, darunter Gemäldegalerien, Skulpturen- und kunsthandwerkliche Sammlungen und technische und naturwissenschaftliche Museen. Die Gemäldesammlungen von München und Berlin zählen zu den großen der Welt, und das Deutsche Museum in München enthält ebenfalls eine der besten technischen und naturwissenschaftlichen Sammlungen.

DIE KLEINGÄRTEN

Eine besonders interessante Einrichtung sind die Kleingärten, nach dem Leipziger Arzt Daniel Schreber (1808-1861) auch Schrebergärten genannt, die man bemerkt, kurz bevor man mit dem Zug oder mit dem Auto in die Stadt kommt. Diese Gärten liegen am Außenrand der Stadt. Eine Stadt besitzt häufig Grundstücke am Stadtrand, die noch nicht bebaut sind, aber in Zukunft, wenn die Stadt wächst, bebaut werden können. Dieses Land wird von der Stadtverwaltung in sogenannte Parzellen aufgeteilt und an die Bürger verpachtet. Diese legen sich hier einen Garten an, pflanzen Obstbäume, Beerenbüsche, Gemüse, Kartoffeln, Tomaten oder auch Blumen. Die meisten "Gärtner" haben sich eine Laube gezimmert, in der sie im Schatten sitzen oder ihre Geräte aufbewahren können. Hier verbringen viele Stadtbewohner den Feierabend oder das Wochenende, freuen sich daran, wenn die Pflanzen wachsen und verlieren auf diese Weise nicht den Kontakt mit der Natur. Andere, die keinen Garten haben, gehen in den Gartenkolonien gern spazieren und bewundern die schönen Blumen, den Gesang der Vögel und den Fleiß ihrer Nachbarn.

DAS BILD DER DEUTSCHEN LANDSCHAFT UND DAS KLIMA

Man kann die deutsche Landschaft mit einem großen Garten oder Park vergleichen. Ein derartiger Vergleich besagt, wie abwechslungsreich, gepflegt, gut bewirtschaftet und grün die Landschaft ist. Besonders dem Besucher aus dem amerikanischen Westen, Mittelwesten oder Süden fällt auf, wie grün das Land ist, wie fast jedes Stück Boden bepflanzt oder bebaut ist und wie dicht die Dörfer und Ortschaften beieinander liegen. Die Landschaft verdankt ihr Aussehen natürlich der Pflege der Bewohner, aber sie wird auch maßgeblich vom Klima beeinflußt.

Deutschland liegt höher im Norden als die Vereinigten Staaten, eine Tatsache, die das kühlere Klima im Sommer erklärt. Flensburg, die nördlichste deutsche Stadt, liegt beinah auf gleicher geographischer Breite wie der Südzipfel von Alaska, während die bayrisch-österreichische Grenze ungefähr auf gleicher Höhe mit Seattle oder Quebec liegt. Im ganzen kann man das Klima als gemäßigt bezeichnen. Das Wetter wird besonders im Norden von der See beeinflußt. Die Winde kommen vorwiegend aus westlicher oder nordwestlicher Richtung, also von der Nordsee, und bringen viel feuchte Luft und Niederschläge zu allen Jahreszeiten mit. Im Winter wird die Seeluft vom Golfstrom, einer warmen Strömung im Atlantik, angewärmt. Extreme Temperaturunterschiede gibt es kaum. Die Durchschnittstemperatur des ganzen Jahres liegt bei 9 (48 F) Grad Celsius. Im Januar, dem kältesten Monat des Jahres, schwankt die Durchschnittstemperatur im Norden zwischen 1,5 und -3 C (35-27 F); in den Bergen fällt sie bis -6 Grad C (21 F). Im Juli, wenn es in Deutschland am wärmsten ist, steigt die Durchschnittstemperatur bis auf 16 bis 20 C (61 - 68 F) Grad. Natürlich wird es manchmal auch wärmer, ja es kommt sogar vor, daß das Thermometer auf 30 oder 35 C (86 - 95 F) Grad ansteigt oder daß es im Winter recht kalt wird. Da es also im Sommer nicht gar so warm ist, trägt man fast immer eine Jacke oder gar einen Sommermantel, und weil es häufig regnet, nimmt man einen Schirm mit, wenn man Einkaufen oder zur Arbeit geht. Wegen der vielen Niederschläge braucht man selten künstliche Bewässerung, und die Landschaft ist im Sommer herrlich grün, etwa so wie im westlichen Teil des Staates Washington.

Auffallend sind die vielen Waldgebiete. Beinah ein Drittel des Landes (30% der Gesamtfläche der BRD) ist mit Wald bedeckt. Besonders die Gebirge und Höhenzüge im zentralen, westlichen und südlichen Teil Deutschlands sind dicht bewaldet. Im Osten hat Deutschland große Waldgebiete verloren. Etwa 60% des Waldes gehört dem Staat und den Gemeinden; der Rest ist in Privatbesitz. Die Fichte ist der häufigste Baum (40%) im deutschen Wald; unter den Laubhölzern kommt die Buche am häufigsten vor. In manchen Wäldern sind die Holzarten gemischt, was zur Vielgestaltigkeit des Landschaftsbildes beiträgt. Durch die starke Umweltverschmutzung ist der Wald sehr stark gefährdet und stirbt in manchen Gegenden sogar aus. Wenn nicht radikale Schutzmaßnahmen unternommen werden, führt die Luftverschmutzung bald zu einer Katastrophe.

DIE LANDWIRTSCHAFT

Über die Hälfte der BRD ist landwirtschaftliche Nutzfläche. Die Hauptprodukte der Landwirtschaft sind Getreide, vorwiegend Weizen, Roggen und Gerste, Kartoffeln, Zucker- und Futterrüben und Gemüse. Am Rhein und an der Mosel wird Wein und in Teilen West- und Süddeutschlands Obst angebaut. Wieder ist die große Vielseitigkeit der Feldwirtschaft auffallend. Die Felder sind verhältnismäßig klein (einige nicht größer als ein Fußballplatz), und oft von verschiedener Gestalt. Auf jedem Feld wächst eine andere Ernte, so daß ein Kartoffelfeld an ein Weizenfeld und dieses an ein Rübenfeld oder an eine Wiese grenzt. Vom Flugzeug aus gesehen sieht es aus, wie ein buntes Schachbrett mit unregelmäßigen, meist rechteckigen Feldern auf denen verschiedene Schattierungen von Grün, Braun und Gelb vorherrschen. Die Felder gruppieren sich um vereinzeltliegende Bauernhöfe oder um Dörfer, deren Höfe sich entweder haufenförmig um die Kirche gruppieren (Haufendorf) oder sich in einer langen Reihe an der Straße entlangziehen (Straßendorf). Ab und zu lockert ein Obstgarten, ein Buchenhain oder ein Wäldchen das Bild auf. Viehzucht und Milchwirtschaft sind hoch entwickelt, und in manchen Gegenden sind Weiden mit schwarzweißem (im Norden), grauem oder braunem Vieh (im Süden) häufiger als Äcker. Die Landwirtschaft hat sich seit dem Krieg beträchtlich modernisiert, und fast überall haben landwirtschaftliche Maschinen Mensch und Tiere ersetzt. Die Modernisierung und die gleichzeitige viel höhere Produktion hat dazu beigetragen, daß sich die Zahl der Bauernhöfe seit dem Ende des letzten Krieges von fast 2 Millionen auf ungefähr 600.000 verringert hat.

DIE BODENSCHÄTZE

Verglichen mit anderen europäischen Ländern ist die Bundesrepublik ziemlich reich an Kohle und Salzen. Im Norddeutschen Tiefland und in der Nordsee wird Erdöl gewonnen. Man schätzt die Erdöllager auf 100 Millionen Tonnen, was bei weitem nicht zur Deckung des eigenen Bedarfs ausreicht. Umfangreiche Braunkohlelager befinden sich westlich von Köln, sowie in Hessen, Bayern und Sachsen. Reich sind die Steinkohlevorkommen bei Aachen, im Ruhrgebiet, im Saarrevier und in Sachsen. Allein die Lager im Ruhrgebiet werden auf 50 Milliarden Tonnen geschätzt, eine Menge, die über 400 Jahre ausreichen würde, wenn der heutige Verbrauch anhielte. Kohle wird hauptsächlich zur Gewinnung von elektrischem Strom und zur Gaserzeugung verwendet. Zur Stromerzeugung tragen auch die Wasserkräfte Süddeutschlands und der Mittelgebirge bei. Da die Verbrennung von Kohle stark zur Luftverschmutzung beiträgt, hat man die Kohleproduktion stark eingeschränkt und viele Gruben geschlossen, wodurch Tausende von Grubenarbeitern ihren Arbeitsplatz verloren haben.

Für die Landwirtschaft sind die Kalisalze von Bedeutung, da sie in der Produktion von Düngemitteln und in der Chemie eine wichtige Rolle spielen. Das Vorkommen wird auf 2 Milliarden Tonnen geschätzt. Die Hauptkalisalzlager befinden sich in Niedersachsen bei Hannover und in Thüringen bei Erfurt.

Energie ist für die Wirtschaft der BRD von höchster Bedeutung und wird heute zu 40% durch Kernkraft erzeugt. Erdöl und Erdgas (18% des Energiebedarfs wird durch Erdgas gedeckt) muß zum größten Teil eingeführt werden und kostet sehr viel Geld. Man experimentiert mit Wind- und Sonnenenergie, aber die erzeugten Mengen sind bisher von geringer Bedeutung.

In diesem Kapitel haben wir die Grundlage für die folgenden Abschnitte gelegt. Es ist wesentlich, eine genaue Vorstellung von den geographischen Gegebenheiten Deutschlands zu haben, wenn man die deutsche Kulturgeschichte verstehen will, denn immer wieder werden Ortsnamen, Flüsse oder Provinzen genannt. Außerdem gehören gründliche geographische Kenntnisse zur allgemeinen Bildung.

STUDIENFRAGEN ZUM KAPITEL <u>DIE BUNDESREPUBLIK DEUTSCHLAND</u>

Wiederholen Sie das Studienmaterial in diesem Kapitel mit Hilfe der folgenden Fragen und Anregungen:

1. Kaufen Sie sich eine Landkarte von Deutschland, auf der die geographischen Einzelheiten (Städte, Flüsse, Gebirge, usw.) und die politischen Staats- und Landesgrenzen eingezeichnet sind. Hängen Sie diese Karte in Ihrem Zimmer auf und schauen Sie sie jeden Tag 15 oder 20 Minuten an, bis Sie mit den Einzelheiten vertraut sind und Städte, Flüsse, Gebirge, Grenzen usw. ohne Schwierigkeiten finden können. Sie können sich auch eine Karte kaufen, auf der keine Namen eingetragen sind (Outline Map), sondern nur Punkte für die Städte, blaue Linien für die Flüsse, usw. Üben Sie mit dieser Karte und geben Sie den Flüssen, Städten, Inseln, Gebirgen usw. ihre richtigen Namen.
2. Besprechen Sie die Lage der Bundesrepublik und welche Vor- und Nachteile diese Lage mit sich bringt.
3. Identifizieren Sie die einzelnen Bundesländer auf der Karte. Welches ist das größte, kleinste, südlichste, nördlichste Bundesland? Welche drei Bundesländer sind Städte?
4. Vergleichen Sie die Größe Deutschlands mit der Größe der U.S.A.
5. Welche Gebiete hat Deutschland nach dem Zweiten Weltkrieg verloren? Wem gehören diese Gebiete heute?
6. Wie viele Menschen wohnen in Deutschland? Wie viele davon sind Ausländer?
7. In welche fünf Landschaften kann man die Bundesrepublik unterteilen?
8. Vergleichen Sie die Landschaft im Norden mit der im Süden. Welche Unterschiede stellen Sie fest? Sind diese Unterschiede von Wichtigkeit für die Menschen, ihre Lebensweise, Arbeitsplätze, Landwirtschaft, Industrie usw.?
9. Beschreiben Sie die Lüneburger Heide.
10. Identifizieren Sie die wichtigsten Mittelgebirge auf der Karte.
11. Besprechen Sie inwiefern die Mittelgebirge für das Klima, die Forstwirtschaft, die Wasserversorgung, den Fremdenverkehr usw. von Bedeutung sind.
12. Welche Höhenzüge gehören zum West- und Süddeutschen Bergland?
13. Was haben Sie über den Schwarzwald gelesen?
14. Welche Seen liegen im Alpenvorland? Welcher große See grenzt an Deutschland, Österreich und die Schweiz?
15. Wie heißt der höchste Berg Deutschlands und wo liegt er?
16. Besprechen Sie, warum die Flüsse und Kanäle für die deutsche Wirtschaft sehr wichtig sind.
17. Zeigen Sie auf der Karte die wichtigsten Flüsse mit ihren Nebenflüssen an.
18. Welche beiden Flüsse bilden die Grenze mit Polen?
19. Welcher Fluß bildet im Süden die Grenze mit Frankreich?
20. Wie heißen die wichtigsten Kanäle, und welche Flüsse und Gebiete verbinden sie? Warum sind diese Kanäle so wichtig?
21. Was drückt Goethe in seinem Gedicht <u>Mailied</u> aus?
22. Besprechen Sie welche Rolle das Ruhrgebiet für die deutsche Wirtschaft spielt.
23. Wie viele Städte haben über 500.000 Einwohner?
24. Welche vier Städte sind Millionenstädte? Wo liegen sie?
25. Besprechen Sie einige der bekanntesten deutschen Städte und erwähnen Sie besonders, welchen Beitrag sie zur deutschen Kultur oder Wirtschaft gemacht haben und noch machen.
26. Wie alt sind einige deutsche Städte?
27. Welche historischen Tatsachen lesen wir vielleicht in einer typischen alten Stadtchronik?
28. Viele Städte wurden im Krieg zerstört. Worauf hat man beim Wiederaufbau der Stadt geachtet?
29. Wie hält man den Verkehr aus der Innenstadt fern?
30. Beschreiben Sie die typische Stadtmitte.
31. Wie haben sich die Einkaufsgewohnheiten der deutschen Hausfrau in den letzten Jahren geändert? Welche Vor- und Nachteile haben die neuen gegenüber den alten?
32. Warum hat Deutschland nicht nur ein Kulturzentrum sondern mehrere Städte, die bekannte Kurturzentren sind? Nennen Sie einige. Wofür sind sie bekannt?
33. Welche kulturellen Einrichtungen haben viele Städte?
34. Was ist ein Kleingarten und welchem Zweck dient er?

35. Welche psychologischen oder gesundheitlichen Vorteile mag der Besitzer eines Schrebergartens vor einem Bürger haben, der keinen Garten besitzt? Glauben Sie, daß die Nachteile größer sind als die Vorteile? Warum?
36. Besprechen sie das Landschaftsbild der Bundesrepublik.
37. Besprechen Sie das Klima in Deutschland.
38. Was sind die hauptsächlichen Produkte der deutschen Landwirtschaft?
39. Was meinen Sie? Was produziert die deutsche Landwirtschaft nicht und was wird daher eingeführt?
40. Welche beiden Rohstoffe kommen in Deutschland häufig vor?
41. Wie erzeugt die BRD Energie?
42. Warum sind die Tatsachen, die wir in diesem Kapitel gelesen und besprochen haben von Wichtigkeit?

KAPITEL 2
DIE POLITISCHE STRUKTUR DER BUNDESREPUBLIK DEUTSCHLAND

Worum geht es in diesem Kapitel?

Die Bundesrepublik Deutschland ist eine demokratische Republik, die sich aus 16 Bundesländern zusammensetzt. In diesem Kapitel besprechen wir die Verfassung der Bundesrepublik, das Grundgesetz. Es garantiert dem Bundesbürger bestimmte Freiheiten und Menschenrechte und regelt die Gewalten der politischen Organe. Der Bundespräsident steht an der Spitze der Republik, hat aber keine wirkliche politische Gewalt. Die Bundesregierung ist die Exekutive, und die beiden Kammern des Parlaments, der Bundestag und der Bundesrat, sind die Legislative. Das Bundesverfassungsgericht entscheidet, ob ein Gesetz verfassungsgemäß ist oder nicht. Die Bürger orientieren sich an den Programmen der verschiedenen politischen Parteien, bevor sie das Parlament wählen.

Wie gehen wir vor?

1. Blättern Sie flüchtig die Seiten dieses Kapitels durch und achten Sie auf die verschiedenen Abschnitte. Auf diese Weise erfahren Sie die Hauptthemen, die in diesem Kapitel behandelt werden.
2. Lesen Sie den Artikel 20 und die Präambel zum Grundgesetz.
3. Der erste Abschnitt des Grundgesetzes garantiert die Grundrechte und Freiheiten des Deutschen.
4. Die Aufgaben des Bundestages unterscheiden sich von denen des Bundesrates.
5. Wir stellen fest, wie sich die Befugnisse des Bundeskanzlers von denen des Bundespräsidenten unterscheiden.
6. Die rechtsprechende Gewalt liegt bei den Gerichten.
7. Im Bundestag sind die größten politischen Parteien vertreten.
8. Wegen der Fünf-Prozent-Klausel sind Splitterparteien im Bundestag nicht vertreten.

Lernziele:

In diesem Kapitel lernen Sie,
1. was Artikel 20 enthält und wie sich die Präambel verändert hat.
2. welche Grundrechte und Freiheiten der Bundesbürger hat.
3. wie die Abgeordneten in den Bundestag und den Bundesrat gewählt werden und wie sich die beiden Kammern voneinander unterscheiden.
4. wie der Bundeskanzler gewählt wird und was seine Aufgaben sind.
5. wie der Bundespräsident gewählt wird und welche Aufgaben er hat.
6. was die Aufgaben des Bundesverfassungsgerichts sind.
7. wie die großen politischen Parteien heißen und was einige ihrer Ziele sind.
8. was die Fünf-Prozent-Klausel ist und welchen Zweck sie hat.

ARTIKEL 20

1. Die Bundesrepublik Deutschland ist ein demokratischer und sozialer Bundesstaat.
2. Alle Staatsgewalt geht vom Volke aus. Sie wird vom Volke in Wahlen und Abstimmungen und durch besondere Organe der Gesetzgebung, der vollziehenden Gewalt und der Rechtsprechung ausgeübt.
3. Die Gesetzgebung ist an die verfassungsmäßige Ordnung, die vollziehende Gewalt und die Rechtsprechung sind an Gesetz und Recht gebunden.
4. Gegen jeden, der es unternimmt, diese Ordnung zu beseitigen, haben alle Deutschen das Recht zum Widerstand, wenn andere Abhilfe nicht möglich ist.

Im oben angeführten Artikel 20 des Grundgesetzes steht, daß das deutsche Volk souverän ist und die Staatsgewalt in freien Wahlen ausübt. Die Verfassung der Bundesrepublik Deutschland heißt **das Grundgesetz**. Es wurde vom Parlamentarischen Rat, einer verfassungsgebenden Versammlung von 65 Mitgliedern der Länderparlamente, ausgearbeitet und am 8. Mai 1949 mit 53 gegen 12 Stimmen angenommen. Nachdem die Militärregierungen (Deutschland stand damals noch unter alliierter Besatzung) den Text genehmigt und die Länderparlamente das Gesetz angenommen hatten, trat es am 24. Mai 1949 in Kraft. Der Name Verfassung wurde vermieden, weil damals die Hoffnung und der Wunsch bestand, eines Tages eine Verfassung für das gesamte Deutschland zu schaffen. Das kam in der Präambel zum Ausdruck, die dem Grundgesetz 1949 voranstand.

DIE PRÄAMBEL

Im Bewußtsein seiner Verantwortung vor Gott und den Menschen, von dem Willen beseelt, seine nationale und staatliche Einheit zu wahren und als gleichberechtigtes Glied in einem vereinten Europa dem Frieden der Welt zu dienen, hat das Deutsche Volk ..., um dem staatlichen Leben für eine Übergangszeit eine neue Ordnung zu geben, kraft seiner verfassungsgebenden Gewalt dieses Grundgesetz der Bundesrepublik Deutschland beschlossen. Es hat auch für jene Deutschen gehandelt, denen mitzuwirken versagt war. Das gesamte Deutsche Volk bleibt aufgefordert, in freier Selbstbestimmung die Einheit und Freiheit Deutschlands zu vollenden.

Am 3. Oktober 1990 hat sich die Hoffnung auf die Wiedervereinigung erfüllt, als die damalige Deutsche Demokratische Republik (DDR) der Bundesrepublik aufgrund des Artikels 23 beitrat, der es "anderen Teilen Deutschlands" ermöglichte, dieses Grundgesetz "in Kraft zu setzen" und so ein Teil der BRD zu werden. Der Artikel 23 ist im neuen Grundgesetz aufgehoben und besteht nicht mehr. Auch die Präambel von 1949 wurde 1990 geändert und lautet nun wie folgt:

Im Bewußtsein seiner Verantwortung vor Gott und den Menschen, von dem Willen beseelt, als gleichberechtigtes Glied in einem vereinten Europa dem Frieden der Welt zu dienen, hat sich das Deutsche Volk kraft seiner verfassungsgebenden Gewalt dieses Grundgesetz gegeben. Die Deutschen ... haben in freier Selbstbestimmung die Einheit und Freiheit Deutschlands vollendet. Damit gilt dieses Grundgesetz für das gesamte Deutsche Volk.

DIE GRUNDRECHTE

Das Grundgesetz ist in elf Abschnitte unterteilt. Der erste Abschnitt garantiert die Grundrechte, die Freiheiten und Menschenrechte des Bundesbürgers und entspricht etwa der Bill of Rights in der amerikanischen Verfassung.

ARTIKEL 1 (Menschenwürde)
(1)   Die Würde des Menschen ist unantastbar. Sie zu achten und zu schützen ist Verpflichtung aller staatlichen Gewalt.
(2)   Das Deutsche Volk bekennt sich darum zu unverletzlichen und unveräußerlichen Menschenrechten als Grundlage jeder menschlichen Gemeinschaft, des Friedens und der Gerechtigkeit in der Welt.

ARTIKEL 2 (Handlungsfreiheit, Freiheit der Person)
(1)   Jeder hat das Recht auf die freie Entfaltung seiner Persönlichkeit, soweit er nicht die Rechte anderer verletzt und nicht gegen die verfassungsmäßige Ordnung oder das Sittengesetz verstößt.
(2)   Jeder hat das Recht auf Leben und körperliche Unversehrtheit. Die Freiheit der Person ist unverletzlich. In diese Rechte darf nur auf Grund eines Gesetzes eingegriffen werden.

ARTIKEL 3 (Gleichheit vor dem Gesetz)
(1)   Alle Menschen sind vor dem Gesetz gleich.
(2)   Männer und Frauen sind gleichberechtigt.
(3)   Niemand darf wegen seines Geschlechtes, seiner Abstammung, seiner Rasse, seiner Sprache, seiner Heimat und Herkunft, seines Glaubens, seiner religiösen oder politischen Anschauungen benachteiligt oder bevorzugt werden.

ARTIKEL 4 (Glaubens-, Gewissens- und Bekenntnisfreiheit)
(1)   Die Freiheit des Glaubens, des Gewissens und die Freiheit des religiösen und weltanschaulichen Benntnisses sind unverletzlich.
(2)   Die ungestörte Religionsausübung ist gewährleistet.
(3)   Niemand darf gegen sein Gewissen zum Kriegsdienst mit der Waffe gezwungen werden. Das Nähere regelt ein Bundesgesetz.

ARTIKEL 5 (Meinungsfreiheit)
(1)   Jeder hat das Recht, seine Meinung in Wort, Schrift und Bild frei zu äußern und zu verbreiten und sich aus allgemein zugänglichen Quellen ungehindert zu unterrichten. Die Pressefreiheit und die Freiheit der Berichterstattung durch Rundfunk und Film werden gewährleistet. Eine Zensur findet nicht statt.

ARTIKEL 6 (Ehe und Familie, nichteheliche Kinder)

ARTIKEL 7 (Schulwesen)

ARTIKEL 8 (Versammlungsfreiheit)
(1)   Alle Deutschen haben das Recht, sich ohne Anmeldung oder Erlaubnis friedlich und ohne Waffen zu versammeln.
(2)   Für Versammlungen unter freiem Himmel kann dieses Recht durch Gesetz oder auf Grund eines Gesetzes beschränkt werden.

ARTIKEL 9 (Vereinigungsfreiheit)

ARTIKEL 10 (Brief-, Post- und Fernmeldegeheimnis)
(1)   Das Briefgeheimnis sowie das Post- und Fernmeldegeheimnis sind unverletzlich.
(2)   Beschränkungen dürfen nur auf Grund eines Gesetzes angeordnet werden.

ARTIKEL 11 (Freizügigkeit)
(1)   Alle Deutschen genießen Freizügigkeit im ganzen Bundesgebiet.

ARTIKEL 13 (Unverletzlichkeit der Wohnung)
(1)   Die Wohnung ist unverletzlich.

Andere Artikel behandeln den Schutz der Familie und Kinder, das Schulwesen, die Vereinigungsfreiheit, die Freiheit der Berufswahl, das Eigentums- und Asylrecht und andere Grundrechte.

Der zweite Ahschnitt regelt die Beziehungen zwischen dem Bundesstaat und den Bundesländern.

ARTIKEL 22 (Bundesflagge)
Die Bundesflagge ist schwarz-rot-gold.

ARTIKEL 31 (Vorrang des Bundesrechtes)
Bundesrecht bricht Landesrecht.

DER DEUTSCHE BUNDESTAG

Der Bundestag wird unmittelbar vom Volk gewählt. Er ist die Volksvertretung, wählt den Bundeskanzler und beschließt zusammen mit dem Bundesrat die Gesetze. Der Bundestag wird auf vier Jahre gewählt und besteht aus 662 Abgeordneten[1].

ARTIKEL 38 (Wahl)

(1) Die Abgeordneten des Deutschen Bundestages werden in allgemeiner, unmittelbarer, freier, gleicher und geheimer Wahl gewählt. Sie sind Vertreter des ganzen Volkes, an Aufträge und Weisungen nicht gebunden und nur ihrem Gewissen unterworfen.

(2) Wahlberechtigt ist, wer das achtzehnte Lebensjahr vollendet hat; wählbar ist, wer das Alter erreicht hat, mit dem die Volljährigkeit eintritt.

(3) Das Nähere bestimmt ein Bundesgesetz.

DER BUNDESRAT

Die Abgeordneten im Bundesrat werden nicht direkt vom Volk gewählt, sondern sind Mitglieder der 16 Landesregierungen. Sie sind an Weisungen ihrer Regierungen gebunden. Auf je ein Jahr übt der Ministerpräsident eines Landes das Amt des Bundesratspräsidenten aus.

ARTIKEL 50 (Aufgaben)

Durch den Bundesrat wirken die Länder bei der Gesetzgebung und Verwaltung des Bundes mit.

Ein Land hat je nach Größe drei (Bremen, Hamburg, Mecklenburg-Vorpommern, Saarland), vier (Berlin,[2] Brandenburg, Hessen, Rheinland-Pfalz, Sachsen, Sachsen-Anhalt, Schleswig-Holstein, Thüringen), fünf (kein Bundesland) oder sechs (Baden-Württemberg, Bayern, Niedersachsen, Nordrhein-Westfalen) Sitze im Bundesrat.

ARTIKEL 51 (Zusammensetzung)

(2) Jedes Land hat mindestens drei Stimmen, Länder mit mehr als zwei Millionen Einwohnern haben vier, Länder mit mehr als sechs Millionen Einwohnern fünf, Länder mit mehr als sieben Millionen Einwohnern sechs Stimmen.

Im allgemeinen muß der Bundesrat einem vom Bundestag verabschiedeten Gesetz zustimmen. Wenn Meinungsverschiedenheiten zwischen den beiden Häusern bestehen, werden diese durch Arbeitsausschüsse ausgearbeitet.

DIE BUNDESREGIERUNG UND DER BUNDESKANZLER

Die Bundesregierung besteht aus dem Bundeskanzler und den Bundesministern. An der Spitze der Bundesregierung, der Exekutive, steht der Kanzler, der dem Bundestag vom Bundespräsidenten vorgeschlagen und mit einfacher Mehrheit gewählt wird. Da in den meisten Fällen eine Partei nicht die absolute Mehrheit der Stimmen des Bundestages auf sich vereinigen kann, wird gewöhnlich eine Koalitionsregierung gebildet.

Die Bundesminister werden vom Bundeskanzler ausgewählt und vom Bundespräsidenten ernannt und entlassen.

---

[1] Die Zahl der Abgeordneten kann von Zeit zu Zeit geändert werden. Momentan prüft ein Ausschuß des Bundestages, ob die Zahl verringert werden soll.

[2] Der Senat von Berlin und der Landtag von Brandenburg haben beschlossen, die beiden Bundesländer zu vereinigen. Wenn die Bevölkerung von Berlin und von Brandenburg diesen Beschluß bestätigt, wird Berlin ein Teil von Brandenburg. Es bleibt aber Hauptstadt der Bundesrepublik. Potsdam bleibt Hauptstadt von Brandenburg

ARTIKEL 65 (Befugnisse der Regierung)
Der Bundeskanzler bestimmt die Richtlinien der Politik und trägt dafür die Verantwortung.

Im Gegensatz zur Weimarer Verfassung ist es nach dem Grundgesetz schwierig, eine Regierung zu stürzen. Der Kanzler kann nur abgesetzt werden, wenn der Bundestag "mit der Mehrheit seiner Mitglieder einen Nachfolger wählt und den Bundespräsidenten ersucht, den Bundeskanzler zu entlassen" (Artikel 67).

Die Bundesregierung, als die vollziehende Gewalt, übernimmt die politische und die Gesetzesinitiative, leitet den Staat und führt die Gesetze durch. Der Bund überwacht und verwaltet unter anderem folgende Gebiete: Außenpolitik, Verteidigung, Währung und Geldwesen, Post- und Fernmeldewesen, Bahn- und Luftverkehr, Zoll- und Grenzschutz, Handelspolitik, Rechtswesen und die durch den Krieg bedingten sozialen Ausgaben. Die Länder tragen hauptsächlich die Verantwortung für Kulturpolitik, Schulwesen, Polizeiwesen, Sozialversicherungen, Wohnungsbau und die Ausführung der Bundesgesetze.

DER BUNDESPRÄSIDENT

Der Bundespräsident wird von der **BUNDESVERSAMMLUNG** gewählt, die "aus den Mitgliedern des Bundestages und einer gleichen Anzahl von Mitgliedern besteht, die von den Volksvertretungen der Länder gewählt werden". Er wird auf fünf Jahre gewählt. Er darf nur einmal wiedergewählt werden. Seine Befugnisse sind bei weitem nicht so umfangreich wie die des amerikanischen Präsidenten, sondern entsprechen mehr denen des englischen Königs. Er vertritt die Bundesrepublik im Ausland, unterzeichnet Verträge, empfängt ausländische Gesandte, ernennt und entläßt Bundesrichter, Bundesbeamte und Offiziere und hat das Recht der Begnadigung. Sein Amt und seine Person haben großes Ansehen.

DIE RECHTSPRECHUNG

Die rechtsprechende Gewalt ist den Gerichten des Bundes und der Länder anvertraut. Die Richter sind unabhängig. Das **BUNDESVERFASSUNGSGERICHT** in Karlsruhe entscheidet in Streitfällen über die Auslegung des Grundgesetzes und bei Meinungsverschiedenheiten und Streitfällen zwischen Bund- und Landesrecht. Seine Mitglieder werden zur Hälfte vom Bundestag und zur Hälfte vom Bundesrat gewählt.

ARTIKEL 95 (Oberste Gerichtshöfe des Bundes)
(1)   Für die Gebiete der ordentlichen, der Verwaltungs-, der Finanz-, der Arbeits- und der Sozialgerichtsbarkeit errichtet der Bund als oberste Gerichtshöfe den Bundesgerichtshof, das Bundesverwaltungsgericht, den Bundesfinanzhof, das Bundesarbeitsgericht und das Bundessozialgericht.

DIE POLITISCHEN PARTEIEN

Die Gründung von politischen Parteien in der Bundesrepublik ist frei. Sie müssen demokratischen Grundsätzen entsprechen und dürfen sich nicht gegen die verfassungsmäßige Ordnung richten. So wurden zum Beispiel die SRP (Soziale Reichspartei) und die KPD (Kommunistische Partei Deutschlands) verboten, weil sie gegen das Grundgesetz arbeiteten.

Die **CDU** (Christlich Demokratische Union), die in Bayern **CSU** (Christlich Soziale Union) heißt, will alle Schichten des Volkes auf christlicher Grundlage vereinen, setzt sich für eine freiheitliche Marktwirtschaft und Gesellschaftsordnung und für eine gerechte Sozialpolitik ein. Einige der bedeutendsten Führer der CDU/CSU waren Konrad Adenauer (gestorben 1967), der von 1949 bis 1963 Bundeskanzler war, Ludwig Ehrhard, der als Wirtschaftsminister in Adenauers Regierung das sogenannte deutsche "Wirtschaftswunder" vollbrachte, Helmut Kohl, der lange Jahre Regierungschef war und die Wiedervereinigung aktiv vorantrieb und Richard von Weizsäcker, der bis 1994 Bundespräsident war. Die CDU/CSU war mehrmals Regierungspartei, zunächst in Koalition mit der FDP und DP, dann nur mit der FDP. In Bayern hat die CSU eine sehr einflußreiche Rolle gespielt.

Die **SPD** (Sozialdemokratische Partei Deutschlands) ist die älteste und traditionsreichste Partei im Bundestag und spielte besonders in der Weimarer Republik eine wichtige Rolle. Nur allein ihre Abgeordneten stimmten gegen das Ermächtigungsgesetz, das es Adolf Hitler ermöglichte, die Republik zu zerstören. Die SPD hat ihre marxistische Einstellung immer mehr verloren, und ihr Programm unterscheidet sich heute nicht wesentlich von dem der anderen bürgerlichen Parteien. Nach anfänglicher Opposition gegen Wiederbewaffnung und freie Wirtschaft, bejaht sie nun sowohl die militärische Verteidigung der Republik sowie eine freie Wirtschaft, allerdings mit größerer Beteiligung aller Bürger am Ertrag. Sie hat wesentlich zur   Verständigung mit den früheren

Ostblockstaaten beigetragen. Die bekanntesten Nachkriegspolitiker der SPD waren die Vorsitzenden Kurt Schumacher und Erich Ollenhauer, der tapfere Berliner Oberbürgermeister Ernst Reuter und die früheren Bundeskanzler Willy Brandt, der für seine Ostpolitik den Friedensnobelpreis erhielt, und Helmut Schmidt. In der ersten Bundestagswahl (1949) wurde die SPD knapp von der CDU/CSU geschlagen (139:131 Sitze). In den folgenden Wahlen vergrößerte sich der Abstand zwischen den beiden großen Parteien zunächst und die Majorität der CDU auf 92 (1953) und 101 (1957) Sitze. Seit 1961 jedoch wuchs die Zahl der sozialdemokratischen Abgeordneten ständig, während die der CDU/CSU sich kaum veränderte. Im Jahre 1966 beteiligte sich die SPD als Koalitionspartei zusammen mit der CDU/CSU an der Regierung und übernahm die Regierung von der CDU/CSU endgültig 1969, nachdem sie bereits in einigen Länderparlamenten (Hamburg, Bremen, Berlin, u.a.) und in den Gemeinderäten (besonders in großen Städten) seit Ende des Krieges die führende Rolle gespielt hatte. In den Wahlen von 1972 gewann die SPD 230 Sitze (CDU/CSU 225).

Die dritte Partei ist die **FDP** (Freie Demokratische Partei), die eine recht bewegte Geschichte hinter sich hat und seit 1949 fast ununterbrochen an der Regierung beteiligt war. Die FDP denkt stärker zentralistisch als die CDU, die eine föderalistische Haltung vertritt; sie tritt für die uneingeschränkte, freie Wirtschaft ein und lehnt jegliche Sozialisierung und Mitbestimmung der Arbeiter auf wirtschaftlichem Gebiet ab. Ihre beiden großen Politiker waren der erste Bundespräsident Theodor Heuss (1949-1959), der im In- und Ausland sehr beliebt und geachtet war und der frühere Außenminister Hans-Dietrich Genscher, der an der Wiedervereinigung maßgeblich mitgearbeitet hat. 1966 stürzte die FDP das Kabinett Ehrhard und beendete nach den Wahlen von 1969 die lange Regierungszeit der CDU/CSU, indem sie sich mit der SPD verbündete.

Die **Grünen** setzen sich besonders für die Umwelt und die Gleichberechtigung der Frauen ein. Sie lehnen Nuklearenergie ab. Aufgrund ihrer unorthodoxen Haltung und Opposition gegen die traditionellen Parteien und politischen Strukturen sind sie besonders bei der jungen Generation beliebt. Sie sprachen sich anfangs gegen eine schnelle Wiedervereinigung der beiden deutschen Staaten aus und verloren an Stimmen. Sie haben sich mit dem **Bündnis 90**, einer losen Vereinigung von fünf ostdeutschen Dissidentengruppen zusammengetan.

Die **PDS** ist die Nachfolgepartei der früheren **SED**, der kommunistischen Partei in der DDR. Sie vertritt hauptsächlich marxistische Gundsätze wie z.B. eine Wirtschaft, die stark von der Regierung geplant wird.

Eine Reihe von kleineren Parteien spielen auf Gemeinde- und Landesebene eine Rolle. Rechts- und linksradikale Gruppen finden Beachtung in den Medien und müssen überwacht werden, damit ihr Einfluß auf die Politik möglichst gering bleibt.

DIE FÜNF-PROZENT KLAUSEL

Die 5%-Klausel bedingt, daß nur Parteien, die mindestens 5% aller Stimmen erhalten, Abgeordnete in den Bundestag oder in die Länderparlamente schicken können. Diese Klausel hat das Vielparteienchaos der Weimarer Republik zum Glück im Nachkriegsdeutschland verhindert und die Zahl der im Bundestag vertretenen Parteien von zwölf (1949) auf drei, vier oder fünf vermindert. Die kleineren Parteien, unter denen 1969 die NPD mit 4.6% führte, spielen in der Länder- und Gemeindepolitik eine Rolle. Besonders die NPD machte in den 60ziger Jahren von sich reden, weil sie in einigen Landtagswahlen zwischen 7 und 9% der Stimmen auf sich vereinigen konnte und weil man diese Wahlerfolge als ein Wiederaufleben des nationalsozialistischen Geistes interpretierte. Wahrscheinlich ist eine derartige Interpretation zu naiv, und der Zuwachs der NPD und anderer rechtsgerichteter Parteien kann hoffentlich vorübergehend als Protest der Wähler gegen die Politik und die Einstellung der großen Parteien angesehen werden, die wichtige aktuelle Probleme aus der Sicht vieler Bürger nicht zu meistern scheinen.

STUDIENFRAGEN ZUM KAPITEL
<u>DIE POLITISCHE STRUKTUR DER BUNDESREPUBLIK DEUTSCHLAND</u>

1. Vergleichen Sie das Grundgesetz mit der amerikanischen Verfassung und besprechen Sie Ähnlichkeiten und Unterschiede.
2. Warum heißt die deutsche Verfassung "Das Grundgesetz"?
3. Vergleichen Sie die Weimarer Verfassung und das Grundgesetz. Zeigen Sie an Hand von Beispielen (z.B. die 5%-Klausel, die Rolle des Bundespräsidenten), wie man versucht hat, die Fehler der Weimarer Verfassung im Grundgesetz zu vermeiden.
4. Welche Rechte und Freiheiten garantiert das Grundgesetz dem deutschen Bürger?
5. Was verstehen Sie unter den Begriffen Demokratie, Republik, Bundesrepublik?
6. Wie wird der Bundestag gewählt und welche Aufgaben hat dieses Parlament?
7. Wie werden die Abgeordneten im Bundesrat gewählt?
8. Wie unterscheiden sich der Bundesrat und der Bundestag?
9. Wie wird der Bundeskanzler gewählt?
10. Wie wird der Bundespräsident gewählt und wie unterscheiden sich sein Aufgabenbereich und seine politische Macht von der des amerikanischen Präsidenten?
11. Was ist die Aufgabe des Bundesverfassungsgerichts?
12. Was sind die Aufgaben der Obersten Bundesgerichte?
13. Wie heißen die größten politischen Parteien in der Bundesrepublik?
14. Wer waren die führenden Persönlichkeiten in der deutschen Politik?
15. Welche Gefahr könnte dem Staat durch radikale Parteien drohen? Wie kann diese Gefahr abgewendet werden?
16. Was ist die 5%-Klausel und welchem Zweck dient sie?
17. Warum sollen viele kleine Parteien ihre Kandidaten nicht in den Bundestag oder in die Landtage entsenden dürfen?
18. Verfolgen Sie in der Presse und im Fernsehen die zukünftige politische Entwicklung in der BRD.

DIE NATIONALHYMNE
Einigkeit und Recht und Freiheit
Für das deutsche Vaterland!
Danach laßt uns alle streben
Brüderlich mit Herz und Hand!
Einigkeit und Recht und Freiheit
Sind des Glückes Unterpfand -
Blüh' im Glanze dieses Glückes,
Blühe deutsches Vaterland!

KAPITEL 3
ÖSTERREICH

Worum geht es in diesem Kapitel?

Österreich ist wie Deutschland heute eine Bundesrepublik. Es hat bis ins 19. Jahrhundert zum Deutschen Reich gehört, und seine Geschichte ist eng mit der Geschichte Deutschlands verbunden. Die Österreicher sprechen Deutsch. Wir besprechen kurz die Geschichte, die Geographie und die politische Situation dieses Landes.

Wie gehen wir vor?

1. Nehmen Sie eine Landkarte Österreichs zur Hand und achten Sie darauf, wo die Donau fließt, wo die großen Städte und die Berge liegen und in welche Bundesländer Österreich unterteilt ist.
2. Lesen Sie die Überschriften der einzelnen Abschnitte.
3. Lesen Sie dann jeden Abschnitt für sich, denken Sie über das nach, was Sie gelesen haben und fassen Sie die Hauptgedanken zusammen.
4. Beantworten Sie die Fragen am Ende des Kapitels, die zu jedem Abschnitt passen.

Lernziele:

In diesem Kapitel lernen Sie,

1. daß Österreich von Kelten, Römern und Germanen besiedelt wurde.
2. daß Österreich fast 700 Jahre von den Habsburgern regiert wurde und bis ins 19. Jahrhundert der führende deutsche Staat war.
3. daß Österreich im Ersten und im Zweiten Weltkrieg mit Deutschland verbündet war und unter den Folgen der verlorenen Kriege litt.
4. etwas über die politische Struktur des Landes und die politischen Parteien.
5. die geographischen Einzelheiten.
6. was die Hauptprodukte der Land- und Forstwirtschaft sind.
7. was die Industrie produziert.
8. die Nationalhymne.

ÖSTERREICHS GESCHICHTE
Die Frühzeit

In der Frühzeit (etwa 1000 bis 400 v. Chr.) wohnten im Gebiet des heutigen Österreichs die **Illyrer**, ein indogermanisches Volk, das die Hallstadt Zivilization begründete und bereits Salz aus den Salzbergwerken bei Salzburg und Hallein förderte. Um 400 v. Chr. kamen die Kelten und errichteten das Königreich **Noricum**. Die Römer hatten bis zum Jahre 15 v. Chr. alle Gebiete südlich der Donau in römische Provinzen eingegliedert. Sie brachten die römische Kultur und errichteten den **Limes** entlang der Donau als Schutzwall gegen die Germanen.

Während der Völkerwanderungszeit (um 400 n. Chr.) überrannten germanische und slawische Stämme die römischen Provinzen, und seit Beginn des 6. Jahrhunderts errichteten die **Bayern** (Bajuwaren) im Donau- und Alpengebiet ihre Herrschaft.

Die Franken

Karl der Große unterwarf die Bayern (791), und ihr Land wurde ein Teil des **Frankenreiches**. Das Herrschaftsgebiet wurde nach Osten und Südosten ausgedehnt und durch die Awarische **Mark** gegen slawische Einfälle geschützt. Nach dem Sieg auf dem Lechfeld (955) errichtete **Otto der Große** die **Ostmark (Ostarrichi)** nach der Österreich seinen Namen bekommen hat.

Babenberger und Habsburger

Die Familie der **Babenberger** wurde 976 mit der Ostmark belehnt und erhielt 1156 den Titel **Herzog von Österreich**, als sie die Steiermark hinzu erhalten hatte. Als die Babenberger 1246 ausstarben, beanspruchten die Ungarn und Böhmen ihr Herzogtum. **Rudolf von Habsburg**, der 1273 deutscher König wurde, machte der böhmischen Herrschaft in den Donau- und Alpenländern ein Ende. Die Habsburger regierten ununterbrochen 640 Jahre lang bis 1918, und beanspruchten Österreich, Schwaben, das Elsaß und Teile der Schweiz als **Hausmacht** und dehnten ihre Herrschaft allmählich nach Triest, Tirol, Vorarlberg, Böhmen und Ungarn aus, verloren allerdings die Schweiz.

Die Türkenkriege

Im 16. und 17. Jahrhundert fanden die **Türkenkriege** statt. Zweimal, **1529 und 1683**, standen die Türken vor Wien, wurden aber erfolgreich abgewehrt. Seitdem verfolgte Österreich die **Balkanpolitik (Prinz Eugen)** und dehnte sich weiter nach Osten und Südosten aus. Die beliebteste Kaiserin im 18. Jahrhundert war **Maria Theresia (1740-1780)**, unter deren Herrschaft die Kultur besonders gepflegt wurde.

Die Doppelmonarchie

Der Verlust der Vorherrschaft an Preußen in den deutschen Ländern (1866 Sieg der Preußen bei Königsgrätz) führte zum Entstehen der **Doppelmonarchie Österreich-Ungarn (1867-1918)**, einer Realunion der beiden selbständigen Staaten. Kaiser **Franz Joseph** (1848-1916) wurde 1867 in Budapest als König von Ungarn gekrönt.

Der Erste und Zweite Weltkrieg

Die Ermordung des **Thronfolgers Franz Ferdinand** in **Sarajewo** am 28. Juni 1914 veranlaßte den Ausbruch des **Ersten Weltkrieges**, der 1918 mit dem Sieg der Alliierten über Österreich und Deutschland endete. Im Versailler Vertrag verlor Österreich all seine nichtdeutschsprechenden Gebiete und durfte sich nicht an Deutschland anschließen. Es hatte mit sehr großen wirtschaftlichen und politischen Schwierigkeiten zu kämpfen und wurde zunächst Republik, dann jedoch unter **Dollfuß** (1933) und **Schußnigg** (1934) Diktatur.

Am 13. März 1938 schloß sich Österreich an Deutschland an **(der Anschluß)** und wurde Teil des **Großdeutschen Reiches** unter **Adolf Hitler**. Hitler wurde in Wien ein triumphaler Empfang bereitet, und in einer Volksabstimmung erkannten die Österreicher mit überwältigender Mehrheit der Stimmen den **Anschluß** an Deutschland an.

Nach dem Krieg

Nach dem verlorenen **Zweiten Weltkrieg** wurde Österreich 1945 von alliierten Truppen besetzt und verwaltet. Es entwickelte sich zu einer föderativen Republik, und in den Wahlen vom 25. Nov. 1945 gewannen die **ÖVP** und die **SPÖ** die meisten Sitze und bildeten die **Große Koalition** mit **Karl Renner** als Bundespräsident und **Leopold Figl** als Bundeskanzler. Sie verfolgten in ihrer Politik als Ziel die völlige Unabhängigkeit des Staates. Am **27. Juli 1955** wurde im Schloß Belvedere in Wien der **Staatsvertrag** unterzeichnet, die alliierten Besatzungsmächte zogen ab und Österreich war wieder souverän. Am 26. Oktober 1955 beschloß der Nationalrat **die immerwährende Neutralität Österreichs**. 1994 beschloß Österreich sich der Europäischen Union anzuschließen.

POLITIK

Die Legislative

Österreich ist eine parlamentarische Demokratie mit einem starken Präsidenten. Die legislative Gewalt liegt im **Nationalrat**, dessen 183 Abgeordnete auf vier Jahre vom Volk direkt gewählt werden. Der **Bundesrat** vertritt mit seinen 63 Mitgliedern die neun Bundesländer. Die Gesetze werden vom Nationalrat beschlossen, müssen jedoch dem Bundesrat zur Ratifizierung vorgelegt werden. Der Nationalrat kann den Bundesrat jedoch überstimmen. Nationalrat und Bundesrat bilden gemeinsam die **Bundesversammlung**, deren wichtigste Aufgabe es ist, das Gelöbnis entgegenzunehmen, das der Bundespräsident bei Antritt seines Amtes zu leisten hat.

Der Bundespräsident

Der **Bundespräsident** ist der oberste Repräsentant des Staates. Er wird auf sechs Jahre unmittelbar vom Volk gewählt und darf einmal wiedergewählt werden. Er ist der Vertreter der Republik im Ausland, beruft den Nationalrat zu seinen Sessionen ein und schließt die Sitzungsperioden. Er kann den Nationalrat auflösen und ernennt den Bundeskanzler - meistens den Vorsitzenden der stärksten Partei - und auf dessen Vorschlag die Mitglieder der Regierung. Er schließt Staatsverträge ab und ist oberster Befehlshaber des Bundesheeres.

Die bisherigen Bundespräsidenten waren: Karl Renner (SPÖ), Theodor Körner (SPÖ), Adolf Schärf (SPÖ), Franz Jonas (SPÖ), Rudolf Kirchschläger (SPÖ), Kurt Waldheim (ÖVP) und Thomas Klestil.

Kanzler und Regierung

An der Spitze der **Bundesregierung** steht der **Bundeskanzler**. Zusammen mit dem Vizekanzler und den Mitgliedern der Regierung ist er für die Verwaltungsaufgaben des Bundes verantwortlich, die nicht dem Präsidenten unterstehen. Der Kanzler und die Minister nehmen an den Sitzungen und Beratungen des National- und Bundesrates teil. Die Bundeskanzler seit 1945 waren: Leopold Figl (ÖVP), Julius Raab (ÖVP), Alfons Gorbach (ÖVP), Josef Klaus (ÖVP), Bruno Kreisky (SPÖ), Fred Sinowatz (SPÖ) und Franz Vranitzky.

Die Bundesländer

Die Bundesländer sind historisch und kulturell entstanden. Österreich besteht aus neun Bundesländern: Burgenland, Kärnten, Niederösterreich, Oberösterreich, Salzburg, Steiermark, Tirol, Vorarlberg und Wien.

Politische Parteien

Die größten politischen Parteien sind die Sozialistische Partei Österreichs (SPÖ), die österreichische Volkspartei (ÖVP), die Freiheitliche Partei Österreichs (FPÖ) und die Grünen.

Wappen und Fahne

Das Wappen ist ein freistehender, schwarzer Adler mit roter Zunge und goldenem Schnabel und Krallen. Er trägt eine goldene, dreizinnige Mauerkrone und hält im rechten Fang eine goldene Sichel, im linken einen goldenen Hammer. Beide Fänge tragen eine gesprengte, schwarze Kette. Der Schild auf der Brust ist das Wappen des Landes. Die Flagge ist rot-weiß-rot längsgestreift.

GEOGRAPHIE

Österreich ist ein Binnenstaat und liegt im südlichen Mitteleuropa, im Donauraum und in den Ostalpen. Es hat eine Bodenfläche von 83.850 Quadratkilometern, ist also ungefähr so groß wie der amerikanische Bundesstaat Maine. Das meiste Land (63%) wird von den Alpen eingenommen. Der Rest ist Hügelland und Ebene. Der höchste Berg ist der **Großglockner** (3.797 m).

Der längste Fluß ist die **Donau**, die vom Schwarzwald kommt und Österreich auf dem Weg zum Schwarzen Meer auf einer Länge von 350 km durchquert. Wichtige Nebenflüsse sind Inn, Salzach, Traun und Enns. Die größten Seen sind der Bodensee ganz im Westen, der Neusiedler See im Osten und die Seen im Salzkammergut bei Salzburg.

BEVÖLKERUNG

Österreich hat etwa 7 1/2 Millionen Einwohner, die zu 99% deutschsprachig sind. In Kärnten und im Burgenland leben zwei Volksgruppen, die gleichberechtigt sind: Slowenen (20.000) in Südkärnten und Kroaten (24.500) im Burgenland. Etwa 88% der Österreicher sind katholisch, 6% evangelisch-lutherisch.

GEMEINDEN

Die Landeshauptstadt Wien zählt etwa eineinhalb Millionen Einwohner. Andere größere Städte sind Linz, Salzburg, Innsbruck, Klagenfurt, Graz, Eisenstadt und Bregenz.

LANDWIRTSCHAFT

Obgleich von der Gesamtfläche nur 20% auf Ackerland und 29% auf Wiesen und Weiden entfallen, produzieren die Bauern rund 99% des Nahrungsmittelbedarfs des Landes. Hauptprodukte sind: Getreide, Futtermais, Kartoffeln, Zuckerrüben und Wein. Von Bedeutung ist die Vieh- und Milchwirtschaft. Die Forstwirtschaft spielt eine große Rolle, denn 45% des Landes sind mit Wald bedeckt, der jetzt von saurem Regen und Abgasen schwer bedroht ist.

INDUSTRIE

Neben der Hotel- und Touristenindustrie sind von Wichtigkeit

a) Eisen-, Stahl- und Metallindustrie,
b) Mineralölindustrie und Petrochemie,
c) Maschinen- und Fahrzeugbau,
d) Elektroindustrie,
e) Textil- und Bekleidungsindustrie,
f) Papiererzeugung.

ENERGIE

Die Energieversorgung basiert auf Kohle, Erdöl, Erdgas und Wasserkraft. Das dichte Flußnetz macht die Produktion von hydroelektrischer Energie möglich. Österreich exportiert Strom. Kohle, Erdöl und Erdgas müssen zum größten Teil eingeführt werden und belasten die Zahlungsbilanz des Landes. In einer Volksabstimmung haben die Österreicher beschlossen, keine Atomkraftwerke zu bauen oder in Betrieb zu nehmen.

DIE NATIONALHYMNE

Land der Berge, Lande am Strome,
Land der Äcker, Land der Dome,
Land der Hämmer, zukunftsreich!
Heimat bist du großer Söhne,
Volk, begnadet für das Schöne,
Vielgerühmtes Österreich, viel gerühmtes Österreich.

Heiß umfehdet, wild umstritten,
Liegst dem Erdteil du inmitten
Einem starken Herzen gleich.
Hast seit frühen Ahnentagen
Hoher Sendung Last getragen,
Viel geprüftes Österreich, viel geprüftes Österreich.

Mutig in die neuen Zeiten,
Frei und gläubig sieh uns schreiten,
Arbeitsfroh und hoffnungsreich.
Einig laß in Brüderchören,
Vaterland, dir Treue schwören,
Viel geliebtes Österreich, viel geliebtes Österreich.

Vocabulary help: begnadet = blessed with; umfehdet = fought for;
umstritten = contested for; gerühmt = praised; Ahnentagen = the days of our forefathers; Sendung = mission,
purpose; Last = burden, weight; geprüft = tested; schwören = to take a vow, make a sacred promise.

STUDIENFRAGEN ZUM KAPITEL <u>ÖSTERREICH</u>

1. Besprechen Sie Österreichs Frühzeit. Wer waren die ersten Siedler und Eroberer?
2. Welche Rolle spielte Karl der Große und sein Stamm, die Franken?
3. Woher kommt der Name Österreich?
4. Wie heißt die Familie, die das Land fast 700 Jahre regiert hat?
5. Was verstehen Sie unter Balkanpolitik?
6. Was war der unmittelbare Anlaß für den Ersten Weltkrieg?
7. Was verstehen Sie unter dem sogenannten Anschluß?
8. Was geschah mit Österreich nach dem Zweiten Weltkrieg?
9. Welche Politik verfolgte Österreich und wann wurde es unabhängig?
10. Was bedeutet die immerwährende Neutralität?
11. Wie heißen die beiden Kammern der Legislative und wie unterscheiden sie sich?
12. Was ist die Aufgabe der Bundesversammlung?
13. Welche Aufgaben und welche politische Macht hat der Bundespräsident?
14. Nennen Sie die neun Bundesländer und finden Sie sie auf der Karte.
15. Wie heißen die größten politischen Parteien?
16. Beschreiben Sie Wappen und Fahne des Bundesstaates.
17. Wie groß ist Österreich und wie viele Einwohner hat es?
18. Wie heißt der größte Fluß und welche Nebenflüsse hat er?
19. Wie heißt die Hauptstadt und wie heißen die größten Städte. Wo liegen sie?
20. Nennen Sie die wichtigsten Produkte der Landwirtschaft.
21. Was sind die wichtigsten Industriezweige?
22. Wie gewinnt das Land Energie?
23. Besprechen Sie die drei Strophen der Nationalhymne.
24. Überlegen Sie sich, welche Rolle Österreich in seiner Geschichte auf dem Balkan gespielt hat und das Vordringen der Türken, die österreichischen Siege gegen die Türken und die Eroberung von Gebieten auf dem Balkan zu Konflikten im Ersten und Zweiten Weltkrieg und später zwischen Serben, Kroaten und Bosniern geführt hat.

KAPITEL 4
DIE SCHWEIZ

Worum geht es in diesem Kapitel?

Der deutschsprachige Teil der Schweiz gehört zum deutschen Kulturraum. Bis zur Mitte des 17. Jahrhunderts gehörte die Schweiz zum Deutschen Reich. Sie entwickelte sich zu einer Demokratie, einem Bundesstaat, der eine wichtige diplomatische und wirtschaftliche Rolle in der Welt spielt. Wir fassen die Geschichte kurz zusammen und lernen etwas über die geographische Lage sowie die politische und wirtschaftliche Situation.

Wie gehen wir vor?

1. Schauen Sie sich eine Landkarte der Schweiz an, und achten Sie auf die hauptsächlichen geographischen und politischen Gegebenheiten.
2. Lesen Sie die Überschriften der einzelnen Abschnitte, so daß sie wissen, worum es im großen und ganzen geht.
3. Lesen Sie dann jeden einzelnen Abschnitt, und denken Sie darüber nach, was Sie gelesen haben. Fassen Sie das Gelesene in ihren eigenen Worten zusammen.
4. Beantworten Sie die Fragen am Ende. Sie können die Fragen beantworten, während Sie die einzelnen Abschnitte lesen.

Lernziele:

In diesem Kapitel lernen Sie,

1. die hauptsächlichen Einzelheiten der schweizer Geschichte.
2. daß das Land von Kelten, Römern und Germanen besiedelt wurde.
3. wie sich die drei Urkantone gegen die Habsburger behaupteten und die Schweiz sich 1648 vom Deutschen Reich loslöste und unabhängig wurde.
4. etwas über die politische Struktur der Schweiz.
5. die Hauptfakten der Geographie des Landes.
6. wie die größten Städte heißen und was die Hauptprodukte der Landwirtschaft und Industrie sind.
7. die Rolle der schweizer Miliz im Staat kennen.
8. lesen Sie - und vielleicht singen Sie - die Nationalhymne, den Schweizerpsalm.

GESCHICHTE DER SCHWEIZ
Die ersten Jahrtausende

Die ältesten archeologischen Funde gehen auf die Pfahlbauten in verschiedenen schweizer Seen um 4000 v. Chr. zurück. Einfache Holzhäuser wurden auf Pfählen gebaut, die man in den See gerammt hatte. Die keltischen Helvetier zogen wohl um 100 v. Chr. in das Gebiet der heutigen Schweiz. Von ihnen stammt die Bezeichnung <u>Helvetia</u>; lateinisch bezeichnet man die Schweiz auch als <u>confederatio helvetica</u>. Im Jahre 54 v. Chr. wurden die Helvetier von den Römern unterworfen, und die Schweiz wurde zur römischen Provinz. Während der Völkerwanderungszeit, im 5. Jahrhundert n. Chr., wanderten germanische Stämme, wie die Burgunder und Alemannen ein, und besiedelten das Land. Etwas später (um 800) wurden sie dem Frankenreich eingefügt, und nach dem Verfall des Frankenreiches entstanden bald viele kleine weltliche und geistliche Fürstentümer, die zum Deutschen Kaiserreich gehörten. Einzelne Täler und Städte wurden reichsfrei, sie brauchten nur dem Kaiser zu gehorchen, aber keinem Fürsten oder Statthalter.

Der ewige Bund

Als im 12. und 13. Jahrhundert die schweizer Grafen von Habsburg (die Habichtsburg liegt zwischen den Flüssen Aare und Reuß) ihre Vormachtstellung ausbauen wollten, stießen sie auf den Widerstand der drei Urkantone Uri, Schwyz und Unterwalden. Besonders als Rudolf von Habsburg 1273 deutscher Kaiser wurde und seinen persönlichen Hausbesitz vergrößern wollte, kam es zu starken Konflikten. Die drei Urkantone hatten sich vom deutschen Kaiser die sogenannte Reichsunmittelbarkeit verleihen lassen und wollten keinen anderen Fürsten über sich dulden. Anfang August 1291 versammelten sich die Männer auf dem Rütli, einer Bergweise am Vierwaldstättersee, und schwuren den **Ewigen Bund** zur Behauptung ihrer Rechte. (Friedrich Schiller behandelt diesen Vorgang und den Freiheitskampf der Schweizer in seinem Drama <u>Wilhelm Tell</u>.) Noch heute wird der 1. August als Nationalfeiertag gefeiert. Fast 200 Jahre lang versuchten die Habsburger immer wieder die Schweizer zu unterdrücken, aber sie wurden jedesmal besiegt. Besonders berühmt sind die Schlachten am Morgarten (1315) und bei Sempach (1386), in denen die Eidgenossen die Ritterheere schlugen.

Vom 15. Jahrhundert bis heute

Aus vier verschiedenen Volks- und Sprachgruppen wuchs im Laufe der folgenden Jahrhunderte allmählich eine Nation zusammen. Den drei Urkantonen schlossen sich bis 1513 zehn weitere Kantone an: Luzern, Zürich, Zug, Glarus, Bern, Freiburg, Solothurn, Basel, Schaffhausen und Appenzell. Da die Kantone recht ungleiche religiöse und politische Rechte und Strukturen hatten, kam es häufig zu inneren Streitigkeiten und Kämpfen, bis die nun 22 Kantone am 12. September 1848 eine liberale bundesstaatliche Verfassung annahmen. Post, Münze, Maße, Gewichte und Zölle wurden zentralisiert, die Bundesregierung war verantwortlich für eine gemeinsame Außenpolitik, und das Volk erhielt wichtige Grundrechte. In den nächsten Jahrzehnten wurden die Befugnisse des Bundes erweitert. 1859 wurde den Schweizern verboten, für fremde Mächte Kriegsdienste zu leisten - nur der Vatikan hat noch eine Schweizer Garde. Bereits im 16. Jahrhundert hatten die schweizer Kantone beschlossen, sich nicht in fremde Kriege einzumischen, sondern neutral zu bleiben, aber die Neutralität wurde erst nach den napoleonischen Kriegen in den Friedensverhandlungen von 1815 offiziell von den europäischen Staaten anerkannt. Während der großen Weltkriege bewahrte und schützte die Schweiz ihre Neutralität durch eine stark bewaffnete moderne Armee. Strategisch wichtige Punkte wie Pässe, Brücken und Tunnel wurden stark befestigt. Seit 1945 betätigt sich die Schweiz erfolgreich auf diplomatischem und wirtschaftlichem Gebiet. Sie schloß sich der EFTA an aber nicht der EWG und auch noch nicht der EU, pflegt jedoch engen Kontakt und gute Beziehungen zu allen europäischen Ländern.

Die Reformation Martin Luthers hatte großen Einfluß auf die Schweiz. In Zürich wurde Huldreich Zwingli 1523 zum Reformator der meisten Stadtkantone und etwas später Jean Calvin in Genf, von wo sich seine Lehren bis nach England und Amerika ausbreiteten. Heute setzt sich die Bevölkerung etwa zur Hälfte aus Protestanten und zur Hälfte aus Katholiken zusammen.

POLITIK
Die Legislative

Die Schweiz ist ein demokratischer Bundesstaat mit 26 Kantonen (20 Ganz- und 6 Halbkantonen). Die legislative oder gesetzgebende Gewalt hat die **Bundesversammlung** inne. Sie besteht aus zwei Kammern, dem **Nationalrat** und dem **Ständerat**, die gleichberechtigt sind. Beide müssen einem Bundesgesetz zustimmen. Sie tagen oft gemeinsam, besonders zur Wahl der Bundesräte, des Bundeskanzlers, der Bundesrichter und des Generals.

Der Nationalrat wird alle vier Jahre vom Volk gewählt und hat 200 Sitze. Die Sitze werden unter die Kantone je nach ihrer Wohnbevölkerung (Wahlkreise) verteilt. Der Ständerat ist die föderative Kammer und hat je zwei Vertreter der Kantone und einen Vertreter der Halbkantone, die auf vier Jahre gewählt werden. Das Amt eines Parlamentariers gilt als nebenberufliche Tätigkeit, die Räte sind keine Berufspolitiker.

Die Exekutive

Die Regierung, die exekutive Gewalt, ist der **Bundesrat**, der aus sieben Mitgliedern besteht. Die Bundesräte werden von der Bundesversammlung auf vier Jahre "ernannt" und können alle vier Jahre unbeschränkt wieder ernannt werden. Jeder Bundesrat ist für ein "Departement", ein Ministerium, verantwortlich: Außenpolitik, Innenpolitik, Polizei und Justiz, Militär, Finanzen und Zölle, Volkswirtschaft, Verkehrs- und Energiewirtschaft. Die Schweiz hat keinen mächtigen Regierungschef wie andere Staaten. Der Bundespräsident ist lediglich Vorsitzender für ein Jahr und wird von der Bundesversammlung gewählt.

Die Bundeskanzlei und das Bundesgericht

Der **Bundeskanzler** ist der Vorsteher der **Bundeskanzlei** und wird auf vier Jahre von der Bundesversammlung gewählt. Er ist kein Politiker sondern ein Verwalter und für die Aufgaben der Kanzlei verantwortlich: Übersetzungsarbeiten, Veröffentlichungen und Drucksachen, Rechtsdienst und Bibliothek. Das oberste Gericht ist das **Bundesgericht** mit Sitz in Lausanne.

Referendum und Wahlrecht der Frauen

Gesetze, die vom Bund beschlossen worden sind, können innerhalb von 90 Tagen von 30 000 wahlberechtigten Bürgern oder von acht Kantonen dem Volk zur Volksabstimmung (**Referendum**) vorgelegt werden.

Frauen haben erst seit kurzer Zeit das Stimmrecht. 1959 lehnte es das Volk mit 67% Nein-Stimmen gegen 33% Ja-Stimmen ab, den Frauen das Wahlrecht zu geben. Erst am 7. Februar 1971 erhielten die Frauen das Wahlrecht auf Bundesebene. In den Kantonen wurde den Frauen das Wahlrecht unterschiedlich zuerkannt. Das Bundesgericht zwang endlich den letzten Kanton, Appenzell, die Frauen zur Wahl zuzulassen. Am 28. April 1991 durften auch die Appenzellerinnen zum ersten Mal wählen.

Politische Parteien

In der Bundesversammlung sind mehrere politische Parteien vertreten. Das Wahlsystem gibt auch kleineren Parteien die Möglichkeit, ihre Vertreter ins Parlament zu schicken. Die Unterscheidung in Regierungslager und Opposition ist in der Schweiz nicht so deutlich ausgeprägt wie in der Bundesrepublik Deutschland oder in Österreich. Die älteste Partei ist die Freisinnig-demokratische Partei der Schweiz (FdPS). Sie vertritt individuelle Freiheitsrechte, rechtliche und politische Gleichheit und die Marktwirtschaft. Die Christlichdemokratische Volkspartei der Schweiz (CVP) ist besonders stark in den katholischen Kantonen. Sie bezeichnet sich als Partei der Mitte. Weitere Parteien sind die Sozialdemokratische Partei der Schweiz (SPS) und die Schweizerische Volkspartei (SVP).

GEOGRAPHIE
Die drei Landschaften

Die Schweiz ist mit 41 293 Quadratkilometern nur halb so groß wie Österreich und doppelt so groß wie der amerikanische Bundesstaat Massachusetts. Sie ist hauptsächlich ein Berg- und Hochgebirgsland, das sich in drei Landschaften gliedert, die sich schräg parallel von Nordosten nach Südwesten erstrecken: Der Jura, ein Mittelgebirge von bis zu 1500 m Höhe (10% der Fläche), das Mittelland (30%) und die Alpen (60%). Das Mittelland, eine fruchtbare Hochebene auf der Landwirtschaft betrieben wird, ist bei Genf etwa 20 km und im Osten etwa 70 km breit. Die schweizer Alpen sind bis über 4000 Meter hoch. Die berühmtesten Gipfel sind das Matterhorn bei Zermatt und die Jungfrau bei Interlaken.

Flüsse und Seen

Das meiste Wasser sammelt die Aare, der wichtigste Nebenfluß des Rheins. Sie kommt aus den Berner Alpen, fließt durch Bern und mündet in der Nähe von Basel in den Rhein. Der Rhein kommt aus Graubünden, fließt durch den Bodensee und Basel und mündet schließlich in die Nordsee. Die Reuß fließt durch Luzern und dann in den Rhein. Die Rhone fließt durch den Genfer See, die Stadt Genf und mündet bei Marseille ins Mittelmeer. Der Tessin strömt nach Süden und mündet in Italien in die Adria. Der Inn kommt aus dem Engadin in der Südostschweiz und fließt durch Tirol und Bayern in die Donau.

Unter den rund 13,000 Seen sind die größten der Genfersee an der französischen Grenze und der Bodensee an der Grenze zu Deutschland und Österreich. Die nächsten drei großen Seen sind der Neuenburgersee (Lac de Neuchatel), an dem Neuchatel und reiche Weinberge liegen, der Vierwaldstättersee, an dem die vier ältesten Distrikte der Schweiz liegen (Uri, Schwyz, Unterwalden und Luzern) und der Zürichsee.

Bevölkerung und Städte

Die Schweiz zählt rund 7 Millionen Einwohner, von denen über 1 Million Ausländer sind. 74% der schweizer Bürger sprechen die deutsch-schweizer Mundart (Schwyzerdütsch), 20% französisch, 4,5% italienisch und 1% rätoromanisch.

Die größte Stadt der Schweiz, das Finanz- und Wirtschaftszentrum, Zürich mit fast 400 000 Einwohnern. Basel, ein Zentrum der chemischen Industrie folgt mit rund 175 000, Genf, der Sitz der UN Behörde, mit etwa 173 000, die Hauptstadt Bern mit 140 000 und Lausanne mit 130 000. Weitere große Städte sind St. Gallen, Winterthur, Luzern und Schaffhausen.

LANDWIRTSCHAFT UND INDUSTRIE

An erster Stelle steht die Milchwirtschaft: Schokolade und Käsesorten sind weltbekannt. Wichtige Agrarprodukte sind Zucker- und Futterrüben, Kartoffeln, Getreide (Weizen, Roggen, Gerste und Hafer), Obst und Gemüse. Gut ein Viertel der Gesamfläche ist mit Wald bedeckt.

Neben der Hotel-, Touristen- und Bankindustrie sind folgende Industriezweige von Wichtigkeit:

1. Die Maschinen- und Metallindustrie bestreitet 45% aller Exporte und beschäftigt 44% aller Beschäftigten.
2. Die chemische Industrie produziert Medikamente, Farbstoffe, Parfüme, Speise- und Aromastoffe, photochemische Produkte und Pflanzenschutzmittel.
3. Die Uhrenindustrie genießt Weltruhm.
4. Die Textilindustrie hat ebenfalls einen sehr guten Ruf.

ENERGIE

Für den Wohlstand und die industrielle Entwicklung eines Landes ist Energie unentbehrlich. Die Schweiz ist bestrebt, sich von der Abhängigkeit vom Erdöl zu befreien, muß aber immer noch große Mengen dieses Rohstoffes einführen. Das Land selbst ist arm an Bodenschätzen. Ein großer Teil der Stromversorgung wird heute aus Wasserkraft gewonnen. Erdgas wird eingeführt. In den achtziger Jahren wurde fast 30% des Energiebedarfs von Kernkraftwerken erzeugt, aber eine Mehrheit der Bevölkerung lehnt Atomenergie ab.

DAS MILITÄR

Jeder taugliche männliche Schweizer ist verpflichtet vom 21. bis zum 50. Lebensjahr Militärdienst zu leisten. Im Fall einer allgemeinen Mobilmachung kann die Schweiz ein Heer von 700 000 Mann aufstellen und hat damit eine sehr starke Armee. (Zum Vergleich: Die deutsche Bundeswehr hat weniger als 400 000.) Nur in Krisenzeiten wählt die Bundesversammlung einen General. Das schweizer Militär ist eine Volksmiliz, das heißt, der Soldat ist kein Berufssoldat, sondern wird in kurzen Abschnitten jedes Jahr neu ausgebildet. Nach der Ausbildung nimmt der Soldat sein Sturmgewehr und seine Munition mit nach Hause. Im Augenblick ist in Anbetracht der entspannten Situation in Europa eine lebhafte Debatte im Gange, ob die Wehrpflicht nicht abgeschafft werden sollte.

DIE NATIONALHYMNE UND DIE FLAGGE

Bis 1981 konnten sich die Kantone nicht auf eine gemeinsame Nationalhymne einigen, aber am 1. April 1981 beschloß der Bundesrat den sogenannten Schweizerpsalm offiziell zu adoptieren, und diese Hymne wird bei offiziellen Anlässen gespielt. Der Text von Alberich Zwyssig, einem Mönch aus Wettingen und die Melodie von Leonhard Wider aus Meilen entstanden 1842 und sind kompliziert. Die Flagge ist ein weißes Kreuz auf rotem Feld, umgekehrt vom Symbol des roten Kreuzes.

DER SCHWEIZERPSALM

Trittst im Morgenrot daher, seh' ich dich im Strahlenmeer,
Dich, du Hocherhabener, Herrlicher!
Wenn der Alpenfirn sich rötet, betet, freie Schweizer betet!
Eure fromme Seele ahnt, eure fromme Seele ahnt:
Gott im hehren Vaterland, Gott im hehren Vaterland.

Kommst im Abendglühn daher, find ich dich im Sternenheer,
Dich, du Menschenfreundlicher, Liebender!
In des Himmels lichten Räumen, kann ich froh und selig träumen;
Denn die fromme Seele ahnt, denn die fromme Seele ahnt:
Gott im hehren Vaterland, Gott im hehren Vaterland.

Fährst im wilden Sturm daher, bist du selbst uns Hort und Wehr,
Du allmächtig Waltender, Rettender!
In Gewitternacht und Grauen laßt uns kindlich ihm vertrauen!
Ja, die fromme Seele ahnt, ja, die fromme Seele ahnt:
Gott im hehren Vaterland, Gott im hehren Vaterland.

Übersetzungshilfe:

Hocherhabener = exalted one; Alpenfirn = snow on a glacier or mountain peak; ahnen = have a premonition; hehr = noble, sublime; licht = full of light; Abendglühn = glow of the evening sun on the mountains;

Hort = refuge; Wehr = defense; Waltender = ruler; Rettender = savior; Grauen = horrible danger;

kindlich = childlike; vertrauen = trust.

STUDIENFRAGEN ZUM KAPITEL <u>DIE SCHWEIZ</u>

1. Was sind die Pfahlbauten?
2. Wie heißt der keltische Stamm, der sich in der Schweiz ansiedelte?
3. Welche germanischen Stämme kamen später?
4. Besprechen Sie den Konflikt zwischen den Habsburgern und den Urkantonen.
5. Was ist der ewige Bund?
6. Besprechen Sie, wie sich die Schweiz zu einer Nation entwickelte.
7. Was bedeutet Neutralität?
8. Welchen Einfluß hatte die Reformation auf die Schweiz?
9. Wie viele Kantone hat die Schweiz?
10. Besprechen Sie die Legislative.
11. Besprechen Sie die Exekutive.
12. Was ist die Funktion des Bundeskanzlers und der Bundeskanzlei?
13. Was verstehen Sie unter einem Referendum?
14. Seit wann haben die Frauen das Wahlrecht? Überrascht Sie das?
15. Wie heißen die größten politischen Parteien?
16. Wie groß ist die Schweiz?
17. In welche drei Landschaften kann man die Schweiz einteilen?
18. Wie heißen die berühmtesten Berggipfel der Schweiz?
19. Besprechen Sie die Flüsse und Seen und suchen Sie diese auf der Landkarte auf.
20. Wie viele Einwohner hat die Schweiz und wie viele davon sind Ausländer?
21. Welche Sprachen spricht man in der Schweiz?
22. Zeigen Sie die großen Städte auf der Landkarte an.
23. Was sind die Hauptprodukte der Landwirtschaft?
24. Was sind die Hauptprodukte der Industrie und des Handels?
25. Wie erzeugt die Schweiz Energie?
26. Was verstehen Sie unter dem Begriff Volksmiliz?
27. Wie sieht die Flagge der Schweiz aus?
28. Wann wurde die Nationalhymne adoptiert?
29. Wer wird in dieser Hymne verehrt? Wer ist mit dem <u>Du</u> gemeint?
30. Wie offenbart sich dieses <u>Du</u>? Besprechen Sie Einzelheiten.

KAPITEL 5
DIE KULTUR DER GERMANEN

Worum geht es in diesem Kapitel?

Die Germanen kann man als Vorfahren der modernen Deutschen bezeichnen. Bis heute weisen Namen wie Frankfurt, Franken, Schwaben, Sachsen und viele mehr auf die germanische Vergangenheit hin. Ideale und Werte der Germanen wie Ehre, Treue, Gastfreundschaft, Mut und Tapferkeit spielen in der ganzen deutschen Geschichte eine Rolle. Die Romantiker und später die Nationalsozialisten idealisierten das Germanentum, und daher ist es wichtig für den Studenten der Germanistik, die Kultur der Germanen zu verstehen.

Wie gehen wir vor?

1. Ein Überblick über das Kapitel macht Sie auf Namen und Ausdrücke aufmerksam, die Sie bereits vorher gehört haben.
2. Gehen Sie Schritt für Schritt vor, und lesen Sie das Kapitel Abschnitt für Abschnitt. Machen Sie nach jedem Abschnitt eine Pause, und fassen Sie das Gelesene laut in Ihren eigenen Worten zusammen.
3. Achten Sie auf die Fragen und Anregungen am Ende des Kapitels. Es wird Ihnen helfen, die Fragen beim Studium der einzelnen Abschnitte zu beantworten.

Lernziele:

In diesem Kapitel lernen Sie,

1. daß die Germanen zur indoeuropäischen Völkerfamilie gehören und daß ihre Sprache und Kultur viel Gemeinsames mit anderen europäischen Völkerstämmen hat.
2. welche verschiedenen Stämme Europa besiedelten.
3. was wir aus Berichten und archeologischen Funden über Lebensweise, Kleidung, Waffen, Geräte, Schrift und Musik der Germanen wissen.
4. wie wichtig die Ideale Gastfreundschaft, Treue und Ehre dem Germanen waren.
5. welche Rolle die Sippe spielte und was das Verhältnis zwischen Etheling und Vasall war.
6. was die Stellung der Frau war und welche Aufgaben das Thing hatte.
7. die hauptsächlichen Tatsachen über die Mythologie der Germanen.
8. etwas über den Konflikt zwischen den Römern und den Germanen.
9. was die Völkerwanderung war und wie dieses Ereignis die zukünftige Geschichte und Gestaltung Europas beeinflußte.

Die Indoeuropäer

Zu den Vorfahren derjenigen Menschen, die heute in den Grenzen Deutschlands, Österreichs und der Schweiz wohnen, gehören unter anderen Völkerstämmen auch die Germanen. Zusammen mit den Romanen, Slaven, Griechen, Kelten, Indern und einigen kleineren Gruppen zählt man die Germanen zur indoeuropäischen Völkerfamilie, von der fast alle europäischen Völker und ihre Nachkommen abstammen. Ob die Indoeuropäer ursprünglich eine einheitliche Rasse oder ein einheitliches Volk waren, ist zweifelhaft, wohl aber steht fest, daß sie eine gemeinsame Sprache und Kultur besaßen. Philologen haben nachgewiesen, daß die indoeuropäischen Völkerstämme verwandte Ausdrücke für bestimmte Bezeichnungen und Begriffe haben, die auf ein gemeinsames Wort zurückgehen, wie zum Beispiel die Verwandtschaftsnamen Vater, Mutter, Bruder, Schwester, Sohn, Tochter, usw. und Ausdrücke wie Stier, Ochse, Kuh, Hund, Furt, Feuer, Wind, Schnee, Eis, u.a. Außerdem haben die indoeuropäischen Sprachen von der Grundsprache ein reich entwickeltes Flexionssystem übernommen, zu dem die Deklination von Hauptwörtern und die Konjugation von Zeitwörtern gehört. Man weiß nicht genau, wo das Ursprungsland der Indoeuropäer ist, aber man nimmt an, daß es östlich der Ostsee zwischen den baltischen Staatenrepubliken und dem Innern Asiens lag, vielleicht in den Gebieten südlich des Urals.

Die Germanen

Die heutigen deutschsprachigen Länder waren in vorhistorischer Zeit von Kelten bewohnt, die allmählich von den aus dem Norden vordringenden Germanen verdrängt oder unterworfen wurden. Die Germanen[1] scheinen ihre Heimat in Südskandinavien (Südschweden, Dänemark und Schleswig Holstein) und an der baltischen Küste Deutschlands gehabt zu haben. Zuerst besetzten sie die Küstenstriche und Flußtäler, die ihnen am zugängigsten waren. Um 500 vor Christi werden die Germanen den größten Teil Nordeuropas in Besitz genommen und die Kelten in die Alpengebiete und nach Westen verdrängt haben. Zur Zeit Caesars (100-44 v.Chr.) waren sie bis an den Rhein, die Donau und die Weichsel vorgedrungen. Wir unterscheiden nun drei große Gruppen: 1) die Ostgermanen (Goten, Burgunder und Wandalen) im Gebiet der Oder und Weichsel, die zur Völkerwanderungszeit, etwa 500 Jahre später, als Völker untergehen; 2) die Nordgermanen (Normannen, Dänen, Jüten, Angeln) in Skandinavien und Schleswig-Holstein und 3) die Westgermanen (Friesen, Sachsen, Langobarden, Cherusker, Chatten, Alemannen, Sueben, Franken, usw.), die zwischen Nordsee, Rhein, Main und Elbe wohnten und die Vorfahren der heutigen Deutschen, Schweizer, Engländer und Holländer sind. (Siehe Tafel: Germanen zur Römerzeit!)

Archeologische Funde

Unsere Kenntnisse über die Germanen gehen auf Ausgrabungen und Funde sowie auf Berichte von Zeitgenossen und das Studium des Wortschatzes zurück. Die ältesten Dokumente sind Waffen, Gebrauchsgegenstände, Schmuck und Musikinstrumente. Wir wissen, daß sie Landwirtschaft und Viehzucht betrieben haben und wie sie sich kleideten. In den Sümpfen von Norddeutschland hat man gut erhaltene Mumien aus altgermanischer Zeit, sogenannte "Moorleichen", gefunden. Diese Mumien beweisen, daß die Germanen Kleidung aus Wolle, Leinen und Fellen getragen haben. In den "Hünengräbern" (Hüne = Riese), von denen es viele in Norddeutschland gibt, hat man Geräte und Waffen sowie Pferdeskelette entdeckt. Offenbar hat man dem toten Krieger sein Pferd, seine Waffen und Proviant mit ins Grab gelegt. Die Musikinstrumente, sogenannte "Luren", 1,50 bis 2,30 Meter große, S-förmige Bronzehörner, sind für den Kulturhistoriker von besonderem Interesse, da sie zu beweisen scheinen, daß der Germane bereits vor 2500 Jahren (so alt sind die ältesten Luren) eine Stufe der Kultur erreicht hatte, die das Musizieren einschloß. Man hat die Luren immer paarweise gefunden und entdeckt, daß beide Hörner genau aufeinander abgestimmt sind und daß man auf jedem 24 Noten spielen kann. Der Ton ist feierlich, dunkel und weich, was darauf hinweist, daß die Instrumente nicht zu kriegerischer Musik geeignet sind. Einige Exemplare sind so gut erhalten, daß man sie noch heute, z.B. in Dänemark, spielt.[2] Faszinierend ist für uns die Tatsache, daß Musik und Musizieren bis heute eine Lieblingsbeschäftigung der Nachkommen der Germanen geblieben ist und daß sie auf diesem Gebiet Hervorragendes geleistet haben.

Die Runenschrift

Die Schrift der Germanen beruht auf dem Runenalphabet, das wahrscheinlich zwischen 100 v.Chr. und 100 n.Chr. entstanden ist. Forscher glauben, daß die Runen (gotisch run = Geheimnis) aus der lateinischen oder einer norditalienischen Schrift abgeleitet worden sind.[3] Die Runen wurden zuerst in Waffen und Gegenstände, später auf Holz, Knochen und Steine eingeritzt. Es waren einfache Angaben oder magische Zeichen, von denen man etwa 300, hauptsächlich in Skandinavien, gefunden hat. Der älteste germanische Stabreimvers ist eine Runeninschrift auf einem goldenen Horn, das etwa aus dem Jahre 400 n.Chr. stammt und 1639 bei Gallehus in Dänemark gefunden wurde.[4] Die Inschrift lautet:

---

[1] Was das Wort Germane bedeutet, weiß man nicht genau. Es ist wahrscheinlich keltischen Ursprungs und könnte die Bedeutung von "Nachbar", "Bruder" oder "Rufer im Streit" haben und wurde auch auf keltische Stämme angewandt. Seit Caesar bezeichnet Germane hauptsächlich die rechtsrheinischen Stämme. Die Bezeichnung "Speermann" (ger = Speer) ist wohl volkstümlichen Ursprungs.

[2] Das Nationalmuseum in Kopenhagen besitzt 23 Exemplare. Das schweizerische Alphorn ist vielleicht ein moderner Verwandter der Lure.

[3] Die Runen sind z.B. den Schriftzeichen der Etrusker, die v. Chr. Teile von Italien besiedelten, ziemlich ähnlich.

[4] Das Horn wurde 1802 aus der Kunstkammer in Kopenhagen gestohlen und wahrscheinlich eingeschmolzen.

ek hlewagastiR :holtigaR :horna :tawido:
(Ich Hlewagastir, Holtes Sohn [oder aus Holstein] fertigte das Horn).

Erste Berichte

Die ersten Berichte über die Germanen stammen von einem Griechen und zwei Römern, deren Mitteilungen jedoch unvollständig und unzuverlässig sind. Der Grieche Pytheas, ein Mathematiker aus Marseille, segelte um 340 v. Chr. nach Norwegen und der deutschen Nordseeküste, um das Ursprungsland des Bernsteins (Ostseeküste) zu entdecken.[5]

Die Römer kamen mit den Germanen in Kontakt, als beide Völker in militärischen Operationen oder Eroberungszügen aufeinanderstießen. Im 2. Jahrhundert v. Chr. gerieten sie mit den Kimbern und Teutonen, zwei Stämmen aus dem Nordseebereich, mehrfach in Konflikt, als diese auf der Suche nach neuen Wohnsitzen durch römische Interessengebiete südlich der Donau, sowie durch Gallien und Spanien zogen. Nachdem sie mehrere römische Heere geschlagen hatten, wurden sie endlich von dem römischen General Marius in Oberitalien gestellt und vernichtet.

Berichte von Caesar und Tacitus

Umfangreiche Nachrichten über Kriegsführung, Sitten und kulturelle Verhältnisse der Völker im Norden erfahren wir von C. Julius Caesar (100-44 v. Chr.), der in seinen Kommentaren über den Gallischen Krieg ausführlich, klar und scheinbar objektiv über die germanischen Stämme schreibt. Da er aber nur die linksrheinischen Völker selbst kennengelernt hat, nehmen wir an, daß viele seiner Berichte auf Angaben von Kaufleuten und Gefangenen beruhen. Er sieht die Germanen nicht mit den Augen des unbeteiligten Geschichtsschreibers, sondern als Befehlshaber eines stolzen, ruhmreichen Heeres. Sein Landsmann Cornelius Tacitus (55-120 n. Chr.) liefert uns in seinen Annalen und Historien, vor allem in der geradezu klassisch gewordenen Abhandlung Germania, das umfangreichste Werk über die germanische Kultur. In diesem Bericht hebt Tacitus die Germanen den Römern gegenüber sehr hervor und lobt ihre unverdorbene Natur und Tugenden, wie die Reinheit der Frauen, die hohe Stellung der Frau und der Ehe, die Treue und Tapferkeit der Männer. Sein Zweck ist Kritik am Sittenverfall Roms, Erziehung zu einer einfacheren, unverdorbeneren Lebensweise und Warnung vor der Zukunft. Tacitus beschreibt die Germanen so: "Die äußere Erscheinung ist bei allen [Germanen] die gleiche: trotzige blaue Augen, rotblondes Haar und hoher Wuchs."

Das Land und das Aussehen der Germanen

Wir können nicht auf alle Einzelheiten eingehen, die uns von den Römern überliefert wurden und werden daher die Hauptpunkte zusammenfassen.

Das Land, das die Germanen bewohnten, war unzugänglich und unwirtlich, bedeckt mit dichten Urwäldern, Sümpfen und Mooren. Nur die Küstenstriche und die Flußtäler waren leicht zu erreichen und daher dicht besiedelt. Das Wetter war den Römern zu kalt, naß, dunkel und neblig. Die Germanen waren größer als die Römer und oft kräftig gebaut; sie hatten vorwiegend eine hellere Hautfarbe, rotblondes Haar (sicher gab es auch dunkelhaarige Germanen!), blaue Augen und einen länglichen Schädel.[6] Der lateinische Dichter Ausonius aus Bordeaux (um 400 n.Chr.) beschreibt die suebische Sklavin Bissula in seinem Liederzyklus: "Bissula, geboren und aufgewachsen am Rhein, dem winterlichen Fluß. Deutsch sind ihre Züge, golden ihr Haar und blau ihre Augen."

Die römischen Soldaten waren vom Aussehen, vom Wesen und von der Kraft der Germanen stark beeindruckt. Plutarch berichtet uns, daß Marius seine Soldaten vor der Schlacht mit den Kimbern auf den Lagerwall steigen ließ, damit sie sich an den Feind gewöhnen sollten.

---

[5]   Bernsteinschmuck war den Griechen bekannt.

[6]   Wir müssen bedenken, daß die Römer natürlich die Unterschiede besonders betonten und daraus den Nachdruck verstehen, den sie auf blondes Haar und blaue Augen legten.

Die Kleidung

Die Kleidung der Germanen bestand aus einem Woll- oder Leinenkittel, über den ein ärmelloser, wollener Umhang getragen wurde, zusammengehalten vorn oder auf der Schulter durch eine Spange. Später wurden auch kurze und lange Wollhosen gebräuchlich. Die "Bruch" (englisch: breeches), eine Kniehose, wurde während der Völkerwanderungszeit allgemein getragen. Die Beine wurden durch Wadenstrümpfe oder Wickelbinden geschützt, und die Füße steckten in Schuhen, die aus einem Lederstück bestanden, das durch einen Riemen oder Bund[7] zusammengehalten wurde. Die Frauenkleidung unterschied sich kaum von der der Männer. Es wird berichtet, daß die Frauen entweder einen langen Rock oder ebenfalls Hosen trugen.

Die Waffen

Die Waffen unterschieden sich von Stamm zu Stamm. Tacitus erwähnt den Speer (framea). Bekannt ist auch das Schlachtbeil, das besonders von den nördlichen Stämmen verwendet wurde. Außerdem hatten die Germanen die Schleuder, den Pfeil und Bogen, sowie Dolch und Schwert. Das Schwert war der Stolz seines Besitzers und wurde in einer Scheide am Gürtel oder an einem Gehänge über der Schulter getragen. Es sollte sowohl prachtvoll als auch zweckmäßig sein, und die Waffenschmiede scheinen diesem Wunsch gerecht geworden zu sein, denn man hat viele herrliche Schwerter gefunden, von denen kaum eines dem andern gleicht. In der Mythologie spielt das Waffenschmieden und das Schwert eine große Rolle, man denke z.B. an Wieland, den Schmied, und Siegfrieds Waffe, Baldung.

Zum Schutz trug der Krieger einen Schild, den der Jüngling bei seiner Ernennung zum Mann erhielt und den er nicht verlieren durfte. Verlust des Schildes war gleichbedeutend mit Verlust der Ehre und galt als Beweis von Feigheit. Der Schild war rund, oval oder rechteckig, meist aus Holz, überzogen mit Leder oder Metall. Der Schildbuckel aus Eisen auf der Vorderseite schützte die Hand vor Pfeil, Speer und Schwert und diente auch als Stoßwaffe im Kampf. Manche Schilde waren über einen Meter groß und konnten als Schlitten oder zum Übersetzen über einen Fluß verwendet werden. Oft war die Außenseite mit den Standesfarben bemalt: weiß, bei den Kimbern, rot bei den Sachsen und braun bei den Friesen. Aus magischen Symbolen und Tierbildern, mit denen manche Schilde bemalt waren[8], mögen die mittelalterlichen Wappen entstanden sein.

Die Schlachtordnung

Im Gegensatz zu den Römern war das germanische Heer ein Volksheer, in dem jeder Waffenberechtigte freiwillig - und den Überlieferungen nach sehr gern - mitkämpfte. Es bestand aus Fußvolk und Reiterei. Ein Häuptling, König oder Herzog führte das Heer, das in Sippenverbände, Landsmannschaften oder Hundertschaften gegliedert war. Die einzige Kampfweise, die die Germanen kannten, war der Angriff. In Keilformation, mit dem Heerführer und seinen besten Kriegern an der Spitze, versuchten sie die feindlichen Linien zu durchbrechen. Vor dem Angriff erhitzten sich die Krieger durch langandauerndes, immer lauter werdendes Kampfgeschrei (barditus), das noch dadurch verstärkt wurde, daß man in die hohlen Schilder schrie, die man sich vor den Mund hielt. Die Römer erkannten den Wert der germanischen Truppe und stellten immer mehr Germanen in ihre Heere ein, ernannten germanische Heerführer zu hohen Offizieren und verwendeten germanische Reiterei mit großem Erfolg.

Die Siedlungen

Die Hauptsiedlungen lagen an Flüssen oder in Küstenbereichen, wo auch heute die großen modernen Städte liegen. Die Germanen wohnten in Block- oder Fachwerkhütten, die meist nur einen Raum hatten und mit einem Strohdach versehen waren, das auf der Wetterseite oft bis zur Erde herunterhing.[9] Die Häuser setzten sich unregelmäßig zu einer Siedlung zusammen, wobei nicht selten jedes kleine Gehöft vom Haus des Nachbarn durch einen Zaun getrennt war. Dieses Streben nach Privatbereich ist noch heute dem modernen Deutschen so eigen wie seinem Vorfahren von vor 2000 Jahren. Man beachte nur die vielen Zäune, die die Grundstücke einer modernen Siedlung voneinander trennen. Die Felder und Weiden der Germanen waren Gemeingut und wurden jedes Jahr neu verlost, um etwaige Vor- oder Nachteile des Bodens und der Witterung auszugleichen. Das Vieh weidete zusammen auf der Allmende, die in einigen Gemeinden heute der Gemeindewiese entspricht.

---

[7] Der "Bundschuh" wurde bis ins späte Mittelalter getragen.

[8] Das deutsche Wort schildern geht auf die Bemalung der Schilde zurück.

[9] Bauernhäuser an der Küste und im Schwarzwald haben auch jetzt noch ein tief herabhängendes Dach nach der Wetterseite hin.

Die Lebensweise

Die Lebensweise war einfach und, um Tacitus zu glauben, unverdorben. Man aß Brot, Gemüse und Fleisch, hauptsächlich Schweine-, Wild- und Pferdefleisch. Letzteres wurde von den christlichen Missionaren verboten, weil das Pferd mit der heidnischen Religion eng verknüpft war. Die Hauptgetränke waren Met und Bier. Met war eine Mischung aus Honig und Wasser, die gekocht und zur Gärung gebracht wurde. Man saß besonders an langen Winterabenden mit Freunden und Gästen zusammen und trank zuweilen unmäßig, was zu Streit und Totschlag führen konnte. Meistens saß man aber wohl gesellig zusammen und erzählte Geschichten, wie man ja auch heute noch am Stammtisch sitzt und erzählt. Die schwere Feldarbeit wurde von den Sklaven verrichtet, die Hausarbeit von den Frauen, während die Männer auf die Jagd gingen oder in den Krieg zogen. Nur die Schmiedekunst scheint ein ehrbarer Beruf für den Mann gewesen zu sein. Die Jünglinge lernten Schwimmen, Reiten und Kämpfen von älteren, erfahrenen Männern, denen sie zugeteilt wurden.

Die Gastfreundschaft

Die Geselligkeit und die Gastfreundschaft sind Wesenszüge der Germanen, die die Römer oft betonten. Der hilfsbedürftige, friedliche Fremde wurde in das Haus aufgenommen, wenn er um Gastfreundschaft bat. Tacitus berichtet im 21. Kapitel seiner Germania:

> Geselligkeit und Gastfreundschaft pflegt kein anderes Volk in
> so reichem **Ausmaß** wie die Germanen. Irgendeinen Menschen von
> der Tür zu weisen, gilt als Unrecht. Jeder bewirtet den Gast nach
> seinen Mitteln an dem reich besetzten Tisch. Geht der Vorrat zur
> Neige, so weist der Gastgeber ihn an eine neue Herberge und begleitet
> ihn; uneingeladen gehen sie ins nächste Haus. Und es ist kein
> Unterschied: Mit gleicher Freundlichkeit werden sie aufgenommen,
> ob bekannt oder unbekannt, gilt für das Gastrecht gleichviel.
> Wenn der Gast beim Abschied einen Wunsch äußert, so ist es Sitte,
> ihn zu erfüllen. Mit der gleichen Unbefangenheit kann auch der
> Gastgeber eine Gegenforderung stellen.

unself consciousness

Caesar sagt, daß es als Schande gilt, den Gast zu beleidigen und daß die Gastfreundschaft dem Germanen heilig ist. Der Hausherr muß den Gast beschützen, der an seinem Tisch sitzt. Die Alboinsage berichtet, daß der König selbst den Mörder seines Sohnes beschützt, als dieser als Gast an seinem Tische sitzt. Die Gastfreundschaft siegt über das mächtige Gefühl der Blutrache. Die Tat von Macbeth ist so besonders ruchlos, weil er seinen Gefolgsherrn, den König, dem er Treue geschworen hat, in seinem Haus ermordet und dadurch Treue und Gastfreundschaft bricht.

Die Ehre

Die höchste Tugend des Germanen war seine Ehre, die, wie wir sehen werden, auch bei den Rittern des Mittelalters und den Offizieren des preußischen und deutschen Staates eine sehr große Rolle spielte. Die Ehre war der entscheidende Maßstab für seine Handlungsweise; seine menschliche Würde, sein soziales Ansehen, ja sein Leben hing von der Ehre ab. Ohne Ehre war das Leben unmöglich. Die Ehre des Einzelnen war unmittelbar verbunden mit der Ehre der ganzen Sippe. Wenn der Einzelne an seiner Ehre gekränkt war oder sie verloren hatte, so war die Ehre der ganzen Sippe gekränkt oder verloren. Eine Beleidigung, eine Verletzung oder der Totschlag eines Verwandten war ein Vergehen gegen die Ehre, die unbedingt wieder hergestellt werden mußte. Im Hildebrandslied bleibt dem Vater keine Wahl, als den Sohn zu töten, da dieser seine Ehre beleidigt hat und da er ohne Ehre nicht leben kann.

Die Treue

Verbunden mit der Ehre war die Treue, das auf einen Eid gegründete zuverlässige Verhalten zwischen Gefolgsherrn und Gefolgsmann. Die Treue gebot es dem Vasallen, seinem Herrn im Kampfe an Tapferkeit nicht nachzustehen und es verbot ihm, ihn in der Schlacht zu überleben. Der Ausdruck "treu bis in den Tod", der von den Nationalsozialisten oft verwendet wurde, traf auf den germanischen Gefolgsmann zu. Treue hing mit der Religion zusammen, denn das freiwillig gegebene Wort war heilig, und der gebrochene Eid brachte Fluch, Schande und Ehrverlust. Treue war ein Verhältnis, das von beiden Partnern gleich geachtet werden mußte und mit Vertrauen und Ehrlichkeit verknüpft war. Sagen und Literatur geben viele Beispiele der Treue zwischen Mann und Mann. Im

Nibelungenlied lesen wir von dem tragischen Dilemma des Markgrafen Rüdiger, der als Gefolgsmann Etzels dem Hunnenkönig die Treue halten muß, der aber die Burgunden in seinem Haus an seinem Tisch gastlich bewirtet und seine Tochter dem jungen König Giselher versprochen hat. Wie kann er Etzel gehorchen, als dieser ihn an seinen Treueid erinnert, nachdem er Gastfreundschaft mit den Burgunden geschlossen hat?

"Wehe, Gott, mir Armen !" sprach der treue Mann.
"Alle meine Ehre muß ich geben dran,
Alle Zucht und Treue, die Gott mir gebot.
Reicher Gott im Himmel, daß mir nicht werden will der Tod!

Welches ich nun lasse, das andere zu begehn,
stets ist durch mich Böses und Übeles geschehn.
Laß ich aber beides, so schmäht mich alle Welt.
Nun möge mich erleuchten, der ins Leben mich gestellt!"

Welche Wahl Rüdiger auch trifft, seine Ehre muß er "drangeben", verlieren. Nur wenn Gott ihm das Leben nehmen würde, könnte er ehrenvoll sterben. Nach langem innerem Ringen sieht er ein, daß die Pflicht, seinem König die Treue zu halten, stärker ist als Familienbande und Freundschaft. Er verteidigt König Etzel und findet dabei den Tod im Kampf. Das Thema Treue und Ehre klingt im *Nibelungenlied* und anderen literarischen Werken immer wieder an.

Die Problematik der Treue

Tacitus erkennt bereits eine Problematik in der starrsinnigen Treue, in der rechthaberischen, verbissenen Beharrlichkeit im Negativen, die es z.B. vielen Offizieren im Zweiten Weltkrieg versagte, sich gegen Adolf Hitler aufzulehnen. Bei dieser starrsinnigen Beharrlichkeit ist ja eigentlich von Treue keine Rede mehr, denn Treue beruht auf gegenseitigem Vertrauen. An dieser Stelle müssen auch die Vorwürfe abgewiesen werden, die von Treulosigkeit und Treuebruch der Germanen den Römern gegenüber sprechen. Hier haben die Germanen wohl von den Römern gelernt, denn die Geschichte beweist, daß es fast immer die Römer waren, die die Germanen als Barbaren betrachteten und damit ihren Betrug an diesen rechtfertigten. Da fühlten freilich die Germanen schließlich keine bindende Verpflichtung mehr und vergalten Trug mit Untreue. In diesem Sinne sind auch in unserer Zeit diejenigen Offiziere, die sich der Widerstandsbewegung gegen den Nationalsozialismus anschlossen, völlig gerechtfertigt, wenn sie schließlich dieses trügerische Regime bekämpften, das Regime, das ihnen längst nicht mehr die Treue gehalten und damit von selbst die Treuebande gelöst hatte.

Die germanischen Stämme

Wir haben bereits erwähnt, daß die Germanen in Stämme unterteilt waren. Anfangs sind diese Stämme wahrscheinlich zahlreich und klein gewesen, aber allmählich wurden manche Stämme durch Zusammenschluß mehrerer Volksgemeinschaften und durch starken Zuwachs größer und stärker. Stämme unterschieden sich im Laufe der Jahrhunderte immer mehr durch einen gemeinsamen Dialekt, Gewohnheiten, Tradition, Kulturformen und auch durch Rassenmerkmale. Die Stämme waren maßgeblich an der Entwicklung einer deutschen Zivilisation und einer politischen Nation beteiligt. Die Franken legten den Grundstein und verbanden die germanisch-politische und gesellschaftliche Grundlage mit der christlich-römischen Kultur zu einer neuen Einheit. Die Alemannen, Sachsen und Markomannen (Bayern-Habsburger) führten abwechselnd die Geschicke des deutschen Volkes, bis sie von den Neustämmen (Preußen) abgelöst wurden. Die Franken und Thüringer trugen wesentlich zur Kolonisation der Gebiete östlich der Elbe und Saale bei. Doch von all dem später.

Die Sippe

Zunächst fühlte sich der Germane sicher weniger als Mitglied eines Stammes sondern mehr als Angehöriger einer Sippe, einer Großfamilie. Ein Nationalgefühl gab es natürlich gar nicht, das hat sich erst in jüngster Zeit entwickelt. Die Familienbande waren stark, und die Familie besaß bestimmte natürliche und unveränderliche Rechte. Zur Sippe gehörten alle männlichen Blutsverwandten mit ihren Frauen und Kindern sowie andere Verwandte, Knechte und Mägde. Die Sippe regelte alle allgemeinen und persönlichen Aufgaben. Beleidigungen, Körperverletzungen und Mord wurden durch die Blutrache geahndet. Da die Blutrache jedoch zu endlosen Totschlägen führen konnte, suchte man sie schon früh durch eine Bußzahlung, das "Wergeld"[10], zu ersetzen. Nach Stand, Geschlecht und Wertung des Getöteten wurde der Betrag bemessen, mit dem sich die Sippe des Erschlagenen von dem Täter und dessen Familie loskaufen konnte. Im Kriege kämpften die Sippenmitglieder in geschlossener Abteilung nebeneinander, ein Vorteil, den die Römer zu schätzen wußten.

Eine Sippe bestand aus 50 bis 100 Familien, die zusammen in derselben Dorfgemeinschaft wohnten. Später wurden meist 100 bis 120 Familien zu Hundertschaften zusammengeschlossen, und das Gebiet, das sie bewohnten, wurde Gau (englisch "shire") genannt.

Etheling und Vasalle

Die Bevölkerung bestand aus Freien und Sklaven. Die freien Männer waren vollberechtigte Mitglieder des Stammes und der Gemeinde: Ihnen gehörte das Land, sie durften Waffen tragen, in den Krieg ziehen und in den Volksversammlungen, dem Thing, abstimmen. Die bedeutendsten freien Männer, die aus alten Herzogsfamilien stammten oder sich durch überragende Fähigkeiten auszeichneten, hießen Ethelinge. Andere freie Männer stellten sich freiwillig als Vasallen in ihren Dienst und leisteten ihnen Gefolgschaft und Treue, während der Etheling ihnen als Gegenleistung Vertrauen, Kleidung, Unterkunft, Nahrung und Waffen schenkte. Die Vasallen oder Gefolgsmänner werden im Mittelalter Degen (thegans) genannt, und aus den Ethelingen entwickeln sich die Adelsfamilien. Im Krieg spielte die Gefolgschaft eine große Rolle: Der Gefolgsmann hatte den einen Ehrgeiz, seinen Herrn zu beschützen, ihm in seinem Ruhm nachzueifern und für ihn das Leben zu opfern. Der Etheling hielt es für seine höchste Pflicht, sich für seine Männer auch unter Todesgefahr voll einzusetzen. In der Nibelungendichtung weisen die Könige das Anerbieten zurück, sich das Leben zu sichern durch die Auslieferung ihrer Gefolgsmänner. Tacitus schreibt im 14. Kapitel über dieses Verhältnis:

> In der Schlacht ist es eine Schmach für den Gefolgsherrn, sich an Tapferkeit übertreffen zu lassen, und es ist eine Schmach für die Gefolgschaft, es dem Herrn an Tapferkeit nicht gleichzutun. Fürs ganze Leben aber lädt Schimpf und Schande auf sich, wer seinem Gefolgsherrn nicht in den Tod folgt. Ihn zu schirmen, ihn zu schützen, auch die eigenen Heldentaten ihm zum Ruhme anzurechnen, ist des Gefolgsmannes vornehmste und heiligste Pflicht. Die Gefolgsherren kämpfen um den Sieg, die Gefolgsmannen für ihren Herrn.

Die Stellung der Frau

Die Frau war dem Mann nicht ebenbürtig, wurde aber als Mutter und Wahrsagerin hoch geachtet. Ihre Haupttugend scheint die Reinheit und die Treue zu ihrem Mann gewesen zu sein. Tacitus preist die Tugenden der germanischen Frauen und die Achtung, die der Stand der Ehe genießt. Wir müssen dabei jedoch wiederum darauf hinweisen, daß Tacitus reformatorische, erzieherische Absichten hatte. Für den Ehebruch wurde die Frau, aber nicht der Mann, hart bestraft, eine Sitte die sich in gewisser Weise mindestens bis zu Anfang des 20. Jahrhunderts erhalten hat. Die Familien sind kinderreich gewesen, was zum Teil die ständige Suche nach mehr Land sowie die zunehmende Zahl germanischer Soldaten und Beamten in römischen Diensten erklärt.

Das Thing

Die Versammlung der freien Männer, in der wichtige Entscheidungen getroffen wurden, hieß das Thing. Das Thing traf sich entweder regelmäßig bei Neu- oder Vollmond[11] oder wurde zu einem bestimmten Zweck einberufen. Man traf sich an einem besonders geweihten Ort. Das Thing konnte auf Dorf-, Gau- oder Stammesebene einberufen werden. Der angesehenste Mann führte den Vorsitz. Die Versammlung nahm Jünglinge als vollberechtigte Männer auf, entschied in Streitfällen, wobei es hauptsächlich auf überlieferte Gesetze oder auf Tradition zurückfiel, verurteilte Feiglinge, Verräter, Deserteure, Treulose oder Religionsverächter zum Tode und entschied über Krieg und Frieden. Im Kriegsfall wählte es einen Herzog oder König, der jedoch nach Ende der Kampfhandlungen sein

---

[10] "Wer" bedeutet "Mann", "Mensch", nach germanisch wera; vgl. lateinisch "vir".

[11] Der Mond und das Wetter spielten eine wichtige Rolle im Gelingen eines Unternehmens und im Menschenschicksal. So wurden Schlachten verloren, weil die Mondphase ungünstig war oder abgebrochen, wenn ein Gewitter einsetzte.

Amt wieder aufgeben mußte. Manche Stämme, so die Ost- und Nordgermanen, hatten auch im Frieden einen König, aber auch hier bewahrte sich die Volksversammlung Hoheit in wichtigen Fragen. Der König war kein uneingeschränkter Alleinherrscher, sondern der höchste Beamte des Volkes. Das Thing war eine Art Volksvertretung und Volksgericht in einer Instanz. Es ist interessant zu verfolgen, wie sich in England und Island der demokratische Charakter des germanischen Things zu einem parlamentarischen Staat weiterentwickelt, während die demokratischen Elemente auf dem Kontinent allmählich in den Hintergrund treten und der König alle Macht an sich reißt. Sicher hat dabei das Vorbild Roms auf dem Kontinent mit auf die Entwicklung eingewirkt.

Die Religion

Wir besitzen keine Dokumente über die Religion der Germanen. Die Berichte von römischen Geschichtsschreibern und christlichen Missionaren sind mit Vorurteilen beladen und daher unzuverlässig. Unser Wissen ist unvollständig und beruht zum größten Teil auf alten isländischen Sagen und auf archäologischen Funden aus der Stein- und Bronzezeit.

Die Götter und das Schicksal

Die Götter waren persönliche Wesen, die der Krieger fürchtete und verehrte als Übermenschen, die ihm helfen und ihm Vorteile verschaffen konnten. Ihnen leistete er Gefolgschaftstreue wie seinem Etheling. Die Götter und ihre Gegner, die Riesen, bevölkerten den Himmel und die Gebirge. Sie bekriegten sich fortwährend, bis die Riesen in einem großen Endkampf die Götter in einer flammenden Götterdämmerung vernichten würden.

Sowohl Götter und Riesen stehen "jenseits von Gut und Böse"; sie sind kein Vorbild für den Menschen; sie sind gewitzt und kraftvoll, aber weder allmächtig noch ewig. Sie symbolisieren die Gegensätze, die der Germane im *shrewd* Leben antrifft. Über den Göttern, Riesen und Menschen steht die Macht des Schicksals, die von drei allwissenden Frauen, den Nornen, verwaltet wird. Das Schicksal kann nicht wie die Götter durch Gebet und Opfer beeinflußt werden, aber es kann von Seherinnen mit Hilfe der Auslegung von Vogelflug und Runenstäbchen in seinen Absichten erforscht werden.

Donar oder Thor, dessen Name in Donnerstag (und in Thursday) erhalten geblieben ist, ist der Beschützer des Feldes, der dem Bauern Ernte, Reichtum und Frieden schenkt und der die Ehe und das Recht bewahrt. Er ist aber auch der Kriegsgott, der mit seinem Hammer Blitze schleudert und den Feind vernichtet. In ihm sind freundschaftlicher Schutz und gefährliche Vernichtungsmacht vereint. Ziu-Sachsnot ist der Kriegsgott der Sachsen, nach dem der dritte Wochentag Dienstag (Tuesday) benannt ist. Der Allvater, der Himmelsgott, der Gott des Todes, des Sturmes, des Schlachtfeldes, der Weisheit und der Zauberei, der einäugige Wanderer, der den Menschen oft unverhofft erscheint, ist Wotan (Odin), der unberechenbarste unter den Göttern. Seine blonden Schlachtjungfrauen, die Walküren, reiten über die Schlachtfelder und sammeln die gefallenen Helden auf, um sie in die Walhalla[12] einzuführen, wo sie von Wotan und schönen Jungfrauen reich bewirtet und belohnt werden und wo sie sich auf die letzte entscheidende Schlacht gegen die Riesen bereithalten. Alle Germanen verehren Wotans Gattin Friga (auch Frigg, Nerthus, Hertha oder Hödor genannt), die Beschützerin der Ehe und Liebe, die große Himmelsmutter (Frigas Tag -Freitag, Friday).

Mythologische Wesen

Außer den Göttern und Riesen, die den Himmel bewohnen, bevölkern eine Unzahl freundlicher und feindlicher Geister, Elfen, Nymphen, Zwerge, Hexen, Kobolde und Werwölfe die Berge, Wälder, Bäche, Seen, Flüsse, Quellen, Wiesen und Bäume auf der Erde. Für den Germanen, der mitten in der Natur lebte und sich betätigte, war diese belebt. Die Geister der Verstorbenen hielten sich noch eine Zeitlang in den Bäumen und Quellen nahe ihrem früheren Wohnort auf.

Die Götterdämmerung

warrior

Die Religion scheint dem Germanen keine endgültige Antwort gegeben zu haben auf die Frage nach dem Sinn des Lebens. Selbst der gewaltigste Recke hat scheinbar umsonst gelebt, denn zusammen mit den Göttern ist er einem sinnlosen Schicksal unterstellt, das am Ende der Zeiten Himmel und Erde vernichten wird. Auch die in Walhalla versammelten Helden können die Götter nicht vor dem Untergang retten, sondern gehen mit ihnen in der Götterdämmerung unter. Was werden die Riesen nach dieser letzten Vernichtungsschlacht tun, wenn sie aus der Feuersbrunst siegreich hervorgehen? Darauf gibt es keine Antwort. Erst die neue Religion, das Christentum, das die

---

[12]   Wal = im Kampf erschlagen.

Germanen nach dem Zusammenbruch des römischen Reiches annehmen, setzt dem pessimistischen Schicksalsglauben ein Ende und gibt den Menschen Hoffnung. Ob es dem Christentum gelang, den germanischen Mythos ganz zu verdrängen, bleibt zweifelhaft, wenn man bedenkt wie beeindruckt Tausende jedes Jahr von Richard Wagners Opern sind, die den alten Götterglauben und die Götterdämmerung verherrlichen oder wenn man sich erinnert, wie Adolf Hitler und andere führende Männer des Nationalsozialismus besessen waren von der Idee des Endkampfes, des totalen Unterganges der arischen Kultur in einer Art Götterdämmerung.

Die Ausbreitung des römischen Reiches

Wir haben bereits mehrfach erwähnt, daß Römer und Germanen jahrhundertelang aufeinanderstießen, bis die germanischen Stämme endlich im 5. Jahrhundert das römische Weltreich überrannten. Obgleich die meisten Germanen seßhafte Bauernvölker waren, waren einzelne Sippen oder größere Teile von Stämmen dauernd auf der Suche nach neuem Land. So verließen etwa 100 v. Chr. die Kimbern und Teutonen[13] ihre Wohnsitze an der Nordsee und zogen auf der Suche nach Land durch Deutschland, Frankreich und Spanien. Mehrfach stießen sie auf römische Legionen und fochten siegreiche Schlachten, bis sie endlich in Oberitalien gestellt und vernichtet wurden. Es wird berichtet, daß die Frauen nach der verlorenen Schlacht ihre Kinder und sich selbst umbrachten, um sich vor der Scham der Sklaverei zu retten. In den folgenden Jahren breiteten die Römer ihre Macht immer weiter nach Norden aus, besetzten das heutige Frankreich, Belgien, Holland, Österreich, Süddeutschland, Ungarn, Rumänien und Teile Englands. Der Rhein, der Main und weiter östlich die Donau blieben ungefähr die Grenze zwischen Rom und den germanischen Völkern, obgleich römische Heere einzelne Expeditionszüge auch ins Innere des Landes unternahmen, besonders an der Nordseeküste und in den Flußtälern.[14]

Hermann der Cherusker

Den römischen Expansionsplänen wurde im Jahre 9 n. Chr. endgültig ein Ende gesetzt, als Armin (Hermann), ein in Rom erzogener Fürst der Cherusker, drei römische Legionen unter Führung von Quinctilius Varus im Teutoburger Wald in einer dreitägigen Schlacht völlig vernichtete. Dieser Sieg war von großer geschichtlicher Bedeutung, denn er verhinderte die Romanisierung Germaniens und erlaubte den Germanen ihre eigene Entwicklung.[15] Der Rhein und nicht die Elbe wurde die Ostgrenze des römischen Weltreiches im Gebiet Gallien-Germanien.

Der Limes

In den folgenden Jahrzehnten errichteten die Römer Verteidigungsanlagen an Rhein und Donau sowie zwischen den beiden Strömen. Die berühmteste Verteidigungslinie war der Limes,[16] ein etwa 550 km langer Grenzwall, der bei Rheinbrohl (zwischen Remagen und Koblenz) am Rhein begann, die Lahn bei Bad Ems überquerte, dann auf dem Kamm des Taunus verlief, von Hanau bis Miltenberg dem Main folgte, dann südlich vorbei an Jagsthausen, wo später Götz von Berlichingen seinen Sitz nahm, nach Lorch und von dort nach Osten führte und bei Regensburg auf die Donau traf. Dieser Wall war mit Palisaden und Steinmauern gesichert. Bis zu sechs Meter hohe Wachttürme standen in regelmäßigen Abständen und waren durch Wege und Straßen mit den weiter hinter der Grenze liegenden Kastellen (wie z.B. Castellum Mattiacorum bei Mainz und Castra Regina bei

---

[13] Manche Forscher glauben, daß große Sturmfluten und damit verbundene Landverheerungen den Aufbruch dieser Völker veranlaßten.

[14] Caesar überschritt den Rhein zweimal auf einer kunstvoll gebauten Brücke zu kurzen Einfällen in germanisches Gebiet.

[15] Der römische Kaiser Augustus soll von der furchtbaren Niederlage schwer getroffen worden sein. Er soll seine germanische Leibwache entlassen und immer wieder ausgerufen haben: "Varus, Varus, gib mir meine Legionen wieder!" Die Nummern der drei Legionen, XVII, XVIII und XIX, die der römische Feldherr seinem Kaiser nicht zurückbringen konnte, da die Cherusker die römischen Insignia erbeutet hatten, sind im römischen Heer nie wieder erschienen. Wie zur Zeit des Kimberneinfalls war Rom schwer erschüttert. Im 19. Jahrhundert wurde bei Detmold eine riesige Statue des Cheruskerfürsten errichtet (das Hermannsdenkmal), die an den germanischen Sieg erinnern soll.

[16] Das lateinische Wort bedeutet ursprünglich Grenzweg, erhält aber bald die Bedeutung Grenzwall. Das englische Wort "limit" (wie in city limit) wird von "limes" abgeleitet.

Regensburg) verbunden. Diese römischen Befestigungen verhinderten das Vordringen der Germanen bis Ende des 3. Jahrhunderts. Einzelne Angriffe, wie der Einfall der Markomannen in Gebiete südlich der Donau, und der Alemannen, die den Limes auf breiter Front überrannten, richteten große Zerstörungen an, wurden aber aufgehalten. Allerdings konnten die Römer nicht verhindern, daß sich germanische Völker auch südlich des Mains und der Donau ansiedelten.

Die Völkerwanderung

Gegen Ende des 4. Jahrhunderts haben sich die meisten germanischen Stämme, die Tacitus erwähnte, zu neuen größeren Stammesverbänden zusammengeschlossen. Wir wissen nicht genau, wie und warum dies geschah. Sicher haben politische Gründe (vereinte Opposition gegen Rom, bessere Verwaltung eroberter Gebiete) eine Rolle gespielt. Am Unterrhein saßen die Franken, am Oberrhein die Alemannen.[17] Die Thüringer[18] hielten noch ihre zentral gelegenen Sitze. Im Norden wohnten die Sachsen, die Angeln, Friesen und Jüten, im Osten an Oder und Weichsel die Wandalen, Langobarden und Burgunden und im Südosten die Ost- und Westgoten.[19] (Siehe Karte!) Während die Westgermanen sich langsam ausdehnten und benachbarte Gebiete in Besitz nahmen, verließen die Ostgermanen völlig ihre Heimat und suchten neue Wohnsitze. Die Expansion der germanischen Völker war bedingt durch ihre schnell wachsende Bevölkerung, die immer nötiger neues Land brauchte. Hinzu kamen Sturmfluten im Norden und Klimawechsel. Einige Forscher meinen, daß die germanische Wanderlust, der Drang nach dem sonnigen Süden und die Eroberungslust ebenfalls Faktoren sind, die mitberücksichtigt werden müssen, wenn man die Völkerwanderung erklären will. Bis ins 4. Jahrhundert hinein war es den Römern gelungen, die überschüssige Bevölkerung in Grenzprovinzen anzusiedeln und junge Männer zu Tausenden ins Heer und in die Verwaltung aufzunehmen, wo viele mit Auszeichnung dienten und hohe Ämter bekleideten.

Die Westgoten erobern die Stadt Rom

Im Jahre 375 fielen die Hunnen, ein wildes mongolisches Reitervolk aus Südsibirien, in das Reich der Ostgoten ein und besiegten dieses ostgermanische Volk. Die Westgoten, die unmittelbar von den Hunnen bedroht wurden, baten die Römer um Land in ihrem Ostreich. Es wurde ihnen in Thrakien gewährt, aber unter so unwürdigen Bedingungen, daß sie zu den Waffen griffen und die Römer 378 bei Adrianopel schlugen. Unter ihrem König Alarich eroberten die Westgoten zuerst das oströmische Reich (Balkanhalbinsel mit der Hauptstadt Konstantinopel) und wandten sich dann gegen Westrom (Italien). Am 24. August 410 nahmen sie die ewige Stadt ein, die seit Hannibal, 600 Jahre vorher, keinen Feind vor ihren Toren gesehen hatte. Alarich starb noch im selben Jahr, und sein Volk siedelte sich in Gallien und Spanien an, bis das Westgotenreich in Gallien von den Franken im 6. Jahrhundert und in Spanien von den Mohammedanern 711 aufgelöst wurde.

Die Wandalen

Bereits vor den Goten waren die Wandalen nach Spanien gekommen. Sie hatten sich, wahrscheinlich aus Dänemark kommend, zwischen Oder und Weichsel angesiedelt und verließen dort ihre Wohnsitze zu Anfang des 5. Jahrhunderts, überschritten den Rhein, verheerten Gallien und setzten sich 409 in Spanien fest. Im Jahre 428 wurde Geiserich, eine sagenumwobene Heldengestalt der Völkerwanderungszeit, ihr Führer. 429 gelang es ihm, sein Volk nach Nordafrika überzusetzen und diese römische Provinz zu erobern. Er baute eine Kriegsflotte aus, die mit dem Fall von Karthago (439) noch durch die erbeutete römische Flotte vergrößert wurde. Der alte Seemannsgeist ihrer

---

[17]   Franken bedeutet die Mutigen oder die Freien (ahd. "franc" frei), Alemannen, "alle Männer." Der Name deutet auf den Zusammenschluß Gleichgesinnter gegen Rom hin.

[18]   Nachkommen der Hermunduren d.h. der "Mutigen".

[19]   Die Sachsen werden nach ihrem kurzen, einschneidigen Schwert ("sahs") benannt. Die Bezeichnung Angeln kommt von "angul" = Winkel und weist auf ihre Heimat hin. Friese bedeutet freier Mann (fri = frei) oder Küstenbewohner (idg. fers = Küste, Rand), Jüte bedeutet Mensch, Wandale der Umherschweifende (ahd. wantalon = wandern), Langobarde bedeutet der Langbärtige (auch: "barte" = Streitaxt), Burgunde ("burg") der auf hochgelegenem Ort sich Bergende, Gote bedeutet Männer (gotnar = Männer) oder der aus gutem Lande Stammende (Gotland).

Vorfahren scheint in den Wandalen schnell wieder lebendig geworden zu sein, denn sie unternahmen kühne Plünderungszüge im ganzen Mittelmeerraum, nahmen 455 Rom ein und plünderten die Stadt 14 Tage lang aus.[20] Nach Geiserichs Tod (477) brach das Wandalenreich bald zusammen, wohl weil die Kraft der an kälteres Klima gewöhnten Germanen im warmen Süden bald erschlaffte und weil die vielen gefallenen Krieger nicht durch junge Männer ersetzt werden konnten. Auf den vielen Kriegszügen war der Nachwuchs stark zurückgegangen. Oströmische Soldaten vernichteten 534 das Reich und machten Nordafrika wieder zu einer römischen Provinz. Während Westrom von innen und von außen zugleich von den Germanen überrannt wurde, war es Ostrom gelungen, seine Souveränität zu erhalten und die kulturelle römische Tradition fortzusetzen. Im Jahre 476 hatten ostgermanische Soldaten, die in römischen Diensten standen und die Stadt Rom beschützen sollten, den Kaiser Romulus Augustulus abgesetzt und ihren eigenen Führer Odovakar zum König erhoben. Damit war das Ende des weströmischen Reiches gekommen, und germanische Völker regierten nun dieses einst für unbesiegbar gehaltene Imperium.

Die Hunnen und die Ostgoten

Nachdem die Hunnen unter Attila, der als König Etzel im Nibelungenlied erscheint, 445 vor den Toren Konstantinopels gestanden hatten und dann über den Rhein nach Gallien gezogen und in Italien eingefallen waren, hatten sie sich wieder an die Donau zurückgezogen. Dort starb Attila, und die Hunnen verschwanden als Volk aus Europa.[21] Nun wurden die Ostgoten von ihren Herren frei und errichteten ihre Herrschaft in Italien unter ihrem König Theoderich, der als Dietrich von Bern (Verona) in die deutsche Sage eingeht. Da Theoderich den Odovakar nicht in offener Schlacht besiegen konnte, ließ er ihn bei Verhandlungen ermorden und riß so das Reich an sich. Er regierte erfolgreich bis an sein Ende (526). Dann zerfiel sein Reich und wurde von den Armeen des oströmischen Kaisers Justinian erobert. Danach verschwanden auch die Ostgoten als Volk von der Bildfläche der Geschichte.

Die Burgunder und Langobarden

Die zwei anderen ostgermanischen Stämme erlitten ein ähnliches Schicksal wie ihre Brüder. Die Burgunder, die aus Südskandinavien (Insel Burgundarholm = Bornholm) an die Weichsel und Oder gekommen und dort 500 Jahre seßhaft gewesen waren, wanderten durch Schlesien nach Westen und errichteten 406 unter ihrem König Gundahari (Gunther im Nibelungenlied) um Worms das sagenhafte Burgunderreich. Zusammen von Römern und Hunnen wurden 437 der König und 20 000 Krieger vernichtet, ein Ereignis, das im Nibelungenlied literarisch behandelt wird. Reste der Burgunden gründeten ein neues Reich um das Saone- und Rhônebecken, das bis 534 bestand und dann von den Franken ins Merowingerreich einverleibt wurde.

Die Langobarden saßen schon früh an der unteren Elbe, wo ein Teil von ihnen im Volk der Sachsen aufging. Ein anderer Teil zog nach Süden und kam nach langen Wanderungen 568 nach Oberitalien. Hier errichteten sie das letzte germanische Königreich (Lombardei) auf dem Boden des römischen Imperiums. Sie herrschten über 200 Jahre bis ihr Reich 774 von den Franken unter Karl dem Großen, der sich zum König der Langobarden krönte, erobert wurde.

Die Angeln, Sachsen und Wikinger

Zu erwähnen ist noch die Eroberung der Britischen Inseln durch die Jüten, Angeln und Sachsen nach Abzug der römischen Legionen und die Errichtung von Königreichen in Schweden, Norwegen und Dänemark unter den Nordgermanen. Bekannt sind die vielen Raubzüge der Wikinger, die mit Booten an allen europäischen Küsten und Flüssen erschienen, bis ins Mittelmeer und tief nach Rußland eindrangen, Irland, Island, Grönland und die Britischen Inseln beraubten und besiedelten und sehr wahrscheinlich den nordamerikanischen Kontinent entdeckten.

Wir haben gelernt, daß das römische Weltreich im 4. und 5. Jahrhundert von germanischen Stämmen überrannt wurde und daß diese ihre Reiche auf einstmals römischem Gebiet errichteten. Mit Ausnahme des

---

[20] Das Wort Wandalismus, das blindwütendes Zerstören bedeutet, wurde während der französischen Revolution geprägt. Auf die Wandalen paßt es insofern nicht, weil diese die Stadt Rom ohne Schwertstreich genommen hatten und weder die Bevölkerung ermordeten noch die Stadt zerstörten; Kriegsbeute zu sammeln, war bei allen Völkern, besonders bei den Römern, Brauch.

[21] Wahrscheinlich sind Reste im ungarischen und türkischen Volk erhalten. Der Name Hunnen bedeutet wahrscheinlich die Dunklen, die Schwarzen.

Frankenreiches bestanden sie nicht lange. Die germanischen Eroberer wurden von der romanischen Bevölkerung, die ihnen an Zahl und Kultur überlegen war, assimiliert und verloren ihre Identität. Aus der Synthese der römisch-christlichen und germanisch-heidnischen Welt ging allmählich eine neue Kultur hervor, in der die Philosophie und Religion, Kunst und Literatur ihren Impetus von der christlichen und klassischen Tradition erhielten, während das germanische Erbe einen kräftigen Individualismus, Tatendrang und die althergebrachten Tugenden und Werte übermittelte.

STUDIENFRAGEN ZUM KAPITEL <u>DIE KULTUR DER GERMANEN</u>

1. Welche europäischen Völker gehören zur Familie der Indoeuropäer?
2. Woher kommen die Indoeuropäer?
3. Wie wissen wir, daß diese Völker miteinander verwandt sind?
4. Was bedeutet das Wort Germane?
5. Welches Volk verdrängten die Germanen und wo siedelten sie sich an?
6. Was haben wir aus den archeologischen Funden über die Germanen gelernt?
7. Wie heißt die Schrift der Germanen und wo finden wir Beispiele?
8. Welche Zeitgenossen berichten uns über die Germanen, was erfahren wir von ihnen und wie zuverlässig sind ihre Berichte? Begründen Sie Ihre Antwort.
9. Berichten Sie, was wir über das Aussehen, die Kleidung, die Musikinstrumente und die Waffen der Germanen wissen.
10. Wie kämpfte das germanische Heer?
11. Wo lagen die Hauptsiedlungen und wie sahen sie aus?
12. Was wissen wir über die Lebensweise der Germanen?
13. Besprechen sie die germanischen Tugenden und Werte Gastfreundschaft, Ehre und Treue.
14. Welche Problematik erkennt bereits Tacitus mit der Treue und wie wirkt sich die Problematik in der späteren deutschen Geschichte aus?
15. Was ist eine Sippe und welche typischen Aufgaben hatte sie.
16. Besprechen Sie die Beziehung zwischen dem Etheling und seinen Vasallen.
17. Was wissen Sie über die Stellung der Frau? Können wir das glauben?
18. Was war das Thing und welche Verantwortungen hatte es? Wozu hat sich das Thing im Laufe der Geschichte entwickelt? Sehen Sie im modernen Gerichts- und Parlamentswesen Spuren des germanischen Things? Erklären Sie Ihre Antwort.
19. Besprechen Sie die germanische Mythologie, die Götter, das Schicksal und die Götterdämmerung.
20. Was war die große Tat von Hermann dem Cherusker? Wie wirkte sich das auf die Expansion des römischen Reiches aus?
21. Beschreiben Sie den Limes.
22. Was ist die Völkerwanderung und wie beeinflußte dieses Ereignis die Entwicklung des römischen Weltreiches und die Entstehung germanischer Reiche?
23. Berichten Sie über die Wanderungen der Goten und Wandalen.
24. Wer waren die Hunnen und was taten sie?
25. Wohin zogen Burgunder, Langobarden, Angeln und Sachsen? Was geschah mit ihnen?

KAPITEL 6
DIE ENTWICKLUNG DES REICHES
VON DEN MEROWINGERN BIS ZU DEN HOHENSTAUFEN

Worum geht es in diesem Kapitel?

Die Franken entwickeln sich allmählich zum stärksten germanischen Stamm und unterwerfen nach und nach die anderen germanischen Stämme. Unter ihren Königen nehmen sie das Christentum an, und besonders unter Karl dem Großen beherrschen Sie West- und Mitteleuropa und errichten ein mächtiges Reich. Von den Nachkommen Karls wird das Reich geteilt, und so entsteht schließlich der Gegensatz zwischen dem Westreich, das Frankreich wird, und dem Ostreich, aus dem sich Deutschland entwickelt. Karl der Große tut viel für die Entwicklung der Kultur und läßt unter anderem alte germanische Dokumente sammeln, von denen wir einige besprechen werden.

Wie gehen wir vor?

1. Verschaffen Sie sich wie bisher einen Überblick über dieses Kapitel, indem Sie die Überschriften der Abschnitte lesen und die literarischen Beispiele überfliegen.
2. Lesen Sie dann jeden Abschnitt genau. Versuchen Sie die Hauptideen eines Abschnitts zusammenzufassen. Ich empfehle Ihnen, Ihre Gedanken laut auszudrücken.
3. Die Fragen und Anregungen am Ende des Kapitels sollen Ihnen helfen, sich zu konzentrieren.

Lernziele:

In diesem Kapitel lernen Sie,

1. daß die Franken sich unter ihrem König Chlodwig zum stärksten Stamm entwickeln, indem sie andere germanische Stämme unterwerfen.
2. warum Karl Martells Sieg über die Mauren eins der bedeutendsten Ereignisse in der westlichen Geschichte ist.
3. welche Rolle Bonifatius in der Bekehrung der Germanen zum Christentum spielt.
4. wie Karl der Große das Frankenreich wesentlich vergrößert.
5. was die Bedeutung von der Krönung Karls in Rom ist.
6. was Karl für die Entwicklung der Kultur unter seinem Volk tut.
7. wie und warum das Reich nach dem Tod Karls aufgelöst wird.
8. daß nach den fränkischen Karolingern die Sachsenkaiser das Reich regieren und sie im Investiturstreit mit dem Papst und der Kirche in Konflikt geraten.
9. daß Barbarossa der glanzvollste Kaiser des Mittelalters ist und er zu einer legendären Gestalt wird, von der sich künftige Generationen die Erstehung eines gewaltigen Reiches erhoffen.
10. etwas über einige verschiedene Zeugnisse der germanischen Dichtung, wie die Zaubersprüche und das *Hildebrandslied*.
11. aus dem *Hildebrandslied*, daß dem germanischen Krieger Pflicht und Treue wesentlicher waren als Vaterliebe.
12. daß die germanische Dichtung im Stabreim geschrieben wurde.
13. daß Wulfilas die Bibel ins Gotische übersetzte. Am Beispiel des Vaterunsers vergleichen Sie die gotische mit der modernen deutschen Sprache.
14. wie wichtig der *Heliand* als Beispiel für unser Verständnis von der germanischen Kultur ist.

Die Franken unter König Chlodwig

Der Stamm der Franken ging aus mehreren kleineren Stämmen hervor, die sich vereinigten und sich vom Rhein aus allmählich ausbreiteten, bis sie im frühen Mittelalter ihre größte Verbreitung gefunden hatten. Die Franken bilden die Keimzelle für das deutsche Reich, das sich in den Jahrhunderten nach der Völkerwanderung langsam entwickelte.

Da die Franken sich fast fortwährend im Kriegszustand befanden, wurde die Befehlsgewalt der gewählten Herzöge sehr bald zu einem Dauerzustand, aus dem das erbliche Königtum hervorging. Unter ihren Königen ist besonders Chlodwig (481-511) aus dem Haus der Merowinger bemerkenswert, der sich 496 zum Christentum bekehrte, als er die Alemannen, der Überlieferung nach, mit Christi Hilfe besiegte. Durch seinen Übertritt zum Christentum versicherte er sich der Unterstützung des Papstes und der katholischen Bischöfe sowie des Wohlwollens des oströmischen Kaisers, der ihn als Konsul des römischen Reiches betrachtete. In den folgenden Jahren besiegte Chlodwig die Burgunder und Westgoten und herrschte über ein Reich, das das heutige Frankreich sowie einen breiten Streifen rechts des Rheines umfaßte. Nach dem Tode Chlodwigs wurde das Königreich mit wechselndem Glück und von Männern mit unterschiedlicher Intelligenz geführt. Im 8. Jahrhundert umfaßte es Frankreich, Belgien, Holland, das Rheinland, ganz Süd- und Mitteldeutschland sowie die Schweiz.[1] Aus der Rechtsordnung der Franken dieser Zeit hat sich die Bestimmung im deutschen Recht als bindend für die Thronfolge erhalten, daß Frauen kein Land erben dürfen. Es ist erstaunlich, wie es den Franken gelang, ganze germanische Stämme und geschlossene römische Legionen in ihren Bund aufzunehmen.

Karl Martell, der Retter des Abendlandes

Eines der großen Ereignisse der Weltgeschichte fand im 8. Jahrhundert statt, als der Frankenkönig Karl Martell (714-741) die abendländische Kultur durch seine glänzenden Siege über die Mauren (732) bei Tours und bei Poitiers (732) rettete.[2] Der Prophet Mohammed hatte den arabischen Völkern die Erlösungsreligion des Islams gebracht, und dieser neue Glaube vereinigte die Stämme Nordafrikas und verbreitete sich im Laufe eines Jahrhunderts nach Syrien, Persien, Indien, Ägypten, das Niltal hinauf und die ganze nordafrikanische Küste entlang. Im Jahre 711 landeten die Mauren in Spanien und eroberten in vier Jahren das westgotische Reich, überschritten dann die Pyrenäen und unterwarfen halb Frankreich. Nur das fränkische Königreich stand ihnen noch entgegen. Mit seinem Fall wäre der Weg bis nach Polen frei gewesen, und es ist denkbar, daß damals ganz Europa mohammedanisch hätte werden können. Dieses Schicksal verhinderte Karl Martell, der erste Herrscher aus dem Haus der Karolinger und Großvater Karls des Großen, indem er die Mauren über die Pyrenäen zum Rückzug zwang. Sein Erfolg wird von manchen Historikern als ein Ereignis von hervorragender Bedeutung in der abendländischen Geschichte bezeichnet und gern verglichen mit dem Sieg des Sachsenkaisers Otto über die Ungarn im Jahre 955 und die Befreiung Wiens 1683 von den Türken. Mit diesem Sieg, durch den Karl Martell als der "Retter des Christentums" bekannt wird, beginnt auch die Rückeroberung Spaniens, die erst 1492 mit dem Fall von Granada beendet wird.

Bonifatius, der Apostel der Deutschen

Unter Karl breitet sich das Christentum auch bei den rechtsrheinischen Völkern weiter aus. Bonifatius, der Apostel der Deutschen, hat bezeugt, daß seine Missiontätigkeit ohne die Unterstützung des Frankenkönigs kaum möglich gewesen wäre. Bonifatius war Engländer[3], der vom Papst zum Bischof geweiht worden war, um die Friesen, Thüringer und Hessen zu bekehren. Überall gründete er Klöster, predigte das Evangelium und fällte heilige, den heidnischen Göttern geweihte Eichen. Als Erzbischof von Mainz, bereits über siebzig Jahre alt, zog er noch einmal zu den Friesen und erlitt 754 bei Dokkum den Märtyrertod. In Fulda liegt er begraben. Die Bekehrung der Heiden zum Christentum war politisch von Wichtigkeit, weil damit ein einiges christliches Volk unter einem christlichen König den Angriffen der Heiden, besonders der Mohammedaner, gefestigter entgegensehen konnte.

Pippin und der Kirchenstaat

Der Nachfolger König Karls wurde Pippin (751-768), der auf den Hilferuf des Papstes nach Italien eilte und Rom von der Bedrängnis durch die Langobarden befreite, ein Ereignis, das für den Verlauf der späteren Geschichte von Bedeutung ist. Der Sieg der Franken endete die Bestrebungen der Langobarden, einen einheitlichen Staat in Italien zu errichten und förderte die politische Zerrissenheit der Halbinsel. Durch die Begründung des

---

[1]   Diese Ausbreitung bedeutete u. a. die Unterwerfung der Thüringer, Alemannen und Bajuwaren (Bayern).

[2]   Diese beiden Städte liegen fast 400 km nördlich der Pyrennäen im heutigen Frankreich.

[3]   In England und Irland hatte die christliche Religion unter den Germanen zuerst Fuß gefaßt. Von dort kamen eine Reihe von bedeutenden Missionaren auf den Kontinent und bekehrten die Germanen zwischen Rhein und Elbe.

Kirchenstaates[4] stärkte Pippin die weltliche Herrschaft des Papsttums und begründete dessen enge Verbindung mit dem zukünftigen deutschen Reich, was später zu den langen, zersetzenden Auseinandersetzungen zwischen dem Papst und dem deutschem Kaiser führen sollte. Vielleicht wäre die Geschichte Deutschlands ohne Pippins Eingreifen in Italien ganz anders verlaufen.

Karl der Große

Karl der Große (768-814) setzte die Politik seines Vaters fort, als er das Reich nach dessen Tod übernahm. Er bestätigte die Schenkung Pippins, vernichtete das Langobardenreich völlig, wodurch er die Bedrohung des Papsttums endgültig beseitigte, und erklärte sich 774 zum König der Langobarden und als Patrizier von Rom zum Schutzherrn der Kirche. Sein Herrschaftsbereich erstreckte sich nun bis nach Süditalien, aber im Norden machten ihm noch die Sachsen zu schaffen. Nach langen, blutigen Kriegen wurden sie endlich unterworfen. Ihr Herzog Widukind empfing 785 mit seinen Unterführern die Taufe, nachdem Karl kurz zuvor 4500 Sachsen als Vergeltung für einen Aufstand hatte niedermetzeln lassen. Zweifellos war die Christianisierung der Sachsen politisch motiviert, was u.a. auch erklären mag, warum der eigentliche Geist des Christentums lange Zeit im Leben der Bekehrten kaum wirksam war, ja sich im Grunde selbst bis heute noch nicht völlig durchgesetzt hat in den Beziehungen der christlichen Nationen untereinander. Mit der Unterwerfung der Sachsen war auch der letzte auf deutschem Boden wohnende große Stamm dem Frankenreich einverleibt, das sich nun im Osten bis an die Elbe und die Ostsee erstreckte.

Karl dehnt sein Reich weiter aus

Das Herzogtum Bayern, das bereits Tribut an die Franken zahlte, wurde 788 ins Reich eingegliedert. Es umfaßte außer Bayern auch das heutige Österreich und Südtirol. Gegen die Einfälle der Avaren, einem Reitervolk aus dem Osten, schützte Karl das Reich durch die Errichtung der Ostmark[5] zwischen der Enns und der Raab. Die Markgrafen verdrängten die slawische Bevölkerung und machten das Land frei für germanische Ansiedler, wodurch das Deutschtum Niederösterreichs und der Alpenländer begründet wurde. Auch gegen die Slawen östlich der Elbe errichtete Karl Marken und Befestigungsanlagen, um das Reich zu schützen. Die Mauren drängte er in zwei Feldzügen jenseits der Pyrenäen zurück[6] und schuf die spanische Mark zwischen Barcelona und dem oberen Ebro.

Die Kaiserkrönung in Rom

Ein weitragendes Ereignis in Karls Leben war seine Krönung zum Kaiser in Rom am Weihnachtsmorgen im Jahr 800. Das Papsttum hatte das Ziel, die gesamte abendländische Christenheit in einem großen Imperium zusammenzufügen.

Karl hatte sich bereits als Schutzherr der Kirche erwiesen und stand dem Papst wiederum in einem Streit gegen den römischen Adel bei. Er führte den Vorsitz über eine große Versammlung geistlicher und weltlicher Würdenträger, die sich in Rom zum Gericht zusammengesetzt hatte. Während dieser Synode mögen die Pläne für Karls Krönung ausgearbeitet worden sein, jedenfalls setzte Papst Leo III nach der Messe im Petersdom dem Frankenkönig die Kaiserkrone aufs Haupt. Die versammelten Römer riefen ihm zu: "Karl, dem Augustus, dem von Gott gekrönten, großen und friedebringenden Kaiser der Römer, Leben und Sieg!" und der Papst beugte vor ihm das Knie. Die Idee der Erneuerung des römischen Weltreiches ist hier verwirklicht worden und hat jahrhundertelang die staatlichen Vorstellungen des Abendlandes beherrscht. Die Geschichte zählt das Jahr 800 als den Beginn des

---

[4]   Von den Langobarden eroberte Pippin das Exarchat von Ravenna zurück, eine Provinz, die dem oströmischen Kaiser unterstellt war und die traditionell den Papst in Rom beschützt hatte. Er gab diese Provinz nicht an Ostrom zurück, sondern schenkte sie dem Heiligen Vater zu selbständiger Verwaltung. Diese Schenkung begründete den päpstlichen Kirchenstaat, der bis 1870 bestand.

[5]   Das Wort "mark" bedeutete ursprünglich "Grenze" und "umgrenztes Land". Eine Mark war dann ein Grenzland, eine befestigte Grafschaft, die das Kernland gegen die Einfälle von Feinden schützen sollte. Sie wurde von einem Markgrafen regiert. Aus der Ostmark entwickelte sich später Österreich.

[6]   Eine Nachhut des fränkischen Heeres wurde der Sage nach bei Roncevalles in den Schluchten der Pyrenäen vernichtet. Ihr Anführer Roland wurde im Rolandslied verewigt, dessen Quelle das französische Nationalepos Chançon de Roland ist.

"Römischen Reiches Deutscher Nation", obgleich Karl offiziell lediglich das sogenannte Romanum Imperium (das römische Reich) beherrschte und den Titel römischer Kaiser trug. Dieses Reich bestand bis 1806. Der ganzen Bedeutung dieser Kaiserkrönung waren sich weder Karl noch Leo bewußt. Die Macht war geteilt zwischen dem Träger des weltlichen Schwertes, dem Kaiser, und dem Träger des geistlichen Schwertes, dem Papst. Der "Gottesstaat" konnte bestehen solange sich beide stützten und ergänzten. Zunächst hatte der Kaiser die Vormachtstellung, als aber im Mittelalter die Macht des Papstes immer mehr erstarkte, begannen sich die beiden "Schwerter" zu bekriegen, was der Entwicklung des deutschen Reiches schädlich war. Der Gegensatz zwischen Kaiser und Papst bestimmt wesentlich den Lauf der Geschichte im Mittelalter und wirkt sich für Deutschland verhängnisvoll aus.

Probleme im Reich

Am Ende seines Lebens regierte Karl ein gewaltiges Reich, in dem außer germanischen Völkern auch Romanen, Basken, Kelten und Slawen wohnten, in dem widerstrebende Nationalitäten unter einem Herrscher vereinigt waren. Von alters her waren all die verschiedenen Völkerschaften daran gewöhnt, Entschlüsse über ihr politisches Verhalten selber zu fassen und nicht einem König in Unternehmungen zu folgen, die sie persönlich kaum betrafen, sondern zum Wohle eines großen Reiches dienten. Karl vermochte natürlich nicht das Denken seiner Völker zu ändern, und so besteht die deutsche Geschichte vom 9. bis zum 13. Jahrhundert aus dem Widerstreit mehrerer unausgeglichener Kräfte, in denen der Stammespartikularismus und der Gegensatz zwischen deutschem Kaisertum und römischer Kirche die größte Rolle spielen.

Die karolingische Renaissance

Karl der Große hat sich nicht nur um die politische Entwicklung des Reiches, sondern auch um die Bildung seiner Untertanen verdient gemacht. Die christlich betonte Wiedergeburt der antiken Kultur, die er anstrebte, wird die karolingische Renaissance genannt. Aus Italien und anderen Ländern zog der Kaiser bedeutende Gelehrte an seinen Hof: Den Grammatiker Petrus von Pisa, den Geschichtsschreiber seines Volkes, Paulus Diaconus, die Dichter Theodulf, Dungal und Angilbert, den Geschichtsschreiber und Baumeister Einhart, den Theologen Arno und den Leiter der berühmten Klosterschule von York, Alcuin, den hervorragendsten Denker und einflußreichsten Ratgeber Karls. Diese Mitarbeiter bildeten eine Akademie, und mit ihnen besprach Karl alle theologischen und kulturellen Probleme. Unter ihrer Anleitung wurden Kloster- und Stiftschulen eingerichtet, in denen man nach klassischem Vorbild das Trivium (Grammatik, Dialektik und Rhetorik) auf der Unterstufe und das Quadrivium (Arithmetik, Geometrie, Musik und Astronomie) auf der Oberstufe lehrte. Bibliotheken wurden eingerichtet, die mit Abschriften wertvoller antiker und christlicher Manuskripte bereichert waren. Großer Wert wurde auf die Schönschrift gelegt und durch Vereinheitlichung der verschiedenen Schriftarten im Reich wurde von Alcuin die neue, gut lesbare karolingische Minuskel entwickelt, die das Schriftwesen der folgenden Jahrhunderte beherrscht und die Grundlage unserer modernen Schrift bildet. Viele der karolingischen Manuskripte sind mit reich verzierten, kostbaren Miniaturen versehen, besonders die Anfangsbuchstaben und die Seitenränder sind kunstvoll verziert und verschnörkelt. In Aachen, Karls Hauptwohnsitz, ließ er einen Dom nach dem Vorbild des Zentralbaus der Kirche San Vitale in Ravenna errichten. Ein achteckiger Zentralbau, auf dem die Kuppel ruht, ist von einer sechzehneckigen Außenmauer umschlossen.[7] Das Innere hat drei Geschosse, von denen das untere sich mit schmucklosen Rundbögen, das zweite und dritte mit Arkaden zur Mitte öffnet. Gegenüber dem Hochaltar auf der Empore des Oktogons steht noch heute der einfache, aus hellen Marmorplatten angefertigte Thronsitz des Kaisers, auf dem er während des Gottesdienstes saß und auf dem später jeder der 32 deutschen Könige, die in Aachen gekrönt wurden, seine Krone empfing.

Die Auflösung des Reiches unter Karls Nachfolgern

Das von Karl geschaffene Reich hat seinen Gründer nicht lange überlebt; es war zu groß und zu vielen Angriffen von außen und innen ausgesetzt. Karls Sohn, Ludwig der Fromme (814-840), war nicht stark genug, das Reich zusammenzuhalten. Bereits zu seinen Lebzeiten lehnten sich seine Söhne gegen den Vater auf, und es kam zu Streitereien, Kriegen und zur zeitweiligen Absetzung des Kaisers. Nach dessen Tod stritten sich die Söhne, Lothar, Ludwig und Karl, weiter um das Erbe des Reiches, vernachlässigten die Regierungsgeschäfte und untergruben Autorität für die Zentralgewalt. Die Herzöge, Grafen und Fürsten einzelner Gebiete versuchten so viele Rechte und

---

[7]   Der Rundbau wurde nicht zum Vorbild für den Kirchenbau in Deutschland. Muster blieb der rechteckige Raum der römischen Basilika, die der deutschen Raumvorstellung besser entsprach, da sie sich mit dem germanischen Haus- und Saalbau (Langhaus) vortrefflich vertrug.

Sprache!

so viel Macht wie möglich an sich zu reißen. Schließlich schlossen <u>Ludwig</u> und <u>Karl</u> einen Vertrag in Straßburg (842) und schwuren einander den Treueid. Dieses Ereignis ist für uns von großem Interesse, denn es zeigt die kulturelle Spaltung, die bereits zwischen dem östlichen und westlichen Teil des Frankenreiches bestand. Die ostfränkischen Stämme, darunter die Alemannen, Thüringer, Sachsen und Bayern, die unter Ludwigs Befehl standen, hatten ihren germanischen Dialekt bewahrt, aber die westfränkischen Völker sprachen einen romanischen Dialekt, der sich seitdem ins Französische entwickelt hat. Damit die beiden Heere die Eide ihrer Könige verstehen konnten, leistete Karl seinen Schwur in Althochdeutsch und Ludwig seinen in Altfranzösisch. Lothar wurde nun von seinen Brüdern zum Bündnis gezwungen, und im Jahre 843 in Verdun wurden ihm der Kaisertitel sowie die Mittelgebiete des Reiches von der Nordsee an Rhein und Rhône entlang bis Rom zugestanden. Karl und Ludwig, die sich Könige nannten, nahmen die deutschen Ost- (Ludwig) und die französischen Westgebiete (Karl) in Besitz. Mit dieser Dreiteilung sind die künftigen Gebiete Deutschland, Frankreich und Elsaß-Lothringen, der Zankapfel zwischen Ost und West bereits geographisch und politisch bestimmt. Nach dem Tod Lothars und dessen Nachfolger, teilten sich Ludwig und Karl 870 im Vertrag von Meerssen das Mittelreich, und Karl erhielt die Kaiserkrone. Die folgenden Jahre brachten Streitigkeiten, weitere Aufteilungen des Reiches und weitere Auflösung der Zentralgewalt, so daß die Macht immer mehr in die Hände der Stammesherzöge[8] und Markgrafen[9] überging. Der König konnte das Land nicht vor Raubüberfällen schützen. Zu dieser Zeit beginnt <u>die so bekannte deutsche Kleinstaaterei,</u> die in der deutschen Geschichte der Errichtung eines einheitlichen Staatswesens immer wieder entgegengewirkt hat.

Die Wiederherstellung des Reiches unter den Sachsenkaisern

Im Jahre 919 übernahmen die Sachsen die Führung in deutschen Angelegenheiten und damit wird der <u>Bruch mit Frankreich,</u> das sich nun zu einem eigenen organischen Staat entwickelt, endgültig. Von jetzt an kann man von dem <u>mittelalterlichen Königreich der Deutschen</u>[10] sprechen. Unter den sächsischen Kaisern sind besonders Heinrich I (919-936) und Otto I (936- 973) sehr erfolgreiche Herrscher. Mit der Hilfe seiner Herzöge und Grafen schlägt Otto in der Schlacht auf dem Lechfelde (955) die ins Reich vordringenden Ungarn und wehrt damit die Gefahr aus dem Osten ab. Seine Stellung war universal, als er 962 in Rom zum Kaiser gekrönt wurde. Er hatte die deutschen und italienischen Gebiete wieder vereint unter seine Herrschaft gebracht und damit das Römische Reich Deutscher Nation[11] neu gefestigt.

Das Römische Reich Deutscher Nation hatte enge Bindungen an Italien, das nun ebenfalls eigene Wege ging. Rom war die Hauptstadt des Imperiums und das Zentrum der Kirche, der Hauptstütze des deutschen Kaisers. Sowohl aus ideologischen als auch aus rein praktischen politischen Gründen, mußte der Kaiser Deutschland und Italien fest beherrschen. Er befand sich in einer Art Zwickmühle: Ohne die militärische Unterstützung der deutschen Fürsten konnte er Italien nicht unter seine Kontrolle bringen, und ohne Kontrolle über Italien, hatte er keine Garantie, daß die Kirche ihm helfen würde, Deutschland zu regieren. Drei Jahrhunderte lang dauerte der Kampf der deutschen Kaiser, sowohl die dauernd rebellierenden deutschen Fürsten als auch den Papst in Rom unter Kontrolle zu behalten. Als 1024 die sächsische Dynastie ausstarb und die Regierungsgewalt den fränkischen Saliern (1024-1125) übertragen wurde, erreichte der Machtkampf zwischen Papst und Kaiser seinen Höhepunkt. Die Geschichte kennt diesen Kampf als den sogenannten Investiturstreit.

---

[8] Die mächtigsten Stammesherzogtümer waren Sachsen, Bayern, Franken, Schwaben und Lothringen.

[9] Die Markgrafen hatten die Aufgabe, das Reich vor Überfällen der Sarazenen im Süden, der Wikinger im Norden und der Ungarn im Osten zu schützen.

[10] Das Wort "deutsch" wird abgeleitet von der germanischen Wurzel <u>theudo</u> = Volk. Es entwickelt sich zu althochdeutsch <u>diutisk,</u> aus dem <u>deutsch</u> entsteht. Es bedeutet ursprünglich "volkstümlich" und bezeichnet die Sprache des Volkes, das im Gegensatz zu den Gebildeten kein Latein spricht. Zum ersten Mal erscheint das Wort 786 in einem Bericht, in dem ein Geistlicher dem Papst über Beschlüsse einer Synode in England schreibt, die sowohl lateinisch als auch in der Volkssprache ("tam latine quam theodisce") verlesen worden seien, damit alle sie verstehen könnten.

[11] Erst 1157, zur Zeit von Kaiser Friedrich I (Barbarossa) wurde der Titel <u>Römisches Reich</u> durch den Zusatz <u>heilig</u> erweitert. <u>Deutscher Nation</u> kommt erst Anfang des 15. Jahrhunderts dazu, und 1486 wird gesetzlich festgelegt, daß das Reich nun <u>Heiliges Römisches Reich Deutscher Nation</u> heißen soll. Napoleon macht diesem Reich 1806 ein Ende.

Der Investiturstreit zwischen Kaiser und Papst

Bereits die Merowinger und Karolinger hatten in immer zunehmendem Maße Priester und Bischöfe ernannt und sie als Verwalter und Fürsten eingesetzt, und traditionsgemäß zählten diese zu den treusten Anhängern der Krone. Dann, im 10. Jahrhundert, begannen die Schwierigkeiten. Unter dem Einfluß einer Reformationsbewegung, die vom Kloster Cluny ausging, suchte sich die Kirche politisch völlig unabhängig zu machen. Ein derartiges Unternehmen war natürlich eine Gefährdung der kaiserlichen Gewalt. Im Jahre 1073 wurde Gregor VII, ein Anhänger der Reformbewegung, zum Papst gewählt und erließ zwei Jahre später sein Verbot der Investitur, womit er bestimmte, daß kein geistliches Amt aus Laienhänden empfangen werden konnte. Er bezweckte mit diesem Erlaß, die Bischöfe und Äbte, auf deren Vasallentreue bisher die Macht der Krone hauptsächlich beruht hatte, aus dem Reichsgehorsam zu lösen. Im Gegensatz zu den eigenwilligen Laienfürsten, die vorwiegend Familienpolitik betrieben, konnte sich der Kaiser auf seine Bischöfe verlassen. Man muß sich hier vor Augen halten, daß die Kirchenfürsten (die Bischöfe und Erzbischöfe) als Regenten ihrer Länder vielfach außer ihrer geistlichen auch große politische Macht besaßen. Der Papst setzte die von Kaiser Heinrich IV (1056-1106) ernannten Bischöfe ab, und es kam zu kriegerischen Streitigkeiten, die sich über viele Jahrzehnte hinzogen und in denen die deutschen Fürsten aus eigensüchtigen Gründen vielfach den Papst und die italienischen den Kaiser unterstützten. Am Ende des Streites hatte das deutsche Kaisertum, trotz einiger bemerkenswerter militärischer Siege, den festen Griff über die Kirche und damit einen mächtigen Verbündeten verloren, den es nicht ersetzen konnte. Der Ausgang war verhängnisvoll für die deutsche Politik, denn wieder triumphierte der Partikularismus, und die Zentralgewalt konnte ihren Willen den Fürsten nicht mehr aufzwingen. Der Kaiser wurde mehr oder weniger, je nach den Umständen und seiner Persönlichkeit, ein Symbol.

Kaiser Barbarossa

Die Hohenstaufen Familie (1138-1250) stellte den glanzvollsten deutschen Kaiser des Mittelalters, Friedrich Barbarossa, und verlor trotzdem fast alle königlichen Vorrechte an die Fürsten, so daß die zentrale Macht des Kaisers in Deutschland fast ganz aufhörte. Friedrich I, wegen seines rotblonden Bartes Kaiser Rotbart (Barbarossa) genannt, ist in die deutsche Sage eingegangen und von den Romantikern verehrt worden. Er zog ein halbes Dutzend Mal über die Alpen und besiegte den Papst und seine Verbündeten. Als er seine beiden Söhne zu Pfingsten im Jahre 1184 in der Rheinebene bei Mainz zu Rittern schlug, waren 70 000 Ritter mit ihren Dienern und Mannen seiner Einladung gefolgt und hatten sich hier in ihren glanzvollen Rüstungen und mit ihren farbreichen Standarten ihm zu Ehren versammelt. Die ganze Ebene war mit Männern, bunten Bannern, Streitrossen und Zelt an Zelt bedeckt, und 20 000 Ritter beteiligten sich an den Turnieren. Das muß zweifellos das prächtigste Schauspiel des Mittelalters gewesen sein. Der Kaiser ertrank sechs Jahre später auf einem Kreuzzug, aber der Sage nach sitzt er im Kyffhäuser, einem Berg in Thüringen, und schläft, bis das alte Kaiserreich in seiner Pracht wieder neu erstehen wird. Wenn das deutsche Volk in großer Not ist, dann wird der alte Kaiser Barbarossa aus seinem Versteck hervorkommen, wie es uns der Dichter Friedrich Rückert (1788-1866) im folgenden, bekannten Gedicht erzählt:

Der alte Barbarossa,
der Kaiser Friederich,
im unterird'schen Schlosse
hält er verzaubert sich.

Er ist niemals gestorben,
er lebt darin noch jetzt;
er hat im Schloß verborgen
zum Schlaf sich hingesetzt.

Er hat hinabgenommen
des Reiches Herrlichkeit
und wird einst wiederkommen
mit ihr, zu seiner Zeit.

Der Stuhl ist elfenbeinern,
darauf der Kaiser sitzt;
der Tisch ist marmorsteinern
worauf sein Haupt er stützt.

Sein Bart ist nicht von Flachse,
er ist von Feuersglut,
ist durch den Tisch gewachsen,
worauf sein Kinn ausruht.

Er nickt als wie im Traume,
sein Aug halb offen zwinkt,
und je nach langem Raume
er einem Knaben winkt.

Er spricht im Schlaf zum Knaben:
Geh hin vors Schloß, o Zwerg,
und sieh, ob noch die Raben
herfliegen um den Berg.

Und wenn die alten Raben
noch fliegen immerdar,
so muß ich auch noch schlafen
verzaubert hundert Jahr!

Die schreckliche, kaiserlose Zeit

Nach den Hohenstaufen folgt das Interregnum, die schreckliche, kaiserlose Zeit, in der das Reich durch innere Kriege zerrissen wird und es zu chaotischen Zuständen kommt. Ausländische Fürsten, besonders die Könige von Frankreich, greifen in die deutschen Angelegenheiten ein und dominieren in diesen bis ins 19. Jahrhundert. Von 1347-1437 führen die Luxemburger den Kaisertitel und von 1438-1806 die österreichischen Habsburger. Die meisten Herrscher kümmerten sich kaum noch um das Reich. Ihr Hauptziel war, ihre Familienbesitzungen auf Kosten des Reiches zu vergrößern, und leider nutzten sie ihre kaiserliche Macht allzu häufig dazu aus, dieses egoistische Ziel zu verwirklichen. So ging die noble Idee eines christlichen Weltreiches, die unter Karl dem Großen zur Wirklichkeit entstand, oder wenigstens die Idee einer geeinigten deutschen Nation, wie sie unter den Sachsen verwirklicht worden war, endgültig auf lange Jahrhunderte unter. Vergessen wurde sie nie ganz, und vergessen war sie auch nach dem Zweiten Weltkrieg nicht, als Deutschland gespalten wurde. Nun ist es wieder vereint und jetzt steht die Idee eines vereinigten Europas der eines vereinigten Deutschlands zur Seite.

Noch dreimal flackerte der Wunsch, ein einiges deutsches Reich zu errichten, in der deutschen Geschichte auf. Einmal schwach, als die großdeutsche Lösung 1848 von der Nationalversammlung in Frankfurt einen Augenblick lang diskutiert, aber dann verworfen wurde. Ein zweites Mal, 1871, als ein unheilvoller Krieg gegen Frankreich alle deutschen Staaten, außer Österreich, in ein Deutsches Reich vereint. Siebzig Jahre später sind auch die Österreicher "heimgekehrt" in ein "Großdeutsches Reich", das von nationalen Fanatikern mit Gewalt zusammengeschmiedet worden war. Das Reich, das tausend Jahre bestehen sollte, dauerte keine zwölf. 1990 wurde das zweigeteilte Deutschland wieder vereinigt, aber Österreich besteht natürlich weiterhin als souveräner Staat, ist aber seit 1995 Mitglied der Europäischen Union.

Die germanische Dichtung

Die Überlieferung der deutschen Literatur beginnt Ende des achten Jahrhunderts, kurz nach der Periode der Klostergründungen. Die Literatur der althochdeutschen Zeit (etwa 780 bis etwa 1100) ist zum größten Teil Klosterliteratur, die hauptsächlich aus Reichenau, Fulda, Sankt Gallen und Murbach stammt. Sicher gab es vor der christlichen Literatur eine germanisch-heidnische, die aber leider nur ganz fragmentarisch überliefert worden ist. Wahrscheinlich ist sie nicht niedergeschrieben, sondern mündlich überliefert worden und somit verlorengegangen. Nur zwei poetische Reste aus heidnischer Zeit in althochdeutscher Sprache sind zufällig bewahrt worden, das *Hildebrandslied* und die *Merseburger Zaubersprüche*. Beide sind durch Mönche erhalten geblieben, das *Hildebrandslied* als unvollständige Abschrift auf der Vorderseite des ersten und der Rückseite des letzten Blattes einer Kirchenhandschrift, die Zaubersprüche auf dem Versetzblatt eines lateinischen Meßbuches aus dem 10. Jahrhundert.

Die Zaubersprüche

Die beiden *Merseburger Zaubersprüche*, die 1841 in der Dombibliothek zu Merseburg gefunden wurden, weisen daraufhin, daß die frühe Literatur der Germanen aus Gebeten, Opfersprüchen, Zauberformeln und Götterpreisliedern bestanden hat. Einige Zaubersprüche, wie der *Lorscher Bienensegen* und der *Weingartner Reisesegen*, sind später vom Christentum übernommen worden. Die Merseburger Sprüche zeigen, wie man einen Gefangenen mit Hilfe der Zauberformel befreien und wie man verletzte Gliedmaßen heilen kann.

> Ben zi bena, bluot zi bluoda,
> lid ze geliden, sose gelimida sin!
>
> (Bein zu Bein, Blut zu Blut,
> Glied zu Glied, als ob sie geleimt seien!)

Das *Hildebrandslied*

Die Umwälzungen der Völkerwanderungszeit, die Loslösung von der Heimat und von der Sippe, die Trennung von Vater und Sohn, die sich oft in fremden Heeren gegenüberstanden, der Zusammenstoß mit fremden Völkern spiegeln sich im *Hildebrandslied* wider, dem einzigen und großen Denkmal germanischer Heldendichtung in unserem Besitz. Den geschichtlichen Hintergrund bilden vielleicht die Schlacht auf den Katalaunischen Feldern (451), in der Goten gegen Goten kämpften, sowie die "Rabenschlacht" (493), in der Theoderich seinen Stammesbruder Odovakar besiegte. Die Überlieferung hat geschichtliche Ereignisse gewöhnlich geändert, so auch im Falle des *Hildebrandsliedes*. Hier ist Dietrich von Bern (Theoderich) von Odovakar aus dem Lande vertrieben worden. Sein treuer Gefolgsmann Hildebrand folgt ihm in die Verbannung ins Hunnenland und muß Frau und Sohn zurücklassen. Nach dreißig Jahren kehren Dietrich und Hildebrand an der Spitze eines Heeres in die Heimat zurück. An der Grenze stellt sich ihnen ein gegnerisches Heer entgegen. An dieser Stelle setzt die Handlung ein. Hildebrand und ein junger Krieger namens Hadubrand aus den gegnerischen Reihen treffen sich zwischen den beiden Heeren, um im Zweikampf zu entscheiden, ob Dietrich in die Heimat zurückkehren darf. Der Leser weiß von Anfang an, daß Hadubrand Hildebrands Sohn ist, den er dreißig Jahre lang nicht gesehen hat.

> Ich hörte es sagen,
> daß sich Herausforderer einzeln trafen,
> Hildebrand und Hadubrand, zwischen den Heeren, Sohn und Vater.

Im Zwiegespräch, das dem Zweikampf vorangeht und in dem sich die Kämpfer zu erkennen geben, erfährt Hildebrand, daß ihm sein Sohn gegenübersteht. Der Vater gibt sich zu erkennen, aber der Sohn glaubt ihm nicht und beleidigt ihn mit entehrenden Worten: "Du bist, alter Hunne, ein allzu Schlauer, lockst mich mit deinen Worten, willst werfen den Speer." Er sei nur so alt geworden, weil er immer unehrlich gekämpft habe. Hadubrand habe von Seeleuten erfahren, daß sein Vater tot sei. Es kommt zum Zweikampf, aber das Ende bleibt uns unbekannt, weil der Text verloren gegangen ist. Wir können das Ende nur aus dem Vergleich der beiden Kämpfer erschließen. Der kampfgewohnte Vater wird den unerfahrenen, hitzigen Sohn erschlagen. Der tragische Konflikt zwischen Heldenehre und Vaterliebe wird aufgezeigt, aber im germanischen Denken ist Ehre größer als Sippengefühl, und der Vater muß den Sohn töten, um seine Ehre zu retten und auch um Dietrich die Rückkehr in die Heimat zu ermöglichen. Daß der Vater den Sohn tötet ist außerdem tragischer als der umgekehrte Fall, denn der Sohn weiß nicht, daß er gegen den eigenen Vater kämpft. Der tragische Ausgang wird in einer altnordischen Sage bestätigt.

Das *Hildebrandslied* besteht aus Langzeilen, die durch einen scharfen Einschnitt in zwei Halbzeilen geteilt sind. Die Halbzeilen sind durch Stabreim (Alliteration) miteinander verbunden: der Anfangsbuchstabe der Silbe in der zweiten Hälfte, auf der die Hauptbetonung liegt, stimmt mit den Anfangsbuchstaben der beiden betonten Silben der ersten Hälfte überein.

> Hiltibrant enti Hadubrant untar heriun tuem.
> (Hildebrand und Hadubrand unter Heeren zweien.)
>
> Welaga nu, waltant got, wewurt skihit.
> (Wahrlich nun, waltender Gott, Wehgeschick geschieht.)

Wulfilas Bibelübersetzung

Zwischen dem 3. und 8. Jahrhundert nahmen die Germanen das Christentum an. Besonders unter den Westgoten, die mit dem oströmischen Reich in Berührung kamen, fand das Christentum schon früh viele Anhänger, wozu ihr Bischof Wulfila (Wölfchen) (311-383) maßgebend beigetragen hat. Seine Bibelübersetzung ins Gotische ist das älteste Denkmal germanischer Sprache und Schrift. Wulfila, ein gelehrter Mann, der außer seiner Muttersprache, Griechisch und Latein beherrschte, schuf eine gotische Schrift aus germanischen Runen und griechischen Buchstaben. Seine Übersetzung ist eine großartige Leistung.

Das Original ist verloren gegangen, und durch Abschriften sind leider nur Bruchstücke erhalten. Das schönste Stück, der *Codex argenteus*, befindet sich in der Universitätsbibliothek zu Upsala (Schweden). Es ist eine Handschrift, die mit silbernen und goldenen Buchstaben auf purpurfarbenem Pergament geschrieben ist. Sie gehört zu den schönsten Büchern der Welt. Als Beispiel für Wulfilas Übersetzung folgt das Vaterunser:

Atta unsar, thu in himinam, weihnai
(Vater unser, du im Himmel, geweiht werde

namo thein. quimai thiudinassus theins.
Name dein. Komme Reich deines.

wairthai wilja theins, swe in himina
Es werde Wille deiner wie im Himmel

jah ana airthai. Hlaif unsarana thana
auch auf Erden. Laib Brot unseren den

sinteinan gif uns himma daga. jah aflet uns
täglichen gib uns an diesem Tage. Und erlaß uns

thatei skulans sijaima, swaswe jah
daß Schuldner [wir] seien, so wie auch

weis afletam thaim skulam unsaraim.
wir erlassen den Schuldnern unseren.

jah ni briggais uns in fraistubnjai, ak
Und nicht bringe uns in Versuchung, sondern

lausei uns af thamma ubilin; unte
löse uns ab [von] dem Übel: denn

theina ist thiudangardi jah mahts jah
dein ist [König-]reich und Macht und

wulthus in aiwins. amen
Herrlichkeit in Ewigkeit. Amen.)

Der *Heliand*

Von den anderen geistlichen Dichtungen sei noch der *Heliand* (Heiland) erwähnt, ein Glanzstück der germanischen Stabreimdichtung von etwa 6000 Langzeilen. Das epische Gedicht wurde während der Karolingerzeit (wohl um 830) in altsächsischer Sprache geschrieben. Man nimmt an, daß Kaiser Ludwig der Fromme, der Sohn Karls des Großen, einen sächsischen Dichter beauftragt hat, das Evangelium poetisch zu verdeutschen. Der Heliand ist eine Evangelienharmonie, d.h. eine Schilderung des Lebens Jesu, die der Verfasser aus allen vier Evangelien zusammengestellt hat.

In diesem Epos wird Christus, ganz dem germanischen Empfinden entsprechend, zum germanischen König, seine Jünger zu germanischen Gefolgsmännern. Der Ort der Handlung ist nicht das jüdische Palästina, sondern das germanische Sachsen. Die germanischen Züge, wie Treue, Ehre, Tapferkeit, Männlichkeit und Heldentum werden stark herausgearbeitet. Da den Germanen die Feindesliebe, die Selbsthingabe, die Demut, die Nächstenliebe und die Friedensidee fremd waren, wird Christus nicht als armer, demütiger Mann dargestellt, sondern als ein tapferer, mächtiger Volkskönig, ein Mann des Schwertes, der im Kampfe für sein Volk und das Reich Gottes stirbt. Die Hirten auf dem Felde hüten nicht Schafe sondern mutige Rosse, Joseph ist ein treuer Vassall, die heiligen drei Könige sind Ethelinge, die kommen, um ihrem Lehnsherrn die Treue zu schwören, die Hochzeit zu Kana ist ein germanisches Fest, und in der Bergpredigt verkündet Christus seinen Gefolgsleuten seine Lehre. Einige Zeilen in moderner Übersetzung sollen uns den Geist dieses großartigen Kulturdokumentes übermitteln:

"Da erboste sich der schnelle Schwertdegen Petrus. Wild wallte sein Zorn auf, er konnte nicht mehr sprechen, so tief bekümmerte es ihn, daß sie den Herrn ergreifen wollten. Ingrimmig trat er vor, der kühne Degen, um vor seinem Gefolgsherrn zu stehen. Schnell zog er das Schwert von der Seite und schlug den vordersten Feind mit voller Kraft, so daß Malchus gerötet ward mit des Schwertes Schneide, an der rechten Seite, sein Ohr abgeschlagen, seine Wange gespalten. Blut schoß auf, aus der Wunde wallend. Als die Wange gespalten war dem vordersten Feinde, wichen die Leute zurück, aus Furcht vor dem Schwertbiß."[12]

---

[12] Im Gegensatz zu dem Dichter des Heliands, versuchte Wulfila das Kriegerische in der Bibel möglichst zu unterdrücken. So weigerte er sich, das "Buch der Könige" zu übersetzen, weil der kriegerische Geist des Buches die Vorliebe für den Krieg in seinem Volke nur noch gestärkt hätte.

STUDIENFRAGEN ZUM KAPITEL <u>DIE ENTWICKLUNG DES REICHES</u>

1. Verfolgen Sie die Entwicklung des Frankenreiches unter den Merowingern.
2. Wer ist Chlodwig und welche Rolle spielt er in der Vergrößerung des Reiches?
3. Besprechen Sie die Bedeutung von Karl Martells Sieg über die Mauren für die weitere Entwicklung der christlichen Kultur und der europäischen Geschichte.
4. Besprechen Sie, wie die Germanen zum Christentum bekehrt wurden und welche Rolle das Christentum in ihrem Leben und in der geschichtlichen Entwicklung spielt.
5. Besprechen Sie die Ereignisse, die die Karolinger zum Schutzherrn des Papstes machen.
6. Besprechen Sie, wie sich das Reich unter Karl dem Großen entwickelt.
7. Wie hat Karls Kaiserkrönung in Rom die zukünftige deutsche Politik beeinflußt?
8. Welche Ereignisse tragen zur Stärkung des Partikularismus und zur Schwächung der Zentralgewalt bei?
9. Wie entsteht der Investiturstreit und wie wirkt er sich auf die deutsche Geschichte des Mittelalters aus?
10. Besprechen Sie Einzelheiten der karolingischen Renaissance und die Bedeutung dieser kulturellen Blüte für die kulturelle Entwicklung in Deutschland.
11. Besprechen Sie, wie sich das Kaiserreich nach dem Tod Karls des Großen weiter entwickelt.
12. Glauben Sie, daß sich in der Barbarossa-Sage der Wunsch der Deutschen nach politischer Größe und Einheit widerspiegelt? Gehen Sie näher auf Einzelheiten ein.
13. Welche Literaturdenkmäler besitzen wir aus der germanischen Zeit und wie zeigt sich germanisches Denken in diesen Werken?
14. Welche geschichtlichen Vorgänge spiegeln sich im *Hildebrandslied* wider?
15. Warum muß der Vater seinen Sohn töten?
16. Was ist der tragische Konflikt im *Hildebrandslied*?
17. Definieren Sie Stabreim und zeigen Sie an Beispielen, daß Sie verstehen, was Stabreim ist.
18. Was verstehen Sie unter einem Zauberspruch?
19. Inwiefern ist der *Heliand* ein wertvolles Kulturzeugnis germanischen Denkens?

KAPITEL 7
DAS RITTERTUM UND DIE HÖFISCHE KULTUR

Worum geht es in diesem Kapitel?

Das Rittertum mit seinen höfischen Werten und Idealen hat die deutsche Kultur bis in unsere Zeit beeinflußt. Manche Ideale wurden von den Germanen übernommen. Hinzu kommen christliche Werte und höfisches Benehmen. Aus der Literatur dieser Zeit erfahren wir Näheres über die Stellung des Ritters und der Frau am Hofe, über das Leben am Hof und über die Ideale und die Problematik der damaligen Zeit.

Wie gehen wir vor?

1. Wie die vorigen Kapitel ist auch dieses in einzelne Abschnitte unterteilt. Verschaffen Sie sich einen Gesamtüberblick, indem Sie die Überschriften der einzelnen Abschnitte lesen.
2. Lesen Sie dann jeden Abschnitt genau und fragen Sie sich, ob Sie alles verstanden haben.
3. Es ist ratsam, sich am Ende jeden Abschnitts vorzunehmen, das Material mit einem Kommilitonen zu besprechen oder es persönlich laut zu wiederholen.
4. Die Studienfragen am Ende des Kapitels helfen Ihnen beim Studium.
5. Wenn Sie das ganze Kapitel gelesen haben, wiederholen Sie das Material noch einmal mit Hilfe der Überschriften über den einzelnen Abschnitten.

Lernziele:

In diesem Kapitel lernen Sie,

1. daß die höfische Kultur ihren Höhepunkt unter Kaiser Barbarossa erreicht.
2. wie das Lehnswesen entsteht, was es bezweckt und wie es schließlich zerfällt.
3. was die Aufgaben des Ritters und was seine Tugenden sind.
4. was Minne ist und worin der Minnedienst besteht.
5. was die Kreuzzüge waren und wie sie Wirtschaft und Kultur in den deutschen Ländern bereichern.
6. welche Werke von Hartmann von Aue und von Gottfried von Straßburg die Problematik der Ritterkultur aufzeigen.
7. warum Wolfram von Eschenbachs *Parzival* ein wichtiges Zeugnis der Ritterkultur ist.
8. den Unterschied zwischen hoher und ebener Minne am Beispiel von Walther von der Vogelweides Gedichten.
9. welche Gedanken Walther in seinen Altersgedichten ausdrückt.
10. Einzelheiten über das berühmte *Nibelungenlied*.
11. was Raubritter und Ordensritter waren.

Die Anfänge der Ritterkultur

Als Friedrich Barbarossa zu Pfingsten 1184 seinen beiden Söhnen in Anwesenheit von 70 000 Adeligen das Schwert umgürtete, hatte das Rittertum seine höchste Blüte erreicht. Es entwickelte besonders im 12. und 13. Jahrhundert eine Kultur, die sich aus germanischen Tugenden wie Ehre, Treue und Mut und christlichen Idealen zusammensetzte und die das Denken und Handeln des Abendländers bis heute beeinflußt hat. Diese Ritterkultur ist eine weltliche Klassenkultur, deren Ideale außerhalb der Kirche liegen. Die Anfänge des Rittertums sind in der germanischen Gefolgschaft, im Lehnswesen, in der Entwicklung einer Reitertruppe unter den Franken, die das Fußheer allmählich ersetzte, und im Frauendienst der französischen Troubadoure zu suchen.

Das Lehnswesen

Das Lehnswesen entwickelte sich nach der Völkerwanderungszeit besonders unter den Karolingern. Der König und andere führende Männer im Staat sowie auch die Kirche übernahmen in den eroberten Gebieten als Privateigentum große Ländereien, die überall im Land verstreut waren. Der König nutzte dieses Land (das Königsland), um seine Offiziere und Beamten fest an sich zu binden durch ein Treueverhältnis: das Lehnswesen.

Der Lehnsherr[1] übergab dem Lehnsmann ein Gut oder ein Stück Land zur Bewirtschaftung und Nutznießung auf eine gewisse Zeit, meistens auf Lebenszeit. Der Lehnsmann verpflichtete sich, dem König treu zu sein und ihm Kriegsdienste zu leisten. Da die neue Kriegsführung gegen die Mauren und Mongolen es nötig gemacht hatte, dem Feinde eine Reiterei entgegenzustellen, verpflichtete sich der Lehnsmann zum Reiterdienst. Nach seinem Tode fiel das Lehen an den Lehnsherrn zurück, der es von neuem an einen verdienten Mann ausleihen konnte. Nicht nur der König sondern auch andere Große im Reich gaben Teile ihrer ausgedehnten Landbesitze als Lehen ab und verpflichteten sich dadurch Gefolgsmänner zum Wehrdienst. Da der König seine Beamten und diese wiederum ihre Beamten usw. auf diese Weise belohnten, entstand eine Lehnsorganisation (Feudalismus) mit sieben Lehnsgraden, die wie eine Pyramide aufgebaut war und an deren Spitze der König stand. Dieses System war wahrscheinlich die einzige Möglichkeit, ein großes Reich mit schlechten Verkehrsmitteln, dem Fehlen eines Nachrichtendienstes und eines Geldsystems, intelligent zu verwalten.

Der Verfall des Lehnswesens

Unter einem genialen Verwalter wie Karl dem Großen blühte das Lehnswesen, aber unter seinen weniger begabten Nachfolgern geriet es allmählich in Zerfall. Es war ganz natürlich, daß der Lehnsmann das Bestreben hatte, sein Lehen erblich zu machen, um es seinem Sohn zu übergeben damit es im Familienbesitz blieb. Nach dem Tod des Vaters übernahm der älteste Sohn sein Amt und sein Lehen zuerst vorläufig. Oft erfuhr der König erst Monate später davon, und da er häufig mit Kriegsführung und sonstigen Regierungsangelegenheiten beschäftigt war, bestätigte er meistens den Sohn als Nachfolger. So war das Lehen bald nicht mehr eine zeitlich begrenzte Belohnung für geleistete Dienste, sondern wurde erblicher Privatbesitz einer Familie. Da auch das Amt meistens automatisch auf den Sohn übertragen wurde, entwickelte sich aus dem Beamtenstand ein erblicher Adelsstand, aus dem im Mittelalter die zahlreichen deutschen Fürsten hervorgehen. Ihre Zahl stieg ständig, und da sie sich als unabhängige Staatsoberhäupter betrachteten, wurde Deutschland in eine große Zahl kleiner und ganz kleiner Staaten zerstückelt, eine Entwicklung, die für die politische Entwicklung des Reiches höchst unheilsam wurde.

Privilegien

Ursprünglich wurde nur Land als Lehen vergeben, aber durch die ständige Verbindung des Amtes (z.B. des Grafen) mit der Belehnung von Besitz (z.B. der Grafschaft) blieb das Lehen nicht auf Güter beschränkt, sondern es konnten auch Rechte (z.B. das Zollrecht, das Marktrecht, das Bergwerksrecht, usw.) und Hofämter als Lehen vergeben werden. Außerdem war sehr bald kein Land mehr vorhanden, das entlehnt werden konnte, aber da weiterhin Dienste zu belohnen waren, vergab der König Teile seiner Vorrechte. Bei der Königswahl[2] wurden fast immer Rechte und Privilegien zu Bestechungen vergeben. Die Vergebung der vielen Ämter und Rechte führte bald zu einer allgemeinen Rechtsunsicherheit, und als die Ritter das Fehderecht, das Recht zum Privatkrieg, für sich in Anspruch nahmen, war das Resultat Chaos.

Standesbewußtsein und Klassenunterschiede

Das Lehnswesen mit seinen sozialen und kulturellen Einrichtungen machte die Entwicklung der Ritterkultur mit seiner höfischen Etikette und seinem Standesbewußtsein möglich. Im 12. und 13. Jahrhundert, als die Ritterkultur in voller Blüte stand, durften nur Männer in den Ritterstand erhoben werden, deren Väter und Großväter freie Adelige gewesen waren. Im 14. und 15. Jahrhundert ging die Ritterkultur unter und wurde vom Bürgertum abgelöst, und nun wurden auch reiche Bürger in den Ritterstand erhoben, besonders wenn sie das Kind eines verarmten Ritters heirateten.

---

[1]   Das Wort "Lehen" ist verwandt mit "leihen". "Feudal" wird vom kirchenlateinischen Wort "feudum" abgeleitet, das "Leihbesitz" bedeutet. Das englische Wort "fee" ist mit "feudum" und mit dem deutschen Wort "Vieh" verwandt. Vieh wurde an Stelle des Geldes zum Tausch verwandt.

[2]   Die deutschen Fürsten wählten einen aus ihren Reihen zum König. Erst wenn der König vom Papst in Rom gekrönt worden war, erhielt er den Titel Kaiser.

Die Kreuzzüge

Die höfische Kultur und Gesellschaft verdankt ihr Entstehen zum Teil den Kreuzzügen,[3] auf denen die deutschen mit französischen Rittern und ihren Umgangsformen und mit den Gebräuchen des Orients in engen Kontakt gerieten.

Im zweiten Kreuzzug (1147-1149) zogen etwa 70 000 Ritter und Gefolgsmänner auf eine heilige Mission aus, viele von ihnen, weil es zu Hause keinen Platz mehr für sie gab. Ihre Vorfahren waren Lehnsleute gewesen, die aber allmählich fast unabhängig geworden waren.

Die Aufgaben des Ritters

Es war die Aufgabe des Ritters, Furten, Brücken, Kreuzungen und Straßen vor den Überfällen von Räubern zu beschützen, Bauern zum Bau und zur Instandhaltung von Brücken und Straßen zu dingen und die kleinen Ortschaften mit ihren Höfen, Gasthäusern, Mühlen und Schmieden vor Ausbeutung zu schützen. Sie hatten das Recht, von ihren Schützlingen Steuern in Form von Getreide, Gemüse, Geflügel, Milch und anderen Nahrungsmitteln einzuziehen. Die Kaufleute, die mit ihren Lastzügen über die Brücken und Straßen zogen, mußten Zoll in Form von Luxusgütern zahlen. Immer mehr Straßen, Brücken und Ortschaften wurden angelegt, weil das Steuer- und Zollgeschäft gut florierte. Im 12. Jahrhundert war das Land so übersät mit Zollstationen, daß für die jüngeren Söhne der Adelsfamilien keine Möglichkeit mehr bestand, noch eine weitere Burg an einer Kreuzung zu errichten.

Zucht, Würde und Selbstbeherrschung

Was sollten die jüngeren Söhne tun? Sie waren gut ausgebildete und ausgerüstete Krieger, aber es gab für sie keine Stelle mehr im Land. Für sie kamen die Kreuzzüge wie gerufen. Sie bekamen die Gelegenheit, ihre Kenntnisse in einem Unternehmen anzuwenden, das ihnen Abenteuer und ebenfalls Ehre und Seelenheil versprach. Als sie aus den Kreuzzügen zurückkehrten, hatten sie gelernt, daß es die wahre Aufgabe eines edlen Herren ist, Gottes Werk mit Waffengewalt zu fördern. Männliche Tugend und Zucht war für sie gleichbedeutend geworden mit kämpferischer Tapferkeit. Beide Begriffe verschmolzen zu einem neuen Ideal, das als "wirde" (Würde) bezeichnet wurde. Die christiche Religion und der Frauendienst spielten eine gleich große Rolle im Leben dieses neuen Ritters wie männliche Würde und machten aus ihm einen disziplinierten Edelmann, in dessen Benehmen die Selbstbeherrschung (diu maze) äußerst wichtig war. Ohne diese Gegenpole hätte er sich leicht zu einem unbeherrschten Gewaltmenschen entwickeln können.

Der Minnedienst

Der Frauendienst oder Minnedienst[4] stammt aus Südfrankreich und kam durch die Troubadoure in die deutschen Länder. Der Minnedienst verlangte vom Ritter, daß er sich in den Dienst einer "hohen" Frau stellte, die verheiratet und von höherer Stellung als er selbst sein mußte. Diese Frau erhob er zu seinem Ideal, für sie zog er aus gegen den Feind, für sie kämpfte er im Turnier, sie verehrte er und ihr suchte er zu gefallen. Sie und mit ihr alle edlen Frauen zu beschützen, war seine hohe Aufgabe.

---

[3] Das Ziel der Kreuzzüge, die unter Papst Urban 11 (1088-1099) begannen, war das Heilige Land den Ungläubigen (Mohammedanern) zu entreißen. Im ganzen wurden sieben Kreuzzüge unternommen, darunter ein Kinderkreuzzug (1212), in dem Tausende von Knaben und Mädchen den Tod fanden oder als Sklaven verkauft wurden. Der erste Kreuzzug (1096-1099) war am erfolgreichsten und endete mit der Eroberung von Antioch und Jerusalem und der Errichtung mehrerer christlicher Feudalstaaten im Mittleren Osten. Jerusalem wurde 1187 von Sultan Saladin zurückerobert. Der dritte Kreuzzug (1189-1197) wurde von König Friedrich Barbarossa angeführt. Er und sein Sohn fanden den Tod. Die Kreuzzüge wurden mit wechselndem Erfolg geführt, endeten jedoch schließlich mit dem Verlust des Heiligen Landes. Die Christen mußten gegen Ende des 13. Jahrhunderts alle Ansprüche auf Palästina aufgeben. (1. Kreuzzug 1096-1099, 2. Kreuzzug 1147-1149, 3. Kreuzzug 1189-1197, 4. Kreuzzug 1202-1204, 5. Kreuzzug 1228-1229, 6. Kreuzzug 1248-1254, 7. Kreuzzug 1270).

[4] Das Wort "minne" bedeutet "liebevolles Gedenken" und bezeichnet die verehrende Liebe eines Ritters zu einer verheirateten, höhergestellten Frau.

Die Gesellschaft am Hofe

Der Ritter, der aus den Kreuzzügen zurückkehrte, konnte und wollte nicht in die bestehende Gesellschaft integriert werden, und so schuf er eine neue Gesellschaft. Die Kreuzzüge hatten eine überaus reiche, wirtschaftliche Blüte zur Folge, und die Heimkehrer fanden eine Art Wirtschaftswunder vor, das es ihnen ermöglichte, sich an den Höfen ihrer Lieblingsfürsten zusammenzuscharen und hier zusammen mit ihren Schwestern und Frauen die höfische Gesellschaft zu schaffen. Diese Hofgesellschaft bestand aus Nichtstuern, die von ihren Freunden oder Verwandten unterhalten wurden und sich der Pflege ihrer Ideale und ihrer Kultur widmen konnten. In dieser Kultur wurde die Minnedichtung, eine Kombination von Musik und Literatur, ganz besonders ausgebildet. Sie erreichte eine Höhe der Schönheit, die noch heute große Bewunderung verdient.

Die ritterlichen Tugenden und Ideale

In den Werken der Dichter lesen wir die Ideale, die der Ritter anstrebt und die ihn zu einer geistig, gesellschaftlich, sittlich und körperlich harmonischen Persönlichkeit erziehen sollen. Am meisten betont werden Tapferkeit (mannesmuot), Treue (triuwe), Verläßlichkeit (staete), Selbstbeherrschung (kiusche), Freigebigkeit (milte)[5] und Mitleid (erbärmde). Das Prinzip, das den Ritter in allen seinen Handlungen bestimmt, ist die Zurückhaltung, das Maßhalten (maze), das seine gute Art, sein gutes Wesen und Benehmen (zuht) zeigt. Wenn er diese Tugenden in seinem Leben verwirklicht, dann besitzt er Ehre (ere), was ursprünglich die Anerkennung und Achtung der ganzen Ritterschaft bedeutete. Gott und der Welt zu gefallen (got und der werlt gevallen), in hohem Ansehen zu stehen war ehrenvoll. Dieses Idealbild wird versinnbildlicht durch den Bamberger Reiter, in dem Gelassenheit und ein kraftvoller Wille vereint sind. Bezeichnend ist auch, daß dieses Idealbildnis in einer christlichen Kirche, im Bamberger Dom, steht, weil es auch gleichzeitig den idealen Christen verkörpert. Ergänzt wird das ritterliche Lebensideal noch durch die Liebe (minne), durch die sinnliche und geistliche Gefühle verbunden werden, denn der Sinn der hohen Minne[6] lag nicht in der physischen Erfüllung, sondern in der Läuterung und Erziehung der Persönlichkeit. Die Frau taucht hier zum ersten Mal in der deutschen Kultur als die Erzieherin des Mannes auf, die ihn zu höfischer Vollkommenheit anspornt.

Die Entwicklung der höfischen Kultur in Süddeutschland

Die höfische Ritterkultur entwickelte sich hauptsächlich im Süden, in Schwaben, Franken und Österreich, da diese Region engeren Kontakt mit Frankreich hatte. Besonders die schwäbische Familie der Hohenstaufen trug dazu bei, daß sich ihr Stammesherzogtum zu einem Zentrum der Ritterkultur entwickelte. Die Sachsen im Norden waren von Natur aus bedächtiger als ihre südlichen Nachbarn und durch ihre geographische Lage abgeschiedener von den ausländischen Einflüssen. Es ist interessant zu beobachten, daß bis zum heutigen Tage der Österreicher und Schwabe gesellschaftlich und den Damen gegenüber oft wendiger und höflicher ist als der Norddeutsche, was vielleicht seinen Grund zum Teil in der Entwicklung des Rittertums im Süden hat.[7]

Die Erziehung zum Ritter

Die ritterliche Erziehung begann mit dem Knaben, der als Page und Knappe am Hofe diente und die gesellschaftlichen Formen sowie die männlichen Tugenden lernte. Zunächst stand er als Page im Dienst der Frau und lernte wie man sich kleidet, wie man richtig geht, wie man sich unterhält, wie man sich Damen gegenüber benimmt. Schwimmen, Reiten, Fechten, Jagen, Waffenübungen und die Regeln des Turniers lernte er vom Rittersmann. Mit 21 Jahren wurde er in der Zeremonie der Schwertleite zum Ritter geschlagen. Er versprach, großzügig, höflich, wahr, treu und tapfer zu sein, die Kirche zu ehren, den Witwen, Waisen, Pilgern und Armen zu

---

[5] Die Freigebigkeit ist eine Tugend, die von den Dichtern besonders gepriesen wird, weil sie ihnen ihre Kunst ermöglicht.

[6] Die Dichter unterscheiden zwischen hoher und niederer Minne. Letztere ist die geschlechtliche Liebe, die mit Bauernmädchen und niederen Hofdamen erlaubt ist, aber nie mit der hohen Frau, die nur platonisch verehrt werden darf. Die hohe Minne ist der Verehrung der Mutter Gottes verwandt und mag damit zusammenhängen.

[7] Die gesellschaftliche Wendigkeit des Süddeutschen hat in den folgenden Jahrhunderten manchen neuen Impetus erfahren durch den häufigen Kontakt mit Franzosen und Italienern, die entweder als Eroberer oder als Gäste (Musiker, Architekten, Dichter, usw.) an die Höfe kamen.

helfen und dem Kaiser zu gehorchen.[8] Nachdem ihm sein Schwert, Schild und die goldenen Sporen übergeben worden waren, erhielt er den Ritterschlag von seinem Herrn oder von seiner Herrin. Den Abschluß der Feierlichkeiten bildete ein Turnier, in dem die Ritter die Farben ihrer Damen auf Schulter oder Helm trugen und mit Schwert und Lanze gegen andere Ritter kämpften. Als Belohnung für seine Tapferkeit erhielt der Sieger einen Kranz, ein Tuch, einen Falken oder eine Waffe von seiner Dame.

Die Ausrüstung und die Waffen des Ritters

Zum Schutz gegen die Waffen des Gegners trug der Ritter eine Rüstung, die oft aus einem Kopfschutz (Stahlhelm mit Visier als Gesichtsschutz), einem Panzerhemd und später auch aus einem Stahlpanzer bestand, der den ganzen Körper bedeckte. In der Schlacht kämpfte er zu Pferde, das ebenfalls gepanzert war. Er war umgegeben von Fußsoldaten mit Schwertern, Hellebarden, Keulen, Pfeil und Bogen. In der modernen Kriegsführung entspricht der Ritter etwa dem Panzerwagen und die Fußsoldaten der Infanterie, und so wie Panzer meistens mit Infanterieunterstützung eingesetzt werden, war es auch damals nicht ratsam für den Ritter, sich ohne seine Knechte in die feindlichen Reihen zu wagen. Je schwerer die Panzerung der Ritter und Pferde wurde, desto unbeholfener wurden sie, und die beweglicheren Fußsoldaten, ausgerüstet mit langen Lanzen, Hellebarden und Armbrüsten ersetzten allmählich im 14. und 15. Jahrhundert die hilflos gewordenen Ritter. *halberd*

Die Ritterburg

Der Wohnsitz des Ritters war die Ritterburg, eine Feste, die an einer Stelle errichtet wurde, die leicht zu verteidigen war, wie der Gipfel eines Berges, eine Insel oder ein Sumpfgebiet. Man konnte nur von einer Seite an die Burg herankommen und mußte eine Reihe von Verteidigungslinien durchbrechen, wenn man sie erobern wollte. Ein Graben, gefüllt mit Wasser, umgab die Burg. Die Zugbrücke wurde bei Gefahr hochgezogen. Hinter dem Graben erhob sich eine mächtige Steinmauer mit Zinnen und Türmen versehen, von denen die Verteidiger Felsblöcke, kochendes Öl, Pech und Pfeile auf die Angreifer herniederwarfen. Falls die Angreifer den Graben und die Mauer bewältigt hatten, fanden sie sich im Burghof, der zweiten Verteidigungslinie gegenüber. Der mächtige Bergfried, ein massiver Turm aus Stein, von dem man weit ins Land hinausspähen konnte und in dessen unteren Gewölben das Burgverließ angelegt war, war die letzte Zufluchtsstätte der Belagerten.

Die Burgen

Die größeren Burgen enthielten außer den Verteidigungsanlagen, die Wohn-, Empfangs- und Schlafzimmer der Familie (Mann und Frau hatten getrennte Gemächer), die Kammern der Diener, den großen Festsaal, die Burgkapelle, die Ställe und Scheunen, Küche, Vorratskammern und Keller, Wachstuben, einen Garten und einen Hof, auf dem man mit den Waffen üben konnte. Man schätzt die Zahl der Burgen, die im Mittelalter in Deutschland standen, auf etwa 10 000, wovon heute noch etwa 400 bewohnbar sind. Mit der Erfindung des Schießpulvers verlor die Burg ihre militärische Bedeutung. Im Bauernkrieg (1524-1525) und im Dreißigjährigen Krieg (1618-1648) wurden viele Burgen zerstört, andere zerfielen, als die Bewohner in die Städte zogen. Die Romantiker, für die das Mittelalter eine besondere Anziehungskraft besaß, entdeckten die Schönheit der alten Burgen und Burgruinen wieder und setzten ihnen ein Denkmal in der Poesie und Malerei. So kommt es, daß wir das Rittertum und die Ritterburgen als romantisch betrachten und uns manchmal zurücksehnen in diese "gute alte Zeit".

Der Kontakt mit dem Orient

Wir haben gelesen, daß die Ritterkultur durch den engen Kontakt mit den französischen Troubadouren grundlegend beeinflußt wurde. Ebenfalls durch den Kontakt mit dem Orient und durch den unglücklichen politischen Ausgang der Kreuzzüge wurde das Leben nicht nur der Ritter, sondern des deutschen Menschen überhaupt geändert. Die Kirche, die treibende Macht hinter den Kreuzzügen, verlor an Prestige. Durch die Berührung mit der mohammedanischen und byzantinischen Zivilisation wuchs das Interesse an neuen Gebieten des Lernens und damit verbunden die kritische Einstellung dem Überlieferten gegenüber. Zweifel an der Unfehlbarkeit der Kirche entstanden, ein weltlicherer Geist machte sich bemerkbar und das Leben erschien lebenswerter als zuvor. Die wissenschaftlichen, militärischen und nautischen Erkenntnisse des Orients, sowie dessen Kunst, Philosophie und Sitten bereicherten die deutsche Kultur. Produkte wie Reis, Zucker, Gewürze, Südfrüchte (Zitronen, Orangen),

---

[8] Junge Pfadfinder legen in ihrem Gelöbnis ein ähnliches Versprechen ab, und unsere athletischen Wettkämpfe ähneln in mancher Hinsicht einem Ritterturnier.

Stoffe, Seidentücher, Teppiche, Farbmittel, Perfüms usw. fanden Zugang und Geschmack in Europa. Arabische Worte wie Zenith, Kompaß, Admiral, Basar, Magazin, Tarif, Damast, Kampfer, Sirup, Orange u.a. wurden ins Deutsche übernommen.[9] Architektur und Kunst wurden durch den hochverzierten orientalischen (Arabeske) Hufeisenbogen angeregt. Auf den Gebieten der Medizin, Philosophie, Geographie, Mathematik, Physik und Alchemie waren die Araber weit fortgeschritten und bereicherten den Westen mit ihren Kenntnissen. Arabischen Philosophen verdanken wir die ersten Übersetzungen und Kommentare der Werke Aristoteles und die Anregungen, die die scholastische Philosophie dadurch erfährt. Wir sehen also, daß die wirtschaftlichen,[10] geistigen und sozialen Folgen der Kreuzzüge vielfach sind, obgleich sie als militärische und politische Operationen praktisch erfolglos blieben.

Die Literatur

Der höfische Roman (das Epos) und die höfische Lyrik (der Minnesang) sind Äußerungen der höfischen Kultur. Die Literatur ist weltlich. Der fahrende Spielmann trägt die Lieder von Hof zu Hof. Selbst wenn der Dichter aus dem geistlichen Stand kommt, zeigt seine Dichtung eine ritterliche Weltanschauung, wie das *Rolandslied* des Pfaffen Konrad (um 1140), das den Heldentod des Ritters Roland besingt, der unter Karl dem Großen an einem Kriegszug gegen die Mauren teilnimmt und dessen Nachhut anführt.

Um 1170 beginnt die Blütezeit, die Klassik, der Ritterdichtung mit dem Auftreten von fünf großen Meistern, die den aus Frankreich oder dem Orient übernommenen Stoff in vertiefter Weise behandeln und sich durch eine stark persönliche Ausdrucksweise und eine kunstvolle Beherrschung der Form weit über das Mittelmaß erheben. Es sind ausgeprägte Persönlichkeiten, bei denen das Verhältnis zur höfischen Kultur problematisch geworden ist, was sie wiederum über den Normaltypus des Ritterdichters hinaushebt. Die fünf Meister sind Hartmann von Aue, Wolfram von Eschenbach, Gottfried von Straßburg, Walther von der Vogelweide und der Dichter des *Nibelungenliedes*, den wir nicht mit Namen kennen. Wir wissen sehr wenig über diese Dichter und sind auf Rückschlüsse aus ihren Werken und auf literarische Anspielungen angewiesen, wenn wir etwas über sie erfahren wollen.

Hartmann von Aue

Hartmann von Aue (1169-etwa 1210) war ein Ministeriale (kein hoher Adeliger sondern ein Angehöriger des Dienstadels) aus Schwaben, der anscheinend eine umfassende Bildung genossen hatte. Seine vier großen Werke sind *Erec*, *Iwein*, *Gregorius* und *Der arme Heinrich*. Im *Erec* und *Iwein* behandelt Hartmann das Thema des Konfliktes zwischen Gattentreue (Minne) und Ritterehre. Der Ritter Erec "verliegt" sich nach seiner Hochzeit mit der schönen Enite und vergißt seine Ritterpflichten, bis er von seiner Frau endlich wieder zu Rittertaten angetrieben wird. Im *Iwein* ist das Problem umgekehrt. Iweins Lust am Abenteuer läßt ihn den Minnedienst an seiner Frau vernachlässigen. Hartmann, der übrigens unter Minne die eheliche Liebe versteht, setzt sich für den Ausgleich im ritterlichen Handeln, für "zuht" und "maze" ein. Im *Armen Heinrich* zeigt uns der Dichter die Gefahr, die dem Ritter droht, der Gott vergißt und ganz im Weltlichen aufgeht. Im *Gregorius* behandelt er das Oedipus Motiv. Gregorius, das Kind von Bruder und Schwester, wird als Findling ausgesetzt und heiratet als erwachsener Ritter ohne sein Wissen seine Mutter. Zur Buße läßt er sich auf einen Felsen im Meer festschmieden und wird nach langen Jahren auf göttliche Veranlassung hin zum Papst gewählt.

Wolfram von Eschenbachs Epos *Parzival*

Wolfram von Eschenbach (etwa 1170-1220) stammt aus dem mittelfränkischen Städtchen Eschenbach. Er ist ebenfalls Ministeriale und da er unbegütert ist, wandert er von Hof zu Hof und muß sich immer wieder "der Herrengunst versichern". Von 1201- 1203 hält er sich am Hofe Hermanns von Thüringen auf, vielleicht zusammen mit Reinmar von Hagenau und Walther von der Vogelweide.[11] Wolfram betätigt sich als Minnesänger, aber seine

---

[9] Natürlich werden auch dem Französischen viele Wörter entlehnt, während die höfische Dichtung ebenfalls einen reichen Wortschatz entwickelt. Bildliche Wendungen aus dem Turnierwesen wie z.B. "in die Schranken treten, die Spitze bieten, eine Lanze brechen, aus dem Sattel heben, jemand einen Korb geben" usw. haben sich bis heute erhalten.

[10] Die Handelsbeziehungen mit dem Orient blühen gewaltig auf.

[11] Die Sage vom Wartburgkrieg berichtet, daß sich diese drei sowie die sagenhaften Dichter Heinrich von Ofterdingen und Klingsor von Ungarlant hier in einem Sangeswettbewerb auszeichneten.

Neigung zu breiter Schilderung macht ihn vornehmlich zum Epiker. Sein bekanntestes Werk, *Parzival*, vermischt die Percevalsage und die Gralssage, Stoffe, die zu den berühmtesten der Weltliteratur gehören. Der Knabe Parzival ist ein Tölpel ("tumbe tor"), der törichterweise ruhmreiche Taten vollbringt und endlich, als viel geprüfter Ritter zu großer Ehre gelangt. Bei seinem ersten Besuch auf der Gralsburg[12] vergißt er mitleidsvoll nach der Ursache des Leidens des Königs zu fragen. Als er wegen seines Vergehens verwiesen wird, fällt er von Gott ab und muß zahlreiche Abenteuer bestehen, bis er am Ende zu Gott zurückkehrt, die Gralsburg wiederfindet, Mitleid gelernt hat und nun zum Gralskönig berufen wird. Für Wolfram ist der Gral Symbol der Harmonie von Gott und weltlichem Rittertum ("gotes hulde und der werlt ere").

> Wes Leben so sich endet,
> daß er Gott nicht entwendet
> die Seele durch des Leibes Schuld
> und er daneben doch die Huld
> der Welt mit Ehren sich erhält,
> der hat sein Leben wohl bestellt.

Parzival ist der erste deutsche Entwicklungsroman. Wolfram ist ein Meister der Charakterisierung. Er stellt die seelischen Konflikte seines Helden überzeugend dar. Sein kompliziert aufgebautes höfisches Epos,[13] das eine innige Verschmelzung der christlichen Ethik mit dem Rittertum anstrebt, gehört zu den Meisterwerken der deutschen Literatur.

Gottfried von Straßburgs *Tristan und Isolde*

Man nimmt an, daß Gottfried von Straßburg (gest. 1210) Beamter am Hof des Bischofs von Straßburg war und wahrscheinlich nicht dem Adel angehörte, da er nur den Titel "Meister" führt. Während in der Minnelyrik die hohe Frau sittlich idealisiert als vollkommen und rein erscheint, tritt bei Gottfried die Leidenschaft der Liebe, die irdische Liebe in ihrem unlösbaren Konflikt mit der Idealanschauung der ritterlichen Gesellschaft, in den Vordergrund. In seinem Epos *Tristan und Isolde* kann die gesellschaftliche Schuld der Liebenden nur tragisch durch den Tod gesühnt werden. Diese Dichtung unterscheidet sich vom Minnesang, weil Gottfried in seinem Werk die Liebeserfüllung in fast religiös inbrünstiger Verehrung feiert. Das fällt besonders in der Beschreibung der "Minnegrotte", in die die Liebenden fliehen, auf. Tristan hintergeht seinen Oheim, König Marke, indem er mit dessen Braut und Ehefrau Isolde (zwar unter dem Einfluß eines Zaubertranks) Liebesbeziehungen unterhält. Tristan muß schließlich den Hof verlassen und viele Abenteuer bestehen. In der Fremde sehnt er sich nach Isolde. Da das Epos unvollendet geblieben ist, wissen wir den Ausgang nicht. Das Werk zeigt aber die Problematik der Minne auf, die es einem Mann praktisch unmöglich macht, die Frau, die er mit seinen Liebesversen verehrt, dennoch nicht zu berühren.[14]

Der lyrische Dichter Walther von der Vogelweide

Walther von der Vogelweide (gest. nach 1228) bezeichnet zugleich Höhepunkt und Abschluß des hochhöfischen Minnesangs. In seiner Jugend hält er sich in Wien am Hof der Babenberger auf, beginnt aber bald ein unruhiges Wanderleben. In seinen Gedichten und Sprüchen spiegelt sich die unruhige politische Situation der Zeit wider. Am Ende seines Lebens (gegen 1213-1228) unterstützt er den jungen Hohenstaufenkönig Friedrich II in seinem Kampf gegen den Papst und erhält von ihm ein kleines Lehen. Er jubelt: "Ich han min lehen, al die werlt, ich han min lehen! nu enfürhte ich niht den hornunc an die zehen." (Ich hab' mein Lehen [Landbesitz], ich hab' mein Lehen! Nun fürchte ich nicht die Winterskälte an den Zehen.) Wahrscheinlich liegt er in Würzburg begraben.

---

[12] Der Gral ist ein heiliges Gefäß, das wundertätige Kraft besitzt. Der Legende nach ist es der Kelch, aus dem Christus beim letzten Abendmahl trank und in dem später sein Blut aufgefangen wurde, als er am Kreuze litt. Er soll Joseph von Arimathia am Leben erhalten haben. Wolframs Gral erinnert auch an die orientalische Sage vom Wunderstein, der die Menschen jugendlich erhält. Das Gralskönigtum in der Percevalsage ist aus der Verehrung des Grals hervorgegangen.

[13] Als Epos bezeichnen wir eine umfangreiche, erzählende Dichtung des Mittelalters in Versform.

[14] Das amerikanische Musical *Camelot* behandelt dasselbe Problem.

In seinen ersten und letzten Liedern verherrlicht Walther hauptsächlich die "hohe Minne", die er jedoch manchmal auch ironisch behandelt. In mittleren Jahren setzt sich bei ihm eine natürliche Anschauung durch, und er besingt die Liebe zwischen Gleichgestellten ohne konventionelle Hemmungen. Dies sind die Lieder der sogenannten "niederen Minne", oder wie sie auch genannt werden der "ebenen Minne", das heißt der physischen Liebesbeziehung zwischen Gleichberechtigten. Walther besingt die schöne Frau aus niederem Stand wie eine Adelige. In dem Gedicht *Unter der Linde* läßt Walther eine Dorfschöne ihr Liebeserlebnis mit so viel natürlichem Charme, auf so graziöse Weise und in einem so herrlichen Rhythmus (besonders im mittelhochdeutschen Original) berichten, daß das Gedicht uns selbst heute noch immer wieder erfreut.

Under der linden	Unter der Linde
an der heide,	auf der Heide,
da unser zweier bette was,	wo unser beider Lager war,
dâ mugt ir vinden	da kann man finden
schône beide	beides liebevoll
gebrochen bluomen unde gras.	gebrochen, Blumen und Gras.
Vor dem walde in einem tal,	Vor dem Walde in einem Tal,
tandaradei,	tandaradei,
schône sanc diu nahtigal.	schön sang die Nachtigall.
Ich kam gegangen	Ich kam gegangen
zuo der ouwe:	zu der Wiese.
dô was min friedel komen ê.	Da war mein Liebster schon vorher gekommen.
Da wart ich enpfangen	Da wurde ich empfangen
(here frouwe!)	(wie eine hohe Frau!),
daz ich bin saelic iemer mê.	daß es mich immer mehr beglückt.
Kust er mich? Wol tusentstunt:	Küßte er mich? Wohl tausendmal,
tandaradei,	tanderadei,
seht wie rôt mir ist der munt.	seht wie rot mir ist der Mund.
Dô het er gemachet	Da hatte er bereitet
alsô riche	in aller Pracht
von bluomen eine bettestat.	von Blumen ein Lager.
Des wirt noch gelachet ineclîche,	Darüber wird sich noch freuen inniglich,
kumt iemen an daz selbe pfat:	kommt jemand denselben Weg daher:
bî den rôsen er wol mac,	An den Rosen kann er noch,
tandaradei,	tandaradei,
merken wâ mir'z houbet lac.	sehen wo mein Kopf lag.
Daz er bî mir laege,	Daß er bei mir lag,
wesse'z iemen	wüßte es jemand,
(nu enwelle got!),	(das verhüte Gott!)
sô schamt ich mich.	so schämte ich mich.
Wes er mit mir pflaege,	Was er mit mir tat,
niemer niemen	niemals soll jemand
bevinde daz, wan er und ich,	das erfahren als er und ich
und ein kleinez vogellîn:	und ein kleines Vögelchen:
tandaradei,	tandaradei,
daz mac wol getriuwe sîn.	Das wird wohl verschwiegen sein.

Walther läßt eine Frau das Liebeserlebnis berichten. Sie ist scheu und möchte nicht, daß irgendjemand erfährt, was geschehen ist, denn dann würde sie sich schämen. Nur ihr Liebster und sie allein wissen davon und die Nachtigall, die nur "tandaradei" singen kann und deshalb nichts verraten wird.

Auch in den Gedichten, die zur "hohen Minne" zählen, bricht Walther mit den traditionellen Konventionen und schreibt ganz individuell. Die wahre Schönheit und den echten Adel der hohen Frau sieht Walther in ihrer menschlichen Wärme und Natürlichkeit, nicht in ihrer unnahbaren Ferne und kalten Idealisierung. In dem folgenden Gedicht führt uns der Dichter die herrliche Natur im Frühjahr vor Augen und stellt die Frage, was auf Erden noch so schön ist, daß man es mit dieser Herrlichkeit vergleichen könnte. In der zweiten Strophe stellt er uns die hohe Frau vor, die er verehrt. Er beschreibt sie als schön, rein, von hoher Geburt (edel), wohl gekleidet und in Begleitung ihrer Hofdamen. Sie darf sich unter den Rittern ein wenig umschauen, sie aber nicht anstarren, wie die Ritter sie anstarren. Als der Dichter aufgefordert wird, zwischen der verehrten Dame und der Natur zu wählen, zögert er keinen Augenblick: "Herr Maie, ihr müßtet Märze sein", bevor ich da die falsche Wahl treffen und meine Herrin verlieren würde.

Sô die bluomen uz dem grase dringen,
same si lachen gegen der spilden sunnen,
in einem meien an dem morgen fruo,
und diu kleinen vogellîn wol singent
in ir besten wîse die si kunne,
waz wünne mac sich dâ gelîchen zuo?
Es ist wol halb ein himelrîche.
Suln wir sprechen waz sich deme gelîche,
sô sage ich waz mir dicke baz
in mînen ougen hât getan,
und taet ouch noch, gesaehe ich daz.

Swâ ein edeliu schoene frowe reine,
wol gekleidet unde wol gebunden,
dur kurzewîle zuo vil liuten gat -
hovelîchen hôhgemuot, niht eine,
umbe sehende ein wênic under stunden,
alsam der sunne gegen den sternen stât -
der meie bringe uns als sîn wunder,
waz ist dâ sô wünneclîches under
als ir vil minniclicher lip?
Wir lâzen alle bluomen stân
und kapfen an daz werde wîp.

Nû wol dan, welt ir die wârheit schouwen!
Gên wir zuo des meien hôhgezite:
der ist mit aller sîner krefte komen;
seht an in und seht an schoene frouwen,
wederz dâ daz ander überstrîte -
daz besser spil, ob ich daz hân genomen.
Owê der mich dâ welen hieze,
deich daz eine dur daz ander lieze,
wie rehte schiere ich danne kür!
Hêr Meie, ir müeset merze sîn
ê ich mîn frowen dâ verlür.

Wenn die Blumen aus dem Grase dringen
als lachten sie der [im Tau] spielenden Sonne entgegen
an einem Maitag morgens früh;
und wenn die kleinen Vögelein singen
in ihrer schönsten Weise (Melodie),
welche Herrlichkeit könnte man damit vergleichen?
Das ist wohl halb das Himmelreich.
Sollen wir sagen, was dem gleich käme,
so sage ich, was meine Augen mehr entzücken
und immer wieder entzücken würde,
wenn ich das erblickte.

Wenn eine edle, schöne, reine Frau
wohl gekleidet und wohl geschnürt
zur Unterhaltung in Gesellschaft geht,
höflich und mit edlem Sinn, in Begleitung,
gelegentlich sich ein bißchen umsehend
und auftritt wie die Sonne unter den Sternen -
Der Mai bringe uns all seine Pracht,
was ist darunter so Herrliches
wie ihr lieblicher Leib?
Wir lassen alle Blumen stehn
und starren an die herrliche Frau.

Wohlan denn, wollt ihr die Wahrheit schauen,
gehen wir zum Fest des Mai!
Der ist gekommen mit all seiner Macht.
Seht ihn an und seht die schönen Frauen an.
Welches übertrifft da das andere?
Die bessere Wahl, ob ich die getroffen habe?
O, wer mich da wählen ließe
das eine zu lassen um des anderen willen,
wie schnell ich mich dann entschiede!
Herr Mai, ihr müßtet März sein,
bevor ich meine Herrin da verlöre.

Shall I compare thee to a summer's day?
Thou art more lovely and more temperate.
Rough winds do shake the darling
buds of May

Walthers Sprüche und Alterslyrik

In seinen Sprüchen setzt sich Walther für die Reichsidee ein und unterstützt Friedrich II, weil er sich von ihm die Größe und Einheit Deutschlands erhofft. Obgleich er sich gegen den Papst wendet, in dem er den Gegner des Kaisers und damit des Reiches sieht, ist er ein frommer Christ, der für die Wahrheit der christlichen Glaubenslehre eintritt. Seine Alterslyrik ist gekennzeichnet von tiefer Religiösität und melancholischer Resignation, wie die berühmte Elegie zeigt, die mit den Worten beginnt:

> O weh, wohin sind verschwunden alle meine Jahr'!
> Ist mir mein Leben geträumt? oder ist es wahr?

Die Welt ist ihm fremd geworden, klagt er, und ist voller Ungnade, nur nach außen ist sie schön, aber im Innern schwarz und finster wie der Tod. Die Elegie schließt mit der Mahnung an die Ritter, sich von der Welt abzuwenden und für Gott zu streiten.

Dar an gedenkent, ritter: ez ist iuwer dinc:	Daran denkt, ihr Ritter: es ist eure Sache [Aufgabe].
ir tragent die liehten helme und manegen herten rinc,	Ihr tragt die glänzenden Helme und manche harte Rüstung,
dar zuo die vesten schilte und diu gewîhten swert.	Dazu die festen Schilde und die geweihten Schwerter.
Wolte got, wan waere ich der sigenünfte wert!	Wollte Gott auch ich wäre solcher Segnung noch wert!
Sô wolte ich nôtic armman verdienen richen solt.	So würde ich bedürftiger Armer verdienen reichen Lohn,
Joch meine ich niht die huoben noch der hêrren golt -	doch damit meine ich nicht Land noch der Herren Gold -
ich wolte saelden krône êwechlîchen tragen:	Ich wollte die Krone der Seligkeit ewig tragen.
die mohte ein soldenaere mit sîme sper bejagen.	Die konnte einst schon ein Söldner mit seinem Speer erringen.
Möht ich die lieben reise gevaren über sê,	Könnte ich mit dem ersehnten Zug mitfahren übers Meer,
sô wolte ich denne singen wol, und niemer mêre ouwê,	dann würde ich freudig singen, und niemals mehr, o weh,
niemer mêr ouwê.	niemals mehr, o weh!

Walther spricht von den Rittern, die in den heiligen Krieg, den Kreuzzug ziehen. Er ist zu alt, doch wünscht er sich, daß er mitziehen könnte, denn dann würde Gott ihn reich belohnen, nicht mit Landbesitz und Gold, sondern mit seinem Seelenheil. Dann wäre er glücklich und brauchte sich nicht länger vor dem Tod zu fürchten. Der Papst hatte allen Kreuzfahrern Vergebung der Sünden und ewiges Leben verheißen.

In der Großen Heidelberger Liederhandschrift[15] befindet sich ein berühmtes Bild des Dichters, das ihn mit gekreuzten Beinen auf einem Steine sitzend zeigt, in Gedanken versunken und sich über die Probleme der Zeit Sorgen machend. Diese Sorgen drückt er in einem seiner berühmtesten Sprüche aus.

---

[15] Die Minnedichtung ist uns in den folgenden Handschriftensammlungen erhalten:
a) Die "Kleine Heidelberger Liederhandschrift", die vermutlich aus dem 3. Jahrhundert stammt.
b) Die "Weingartner Liederhandschrift", die gegen 1300 in Konstanz geschrieben und mit Bildern der Dichter versehen ist.
c) Die "Große Heidelberger Liederhandschrift" oder "Manesse-Handschrift", die aus dem 14. Jahrhundert stammt und mit herrlichen Bildern und Wappen verziert ist.
d) Die "Würzburger Liederhandschrift".
e) Die "Jenaer Liederhandschrift", die mit Noten versehen ist und uns die Melodien von Gedichten übermittelt.

Ich saz ûf eime steine	Ich saß auf einem Steine,
und dahte bein mit beine;	und deckte Bein mit Beine:
dar ûf satzt ich den ellenbogen;	Darauf setzt' ich den Ellenbogen;
ich hete in mîne hant gesmogen	ich hatte in meine Hand geschmiegt
daz kinne und ein mîn wange.	Das Kinn und eine Wange.
Dô dâhte ich mir vil ange	Da dachte ich bei mir mit großer Sorge
wie man ze'r welte solte leben.	wie man in der Welt leben sollte.
Deheinen rât kond ich gegeben	Keinen Rat konnte ich geben,
wie man driu dinc erwurbe.	wie man drei Dinge erwürbe,
der keines niht verdurbe.	von denen keins verdürbe.
Diu zwei sint êre und varnde guot,	Die zwei sind Ehre und weltlicher Besitz,
der ietwederz dem andern schaden tuot;	die sich miteinander nicht vereinbaren lassen;
daz dritte ist gotes hulde,	das Dritte ist Gottes Huld [Gnade],
der zweier übergulde.	die beide übertrifft.
Die wolte ich gerne in einem schrîn.	Die hätte ich gern zusammen in einem Schrein.
Jâ leider desn mac niht gesîn,	Aber es kann leider nicht sein,
daz guot und weltlich êre	daß Besitz und weltliche Ehre
und gotes hulde mêre	und Gottes Hulde je
zesamme in ein herze komen.	zusammen in ein Herz kommen.

Es sollte das Ziel eines jeden Ritters sein, ein ehrbares Leben, weltlichen Besitz und Gottes Gnade miteinander zu vereinbaren. Walther meint, das sei unmöglich. Im Alter ist er sehr pessimistisch geworden.

Das *Nibelungenlied*

Das *Nibelungenlied* ist das berühmteste Heldenepos der deutschen mittelalterlichen Dichtung. Der Dichter ist unbekannt. Das Epos wird wohl gegen 1200 vollendet worden sein und beruht auf älteren Sagen, wie der Nibelungensage, die in den Heldenliedern der *Edda*[16] erwähnt wird, und auf historischen Ereignissen, die auf die Völkerwanderungszeit zurückgehen, als die Burgunden untergingen. Die eigentlichen ritterlichen Ideale sind im Nibelungenlied nicht so ausgesprochen, wie in den Epen von Hartmann und Wolfram. Nicht die Welt des Königs Artus mit Gralsrittern und Abenteuern entsteht vor unseren Augen, sondern die Welt der germanischen Völkerwanderungszeit mit ihren Begriffen von Blutrache, Gefolgschaftstreue, Tapferkeit, Heldentum und Heldentod. Die dunklen Schicksalsmächte bestimmen die Handlung, die mit dem Untergang der Burgunden endet und unter dem Leitsatz steht, daß Freude zuletzt Leid hervorbringt. Die mittelalterlichen, ritterlichen Tugenden sind verkörpert in dem jugendlichen Helden Siegfried, der von dem finsteren Hagen hinterrücks ermordet wird.

Siegfried, der den Nibelungenschatz[17] besitzt und der außer an einer **kleinen** Stelle zwischen den Schulterblättern unverwundbar ist, weil er sich in Drachenblut gebadet hat, kommt aus Xanten an den Hof zu Worms. Dort regieren die Burgundenkönige Gunther, Gernot und Giselher, deren Schwester Kriemhild, Siegfried zur Frau begehrt. Bevor er sie jedoch heiraten kann, muß er Gunther helfen, die starke Brunhilde zu überwinden, die nur einen Krieger zum Mann haben will, der sie in einer Reihe von Wettkämpfen besiegen kann. Mit seiner Tarnkappe, die ihn unsichtbar macht, hilft Siegfried seinem Gefolgsherrn Gunther, Brunhilde zu besiegen und zur Frau zu gewinnen. In der Hochzeitsnacht muß er dem König noch einmal beistehen. Nach zehn Jahren erfährt Brunhilde von dem Betrug durch Kriemhild und verlangt Siegfrieds Tod von ihrem Mann. Hagen, der Recke Gunthers, ermordet Siegfried auf der Jagd und bemächtigt sich des Nibelungenschatzes, den er im Rhein versenkt.[18]

---

[16] Die *Edda* ist eine altisländische Sammlung von Götter- und Heldenliedern, die vielfach auf alten germanischen Sagen und Mythen beruhen.

[17] Das Wort "Nibelungen" hängt vielleicht mit Nebel zusammen und kann dann Nebelheim bedeuten. Es bezeichnet ein sagenhaftes Land, das einen riesigen Schatz beherbergte, den Siegfried den Königssöhnen Schilbung und Nibelung abgewonnen hat. Der Begriff Nibelungen ist auch auf die Burgunden übergegangen.

[18] Zuweilen kann man von Taucherexpeditionen lesen, die den sagenhaften Schatz im Rhein suchen und ihn heben wollen.

Kriemhilds Rache

Um an ihren Brüdern und Hagen Rache nehmen zu können, heiratet Kriemhild den Hunnenkönig Etzel (Attila) und lädt nach dreizehn Jahren ihre Brüder zum Besuch an Etzels Hof in Ungarn. Trotz Hagens Warnungen ziehen die Burgunden - oder Nibelungen, wie sie jetzt genannt werden - mit einem gewaltigen Heer von Rittern und Mannen ins Hunnenland. Dort beginnt sehr bald ein blutiges Gemetzel, in dem alle Burgunden, Kriemhild, der Markgraf Rüdiger mit allen seinen Mannen, sowie die Gefolgsleute Dietrichs von Bern und viele Hunnen den Tod finden.

Das Epos hatte heiter begonnen und dem Zuhörer die herrliche Welt am Hof zu Worms mit der strahlend schönen Kriemhild gezeigt.

> Uns sind in alten Mären Wunder viel gesagt
> von Helden, reich an Ehren, von Kühnheit unverzagt,
> von Freude und Festlichkeiten, von Weinen und von Klagen,
> von kühner Recken Streiten mögt ihr nun Wunder hören sagen.

> Es erwuchs in Burgunden ein edles Mägdelein,
> daß in allen Landen kein schöneres mochte sein:
> Kriemhild war sie geheißen; sie ward ein schönes Weib.
> Um sie mußten der Degen viel verlieren Leben und Leib.

Das Ende, ganz im Gegensatz zum Anfang, ist düster, ja schwarz. Wir erleben den schrecklichen Untergang eines ganzen Heeres. Kriemhild, die edle, schöne Jungfrau ist verwandelt in eine rachsüchtige, blutgierige, verzweifelte Frau (valandinne = Teufelin), die vor nichts zurückschreckt, um das an ihr begangene Unrecht zu vergelten. Dem aufmerksamen Leser werden allerdings von Anfang an Hinweise auf das kommende, unabwendbare Unheil gegeben, wie gleich zu Anfang im vierten Vers der zweiten Strophe (Siehe oben!).

Der Untergang der Nibelungen

Am Ende läßt Kriemhild den gefesselten Hagen vor sich bringen, um ihn nach dem versunkenen Schatz zu fragen. Hagen sagt, daß er geschworen hat, das Geheimnis nicht preiszugeben solange Gunther lebt. Daraufhin läßt Kriemhild Gunther enthaupten, um Hagen von seinem Eid zu entbinden. Als Hagen, der im zweiten Teil des *Nibelungenliedes* immer mehr in den Mittelpunkt des Geschehens gerückt wird und der uns besonders im ersten Teil wegen seiner tückischen, hinterhältigen Art unsympathisch ist (in der zweiten Hälfte machen ihn uns seine gewaltige Körperstärke, sein trotziger Mut, seine kompromißlose Treue und seine Kameradschaft mit dem Sänger Volker sympathischer), vom Tode seines Königs erfährt, ruft er aus:

> Nun ist von Burgunden der edle König tot,
> Giselher und Volker, Dankwart und Gernot.
> Den Hort, den weiß nun niemand als Gott und ich allein.
> Dir Teufelin soll er immer gut verborgen sein.

Kriemhild wird zur Teufelin und erschlägt Hagen, worauf sie selbst von Hildebrand, Dietrichs Lehnsmann, getötet wird.

> Die Blüte der Helden war da gelegen tot.
> Die Leute fühlten alle Jammer und Not.
> Mit Leid war beendet des Königs Festlichkeit,
> wie die Freude gerne am Ende wandelt sich in Leid.

> Ich kann euch nicht bescheiden, was später nun geschah.
> Die Christen und die Heiden man da weinen sah,
> Weiber und Knechte und manche schöne Maid.
> Die trugen um ihre Freunde das allergrößte Leid.

> Ich sage euch nicht weiter von der großen Not -
> die da erschlagen waren, die lasset liegen tot -
> was das Geschick den Hunnen fürderhin beschied.
> Hier hat die Mär ein Ende. Das ist der Nibelungen Lied.

Markgraf Rüdigers tragischer Konflikt

Die wahrhaft tragische Figur im Epos ist der Markgraf Rüdiger, der nur eine Nebenrolle spielt. Er hat Kriemhild Gefolgschaft geschworen, aber zugleich hat er die Nibelungen gastlich an seinem Hof aufgenommen und bewirtet und seine Tochter mit Giselher verlobt. Sein Treueid zwingt ihn gegen die Nibelungen, mit denen er durch Freundschafts- und Familienbande eng verbunden ist, in den Kampf zu ziehen. Wie er sich auch entscheidet, er wird seine Ehre verlieren und bangt um sein Seelenheil. Nur der Tod kann seiner Seelenqual ein Ende machen.

> "Wehe, Gott, mir Armen !" sprach der treue Mann.
> "Alle meine Ehre muß ich geben dran,
> alle Zucht und Treue, die mir Gott gebot.
> Reicher Gott im Himmel, daß mir nicht werden will der Tod!"

Die Raubritter

Im Zusammenhang mit unserer Besprechung der ritterlichen Kultur müssen noch die Begriffe Raubritter und Ordensritter geklärt werden. Das Raubrittertum entstand, als der Ritterstand immer mehr verarmte und die ritterlichen Ideale in rohe Genußsucht und Fehden (Faustrecht) ausarteten. Manche Ritter waren schon aus den Kreuzzügen verwildert zurückgekommen und wurden nach ihrer Rückkehr zu Wegelagerern. Sie lauerten den Wagen reicher Kaufleute auf und raubten sie aus. Andere verarmte Ritter nahmen Beamtenstellen an Fürstenhöfen an oder wurden Ordensritter.

Meier Helmbrecht

Das bedeutendste dichterische Dokument aus der Zeit, als das Rittertum zuweilen zum Raubrittertum ausartete, ist das Gedicht *Meier Helmbrecht* (1280) von Wernher dem Gartenaere. Es erzählt die Geschichte eines verwöhnten, reichen Bauernsohnes, der vom Glanz des Rittertums verführt wird und auf Abenteuer auszieht. Er gerät unter die Raubritter und verschafft sich auf "adelige" Weise, d.h. ohne zu arbeiten, durch Raubüberfälle ein üppiges, "vornehmes" Leben. Er wird bekannt unter dem Namen "Bauernschreck". Schließlich werden die Raubritter ausgehoben und erhängt. Nach traditionellem Brauch wird Helmbrecht als zehnter begnadigt, geblendet und verstümmelt. Am Ende wird er von seinem Vater des Hofes verwiesen und von den Bauern aufgehängt. Die Dichtung zeigt die Gewichtsverlagerung von der höfischen auf die bäuerlich-bürgerliche Kultur. Die erstere entartet in Verwilderung und wird von der letzteren, die gottgerecht in Zucht und Ordnung lebt, verdrängt. Von nun an wird der Bürger der Kulturträger.

Der Ritterorden

Die Ritterorden (Johanniterorden, Templerorden und Deutscher Orden) entstanden während der Kreuzzüge. Außer den üblichen Mönchsgelübden legten die Ordensangehörigen das Versprechen ab, die Ungläubigen zu bekämpfen. Die Ordenstracht bestand aus einem einfarbigen Mantel mit aufgesetztem Kreuz.[19] Das Oberhaupt war ein Hochmeister.

Der Deutsche Orden wurde nach den Kreuzzügen besonders im Osten gegen die Slawen eingesetzt. Friedrich II erlaubte dem Orden, das Land selbständig zu beherrschen, das die Ritter den "Ungläubigen" abgewinnen konnten. Das Ordensland dehnte sich in Preußen, Ostpommern, Livland, Estland und Brandenburg (Neumark) aus. Im Jahre 1410 wurde das Ordensheer bei Tannenberg von den Polen, mit denen der Ritterorden immer mehr in Streitigkeiten geraten war, schwer geschlagen und verlor im Laufe des 15. Jahrhunderts große Gebiete an Polen. Nach der Reformation wurde das preußische Ordensland erbliches Herzogtum und schließlich ein Teil Brandenburg-Preußens. (Siehe Kapitel: Preußen!)

Die kulturelle Leistung des Ordens bestand in der Errichtung eines hochentwickelten Verwaltungsapparates, im Bau von Ordensburgen (z.B. der Marienburg) und in der planmäßigen Kultivierung und Besiedelung des Ordenslandes im Osten mit deutschen Bauern. Städte wie Danzig, Königsberg, Thorn und Elbing blühten durch zunehmenden Handel auf.

---

[19] Moderne Verdienstorden haben oft die Form des Kreuzes. Diese Orden gehen vielfach zurück auf Abzeichen, die den Ordensrittern zur Belohnung von Treue und Verdienst verliehen wurden. So ist das Eiserne Kreuz und das Ritterkreuz z.B. dem Kreuz des Deutschen Ordens ähnlich. Die Farben des Deutschen Ritterordens (ein schwarzes Kreuz auf weißem Mantel) wurden die Landesfarben Preußens.

STUDIENFRAGEN ZUM KAPITEL
DAS RITTERTUM UND DIE HÖFISCHE KULTUR

1. Welche Anregungen erfährt die Ritterkultur von der germanischen und welche von der christlichen Kultur?
2. Wie entstand das Lehnswesen und welchem Zweck diente es?
3. Was war das Ziel der Kreuzzüge, was war das Resultat und warum waren so viele Ritter bereit, an diesen Expeditionen teilzunehmen?
4. Besprechen Sie die Rolle des Ritters als Straßen- und Brückenbauer, Beschützer von Siedlungen und Kaufleuten und als Zolleinnehmer.
5. Besprechen Sie die ritterlichen Ideale. Welchen Einfluß hat die französische Ritterschaft auf die Entwicklung dieser Ideale?
6. Erklären Sie die Einzelheiten des Minnedienstes.
7. Erklären Sie den Unterschied zwischen hoher und niederer Minne an Beispielen aus der Literatur.
8. Wie unterscheidet sich die Ausbildung eines Pagen von der eines Knappen?
9. Besprechen Sie die Kriegsführung der damaligen Zeit und warum das Ritterheer schließlich nicht mehr erfolgreich war.
10. Wie sah eine Ritterburg von innen und von außen aus?
11. Wie hat die orientalische Kultur die deutsche beeinflußt?
12. Besprechen Sie die Epen von Hartmann, Wolfram und Gottfried. Wovon handeln sie und welche Probleme sprechen die Dichter an?
13. Was verstehen Sie unter dem Gral und dem Gralskönig?
14. Woran erkennt man, daß in dem Gedicht *Unter der Linde* eine Frau spricht? Besprechen Sie Einzelheiten. Was ist die Rolle der Nachtigall?
15. Womit vergleicht Walther die hohe Frau in seinem Gedicht *Wenn die Blumen aus dem Grase dringen*?
16. Wie beschreibt Walther die hohe Frau und welche Tugenden hat sie?
17. Welche Wahl trifft Walther am Ende des Gedichts? Wie drückt er aus, daß ihm die Wahl leicht fällt?
18. Welche Themen behandelt Walther von der Vogelweide in seinen Sprüchen und Altersgedichten?
19. Erzählen Sie die Begebenheiten des *Nibelungenliedes*. Welche christlichen und welche heidnischen Elemente finden Sie in diesem Epos?
20. Was ist der tragische Konflikt des Markgrafen Rüdiger?
21. Was ist der Verdienst des deutschen Ritterordens? Was haben die Ordensritter geleistet? Mit wem gerieten sie in Konflikt und wie hat dieser Konflikt bis in unser Jahrhundert nachgewirkt?
22. Was waren Raubritter? Aus welchem Gedicht erfahren wir Einzelheiten?

KAPITEL 8
DIE ARCHITEKTUR DES MITTELALTERS

Worum geht es in diesem Kapitel?

Wer Europa besucht, sieht die großartigen kirchlichen Bauwerke des Mittelalters, die romanischen und gotischen Dome, und bewundert sie und das Können der Baumeister und Handwerker, sowie die Glaubenskraft der Bürger, die diese Kirchen finanzierten. Es ist wichtig für den gebildeten Menschen, die Baustile und die verschiedenen Bauelemente nicht nur zu bewundern sondern auch zu verstehen. In diesem Kapitel lernen Sie die großen Dome der Romanik und Gotik kennen und achten.

Wie gehen wir vor?

1. Schauen Sie sich die Abbildungen an und konzentrieren Sie sich auf die verschiedenen Bauelemente.
2. Es ist sehr zu empfehlen, daß Sie sich in Büchern, auf Bildern und Photographien das Äußere und das Innere von Kirchen und Domen in Deutschland anschauen.
3. Lesen Sie wie gewöhnlich die Überschriften über die einzelnen Abschnitte.
4. Lesen Sie dann die Abschnitte eingehend und machen Sie sich Notizen.
5. Die Studienfragen am Ende des Kapitels helfen Ihnen, sich zu konzentrieren.
6. Fragen Sie sich am Ende eines jeden Abschnitts und wieder am Ende des Kapitels, ob Sie alles gut verstanden haben.

Lernziele:

In diesem Kapitel lernen Sie,

1. daß die mittelalterliche Kathedrale ein Gesamtkunstwerk und ein religiöses Bilderbuch ist.
2. warum die Basilika das Vorbild für die ersten Kirchenbauten wird.
3. wie in den Kirchen zu Fulda und Corvey der Grundriß erweitert wurde,
4. welche Dome zur Zeit der Sachsenkaiser errichtet wurden und wie sie und der Dom zu Hildesheim sich von früheren Kirchen unterscheiden.
5. was die charakteristischen Merkmale und Unterschiede zwischen einer romanischen und einer gotischen Kirche sind.
6. wo die berühmtesten Dome in Deutschland stehen und wie sie heißen.

Die mittelalterliche Kathedrale als Gesamtkunstwerk

Wenn man die Architektur als die Mutter der Kunst bezeichnet, dann drückt man damit aus, daß sich Malerei und Bildhauerkunst erst allmählich von der Architektur abtrennen. In den Höhlen Spaniens und Frankreichs, in den Tempelbauten alter Zivilisationen und in den Kirchen des Mittelalters sind die drei Gattungen der Kunst vereint. Die mittelalterliche Kathedrale ist ein Gesamtkunstwerk, in dem alle Künste zusammen (Baukunst, Malerei, Plastik, Musik, Predigt) ein Ziel verfolgen: Gott zu preisen. In diesem Kunstwerk wird das Leben als Ganzes dargestellt: Gut und Böse, Schönheit und Häßlichkeit, Irdisches und Himmlisches.

Die Basilika

Das Vorbild für die deutschen Kirchen war vornehmlich die frühchristliche Basilika, die der römischen und griechischen Basilika nachgeahmt ist. Als Ausnahme muß der Dom zu Aachen angesehen werden, der unter Karl dem Großen entstand und als Zentralbau nach dem Muster von San Vitale in Ravenna errichtet wurde. Der Zentralraum ist ein Achteck umgeben von einem Säulengang. Im Gegensatz zu diesem Zentralbau ist die Basilika ein rechteckiges Langhaus. Das Langhaus war den Germanen bekannt und mag ein Grund sein, warum sich die Basilika als Vorbild durchsetzte. Gewöhnlich war die Basilika in ein Mittelschiff und zwei Seitenschiffe, vom Mittelschiff durch Säulen getrennt, eingeteilt. Über den Säulen wölbten sich Rundbogen und darüber die zur Decke führenden Wände der Seitenschiffe. Die Decke war aus Holz und flach. Am Ostende des Mittelschiffes wurde ein Halbkreis, die Apsis, hinzugefügt, in der sich der Altar befand. Aus dieser Grundform entwickelte sich die mittelalterliche Kirche.

Die Abtei in Fulda

Die Abtei in Fulda, die im Jahre 802 begonnen wurde, folgte dem Basilika Muster und fügte dem Grundplan im Osten das Querschiff hinzu, das zum Hauptschiff quer gesetzt wurde. Hinter dem Querschiff führte man das Hauptschiff in einem Halbkreis fort. Dort, in der Apsis, befand sich der Hauptaltar. Der Grundriß besaß die Form eines Kreuzes, die er von nun an beibehalten sollte.

Neuerungen

Eine andere Neuerung war ein weiteres Querschiff im Westen, woraus das sogenannte Westwerk entstand, wie zum Beispiel später in Fulda und in Corvey an der Weser (873-885), das mit seinen Türmen beiderseits des Einganges einem mittelalterlichen Stadttor ähnelte und mit seinen zahlreichen Räumen im Innern fast ein Gebäude für sich war. Die Apsis im Osten wurde vom Querschiff durch den Chor getrennt, zu dem nur die Geistlichen (Mönche) Zutritt hatten. Bei der klassischen Basilika war ein Atrium vor dem Eingang; jetzt ist dort einfach ein Platz.

Die Dome zur Zeit der Sachsenkaiser

Zwischen 955 und 1015, der Zeit der Sachsenkaiser, wurde eine ganze Reihe von Kirchen gebaut (in Hildesheim, Halberstadt, Mainz, Goslar, Trier, Merseburg, Augsburg, Bamberg und Regensburg), die im wesentlichen dem Beispiel Fuldas folgten. Der Westen bekam nun auch einen - wenn auch meistens kleineren - Chor, und die Fassaden im Westen und Osten wurden weiter ausgebaut. In den nördlichen Gegenden steht meistens ein dicker, großer Turm zwischen zwei kleinen in der Fassade, während am Oberrhein die Fassade häufig zwei höhere Türme hat. Auf die Vierung, der Kreuzung zwischen Haupt- und Querschiff, wird auch ein Turm gesetzt. Während die Decke zuerst nur in der Krypta und dann in den Seitenschiffen gewölbt wurde (Speyer), begann man nun auch die Decke des Hauptschiffes zu wölben.

Der Dom zu Hildesheim

Der Dom zu Hildesheim ist ein gutes Beispiel für die verschiedenen Neuerungen und Abwandlungen. Er wurde um das Jahr 1000 begonnen und hat einen Grundriß, der aus einem Hauptschiff, zwei Seitenschiffen, zwei Querschiffen, zwei Chören und zwei Apsen besteht. Das Vierungsquadrat wird die Grundform für das ganze Gebäude und wird im Hauptschiff dreimal und im Ostchor einmal wiederholt. Das Prinzip der Wiederholung des Vierungsquadrats an jeder Seite der Vierung im Grundriß wird in der Zukunft immer wieder angewandt. In anderen Kirchen werden auch die Seitenschiffe in Vierecke unterteilt, und zwar kommen dann je zwei an jeder Seite auf eins im Hauptschiff. Die Ecken der Vierung werden von vier starken Pfeilern gebildet, über denen sich nach allen vier Richtungen ein Rundbogen wölbt. Die Nebenschiffe werden vom Hauptschiff durch Pfeiler (an den Ecken der Quadrate) und Säulen getrennt, über denen sich ebenfalls Rundbogen wölben. Darüber erhebt sich die Wand. Kurz unter der Decke kommt das Außenlicht durch Fenster in das Innere, was möglich ist, weil die Seitenschiffe nur halb so hoch wie das Hauptschiff sind. Die Raumeinheit, die durch die Pfeiler geschaffen wird, nennt man Joch, wenn sie überwölbt ist.

Die Kunst, eine gewölbte Steindecke zu schaffen, wurde im 11. Jahrhundert allmählich wiederentdeckt. Man zog die gewölbte der flachen Holzdecke vor, aus praktischen (z.B. wegen der Feuergefahr) und aus ästhetischen Gründen. Der Dom zu Speyer und die Klosterkirche von Cluny (Frankreich) waren die ersten Kirchen des Mittelalters, die eine Gewölbedecke erhielten. Die Gewölbe von Speyer hatten eine Spannweite von etwa 15 und eine Höhe von etwa 36 Metern, eine außerordentliche bauliche Leistung.

Die Romanik

Die Baukunst des 11. und 12. Jahrhunderts bezeichnet man im großen und ganzen als Romanik. Über den genauen Anfangspunkt der Romanischen Baukunst sind sich die Experten nicht einig, und für uns sind die Einzelheiten hier nicht von Wichtigkeit. Im allgemeinen bezeichnet man die Kunst zur Zeit Karls des Großen als karolingisch. Auf diese folgt die Romanik (die Frühromanik unter den Sächsischen Kaisern wird auch als Ottonische Kunst bezeichnet). Die entscheidenden Impulse für die romanische Baukunst gingen hauptsächlich von Deutschland aus. Der Name weist auf die Übernahme römischer Formelemente hin, wie Rundbogen, Säule, Pfeiler und Gewölbe. Als charakteristisches und einheitliches Merkmal für die Romanik wird die Deckenwölbung angesehen, die kurz nach der Mitte des 11. Jahrhunderts entwickelt wird und zwar als Kreuzgrat- und als Kreuzrippengewölbe. Mit der karolingischen und ottonischen Architektur hat die Romanik den Rundbogen gemeinsam, aber sie unterscheidet sich von diesen in der größeren Auflockerung und Gliederung der Wände durch Sockel, Säulen, Öffnungen wie Fenster, Empore, Triforium und Zwerggalerie, die dann besonders in der Gotik weiter ausgeprägt werden. Die Hauptkirchen der deutschen Romanik sind Speyer, Mainz, Worms, Maria Laach und die der Spätromanik oder Frühgotik Limburg, Bamberg und Naumburg.

Die romanische Kirche

Die romanische Kirche ruht fest auf der Erde und macht einen massiven Eindruck mit ihren schweren, dicken Mauern, gedrungenen Türmen und Rundbogen. Obwohl sie wie eine Feste mit der Erde verbunden ist, streben ihre Türme, Chöre und Giebel zum Himmd hinauf. Ihre Schiffe, deren Wandflächen früher wahrscheinlich mit bunten Fresken bemalt waren, sind geräumig und hoch. Von den Fenstern lassen vor allem zwei große, runde Radfenster, eins am westlichen und eins am östlichen Ende des Hauptschiffes, das Sonnenlicht am Morgen und am Abend ins Innere. Die romanischen Kirchen sind Zeugen einer männlichen Kultur, deren Träger das frühe Rittertum war. Man muß sich in jene Zeit zurückversetzen, um die gediegene Schönheit dieser alten Dome zu erkennen.

Die Gotik

Das, was wir gerade als die charakteristischen Merkmale der Romanik bezeichnet haben, wurde von den neuen Architekten an ihr kritisiert. Man fand die Kirche zu schwer und wuchtig, die Mauern zu dick, die Türme und Decken zu niedrig, das Innere zu dunkel, und man suchte all dem bereits bei späteren romanischen Domen (Bamberg, Naumburg) abzuhelfen. Als man die drei Hauptelemente des gotischen Stils, den Spitzbogen, den Strebepfeiler und das Kreuzrippengewölbe zu einem neuen ästhetischen Zweck vereinigte, da begann die eigentliche Gotik. Der Zweck des neuen Stils war, die Materie zu überwinden, die Struktur der Kirche innen und außen völlig aufzulockern und das Innere vom Stein zu befreien und mit Luft und Licht zu füllen. Dieses Ziel konnte man erreichen, indem man das Gewicht des Gebäudes von den Wänden und Mauern weg nach draußen verlegte und mit Hilfe des Spitzbogens den Innenraum zu gewaltiger Höhe steigerte. Der Spitzbogen machte das rechteckige Joch möglich. Das Dach konnte nun von doppelt so vielen aber weit schlankeren Pfeilern getragen werden als bei der Romanik. Während vorher die Wände, Bogen und Pfeiler die Gewölbe stützen mußten, brauchten jetzt nur die Pfeiler die Last tragen, die ja durch die Strebepfeiler nach draußen verlegt wurde. Die Wände konnten fast wegfallen, sie wurden aufgelöst und mit herrlichen bunten Glasfenstern verziert. Besonders die Rosenfenster sind von unbeschreiblicher Schönheit. Das radartige Fenster mit seinen Speichen und Hunderten von Scheiben ist ein Symbol für das Paradoxe des Göttlichen: höchste mathematische Gesetzlichkeit verbunden mit undurchdringlicher, geheimnisvoller Mysterie. Wenn die Sonne durch die Rose scheint, bekommt der Beschauer den Eindruck eines flammenden Rades oder einer Sonne, die sich im All dreht.

Der Kölner Dom

Bezeichnend für die deutsche Gotik sind die vier Seitenschiffe, je zwei auf jeder Seite des Hauptschiffes, wie beim Kölner Dom. Diese Seitenschiffe erreichen die gleiche Höhe wie das Hauptschiff und sind von diesem nicht mehr durch Wände, sondern nur noch durch hohe Pfeiler getrennt, die wie Bäume aufragen und sich an der Decke verzweigen. Beim Kölner Dom werden die Seitenschiffe hinter dem Querschiff weitergeführt und bilden einen Gang und einen Kranz von sieben Kapellen um den Chor und die Apsis herum. Der Kölner Dom, der 1248 begonnen wurde, blieb nach 1322 unvollendet, wurde jedoch über 500 Jahre später in den Jahren zwischen 1842 und 1880 fertiggestellt.[1] Im Zweiten Weltkrieg wurde er durch Bombenangriffe schwer beschädigt, aber seitdem wird wieder an seiner Restaurierung gearbeitet. Er ist die größte Kirche auf deutschem Boden.

Charakteristische Merkmale der gotischen Architektur

Der Name Gotik war zuerst verächtlich gemeint. Dem Klassizisten des 18. Jahrhunderts erschienen die tausend Zierrate als unnütz und die ganze Struktur als überladen und unvernünftig. Seit der Romantik (Anfang des 19. Jahrhunderts), die ihre Inspiration im Mittelalter fand, haben wir anders sehen gelernt und erkennen den gotischen Stil in seiner Eigenart an. Neben dem Spitzbogen, dem Strebebogensystem und dem Kreuzrippengewölbe ist die ungeheure Vielfalt und Auflockerung der Struktur bezeichnend. Besonders das Maßwerk der Fenster wird immer reicher mit seinen vielfältigen Formen (vor allem Fischblasen, Kleeblättern und flammenartigen Mustern). Das Maßwerk wird auch als Füllornament in Brüstungen und Turmhelmen und zur Verzierung von Wandflächen, Giebelfeldern und Wimpergen verwendet. Besonders stark durchgliedert sind die Wände, die vordem geschlossen

---

[1] Auch die Dome zu Freiburg und Ulm wurden erst im 19. Jahrhundert fertig. Straßburg dagegen ist bis heute unvollständig.

und fest waren. In der Spätgotik bestehen die Wände schließlich nur noch aus schlanken Stützen, die durch Spitzbogen verbunden sind. Der Aufbau ist vier-, drei- oder am Ende gar nur zweigeschossig. Zwischen den Geschossen befinden sich die prächtigen bunten Glasflächen der Fenster. Das Ganze strebt aufwärts und scheint sich geradezu vom Erdboden zu heben. Die schweren Gewölbe wirken leicht und schwebend. Je höher der Bau in den Himmel strebte,[2] je wichtiger wurde das System der Strebepfeiler, die mit Filialen beschwert und mit Krabben dekoriert wurden. Die Türme der Westfassade erreichten immer neue Höhen (Regensburger Dom 105 m, Freiburger Münster 115 m, Wiener Stephansdom 137 m, Straßburger Münster 143 m, Kölner Dom 156 m und Ulmer Münster, der höchste Kirchturm der Welt, 161 m). In Frankreich wurden die Türme häufig nicht vollendet, in Deutschland dauerte es oft Jahrhunderte (Köln und Freiburg z.B. bis ins 19. Jahrhundert) bis der Riesenturm vollendet war. Mit Ausnahme von Köln und Straßburg (ein Turm blieb unvollendet) haben die großen deutschen Dome nur einen Turm, im Gegensatz zu den französischen, die meistens zwei Türme haben.

Das Portal

Von ungeheurem Reiz sind die großartigen Portale der gotischen Dome mit ihrem reichen Skulpturschmuck. Diese Skulpturen stellen Szenen aus der Bibel dar. Für den mittelalterlichen Menschen, der zum großen Teil nicht lesen konnte, war die Kirche ein aufgeschlagenes Bilderbuch, das ihm all die bekannten Szenen aus der Bibel bildlich vor Augen brachte. Das Hauptportal des Ulmer Münsters z.B. enthält 83 Statuen und 21 Reliefs. Die ganze Front ist ein Spiel von kleinen Filialen, Baldachinen mit Statuen und Statuetten, Maßwerkfüllungen, Wimpergen, Konsolen und Fenstern. Auf allen Türmchen und Türmen sitzen Kreuzblumen.

Wasserspeier

Überhaupt ist der Außenraum für die Optik ebenso wichtig wie der Innenraum. Selbst die vielen Wasserspeier sind dem Gesamtsystem harmonisch eingeordnet. Ihre praktische Funktion ist, das Regenwasser von den Wänden abzuleiten, aber darüber hinaus haben sie auch eine symbolische Aufgabe. Sie sind in Stein gemeißelte Tiere oder groteske Fabelwesen, die das Böse, Abnormale oder Groteske darstellen, das aus dem Innern des Gotteshauses verbannt ist und im Dienste des Guten steht.

Der Dom als theologische Summa

Der gotische Dom ist als theologische Summa aus Stein bezeichnet worden. Er steht da im Zentrum der Stadt zur Ehre Gottes, kein Fremdling in der Welt mehr wie die ersten christlichen Basiliken, sondern mächtiger Mittelpunkt einer ganzen Zivilisation, Ausdruck einer gottergebenen Frömmigkeit und zugleich Ausdruck des bürgerlichen Stolzes und der handwerklichen Kunstfertigkeit. Er symbolisiert die Einheit von weltlichem und geistlichem Dasein, und bezeichnet den Höhepunkt der mittelalterlichen Kultur. Man muß sich zurückversetzen können in diese Zeit, in das Innere der Kirche an einem hohen Festtage wie dem Ostersonntag, an dem die Hohe Messe zelebriert wird, und man muß in seiner Einbildungskraft ein solches Ereignis miterleben, all die Sinneseindrücke auf sich wirken lassen, wenn man das Einzigartige dieser menschlichen Errungenschaft verstehen will. Das ist uns heute kaum noch möglich, und so stehen wir denn vor einem unfaßbarem Großen, das man mit Worten nicht angemessen beschreiben kann.

---

[2] Beim Ulmer Münster beträgt das Verhältnis von Spannweite und Höhe des Hauptschiffes 15:41,6 Meter.

STUDIENFRAGEN ZUM KAPITEL <u>DIE ARCHITEKTUR DES MITTELALTERS</u>

Anregung: Schauen Sie sich Abbildungen von Innen- und Außenansichten romanischer und gotischer Dome an. Die Bibliothek sollte Bücher mit solchen Ansichten haben. Vielleicht hat auch die Kunstabteilung Videos, die Sie sich anschauen könnten.

1. Inwiefern ist die mittelalterliche Kirche ein Gesamtkunstwerk und ein Bilderbuch?
2. Beschreiben Sie die frühchristliche Basilika.
3. Wie entwickelt sich die romanische Kirche aus der frühchristlichen? Welche Änderungen und Neuerungen nehmen die Baumeister vor?
4. Besprechen Sie, wie die Dome der Sachsenkaiser aussehen.
5. Besprechen Sie den Dom zu Hildesheim als gutes Beispiel für die verschiedenen Neuerungen.
6. Was ist an der romanischen Kirche besonders charakteristisch?
7. Nennen Sie einige der besten Beispiele romanischer Kirchen in Deutschland.
8. Wie unterscheidet sich die gotische Architektur von der romanischen? Welche Stilelemente sind besonders charakteristisch für die Gotik?
9. Was sieht man an einem typischen gotischen Portal, wie an dem des Ulmer Münsters?
10. Was ist die praktische und was die symbolische Funktion der Wasserspeier?
11. Besprechen Sie den Dom als theologische Summa.

KAPITEL 9
DIE PROTESTANTISCHE REFORMATION UND IHRE FOLGEN

Worum geht es in diesem Kapitel?

Die protestantische Reformation, eingeleitet von Martin Luther, verändert die politische und kulturelle Situation in Deutschland, Österreich und der Schweiz grundlegend. Die religiöse Einheit geht verloren, und unterschiedliche Religionsgemeinschaften entstehen, darunter die evangelisch-lutherische Kirche. Martin Luther beeinflußt mit seinen Schriften, mit seinen Kirchenliedern und ganz besonders mit seiner Bibelübersetzung das politische und religiöse Geschehen und die Entwicklung der deutschen Schriftsprache. Der Bauernkrieg ist die erste große Revolution gegen die Obrigkeit in Deutschland. Der Dreißigjährige Krieg verwüstet die deutschen Länder und führt praktisch zum Zusammenbruch des Deutschen Reiches.

Wie gehen wir vor?

1. Da dieses Kapitel umfangreich ist und eine Menge von Material bringt, ist es wiederum ratsam, daß Sie sich über die Hauptthemen informieren, indem Sie die Überschriften der einzelnen Abschnitte lesen und verstehen.
2. Lesen Sie jeden Abschnitt genau und prüfen Sie, ob Sie alles verstanden haben. Versuchen Sie das Gelesene laut zusammenzufassen.
3. Sie sollten die kleineren Abschnitte in größeren zusammenfassen (Die Gegenreformation, Der Dreißigjährige Krieg, usw.) und das darin enthaltene Material verarbeiten.
4. Die Studienfragen am Ende des Kapitels sollen Ihnen helfen, das Material besser zu verstehen.

Lernziele:

In diesem Kapitel lernen Sie,
1. Einzelheiten aus Luthers Leben.
2. warum er ins Kloster eintritt und worin die Problematik mit seiner Beziehung zu Gott besteht.
3. den Unterschied zwischen Luthers und der Auffassung der Kirche über Werkgerechtigkeit und Glauben.
4. wie der Verkauf von Ablaßbriefen zum Anschlag der 95 Thesen führt.
5. warum die Kirche über Luther den Bann und der Kaiser die Reichsacht verhängt.
6. mit welchen Maßnahmen Luther den Gottesdienst erneuert.
7. warum der Kaiser und der Papst die Reformation nicht verhindern konnten.
8. welche wichtigen Grundsätze in Luthers drei reformatorischen Hauptschriften enthalten sind.
9. warum es zum Bauernkrieg kommt und was die Forderungen der Bauern sind.
10. mit welchen Argumenten Luther den Aufstand der Bauern verdammt.
11. was Luthers Überzeugung vom Gehorsam der weltlichen Obrigkeit gegenüber ist und welche Auswirkungen das für die Zukunft hat.
12. warum die Bibelübersetzung von so herausragender Bedeutung für die Entwicklung der deutschen Schriftsprache ist.
13. welchen Beitrag der Jesuitenorden zum Erfolg der Gegenreformation leistet.
14. was die Bedeutung Luthers für die politische und kulturelle Entwicklung in Deutschland ist.
15 Einzelheiten über den Dreißigjährigen Krieg und seine verheerenden Auswirkungen für die Menschen und das Reich.

Das neue Lutherbild

Mit dem Anschlag der 95 Thesen an die Tür der Schloßkirche zu Wittenberg am 31. Oktober 1517 hat Martin Luther einschneidend in den Verlauf der Weltgeschichte eingegriffen und eine Reihe von Ereignissen ins Rollen gebracht, die man als die protestantische Reformation bezeichnet. Der Mann, der für diese Reformation hauptsächlich verantwortlich ist, wird heute nicht nur von protestantischen, sondern auch von katholischen und selbst atheistischen Theologen und Historikern gefeiert. In den letzten Jahrzehnten sind mehr Abhandlungen über Martin Luther veröffentlicht worden als über Jesus Christus oder sonst eine christliche Gestalt von Wichtigkeit. In der ehemaligen DDR wurde Luther zu einem geistigen Vorläufer des Marxismus erhoben, der sich gegen die päpstliche und imperialistische Unterdrückung erhob. Nach vier Jahrhunderten der Ablehnung und Beschimpfung von Seiten katholischer Theologen und Geschichtsschreiber, setzen sich heute namhafte Kirchenführer leidenschaftlich für seine Rehabilitierung ein. Einige fordern sogar die Aufhebung des Kirchenbannes. Auf den folgenden Seiten werden wir uns mit Martin Luther und den Hauptereignissen der Reformation auseinandersetzen.

Martin Luthers Jugend

Martin Luther wurde am 10. November 1483 in Eisleben (Thüringen) geboren. Sein Vater Hans war zuerst Bergmann, wurde dann Unternehmer und brachte es zu städtischen Ehrenämtern. Der Sohn sollte Jurist werden, ging in Mansfeld, Magdeburg und Eisenach zur Schule und in Erfurt auf die Universität (1502 Baccalaureus, 1505 Magister). In seinen philosophischen Studien mühte er sich angstvoll mit der Frage der Unbeweisbarkeit der göttlichen Existenz durch den Verstand und rang mit seinen Zweifeln an dem Problem, ob durch Bußwerke Sünden vergeben werden können.

Eintritt ins Kloster und Problematik der Beziehung mit Gott

Als Luther 1505 in ein heftiges Gewitter geriet und der Blitz neben ihm einschlug, sah der innerlich tief Beunruhigte darin ein Zeichen und faßte den Entschluß, Mönch zu werden. Er trat gegen den Willen des Vaters in den Augustinerorden ein. Trotz strenger Askese und körperlicher Strafen, die er sich auferlegte, gelang es dem jungen Mönch anfangs nicht, innere Ruhe zu finden. Seine "Sündenlast" und die Majestät Gott Vaters drohten ihn zu erdrücken. Als er 1507 die Priesterweihe empfing und zum ersten Mal die Messe zelebrierte, übermannte ihn die Angst vor der schrecklichen Macht Gottes im Angesicht seiner eigenen Minderwertigkeitsgefühle. Seinem Beichtvater, der ihn mahnte, Gott zu lieben, rief er zu: "Ich liebe Gott nicht! Ich hasse ihn !" Schließlich fand er seine Antwort im Römerbrief, in dem der Apostel Paulus verkündet, daß die Gerechten durch den Glauben selig werden. Luther fühlte sich wie neugeboren durch diese Erkenntnis und baute darauf seine Doktrin von der Alleinseligmachung durch den Glauben auf, die eine der Grundthesen der Reformation wurde. Mit dieser Erkenntnis kam Luther schließlich zu dem Schluß, daß die Kirche als Vermittlerin zwischen Gott und dem Menschen nicht nötig sei, sondern daß jeder einzelne Mensch im Glauben an Gott gestärkt werden könne, durch Gottes Wort wie es in der Schrift steht. Die Sakramente der Kirche verlieren dadurch an Wichtigkeit.

Gute Werke und Sündenerlaß

Eine derartige Einstellung steht in krassem Gegensatz zu der Auffassung der Kirche im 16. Jahrhundert, die betont, daß der Mensch Vergebung gewisser Sünden und Erlaß von Strafen durch gute Werke erlangen kann. Die Kirche war der Meinung, daß Jesus Christus und die Heiligen durch ihre überschüssigen Verdienste einen großen Gnadenschatz angehäuft hatten, aus dem der Papst Gnade, das heißt Erlaß von Strafe an würdige Individuen verteilen kann. Für ein gutes Werk, (eine Pilgerfahrt an einen Kirchenschrein, die Zahlung einer gewissen Geldsumme für den Bau einer Kirche oder eines Klosters, usw.) konnte die Kirche einem Sünder Absolution erteilen, das heißt die jenseitige Buße in eine diesseitige verwandeln. Mit diesem Prinzip wurde besonders zu Luthers Zeit großer Mißbrauch getrieben.

Der Verkauf von Ablaßbriefen

Papst Leo X, der für seine großartige Kunstpflege, den Bau des Petersdoms in Rom und seine luxuriöse Hofhaltung besonders viel Geld brauchte, setzte einen neuen Ablaßbrief auf und erlaubte dem Kurfürsten Albrecht von Brandenburg, der gleichzeitig Erzbischof von Mainz und Magdeburg war, acht Jahre lang einen vollständigen Ablaß zu verkaufen. Ablaßprediger, darunter ein Dominikanermönch namens Tetzel, wurden angestellt und nutzten die naive Frömmigkeit der ungebildeten Bauern und Bürger aus, um Geld einzutreiben. Tetzel scheint besonders kraß vorgegangen zu sein. Er interpretierte die Lehre vom Ablaß sehr liberal und verkaufte den Ablaß auch für die Seelen von verstorbenen Verwandten, die damit aus dem Fegefeuer erlöst werden sollten. Sein Werbespruch soll gelautet haben: "Sobald das Geld im Kasten klingt, die Seele aus dem Fegefeuer in den Himmel springt."

Die 95 Thesen und die Disputation mit Johann Eck

Luther betrachtete den Verkauf von Ablaßbriefen als Mißbrauch kirchlicher Macht und als grobe Ungerechtigkeit den Armen gegenüber, die sich keine Vergebung kaufen konnten. Zur Tat entschloß er sich, als einige Wittenberger, denen er wegen unsittlicher Lebensführung die Absolution verweigert hatte, sich Ablässe kauften. Da formulierte er seine Meinung in 95 Thesen, das heißt Streitsätzen für eine akademische Disputation,[1] und nagelte sie an die Tür der Schloßkirche zu Wittenberg.[2] Diese Tat war nicht so revolutionär, wie es oft dargestellt wird, da die Ablaßfrage überall in theologischen Kreisen erörtert wurde und da Luther sich zurückhaltend und diplomatisch ausdrückte. Trotzdem fanden die Thesen, die in lateinischer Sprache abgefaßt waren, sehr schnell in ganz Deutschland Verbreitung, was beweist, daß die Entrüstung über den Ablaß allgemein und weit verbreitet war. Rasch scharten sich um den Augustinermönch, der 1512 zum Doktor der Theologie promoviert hatte und an der Universität Wittenberg Vorlesungen über die Heilige Schrift hielt, Studenten und junge Gesinnungsgenossen, während konservative Kirchenführer gegen ihn schrieben. Vom Papst wurde er nach Rom berufen, aber sein Landesherr, der Kurfürst von Sachsen, Friedrich der Weise, setzte sich für ihn ein und bewirkte, daß er im Oktober 1519 auf dem Reichstag zu Augsburg verhört wurde.[3] Es ist möglich, daß damit die Sache der Reformation gerettet wurde, denn in Rom hätte Luther sicher kein Gehör gefunden. In Augsburg weigerte Luther sich zu widerrufen. In der berühmten Disputation mit Johann Eck, die im Juli 1518 in Leipzig stattfand, wurde Martin Luther von dem überlegenen Scholastiker in die Enge getrieben und erklärte sich mit mehreren Sätzen von Johannes Hus,[4] der von der Kirche als Ketzer verbrannt worden war, einverstanden. Er gestand öffentlich, daß Papst und Kirchenkonzile irren können, offensichtlich ein frontaler Angriff gegen ein Zentraldogma der Kirche. Anfangs hatte Luther keine neue Kirche gründen, sondern die bestehende reformieren wollen. Die Ereignisse in den Monaten nach dem Thesenanschlag veranlaßten ihn jedoch, sich immer weiter von der Kirche zu entfernen und endlich seine eigene Kirchenorganisation aufzurichten.

Die päpstliche Bannbulle und die kaiserliche Reichsacht

Im Juni 1520 erließ der Papst gegen Luther die Bannbulle "Exsurge Domine", in der ihm der Ausschluß von der Kirche angedroht wurde. Unter dem Jubel seiner Anhänger verbrannte Luther die Bulle öffentlich in Wittenberg und wurde daraufhin exkommuniziert. An die Landesherrn erging die Aufforderung, ihn an die Kirche zur Bestrafung auszuliefern. Im April 1521 wurde er vor den Reichstag in Worms geladen, um seine ketzerischen Reden zu widerrufen, aber inzwischen war Luther zum Volksheld geworden, und viele Fürsten und Gelehrte standen auf seiner Seite. Bei seinem Einzug in Worms wurde er von einer ebenso großen Menschenmenge jubelnd empfangen wie der Kaiser. Vor versammelten Fürsten und kirchlichen Würdenträgern wurde Luther gefragt, ob er widerrufen wolle. Er berief sich auf die Heilige Schrift: "Es sei denn, daß ich durch das Zeugnis der Schrift überwunden werde" oder durch klar einleuchtende Argumente "so mag und will ich nichts widerrufen, weil wider das Gewissen zu handeln beschwerlich," unheilvoll und gefährlich ist. ("Hier stehe ich, ich kann nicht anders.")[5] "Gott helfe mir. Amen."

---

[1] Es war damals üblich, Streitsätze zur Diskussion an öffentliche Gebäude anzuschlagen. Es war eine Aufforderung zu öffentlicher Debatte.

[2] Der katholische Kirchenhistoriker Erwin Iserloh, Professor an der Universität Münster, vertritt die Ansicht, Luther habe seine Thesen zwar brieflich an Erzbischof Albrecht gesandt und sie auch schriftlich veröffentlicht, aber nicht an die Schloßkirche genagelt. Tatsächlich hat weder Luther noch einer seiner Zeitgenossen dieses Ereignis jemals beschrieben. Erst 30 Jahre später berichtet Philipp Melanchthon den Anschlag, aber ihm ist nachgewiesen worden, daß er sich in Zahlen und Daten so häufig geirrt hat, daß man seinem Zeugnis kaum glauben kann. Andere Historiker, wie der Göttinger Professor Hans Volz, behaupten, daß Luther die Thesen erst am 1. November an die Kirchentür geheftet habe.

[3] Der Papst machte dem Kurfürsten Zugeständnisse, weil er seine Unterstützung in der für 1519 angesetzten Kaiserwahl brauchte.

[4] Johannes Hus war 1415 vom Kirchenrat in Konstanz als Ketzer zum Tode verurteilt und öffentlich verbrannt worden.

[5] Es steht nicht fest, ob Luther diesen Satz tatsächlich gesagt hat.

Auf der Wartburg und Rückkehr nach Wittenberg

Da Luther freies Geleit zugesichert worden war, kehrte er nach Wittenberg zurück, wurde aber zur Vorsicht auf dem Rückweg auf Befehl seines Landesherrn Friedrich in Schutzhaft genommen und auf der Wartburg versteckt. Der Reichstag verhängte über ihn die Reichsacht[6] und erklärte ihn als verstockten, dem Satan verfallenen Ketzer. Nun stand Luther außerhalb des Gesetzes und durfte von jedermann getötet werden. Friedrich der Weise blieb sein Beschützer und behielt ihn in Sicherheit in seinem Land. Als Junker Jörg verkleidet blieb der Reformator ein Jahr auf der Wartburg verborgen und begann dort mit der Übersetzung des Neuen Testaments. In Luthers Abwesenheit verkündeten Schwärmer und radikale Prediger "neue" Lehren und wollten das Urchristentum mit Großtaufe, Laienpriestertum und zwölf Aposteln wiederherstellen. Für Luther waren das schlechte Nachrichten, denn diese Leute gingen ihm zu weit.

Die Erneuerung des Gottesdienstes

Im März 1522 kehrte Luther nach Wittenberg zurück und begann den evangelischen Gottesdienst einzurichten. Die Predigt wurde in den Mittelpunkt des Gottesdienstes gestellt, die Schriftstellen auf deutsch gelesen, Brot und Abendmahlskelch[7] jedem gereicht, der das Abendmahl begehrte, die sieben Sakramente[8] auf zwei (Taufe und Abendmahl) reduziert, das Singen von Hymnen eingeführt und das Zölibat abgeschafft. Luther selbst heiratete 1525 die frühere Nonne Katherina von Bora, mit der er anscheinend sehr glücklich geworden ist und eine Familie gründete.

Die Verbreitung der neuen Lehre

Lutherische Schriften trugen die Anschauungen des Reformators durch ganz Deutschland und ins Ausland.[9] Außer Kursachsen und Hessen wurden das Ordensland Preußen, viele Städte, darunter Ansbach, Nürnberg, Straßburg, Magdeburg und Bremen sowie die skandinavischen Länder, Island, Finnland und die baltischen Staaten lutherisch. Später traten Württemberg, Pommern, Sachsen, Brandenburg und die Pfalz zum Luthertum über. In der Augsburger Konfession von 1530 wurden die evangelischen Grundsätze in einem Schriftstück zusammengefaßt, so daß die Lutheraner nun eine gemeinsame Lehre besaßen. Die evangelischen Fürsten hatten sich bereits vor 1530 zu einem Bündnis zusammengeschlossen und setzten auf dem Reichstag zu Speyer (1526) die Freiheit der Fürsten und Städte durch, sich zum Luthertum zu bekennen. Allerdings wurde dieser Beschluß drei Jahre später wieder aufgehoben, wogegen einige Fürsten und Städte feierlichen Protest einlegten. Seit diesem Protest heißen die Anhänger der evangelisch-lutherischen Lehre auch Protestanten.[10]

Die Haltung von Kaiser Karl

Kaiser Karl V, der letzte deutsche König, der in Italien vom Papst zum Kaiser gekrönt wurde, war ein eifriger Verfechter des katholischen Glaubens, war aber bis zu Luthers Tod (1546) so mit Reichsangelegenheiten im Ausland beschäftigt, daß er in Deutschland nicht mit Waffengewalt die neue Lehre unterwerfen konnte. Das war für die Verbreitung der lutherischen Lehre natürlich von großem Vorteil. Endlich, ein Jahr nach Luthers Tod, hatte Karl seine ausländischen Angelegenheiten geregelt, so daß er nun versuchte, die Einheit des Reiches und des Glaubens mit Gewalt wiederherzustellen. Nach anfänglichen militärischen Erfolgen gegen die Protestanten, mußte der Kaiser jedoch im Religionsfrieden von Augsburg den lutherischen Reichsständen[11] die freie Religionsausübung gewähren.

---

[6] Das Wort "Acht" hängt mit "ächten" zusammen, was wir noch in dem Wort "verachten" finden.

[7] In der katholischen Kirche wurde damals kein "Laienkelch" gereicht. Nur der Priester trank den Wein, der einfache Mensch (Laie) nicht.

[8] Die sieben Sakramente der katholischen Kirche waren: Taufe, Konfirmation, Buße (Beichte), Abendmahl, Priesterweihe, Ehe und letzte Ölung.

[9] In der Schweiz führt Ulrich Zwingli (1484-1531) seine Reformation durch, die der Luthers in vieler Hinsicht gleicht. Johann Calvin (1509-1564) wirkt hauptsächlich in Genf als Reformator. Seine Lehre verbreitet sich auch im Westen Deutschlands, in Holland und durch die englischen Puritaner in Amerika.

[10] In Deutschland heißt Luthers Kirche Evangelische Kirche, weil sie sich auf das Evangelium der Bibel stützt.

[11] Den Calvinisten wurde freie Religionsausübung erst im Westfälischen Frieden von 1848 gewährt.

Nach dem Prinzip *cuius regio eius religio*[12] wurde den Fürsten das Recht überlassen, den Glauben ihrer Untertanen zu bestimmen. Damit war das Reich endgültig in zwei große religiöse Konfessionen gespalten. Diese Spaltung führte zwei Generationen später zum Dreißigjährigen Krieg (1618-1648), der Deutschland völlig verheerte.

Luthers Hauptschriften

Bevor wir die Folgen der lutherischen Reformation, (darunter den Dreißigjährigen Krieg) besprechen, müssen wir uns mit Luthers Hauptschriften und dem Bauernkrieg befassen. Unter der Fülle von kleinen und großen Schriften, die Luther veröffentlichte und mit denen er den evangelischen Glauben gegen die römisch-katholische Lehre fundieren wollte, sind drei besonders wichtig, weil sie die Kerngedanken des Reformators enthalten. Alle drei Schriften erschienen in der zweiten Hälfte des Jahres 1520, nachdem der Papst den Bann erlassen hatte. Die Schriften sind: *An den christlichen Adel deutscher Nation von des christlichen Standes Besserung, Von der babylonischen Gefangenschaft der Kirche* und *Von der Freiheit eines Christenmenschen.*

An den christlichen Adel deutscher Nation

Die erste Schrift, in deutscher Sprache verfaßt, wendet sich an die Fürsten und fordert sie auf, die Tyrannei und Korruption des Papsttums zu beseitigen. Die gutmütigen Deutschen seien lange genug von Rom finanziell und politisch ausgebeutet worden und es sei an der Zeit, das römische Joch abzulegen. Die Landesherren werden aufgerufen, die Kirche ihrer Herrschaft zu unterstellen und die Reformen, die die Kirche seit langem versagt, in die Tat umzusetzen. Drei Mauern, die die Romanisten errichtet hätten, seien niederzureißen, damit der Vorrang des geistlichen Standes vor dem weltlichen aufgehoben werde: 1) Alle Christen sind Priester und daher gleich. Der Priester soll von der Gemeinde gewählt werden. Er verwaltet ein Amt genau so wie der Fürst. 2) Alle Christen, nicht nur der Papst, haben das Recht die Schrift zu interpretieren, besonders da der Papst ungläubiger als viele Christen sei. In der Wahl zwischen Papst und Heiliger Schrift muß man der Schrift folgen. 3) Nicht nur der Papst hat das Recht, Konzile einzuberufen und Gesetze zu machen, sondern vor allem auch die weltliche Macht.

Eine Reihe von Reformvorschlägen folgen. Besonders der Vorschlag, daß die Kirche aufhören solle, sich mit Gütern, Geldern und Steuern zu bereichern, fand bei vielen Fürsten positive Aufnahme, denn sie zogen die Steuern lieber für sich und ihre Staatskosten ein, als sie nach Rom abzuliefern. Am radikalsten war die Aufhebung des Zölibats, das Luther in dieser Schrift vorschlägt. Immer wieder vergleicht er den reichen, mächtigen, korrupten Papst mit dem armen, demütigen, ehrlichen Christus, um zu zeigen wie weit die Kirche von der Urkirche und vom Evangelium abgewichen und wie notwendig daher eine Reformation sei.

Von der babylonischen Gefangenschaft der Kirche

Die zweite Schrift, *De captivitate Babylonica ecclesial praeludium*, erschien in lateinischer Sprache, weil sie sich mit theologischen Argumenten befaßt. Das Traktat greift wiederum das Papsttum an und vergleicht es mit dem sündigen Babel, das die Kirche Christi unterworfen und in Gefangenschaft geführt habe. Luther verwirft die Siebenzahl der Sakramente.[13] In der Bibel finde er nur Taufe und Abendmahl, letzteres ohne Priesterkelch, ohne Transsubstantiation[14] und ohne Werkgerechtigkeit[15] des Meßopfers.[16] Konfirmation, Priesterweihe, Ehe und letzte Ölung seien nur durch die Herrschsüchtigkeit der kirchlichen Hierarchie zu Sakramenten gemacht worden, um die ursprüngliche Freiheit des Christentums zu beugen. Die Buße verwirft Luther erst später als Sakrament, zu diesem Zeitpunkt ist er sich noch nicht sicher.

---

[12] Wörtlich "Wessen die Region (Regierung), dessen die Religion," d.h. der Landesfürst bestimmt die Religion in seinem Land.

[13] Das Sakrament ist eine heilige Handlung, die vom Priester vollzogen wird und dem Menschen Gottes Gnade vermittelt, so daß er errettet werden kann.

[14] Wörtlich "Wesensverwandlung." Nach der katholischen Lehre verwandelt der Priester beim Meßopfer (Abendmahl) die Substanz von Brot und Wein in den Leib und das Blut Christi.

[15] Die katholische Lehre, nach der der Mensch durch gute Werke vor Gott gerechtfertigt werden kann.

[16] Beim Abendmahl, das ein Teil der Messe (des katholischen Gottesdienstes) ist, gedenkt der katholische Christ des Opfertodes Jesu Christi, der seinen Leib und sein Blut für den Menschen geopfert hat.

Von der Freiheit eines Christenmenschen

Die Schrift *Von der Freiheit eines Christenmenschen* wird in deutscher und lateinischer Sprache veröffentlicht und gründet die Freiheit ausschließlich im Glauben. Der gläubige, fromme Christ ist frei von der äußeren Werkgerechtigkeit. Der Glaube allein, nicht die Werke machen einen Menschen fromm.

Also sehen wir, daß an dem Glauben ein Christenmensch genug hat; es bedarf keines Werkes, daß er fromm sei. Bedarf er denn keines Werkes mehr, so ist er gewißlich entbunden von allen Geboten und Gesetzen; ist er entbunden, so ist er gewißlich frei. Das ist die christliche Freiheit, der einzige Glaube, der da macht, nicht daß wir müßig gehn oder übel tun können, sondern daß wir keines Werkes bedürfen, zur Frömmigkeit und Seligkeit zu gelangen.

Die Werke aber sind tote Dinge, können nicht ehren noch loben Gott, wiewohl sie mögen geschehen und lassen sich tun, Gott zu Ehren und Lobe. Aber wir suchen hier den, der nicht getan wird wie die Werke, sondern den Selbsttäter und Werkmeister, der Gott ehret und die Werke tut . . . Darum es eine gefährliche, finstere Rede ist, wenn man lehret, die Gebote Gottes mit Werken zu erfüllen, während die Erfüllung vor allen Werken durch den Glauben muß geschehen sein und die Werke folgen nach der Erfüllung.

Gute, fromme Werke machen nimmermehr einen guten, frommen Mann, sondern ein guter, frommer Mann macht gute, fromme Werke; böse Werke machen nimmermehr einen bösen Mann, sondern ein böser Mann macht böse Werke, also daß allerwegen die Person muß gut und fromm sein vor allen guten Werken und gute Werke folgen und ausgehn von der frommen, guten Person.

Der Bauernkrieg als soziale und politische Revolution

Luthers revolutionäre Gedanken beeinflußten zweifellos die Bauern, ihren blutigen Aufstand gegen die Fürsten zu unternehmen. Sicher hofften sie auf Luthers Unterstützung, die er ihnen jedoch versagte. Er nahm gegen sie Stellung und mahnte die Fürsten, wieder Ordnung im Lande herzustellen.

Der Bauernkrieg (1525) ist die erste soziale Revolution in Deutschland. Sie fand 250 Jahre vor der amerikanischen und französischen Revolution statt. Es ist gewiß ungerecht, den Deutschen blinden Gehorsam der Obrigkeit vorzuwerfen. Oft hört man besonders in Amerika die vorwurfsvolle Frage, warum die Deutschen sich nicht wie die Amerikaner ihre Freiheit gegen Tyrannen erkämpft hätten. Die Antwort lautet, daß sie es versucht haben, mehrere Male sogar, das erste Mal lange vor den Revolutionen in anderen westlichen Ländern, aber alle Versuche, sich gegen die Obrigkeit durchzusetzen sind fehlgeschlagen. Das hat die politische Entwicklung Deutschlands und die nationale Psychologie des Deutschen negativ beeinflußt. Demokratische Forderungen nach Mitbestimmung an der Regierung, Gleichberechtigung und Gerechtigkeit vor dem Gesetz wurden von den deutschen Bauern bereits im Jahre 1525 gestellt. Unglücklicherweise ist es den Deutschen nicht vergönnt gewesen, sich ihre Freiheit und Demokratie selbst zu erringen. Sie haben sie nach der Besiegung auf dem Schlachtfeld als Geschenk von ausländischen Siegern erhalten. An Versuchen hat es jedoch in der deutschen Geschichte nicht gefehlt.

Die Stellung des Bauern im 16. Jahrhundert

Der deutsche Bauer im 16. Jahrhundert war ursprünglich der germanische Freibauer gewesen. Kaiser Karl der Große hatte sich den höchsten Bauern genannt und sich als gerechter Schirmherr seiner Brüder betrachtet. Im Mittelalter begannen die Fürsten von ihren adeligen Landbesitzern immer stärkere Leistungen zu fordern, so daß diese wiederum ihre Bauern mehr und mehr ausbeuteten. Die Folge war, daß der Bauer fast alle seine Rechte verlor und zu immer größeren Abgaben gezwungen wurde. Hinzu kam die harte Bauernschinderei von Seiten der Ritter für oft geringe Vergehen, besonders für Jagdfrevel.[17] Man entmannte den "Wilddieb", bohrte ihm die Augen aus oder

---

[17] Die alte Freiheit, in den Wäldern zu jagen, war den Bauern abgesprochen worden. Die Jagd wurde zum Privileg der Ritter. Die Bauern waren darüber und über die grausamen Strafen empört, besonders wenn sie ihre Felder nicht gegen Wildschaden schützen durften.

hackte ihm die Hände ab.[18] Im Jahre 1525 kam es in Süd- und Südwestdeutschland zu einem allgemeinen Aufstand, an dem sich viele lutherische Geistliche und Reichsritter beteiligten, deren Stand in Gefahr war, von der Macht der Landesfürsten aufgehoben zu werden.[19] In den berühmten Zwölf Artikeln verkünden die Bauern ihr Programm der sozialen und politischen Reform. Sie verlangten die Abschaffung der Frondienste, der Jagd- und Fischereiprivilegien des Adels, der bedrückenden feudalen Leistungen und Abgaben. Sie forderten unabhängige Gerichtshöfe, Bestrafung nach geschriebenem Gesetz nicht nach der Willkür des Herrn. Sie wollten der weltlichen Obrigkeit Gehorsam schenken nur wenn es dem Gewissen und dem Gesetz Gottes nicht widerspricht, und verlangten eine Rechts- und Gesellschaftsordnung nach evangelischen Grundsätzen. Die Forderungen erscheinen uns heute als durchaus gemäßigt und gerecht.

Der Ausgang des Krieges

Der Aufstand griff rasch um sich, und es kam zu Gewalttaten: Verbrennung von Schlössern, Klöstern, Dörfern und Städten und Plünderungen seitens einiger zügelloser und schlecht geführter Bauernhaufen. Angesichts des Unrechts, das die Bauern allerdings erfahren hatten und der grauenvollen Strafen, die ihnen nach dem Zusammenbruch ihres Aufstandes auferlegt wurden, ist man fast gesinnt, die Übergriffe der Bauern zu verzeihen. Die Bauernhaufen waren den gut bewaffneten und geführten Landsknechtsheeren der Fürsten nicht gewachsen; sie wurden geschlagen und aufgerieben. In drei Monaten war der Krieg zu Ende. Die Vergeltung der Sieger war fürchterlich. Massenhinrichtungen, denen oft grauenhafte Folterungen[20] vorausgingen, brachten die Zahl der toten Bauern auf schätzungsweise 200 000, eine ungeheure Zahl für die damalige Zeit. Die Lage der Bauern nach dem Krieg war weit schlimmer als zuvor, während die Macht der Fürsten weiter anwuchs.

Luthers Einstellung zum Bauernaufstand

Bald nach den ersten Gewalttaten, richtete Luther seinen Aufruf *Wider die mörderischen und räuberischen Rotten der Bauern* an die Fürsten. Seine krasse, ja blutrünstige Einstellung wirkt schockierend und wird nur dann etwas verständlicher, wenn man bedenkt, daß Luther sein ganzes Lebenswerk bedroht sah. Gerade hatte er seine Kirche dem Schutz der Landesherrn unterstellt, als eine Rotte von "revolutionären Anarchisten, in die der Teufel gefahren war, die göttliche Ordnung" zu zerstören drohte. In einem radikalen "Erzteufel" wie Thomas Müntzer, den er schon einmal, als er von der Wartburg nach Wittenberg zurückgekehrt war, aus der Stadt vertrieben hatte und den er als "Räuber, Mörder und Blutvergießer" betrachtete, sah er eine weitaus größere Gefahr als in seinem weisen Schutzherrn Friedrich, dem Kurfürsten von Sachsen. Aus diesem Blickwinkel sind Luthers Worte zu verstehen. Man muß auch bedenken, daß Sitten und Sprache der Lutherzeit weitaus derber waren als heute.

> Dreierlei greuliche Sünden wider Gott und Menschen laden diese Bauern auf sich, daran sie den Tod verdient haben an Leib und Seele mannigfaltig. Zum ersten, daß sie ihrer Obrigkeit Treue und Hulde geschworen haben, untertänig und gehorsam zu sein . . . Weil sie aber diesen Gehorsam brechen mutwillig und mit Frevel und dazu sich wider ihre Herren setzen, haben sie damit verwirkt Leib und Seele, wie die treulosen, meineidigen, lüghaften, ungehorsamen Buben und Bösewichter zu tun pflegen.

> Die zweite Sünde ist, daß sie Klöster und Schlösser ausrauben und plündern und sich zu Räubern und Mördern degradieren und die dritte, daß sie ihre Greueltaten im Namen des Evangeliums begehen. Darum sind die Fürsten gerechtfertigt, die teuflischen Scharen zu erschlagen.

---

[18]   Im Jahre 1537 ließ z.B. der Erzbischof von Salzburg einen Wilderer in eine frische Hirschhaut nähen und von seinen Hunden zerreißen.

[19]   Goethes Jugenddrama *Götz von Berlichingen* behandelt die Geschichte des freien Ritters, der sich gegen die Übergriffe des Territorialfürsten, des Bischofs von Bamberg, wehrt und auf Seiten der Bauern kämpft.

[20]   Wir wissen, daß z.B. der berühmte Holzschnitzer Tilmann Riemenschneider, der auf Seiten der Bauern stand, gefoltert wurde. Die Gelehrten sind sich nicht einig in der Frage, ob diese Tortur es ihm unmöglich machte, weiterhin zu schnitzen.

Erbarmt euch der armen Leute. Erstecht, erschlagt erwürgt sie, wer da kann. Bleibst du darüber tot, wohl dir, einen seligeren Tod kannst du nicht finden, denn du stirbst im Gehorsam zu Gottes Wort und Befehl und im Dienst der Liebe, deinen Nächsten zu retten aus der Hölle und des Teufels Banden.

Von weltlicher Obrigkeit, wie weit man ihr Gehorsam schuldig sei

Bereits 1523 hatte Luther eine Schrift verfaßt, die er betitelte: *Von weltlicher Obrigkeit, wie weit man ihr Gehorsam schuldig sei*, in der er darauf hinweist, daß der Untertan seinem Herrn gehorchen muß, da die "Gewalt verordnet ist". In geistlichen Angelegenheiten soll man allerdings Gott allein gehorchen und nicht dem Menschen.

Wenn nun dein Fürst, oder weltlicher Herr dir gebietet, mit dem Papst zu halten, so oder so zu glauben, oder gebietet dir, Bücher von dir zu tun, sollst du also sagen: "Es gebührt Lucifer nicht neben Gott zu sitzen. Lieber Herr, ich bin Euch schuldig zu gehorchen mit Leib und Gut, gebietet mich glauben und Bücher von mir tun, so will ich nicht gehorchen. Denn da seid Ihr ein Tyrann und greift zu hoch, gebietet, da Ihr weder Recht noch Macht habt, usw." Nimmt er dir darüber dein Gut und straft solchen Ungehorsam: selig bist du und danke Gott, daß du würdig bist, um göttlichen Worts willen zu leiden, laß ihn nur toben, den Narren, er wird seinen Richter wohl finden. Denn ich sage dir, wo du ihm nicht widersprichst und gibst ihm Raum, daß er dir den Glauben oder die Bücher nimmt, so hast du wahrlich Gott verleugnet.

Rebellion gegen die gottgegebene Obrigkeit ist verwerflich, aber Ungehorsam gegen einen gottlosen Fürsten ist erlaubt.

Der Seele soll und kann niemand gebieten, er wisse denn ihr den Weg zu weisen den Himmel. Das kann aber kein Mensch tun, sondern Gott allein. ...
Wie, wenn denn ein Fürst unrecht hätte, ist ihm sein Volk auch schuldig zu folgen? Antwort: Nein. Denn wider Recht gebührt niemand zu tun; sondern man muß Gott (der das Recht haben will) mehr gehorchen denn den Menschen.

Die Bedeutung der Bibelübersetzung ins Deutsche

Neben seiner reformatorischen Tätigkeit ist Luthers Bibelübersetzung vom griechischen Original ins Deutsche eine ungeheuer wichtige Leistung für die Entwicklung der deutschen Sprache und Literatur. Man hat oft behauptet, daß Luther die neuhochdeutsche Schriftsprache geschaffen hat, aber das ist eine Übertreibung, die der wissenschaftlichen Untersuchung nicht standhält. Richtig ist, daß Martin Luther die Entwicklung, der deutschen Schriftsprache wesentlich beschleunigt hat, eine Leistung die höchst bedeutsam ist und unsere Anerkennung verdient. In der deutschen Literaturgeschichte allerdings ist Luthers Bibelübersetzung ein einmaliges, unvergleichliches Ereignis. "Die Lutherbibel ist Anfangspunkt und Richtschnur unserer gesamten neueren Literatur," (Hermann Schneider) eine Tatsache, die die Dichter von Klopstock über Goethe bis Brecht immer wieder eingestanden haben.[21]

Luther wollte die Bibel jedem Deutschen verständlich machen. Vor seiner Bibel waren 14 Übersetzungen ins Hochdeutsche und 3 ins Niederdeutsche erschienen, von denen jedoch keine volkstümlich geworden war. Luther benutzte die "gemeine deutsche Sprache", die an den Kanzleien der deutschen Fürstenhöfe geschrieben wurde und von mundartlichen Ausdrücken ziemlich frei war.

---

[21] Ernst Moritz Arndt: "Wenn mir hin und wieder gelungen ist, deutsch zu sprechen, so verdanke ich das mit vielen anderen . . . am meisten der von Kind auf geübten fleißigen Lesung der lutherischen Bibel." Friedrich Nietzsche: "Luthers Bibel war bisher das beste deutsche Buch." Bertolt Brecht antwortete auf die Frage, welches Buch ihn am meisten beeinflußt habe: "Sie werden lachen, die Bibel."

Die Luthersprache

Als Kursachse (jetzt Thüringen) gebrauchte Luther die mitteldeutsche sächsische Kanzleisprache, die zwischen dem Ober- und Niederdeutschen lag und von beiden verstanden werden konnte. "Ich brauche die gemeine deutsche Sprache, daß mich beide, Ober- und Niederländer verstehen können."

Während Luther die Bibel verdeutschte, hat er sich seine Sätze immer wieder laut vorgesprochen und sie mit sicherem rhythmischen und melodischen Gefühl auf ihre Akzente, auf Fermaten und Kadenzen, auf die Vokal- und Konsonantenfolge hin überprüft. So konnte er, besonders in den Psalmen oder im 1. Korintherbrief, eine Fülle des Wohllauts erreichen, die seit drei Jahrhunderten, seit der Stauferzeit und der Zeit Hermanns von Thüringen, die deutsche Sprache nicht mehr gekannt hatte und die ihr danach aufs neue fast drei Jahrhunderte, bis zu Goethe, namentlich dem Weimarer, dem Thüringer Goethe, versagt werden sollte. (H. O. Burger).

Übersetzungsproblematik

Luthers Sprache ist rhythmisch schön, klangreich, bildhaft, ausdrucksstark und dem Volke verständlich. In seinem *Sendbrief vom Dolmetschen* (1530) berichtet er, daß er oftmals Tage und Wochen nach dem richtigen Wort gesucht hat, das an die bestimmte Stelle genau paßte. Er vermied es, den Fehler seiner Vorgänger zu wiederholen, die oft wörtlich aus dem Lateinischen ins Deutsche übersetzt hatten, wobei natürlich kein allgemein verständliches, volkstümliches Deutsch zustande gekommen war. ". . . denn man muß nicht die Buchstaben in der lateinischen Sprache fragen, wie man soll deutsch reden, . . . sondern man muß die Mutter im Hause, die Kinder auf der Gasse, den gemeinen Mann auf dem Markt darum fragen und denselben auf das Maul sehen, wie sie reden, und danach dolmetschen, so verstehen sie es denn und merken, daß man deutsch mit ihnen redet." So übersetzt er das Lateinische "ex abundantia cordis os loquitur" nicht wörtlich "aus dem Überfluß des Herzens redet der Mund", weil das kein Deutsch ist, sondern volkstümlich "Wes [=Wem] das Herz voll ist, des [=dem] gehet der Mund über".

Als Beispiel für Luthers dichterische Sprache sei der 23. Psalm angeführt.

Der Herr ist mein Hirte;
Mir wird nichts mangeln.
Er weidet mich auf einer grünen Aue
Und führet mich zum frischen Wasser.
Er erquicket meine Seele;
Er führet mich auf rechter Straße
Um seines Namens willen.
Und ob ich schon wandert[e] im finstern Tal,
fürchte ich kein Unglück;
Denn du bist bei mir,
Dein Stecken und Stab trösten mich.
Du bereitest für mich einen Tisch gegen meine Feinde.
Du salbest mein Haupt mit Öl
Und schenkest mir voll ein.
Gutes und Barmherzigkeit werden mir folgen mein Leben lang
Und [ich] werde bleiben im Hause des Herrn immerdar.

Die Kirchenlieder - Ein feste Burg ist unser Gott

Auch seine Lieder - Luther schuf etwa 36 Kirchenlieder, von denen 10 originale Schöpfungen sind - trugen zur Verbreitung der neuhochdeutschen Sprache bei. Er ordnete an, daß die Gemeinde im Gottesdienst singen sollte. Es folgt das bekannteste und mächtigste Lutherlied, das so recht den Geist des Reformators und der Reformation ausdrückt, dessen Burg und Rüstung Gott war, auf den er fest vertraute und mit dessen Hilfe er dem Teufel widerstand.

Ein' feste Burg ist unser Gott,
Ein gute Wehr und Waffen;
Er hilft uns frei aus aller Not,
Die uns jetzt hat betroffen.
Der alt' böse Feind
Mit Ernst er's jetzt meint;
Groß' Macht und viel List
Sein' grausam Rüstung ist,
Auf Erd' ist nicht sein's gleichen.

Mit unsrer Macht ist nichts getan,
Wir sind gar bald verloren;
Es streit' für uns der rechte Mann,
Den Gott hat selbst erkoren.
Fragst du, wer das ist?
Er heißt Jesus Christ,
Der Herr Zebaoth,
Und ist kein andrer Gott,
Das Feld muß er behalten.

Und wenn die Welt voll Teufel wär'
Und wollt' uns gar verschlingen,
So fürchten wir uns nicht so sehr,
Es soll uns doch gelingen.
Der Fürst dieser Welt,
Wie sauer er sich stellt,
Tut er uns doch nicht;
Das macht, er ist gericht,
Ein Wörtlein kann ihn fällen.

Das Wort sie sollen lassen stahn [stehn]
Und kein' Dank dazu haben;
Er ist bei uns wohl auf dem Plan [es steht gut]
Mit seinem Geist und Gaben.
Nehmen sie den Leib,
Gut, Ehr', Kind und Weib,
Laß fahren dahin!
Sie haben's kein Gewinn;
Das Reich muß uns doch bleiben.

Diese Sprache setzt sich durch und wurde überall von den Deutschen nachgeahmt. Wer sich Gehör verschaffen wollte über seine Heimatstadt hinaus, der schrieb in der Sprache Luthers. Luther und später Klopstock, Goethe und die Romantiker bewiesen, daß die deutsche Sprache den anderen westlichen Kultursprachen an Schönheit und Ausdruckskraft ebenbürtig ist, eine Behauptung, die noch Friedrich der Große als absurd betrachtete.

Die Gegenreformation - Der Jesuitenorden

In den ersten Jahrzehnten nach der Reformation schloß sich fast ganz Deutschland der lutherischen Lehre an. Große Teile der anderen europäischen Länder fielen ebenfalls von Rom ab, so daß nur die südeuropäischen Staaten Spanien, Portugal und Italien von reformatorischen Ideen ganz unbeeinflußt blieben. Spanien, die stärkste Macht auf dem Kontinent, wurde der Ausgangspunkt für die Gegenreformation. Die Inquisition war in diesem Land besonders erfolgreich betrieben worden, und um 1500 wurde eine Reihe von Reformen innerhalb der Kirche und der Universitäten durchgeführt. Eine strengere Zucht und Ordnung in den spanischen Klöstern setzte sich durch und verbreitete sich von hier aus auch nach Italien. Eine große Rolle in der inneren Reinigung der Kirche und der damit verbundenen frischen Missionstätigkeit spielten die Jesuiten, deren Orden offiziell 1539 vom Papst bestätigt wurde. Unter der Leitung von Ignatius von Loyola übernahm der Jesuitenorden rasch die Führung der Gegenreformation.

Tätigkeit der Jesuiten im Schulwesen

Die Jesuiten waren ein militanter Orden, dessen Hauptaufgaben der aktive Kampf für Papsttum und Kirche und die Missionstätigkeit waren. Außer den üblichen Mönchsgelübden schworen die Mitglieder absoluten Gehorsam gegen das Oberhaupt der Kirche. Die Einwirkung auf die Welt durch Unterricht, Predigt und persönliche Erziehung wurden Hauptziele, die sehr erfolgreich verfolgt wurden. Sehr bald zeichneten sich die Jesuiten nicht nur durch ihre militante, unbeugsame Strenge und Treue sondern auch durch ihr gewinnendes Wesen und ihre ausgezeichnete Bildung und Gelehrsamkeit aus. Kein Wunder, daß sie sich besonders im Schul- und Universitätswesen auszeichneten. Die von ihnen gegründeten Schulen und Seminare waren die besten der damaligen Zeit. Mitglieder des Ordens wurden als Rektoren und Professoren an die Universitäten berufen, so daß gegen 1600 vier Fünftel der Jesuiten Lehrer waren. Um 1650 wurde fast der ganze katholische Teil Europas von Jesuiten unterrichtet. Auf dem Konzil von Trient, das 18 Jahre andauerte (1545-1563) erneuerte sich die Kirche. Zwar war das Konzil hauptsächlich gegen die Reformation gerichtet und schloß mit einer dramatischen Geste gegen alle Ketzer[22] und verwies damit das protestantische Glaubensbekenntnis für alle Zeiten auf die Stufe des Unglaubens, aber es faßte auch eine Reihe von Beschlüssen, die die alte Kraft und Herrschaft der Kirche wiederherstellen sollte.[23]

Erfolge der katholischen Gegenreformation

Während eines Jahrhunderts (1540-1648) stellte die Reform innerhalb der Kirche Zucht und Ordnung wieder her und erneuerte den Glauben ihrer Anhänger. Es gelang ihr ebenfalls, große Gebiete in Österreich, Ungarn, Süd- und Südwestdeutschland und Polen zum Teil durch Eroberung zum Teil durch Bekehrung zurückzugewinnen. Das Barock (Siehe Kapitel: Die deutsche Kultur zwischen Minnesang und Aufklärung!) als Ausdruck einer neuen sinnlichen Schönheit, war ein erfolgreiches Mittel in der Wiederbekehrung der Süddeutschen. Während der Norddeutsche meist kühl und nüchtern ist, ist der temperamentvollere Süddeutsche[24] empfänglicher für die glanzvolle Ästhetik des katholischen Barocks, die sich ausdrückt in den prachtvollen, farbenfrohen Kirchen Bayerns und Österreichs, im Prunk der Messe mit den prächtigen Meßgewändern der Priester, dem berauschenden Duft des Weihrauches, der sinnlichen Vielfalt der Zeremonie umgeben von Bildern und Statuen und dem Gesang des Chores, dem Läuten der Glocken sowie dem Spiel der Orgel. All das sprach die Phantasie des Süddeutschen lebhaft an und trug dazu bei, ihn in die Kirche zurückzuführen, während dem Norddeutschen der nüchterne Gottesdienst und die strengere Ethik zusagten. Ein weiterer wichtiger Faktor für den Erfolg der Gegenreformation waren die zunehmende Versteifung und untolerante Haltung des Luthertums, die folgenschwere Zersplitterung des Protestantismus, die sich lähmend auswirkte, und der Gegensatz Calvinismus-Lutheranertum, der die Kräfte der Protestanten aufzehrte, anstatt sie gegen den Katholizismus zu vereinigen und zu stärken. Hinzu kam der Untertanengehorsam und die Unentschlossenheit zum Widerstand auf Seiten der Lutheraner, die ihre Kräfte im Theologenstreit aufrieben und die Verteidigung der protestantischen Gebiete den Calvinisten überließen. All diese Faktoren nebst anderen, die hier nicht erwähnt werden, erklären den Verlust Süddeutschlands und Österreichs an die katholische Seite.

Luthers Bedeutung für die politische und kulturelle Entwicklung

Der Einfluß von Luthers Gedanken und Handlungen auf die politische und kulturelle Entwicklung Deutschlands und des westlichen Abendlandes ist gewaltig, wenn auch die Behauptung wohlmeinender Verehrer, daß außer Christus niemand so auf unser Denken und Handeln eingewirkt hat wie Martin Luther, übertrieben ist. Es gelang ihm, die Gewalt der katholischen Kirche über Millionen Christen zu brechen und damit Kräfte freizumachen,[25] die eine Zersplitterung der einen Kirche in Hunderte von Sekten und Religionsgemeinschaften und

---

22   Die letzte Tagung schloß mit dem Anathema: "Verflucht seien alle Ketzer, verflucht, verflucht!" wobei sich die Anwesenden zum Auseinandergehen erhoben.

23   Der Index verbotener Bücher ist ein Resultat dieses Konzils. Im ganzen ging die Kirche dogmatisch und hierarchisch gestrafft aus dem Konzil hervor. Das Mönchtum und das Priestertum wurde gesäubert und der päpstliche Absolutismus gefestigt.

24   Es ist im übrigen interessant, daß ungefähr die Gebiete, die einst zum römischen Reich gehört hatten, wieder für den Katholizismus gewonnen wurden, während die Gebiete jenseits des Limes (außer Polen) fast ganz protestantisch wurden.

25   Im übrigen ist es ironisch, daß Luther für die innere Reinigung der katholischen Kirche nach der Reformation zum großen Teil mitverantwortlich ist. Einige Theologen gehen so weit zu behaupten, daß er die katholische Kirche gerettet habe, die ohne ihn völlig versumpft und schließlich zu Grunde gegangen wäre.

schließlich die freie Suche nach Wahrheit auf allen Gebieten zur Folge hatte. Da im letzten Grunde die Auslegung der Schrift dem Gewissen des Einzelnen überlassen werden mußte, hat diese Gewissensfreiheit zu so vielen einander entgegengesetzten, religiösen Standpunkten geführt, daß Skepsis, Unglaube und Verwirrung weit verbreitet sind. Luther hat die Zersplitterung nicht gewollt, sie sogar nach Kräften bekämpft, aber sie nicht verhindern können. Er hat auch die Spaltung der Kirche anfangs nicht gewollt, und die "Schuld" daran ist auch auf katholischer Seite zu suchen.

Luthers Überzeugung, daß alle Christen vor Gott gleich sind, ist ein Grundsatz der westlichen Demokratie geworden, wo es heißt, daß alle Menschen vor dem Gesetz gleich sind. Seine Lehre vom Laienpriestertum und von der Verpflichtung eines jeden einzelnen, die Wahrheit zu suchen und Gott zu dienen, erziehen den Menschen zur Verantwortlichkeit. So wie der Pastor verpflichtet ist, das Wort Gottes nach bestem Wissen zu verkünden, so ist der Fürst verpflichtet, sein Volk väterlich zu führen, der Bauer, seinen Acker gottwohlgefällig zu bestellen und der Handwerker, sein Handwerk fleißig und gut auszuüben. Die Überzeugung, daß jeder seinem Gott am besten durch den Fleiß seiner Hände dient, wurde geradezu zu einem ethischen Gesetz in Deutschland, das die Anerkennung von "deutscher Wertarbeit" möglich machte.

Johannes Gutenberg und die Buchdruckerkunst

Luther legte großen Nachdruck auf das Lesen der Heiligen Schrift und des Katechismus, womit seine Förderung des Schulwesens zusammenhängt. Dieser Nachdruck hat kräftig dazu beigetragen, daß immer mehr Menschen das Lesen und Schreiben lernten. Da die Bibel und der Katechismus oft die einzigen Bücher waren, die eine Familie besaß, wurden diese gelesen, was zur Kenntnis des Wortes Gottes als auch zur Verbreitung der lutherischen Sprache beitrug. Durch die Verbesserung der Buchdruckerkunst in Mainz durch Johannes Gutenberg (gest. 1468) war der Druck von Büchern und Schriften in großen Mengen und zu mäßigen Preisen möglich geworden. Die Bedeutung des Buchdrucks für die Verbreitung der reformatorischen Ideen ist ungeheuer wichtig. Man nimmt an, daß allein während Luthers Lebzeiten über 100 000 Exemplare der lutherischen Bibel in Deutschland gedruckt wurden. Von der sprachschöpferischen Leistung Luthers ist bereits gesprochen worden. Erwähnt werden muß noch, daß eine einheitliche Sprache im allgemeinen Vorbedingung für politische Einheit ist und daß man Luther, wenn man will, als einen Mitgestalter der deutschen Einheit bezeichnen kann, die erst über 300 Jahre später realisiert wird.

Moderne Erfolge Luthers

Auf dem zweiten vatikanischen Konzil (1962-1965) wurden die folgenden, jahrhundertealten Forderungen Luthers von der katholischen Kirche angenommen: die Muttersprache im Gottesdienst, der Vorrang der Bibel und die Besinnung auf Christus als den Mittelpunkt des Glaubens. Immer mehr versuchen evangelische und katholische Theologen, Gemeinsames in beiden Konfessionen zu finden.[26]

Das evangelische Pfarrhaus

Dadurch, daß Luther das Zölibat abschuf, gründete er das typische evangelische Pfarrhaus, aus dem viele bedeutende Männer hervorgegangen sind. Luther selbst hatte sechs Kinder und gab Waisenkindern Unterkunft und Nahrung in seinem Haus. Wenn man bedenkt, daß das Pfarrhaus oft das einzige Haus in der Gemeinde war, in dem die Kinder mit Büchern und Musikinstrumenten aufwuchsen, dann kann man verstehen, warum gerade aus Pfarrersfamilien viele Dichter, Musiker und Gelehrte gekommen sind.[27] Da die Pfarrersfrau ihrem Mann zur Seite stand und oft die Witwen, Waisen, Kranken und Armen betreuen half, trug das Pfarrhaus dazu bei, die soziale Stellung der Frau zu heben und sie ein klein wenig zu emanzipieren, denn ihre Tätigkeit führte sie wenigstens zeitweise weg vom Herd und aus dem Haus hinaus.

---

[26]   Im übrigen erscheint es vielen als ironisch, daß gerade Luther für die innere Reinigung der Kirche nach der Reformation zum großen Teil mitverantwortlich ist. Einige Theologen gehen so weit zu behaupten, daß er die katholische Kirche gerettet habe, die ohne ihn völlig versumpft und schließlich zu Grunde gegangen wäre.

[27]   Einige bekannte Pfarrerssöhne sind: Fleming, Lessing, Wieland, Nietzsche, Benn, Hesse und Dürrenmatt.

Die demokratische Entwicklung in Deutschland verzögert

Abschließend sei noch darauf hingewiesen, daß Luthers Ideen vom Gehorsam der weltlichen Obrigkeit gegenüber, seine kräftige Reaktion gegen den Bauernaufstand sowie sein Entschluß, die Kirche dem Landesherrn zu unterstellen, die demokratische Entwicklung in Deutschland mit hinausgezögert hat. Für den politischen Dämmerschlaf der Deutschen während der nächsten drei Jahrhunderte sowie für die Entwicklung der absoluten Macht der Fürsten, muß Luther einen Teil der Verantwortung tragen. Beigetragen dazu hat vor allem auch der Dreißigjährige Krieg, der ebenfalls zum Teil eine Folge der Reformation ist und den wir in den nächsten Paragraphen kurz besprechen wollen.

DER DREIßIGJÄHRIGE KRIEG
Der Aufstand des protestantischen Adels in Prag

In der ersten Hälfte des 16. Jahrhunderts war es bereits zu mehreren religiösen Auseinandersetzungen zwischen protestantischen Fürsten und dem katholischen Kaiser gekommen. Am Ende des Jahrhunderts hatten die meisten deutschen Fürsten den protestantischen Glauben angenommen, was den Gegensatz zwischen den Territorialfürsten und dem Kaiser weiter verschärfte, bis dieser Gegensatz schließlich zu einem großen Religionskrieg führte. Der Funke, der den Brand entzündete, war der Aufstand des protestantisch-böhmischen Adels[28] (1618) gegen das Haus Habsburg. An Stelle des österreichischen Habsburgers Ferdinand setzten die Protestanten den Calvinisten Friedrich von der Pfalz zum König ein. Folglich kam es zu kriegerischen Auseinandersetzungen, und in der Schlacht am Weißen Berge bei Prag (1620) wurden die Böhmen von den Österreichern und Bayern besiegt. Der protestantische Adel wurde hingerichtet und verlor sein Land. Kurfürst Friedrich wurde in die Reichsacht getan und verlor seine Kurwürde an Bayern.

Die Ausbreitung des Konflikts

Nun wäre der Krieg zu Ende gewesen, wenn nicht drei Unterführer Friedrichs den Kampf fortgesetzt und damit ausländische Verbündete der Habsburger, wie Spanien, in den Krieg mit hineingezogen hätten. Die kaiserlichen Truppen unter dem Befehl das Generals Tilly zusammen mit spanischen Regimentern marschierten in die Pfalz ein. Spanien war hauptsächlich daran interessiert, die Niederlande, die ihre Unabhängigkeit erklärt hatten, zurückzuerobern. 1624 waren die Protestanten geschlagen und hatten sich nach Norddeutschland zurückgezogen. Eine berechtigte Furcht vor der gewaltsamen Rekatholisierung Norddeutschlands sowie persönliche politische Interessen veranlaßten Dänemark, Holland und England die protestantische Sache zu unterstützen. Frankreich, das sehr an einer Machtverringerung Spaniens und des deutschen Kaisertums interessiert war, sympathisierte mit den Protestanten, unterstützte sie dann mit Geld und am Ende selbst mit Truppen.

Feldmarschall Tilly, Wallenstein und Gustav Adolf von Schweden

Die Kaiserlichen blieben zunächst weiterhin erfolgreich. Unter ihrem Feldmarschall Tilly besiegten sie die Dänen 1626 und eroberten Holstein. Eine zweite Armee unter dem militärischen Abenteurergenie Wallenstein besetzte Mecklenburg, Schleswig und Jütland, aber wegen seiner Opposition zu kaiserlichen Maßnahmen in den besetzten Gebieten wurde Wallenstein 1630 entlassen. Im selben Jahr trat Schweden, unterstützt mit französischem Geld und beseelt von dem Wunsch, um die Ostsee herum eine europäische Großmacht zu werden, in den Krieg ein und besetzte Pommern. Angeführt von seinem großen König Gustav Adolf, verbündete es sich mit Brandenburg und Sachsen und errang eine Reihe bedeutender Siege. Tilly wurde bei Leipzig geschlagen (1631), die Schweden drangen am Rhein und Main, dann weiter nach Süden vor und besetzten Bayern. Die Sachsen marschierten in Böhmen ein und eroberten Prag. Tilly starb 1632 an Wunden, die er in der Schlacht am Lech erlitten hatte. Der Kaiser sah, daß seine Lage gefährlich war und rief Wallenstein in seine Dienste zurück. In der Schlacht von Lützen (1632) bei Leipzig trafen die Armeen der beiden großen Strategen aufeinander. Die Schweden blieben siegreich, verloren jedoch ihren König Gustav Adolf, der in der Schlacht fiel. In den folgenden Jahren kämpften beide Seiten mit wechselndem Erfolg. 1634 wurde Wallenstein ermordet, und 1635 machte der Kaiser Frieden mit Sachsen und Brandenburg und erlaubte den Lutheranern Religionsfreiheit.

---

[28] Der Krieg beginnt mit dem sogenannten "Prager Fenstersturz." Die Protestanten warfen die Abgesandten des katholischen Kaisers aus dem Fenster der Prager Burg. Diese sollen körperlich unversehrt auf einem Misthaufen gelandet sein.

Der Eintritt Frankreichs

Wiederum hätte nun der Krieg beendet werden können, wenn nicht Frankreich sich aus einer Fortsetzung Vorteile versprochen hätte. Es trat gegen Spanien in den Krieg, besetzte das Elsaß und die Rheingebiete und verheerte zusammen mit den Schweden Bayern. Die Spanier wurden in den Niederlanden vernichtend geschlagen. Der Krieg dauerte noch 13 Jahre an und wütete in Süddeutschland und Böhmen bis 1648 weiter bis endlich Frieden geschlossen wurde. Die Verhandlungen, die fünf Jahre andauerten, während das Land weiter vom Krieg verwüstet wurde und Zehntausende an Hunger, Seuchen und Wunden starben, erinnern in ihrer sinnlosen Verantwortungslosigkeit an ähnliche Verhandlungen in unserem Zeitalter.[29]

Die Folgen des Krieges

Der Dreißigjährige Krieg war eine furchtbare Katastrophe für Deutschland, die nur noch vom 2. Weltkrieg übertroffen worden ist. Er begann angeblich als Religionskrieg von Katholiken gegen Protestanten, aber dieser Vorwand verblaßte bereits in den ersten Jahren der Auseinandersetzungen. Er artete sehr bald in einen chaotischen Kampf aller europäischen Mächte gegeneinander aus mit dem Ziel, persönliche politische Vorteile auf Rechnung der anderen zu gewinnen.[30] Der Krieg wurde hauptsächlich auf deutschem Boden geführt, wobei auch Protestanten gegen Protestanten und Katholiken gegen Katholiken kämpften, und zwar oft mit unglaublicher Roheit. Plünderungen, Mord, Vergewaltigungen, grausamste Folterungen, die systematische Niederbrennung von Dörfern und Städten waren an der Tagesordnung. Man muß sich vergegenwärtigen, daß die Heere damals alles, was sie zum Unterhalt nötig hatten, von der Bevölkerung einzogen und daß die Landsknechte hauptsächlich Abenteurer waren, die Befriedigung ihrer Lüste und persönliche Bereicherung suchten. Da die meisten von ihnen ausländische Söldner (auf kaiserlicher Seite Spanier, Italiener, Iren, Kroaten, Schotten, usw., auf protestantischer Seite Schweden, Dänen und Franzosen) waren, so kann man verstehen, daß sie die deutsche Zivilbevölkerung, besonders wenn sie "verdammte Ketzer" waren, oft schlechter als Vieh behandelten.[31] Felder und Äcker wurden verwüstet, die Höfe abgebrannt, Vieh und Geflügel abgeschlachtet, Frauen geschändet, Männer ermordet, Städte zerstört, Kirchen und Schulen standen leer, Seuchen und Hunger rafften Zehntausende dahin. Von den 80 000 Einwohnern Augsburgs überlebten weniger als 18 000 den Krieg, die Bevölkerung Württembergs ging von 400 000 auf 48 000 zurück, Berlin hatte am Ende des Krieges 300 Einwohner. Man schätzt, daß die Bevölkerung Deutschlands von 18 Millionen um etwa zwei Drittel auf 6 Millionen reduziert wurde. Die wirtschaftlichen, politischen und geistigen Folgen waren von solch verheerenden Ausmaßen, daß Deutschland um 200 Jahre in seiner Entwicklung zurückgesetzt wurde.

Der Westfälische Friede und die Auflösung des Reiches

Der 1648 abgeschlossene Westfälische Friede versetzte dem Heiligen Römischen Reich Deutscher Nation den Todesstoß und gab ausländischen Mächten das Recht, zukünftig in deutschen Angelegenheiten mitzubestimmen. Man kann mit gewisser Berechtigung behaupten, daß das Reich bereits vor 1648 am Zusammenbrechen war, aber dieser Zusammenbruch wurde nun schriftlich legalisiert. Deutschland wurde endgültig in rund 350 unabhängige Gebiete zerschlagen, die als souveräne Staaten anerkannt wurden mit dem Recht, Verträge und Bündnisse mit in-und ausländischen Staaten abzuschließen. Natürlich war besonders Frankreich an dieser Entwicklung äußerst interessiert, da es nun einen uneinigen, schwachen Nachbarn im Osten hatte, den es ausbeuten konnte. In Elsaß und Lothringen mußte das Reich große Gebiete an Frankreich abtreten. Die deutschen Westgrenzen waren militärisch geschwächt und die südwestdeutschen Gebiete den ständigen Angriffen Frankreichs ausgesetzt,[32] eine Gefahr, die erst über 200 Jahre später durch Preußen gebannt wird, das für diese Staaten eintritt.

---

[29] Während man über Fragen des Vorrangs und der Beuteverteilung verhandelte, hofften beide Seiten auf militärische Vorteile im Feld.

[30] Schweden stand gegen Polen und Dänemark, Holland gegen Spanien, Frankreich gegen Spanien und das Reich, die Fürstentümer des Reiches wechselten ihre Allianzen.

[31] Viele dieser Abenteurer schlossen sich nach dem Krieg zu Räuberbanden zusammen und plagten noch auf Jahre die ausgeblutete Bevölkerung.

[32] So wurde die Pfalz mit Heidelberg am Ende des 17. Jahrhunderts von französischen Truppen völlig verwüstet.

Gebietsverluste

Schweden erhielt die säkularisierten Stifte Bremen und Verden, die mecklenburgische Stadt Wismar, Vorpommern und die Inseln Rügen, Usedom und Wollin. Es beherrschte die Strommündungen der Oder, Elbe und Weser und praktisch die ganze Ostsee. Da Dänemark ebenfalls bis an die Elbe reichte und die Niederländer die Ems beherrschten, verlor Deutschland die Herrschaft über die Mündungen seiner Ströme und mußte an ausländische Mächte Seezölle zahlen. Die Vorherrschaft Spaniens in Europa war gebrochen. Die Niederlande hatten ihre Unabhängigkeit behauptet. Die Unabhängigkeit der Schweizer Eidgenossenschaft, die sich von Österreich losgesagt hatte, wurde völkerrechtlich anerkannt.

Frankreichs Vorherrschaft und der Anfang des Absolutismus

Das Recht des Landesherrn, die Religion seiner Untertanen zu bestimmen (*cuius regio eius religio*), wurde bestätigt mit der Einschränkung, daß Andersgläubige auswandern durften, wodurch tolerante Staaten wie Brandenburg-Preußen Zuwachs wertvoller Bauern und Handwerker erhielten. Den Calvinisten wurden die gleichen Rechte zugestanden.

Frankreichs Vorherrschaft nicht nur auf politischem, sondern auch auf kulturellem Gebiet begann. Die französische Sprache ersetzte das Latein in gelehrten und rechtlichen Kreisen und Schriftstücken, französische Sitten und Gebräuche, Kunst und Literatur wurden nachgeahmt. König Ludwig XIV von Frankreich (1643-1715), der absolute Monarch par excellence, wurde ein Vorbild für die deutschen Fürsten, die alle Macht in ihren Ländern in ihrer Person vereinigten und jede Form der Selbstverwaltung in den Ständen und Städten abschafften. Das Zeitalter des Absolutismus begann, gefördert vom französischen Vorbild, von der Gesetzlosigkeit im Land, die eine starke Hand verlangte, der Willenschwäche des Volkes, den philosophischen Ideen Machiavellis und den juristischen Entscheidungen der Sorbonne, die bestimmten, daß aller Besitz der Untertanen das persönliche Eigentum des Fürsten sei.

In diesem Kapitel haben wir verfolgt, wie grundlegend sich die kulturelle und politische Lage des deutschen Reiches durch die Ereignisse der Reformation und des Dreißigjährigen Krieges, der als Folge der Reformation betrachtet werden kann, geändert hat. In den nächsten Jahrzehnten verlagert sich das Schwergewicht nach Brandenburg-Preußen, und wir werden sehen, wie dieser Staat die Führung unter den deutschen Staaten übernimmt und schließlich die Einigung der deutschen Staaten zustande bringt.

STUDIENFRAGEN ZUM KAPITEL
<u>DIE PROTESTANTISCHE REFORMATION UND IHRE FOLGEN</u>

1. Wie hat sich das Lutherbild im Laufe der Zeit verändert?
2. Besprechen Sie Luthers Jugend und warum er ins Kloster eintritt.
3. Worin besteht sein problematisches Verhältnis zu Gott und wie findet er eine Antwort? Was ist diese Antwort?
4. Erklären Sie das Ablaßproblem und Luthers Einstellung zur Werkgerechtigkeit.
5. Warum führt der Ablaßhandel zur Veröffentlichung der 95 Thesen? Was will Luther mit diesen Thesen erreichen?
6. Besprechen Sie Luthers Disputation mit Eck und wie es zum Ausschluß aus der Kirche kommt.
7. Was geschieht auf dem Reichstag zu Worms?
8. Erklären Sie die politische Situation in Deutschalnd am Anfang des 16. Jahrhunderts. Welche politischen Ereignisse, Ideen und Auffassungen erleichtern es Luther, seine Reformation durchzusetzen?
9. Welche Änderungen nimmt Luther im lutherischen Gottesdienst vor?
10. Wie trägt die Entwicklung des Buchdrucks zur Verbreitung der neuen Lehre bei?
11. Zählen Sie die Hauptschriften Luthers auf und berichten Sie die Hauptargumente, die der Reformator in jeder dieser Schriften vertritt.
12. Besprechen Sie die Stellung der Bauern zur Zeit Luthers.
13. Warum erheben sich die Bauern gegen die Fürsten und welche Forderungen stellen Sie? Was halten Sie von diesen Forderungen?
14. Auf welcher Seite steht Luther im Konflikt zwischen den Bauern und den Fürsten? Wie rechtfertigt er seine Haltung? Was halten Sie von Luthers Einstellung? Wie hätten Sie sich an seiner Stelle entschieden?
15. Was ist Luthers Überzeugung vom Gehorsam der Obrigkeit gegenüber? Zählen Sie seine Argumente auf. Stimmen Sie mit Luther überein? Warum oder warum nicht?
16. Besprechen Sie die Bedeutung von Luthers Bibelübersetzung für die Entwicklung einer einheitlichen deutschen Schriftsprache und für die Entwicklung der deutschen Literatur. Wie unterscheidet sich seine Übersetzung von den vierzehn anderen?
17. Besprechen Sie Luthers Sprache. Warum gefällt Sie Ihnen oder warum nicht? Warum wurde sie so volkstümlich?
18. Welche Bedeutung hat die Aufhebung des Zölibats und die Gründung des evangelischen Pfarrhauses für die Entwicklung der deutschen Kultur und die Stellung der Frau in der Gemeinde? Warum ist das Zölibat noch heute ein Problem für viele Menschen auch innerhalb der katholischen Kirche?
19. Besprechen Sie Luthers Kirchenlied *Ein feste Burg ist unser Gott* als typisches Beispiel der Reformationsliteratur und als Ausdruck von Luthers persönlicher Überzeugung. Gehen Sie auf Einzelheiten ein.
20. Was sind die Ziele der Gegenreformation und mit welchen Mitteln führt die Kirche diese Gegenreformation voran?
21. Welche Rolle spielt der Jesuitenorden und das Barock in der Gegenreformation?
22. Wie erklären Sie sich die Tatsache, daß die Gegenreformation im Süden Deutschlands viel erfolgreicher ist als im Norden?
23. Besprechen Sie die Hauptereignisse des Dreißigjährigen Krieges. Was sind die Folgen dieses Krieges für die politische Entwicklung in Deutschland und Europa? Welche Gebiete verliert Deutschland?
24. Was sind die Folgen des Krieges für die religiöse und kulturelle Entwicklung in Deutschland? Was sind die moralischen und materiellen Folgen?
25. Warum wird der französische Einfluß (Sprache, Literatur, Absolutismus) in Deutschland so stark?
26. Zählen Sie alle negativen und positiven Folgen der protestantischen Reformation auf und besprechen Sie diese im einzelnen.
27. Informieren Sie sich aus anderen Quellen über die Reformation in der Schweiz und in Österreich.

KAPITEL 10
DIE KUNST IM ZEITALTER ALBRECHT DÜRERS

Worum geht es in diesem Kapitel?

In den hundert Jahren von der Mitte des 15. bis zur Mitte des 16. Jahrhunderts ist die Blütezeit der Renaissancemalerei in Europa. In Deutschland ist Albrecht Dürer der überragende Künstler, aber mehrere andere große Maler stehen ihm zur Seite: Matthias Grünewald, Hans Holbein, Albrecht Altdorfer und Lucas Cranach. In diesem Kapitel befassen wir uns mit diesen Künstlern und ihren berühmtesten Gemälden, Holzschnitten, Kupferstichen und Zeichnungen.

Wie gehen wir vor?

1. Verschaffen Sie sich eine Übersicht über das gesamte Kapitel, indem Sie die Überschriften über den einzelnen Abschnitten lesen. Auf diese Weise lernen Sie die Namen der Künstler und ihre Hauptwerke.
2. Lesen Sie dann die Teile über jeden einzelnen Künstler. Machen Sie eine Pause und wiederholen Sie, was Sie gelesen haben, am besten laut. Gehen Sie auf das Leben und die Werke der Meister ein.
3. Gehen Sie in die Bibliothek und schauen Sie sich Gemälde, Zeichnungen und andere Werke der hier besprochenen Meister an.
4. Manche Bibliotheken haben Videos oder Dias, die Sie sich ausleihen können.

Lernziele:

In diesem Kapitel lernen Sie,

1. wie sich die Kunst von Dürer und seinen Zeitgenossen von der mittelalterlichen Kunst unterscheidet.
2. Dürers Bedeutung für die Entwicklung der Kunst in Deutschland.
3. Dürers bekannteste Holzschnitte, Kupferstiche und Gemälde kennen.
4. warum man die Kreuzigungsszene im *Isenheimer Altar* von Matthias Grünewald als Gegenstück zu Dürers *Vier Aposteln* interpretieren kann.
5. daß Hans Holbein der große Porträtmaler der Zeit ist.
6. daß man Altdorfers berühmte *Alexanderschlacht* als Symbol für den Anbruch einer neuen Zeit verstehen kann.
7. wie Lucas Cranach Martin Luther und die Reformation mit seinen Werken unterstützte.

Die Blütezeit der Kunst

In den hundert Jahren zwischen 1450 und 1550 erlebt Westeuropa eine Blütezeit der Kunst, wie sie sich in den folgenden Jahrhunderten kaum wiederholt. Einige der größten Künstler unserer westlichen Kultur leben und schaffen in diesen Jahrzehnten: in Italien Bellini, Botticelli, Da Vinci, Michelangelo, Raphael und Tizian, nur um die bekanntesten zu nennen; in den Niederlanden Hieronymus Bosch und Pieter Bruegel (Jan van Eyck war bereits 1441 gestorben) und in Deutschland Dürer, Grünewald, Cranach, Altdorfer und Holbein. Die großen Deutschen messen sich mit den Italienern und Niederländern und werden mit zu den bedeutendsten Malern der Neuzeit gezählt.

Das neue Zeitalter

Ein Zeitalter geht zu Ende und ein neues bricht an, eine neue Zeit, die unsere Ideale und Weltanschauungen zutiefst beeinflußt hat. Den Künstlern ist es vergönnt, den gewaltigen Umbruch der Renaissance, des Humanismus und der Reformation nicht nur mitzuerleben, sondern auch mitzugestalten. Während Matthias Grünewald noch im Banne der mittelalterlichen Gotik beharrt, öffnen sich Albrecht Dürer, Hans Holbein und Lucas Cranach den neuen Ideen der italienischen Renaissance, des nordischen Humanismus und der Reformation und dem Vorbild der niederländischen Malerei. Mit ihren Holzschnitten, Kupferstichen und Ölgemälden bereichern sie die deutsche Kunst und damit die deutsche Kultur gewaltig. Der Einfluß, den diese Männer, besonders Dürer, auf ihre Zeitgenossen und die kommenden Generationen ausgeübt haben, ist unverkennbar.

ALBRECHT DÜRER
Dürers Leben, Ausbildung und Reisen

Albrecht Dürer ist einer der größten Künstler im deutschen Kulturraum und zweifellos der berühmteste des 16. Jahrhunderts. Er ist bedeutend als Maler, Holzschneider, Kupferstecher, Zeichner und Verfasser wissenschaftlicher Abhandlungen. Dürer wurde am 21. Mai 1471 in Nürnberg geboren. Sein Vater war 16 Jahre vorher aus Ungarn eingewandert. In der Goldschmiedewerkstatt des Vaters erhielt der junge Albrecht den ersten Zeichen- und Stecherunterricht, der dann bei dem Maler Michael Wolgemut fortgesetzt wurde. Von diesem wurde er in die Kunst der flämischen Meister eingeführt. Dann begab er sich von 1490 bis 1494 auf Wanderschaft und hielt sich in verschiedenen deutschen und schweizer Städten auf, um weitere Kenntnisse zu sammeln. Nach seiner Rückkehr in seine Heimatstadt Nürnberg heiratete er die Tochter eines reichen Kaufmannes und reiste bald darauf nach Venedig, um dort die Werke Bellinis und anderer italienischer Meister zu studieren. Im Jahre 1496 eröffnete er seine eigene Werkstatt und schuf Gemälde und Holzschnitte, die ihn weithin bekannt machten. Nach seiner zweiten Italienreise verfertigte er viele Holzschnitte und Kupferstiche, fuhr in die Niederlande und lernte dort andere Künstler kennen, studierte die Meisterwerke der großen niederländischen Maler des 15. Jahrhunderts und schrieb eine Reihe wissenschaftlicher Bücher wie *Unterweisung der Messung mit dem Zirkel und Richtscheit ...* (1525) und *Die Proportionslehre* (1528). Er starb am 6. April 1528 in Nürnberg.

Dürers Bedeutung als Künstler

Albrecht Dürer war bereits als junger Mann weit über die Grenzen seiner Vaterstadt hinaus berühmt. Seine Holzschnitte[1] und Kupferstiche[2] fanden weite Verbreitung, was seit der Verbesserung des Druckverfahrens durch Gutenberg möglich war. Das Studium der Klassik und der italienischen Renaissance verhalf ihm in seiner Kunst zu einer neuen, formalen Konzeption, während er zugleich tief in der deutschen Kultur verwurzelt blieb. So schuf er einen neuen Stil, der sich von der mittelalterlichen Malweise unterschied und der ihn zum Begründer der Renaissancemalerei in Deutschland machte. Sein Bemühen um die klassische Form und um die genaue anatomische Erfassung des nackten menschlichen Körpers, seine genaue Beobachtung und Wiedergabe der Natur, sein Interesse für die Geometrie und wissenschaftliche Gesetzmäßigkeit und sein Selbstbewußtsein sind typisch für den Renaissance Künstler Dürer, der mit der Tradition der Gotik bricht. Andererseits sind der tiefe Ernst, mit dem er seine Umwelt betrachtet und zu ergründen sucht, die innere Teilnahme an den religiösen Problemen seiner Zeit, die in der Reformation zum Bruch mit dem Katholizismus führen, seine Exaktheit und Gründlichkeit selbst in kleinsten Details, seine geistige Intensität sowie das Visionäre und das religiöse Ringen, das aus der Spannung zwischen der Realität und der Irrealität in seinen Werken ersichtlich wird, wenn nicht typisch mittelalterlich so doch charakteristisch deutsch. Die Synthese zwischen der klassischen Haltung einerseits und der tiefen Innerlichkeit andererseits, zusammen mit seinem großen Können, gibt Dürers Schaffen eine einzigartige Bedeutung.

Die betenden Hände

Die Zahl von Dürers Werken besteht aus über 100 Gemälden und über 1000 Zeichnungen, Kupferstichen, Holzschnitten und Radierungen.[3] Das Werk Dürers, das am häufigsten reproduziert worden und daher wohl am bekanntesten ist, sind die *Hände eines Apostels* (vom Volksmund auch "Die betenden Hände" genannt), eine kleine, grau-weiße Zeichnung auf blauem Hintergrund. Diese Zeichnung ist eine Studie für einen Marienaltar, den ein Frankfurter Kaufmann für die St. Thomas Kirche gestiftet hatte.

---

[1] Der Künstler zeichnet das Bild auf eine Holzplatte und schneidet dann die Darstellung mit einem Messer oder einem Stift aus der Holzplatte heraus. Die Darstellung kann auf Papier vielfach gedruckt werden.

[2] Der Künstler ritzt mit einem Grabstichel eine Zeichnung auf eine glatte Kupferplatte. Diese kann dann eingefärbt und auf einem Blatt Papier gedruckt werden.

[3] Bei einer Radierung wird eine Zeichnung mit einer Radiernadel in eine Kupfer- oder Zinkplatte eingeritzt. Diese Platte wird dann in eine Säure eingetaucht wodurch die Zeichnung eingeätzt wird. Man kann dann von der Platte viele Abzüge auf Papier machen.

Detailkunst und Naturbetrachtung

Das große Rasenstück und *Der junge Hase* zeigen Dürers genaue Beobachtungsgabe, sein Interesse für die Natur und sein großartiges Vermögen, auch das kleinste Detail, wie die feinen Haare des Felles oder die Grashalme, naturgemäß darzustellen. Diese Werke beweisen auch, wie sehr Dürer ein Künstler der Renaissance ist. Hier wird die Natur ganz allein für sich dargestellt, während sie vorher nur ein Teil eines Porträts oder eines Heiligenbildes war, wie bei Stephan Lochner. Bei Lochner ist die Madonna im Mittelpunkt, und die Blumen und Tiere erscheinen nur am Rande. Dürer glaubte, daß selbst ein Grashalm oder ein Häschen als Geschöpf Gottes würdig war, allein im Mittelpunkt einer Zeichnung oder eines Aquarells[4] zu stehen.

Die Reiter der Apokalypse

Dürers erstes bedeutendes Holzschnittwerk, die fünfzehn Blätter zur Apokalypse,[5] veröffentlichte Dürer 1498. Man hat diese Serie in ihrer Tiefe und Überzeugungskraft mit einer Lutherpredigt verglichen. Das berühmteste dieser Blätter ist der Holzschnitt *Die vier Reiter der Apokalypse*, eine Darstellung der vier Reiter, die der Apostel Johannes in einer Vision auf der Insel Patmos sah: Der erste trägt eine Krone, hält einen Bogen und reitet auf einem weißen Pferd; der zweite sitzt auf einem roten Pferd und schwingt ein gewaltiges Schwert; der dritte, auf schwarzem Roß, trägt eine Waage, und der vierte, der auf einem leichenfarbigen Pferd daherreitet, heißt der Tod. "Ein Viertel der Erde wurde in ihre Hand gegeben. Dort sollten sie durch das Schwert, durch Hunger, Seuchen und wilde Tiere die Menschen töten." (Offenbarung 6:1-8) Johannes nennt nur den vierten Reiter beim Namen, aber Dürers vorwärtsgaloppierende Reiter sind für uns Symbole von Eroberung, Krieg, Pest und Tod geworden. Der hagere Tod mit irren Augen, bleichem Gesicht, Bart und zerschlissenem Rock, erinnert an Thomas Manns Beschreibungen der immer wiederkehrenden Todesgestalt in seiner Erzählung *Der Tod in Venedig*. Auf einer ausgemergelten Mähre reitet der Tod im Vordergrund des Bildes, neben ihm die Pest, wild die Waage schwingend. Das Bild hinterläßt einen tiefen Eindruck auf den Beschauer, was natürlich ganz der Absicht des Künstlers entspricht. Diese Holzschnitte sollten für den Christen ein eindrucksvolles Anschauungsmaterial sein, eine Predigt, die ihn zur Buße aufrief. Der biblische Text war auf der Rückseite der Abbildungen abgedruckt.

Die menschliche Gestalt

Der Kupferstich *Adam und Eva* (1504) zeigt deutlich den Einfluß von Dürers klassischen Studien, besonders des *Apollo von Belvedere* und der *Venus von Medici*. Hier ist der menschliche Körper in höchster Vollendung und klassischer Schönheit dargestellt. Seine späteren Gemälde *Adam und Eva* (1507), die in natürlicher Größe in Öl auf einer Leinwand gemalt sind, zeigen ebenfalls wie genau Dürer die Proportionen des menschlichen Körpers kennt und als wie schön er dessen Form empfindet.

Holzschnitte und Kupferstiche

In den Jahren 1510 und 1511 beendete Dürer mehrere Zyklen von Holzschnitten: *Das Marienleben, Die große Passion*[6] und *Die kleine Passion*. Mit diesen Zyklen wollte er die religiösen Ideen verbreiten und dem Volk die Heils- und Leidensgeschichte Christi in verständlicher Form nahebringen. Die älteren, mystischen Kultbilder waren immer unverständlicher geworden, was zum Teil erklären mag, warum Dürers Darstellungen überall in Europa Bewunderung und Erstaunen erregten. Die drei berühmtesten Kupferstiche schuf Dürer in den Jahren 1513 und 1514: *Ritter, Tod und Teufel; Der heilige Hieronymus im Gehäuse* und *Die Melancholie*. Der christliche Ritter versinnbildlicht Furchtlosigkeit und Aktivität, während Hieronymus[7] als Beispiel für den meditierenden Theologen in seiner friedlichen Umgebung angesehen werden kann. Der symbolische Gehalt dieser Stiche ist für den Laien heute unverständlich. Es mag daher interessant sein, auf eine dieser Darstellungen etwas näher einzugehen und einige Einzelheiten zu erklären.

---

[4] Ein Aquarell (aqua = Wasser) ist ein Kunstwerk, das mit Wasserfarben auf saugfähiges Papier gemalt wird.

[5] Die Offenbarung des Johannes, das letzte Buch im Neuen Testament.

[6] Unter Passion versteht man im allgemeinen die Leidensgeschichte Christi.

[7] Hieronymus (gestorben 420) ist der Übersetzer der lateinischen Bibel (Vulgata).

Die Melancholie

Die Melancholie wurde von Dürer kurz nach dem Tod seiner Mutter fertiggestellt, was die Stimmung des Werkes beeinflußt hat. Im Vordergrund des Kupferstiches sitzt eine große, geflügelte Frauengestalt. Sie hat den Kopf nachdenklich auf den linken Arm gestützt und starrt mit weit geöffneten Augen ins Endlose; sie scheint nachzudenken, zu sinnen oder bedrückt und entmutigt zu sein. Man hat den Eindruck, daß dieses Wesen, das einen Menschen darstellt, einsam ist, wie im letzten Grunde jeder Mensch, besonders der Künstler, allein und einsam ist. Hinter der sitzenden Gestalt befindet sich eine Mauer, an der eine Waage, ein Stundenglas und eine Glocke hängen und in die eine Tafel mit Zahlen eingeritzt ist. Das Interessante an der Tafel ist, daß die vier Zahlen jeder Reihe, wenn sie horizontal, vertikal oder diagonal zusammengezählt werden, die Summe 34 ergeben. Wahrscheinlich ist dieser Summe keine besondere Bedeutung beizumessen; manche meinen jedoch sie symbolisiere das Alter Christi bei seiner Kreuzigung, andere es sei eine Spielerei mit Zahlen, die im Mittelalter so beliebt war. Die Frauengestalt hält ein geschlossenes Buch im Schoß und einen Zirkel in der Hand. Vom Gürtel hängt fast in den Falten ihres Rockes verborgen, ein Schlüssel. Zu ihren Füßen liegen ihre beutelartige Handtasche, eine Säge, ein Hobel, eine Zange, ein Lineal, einige Nägel, eine Ahle, eine Kugel und, ein wenig zur Seite, ein Hund. Etwas weiter im Hintergrund entdecken wir einen Hammer; einen mehreckigen Granitblock, eine Leiter, die schräge gegen die Mauer lehnt, und einen kleinen Engel, der auf einem Mühlstein hockt und in ein Buch schreibt. Ganz im Hintergrund sehen wir eine Küstenlandschaft mit einer Stadt, Schiffen im Hafen und Bergen. Ein Regenbogen steht am Himmel, und ein Komet mit breitem Schweif zieht gegen das Kap in der Ferne und verbreitet seine Strahlen kugelförmig wie ein Nordlicht. Eine Fledermaus mit ausgestreckten Flügeln, auf denen das Wort, **MELENCOLIA** gedruckt steht, füllt den linken Teil des Himmels aus.

Was ist der Sinn dieser Symbole?

Uns sind all diese Objekte und Symbole heute ein Rätsel, aber von den Zeitgenossen Dürers dürften sie ohne große Schwierigkeiten verstanden worden sein. Damals war man daran gewöhnt, allegorische Darstellungen zu "übersetzen", man traf sie an in den bunten Glasfenstern der Kirchen, sowie an Altären und Portalen, und die Figuren und Objekte waren dem damaligen Menschen so verständlich wie uns Hammer und Sichel, Hakenkreuz, Elefant und Esel. Dürer hat zwei der Symbole selbst gedeutet: den Schlüssel, der Macht, und den Beutel, der Reichtum bedeutet.

Moderne Interpretationen

Moderne Interpreten suchen nach einer Erklärung für die Symbole in Dürers Kupferstich in mittelalterlichen Allegorien, in der Astrologie, in der scholastischen Philosophie und im Humanismus. So hat man die verschiedenen Gegenstände als Symbole für die sieben Freien Künste[8] der mittelalterlichen Universität gedeutet, auf denen die Erziehung eines freien Mannes beruhte. Der schreibende Engel, zum Beispiel, verkörpert die Grammatik; der Winkel die Geometrie; der strahlenförmige Himmel die Musik und das Buch die Logik. Andere Deutungen versuchen die Darstellung mit Hilfe der Astrologie zu erfassen. Dürer selbst glaubte, daß alle großen Künstler Melancholiker waren. Vielleicht will er sowohl seine eigene melancholische Gemütsverfassung als auch seine Überzeugung darstellen, daß nur das melancholische Temperament wahre künstlerische Größe erreichen kann.

Uns scheint die rätselhafte Frauenfigur mit dem Blick voller Verzweiflung und Skepsis vielleicht am verständlichsten, wenn wir in ihr den Menschen sehen, der am Beginn eines neuen Zeitabschnittes steht und auf dessen Schultern das Gewicht das Lebens lastet mit seiner Ungewißheit, Einsamkeit und Verzweiflung. Die alte, vertraute Ordnung ist nicht mehr oder gibt keinen Halt mehr, und das Neue ist beängstigend. So interpretiert ist die Melancholie selbst heute noch durchaus modern und ansprechend.

---

[8] Die Erziehung eines freien Mannes beruhte auf dem Trivium (Grammatik, Rhetorik, Dialektik) und dem Quadrivium (Arithmetik, Geometrie, Musik, Astronomie).

Die vier Apostel

Dürers letztes Bildwerk, *Die vier Apostel*, das er im Jahre 1526 malte, zwei Jahre vor seinem Tode, beweist wie sehr er an den religiösen Ereignissen seiner Zeit Anteil nahm. Man nimmt an, daß die beiden Tafeln als Seitenflügel eines nie vollendeten Tryptychons gedacht waren, aber Dürer übergab sie dem Rat der Stadt Nürnberg. Man hat die vier übermannesgroßen Gestalten als Ausdruck religiösen, deutschen Geistes bezeichnet, als Gipfel von Dürers Kunst und als Darstellung des Menschen der Renaissance (Jakob Burckhardt).

Mit seinen *Vier Aposteln* durchbrach Dürer die bisherige künstlerische Tradition, indem er ein religiöses Gemälde für ein weltliches Gebäude, das Nürnberger Rathaus, anfertigte. Das Weltliche wurde noch dadurch weiter betont, daß Dürer die mittlere Tafel, die traditionsgemäß die Madonna mit dem Jesuskind oder die Kreuzigung darstellte, nicht ausführte. Diesen Bruch mit der Überlieferung hat man mit Martin Luthers Angriff gegen die Zentralgewalt der Universalen Kirche verglichen.

Die Darstellung der Apostel

Auf der linken Tafel sind die beiden Apostel Petrus und Johannes dargestellt, auf der rechten Paulus und Markus. Petrus steht im Hintergrund fast verborgen hinter dem jugendlichen Johannes, der die Heilige Schrift geöffnet in der Hand hält und Petrus die Anfangszeilen seines Evangeliums zeigt. Petrus hält den goldenen Schlüssel in der Hand, das Symbol seiner Autorität. Paulus auf der rechten Tafel hält sein Buch in der Linken und stützt sich mit der Rechten auf das Schwert. Hinter ihm steht Markus, dessen Persönlichkeit das Gemälde beherrscht, obgleich nur sein Kopf sichtbar ist. Das Gesicht, von dunklen Locken und Bart umrahmt, ist dem Betrachter zugewandt, und die großen, dunklen Augen sind auf seinen Glaubensbruder gerichtet. Der Blick des Beschauers kehrt immer wieder zu diesem Gesicht zurück, das sowohl Kraft und männliche Zuversicht als auch eine gewisse Bedenklichkeit ausdrückt. Man liest aus der Haltung eines jeden dieser vier großen Männer einen religiösen Ernst, eine Bejahung des Lebens und eine tiefe Überzeugung, die sich auf den Betrachter überträgt. Obgleich Dürer in der katholischen Kirche geblieben ist, hat man in seiner Darstellung der vier Apostel eine enge Verbundenheit mit dem Geiste Luthers gesehen.

MATTHIAS GRÜNEWALD
Der Isenheimer Altar

Unter den Werken von Dürers Zeitgenossen ist Grünewalds Isenheimer Altar den *Vier Aposteln* ebenbürtig, aber während Dürers Meisterwerk den Menschen eines neuen Zeitalters darstellt, offenbart sich Grünewald, der im selben Jahr wie Dürer starb, als der letzte, große Maler der Gotik. Sein Gemälde ist der Höhepunkt einer Epoche und enthält zugleich alle Hoffnungen und Leiden des ausklingenden Mittelalters. Während wir über Dürers Leben und Gedanken ausführlich informiert sind, wissen wir wenig über Grünewald. Er hieß Mathis Gothard Neithard, wurde 1470 in Würzburg geboren, malte in Mainz, Frankfurt und Aschaffenburg und starb in Halle. Der Isenheimer Altar wurde für die Klosterkirche des Städtchens Isenheim im Elsaß geschaffen; er ist beinah 4 Meter hoch und über 6 Meter breit. Das zentrale Stück ist ein Schrein mit den geschnitzten Standbildern der drei Kirchenväter St. Augustin, St. Antonius und St. Hieronymus, die dem Bildhauer Niklas Hagnower zugeschrieben werden. An diesem Schrein sind die Tafeln mit den elf Gemälden von Grünewald so befestigt, daß sie zu drei verschiedenen Szenen zusammengestellt werden können. Der Altar spielte früher eine große Rolle bei den Heilungsversuchen der Mönche, wenn sie die Kranken aus dem klösterlichen Krankenhaus zur Kur in die Kirche brachten, um ihnen die Darstellungen der Ankündigung Marias sowie der Geburt, Kreuzigung und Auferstehung Christi zu zeigen.

Die zentrale Kreuzigungsszene mit dem leidenden Christus

Die Kreuzigungsszene zeigt am besten wie sehr es Grünewald darauf ankam, innere, seelische Vorgänge auszudrücken und wie wenig Nachdruck er auf Schönheit, Harmonie und symmetrische Form legte. Sein gekreuzigter Christus ist eine der qualvollsten Darstellungen dieses Themas in der Geschichte der Malerei. Der überlebensgroße Körper hängt tot am Kreuz, fahl und grünlich als sei er bereits am Verwesen, übersät mit Dornen und Beulen von den Schlägen. Die Arme des Heilandes sind dürr, knöchern und werden fast aus den Schultern gerissen. Die Finger sind wie im Krampf gespreizt und drücken, zusammen mit dem Gesicht, das furchtbare Leiden des Gottessohnes am markantesten aus. Das dornengekrönte Haupt ist ihm auf die Brust gesunken, die Augen sind geschlossen, das Gesicht vom Schmerz verzerrt, der Mund wie zum Schrei geöffnet. Der ganze Hintergrund ist in schwarze Nacht gehüllt und steigert noch den Eindruck von trübsinniger Schwermut und übermenschlichem Leiden.

Obgleich diese Darstellung ganz im gotischen Stil gehalten ist, ist das Thema überzeitlich und spricht den modernen Menschen ganz besonders an: Die immer wiederkehrende Tragödie der menschlichen Existenz und der furchtbare, lautlose Aufschrei gegen das Schicksal. Den Menschen unserer Zeit beeindruckt Grünewalds Interpretation der gequälten Kreatur tiefer als Dürers Optimismus, und von manchen wird Grünewald deshalb heute höher geachtet als sein berühmter Zeitgenosse.

HANS HOLBEIN
Holbeins Leben

Hans Holbein der Jüngere (1497-1543) ist fast dreißig Jahre jünger als Dürer und Grünewald. Sein Vater, Hans Holbein der Ältere (1470-1524), selbst ein Künstler von Ruf, unterrichtete ihn in der Malerei. Als Holbein siebzehn Jahre alt war, verließ er seine Heimatstadt Augsburg und zog nach Basel, einem Zentrum des Humanismus, wo er mit Erasmus von Rotterdam und anderen namhaften Humanisten bekannt wurde. Dort blieb er elf Jahre und arbeitete mit großem Erfolg, bis allzu eifrige Protestanten ihn veranlaßten, Stadt und Land zu verlassen. Ausgerüstet mit einem Empfehlungsbrief seines Freundes Erasmus, fuhr er nach England und wurde der offizielle Hofmaler des englischen Königs Heinrich VIII.

Der klassische Aufbau der *Madonna*

Bereits kurz nach seiner Ankunft in Basel hatte sich Holbein als Meister der Porträtmalerei erwiesen, und es sind hauptsächlich seine Porträts, die ihn berühmt gemacht haben. Unter seinen frühen Werken sind besonders bemerkenswert *Die Madonna des Bürgermeisters Meyer* und das Porträt des Druckers Bonifacius Amerbach. Die Madonna wird als eines von Holbeins schönsten Gemälden religiösen Inhalts anerkannt, aber eigentlich sind nur der Name und das Thema religiös, der Gehalt an sich jedoch weltlich. Eine stattliche Madonna mit einer goldenen Krone auf dem langen blonden Haar steht im Mittelpunkt unseres Blickes. Sie hält das nackte Jesuskind auf dem Arm, das die kniende Gruppe mit der ausgestreckten linken Hand segnet. Zur Linken und Rechten der Madonna, umhüllt von ihrem Umhang,[9] knien je drei Personen, links der Bürgermeister Jakob Meyer mit seinen beiden Söhnen, der jüngste dem Jesuskinde ähnlich, und rechts die verstorbene sowie die zweite Frau des Bürgermeisters und seine Tochter. Die kühle klassische Pose und der geometrische, pyramidenförmige Aufbau sind auffallend und typisch für die Renaissance Malerei. Die beiden knienden Gruppen bilden ebenfalls Dreiecke. Der klassische Bau wird durch feine Varianten, wie die leichte Rechtsdrehung der Madonna, die ausgestreckte Hand des Kindes und den senkrechten Fall der hellroten Schärpe aufgelockert. Von beglückender Menschlichkeit erfüllt, ist dieses Gemälde eines der schönsten Madonnenbilder der deutschen Hochrenaissance.

Das Familienporträt

Herzergreifend ist eine Darstellung der Familie Holbeins aus dem Jahre 1528. Der Künstler hatte seine Frau und Kinder in Basel zurückgelassen, als er nach England fuhr. Auf dem Bild sind Holbeins Frau und seine beiden Kinder dargestellt. In ihren Gesichtern spiegelt sich die seelische und körperliche Not, die die drei während seiner Abwesenheit erlitten hatten. Während die Frau in ihrer Trauer noch gefaßt, ja sogar resigniert erscheint, sind die Kinder dem Weinen nah. Besonders die roten Augen und Nase des Jüngeren zeigen Spuren von Tränen. Es wird berichtet, daß Holbein seine Familie abermals zurückließ, als er endgültig nach England übersiedelte, was dieses Familienporträt, die Darstellung von drei verlassenen Menschen, um so eindrucksvoller macht.

Erasmus von Rotterdam

Im Jahre 1523 lernte Holbein den bedeutenden Humanisten Erasmus von Rotterdam kennen und malte zum ersten Mal dessen Bildnis. Bereits 1520 hatte Dürer den Wissenschaftler gezeichnet, aber durch Holbeins Porträt kommt Erasmus uns näher. Der Humanist hatte den Wunsch, von Dürer gemalt zu werden, aber es war Holbein, der der Maler des Erasmus geworden ist, so wie Cranach der Maler Luthers wurde. Eine Reihe von Bildnissen belegt die Freundschaft Holbeins und Erasmus.

---

[9] Das Motiv der Schutzmadonna ist seit Jahrhunderten in der deutschen Malerei und im Schnitzwerk gestaltet worden.

Porträts am englischen Hof

Am englischen Hof malte Holbein viele Porträts, die nicht nur wegen ihrer technischen Vollkommenheit, sondern auch aus historischen Gründen von großer Bedeutung sind. Es ist schwierig, unter den Bildnissen eine Wahl zu treffen. Besonders eindrucksvoll sind die Abbildungen von *Thomas More* (1527) und *König Heinrich VIII* (1536), den der Künstler mehrere Male porträtiert hat. Wir besitzen auch Porträts von *Jane Seymour* (1536), *Anna von Kleve* (1539) und *Catherine Howard* (1541), drei von Heinrichs sechs Frauen. Nach dem Tode der Jane Seymour schickte der König seinen Maler mehrfach auf den Kontinent und ließ ihn europäische Fürstinnen malen. Mit Hilfe dieser Porträts traf der König seine Wahl für die nächste Königin. So entstanden die Gemälde der *Anna von Kleve*, die der König heiratete, aber von der er sich bald wieder scheiden ließ, der *Christine von Dänemark* (1538), die es wohlweislich ablehnte, ihn zu heiraten und der *Anna von Lothringen*. Eins der letzten Porträts des englischen Königs zeigt Heinrich in voller Frontalansicht mit glockig geschnittenem, langem Rock, der die massige Körperfülle des Regenten verbergen soll. Das Gesicht ist feist und aufgedunsen, und die Hände sind fleischig dick. Zwei Rundbilder der Kinder Heinrichs VIII, *Prinz Eduard* und *Prinzessin Mary*, sind die letzten Arbeiten des Malers für den Hof.

Als Holbein im Herbst 1543 an der Pest starb, stand er auf der Höhe seines Ruhms; hochgeschätzt war er mit Aufträgen überhäuft. Wohl kein anderer Maler seiner Zeit war ein so hervorragender Porträtist, denn es gelang ihm, die menschliche Wärme seiner Modelle auf die Leinwand zu zaubern.

ALBRECHT ALTDORFER UND LUCAS CRANACH
Albrecht Altdorfers Landschaftsbilder

Holbein und Grünewald sind zweifellos die bedeutendsten Zeitgenossen Albrecht Dürers, aber bekannt und erwähnenswert sind auch Albrecht Altdorfer (1480-1538), Hans Baldung Grien (1480-1545), Hans Burgkmair (1473-1531) und besonders Lucas Cranach (1472-1553). Altdorfer ist bekannt für seine Landschaftsbilder und malte seine Heimat, das Donautal bei Regensburg, immer wieder. In seinen Bildern versucht er das Individuelle, das Detail, dem Gesamteindruck unterzuordnen. So verschmilzt die menschliche Figur mit der Natur, wie der Heilige Georg und der Drache in der Masse der Bäume, Zweige und Blätter fast unbeachtet bleiben. (Siehe: *Der Heilige St. Georg mit dem Drachen*, 1510).

Die Alexanderschlacht

Wer Altdorfers *Alexanderschlacht* (1529) kennt, ist zuerst beeindruckt von der Unmenge kleiner und kleinster Details: Burgen, Türme, Zinnen und Zelt an Zelt im Hintergrund und Tausende von Reitern, Fußsoldaten und Kriegsleuten mit Standarten, Schilden und einem Wald von Speeren im Vordergrund. Nach längerem Betrachten fällt es jedoch auf, daß der einzelne Mensch dem Panorama von Land, Himmel und See untergeordnet ist, ja daß die Position der beiden Feldherrn Darius und Alexander nur durch die bunten Banner gekennzeichnet ist. Keiner der beiden wird als Einzelmensch sichtbar. Das Hauptthema ist der Konflikt, der Kampf zwischen zwei gewaltigen Gegensätzen. Dieser Kampf ist in der Natur reflektiert, wo Sonne und Mond die Schlacht fortsetzen. Die Schlacht fand 333 v. Chr. bei Issos statt, und die Griechen unter ihrem König Alexander dem Großen besiegten die Perser unter Darius III. Der Sieg der Griechen wird gefeiert als Sieg des Westens über den Osten. In Altdorfers Gemälde siegt das Licht, die aufgehende Sonne, Symbol für die neue Zeit, über die Dunkelheit, die mittelalterliche Vergangenheit.

Lucas Cranach in Wittenberg

Lucas Cranach malte Landschaften wie Altdorfer, ist aber weit besser für seine Gemälde großer, schlanker, von durchsichtigen Schleiern umwundenen, nackten Frauen bekannt. Cranach wurde in Kronach in Franken geboren. Sein Vater unterrichtete ihn im Zeichen- und Malunterricht. Im Jahre 1505 wurde Lucas Cranach von Friedrich dem Weisen, Kurfürst von Sachsen und Gönner Luthers, zum Hofmaler in Wittenberg ernannt. Friedrich und seinen Nachfolgern diente er bis zu seinem Tode im Jahre 1553 und malte nicht nur Porträts, sondern entwarf auch Münzen, Hofgewänder und Innendekorationen. Er wurde in den Adelsstand erhoben und verdiente sehr viel Geld. Er diente Wittenberg als Stadtrat und Bürgermeister und nahm regen Anteil am kulturellen und intellektuellen Leben der Stadt. Er befreundete sich mit Martin Luther, der 1508 Hofprediger und ab 1520 Professor für Theologie an der Universität war, und wurde Anhänger der protestantischen Reformation. Mit zahlreichen Gemälden und Holzschnitten verfocht er die Sache Luthers und kämpfte, manchmal mit recht geschmacklosen Darstellungen, gegen das Papsttum in Rom.

Cranachs Altäre

Unter Cranachs frühen Werken sind der *Katharinenaltar* (1506) und der große *Torgauer Sippenaltar* (1509) zu nennen. Mitglieder der sächsischen Hofgesellschaft standen Cranach Modell für die Porträts der Männer und Frauen auf den Tafeln der Altäre. So wie bei Dürer ist auch hier die Landschaft im Hintergrund deutsch. Auf den Tafeln des *Katharinenaltars* erkennen wir zum Beispiel die Festung Coburg.

Frauengestalten und Porträts

Ab 1518 malte Cranach hauptsächlich antik-mythologische Stoffe. Seine Frauengestalten verkörpern ein neues Schönheitsideal: Sie sind schlanke, zierliche, kleinbrüstige Gestalten mit rundem Kopf und übertrieben modischer Kleidung, in graziös geneigter Haltung stehend. Später im Anschluß an die Renaissance, die den menschlichen Körper verherrlichte, bevorzugt er die Darstellung des nackten Frauenkörpers. Zuerst erscheinen die nackten Frauen im Kleinformat in den Holzschnitten, dann aber auch in lebensgroßen Gemälden. Darstellungen von Adam und Eva im Paradies, Lukrezia, Venus, Diana oder Nymphen kehren immer wieder. Die Sinnlichkeit dieser Gestalten ist unaufdringlich, weil die Kompositionen vorwiegend aus kühlen Farben zusammengesetzt sind. Ein erotisches Element ist jedoch nicht zu verkennen. Es ist offensichtlich in den durchsichtigen Schleiern, die nichts verhüllen. Bekannt sind *Das Urteil des Paris*, *Apollo und Diana* (1530), *Diana und Actaeon* und *Adam und Eva* (1533). Zu den bekanntesten Porträts des Künstlers gehören *Albrecht von Brandenburg vor dem Kreuz*, sowie die Bildnisse Luthers und seiner Frau, der Eltern des Reformators, Melanchthons und sein Selbstbildnis aus dem Jahre 1550.

Die Werkstatt Cranachs

In seinen späten Jahren wurde Cranach immer mehr von seinen Geschäften - er besaß eine Apotheke und eine Druckerei - und vom öffentlichen Leben in Anspruch genommen. Seine Gemälde wurden nun in seiner Werkstatt von seinen Söhnen Hans und Lucas und zahlreichen Gehilfen fertiggestellt, man könnte fast sagen produziert. Zu Dutzenden verließen Kopien der Bildnisse Luthers, seiner Frau und Melanchthons die Werkstatt. Viele Repliken eines Originals wurden hergestellt, die sich nur in der Blickrichtung oder im Kopfputz voneinander unterscheiden. Diese Repliken waren sehr gefragt von Geistlichen, Adeligen und reichen Bürgern. So entstanden auch Wiederholungen auf Wiederholungen der Venus-Darstellungen, deren Gesichtsausdruck zur Manier erstarrt ist.

Cranach hatte eine lange künstlerische Laufbahn, die schöpferische Momente und Perioden der Ermüdung aufweist. Er erreicht weder die klare geistige Strenge Dürers, noch die stilistische Einheitlichkeit Holbeins. Renaissance, mittelalterliche Tradition, Protestantismus und Katholizismus sind alles Elemente seiner Kunst, die er verarbeitet, ohne eine klare Entscheidung zu treffen. Er ist eine faszinierende Erscheinung der großen Epoche der deutschen Malerei, über der die Gestalt Albrecht Dürers souverän thront.

STUDIENFRAGEN ZUM KAPITEL <u>DIE KUNST IM ZEITALTER DÜRERS</u>

1. Schlagen Sie in einer Enzyklopädie die Worte "Kupferstich", "Holzschnitt", "Radierung" und "Aquarell" nach, damit Sie verstehen lernen, wie viel Arbeit und unterschiedliche Methoden nötig sind, um deratige Kunstwerke anzufertigen.

2. Besprechen Sie, wie sich die neuen Ideen des Humanismus und der Renaissance auf die Kunst der Dürerzeit niederschlagen.

3. Was wissen Sie über Dürers Leben und seine Ausbildung?

4. Welche Reisen unternahm Dürer und was lernte er auf diesen Reisen?

5. Besprechen Sie Dürers Bedeutung als Künstler.

6. Welchen Einfluß hatte die mittelalterliche Tradition und welchen die italienische Renaissance auf Dürers Wirken?

7. Besprechen Sie Dürers Naturdarstellung an Hand von spezifischen Werken.

8. Besprechen Sie Dürers *Die vier Reiter der Apokalypse*. Schauen Sie sich dazu eine Darstellung dieses Holzschnitts genau an.

9. Wie heißen Dürers drei berühmte Kupferstiche? Schauen Sie sich diese Kupferstiche in einem Buch über Dürers Kunst oder auf Dias an.

10. Besprechen Sie die Symbolik von Dürers *Melancholia*.

11. Besprechen Sie Grünewalds *Isenheimer Altar*.

12. Vergleichen Sie Grünewalds Kreuzigungsszene mit Dürers *Vier Aposteln*. Vergleichen und interpretieren Sie die Darstellung des Menschen auf diesen beiden Werken.

13. Welches dieser beiden Werke spricht Sie mehr an? Warum oder warum spricht es Sie nicht an?

14. Was wissen Sie über Holbeins Leben?

15. Besprechen Sie den klassischen Aufbau seines *Die Madonna des Bürgermeisters Meyer*.

16. Was malte Holbein am englischen Hof?

17. Besprechen Sie Altdorfers *Alexanderschlacht* und interpretieren Sie dieses Gemälde als Anbruch einer neuen Zeit.

18. Was malt Cranach hauptsächlich? Nennen Sie einige seiner bekanntesten Werke.

19. Was ist Ihr Eindruck von der Kunst dieser Periode? Welche Werke gefallen Ihnen und welche nicht? Begründen Sie Ihre Antwort.

20. Vergleichen Sie die Werke der deutschen mit denen italienischer und flämischer Meister der gleichen Zeit. Welche Ähnlichkeiten und welche Unterschiede stellen Sie fest?

KAPITEL 11
DIE DEUTSCHE KULTUR ZWISCHEN MINNESANG UND AUFKLÄRUNG

Worum geht es in diesem Kapitel?

In den 500 Jahren nachdem die höfische Kultur ihren Höhepunkt (um 1200) überschritten hat, beginnt sich Literatur, Malerei und Musik in die Städte zu verlagern, und das Bürgertum wird Träger der Kultur. Hunderte von Städten werden gegründet, und viele blühen auf unter dem Reichtum, den der immer stärker werdende Handel bringt. In der Literatur tragen die Mystik, eine geistliche Prosa, und die Volksdichtung zur Entwicklung der deutschen Sprache bei. Die Ereignisse des Dreißigjährigen Krieges schlagen sich in der Literatur nieder. Die Musik erreicht unter Bach, Händel und anderen Komponisten der Barockzeit eine erste große Blütezeit, und eine neue Generation von Baumeistern baut Barockschlösser mit herrlichen Parkanlagen und Kirchen, die die neue Lebensfreude und den Triumph der Religion und des Geistes ausdrücken.

Wie gehen wir vor?

1. Sie unterteilen dieses Kapitel am besten in die drei großen Abschnitte: Literatur, Musik und Architektur. Lesen Sie jeden Abschnitt für sich und verarbeiten Sie das Material eines jeden schrittweise.
2. Lesen Sie den ersten Paragraphen, der als Einleitung dient.
3. Lernen Sie, was der Beitrag der drei großen Mystiker zur Religion und besonders zur Entwicklung der deutschen Sprache ist.
4. Lesen Sie dann die folgenden Absätze über die Volksdichtung sowie die verschiedenen Dichter und ihre Werke. Machen Sie nach jedem Absatz eine kleine Pause, in der Sie sich vergewissern, daß Sie das Material gut verstanden haben.
5. Konzentrieren Sie sich dann auf den Abschnitt über die Musik, und lernen Sie zunächst die Beiträge von Johann Sebastian Bach und darauf die von Georg Friedrich Händel. In den Fußnoten finden Sie u.a. Erklärungen über verschiedene Kompositionen.
6. Lesen Sie dann den Abschnitt über die Architektur des Barocks, und lernen Sie Einzelheiten über die weltlichen und kirchlichen Bauten.
7. Die Studienfragen am Ende des Kapitels sollen Sie auf wichtige Einzelheiten hinweisen und Ihnen helfen, das Material besser zu verarbeiten.

Lernziele:
In diesem Kapitel lernen Sie,
1. daß Literatur und Musik nicht mehr von Rittern am Hof, sondern von Bürgern in der Stadt geschaffen wird.
2. wie die Mystiker die Religion und besonders die deutsche Sprache bereichern.
3. was Volkslieder sind und warum sie zur Entwicklung der Lyrik im 18. und 19. Jahrhundert beitragen.
4. inwiefern man am Beispiel von *Der Ackermann aus Böhmen* den Übergang vom mittelalterlichen Denken zur Neuzeit feststellen kann.
5. was das Passionsspiel ist und daß es sich bis heute in einigen Gemeinden erhalten hat.
6. den Beitrag von Hans Sachs mit seinen Fastnachtspielen.
7. was Volksbücher sind, und wie die Legenden vom Dr. Faustus die moderne Literatur bereichern.
8. Wie Martin Opitz und die Sprachgesellschaften die Entwicklung von Literatur und Sprache beeinflussen.
9. wie sich die Ereignisse des Dreißigjährigen Krieges in Werken von Gryphius und Grimmelshausen niederschlagen.
10. wer die Komponisten Bach und Händel sind und welche berühmten Werke sie komponiert haben.
11. wie die italienische und französische Barockarchitektur Schlösser und Kirchen in Deutschland beeinflußt hat.
12. was die Bauprinzipien der Barockarchitektur und wer die großen Baumeister und ihre Bauten sind.

DIE LITERATUR

Die Ritterdichtung wird durch die bürgerliche Dichtung ersetzt

Die Ritterdichtung, die um 1200 ihren Höhepunkt erreicht hatte, wird im 14. und 15. Jahrhundert immer mehr von der Bürgerdichtung abgelöst. Das Rittertum verliert an Bedeutung, während mit der Blüte der Städte[1] und des Handels das Bürgertum reich, selbstbewußt und gebildet wird und sich zum Hauptträger der Kultur entwickelt. Es sucht seine eigenen Ideale zu verwirklichen und bildet eine andere Weltanschauung aus, was zu neuen Ansätzen in Literatur und Kunst führt. Wie die ritterliche Weltanschauung hat auch die bürgerliche eine religiöse und eine weltliche Wurzel, aber der erdgebundene Bürger versucht weniger, beide in einer Idealwelt zu vereinigen, da seine Interessen realistisch sind: Erwerb, Geldverdienen usw. Die Stellung des Bürgers ist gefährdeter als die des Ritters und problematischer; er ist auf die Stütze der Kirche angewiesen. Die bürgerliche Frömmigkeit spiegelt sich wider im Kirchenbau, in der Malerei und Holzschnitzerei und in der Mystik, sowie in der Problematik in den geistlichen Spielen, in denen die Weltverneinung neben die Vorliebe für irdische Genüsse, die Todesahnung und Weltangst neben die unbändige Lebensfreude tritt.

Die Mystik

Die geistliche Prosa dieser Zeit erreicht einen Höhepunkt in den Schriften der deutschen Mystiker, die sich gefühlsmäßig in religiöse Fragen vertiefen, durch einen wahrhaft christlichen Lebenswandel sich das Himmelreich verdienen und durch Vertiefung in die eigene Seele die *unio mystica*, die Gemeinschaft mit Gott, erreichen wollen. Die Mystik gehört nur zum Teil in den Bereich der Literatur, da die Niederschrift religiösen Erlebens nicht aus künstlerischem Interesse geschieht. Der literarische Wert der mystischen Schriften liegt vor allem in der Sprache, die verfeinert werden mußte, um die innigen Gefühle der Seele ausdrücken zu können. Die größten Mystiker besitzen ein ausgesprochen sprachschöpferisches Talent, schaffen eine gefühlsbetonte, bilderreiche Sprache und erfinden kühne Bilder, Vergleiche und Neuableitungen bekannter Wörter, um Abstraktes zu bezeichnen. Die literarischen Formen der deutschen Mystiker sind hauptsächlich die Predigt und das Traktat, und gelegentlich, in einem Augenblick höchster Verzückung, auch die Lyrik.

Meister Eckhart

Der große Meister der Mystik ist der Dominikaner Meister Eckhart (um 1260-1327), der aus Hochheim bei Gotha stammt, in Paris studierte und in Köln lehrte und starb. Seine Hauptwerke sind die *Reden der Unterscheidung, Das Büchlein der göttlichen Tröstung* und seine Predigten, die ein wichtiges Glied in der Entwicklung der deutschen philosophischen Sprache sind. Eckhart ist der eigentliche Schöpfer der deutschen philosophischen Sprache, deren Wortschatz das Gedankliche und Abstrakte erschließt.

Heinrich Seuse und Johannes Tauler

Unter Eckharts Jüngern ragen Heinrich Seuse und Johannes Tauler hervor. Seuse (um 1295-1366) ist der eigentliche Lyriker der Mystik, denn bei ihm nimmt die Gottessehnsucht die Gestalt der Liebe an, für deren Darstellung er den Stil der Minnedichtung verwendet. Sein *Büchlein der Wahrheit* (1327), *Büchlein von der ewigen Weisheit* (1328) und seine Autobiographie sind von Bedeutung. Tauler (um 1300-1361) erörtert in seinen Predigten die Frage, wie der Mensch zu Gott kommen kann und betont dabei die innere Frömmigkeit gegenüber der Werktätigkeit.

Sprachschöpfung

Die Schriften Eckharts, Seuses und Taulers enthalten eine Fülle von Ausdrücken für Begriffe des Seelenlebens wie z.B.: Vereinigung, Empfänglichkeit, Läuterung, Erleuchtung, Unendlichkeit, Eindruck, Einfluß, Einkehr, übergöttlich, übermenschlich, wesentlich, innerlich, beschaulich, unaussprechlich, gelassen, innig, einwirken, entzücken, und andere mehr. Für abstrakte Begriffe werden die Hauptwörter auf -heit und -ung bevorzugt: Dreiheit, Vielheit, Wesenheit, Erneuerung, Berührung, Vermengung, usw.

---

[1] Während es um 1200 etwa 250 Städte in Deutschland gab, stieg diese Zahl während des 13. Jahrhunderts auf etwa 1000. Gegen Ende des Mittelalters schätzt man die Zahl der deutschen Städte auf 3000.

Das Volkslied

Das Bürgertum ist für die volkstümliche Verbreitung des Volksliedes verantwortlich, das im 15. Jahrhundert eine besondere Blütezeit erfährt. Der Name Volkslied stammt von Herder (1773), der, wie später auch die Romantiker, Volkslieder gesammelt hat. Die Wurzel des Volksliedes ist im Minnelied (die Tagelieder Walthers) zu suchen. Allmählich trat die eigene Geliebte oder Frau an die Stelle der hohen Frau, dann auch eigene Erlebnisse und Gefühle wie das Trinken (*Den liebsten Buhlen (Geliebter) den ich han (habe), der leit (liegt) beim Wirt im Keller*), Liebe (*Nachtigall ich hör dich singen; Jetzt gan (geh) i (ich) ans Brünnele (Brunnen)*, Wandern (*Es, es, es und es, es ist ein harter Schluß (Entschluß)*), Abschied und Heimweh (*Muß i denn, muß i denn zum Städele (Städchen) naus (hinaus); Zu Straßburg auf der Schanz; Innsbruck, ich muß dich lassen (verlassen)*, Jagen usw. Den Dichter hat man vergessen, aber das Gedicht ist mündlich verbreitet worden mit einer eigens dazu gemachten oder entlehnten Melodie. Je volkstümlicher die Lieder werden, je mehr werden sie "zersungen": Inhalt und Melodie werden abgeändert zu besonders einprägsamen Formen mit einfachem Reim, Refrain, schlichter Sprache und formelhaften Wendungen. Das folgende bekannte Beispiel ist ein Jägerlied:

Ein Jäger aus Kurpfalz,
der reitet durch den grünen Wald
er schießt das Wild daher
gleich wie es ihm gefallt. (gefällt)
Juja, juja, gar lustig ist die Jägerei
allhier auf grüner Heid,
allhier auf grüner Heid.

Auf, sattelt mir mein Pferd
und legt darauf den Mantelsack,
so reit ich hin und her
als Jäger aus Kurpfalz.
Juja, juja, gar lustig ist die Jägerei
allhier auf grüner Heid,
allhier auf grüner Heid.

Jetzt geh ich nicht mehr heim,
bis daß der Kuckuck "Kuckuck" schreit,
er schreit die ganze Nacht
allhier auf grüner Heid.
Juja, juja, gar lustig ist die Jägerei
allhier auf grüner Heid,
allhier auf grüner Heid.

Neben dem Volkslied erscheint noch die Volksballade, die historische, sagenhafte oder ritterlich-höfische Ereignisse zum Inhalt hat. Bekannt sind

Es waren zwei Königskinder,
die hatten einander so lieb,
sie konnten zusammen nicht kommen,
das Wasser war viel zu tief. ...

und

Prinz Eugen, der edle Ritter,
wollt dem Kaiser wieder holen
Stadt und Festung Belgerad.
Er ließ schlagen einen Brücken,
daß man konnt' hinüberrücken
mit der Armee wohl in die Stadt. ...

Der Ackermann aus Böhmen

Ein äußerst interessantes Werk, weil es an der Schwelle zwischen dem Mittelalter und der Renaissance steht und neben mittelalterlichen Ideen auch moderne Gedanken des Humanismus enthält, ist *Der Ackermann aus Böhmen* (1401) des Saazer Schulmeisters Johannes von Tepl. Das Werk ist ein Streitgespräch - der Form nach noch ganz mittelalterlich - zwischen dem Ackermann (kein Landmann sondern ein Schreiber), dessen Frau gestorben ist, und dem Tod. Ergreifend menschlich und ganz neu gesehen ist die Haltung des Ackermannes, der das menschliche Individuum symbolisiert und der sich gegen die erbarmungslose Allmacht des Todes auflehnt. Aus seiner Lust am Leben und seinem natürlichen Schmerz heraus bäumt er sich gegen das Unvermeidliche auf. Diese Haltung ist modern (Renaissance), während die pessimistische, rationale, vom Vergänglichkeitsgedanken bestimmte Haltung des Todes unmodern (Mittelalter) ist. Das Werk zeigt das Ringen zwischen zwei Menschenbildern auf: die Geringschätzung des Menschen (Tod) steht dem neuen Wertgefühl des Menschen (Ackermann) gegenüber. Am Ende gesteht der Richter (Gott) beiden gleiches Recht zu: Der Mensch "habe Ehre", der Tod "habe den Sieg".

Die Entwicklung des Dramas

Das mittelalterliche Drama entwickelt sich aus der Liturgie der Kirche, denn die Tragödien und Lustspiele der Antike waren fast ganz in Vergessenheit geraten. Wahrscheinlich ist das Drama aus dem Kirchengesang hervorgegangen, der zum Teil mit Halbchören, zum Teil mit Wechselgesang zwischen dem Geistlichen und der Gemeinde ausgeführt wurde. Anfangs haben die Geistlichen sicher Szenen aus den Evangelien dramatisiert, dann nahm die Personenzahl zu, Laien spielten mit, die Sprache wurde Deutsch statt Latein, und das Schauspiel wurde aus dem Innern der Kirche nach draußen auf die Kirchenstufen oder den Marktplatz verlegt. Zuerst wurden Oster- und Weihnachtspiele aufgeführt, etwas später komische und volkstümliche Szenen hinzugefügt. Das Ganze wurde erweitert und allmählich immer mehr säkularisiert, d.h. verbürgerlicht.

Das Mysterien- und Passionspiel

Noch heute werden in einigen Orten Süddeutschlands und Österreichs religiöse Spiele, die man auch Mysterien- oder Passionsspiele nennt, aufgeführt. Am bekanntesten sind zweifellos die Passionspiele von Oberammergau, die auf das Jahr 1633 zurückführen, als die Gemeinde das Gelübde ablegte, in regelmäßigen Abständen ein Drama von der Leidensgeschichte Christi zu produzieren, wenn sie von der Pest verschont bliebe. Heute wird das Drama alle zehn Jahre unter Mitwirkung fast der ganzen Dorfgemeinde aufgeführt. Es ist eine mehrstündige Produktion geworden, die hauptsächlich für die Touristen gezeigt wird. Auch der Jedermann Stoff, der von Hugo von Hofmannsthal zu seinem Drama *Jedermann* verarbeitet wurde und jeden Sommer auf dem Domplatz in Salzburg aufgeführt wird, geht auf mittelalterliche Mysterienspiele zurück.

Das Tendenzdrama und die Fastnachtspiele

Das mittelalterliche Drama entwickelt sich während der Reformationszeit zum Tendenzdrama. Protestanten benutzen es, um die Ideen Luthers zu verbreiten und sich über die Katholiken lustig zu machen, und die Jesuiten versuchen damit die Gegenreformation zu fördern. Das weltliche Drama entwickelt die komische, derbe, groteske, burleske Seite, und besonders in den Wochen vor der Fastenzeit (jetzt Karnevalszeit) wurden dramatische Szenen gespielt, die meistens lustig und nur manchmal ernst (wie die Legendenspiele) waren. Das sogenannte Fastnachtspiel entwickelt sich aus diesen dramatischen Darstellungen. Schon damals machten maskierte Menschen Umzüge, und als sie von Haus zu Haus gingen, trugen sie etwas vor. Diese Vorführungen wurden zum Ausgangspunkt des Fastnachtspiels, in dem die bürgerliche Freude am Verkleiden, an Foppereien und Schwänken ihren Ausdruck findet. Die Komik ist oft derb. Prügel- und Gerichtsszenen sind häufig, Anspielungen auf bekannte Personen und das Sexuelle, satirische Sittenschilderungen, die grobe Kritik an menschlichen Torheiten und das Narrenmotiv wiederholen sich immer wieder. Der Bürger verherrlicht sich selbst und verspottet vor allem den tölpelhaften Bauern, aber auch den Ritter, Juden und Geistlichen. Uns sind etwa 150 solcher Fastnachtspiele aus dem Mittelalter erhalten. Wir kennen meistens die Verfasser nicht, aber wir wissen, daß sie hauptsächlich in Augsburg, Nürnberg, Bamberg und anderen süddeutschen Städten gewohnt haben.

Die Fastnachtspiele von Hans Sachs

Das Fastnachtspiel findet im 16. Jahrhundert seinen Höhepunkt in den Produktionen des Colmarer Stadtschreibers Jörg Wickram (gest. 1562) und besonders des Nürnberger Schuhmachermeisters Hans Sachs (1494-1576). Letzterer hat uns 85 lustige Stücke hinterlassen, von denen etwa ein halbes Dutzend noch heute beliebt sind.[2] Im Spiel vom *Kälberbrüten* geißelt er die Dummheit eines Bauern, der den ganzen Haushalt durcheinanderbringt und sich schließlich auf einen Käse setzt, um aus ihm Kälber zu brüten. Eines der beliebtesten Spiele ist *Der fahrende Schüler im Paradies*: Ein Student (Schüler) kommt zu einer Bäuerin,[3] die immer noch ihrem verstorbenen ersten Mann nachtrauert, und bittet um Essen und Trinken. Als er sagt, daß er aus Paris komme, versteht ihn die Frau nicht richtig und meint er komme aus dem Paradies. Auf die Frage, ob er ihren Mann kenne, der vor kurzem gestorben sei, antwortet der listige Schüler, daß es ihm gar nicht gut gehe und daß er betteln müsse. Daraufhin macht die Frau ein Bündel mit Kleidung und Schuhen zurecht und bittet den Schüler, das alles und zwölf Gulden Geld ihrem verstorbenen Mann mitzunehmen.

Als der Bauer, ihr zweiter Mann, nach Hause kommt und erfährt, wie dumm die Frau gewesen ist, sattelt er sein Pferd und setzt dem Studenten nach. Da dieser ihn kommen sieht, versteckt er das Bündel und schickt den Bauern, der ihn nach dem Schüler fragt, ins Moor. Weil er absitzen muß, bittet er den Schüler, ihm das Pferd zu halten. Sobald der Bauer fort ist, holt der Student das Bündel, schwingt sich aufs Pferd und reitet davon. Zu spät merkt der Bauer, daß auch er betrogen worden und genau so dumm wie die Bäuerin ist. Auf die Fragen seiner Frau, warum er zu Fuß zurückkomme, antwortet er:

> Er klagte mir, der Weg wär' weit;
> Damit er käm' in kurzer Zeit
> Ins Paradies zu deinem Mann,
> Gab ich ihm noch das Pferd daran,
> Daß er geritten komm hinein,
> Bring auch das Pferd dem Manne dein.

Der Bauer bittet seine Frau jedoch, von all dem keinem Menschen etwas zu sagen, aber es ist zu spät, denn sie hat es bereits allen Nachbarn erzählt.

> Bevor du rittest in den Wald
> Hab' ich es allen kund gethan,
> Was ich gesendet meinem Mann
> Ins Paradies. Mit viel Andacht
> Mich dünkt, sie haben mein gelacht
> Und alle sich gefreut mit mir.[4]

---

[2] *Der Teufel mit dem alten Weib, Der Bauer im Fegfeuer, St. Peter mit der Geiß, Das Narrenschneiden.*

[3] Damals wanderten Studenten zwischen den Semestern von einer Universität zur andern, und da sie meistens arm waren, klopften sie unterwegs bei einem Bauern an und baten um Nahrung und Unterkunft.

[4] Die Fastnachtspiele von Hans Sachs sind in Knittelversen geschrieben, d.h. in paarweise reimenden, vierhebigen Versen mit einsilbigen Senkungen. Jede Zeile umfaßt acht oder neun Silben. Der Knittelvers wird im Barockdrama durch den Alexandriner und von den Klassikern durch den Blankvers ersetzt. Goethe verwendet den Knittelvers wieder in gewissen Szenen von *Faust I* und Schiller in *Wallensteins Lager*.

Der Meistersang

Hans Sachs, der in Richard Wagners Oper *Die Meistersinger von Nürnberg* verewigt worden ist, war ein ruhiger Bürger, der sich nach langen Wanderjahren[5] als Schuhmacher in Nürnberg niederließ. Er hatte viel gelesen, neigte zur Sittenschilderung und zur Moralisierung und war ungeheuer produktiv. Im Jahre 1567 zählt er selbst 6048 Gedichte, darunter 4400 Meisterlieder in 275 Tönen (Melodien). Er ist der bekannteste Meistersänger und hat großen Einfluß auf die protestantischen Singschulen ausgeübt.

Der Meistersang ist eine Fortsetzung der mittelalterlichen Kunstlyrik und wurde von Handwerkern betrieben, die sich zu Singbrüderschaften zusammengeschlossen hatten. Nach genauen Vorschriften, die strenge Gesetze über Inhalt und Form enthielten, produzierte man ein Gedicht, schrieb dazu eine Melodie nach Vorbild des gregorianischen Gesangs und trug das Ganze einstimmig und ohne Begleitung vor. Wer die wenigsten Fehler machte, erhielt den Preis. Obgleich diese Art Dichtung sich großer Beliebtheit erfreute, ist sie für uns nur noch aus kulturhistorischen, nicht aus künstlerischen Gründen interessant.

Die Volksbücher

Sehr beliebt wurden während der Reformationszeit die Volksbücher, die volkstümliche Stoffe unterhaltender, phantastischer, komischer oder Angst einflößender Natur enthielten. Sie wurden zu Tausenden auf schlechtem Papier gedruckt und erhielten sich in zahllosen Auflagen bis ins 19. Jahrhundert.[6] Es gab Hunderte von verschiedenen Titeln, von denen die beliebtesten der *Till Eulenspiegel*,[7] *Die Schildbürger*[8] und *Die Historia von Doctor Johann Fausten*, "dem weitbeschreiten Zauberer und Schwarzkünstler" (1587) sind.

Das Faustbuch

Im Vordergrund des Faustbuches steht ein Gelehrter und Zauberer, der als Doktor Georg Faust von 1480 bis 1540 gelebt hat. In Verbindung mit dem weitverbreiteten Hexen- und Teufelsglauben der Reformationszeit rankten sich um diesen Mann, der ein geheimnisvolles Leben geführt und einen unerklärlichen Tod gefunden haben soll, sehr bald allerlei Legenden, aus denen die Faustsage entstand. Verschiedene Bearbeitungen des Fauststoffes[9] führen zu Marlowes Tragödie, die in Deutschland von englischen Komödianten aufgeführt wurde und sich in der Form des Puppenspiels bis ins 18. Jahrhundert erhielt, und zu Goethes *Faust*. Das Faustbuch wurde als abschreckendes Beispiel geschrieben gegen allzu Neugierige, die sich nicht mit dem Erlaubten zufriedenstellen wollten, sondern außerhalb des von der Kirche umschriebenen Bereiches Wissen suchten, d.h. "sich mit dem Teufel verbündeten". Ihnen stehen ein schreckliches Ende und ewige Höllenqualen bevor.

Die Barockdichtung

So wie die großen, umwälzenden Ereignisse im 16. Jahrhundert - die protestantische Reformation und die katholische Gegenreformation - sich in der Literatur auswirken, so beeinflußt das traumatische Erlebnis des Dreißigjährigen Krieges die Literatur des 17. Jahrhunderts. Der antike Kultureinfluß (besonders römisches Kulturgut), der durch den Humanismus und die Renaissance in Deutschland begann, wird im 17. Jahrhundert verinnerlicht und vertieft. Die Spannung zwischen Diesseits und Jenseits, die wir im *Ackermann aus Böhmen*

---

[5] Bevor man Meister werden konnte, mußte man mehrere (zu Anfang sieben) Jahre als Geselle von Stadt zu Stadt ziehen, um von verschiedenen Meistern das Handwerk gründlich zu lernen. Die Wanderzeit wird in Liedern wie *Das Wandern ist des Müllers Lust; Es, es, es und es, es ist ein harter Schluß*, u.a. besungen. Man muß bedenken, daß es damals kaum Bücher gab, aus denen man die Kunst des Handwerks erlernen konnte, so daß man bei einem Meister bei praktischer Arbeit lernte. Obgleich Lehrlinge und Gesellen heute nicht mehr wandern brauchen, lernen sie ihr Handwerk immer noch von einem Meister.

[6] Ein Frankfurter Buchhändler berichtet, daß er auf der Messe von 1569 über 2400 Volksbücher verkauft hat.

[7] Till Eulenspiegel ist ein kluger Bauernbursche, der mit verstellter Dummheit Bauern und Städter zum Narren hält. Seine Streiche sind von Richard Strauß in dem Tongedicht *Till Eulenspiegel* musikalisch interpretiert worden.

[8] Die Schildbürger sind geistig beschränkte Einwohner der legendären Stadt Schilda, die durch ihre Dummheit manchen Unsinn anstellen.

[9] Eine moderne Bearbeitung ist Thomas Manns *Doktor Faustus* (1947).

beobachtet haben, findet ihren Höhepunkt in der Spannung zwischen extremer Diesseitslust und extremer Weltentsagung, zwischen Welt und Gott, Vergänglichkeit und Ewigkeit, die wir in den Werken des 17. Jahrhunderts, der Barockliteratur[10] beobachten. Die ganze Barockepoche[11] ist gekennzeichnet durch den starken romanischen Einfluß und durch das Vorbild der Renaissance. Zum Kulturzentrum werden die Fürstenhöfe (Wien, Stuttgart, Dresden, Berlin, Weimar, Breslau, usw.), und die Literatur wird Sache der vornehmen Hofgesellschaft. Die Dichter sind hauptsächlich Beamte an den Höfen und in den Städten.

Martin Opitz und sein *Buch von der deutschen Poeterei*

Der erste einflußreiche deutsche Barockdichter ist Martin Opitz, der 1597 in Schlesien geboren wurde und 1639 in Danzig an der Pest starb. Sein bekanntestes Werk ist das *Buch von der deutschen Poeterei* (1624), in dem er in Anlehnung an Aristoteles, Horaz u.a. Regeln für den deutschen Dichter aufstellt. Die Kunst des Dichters sieht Opitz rein formell: wichtig sind die metrischen Prinzipien, nach denen Versbetonung und natürliche Wortbetonung übereinstimmen und Hebung und Senkung regelmäßig wechseln müssen. Damit bekämpft er das bisher übliche Silbenzählen und fordert die Silbenbetonung. Er erkennt, daß für das Wesen der deutschen Sprache nicht Länge oder Kürze (wie in den romanischen Sprachen) maßgeblich sind, sondern der Akzent. Den Jambus und Trochäus bezeichnet er als vorbildlichen Versfuß und den Alexandriner (zwölfsilbiger, gereimter jambischer Vers mit einer Zäsur [Pause] nach der dritten Hebung) als nachahmenswürdige Verszeile. Die *Poeterei* betont außer dem Formellen auch den moralisch lehrhaften Zweck der Poesie. Sie verlangt die scharfe Trennung von Tragödie und Komödie: Die Tragödie soll eine leidenschaftliche Begebenheit aus dem Leben von Königen und Helden darstellen, die Komödie dagegen die bürgerlichen Torheiten. Unter anderem eifert Opitz gegen den Verfall der deutschen Sprache, die im Dreißigjährigen Krieg zusehends verwilderte und verlangt, daß der Dichter Fremdwörter und mundartliche Ausdrücke vermeide.

Die Pflege der Sprache durch Sprachgesellschaften

Die Pflege der deutschen Sprache machten sich auch die zahlreichen Sprachgesellschaften[12] zur Aufgabe, die im 17. Jahrhundert gegründet wurden. Mit der Erneuerung der Sprache verbanden die Mitglieder das Ziel einer sittlichen Erneuerung. Die Sprache sollte gehoben, gereinigt, Ausdruck des Hofes werden. Die Gesellschaften wollten zeigen, daß nicht nur die französische Sprache als Kulturträger und als Ausdruck der Gesellschaft geeignet war, sondern auch das Deutsche. Alles Gewöhnliche und Banale wurde verbannt; nur das Vornehme, Besondere, Ungewöhnliche, Kostbare betont. Das führte natürlich zu Übertreibungen, die uns heute lächerlich erscheinen, zu Gespreiztheiten und Schwulst. So wollte man die Nase als "Gesichtserker", den Mond als "der Sonne Kammermagd", die Brust als "Zeughaus süßer Lust" bezeichnen, die Geliebte nicht mit dem Veilchen sondern mit der Hyazinthe vergleichen. Man liebte ungewöhnliche Zusammensetzungen wie "Nektarlippen", "hochmächtig groß" und "Zinnobermund". Andererseits stammen von den Sprachgesellschaften auch solch treffliche Verdeutschungen wie Aufzug (Akt), beobachten (observieren), Fernglas (Teleskop), Anschrift (Adresse), Augenblick (Moment), Bücherei (Bibliothek), Jahrbuch (Annale), Vollmacht (Plenipotenz), Mundart (Dialekt), Strichpunkt (Semikolon), Doppellaut (Diphthong), Lustspiel (Komödie), Trauerspiel (Tragödie), Jahrhundert (Säkulum) usw.

Andreas Gryphius

Einer der begabtesten Barockdichter ist Andreas Gryphius (1616-1664), der die Greuel des Dreißigjährigen Krieges miterlebt hat und seine Erschütterung über das Vergängliche alles Irdischen und die Grauen des Krieges in seinen Gedichten ausdrückt. Das folgende Sonett, 1636 in Alexandrinern geschrieben, drückt das Grauen des Kriegserlebnisses aus:

---

[10] Die Bezeichnung Barock geht auf das portugiesische Wort "barocco" zurück, was "schiefe, unregelmäßige Perle" bedeutet.

[11] Die großen Musiker der Periode sind Bach und Händel, die Baumeister Andreas Schlüter, Fischer von Erlach, Lukas von Hildebrandt, u.a.

[12] Die Fruchtbringende Gesellschaft (Weimar 1617), Die Aufrichtige Tannengesellschaft (Straßburg 1633), Der Elbschwanenorden (Hamburg 1616) u.a.

110

Tränen des Vaterlandes

Wir sind doch nunmehr ganz, ja mehr denn ganz verheeret,
Der frechen Völker Schar, die rasende Posaun,
Das vom Blut fette Schwert, die donnernde Kartaun, [schwere Kanone]
Hat allen Schweiß und Fleiß und Vorrat aufgezehret.

Die Türme stehn in Glut, die Kirch ist umgekehret,
Das Rathaus liegt im Graus, die Starken sind zerhaun,
Die Jungfern sind geschändt, und wo wir hin nur schaun,
Ist Feuer, Pest und Tod, der Herz und Geist durchfähret.

Hier durch die Schanz und Stadt rinnt allzeit frisches Blut.
Dreimal sind schon sechs Jahr, als unser Ströme Flut,
Von Leichen fast verstopft, sich langsam fortgedrungen.

Doch schweig ich noch von dem, was ärger als der Tod,
Was grimmer denn die Pest und Glut und Hungersnot:
Daß auch der Seelenschatz so vielen abgezwungen.

Hinter der rhetorisch-pathetisch wirkenden Sprache steht das echte Erlebnis. Steigerung, Antithesen und eindrucksvolle Bilder über die Greuel und das Leid, das der Krieg mit sich bringt, geben dem Sonnet trotz der strengen äußeren Form, leidenschaftliche Kraft und innere Dynamik. Nur der Glaube an Gott und die Aussicht auf eine bessere Welt mit himmlischem Lohn, lassen den Menschen im Angesicht von so großem Elend bestehen. Das bringt Gryphius ebenfalls in anderen Gedichten zum Ausdruck. Auch in seinen Tragödien spiegelt sich das leidvolle Leben und der Pessimismus der Zeit wider.

Paul Gerhardt und das evangelische Kirchenlied

Paul Gerhardt (1607-1676) stammt aus Sachsen. Er ist evangelischer Pfarrer und hat uns eine Reihe sehr schöner Kirchenlieder hinterlassen, in denen der unerschütterliche Glaube an die Erlösung des Menschen durch Christi Opfertod immer wieder betont wird. Zu den bekanntesten seiner Gesänge gehören *O Haupt voll Blut und Wunden;*[13] *Nun ruhen alle Wälder*; *Geh aus, mein Herz, und suche Freud* und *Befiehl du deine Wege und was dein Herze kränkt.*

Befiehl du deine Wege
Und was dein Herze kränkt,
Der allertreusten Pflege
Des, der den Himmel lenkt;
Der Wolken, Luft und Winden
Gibt Wege, Lauf und Bahn,
Der wird auch Wege finden,
Da dein Fuß gehen kann.[14]
****

Geh aus mein Herz und suche Freud
In dieser lieben Sommerzeit
An deines Gottes Gaben:
Schau an der schönen Gärten Zier
Und siehe, wie sie mir und dir
Sich ausgeschmücket haben.

---

[13] Johann Sebastian Bach hat dieses Lied in seine *Matthäuspassion* aufgenommen.

[14] Das Gedicht hat 12 Strophen. Jede Strophe beginnt mit einem Wort aus dem Spruch: "Befiehl dem Herrn deine Wege und hoffe auf ihn, er wird's wohl machen."

Das Lied hat 15 Strophen, die die Schönheit der sommerlichen Natur preisen, und diese mit der Herrlichkeit des Paradieses vergleichen. Es endet mit dem Gebet, Gott möge den Sänger zum Seelenheil erwählen:

> Erwähle mich zum Paradeis
> Und laß mich bis zur letzten Reis
> An Leib und Seele grünen:
> So will ich dir und deiner Ehr
> Allein, und sonsten keinem mehr,
> Hier und dort ewig dienen.

Weitere Lyriker der Barockzeit sind der Jesuit Friedrich von Spee (1591-1635), der Mediziner Paul Fleming (1609-1640), der Königsberger Simon Dach und die etwas älteren Hofman von Hofmannswaldau (1617-1679) und Daniel C. von Lohenstein (1635-1683).

Jakob Christoff von Grimmelshausen

Unter den Romanschriftstellern der Barockzeit ragt Jakob Christoff von Grimmelshausen (1621-1676) hervor. Er machte den Dreißigjährigen Krieg als Soldat und Schreiber mit und ließ sich dann im Schwarzwald nieder, wo er Gastwirt und Schultheiß [Gemeindevorsteher] wurde. Seine umfangreiche schriftstellerische Tätigkeit gipfelt in seinen sogenannten "simplizianischen Schriften": *Simplicissimus* (1669), *Courasche* (1670), *Springinsfeld* (1670) und *Vogelnest* (1674). Diese Werke haben uns ein wertvolles Kulturbild des Dreißigjährigen Krieges hinterlassen.

Der abenteuerliche Simplicissimus

Das Hauptwerk unter diesen Schriften ist *Der abenteuerliche Simplicissimus*, ein Abenteuer- und Entwicklungsroman, der viele autobiographische Elemente enthält. Der Held, Simplicissimus, wird als unschuldiges Kind in die Wirren des Krieges verstrickt. Er verliert seine Familie und sein Heim, wird Soldat und nimmt an den wüsten Raubzügen der Landsknechte teil. Nach vielen Abenteuern mit Soldaten, der adeligen Gesellschaft, einem Räuber und naturwissenschaftlichen Studien wird er Einsiedler. Der Autor behandelt die Frage, wie soll der Mensch in dieser Welt leben, damit er sein Seelenheil erringen kann? Der Held schwankt hin und her zwischen dem Ideal der christlichen Lehre und der Sünde der Welt. Auf seine jugendliche Naivität folgt die Unterweisung im Christentum. Dann paßt Simplicissimus sich der Moral - in diesem Falle Unmoral - der Welt an und droht im Morast der Sünde zu versinken. Er rafft sich auf, erlebt einen Rückfall und beschließt, sich als Einsiedler aus dem Leben zurückzuziehen. Seinen Frieden findet er jedoch erst endgültig, als das Schicksal ihn auf eine einsame Insel verschlägt und er einsieht: "Ich hab mein Leben vielmal in Gefahr [ge]geben und hab mich doch niemals beflissen, solches zu bessern, damit ich auch getrost und selig sterben könnte. Ich sah nur auf das Gegenwärtige und meinen zeitlichen Nutz und gedachte nicht einmal an das Künftige, viel weniger, daß ich dermaleinst vor Gottes Angesicht müsse Rechenschaft geben!"

Es folgt ein Ausschnitt aus dem 4. Kapitel des Romans. Eine Schar plündernder Reiter überfällt den Hof von Simplicissimus Pflegevater. Simplicissimus ist noch ein unschuldiges, naives Kind und versteht das Schreckliche nicht, das die Bande anrichtet. Der Leser erlebt das grauenhafte Geschehen mit, aus der Sicht des Kindes, was das Geschehen noch grauenhafter macht. Der Text ist nicht ganz leicht zu verstehen, weil Grimmelshausen im Dialekt seiner Heimat schreibt.

"Das erste, das diese Reuter täten, war, daß sie ihre Pferde einstalleten; hernach hatte jeglicher seine sonderbare (= besondere) Arbeit zu verrichten, deren jede lauter Untergang und Verderben anzeigte. Denn obzwar etliche anfingen zu metzgen (=schlachten), zu sieden (=kochen) und zu braten, daß es sähe, als sollte ein lustig Bankett abgehalten werden, so waren hingegen andere, die durchstürmten das Haus unten und oben; ja das heimliche Gemach war nicht sicher, gleichsam als wäre das güldene Fell von Colchis darinnen verborgen. Andere machten von Tuch, Kleidungen und allerlei Hausrat große Päck (=Pakete) zusammen, als ob sie irgends einen Krempelmarkt anrichten wollten; was sie aber nicht mitzunehmen gedachten, ward zerschlagen. Etliche durchstachen Heu und Stroh mit ihren Degen, als ob sie nicht Schaf und Schweine genug zu stechen gehabt hätten; etliche schüttelten die Federn aus den Betten und füllten hingegen Speck, andere dürr Fleisch und sonst Gerät hinein, als ob alsdann besser darauf zu schlafen wäre. Andere schlugen Ofen und Fenster ein, gleichsam als hätten sie einen ewigen Sommer zu verkündigen. Kupfer-und Zinngeschirr schlugen sie zusammen und packten die gebogene und verderbte Stücken ein. Bettladen, Tische, Stühle und Bänke verbrannten sie, da doch viel Klafter dürr

Holz im Hof lag. Häfen (=Gläser) und Schüsseln mußte endlich alles entzwei, entweder weil sie lieber gebraten aßen, oder weil sie bedacht waren, nur eine einzige Mahlzeit allda zu halten.

Den Knecht legten sie gebunden auf die Erde, steckten ihm ein Sperrholz ins Maul und schütteten ihm einen Melkkübel voll garstig Mistlachenwasser in Leib; das nannten sie einen schwedischen Trunk, wodurch sie ihn zwangen, eine Partei (=Gruppe) anderwärts zu führen, allda sie Menschen und Vieh hinwegnahmen und in unsern Hof brachten, unter welchen mein Knän (=Vater), mein Meuder (=Mutter) und Ursele auch waren. Da fing man erst an, die Steine (=Feuersteine) von den Pistolen und hingegen anstatt deren die Bauren Daumen aufzuschrauben und die armen Schelmen so zu foltern, als wenn man hätte Hexen brennen wollen, maßen sie auch einen von den gefangenen Bauren bereits in Backofen steckten und mit Feuer hinter ihm her waren, unangesehen er noch nichts bekannt hatte. Einem andern machten sie ein Seil um den Kopf und reitelten (=drehten) es mit einem Bengel (=Stock) zusammen, daß ihm das Blut zu Mund, Nas und Ohren heraussprang. In Summa, es hatte jeder seine eigene Invention, die Bauren zu peinigen und also auch jeder Baur seine sonderbare Marter. Allein mein Knän war meinem damaligen Bedenken nach der glücklichste, weil er mit lachendem Munde bekannte, was andere mit Schmerzen und jämmerlicher Wehklage sagen mußten, und solche Ehre widerfuhr ihm ohn Zweifel darum, weil er der Hausvater war; denn sie setzten ihn zu einem Feur, banden ihn, daß er weder Hände noch Füße regen konnte, und rieben seine Fußsohlen mit angefeuchtem Salz, welches ihm unser alte Geiß (=Ziege) wieder ablecken und dadurch also kitzeln mußte, daß er vor Lachen hätte zerbersten mögen. Das kam so artlich und mir so anmutig vor, daß ich Gesellschaft halber, oder weil ich's nicht besser verstund, von Herzen mitlachen mußte. In solchem Gelächter bekannte er seine Schuldigkeit und öffnete den verborgenen Schatz, welcher von Gold, Perlen und Kleinodien viel reicher war, als man hinter den Bauren hätte suchen mögen. Von den gefangenen Weibern, Mägden und Töchtern weiß ich sonderlich nichts zu sagen, weil mich die Krieger nicht zusehen ließen, wie sie mit ihnen umgingen. Das weiß ich noch wohl, daß man teils hin und wieder in den Winkeln erbärmlich schreien hörte; schätze wohl, es sei meiner Meuder und unserm Ursele nicht besser gangen als den andern. Mitten in diesem Elend wandte ich Braten und war um nichts bekümmert, weil ich noch nicht recht verstunde, wie dieses alles gemeinet wäre; ich half auch nachmittags ein Pferd tränken, durch welches Mittel ich zu unsrer Magd in Stall kam, welche wundermerklich zerstrobelt (=zerzaust) aussahe; ich kannte sie nicht, sie aber sprach zu mir mit kränklicher Stimm:

"O Bub, lauf weg, sonst werden dich die Reuter mitnehmen; guck, daß du davon kommst, du siehest wohl, wie es so über . . . " Mehrers konnte sie nicht sagen."

DIE MUSIK
Die Blüte der Barockmusik

Wie die Literatur sich immer mehr entfaltet, so blüht auch die Musik in Deutschland auf, erreicht den Anschluß an die Weltspitze und etabliert sehr bald ihre Prädominanz. Überall in Deutschland, im Norden, in der Mitte und im Süden, entfaltet sich die geistliche und auch die weltliche Musik zu einer ungeheuren Blüte. Hamburg, Lübeck, die kleinen Städtchen Thüringens, Leipzig, Dresden, Berlin, Salzburg, Prag und Wien werden Musikzentren ersten Ranges. Im Jahre 1685 werden Bach und Händel geboren, die das Oratorium, die Kirchenmusik und die Fugenkompositionen zur größtmöglichen Entwicklung bringen. Eine Generation später überwindet Willibald Gluck die Dominanz der Italiener auf dem Gebiet der Oper und bereitet die Zukunft des deutschen Musikdramas vor. Am Ende des Jahrhunderts führen Haydn, Mozart und Beethoven die Instrumentalmusik auf ihren Höhepunkt.

Die beiden Hauptströmungen der Musik sind die kontrapunktische, die in der Literatur etwa der Aufklärung entspricht, und die empfindsame, melodisch gefühlvolle Musik, die sich mit der Literatur des Geniezeitalters vergleichen läßt. Während die kontrapunktische Musik[15] mehr den Intellekt befriedigt, spricht die empfindsame besonders das Gemüt des Zuhörers an. Bach führt die erstere auf ihren Höhepunkt;[16] nach ihm überwiegt die Gefühlsmusik. Mit Bach erreicht auch die geistliche Musik ihren Gipfel, nach ihm wird die weltliche[17] immer stärker.

---

[15]   Die kontrapunktische Musik führt mehrere Stimmen in einer Komposition selbständig oder fügt zu einer gegebenen Melodie eine oder mehrere Gegenstimmen hinzu. Der instrumentale Kontrapunkt kann bei Bach besonders in der Fuge beobachtet werden.

[16]   Sein *Musikalisches Opfer* kann als Gipfel der intellektuellen Komposition angesehen werden.

[17]   Zur sakralen Musik zählen die Oratorien, Passionen, Kirchenkantaten, Fugen, Motette usw. Die weltliche Musik wird besonders an den Höfen gepflegt und umschließt Oper, Hofkonzerte, Ballett, Tafelmusik und Tänze. Vom Hof und Theater dringt die weltliche Musik ins bürgerliche Leben und Schulzimmer vor.

Die Jugend von Johann Sebastian Bach

Das größte musikalische Genie des Barocks, Johann Sebastian Bach (1685-1750) wurde am 21. März in Eisenach geboren, dem thüringischen Städtchen, über dem die Wartburg thront, in der Luther 1522 das Neue Testament übersetzt hatte. Die Vorfahren Bachs waren Musiker, Organisten und Komponisten. Der Vater war Stadtmusiker in Eisenach, und von ihm erhielt er den ersten Musikunterricht. Als der Junge neun Jahre alt war, verlor er die Mutter und ein Jahr danach den Vater. Ein älterer Bruder, der Organist war, setzte die Musikerziehung fort. Zuerst erhielt Bach kleine Anstellungen als Organist und Musiker und geriet immer wieder in Streitigkeiten mit Vorgesetzten und anderen Musikern, die sein Talent nicht erkannten. Seine großen Vorbilder waren die Italiener Vivaldi und Corelli, deren Musik er wegen ihrer Klarheit und Ausdruckskraft schätzte. 1707 heiratete er seine Kusine Marie Bach, die ihm sieben Kinder gebar. Später starb sie, und Bach heiratete (1721) eine Sängerin, die ihm weitere dreizehn Kinder schenkte. (Von den 20 Kindern blieben nur 10 am Leben.) 1708 wurde er zunächst Kammermusiker und Hoforganist in Weimar und später Hofkonzertmeister. In den neun Jahren am Weimarer Hof entwickelte sich Bach zum Meister im Orgelspielen und komponierte seine ersten bedeutenden Werke: Instrumental- und Vokalmusik, Fugen[18] und Kantaten[19]. 1717 nahm Bach eine Stellung als Hofkapellmeister in Köthen an. Sein Herr, der Herzog von Weimar, ärgerte sich so gewaltig über Bachs Fortgang, daß er ihn auf ein paar Wochen ins Gefängnis steckte, bevor er ihn fahren ließ.

Bach als Thomaskantor in Leipzig

In Köthen entstand großartige Klavier-, Orgel- und Kammermusik. Hier komponierte Bach die Französischen Suiten und die 6 Brandenburgischen Konzerte. Hier wurde ein Höhepunkt im Schaffen des Meisters und in der Geschichte der deutschen Instrumentalkonzerte erreicht. 1723 nahm Bach die Stellung als Kantor an der Thomaskirche in Leipzig an. Als Kantor trug er die Verantwortung für die Pflege der Kirchenmusik in den beiden Hauptkirchen und mußte außerdem noch die Knaben des Thomanerchors[20] im Katechismus unterrichten. Obgleich seine Zeit von seiner Arbeit und seiner Familie voll beansprucht wurde, stammen aus dieser Zeit die meisten Kompositionen. Im ganzen schrieb er über 350 Kirchen-Kantaten (von denen 224 erhalten sind) auf alle Sonn- und Festtage des Kirchenjahres über einen Zeitraum von fünf Jahren. Das ist eine unvorstellbar gewaltige Leistung. Zu den schönsten und bekanntesten zählen: *Aus der Tiefe rufe ich* (131), *Gott, der Herr ist Sonn und Schild* (79), *Ich habe viel Bekümmernis* (21), *Christ lag in Todesbanden* (4) *Ein feste Burg ist unser Gott* (80), *Wachet auf, ruft uns die Stimme* (140), *Preise Jerusalem* (119) und *Wir danken dir, Gott* (29).

Die großen Kompositionen

Außer den Kantaten entstehen die Johannes- und die Matthäuspassion[21] (man nimmt an, daß drei weitere Passionen verloren gegangen sind) das Magnificat, die großartige h-moll-Messe,[22] sowie Orgel- und Klavierwerke, Sonaten[23] und Motette.[24] Neben seiner Kompositionstätigkeit pflegt Bach die Hausmusik und gibt Musikunterricht. So komponiert er z.B. für den Klavierunterricht seiner Kinder und Schüler *Das wohltemperierte Klavier*, das aus 48

---

[18] Die Fuge (fuga = Flucht) ist ein mehrstimmiges kontrapunktisches Musikstück, in dem das Thema nacheinander in verschiedenen Stimmen wiederholt und variiert wird. Eine Stimme "flieht" sozusagen vor der folgenden.

[19] Eine Kantate (cantare = singen) ist eine Komposition, in der Solostimmen und Chor von einem kleinen Orchester begleitet werden.

[20] Der berühmte Thomanerchor, ein Knaben- und Männerchor, existiert noch heute und reicht bis ins Jahr 1212 zurück. Die Knaben sind Schüler am Thomas-Gymnasium.

[21] Eine Passion ist eine größere Komposition, in deren Mittelpunkt das Leiden Christi steht. Sie wird von Solisten, Chor und Orchester im Konzertsaal aufgeführt.

[22] Die Messe ist eine musikalische Vertonung der liturgischen Bestandteile der katholischen Messe.

[23] Eine Sonate (sonare = klingen) ist ein Musikstück, das aus drei oder vier Sätzen besteht und von einem oder mehreren Instrumenten gespielt wird.

[24] Eine Motette ist ein mehrstimmiger, geistlicher Chorgesang, der nicht von Instrumenten begleitet wird. Bachs sechs große Motette lauten: *Singet dem Herrn ein neues Lied; Der Geist hilft unsrer Schwachheit auf; Jesu, meine Freude; Fürchte dich nicht; Komm Jesu, komm; Lobet den Herrn, alle Heiden.*

Präludien und Fugen auf alle Dur- und Molltonarten besteht und bis heute zu den großen Lehrwerken des Klavierunterrichts gehört. Im Gegensatz zur damals vorherrschenden Gewohnheit, lehrt er seine Schüler mit allen fünf, und zwar mit gekrümmten Fingern, zu spielen.[25]

Bach spielt in Potsdam vor Friedrich dem Großen

Eine besondere Freude machte dem alten Bach die Einladung des preußischen Königs Friedrichs des Großen (1747), der selbst ein begabter Musiker war und große Achtung vor Bach hatte. Es wird berichtet, daß Friedrich seinen Hof entließ, als er von Bachs Ankunft in Potsdam erfuhr und diesen sofort mit den Worten, "Der alte Bach ist da" empfing. Die beiden musizierten zusammen, und Bach improvisierte eine Fuge auf ein Thema des Königs. Später arbeitete Bach das Thema zu einem Zyklus kontrapunktischer Sätze aus und schickte es an Friedrich mit dem Titel *Musikalisches Opfer*. Drei Jahre später starb der Komponist, nachdem er im letzten Jahr ganz erblindet war.

Bach heute

Bach war der letzte große Komponist der kontrapunktischen Polyphonie, die in seinen Fugen, Kirchenkantaten und Motetten zugleich ihren Höhepunkt und Wendepunkt erreicht. Nach ihm werden diese Formen unbeliebt. Der Kontrapunkt wird durch weichere Melodien und einfachere Begleitung ersetzt. Bach war Zeit seines Lebens berühmt als virtuoser Orgelspieler und Lehrer, aber nicht als Komponist. Einige wenige wie Mozart, Beethoven und Felix Mendelssohn ließen ihn nicht in Vergessenheit geraten. Man nimmt an, daß über die Hälfte seiner Kompositionen (etwa 1000 sind erhalten) verlorengegangen sind. In unserem Jahrhundert setzten sich ganz besonders Albert Schweitzer,[26] Wanda Landowska, Pablo Casals[27] und Andrés Segovia für die Wiedergeburt von Bachs Musik ein. Heute gehört Bach zu den beliebtesten Klassikern. Seine Musik erfreut sich großer Popularität besonders bei jungen Leuten vor allem auch in Amerika. Jazz und Rockmusiker (the Modern Jazz Quartet, Dave Brubeck, Lalo Schifrin, Paul Butterfield u.a.) finden in Bachs Musik Parallelen zu ihren eigenen Kompositionen. Die Swingle Singers singen Bachs Noten mit einsilbigen ba-, ba-, da-, di- Lauten und haben wesentlich zu seiner Popularität unter der jungen Generation beigetragen.

Bachs Genialität

Was jung und alt, und besonders unsere Generation, immer wieder anspricht, ist der Rhythmus, der scharfe Kontrapunkt, der harmonische Ausgleich zwischen mathematischer Genauigkeit und Ordnung und frommer Geistlichkeit, zwischen technischer Präzision und tiefer Emotion. Wegen seiner Religiösität hat man Bach den fünften Evangelisten genannt, und katholische Christen haben den Protestanten Bach zur Kanonisation vorgeschlagen. Wissenschaftler und Studenten fühlen sich von der Logik in seiner Musik angesprochen. Logik, Innigkeit und Frömmigkeit, eine Fülle musikalischer Motive und eine ungeheure Virtuosität charakterisieren das Werk Johann Sebastian Bachs.

GEORG FRIEDRICH HÄNDEL
Händels Jugend

Bachs berühmtester Zeitgenosse war Georg Friedrich Händel (1685-1759). Während Bach immer in ärmlichen Verhältnissen lebte, dauernd gegen Armut und Verständnislosigkeit kämpfte und sein Leben unter kleinen Leuten verbrachte, lebte Händel in der großen Welt, verkehrte an Königshöfen und brachte es zu Wohlstand und Ruhm. Er war ein echter Barockmensch, genial, aufgeschlossen, repräsentativ.

---

[25] Damals spielte man mit steifen, geraden Fingern. Der Daumen wurde nicht benutzt.

[26] Schweitzer war selbst ein hervorragender Organist und veröffentlichte 1905 sein zweibändiges Werk *J.S. Bach*.

[27] Casals hatte die lebenslange Gewohnheit, jeden Morgen mit Auszügen aus *Das wohltemperierte Klavier* zu beginnen.

Händel wurde in Halle geboren. Sein Vater war Arzt und wollte den Sohn auf das juristische Studium vorbereiten. Die musikalische Begabung des Kindes zeigte sich früh, und auf den Rat des Herzogs ließ der Vater ihm endlich Musikunterricht geben. Er lernte alle Instrumente spielen und begann früh zu komponieren. Nach Beendigung der Lateinschule schrieb er sich 1702 an der Universität Halle ein und wurde ein Jahr später zum Organisten an der Domkirche ernannt. Aber immer mehr begann er sich für die Oper und die große Welt zu interessieren, und so zog er 1703 nach Hamburg und entschloß sich, freier Künstler zu werden. Er besuchte Buxtehude, den bekanntesten Organisten seiner Zeit, in Lübeck, lehnte es jedoch ab, sein Nachfolger zu werden, weil er dann hätte heiraten müssen. Händel wollte Junggeselle bleiben. In den nächsten Jahren komponierte er eine Johannespassion, die als Vorbild für Bachs Johannespassion gilt, und mehrere Opern.

Händel in Italien und am englischen Hof

Händel besuchte Italien, wo er glänzend empfangen wurde. In Florenz und Rom hielt er sich eine Weile auf und studierte die italienische Musik, die er bald meisterte. Er lernte Scarlatti, Pasquini, Corelli u.a. kennen, schrieb Oratorien, Kantaten und Kammermusik. 1710 besuchte er London, wo die italienische Oper blühte und wo der in Italien berühmt gewordene Händel mit seinen Opern begeistert aufgenommen wurde. Zur Feier des Utrechter Friedens (1713) komponierte Händel ein *Te Deum*, dessen Aufführung in der St. Pauls Kathedrale ein großartiger Erfolg für den Komponisten wurde. Königin Anne setzte ihm ein ansehnliches Jahresgehalt aus, das ihr Nachfolger, König Georg I, noch verdoppelte, weil ihm die *Water Music* so sehr gefiel, die Händel für den neuen König für ein Konzert auf der Themse geschrieben hatte. 1719 übernahm Händel die Leitung der Royal Academy of Music, eines Unternehmens, für das er zahlreiche Opern schrieb, die in ganz Europa aufgeführt wurden. Aber die Londoner Oper scheiterte und der Komponist hatte wenig Erfolg mit zwei weiteren Operngesellschaften. Im ganzen schrieb er über 40 Opern, die heute meist vergessen sind, die ihm jedoch zu seinen Lebzeiten Ruhm und Ehre brachten.

Der *Messias*

Um 1740 begann Händel sich von der Oper abzuwenden. In diese Zeit fällt auch die Komposition seiner großen Instrumentalwerke wie die *Concerti grossi*, die Bachs *Brandenburgischen Konzerten* ebenbürtig zur Seite stehen, die Klaviersuiten, Fugen und Sonaten. Dann begann er seine großen Oratorien zu komponieren, die ihm wieder Ruhm und Erfolg brachten. Bei 1743 hatte das Oratorium[28] der italienischen Oper in England den Rang streitig gemacht, und in den folgenden Jahren schrieb er rund 32 Oratorien. Der Messias wurde 1742 in Dublin mit großem Erfolg uraufgeführt. Die Londoner Aufführung von 1743 war weniger erfolgreich, aber das Werk setzte sich in den folgenden Jahren durch und erfreut sich heute besonders im englischsprechenden Kulturraum fast kultischer Beliebtheit. Der König hörte den Chor *For the Lord omnipotent reigneth*, volkstümlich der *Alleluja Chorus* genannt, stehend an. Darauf erhob sich natürlich auch das Publikum von den Sitzen, und diese Sitte hat sich bis heute erhalten und ist Tradition geworden. Händels Oratorien begannen sich immer mehr durchzusetzen. Sein *Judas Makkabäus* wurde als Freiheitsgesang eines bedrängten Volkes und als Huldigung für den Sieger gegen Englands Feinde, den jungen Herzog von Cumberland, begeistert aufgenommen. Ab 1752 war Händel blind, und 1759 starb er und wurde in der berühmten Westminster Abbey beigesetzt.

Händels *Messias* wurde für England und die USA das, was Bachs *Matthäuspassion* für Deutschland geworden ist. Außer dem *Alleluja* sind besonders *Ich weiß, daß mein Erlöser lebt* und *Denn es ist uns ein Kind geboren* aus diesem Oratorium beliebt geworden.

---

[28] Ein Oratorium (orare = beten) ist eine große Komposition für Solostimmen, Chor und Orchester, das im Gegensatz zur Oper (opera = Werk) nicht auf der Bühne dramatisch, sondern im Konzertsaal aufgeführt wird. Ursprünglich hatte das Oratorium einen religiösen Inhalt.

DIE ARCHITEKTUR DER BAROCKZEIT
Italienische und französische Vorbilder

Während der Baustil der Renaissance sich in Deutschland nicht durchsetzte, wurde der Barockstil, getragen von der Gegenreformation und dem Absolutismus, besonders im Süden ein voller Erfolg. Der Barock geht aus der Renaissance hervor und entwickelt sich zuerst in Italien. Michelangelos Plan für den Petersdom und Berninis Säulenhalbkreis um den Domplatz wurden beispielhaft für den neuen Stil. Der Petersdom wird das Vorbild für die Kirchenarchitektur; das Schloß von Versailles für die Schlösser der absoluten Fürsten; das sternenförmige Straßensystem der Stadt Rom, das auf den Piazza del Popolo mündet, für Würzburg, Mannheim und Karlsruhe. Besonders am Beispiel von Karlsruhe erkennt man, wie das ganze Straßensystem sternenförmig vom Schloß verläuft, das den Mittelpunkt der Stadt bildet und die Gebäude und Häuser überblickt. Die Häuser der Hofgesellschaft und Beamten stehen dem Schloß am nächsten, die der Bürger und Handwerker weiter entfernt. Alles ist nach geometrischen Gesetzen hierarchisch angeordnet. Dasselbe Prinzip erkennt man an der Anlage von Versailles, bei der die Parkanlagen mit den geometrisch angelegten Wegen, Rasenflächen und Blumenbeeten und den kegel-, kugel- oder pyramidenförmig zugeschnittenen Bäumen, Büschen und Hecken, sowie die Standbilder, die Säulenreihen und künstlichen Teiche zum Gesamtkomplex gehören. Überall erkennt man den Sieg der gesetz- und formgebenden menschlichen Ratio über die Natur. Zu den schönsten barocken Schloßanlagen und Parks in Deutschland und Österreich zählen das Belvedere und Schloß Schönbrunn in Wien, der Zwinger in Dresden, die Schlösser Nymphenburg und Schleißheim bei München, das Würzburger Schloß, das Berliner Schloß und Herrenhausen bei Hannover.

Die Gartenanlagen

Immer hat das Schloß eine Stadt- und eine Gartenseite. Vom Gebäude zum Garten führt die Rampe mit herrlichen Treppen, über die man zum Blumenparterre gelangt. Statuen bezeichnen die Hauptachsen. Der Rasen wird mit ornamentalen Blumenfiguren bepflanzt. Alle Einzelheiten sind dem Gesamtzweck, der Raumbeherrschung, untergeordnet. Nicht die einzelne Schönheit, die einzelne Pflanze, ist von Wichtigkeit, sondern der Gesamteindruck. Eine Mittelallee, oft mit Kastanienbäumen bepflanzt, führt zum Naturpark oder zu einem kleineren Gebäude, einem Pavillion oder einer Grotte. Berühmt ist die *Gloriette* in Schönbrunn, die den oberen Garten abschließt. In Schönbrunn führen Alleen mit Wänden aus beschnittenen Bäumen nach allen Seiten strahlenförmig hinweg vom Schloß auf eine Wasseranlage oder eine Statue zu. Das Wasser spielt eine große Rolle in diesen Anlagen, und man liebt Brunnen, Teiche und Kaskaden. Die schönste Kaskadenanlage in Deutschland ist in Wilhelmshöhe bei Kassel. Man muß sich diese Anlage selbst oder in Filmen oder auf Farbfotos abgebildet anschauen, um einen lebendigen Eindruck zu bekommen.

Prinzipien der Barockarchitektur

Hervorragendes leisten die Barockarchitekten auch im Bau von Kirchen, Klöstern, Bibliotheken und Theatern. Wir haben bereits erwähnt, daß in der Kirchenarchitektur der Barock die Kunst der Gegenreformation ist. Das erklärt die kämpferischen, dynamischen, propagandistischen Elemente dieses Stils. Ganz bewußt setzt man Bewegung, Farbe, Vielfalt und Sinnliches gegen Ruhe, Kahlheit, Einfaches und das Rationale des Protestantismus. Die barocke Architektur verwendet die Säulen und Kuppeln der Renaissance, aber verschiebt die starre Regelmäßigkeit. Das Diagonale, das Unsymmetrische, das subjektiv Freiheitliche, das Optische überwiegen. Die überlieferten Grundrisse und Linien werden abgewandelt, abgebogen, verlängert, verzerrt. Die Neigung zum Kreisförmigen, zum Ovalen, zu Kurven und Verschleifungen ist offenbar. Das Wechselspiel von Licht und Schatten im Innern sowie Gemälde und Plastiken als wichtige Bestandteile der Architektur sind bezeichnend für den neuen Stil. Die Figuren dringen aus den Wänden heraus und sind stürmisch bewegt, oft mit flatternden Kleidern und freiem Busen (häufig in Theatern und Palästen). Die Ellipse wird zur Hauptform im Grundriß, in der Kuppel und in den Fenstern. Die Türme werden nun von einer Kuppel ersetzt (oder in den kleineren Dorfkirchen in Süddeutschland durch den sogenannten Zwiebelturm), die in die Länge gezogen, manchmal verdoppelt wird und oft mit einem Türmchen oder Laterne, versehen wird. Manchmal sitzt die Kuppel auf einem Säulen- oder Fensterkranz. Immer beherrscht sie das ganze Gebäude. Im Innern sind Mittelschiff und Seitenschiffe im Grundriß meistens abgerundet. Der Blick wird auf den herrlich verzierten Altar und die Kuppel gelenkt, bleibt aber wegen der ungeheuren Vielfalt nirgends ruhen. Die goldenen Lichtstrahlen und Wolken am Altar, sowie die Engelsfiguren stellen den Versuch dar, Geistiges zu verkörperlichen, im Gegensatz zur Gotik, die versuchte, die Materie zu vergeistigen. Licht und Farbe gewinnen im Spätbarock und ganz besonders im Rokoko an Bedeutung.

Das farbenfrohe Innere der Barockkirche

Der Altarraum ist mit weißen Statuen, rotädrigen Marmorsäulen und Goldverzierungen ausgeschmückt. Die Decken und Wände sind vielfach mit bunten Fresken bemalt, die biblische oder traditionelle christliche Szenen darstellen. Die unteren Wände und Säulenschäfte im Mittelraum sind oft blendend weiß, die Kapitelle reich mit Goldblatt verziert, darüber die goldumrahmten bunten Fresken. Kanzeln und Hochaltar sind besonders reich verziert und erstrahlen in einer bunten Farbenpracht, aus der Rot, Gold, Weiß und Blau hervorstechen. Die Orgeldekorationen sind meist vergoldet, und Bänke und Chorgestühl mit Schnitzwerk versehen. Schöne schmiedeeiserne Gitter, oft wiederum vergoldet, verwehren den Zutritt zum Altar oder zum Chorraum. Einzelne Säulenschäfte sind spiralenförmig gewunden und gedreht. Überall ist leuchtende Farbe, Dynamik, Bewegung, eine Vielfalt der Sinneseindrücke, die den Beschauer einfach überwältigt, die ihm den Eindruck des Himmels auf Erden vermitteln will.

Die Fassade der Kirche

Am Äußeren der Barockkirche ist besonders die Fassade von großer Bedeutung. Auch hier haben wir die Häufung der plastischen Ornamente. Figuren, die frei und unsicher, als könnten sie leicht herabfallen, auf den Mauern stehen, Pfeiler, Säulen und Pilaster sowie die Durchdringung konkaver und konvexer Mauerteile verschaffen der Fassade ihre wuchtige Eigenart. Die ganze Fläche löst sich auf in vor- und zurückschwingende Mauerschwellungen. In der raffinierten Anwendung der Perspektive und der optischen Täuschung messen sich die Architekten mit den Malern: mit divergierenden Linien täuschen sie größere Räume vor, Holzsäulen ersetzen Marmorsäulen, und Körperteile von Stuckfiguren ragen aus den Deckenfresken hervor. Das Ganze erscheint jedoch unbedingt symmetrisch, vermittelt offensichtlich einen Eindruck von Weltfremde und strahlt ein Bild, eine Vorstellung von der göttlichen Ordnung aus.

Die großen Baumeister

Die großen Baumeister des Barocks in Deutschland und Österreich waren: Lucas von Hildebrandt (Belvedere, Wien) Fischer von Erlach (Karlskirche, Wien), Daniel Pöppelmann (Zwinger, Dresden), Jakob Prandauer (Kloster Melk und Kloster St. Florian in Österreich), die Gebrüder Dientzenhofer (Dom zu Fulda und zahlreiche Bauten in Prag), Joseph Effner (Schloß Nymphenburg und Schloß Schleißheim bei München), Dominicus Zimmermann (Steinhausen Klosterkirche und Wieskirche in Bayern), Michael Fischer (die Klosterkirchen in Zwiefalten und Ottobeuren in Schwaben) Balthasar Neumann (Würzburger Residenz, Schloß Brühl, Wallfahrtskirche in Vierzehnheiligen in Franken und die Klosterkirche in Neresheim, Schwaben) und Andreas Schlüter (Berliner Schloß). Die Gebrüder Asam (Johanniskirche in München) sind Meister des Rokoko. Viele Barock- und Rokokobauten sind während des Krieges zerstört, dann jedoch wiederaufgebaut und restauriert worden.

STUDIENFRAGEN ZUM KAPITEL
DIE DEUTSCHE KULTUR ZWISCHEN MINNESANG UND AUFKLÄRUNG

Anregungen:

Da wir in diesem Kapitel außer Literatur auch Musik und Architektur besprechen, sollten Sie sich unter allen Umständen Abbildungen ansehen und Kompositionen anhören. Die meisten Bibliotheken enthalten Bücher mit Photographien von Barockkirchen, Schlössern und Gartenanlagen. Viele Bibliotheken haben ebenfalls Videofilme, Sammlungen von Dias, Schallplatten, Tonbänder und CDs mit den Werken von Bach und Händel. Hören Sie sich unbedingt einige der *Brandenburgischen Konzerte*, eine Kantate, Ausschnitte aus der *h-Moll-Messe*, aus der *Matthäuspassion*, den *Concerti grossi*, dem *Messias*, der *Water Music* und aus anderen Werken der großen Komponisten an. Schlagen Sie Ihrem Professor vor, zusammen mit Ihnen einige der bekannten Volkslieder zu singen. Beginnen Sie sich eine Sammlung von Kompositionen anzulegen und fügen Sie dieser im Laufe Ihres Lebens neue Werke hinzu.

Fragen:

1. Besprechen Sie, warum der Ritterstand allmählich an Bedeutung verliert aber das Bürgertum an Bedeutung gewinnt. Zeigen Sie, wie sich die literarische Tätigkeit gleichzeitig verlagert, wer die Schriftsteller und was ihre Hauptthemen sind.
2. Besprechen Sie, welchen Beitrag die Mystiker zur deutschen Literatur und Sprache leisten.
3. Wie entwickelt sich das Volkslied und was sind die typischen Motive und Themen der Volkslieder?
4. Inwiefern kann man den *Ackermann aus Böhmen* als Übergang vom Mittelalter zur Neuzeit ansehen?
5. Wie entwickelt sich das mittelalterliche Drama aus der Liturgie der Kirche?
6. Was verstehen Sie unter "Meistersang", und wer ist der Hauptvertreter dieser Gattung?
7. Was sind Passionsspiele, und wo werden sie noch heute aufgeführt?
8. Wie wird der Bauer in den Fastnachtspielen dargestellt? Belegen Sie Ihre Antwort mit spezifischen Beispielen.
9. Welche Volksbücher waren besonders beliebt und aus welchem Grund? Welches Volksbuch beeinflußt welche Dichter bis in unser Jahrhundert?
10. Erklären Sie, warum Opitz' *Buch von der deutschen Poeterei* wichtig ist.
11. Interpretieren Sie Inhalt und Struktur des Gedichts *Tränen des Vaterlandes*. Worauf weist Gryphius besonders mit der letzten Zeile hin?
12. Besprechen Sie die Frömmigkeit, die aus den Kirchenliedern von Paul Gerhardt spricht.
13. Besprechen Sie, inwiefern *Der abenteuerliche Simplicissimus* ein Spiegelbild des Dreißigjährigen Krieges ist. Gehen Sie auf Einzelheiten ein.
14. Zählen Sie die Hauptereignisse aus dem Leben Bachs auf. Was sind seine größten Kompositionen?
15. Besprechen Sie Bach als musikalisches Genie, seinen Beitrag zur Musik und die charakteristischen Eigenschaften seiner Musik.
16. Was hält man von Bach heute, und wen hat er besonders beeinflußt?
17. Was halten Sie von Bachs Musik? Welche Kompositionen gefallen Ihnen? Warum oder warum auch nicht?
18. Besprechen Sie Händels Leben und sein musikalisches Genie.
19. Was sind Händels größte Kompositionen und warum sind sie so beliebt?
20. Was ist der Unterschied zwischen einem Oratorium und einer Oper?
21. Welche Kompositionen von Händel gefallen Ihnen besonders? Warum?
22. Erklären Sie, warum die Barockarchitektur so maßgeblich zum Erfolg der Gegenreformation beiträgt.
23. Was sind die Hauptunterschiede zwischen einer Barockkirche und einem romanischen oder gotischen Dom?
24. Beschreiben Sie ein typisches Barockschloß und eine barocke Gartenanlage.
25. Beschreiben Sie den Innenraum und die Fassade einer Barockkirche.
26. Gefällt Ihnen eine Barockkirche oder ein Schloß aus dieser Zeit. Erklären Sie Ihre Antwort.

KAPITEL 12
DAS ZEITALTER DER AUFKLÄRUNG

Worum geht es in diesem Kapitel?

Die Philosophen der Aufklärung fordern den Menschen auf, die Welt mit Hilfe des Verstandes zu untersuchen und veraltete Auffassungen abzulegen. Ihre Ideen beeinflussen das Denken der Menschen und werden von den Dichtern in ihren Werken verarbeitet. Neben dem Rationalismus, der Nachdruck auf Vernunft und Verstand legt, beeinflußt die gefühlsbetonte religiöse Bewegung des Pietismus die Dichter Klopstock und Goethe. Die Rokokogedichte der Anakreontik dienen der Unterhaltung und haben kaum literarischen Wert.

Wie gehen wir vor?

1. Da Ihnen die Namen der Philosophen und Dichter und ihre Werke vielleicht nicht geläufig sind, sollten Sie zuerst das ganze Kapitel überblicken, indem Sie die Überschriften lesen.
2. Lesen Sie dann die einzelnen Abschnitte, die einen bestimmten Dichter oder Philosophen behandeln und lernen Sie die Einzelheiten. Vergewissern Sie sich, daß Sie alle Einzelheiten gut verstanden haben, indem Sie das Gelesene laut wiederholen.
3. Am Ende des Kapitels finden Sie Anregungen und Studienfragen, die Ihnen helfen, das Material zu den einzelnen Themen besser zu verstehen.

Lernziele:

In diesem Kapitel lernen Sie,

1. wie Kant Aufklärung definiert und was man unter Aufklärung versteht.
2. wer die Wegbereiter der Aufklärung sind.
3. welche drei wichtigen Fragen Kant in seinen Werken behandelt und welche Antworten er gibt.
4. was Lessing an Gottsched kritisiert, und wie er die Ideen von Kant und der Aufklärung in seinen Werken verarbeitet.
5. Was Lessings bekannte Werke sind, und welche Ideen der Dichter in ihnen verherrlicht.
6. wie die Ideen des Pietismus Klopstock und den jungen Goethe beeinflussen.
7. was Anakreontik ist und wer die Werke Shakespeares ins Deutsche übersetzt.

Was ist Aufklärung? Kants Definition

In seinem Aufsatz *Was ist Aufklärung?* gibt Immanuel Kant folgende berühmte Definition:

> Aufklärung ist der Ausgang des Menschen aus seiner selbstverschuldeten Unmündigkeit. Unmündigkeit ist das Unvermögen, sich seines Verstandes ohne Leitung eines andern zu bedienen. Selbstverschuldet ist diese Unmündigkeit, wenn die Ursache derselben nicht am Mangel des Verstandes, sondern der Entschließung und des Mutes liegt, sich seiner ohne Leitung eines anderen zu bedienen. Sapere Aude! Habe den Mut, dich deines eigenen Verstandes zu bedienen ist also der Wahlspruch der Aufklärung.

Wegbereiter der Aufklärung - Die Entdeckungen

Dieser Definition nach wird der Mensch durch die Anwendung der Vernunft von Vorurteilen und Unwissenheit befreit und zu einem selbstständigen, unabhängigen Wesen erzogen. Obgleich die eigentliche Aufklärung in Deutschland mit dem "Vater der Aufklärung", Christian Thomasius, beginnt, sind natürlich Ereignisse von großer Bedeutung vorangegangen, die die eigentliche Aufklärung erst möglich machten. Die Reformationsbewegung kann als solch ein Ereignis bezeichnet werden, wenn man auf dem Standpunkt steht, daß durch das Infragestellen unabhängige wissenschaftliche Forschung ermöglicht wurde. Die Schriften von Nikolas Kopernikus (1473-1543), dem Begründer des heliozentrischen Weltbildes, von Galileo Galilei (1564-1642), der die Naturwissenschaften aus dem Bereich philosophischer Spekulation herauslöst und sie auf wissenschaftliche Beobachtung gründet, der die Naturvorgänge nach präzisen Naturgesetzen erklärt und nicht als Wirken Gottes, und von Isaac Newton (1643-1727), dem Vater der modernen Physik, sind grundlegende Vorarbeiten. Die vielen

Entdeckungsfahrten, deren Ziel zunächst das Auffinden des Seewegs nach dem fabelhaft reichen Indien ist,[1] die gegen Ende des 15. Jahrhunderts mit der Entdeckung Amerikas durch Christopher Kolumbus (1492) und der Entdeckung des Seewegs nach Indien um Afrika herum durch Vasco da Gama (1497) beginnen und im folgenden Jahrhundert fortgesetzt werden, müssen ebenfalls als Leistungen angesehen werden, die ganz dem Sinne der Aufklärung entsprechen.

DIE PHILOSOPHIE
Die Vernunft

All diese Leistungen sind beseelt von dem Wunsch aufzuklären, Klarheit und Licht in das Dunkel zu bringen, durch Kritik am Unvernünftigen und Unverständlichen, das Vernünftige und Verständliche hervorzubringen. Diese Kritik gipfelt dann in Deutschland im Werke Lessings und in den drei "Kritiken" Kants. Um die Tätigkeit der Aufklärer richtig zu verstehen, muß man sich vergegenwärtigen, wie groß die Verwirrung der religiösen Anschauungen und Lehren geworden war. Als Dutzende von verschiedenen geistigen und geistlichen Bewegungen sich intolerant bekämpften und auf die Richtigkeit der eigenen Lehre pochten, da wurde die menschliche Vernunft zum höchsten Ideal erhoben, in dem immer mehr Menschen die Rettung vor dem religiösen Chaos fanden.

Christian Thomasius

Der Jurist und Pädagoge Christian Thomasius (1655-1728) wurde vom brandenburgischen Kurfürsten an die Universität Halle berufen, wo er seine fortschrittlichen Ideen verwirklichen konnte. In seinem Unterrichtsplan stand nicht mehr die Theologie, sondern die Logik,[2] "die Anleitung zu raisonnieren und die Säuberung des Kopfes von Vorurteilen," und die Ethik, "die Lehre vom Verhalten des Menschen zum Staate und zu den anderen Menschen," an erster Stelle in der Ausbildung des Studenten. Mathematik und Naturwissenschaften sind für ihn die Grundlage eines wohlfundierten Studiums. Er setzte sich für Toleranz und Gewissensfreiheit ein und bekämpfte Vorurteile und unvernünftige Traditionen, besonders auf dem Gebiet des Gerichtswesens, wie unmenschliche Folterungen und Hexenverfolgungen. Im akademischen Unterricht ersetzte er die lateinische Sprache durch die deutsche,[3] damals ein

---

[1]   Der Landweg war zu lang und gefährlich und außerdem von den Mohammedanern blockiert.

[2]   In der Schülerszene im *Faust I* macht sich Goethe über das Studium der Logik folgendermaßen lustig:

> Gebraucht der Zeit, sie geht so schnell von hinnen.
> Doch Ordnung lehrt Euch Zeit gewinnen.
> Mein teurer Freund, ich rat Euch drum
> zuerst Collegium Logicum.
> Da wird der Geist Euch wohl dressiert,
> in spanische Stiefeln eingeschnürt, (= gefoltert)
> daß er bedächtiger so fortan
> hinschleiche die Gedankenbahn
> und nicht etwa, die Kreuz und Quer,
> irrlichteliere hin und her.
> Dann lehret man Euch manchen Tag,
> daß' was Ihr sonst auf einen Schlag
> getrieben, wie Essen und Trinken frei,
> Eins! Zwei! Drei! dazu nötig sei.
> ......
> Der Philosoph, der tritt herein
> und beweist Euch, es müßt so sein:
> das Erst' wär so, das Zweite so
> und drum das Dritt' und Vierte so;
> und wenn das Erst' und Zweit' nicht wär',
> das Dritt' und Viert wär' nimmermehr.

[3]   Eine der ersten wissenschaftlichen Arbeiten in deutscher Sprache war von Albrecht Dürer verfaßt worden.

revolutionäres Unternehmen, das erst sehr langsam Schule machte.   Für Thomasius war das Ziel der Universitätsausbildung, den Studenten zu einem nützlichen und toleranten Mitglied des Juristenstandes zu erziehen, nicht zu einem weltfremden Gelehrten,[4] dessen theoretische Kenntnisse fürs Leben nutzlos waren.

Gottfried Wilhelm Leibniz

Gottfried Wilhelm Leibniz (1646-1716), Zeitgenosse von Thomasius, Locke und Newton, war ein Universalgelehrter, der das Geistesleben in Deutschland aus dem Barock in die Aufklärung überführte. Es gab kein Wissensgebiet, auf dem er nicht zu Hause war und kaum einen großen Geist seiner Zeit, zu dem er keine Beziehungen hatte.[5] Er zählt zu den bedeutendsten Wissenschaftlern und Denkern Deutschlands.

Leibniz' Lehre: Monaden und das Theodizeeproblem

Leibniz sieht in den Monaden den Kern der Erscheinungswelt. Sie sind kleinste, unzerstörbare Kraftzentren, die keine Ausdehnung haben und die das Universum, jede auf individuelle Weise, widerspiegeln. Sie sind kleine Welten, einfache, unteilbare Einheiten, die alle Perspektiven einer einzigen großen Welt sind. Die Gottmonade hat alle Monaden nach vernunftgemäßen Gesetzen so eingerichtet, daß sie wie Uhren, ohne direkten Zusammenhang miteinander, übereinstimmen. Dadurch herrscht in der Welt eine "prästabilierte Harmonie". Diese nach vernünftigen Gesetzen eingerichtete harmonische Welt ist "die beste aller möglichen Welten". "Es gäbe im Handeln Gottes etwas zu berichtigen, wenn es möglich wäre, es besser zu machen. . . . Wenn es unter den möglichen Welten keine beste gäbe, dann hätte Gott überhaupt keine hervorgebracht."

Wie läßt sich in dieser so harmonisch eingerichteten Welt die Existenz des Bösen erklären (Theodizeeproblem)? Leibniz' Antwort zeigt den typischen Optimismus der Aufklärung. Das Böse existiert, da diese Welt ja nicht absolut gut, sondern nur die beste aller möglichen Welten ist. Außerdem wird erst im Vergleich mit dem Übel das Gute und Schöne schätzenswert. Auch in seinen moralischen Anschauungen offenbart sich derselbe Optimismus. Leibniz glaubt, daß Gott uns seinen Willen durch die Vernunft offenbart. Wenn wir der Vernunft folgen, werden wir immer aufgeklärter.

Christian Wolff

Der Mann, der die Gedankengänge von Leibniz systematisch ordnete und sie popularisierte war Christian Wolff (1679-1754). Er war hochgeehrt, und seine Schüler, die an fast allen deutschen Universitäten Lehrstühle besetzten, verbreiteten seine Lehren unter allen Schichten der Bevölkerung, denn Wolff versuchte seine Ideen so einfach zu fassen, daß selbst der einfache Bürger sie verstehen konnte. Von der Universität Halle, an der Wolff über Mathematik und Philosophie dozierte, wurde er 1723 auf Befehl des Königs von Preußen wegen seiner ausgesprochen rationalistischen Einstellung entlassen. Erst 1740 berief ihn Friedrich II, zwei Tage nach seiner Thronbesteigung, nach Halle zurück.

Wolffs Verdienst um die Philosophie

Wolffs Verdienst um die deutsche Philosophie ist groß. Er hält seine Schüler zu gründlicher, wissenschaftlicher Forschung an "durch gesetzmäßige Feststellung der Prinzipien, deutliche Bestimmung der Begriffe, versuchte Strenge der Beweise und Verhütung kühner Sprünge" (Kant). Er hält wie Thomasius seine Vorlesungen in deutscher Sprache und schreibt seine Hauptwerke auf deutsch. Damit schafft er die Grundlage für die deutsche Philosophiesprache und setzt die Arbeit der Mystiker fort. Unter den neuen philosophischen Ausdrücken, die er erfindet, sind z.B. die folgenden: Bewegungsgrund, Einbildungskraft, Gründlichkeit, Vorstellung, anschauende Erkenntnis, u. a.

---

[4]   Wagner in *Faust I* ist so ein trockener Gelehrter, der im Gegensatz zu Faust in der Studierstube zwecklose metaphysische Spekulationen betreibt und sich in staubigen Manuskripten vergräbt, ohne sich im Leben zu betätigen.

[5]   Uns sind über 15 000 Briefe von ihm erhalten, die seinen Kontakt mit der damaligen Welt bezeugen.

Deismus

Wolffs theologische Lehre ist der Deismus. Da die Welt nach harmonischen, vernünftigen Gesetzen operiert, muß es hinter diesen Gesetzen einen reinen Verstand geben, der sie so vernünftig eingerichtet hat. Dieser reine Verstand, die notwendige Ursache der Welt und der Urheber ihrer Zweckmäßigkeit, ist Gott, der sie als die beste aller möglichen Welten geschaffen hat und der nicht mehr durch Wunder oder Offenbarungen in sie eingreifen braucht. Die Welt, wie eine aufgezogene Uhr, geht ohne göttlichen Eingriff weiter.

Immanuel Kant

Der Kopernikus der Philosophie ist Immanuel Kant. Geboren 1724 in Königsberg, besuchte er dort die Universität und studierte die Werke von Leibniz und Wolff sowie die Philosophie Humes, die ihn zu seinen großen Schriften anregte. Seit 1770 bekleidete er den Lehrstuhl für Logik und Metaphysik an der Universität Königsberg. Er starb 1804, hochgeachtet und geehrt in ganz Europa.

Die drei Fragen der Philosophie

Kant selbst hat die Aufgabe der Philosophie durch folgende drei Fragen umrissen: **Was kann ich wissen? Was soll ich tun? Was darf ich hoffen?** In seinen großen Werken hat er diese Fragen beantwortet.

Was kann ich wissen? Mit dieser Frage befaßt Kant sich in seinem Meisterwerk *Die Kritik der reinen Vernunft* (1781). Er zeigt hier die Grenzen der menschlichen Erkenntnis und ihre Relativität auf. Die Wahrheit ist nicht außerhalb des menschlichen Bewußtseins und das Sein nicht hinter den Dingen zu suchen, sondern in uns. Kant selbst vergleicht diese Wendung des Denkens mit der Leistung des Kopernikus. Für die Menschen des 18. Jahrhunderts war es ebenso schwierig diese Wendung anzunehmen, wie für die Zeitgenossen Luthers die Zumutung, daß nicht die Sonne um die Erde, sondern die Erde um die Sonne kreist. Was der Mensch erkennt, sind die "Erscheinungen der Dinge" (Phänomena) in Raum und Zeit, nicht aber die "Dinge an sich" (Noumena).

> Die Fragen: ob die Welt einen Anfang und irgend eine Grenze ihrer Ausdehnung im Raume habe; ob es irgendwo und vielleicht in meinem denkenden Selbst eine unteilbare und unzerstörbare Einheit oder nichts als das Teilbare und Vergängliche gebe; ob ich in meinen Handlungen frei oder, wie andere Wesen, an dem Faden der Natur und des Schicksals geleitet sei; ob es endlich eine oberste WelturSache gebe, oder die Naturdinge und deren Ordnung den letzten Gegenstand ausmachen, bei dem wir in allen unseren Betrachtungen stehen bleiben müssen: das sind Fragen, um deren Auflösung der Mathematiker gerne seine ganze Wissenschaft dahin gäbe, denn diese kann ihm doch in Ansehung der höchsten und angelegensten Zwecke der Menschheit keine Befriedigung verschaffen.

Die Rolle des Glaubens

Die Fragen nach der Existenz Gottes, der Erschaffung der Welt usw. lassen sich durch die Vernunft nicht beantworten, denn es läßt sich weder die Existenz noch die Nichtexistenz Gottes beweisen. Hier sind wir an der Grenze der Vernunft angelangt. Gott ist nach Kant eine Idee, die weder bewiesen noch widerlegt werden kann. Damit hat Kant die bisher gültige Metaphysik mit ihren Gottesbeweisen zerstört und Gott in das Gebiet des Glaubens verlegt, wohin er rechtmäßig gehört: "Ich mußte das Wissen aufheben, um zum Glauben Platz zu bekommen." Den Dogmatismus der Metaphysik bezeichnet Kant als "die wahre Quelle alles die Moralität widerstreitenden Unglaubens, der jederzeit gar sehr dogmatisch ist".

Das Sittengesetz - Der Kategorische Imperativ

In seiner *Kritik der praktischen Vernunft* (1788) entzieht Kant Glauben und Religion aus dem Bereich der reinen Vernunft und sichert sie gegen alle philosophischen und wissenschaftlichen Einwände, indem er sie dem absoluten Sittengesetz unterstellt. Er stellt folgende zwei Fragen: 1) Ist die Freiheit des Menschen möglich angesichts der überall herrschenden Naturnotwendigkeit? 2) Gibt es ein Sittengesetz, daß für alle Menschen gilt? Kant bestätigt die menschliche Freiheit, die jeder einzelne als sittliches "Urphänomen" im Verantwortungsgefühl erfährt. Der Mensch ist für seine Entscheidungen verantwortlich, und die Stimme des Gewissens, die jedem innewohnt, läßt sich nicht verleugnen. Diese Stimme im Menschen, die Kant als gegeben annimmt und die da sagt "du sollst", ist das Sittengesetz, das unbegreiflich und unbeweisbar, einfach da ist. Kant formuliert das Sittengesetz so mathematisch exakt, daß es für jeden Menschen in jeder Lage absolut gilt: "Handle so, daß die Maxime [höchste Regel; Leitsatz] deiner Handlung jederzeit zugleich als Prinzip einer allgemeinen Gesetzgebung gelten können." Eine sittliche Handlung ist absolut, gilt in jeder Situation für jeden Menschen und erlaubt keine Ausnahmen.

Das Weiterleben nach dem Tod und die Existenz Gottes

Diesem Gesetz, dem kategorischen Imperativ, soll und kann der Mensch folgen, denn als moralisches Wesen ist er frei. Ohne die Gewißheit, daß er der Urheber seiner Handlungen ist, wäre das Sittengesetz widersinnig. Das Leben ist zu kurz, um es dem Menschen zu ermöglichen, die Forderung des kategorischen Imperativs vollständig, vollkommen zu erfüllen, und aus diesem Grund postuliert die reine Vernunft ein Weiterleben nach dem Tode, in dem die unsterbliche Seele diese Forderung erfüllen kann. Da jeder Mensch den Wunsch nach ewiger Glückseligkeit in sich trägt, aber selbst der perfekte Gehorsam des Sittengesetzes solch ein Glück nicht garantiert, muß es notwendigerweise eine Macht geben, die den Wunsch des Menschen erfüllt: Diese Macht heißt Gott. Und es gibt noch einen Grund, warum Gott existieren muß. Das Sittengesetz verlangt Gerechtigkeit und Strafe. Aus unserer Erfahrung wissen wir, daß die meisten Menschen hier auf der Erde weder Gerechtigkeit noch die wohl verdiente Strafe bekommen, daher verlangt die praktische Vernunft die Existenz eines allwissenden Gottes, der jedem Menschen vollkommene Gerechtigkeit widerfahren lassen wird. Die Freiheit der Menschen, die Unsterblichkeit der menschlichen Seele und die Existenz Gottes können nicht mit Hilfe der reinen Vernunft bewiesen werden, sondern ergeben sich notwendig aus dem Sittengesetz.

Das Sittengesetz ist autonom

Kant ist zugleich Höhepunkt und Überwindung der Aufklärung. Von ihm führt die philosophische Entwicklung zu Fichte, Hegel und Nietzsche. Mit seinen *Kritiken* löst er die Religion aus dem Bereich der Spekulation. Sein Sittengesetz ist autonom; es muß um seiner selbst willen befolgt werden. Das Gute wird nicht getan, weil man sich davon Belohnung erwünscht oder weil man durch dessen Unterlassung Strafe fürchtet, sondern einfach weil es das Gute ist. Belohnung, Strafe, Gebete und fromme Werke spielen keine Rolle mehr in der Ausübung des kategorischen Imperativs.

DIE DICHTUNG
Gotthold Ephraim Lessing

Unter den deutschen Dichtern der Aufklärungszeit ragt besonders Gotthold Ephraim Lessing (1729-1781) hervor. Lessing wuchs in einem streng lutherischen Pfarrhaus in Kamenz (Sachsen) auf. Da er sehr begabt war, besuchte er gute Schulen und studierte Theologie an der Universität Leipzig. Bald wandte er sich dem Theater zu und wurde Schriftsteller, Rezensent und Mitarbeiter an Zeitungen und Zeitschriften. 1776 heiratete er Eva König, die jedoch ein Jahr später kurz nach der Geburt eines Sohnes starb. Das Kind starb ebenfalls. Lessing hat unter diesem Schicksalsschlag sehr gelitten. An seinen Freund schrieb er: "Meine Frau ist tot. Und diese Erfahrung habe ich nun auch gemacht. Ich freue mich, daß mir viel dergleichen Erfahrungen nicht mehr übrig sein können zu machen . . . Ich wollte es auch einmal so gut haben wie andere Menschen, aber es ist mir schlecht bekommen." Im Jahre 1781 starb er in Braunschweig.

Die Suche nach Wahrheit

Lessing ist ein aufrichtiger Wahrheitssucher, der mit Mut und Überzeugung gegen die Mißstände seiner Zeit eintritt und für eine bessere Welt kämpft. Bezeichnend für sein Wesen ist folgender Ausspruch:

> Nicht die Wahrheit, in deren Besitz irgendein Mensch ist oder zu sein vermeint, sondern die aufrichtige Mühe, die er angewendet hat, hinter die Wahrheit zu kommen, macht den Wert des Menschen. Denn nicht durch den Besitz, sondern durch die Nachforschung der Wahrheit erweitern sich seine Kräfte, worin allein seine immer wachsende Vollkommenheit besteht. Der Besitz macht ruhig, träge, stolz. Wenn Gott in seiner Rechten alle Wahrheit und in seiner Linken den einzigen immer regen Trieb nach Wahrheit, obschon mit dem Zusatze, mich immer und ewig zu irren, verschlossen hielte und spräche zu mir: wähle, ich fiele ihm mit Demut in seine Linke und sagte: Vater, gib!, die reine Wahrheit ist ja doch nur für dich allein.

Lessings Literaturkritik

Besonders in seinen kritischen Schriften bekämpft Lessing alles Minderwertige in der Literatur mit dem Ziel, eine echte deutsche Nationalliteratur zu schaffen. Seine ersten wichtigen kritischen Beiträge erscheinen in *Briefe, die neueste Literatur betreffend*, die Lessing zusammen mit seinen Freunden Christoph Nicolai und Moses Mendelssohn zwischen 1759 und 1765 herausgab. In diesen Briefen kritisieren die Herausgeber Werke der Literatur, Schriftsteller, Theaterdirektoren usw. Berühmt geworden ist der 17. Literaturbrief, in dem Lessing den Kritiker

Gottsched und dessen Dramentheorie angreift. Der Brief beginnt mit der berühmten Einleitung: ">Niemand<, sagen die Verfasser der Bibliothek, >wird leugnen, daß die Deutsche Schaubühne einen großen Teil ihrer ersten Verbesserung dem Herrn Professor Gottsched zu danken habe.< Ich bin dieser Niemand; ich leugne es geradezu."

Kritik gegen Gottsched

Johann Christoph Gottsched (1700-1766) war seit 1734 Professor für Logik und Metaphysik an der Universität Leipzig. Als überzeugter Anhänger Wolffs bekämpfte er die schwülstige Barockliteratur und empfahl den Dichtern, die klassizistische französische Literatur nachzuahmen. In seinem *Versuch einer kritischen Dichtkunst* (1730) verkündet er, daß es Aufgabe der Literatur sei, zu belehren und zu tugendhafter Gesinnung zu erziehen. Ein Literaturwerk sei nach strengen Regeln, wie Einhaltung der Einheit von Zeit, Ort und Handlung im Drama und Gebrauch des Alexandriners,[6] aufzubauen. Phantasie und Gefühl habe keine Berechtigung in der Literatur. Diese Einstellung führte zu einer Auffassung der Literatur als mechanisches Regelwerk und zu einer Lähmung der dichterischen Entfaltung. Es war Gottscheds besonderes Verdienst, das Theater von den oft unanständigen Vorführungen und Zoten des Hanswursts zu reinigen und für eine klare, saubere Bühnensprache einzutreten.

Shakespeare als Vorbild für das deutsche Theater

Lessings Angriff zielt besonders gegen das französische Theater, das er für die deutsche Art und den deutschen Geschmack als unpassend empfindet, weil es gekünstelt und gemacht sei. Dem Deutschen liegt das englische Theater, besonders Shakespeare, viel besser als Corneille und Racine, und darum soll dem deutschen Drama das Genie Shakespeare, dessen Tragödien natürlich und ursprünglich sind, künftig als Vorbild dienen. Für Shakespeare setzt Lessing sich immer wieder ein, so in seiner *Hamburgischen Dramaturgie* (1767-1769), in der er auch das strenge Einhalten der Einheit der Zeit und des Ortes als unhaltbar ablehnt.

Die Erziehung des Menschengeschlechts

In der Schrift *Die Erziehung des Menschengeschlechts* (1780) zeigt Lessing, daß die Geschichte eine Entwicklung zur Veredelung der Menschheit ist. Die Erziehung des Menschen vollzieht sich in drei Stufen. Auf der ersten Stufe, dem Kindesalter, mußte ein strenger Gottvater sein Volk durch "sinnliche Strafen und Belohnungen" zum Guten zwingen (Altes Testament). Dann wurde das Kind zum Jüngling, Christus kam und gab den Menschen die Verheißung von der Unsterblichkeit der Seele und verlegte Strafe und Belohnung ins Jenseits. Nun tat der Mensch das Gute aus edleren Beweggründen, aber immer noch aus Furcht vor Strafe oder Hoffnung auf Belohnung. Die dritte Stufe, das Mannesalter, ist der Höhepunkt der Geschichte. Hier tut der Mensch das Gute aus der vernünftigen Einsicht, daß es richtig ist, Gutes zu tun. Strafe und Belohnung sind keine Beweggründe mehr:

> Sie wird kommen, sie wird gewiß kommen, die Zeit der Vollendung, da der Mensch, je überzeugter sein Verstand einer immer bessern Zukunft sich fühlt, von dieser Zukunft gleichwohl Bewegungsgründe zu seinen Handlungen zu erborgen nicht nötig haben wird, da er das Gute tun wird, weil es das Gute ist, nicht weil willkürliche Belohnungen darauf gesetzt sind, die seinen flatterhaften Blick ehedem bloß heften und stärken sollen, die innern bessern Belohnungen desselben zu erkennen.

Die Fabel als didaktisches Genre

Lessings dichterisches Schaffen steht seinen kritischen Werken gleichwertig zur Seite. Außer seinen großen Dramen *Minna von Barnhelm* (1767), *Emilia Galotti* (1772) und *Nathan der Weise* (1779) seien Fabeln genannt, die I759 in drei Büchern erschienen. Die Fabel war unter den Schriftstellern der Aufklärung besonders beliebt[7] und ist wegen ihrer didaktischen Tendenz das eigentliche Genre der Aufklärungsliteratur. Sie ist die höchste Gattung der Poesie, im Urteil einiger Aufklärer. Es ist eine kurze Beschreibung einer typischen menschlichen Begebenheit oder Situation, die aber auf die Naturwelt übertragen wird. Die Hauptdarsteller sind keine Menschen, sondern gewöhnlich

---

[6] Der Alexandriner ist ein sechshebiger, jambischer Vers mit einer Pause nach der dritten Hebung. Er ist gereimt. Im Französischen klingt er gut, aber im Deutschen meist langweilig.

[7] Bekannte Fabeldichter sind außer Lessing besonders Gellert, Hagedorn, Gleim u.a. Als Muster galten der Grieche Äsop und der Franzose La Fontaine.

Tiere. Die Moral, die ans Ende kommt, wird versteckt und witzig dargereicht und ist deshalb schmerzlos. Die Fabel klärt auf. Es folgen drei typische Beispiele aus Lessings Sammlung.

Der Esel mit dem Löwen

Als der Esel mit dem Löwen, der ihn statt seines Jägerhorns brauchte, nach dem Walde ging, begegnete ihm ein anderer Esel von seiner Bekanntschaft und rief ihm zu: Guten Tag, mein Bruder! Unverschämter! war die Antwort. Und warum das? fuhr jener Esel fort. Bist du deswegen, weil du mit einem Löwen gehst, besser als ich? mehr als ein Esel?

Der kriegerische Wolf

Mein Vater glorreichen Andenkens, sagte ein junger Wolf zu einem Fuchse, das war ein rechter Held! Wie fürchterlich hat er sich nicht in der ganzen Gegend gemacht! Er hat über mehr als zweihundert Feinde nach und nach triumphiert und ihre schwarzen Seelen in das Reich des Verderbens gesandt. Was Wunder also, daß er endlich doch einem unterliegen mußte.
So würde sich ein Leichenredner ausdrücken, sagte der Fuchs; der trockene Geschichtsschreiber aber würde hinzusetzen: Die zweihundert Feinde, über die er nach und nach triumphieret, waren Schafe und Esel, und der Feind, dem er unterlag, war der erste Stier, den er sich anzufallen erkühnte.

Die Gans

Die Federn einer Gans beschämten den neugebornen Schnee. Stolz auf dieses blendende Geschenk der Natur, glaubte sie eher zu einem Schwane als zu dem, was sie war, geboren zu sein. Sie sonderte sich von ihresgleichen ab und schwamm einsam und majestätisch auf dem Teiche herum. Bald dehnte sie ihren Hals, dessen verräterische Kürze sie mit aller Macht abhelfen wollte. Bald suchte sie ihm die prächtige Biegung zu geben, in welcher der Schwan das würdigste Ansehen eines Vogels des Apollo hat. Doch vergebens; er war zu steif, und mit aller ihrer Bemühung brachte sie es nicht weiter, als daß sie eine lächerliche Gans ward, ohne ein Schwan zu werden.

Minna von Barnhelm

Minna von Barnhelm ist eines der wenigen großen deutschen Lustspiele. Der ernste Konflikt des Dramas zwischen dem strengen Ehrgefühl des preußischen Majors von Tellheim und der echten Liebe des sächsischen Edelfräuleins von Barnhelm wird am Ende glücklich gelöst. Die Handlung beruht auf persönlichen Erlebnissen Lessings, der den Siebenjährigen Krieg als Sekretär des preußischen Generals von Tauentzien in Schlesien mitgemacht hat. Lessing kommt es auf die Synthese preußischer Strenge und sächsischer Grazie, männlicher Ehre und weiblicher Liebeskraft an, denn diese Synthese ergibt wahre Menschlichkeit. Die ernsten Szenen zwischen den beiden Hauptpersonen wechseln sich geschickt ab mit heiteren, in denen die Nebenpersonen mit List und Gewandtheit (Franziska), mit aufdringlicher Dienstbeflissenheit und komischer Neugier (der Wirt), mit polternder Biederkeit (Wachtmeister) und mit Grobheit und ehrlicher Anhänglichkeit (Just) für Humor und Auflockerung sorgen. Durch seinen sittlichen Gehalt, seinen künstlerischen Aufbau, die glaubhafte Charakterisierung der Personen und die Schönheit der geistvollen Sprache hat sich das Stück bis heute auf der deutschen Bühne gehalten.

Nathan der Weise

Das bekannteste von allen seinen Werken ist zweifellos *Nathan der Weise*. Die Entstehung dieses Dramas verdanken wir einem ungewöhnlichen Umstand. Zwischen 1774 und 1778 veröffentlichte Lessing einige nachgelassene Schriften seines verstorbenen Freundes Reimarus, die gegen die starre Haltung der lutherischen Orthodoxie gerichtet[8] sind und deren Vertreter, vor allem den Hamburger Pfarrer Goeze, zur Stellungnahme herausfordern. Als die Polemik immer schärfer wird und Lessings Gegner sich den wuchtigen Angriffen nicht mehr gewachsen fühlen, erwirken sie gegen Lessing das Verbot, weiterhin theologische Streitschriften zu veröffentlichen. Da beschließt Lessing, sich auf seine "alte Kanzel", das Theater, zurückzuziehen und schreibt seinen Nathan.[9]

---

[8]   Eine dieser Schriften leugnet z.B. die Auferstehung Christi.

[9]   Lessing hat das Drama in Blankversen (fünfhebigen, ungereimten Jamben) geschrieben, die er von Shakespeare übernimmt. Der Blankvers wird zum Vers des klassischen deutschen Dramas überhaupt.

Reliöse Toleranz und christliche Nächstenliebe

Das Drama enthält Lessings persönliches Glaubensbekenntnis von der uneigennützigen Menschenliebe, mit der Selbstüberwindung, Toleranz und Brüderlichkeit eng verknüpft sind. Die Handlung versetzt den Zuschauer zurück in die Zeit des 3. Kreuzzuges, die Zeit also der religiösen Intoleranz. Im Zentrum der Handlung steht die berühmte Ringparabel, Nathans Antwort auf die Frage des Sultans, welche der drei Hauptreligionen, das Christentum, der Islam oder das Judentum, die einzig wahre Religion sei. Mit diesem Gleichnis zeigt Nathan, der in erster Linie ein aufgeklärter Mensch und erst dann Vertreter des Judentums ist, daß die Frage sinnlos ist. Die einzig richtige Frage lautet, ob sich im Einzelnen die Kraft der wahren Religion an seiner menschlichen, sittlichen Gesinnung zeigt. Diese menschliche Gesinnung und sittliche Größe zeigt sich am reinsten in Nathan, der sich wahrhaftig selbst überwunden hat und werktätige Liebe zeigt. In einer Judenverfolgung haben die Christen ihm seine Frau und seine sieben Söhne ermordet. Drei Tage und Nächte liegt er verzweifelt vor Gott im Gebet und ringt mit der Frage: Warum? Da wird ihm nach schwerem innerem Kampf ein Christenmädchen, Recha, gebracht, das Mutter und Vater verloren hat. Nathan betrachtet das als ein Zeichen Gottes, nimmt es an und zieht es groß. Der Klosterbruder, dem er die Begebenheit erzählt, ruft aus, was die Zuschauer im Herzen empfinden sollen: "Nathan! Nathan! Ihr seid ein Christ! - Bei Gott, Ihr seid ein Christ! Ein beßrer Christ war nie!" (4. Akt 7. Szene) Tatsächlich ist der Jude Nathan der eigentliche Christ im Drama. Die Christen sind viel weniger christlich. Der Patriarch[10] von Jerusalem ist ein blutrünstiger Fanatiker, der Nathan auf dem Scheiterhaufen verbrennen lassen will, weil er Recha nicht hat taufen lassen. Rechas Pflegerin und Erzieherin, die Christin Daja, ist ebenfalls fanatisch, aber aus ehrlicher Qual um das Seelenheil des geliebten Kindes. Der Tempelritter, Sittah und Saladin sind Vertreter der Humanitätsreligion. Nathan, der dem Kategorischen Imperativ Kants folgt, symbolisiert das menschliche und religiöse Ideal. Am Ende des Dramas stellt sich heraus, daß der mohammedanische Sultan, der christliche Tempelritter und die ganz im Sinne des aufklärerischen Humanitätsideals erzogene Recha miteinander blutsverwandt sind, ein offensichtlicher Hinweis seitens des Autors auf die Unvernünftigkeit religiöser Streitereien. Nicht die Religionszugehörigkeit ist das Maßgebende, sondern die reine Menschlichkeit.

Mit dem Drama *Nathan der Weise* verwirft Lessing den Antisemitismus. Es ist ein Aufruf auch an uns heute, uns nicht in Religions- oder Rassenstreitigkeiten zu zerstören, sondern das Menschliche in unseren Brüdern zu sehen, "der unbestochenen, von Vorurteilen freien Liebe nachzueifern" und diese Liebe "mit Sanftmut, mit herzlicher Verträglichkeit, mit Wohltun, mit innigster Ergebenheit in Gott" zu fördern.

Der Pietismus

Die Philosophie und Literatur der Aufklärungszeit wird von zwei zum Teil entgegengesetzten Strömungen begleitet: dem Pietismus und dem Rokoko. Der Pietismus ist eine religiöse Entwicklung, die bald nach dem Dreißigjährigen Krieg zahlreiche Anhänger in Deutschland findet.[11] Die Pietisten setzen es sich zum Ziel, die dogmatische Äußerlichkeit des erstarrten Luthertums durch Verinnerlichung, durch das persönliche Gotteserlebnis, durch ein individuelles Christentum des Herzens zu durchbrechen. Das persönliche Erlebnis der Gnade und der Wiedergeburt, hervorgerufen durch das Bewußtsein der Sündhaftigkeit, der Buße und der Bekehrung zu Christus standen im Mittelpunkt der pietistischen Anschauung. Obgleich der Pietismus das Gefühl hervorhebt und die Aufklärung den Verstand, betonen beide das werktätige, praktische Christentum und die religiöse Toleranz unter Abwertung des Dogmas. Diese Tendenz beider Bewegungen führt zur Erschütterung der kirchlichen Autorität.

Friedrich Gottlieb Klopstock

Unter den Dichtern sind besonders Klopstock und der junge Goethe, von dem wir später sprechen werden, vom Pietismus beeinflußt worden. Friedrich Gottlieb Klopstock wurde 1724 in Quedlinburg geboren, wuchs im pietistischen Milieu auf und erhielt seine Ausbildung auf der berühmten Fürstenschule Schulpforta[12] und auf den Universitäten Jena und Leipzig, wo er Theologie studierte. Schon früh interessierte er sich für die Literatur und

---

[10] Mit der Person des Patriarchen hat Lessing seinen Hauptgegner, den Hamburger Pastor Goeze, verewigt. Mit Nathan hat er seinem jüdischen Freund Moses Mendelssohn ein Denkmal gesetzt.

[11] Der Jansenismus in Frankreich und der Puritanismus in England sind verwandte Erscheinungen.

[12] Schulpforta, Meißen und Grimma waren in Sachsen nach der Reformation aus Klostergütern eingerichtet worden. Es waren 6-7klassige humanistische Gymnasien. Außer Klopstock waren Lessing, Gellert, Fichte, Ranke, Nietzsche u.a. Schüler auf diesen Schulen.

begann dem Engländer Milton nachzueifern und wurde zum Idol der jungen Dichtergeneration (Claudius, Hölty, Goethe, Voß, Bürger, u.a.). Er starb im Jahre 1803.

Der Messias

Berühmt machten Klopstock die ersten Gesänge seines *Messias*, die er 1748 veröffentlichte, und seine Lyrik. Der *Messias* ist ein Epos, inspiriert durch Miltons *Paradise Lost*, dessen Thema die Erlösung der Menschheit durch den Opfertod Christi ist. Die Begeisterung für das Werk, das erst 1773 beendet wurde, war zunächst überschwenglich, denn hier empfand vor allem die junge Generation einen neuen Ton, eine Überwindung der rationalen Starrheit. Später kühlte sich die Begeisterung merklich ab, als das Werk allzu breit erschien und die klassischen Hexameter, in denen es geschrieben war, allzu gekünstelt wirkten. Auch der Mangel an plastischer, bilderreicher Sprache, die breite Darstellung und die erdrückende Wortfülle, die eine wirkliche innere Erschütterung des Lesers ausschließt, mögen zu dieser Abkühlung beigetragen haben. Hinzu kommt noch, daß der Held, Christus, eigentlich kein Held ist, weil er zu passiv ist und nur selten im Mittelpunkt steht. Klopstock versteht die tiefe Tragik vom Leiden und Tode Christi nicht völlig und interessiert sich mehr für die Wirkung der Ereignisse auf das Seelenleben der Nebenpersonen. Der *Messias* wird heute nicht mehr gelesen, ist jedoch aus historischen Gründen äußerst wichtig, nämlich als subjektiver Ausdruck des pietistischen Lebensgefühls und als sprachliche Meisterleistung, die die deutsche Dichtersprache ungeheuer stark beeinflußt hat. Wir zitieren die Anfangshexameter, die mit ihrem hohen Pathos ganz in der Tradition der klassischen Epik stehen:

> Sing, unsterbliche Seele, der sündigen Menschen Erlösung,
> Die der Messias auf Erden in seiner Menschheit vollendet
> Und durch die er Adams Geschlechte die Liebe der Gottheit
> Mit dem Blute des heiligen Bundes von neuem geschenkt hat.
> Also geschah des Ewigen Wille. Vergebens erhob sich
> Satan wider den göttlichen Sohn; umsonst stand Juda
> Wider ihn auf; er tat's und vollbrachte die große Versöhnung.

Klopstocks Lyrik

Klopstocks Hauptbedeutung liegt in seiner Lyrik (auch der *Messias* hat vielfach lyrischen Charakter), in der die gewaltige Gefühlsintensität, die sprachschöpferische Kraft sowie die völlige Beherrschung der klassischen Metren und der Gebrauch freier Rhythmen etwas Neues sind. Die Hauptthemen seiner Oden[13] sind Gott, Unsterblichkeit (*Die Frühlingsfeier*) Freundschaft, Tugend und Liebe (*An meine Freunde, Die Fanny-Oden*), die Freude am Empfinden (*Der Zürchersee*), Natur (*Der Eislauf*) und Vaterland (*Die beiden Musen*). Die Verweltlichung des religiösen Naturgefühls in subjektiven Gefühlsüberschwang, das Wissen um die inneren Gefühle und deren Genießen, sowie die Schwärmerei, die bis zu Tränen erschüttert, nennen wir Empfindsamkeit oder, nach dem Englischen, Sentimentalität. Klopstocks Dichtung ist zum großen Teil empfindsam.

Die Frühlingsfeier

Als Beispiel für Klopstocks Sentimentalität zitieren wir einige Strophen aus seiner bekannten Ode *Die Frühlingsfeier*. Der Genuß der eigenen Gefühle der überschwenglichen Verzückung, die sich um den Tropfen am Eimer, der Erde, die aus der Hand des Allmächtigen rann, entzündet, ist empfindsam, so auch die Tränen, die der Dichter vergießt, als er das Käferchen sieht und fürchtet, das es vielleicht nicht unsterblich ist. Auffallend ist die ungeheure Intensität des Gefühls, das angefacht wird durch die Freude um das Wissen von der herrlichen Schöpfung Gottes.

---

13 Eine Ode (griechisch = Gesang, Lied) ist ein gedankenreiches Gedicht in gehobener, oft pathetischer Sprache, das erhabene Gefühle ausdrückt. Die Engländer Byron, Shelley und Keats schreiben bekannte Oden.

Die Frühlingsfeier

Nicht in den Ozean der Welten alle
Will ich mich stürzen, schweben nicht,
Wo die ersten Erschaffnen, die Jubelchöre der Söhne des Lichts,
Anbeten, tief anbeten und in Entzückung vergehn.

Nur um den Tropfen am Eimer,
Um die Erde nur, will ich schweben und anbeten,
Halleluja! Halleluja! Der Tropfen am Eimer
Rann aus der Hand des Allmächtigen auch!

Da der Hand des Allmächtigen
Die größeren Erden entquollen,
Die Ströme des Lichts rauschten und Siebengestirne wurden,
Da entrannest du, Tropfen, der Hand des Allmächtigen!

Da ein Strom des Lichts rauscht' und unsre Sonne wurde,
Ein Wogensturz sich stürzte wie vom Felsen
Der Wolken herab und den Orion gürtete,
Da entrannest du, Tropfen, der Hand des Allmächtigen!
Wer sind die Tausendmaltausend, wer die Myriaden alle
Welche den Tropfen bewohnen und bewohnten?
Und wer bin ich!
Halleluja dem Schaffenden! Mehr, wie die Erden, die quollen,
Mehr, wie die Siebengestirne, die aus Strahlen zusammenströmten!

Aber du, Frühlingswürmchen,
Das grünlichgolden neben mir spielt,
Du lebst und bist vielleicht,
Ach, nicht unsterblich!
Ich bin herausgegangen, anzubeten,
Und ich weine? Vergib, vergib
Auch diese Träne dem Endlichen,
O du, der sein wird!

Du wirst die Zweifel alle mir enthüllen,
O du, der mich durch das dunkle Tal
Des Todes führen wird! Ich lerne dann,
Ob eine Seele das goldene Würmchen hatte.

Bist du nur gebildeter Staub,
Sohn des Mais, so werde denn
Wieder verfliegender Staub,
Oder was sonst der Ewige will! .....

Sprache und Bilder der Ode

Eindrucksvoll ist die berauschende Sprache dieser Ode, die sich an mehreren Stellen zu großer Schönheit steigert. Die freien Rhythmen drücken die Gefühlssteigerung besonders überzeugend aus. Berühmt in der deutschen Dichtung und besonders eindrucksvoll sind die Strophen, die den Gewittersturm beschreiben, in dem das Ich, das hinaus in die Natur gegangen ist, um Gott zu finden, eine Antwort auf seine Zweifel erfährt. Die Sprache erinnert an die Psalmen im Alten Testament und die Bilder ("die schwarze Wolke", der "Verderber", dem der Vater gebietet, "vor unsrer Hütte vorüberzugehn") an Stellen im Buch *Genesis* und *Exodus*. Die Winde rauschen herbei, der Wald "beugt sich" und der Strom schwillt an. Dann kommt der Augenblick der völligen Stille vor dem Losbrechen der Gewalt, in dem Klopstock seinen Gott erfährt.

Alles ist still vor dir, du Naher!
Ringsumher ist alles still!
Auch das Würmchen, mit Golde bedeckt, merkt auf.
Ist es vielleicht nicht seelenlos? ist es unsterblich?

Ach, vermöcht ich dich, Herr, wie ich dürste, zu preisen!
Immer herrlicher offenbarest du dich!
Immer dunkler wird die Nacht um dich
Und voller von Segen!

Seht ihr den Zeugen des Nahen, den zückenden Strahl?
Hört ihr Jehovas Donner?
Hört ihr ihn? hört ihr ihn,
Den erschütternden Donner des Herrn?

Herr! Herr! Gott!
Barmherzig und gnädig!
Angebetet, gepriesen
Sei dein herrlicher Name!

Und die Gewitterwinde? sie tragen den Donner!
Wie sie rauschen! wie sie mit lauter Woge den Wald durchströmen!
Und nun schweigen sie. Langsam wandelt
Die schwarze Wolke.

Seht ihr den neuen Zeugen des Nahen, den fliegenden Strahl?
Höret ihr hoch in der Wolke den Donner des Herrn?
Er ruft: Jehova! Jehova!
Und der geschmetterte Wald dampft!

Aber nicht unsere Hütte!
Unser Vater gebot
Seinem Verderber,
Vor unsrer Hütte vorüberzugehn.

Ach, schon rauscht, schon rauscht
Himmel und Erde vom gnädigen Regen!
Nun ist - wie dürstete sie - die Erd' erquickt!
Und der Himmel der Segensfüll' entlastet.

Siehe, nun kommt Jehova nicht mehr im Wetter;
In stillem, sanftem Säuseln
Kommt Jehova,
Und unter ihm neigt sich der Bogen des Friedens!

An diese Stelle in Klopstocks Ode denken Werther und Lotte in Goethes Roman *Die Leiden des jungen Werther*, als sie nach dem Tanz am Fenster stehen und ein Gewitter erleben. Die kleine Szene zeigt, wie tief die Menschen damals von Klopstocks Lyrik ergriffen waren:

> Wir traten ans Fenster. Es donnerte abseitwärts, und der herrliche Regen säuselte auf das Land, und der erquickende Wohlgeruch stieg in aller Fülle einer warmen Luft zu uns auf. Lotte stand auf ihren Ellenbogen gestützt, ihr Blick durchdrang die Gegend, sie sah den Himmel und auf mich, ich sah ihr Auge tränenvoll, sie legte ihre Hand auf die meinige und sagte - Klopstock! - Ich erinnerte mich sogleich der herrlichen Ode, die ihr in Gedanken lag, und versank in dem Strom von Empfindungen, den sie in dieser Losung über mich ausgoß.

Klopstock war die erste deutsche Dichterpersönlichkeit, die das Dichten als göttliche Berufung empfand. Als Seher und Prophet vermittelt er durch seine Poesie große Gedanken und erhabene Empfindungen in leidenschaftlich schöner Sprache.

Die Anakreontik

Ganz im Gegensatz zum tiefen Ernst und zur Empfindsamkeit Klopstocks steht die Rokokodichtung oder Anakreontik, die um die Mitte des 18. Jahrhunderts in Deutschland floriert und in Hagedorn, Gleim und Wieland ihre Hauptvertreter hervorbringt. Nach dem Vorbild des Griechen Anakreon und des Römers Horaz preisen die Anakreontiker die Macht der Liebe, die körperlichen Reize der Geliebten, den Wein, die Geselligkeit und den heiteren Lebensgenuß. Die griechischen Götter Amor und Bacchus, die Göttin Venus, die amöne Landschaft mit Wiesen, Bächen, Quellen und Lauben, und das Schäferinnenmotiv spielen eine führende Rolle in der Lyrik. Die Gedichte sind Gesellschaftsliteratur, die zur Unterhaltung der Hofgesellschaft diente. Ihr Ton ist zierlich tändelnd, graziös, schmachtend, reizvoll, leicht erotisch, heiter. Folgendes kleine Gedicht von Johann Peter Uz ist ein typisches Beispiel:

Ein Traum
O Traum, der mich entzücket!
Was hab ich nicht erblicket!
Ich warf die müden Glieder
In einem Tale nieder,
Wo einen Teich, der silbern floß,
Ein schattiges Gebüsch umschloß.

Da sah ich durch die Sträuche
Mein Mädchen bei dem Teiche;
Das hatte sich zum Baden,
Der Kleider meist entladen
Bis auf ein untreu weiß Gewand,
Das keinen Lüftchen widerstand.

Der freie Busen lachte,
Den Jugend reizend machte.
Mein Blick blieb lüstern stehen
Bei diesen regen Höhen,
Wo Zephir unter Lilien blies
Und sich die Wollüst fühlen ließ.

Sie fing nun an, o Freuden!
Sich vollends auszukleiden:
Doch ach! indem's geschiehet,
Erwach ich, und sie fliehet.
O schlief ich doch von neuem ein!
Nun wird sie wohl im Wasser sein!

Christoph Martin Wieland

Christoph Martin Wieland (1753-1813) ein Hauptvertreter des Rokoko, ist Pfarrerssohn und wird im protestantischen Internat erzogen. In Tübingen studiert er Jura, aber interessiert sich viel mehr für die Literatur. Er wird von der Großherzogin Amalie als Erzieher des jungen Prinzen Karl August an den Hof in Sachsen-Weimar geholt, wo er später auch mit Goethe und Schiller befreundet ist. Eine gewaltige Leistung ist seine Prosaübersetzung von 22 Dramen Shakespeares, die historisch von großer Bedeutung ist, weil die jungen Stürmer und Dränger durch diese Übersetzung Zugang zu ihrem Idol erhielten. Seine Romane und Erzählungen sind voller Weltfreude und ironischer Sensualität. Zu erwähnen sind der Roman *Agathon*, die Verserzählung *Musarion*, der Roman *Geschichte der Abderiten*, eine humorvolle Satire auf das deutsche Kleinbürgertum, und das komische Epos *Oberon*, Wielands beste lyrische Leistung.

STUDIENFRAGEN ZUM KAPITEL <u>DAS ZEITALTER DER AUFKLÄRUNG</u>

Anregungen:

Wenn Sie die Philosophie und Literatur der Aufklärungszeit eingehender studieren wollen, empfehle ich Ihnen, folgende Werke zu lesen: Kants Aufsatz *Was ist Aufklärung?*, Fabeln von Lessing und anderen Schriftstellern, Lessings Aufsatz *Die Erziehung des Menschengeschlechts*, seine Dramen *Minna von Barnhelm* und *Nathan der Weise* und den *17. Literaturbrief*, Klopstocks Oden *Der Zürchersee* und *Die Frühlingsfeier* und einige typische Rokokogedichte von Hagedorn, Gleim und Uz.

Fragen:

1. Erklären Sie Kants Definition von Aufklärung mit Ihren eigenen Worten. Was bedeutet diese Definition?
2. Welche Männer und welche geistigen Haltungen nehmen den Geist der Aufklärung bereits vorweg und bereiten die Aufklärung vor?
3. Was sind die Hauptziele der Aufklärer und wie wollen sie diese Ziele erreichen?
4. Welche ausländischen Einflüsse wirken auf die deutsche Aufklärung ein?
5. Wer ist Thomasius, und was ist sein besonderer Verdienst?
6. Was wissen Sie über Leibniz?
7. Was meint Leibniz, wenn er sagt, daß Gott die beste <u>aller möglichen</u> Welten geschaffen hat?
8. Wie erklärt Leibniz das Vorhandensein des Bösen in der Welt?
9. Wie macht sich Wolff um die Philosophie verdient?
10. Was verstehen Sie unter Deismus?
11. Was wissen Sie über Kants Leben?
12. Wie beantwortet Kant die Frage: Was kann ich wissen?
13. Welche Rolle spielt der Glaube in Kants Philosophie?
14. Besprechen Sie Kants *Kritik der reinen Vernunft* und die Bedeutung dieses Werkes für die Stellung von Religion und Ethik.
15. Vergleichen Sie Kants kategorischen Imperativ mit den Zehn Geboten, wie sie die Kirche traditionell gelehrt und praktiziert hat. Welche Unterschiede stellen Sie fest? Denken Sie an die Verbrennung von sogenannten "Ketzern" und an die Verfolgung von sogenannten "Ungläubigen". Wie verträgt sich das mit den Zehn Geboten wie Kant sie interpretieren würde?
16. Was sagt Kant aus über die Existenz Gottes und ein Weiterleben nach dem Tod?
17. Besprechen Sie Lessings Leben.
18. Warum ist für Lessing die Suche nach Wahrheit wichtiger als der Besitz der Wahrheit?
19. Warum und mit welchen Argumenten kritisiert Lessing Professor Gottsched?
20. Was sind die drei Stufen der menschlichen Entwicklung? Haben wir die letzte Stufe bereits erreicht? Warum oder warum nicht?
21. Besprechen Sie die Fabel als typisches Beispiel für die Aufklärungsliteratur. Beziehen Sie sich in Ihren Ausführungen auf spezifische Beispiele, die Sie gelesen haben.
22. Warum kann man *Minna von Barnhelm* als Beispiel der Aufklärungsliteratur bezeichnen?
23. Warum schreibt Lessing seinen *Nathan der Weise*?
24. Wie charakterisiert Lessing Nathan? Welche Ideale verkündet Lessing in diesem Drama?
25. Wer ist Klopstock?
26. Besprechen Sie Klopstocks *Messias*. Warum ist dieses Werk am Anfang, dann aber am Ende nicht mehr beliebt?
27. Was sind charakteristische Merkmale der Sprache in Klopstocks Ode *Die Frühlingsfeier*?
28. Was ist mit dem "Tropfen am Eimer" gemeint? Woran scheint das Ich zu zweifeln?
29. Wenn das Ich in der Ode ein Gottsuchender ist, wie und wo findet er seinen Gott? Warum geht er nicht zu seinem Pastor oder Priester und offenbart dem seine Zweifel?
30. Womit beschäftigt sich ein typisches Rokokogedicht? Zeigen Sie die typischen Merkmale am Beispiel von *Der Traum* auf? Warum ist dieses Gedicht nicht von so hohem Niveau wie Klopstocks Ode?
31. Warum ist Wielands Shakespeareübersetzung wichtig?
32. Welche Beiträge der deutschen Dichter und Denker halten Sie persönlich für besonders wertvoll oder bemerkenswert und warum?

KAPITEL 13
DER AUFSTIEG PREUßENS ZUR EUROPÄISCHEN GROßMACHT
DER ERSTE SCHRITT ZUR EINIGUNG DEUTSCHLANDS

Worum geht es in diesem Kapitel?

Die Einigung Deutschlands wird erst 1871 Wirklichkeit, aber ein deutscher Staat, nämlich Preußen, entwickelt sich im 18. Jahrhundert zu einer europäischen Großmacht und legt damit den Grundstein für die Einigung im nächsten Jahrhundert. Wir konzentrieren uns in diesem Kapitel auf die Entstehung und die Entwicklung des preußischen Staates, denn es ist Preußen, nicht Österreich, Bayern oder Sachsen, das schließlich die Einigung der deutschen Staaten zustandebringt. Wir verfolgen, wie sich die kleine und relativ unbedeutende Mark Brandenburg am Ende des 18. Jahrhunderts unter drei Königen zur diszipliniertesten Militärmacht in Europa entwickelt hat.

Wie gehen wir vor?

1. Lernen Sie zunächst, wie sich das Herzogtum Preußen unter der Leitung der Hohenzollern Familie aus der Mark Brandenburg entwickelt. Lesen Sie die ersten Abschnitte und wiederholen Sie, was Sie gelernt haben.
2. Lesen Sie dann die Überschriften über die folgenden Abschnitte, so daß Ihnen die Namen der Könige und ihre Errungenschaften vertraut werden.
3. Lesen Sie dann die Einzelheiten eingehend. Machen Sie sich zu den Abschnitten, die sich auf einen jeweiligen Herrscher beziehen, Notizen. Legen Sie dann eine Pause ein und wiederholen Sie das Gelernte.
4. Fassen Sie am Ende das ganze Kapitel zusammen. Es hilft, wenn Sie sich beim Lesen Notizen gemacht haben.
5. Sie können auch am Rand Notizen machen und wichtige Stellen unterstreichen.
6. Die Anregungen und Fragen am Ende helfen Ihnen beim Studium.

Lernziele:

In diesem Kapitel lernen Sie,
1. wie der Staat Preußen sich aus der kleinen Mark Brandenburg im Norden Deutschlands entwickelt und welche Rolle die Hohenzollern Familie in dieser Entwicklung spielt.
2. wie Ostpreußen mit Brandenburg vereint wird und der neue Staat zum Königreich wird.
3. welche Rolle besonders der große Kurfürst, der Soldatenkönig und Friedrich der Große im Aufstieg Preußens zur Militärmacht spielen.
4. welche Kriege Friedrich der Große gegen wen führt und was die Resultate dieser Kriege sind.
5. welche Reformen Friedrich der Große einführt und welche Auswirkungen diese Reformen auf das Leben seiner Staatsbürger haben.

Der Gegensatz Habsburg - Hohenzollern

Im 18. Jahrhundert entwickelt sich der Absolutismus weiter, und die deutschen Fürsten werden immer mächtiger. In diesem Jahrhundert verstärkt sich auch der Gegensatz Habsburg (Österreich) - Hohenzollern (Preußen). Die Rivalität zwischen diesen beiden großen deutschen Staaten dauert über 100 Jahre an und endet schließlich mit dem Sieg Preußens über Österreich bei Königgrätz im Jahre 1866. Doch bevor wir davon sprechen, wollen wir den Aufstieg des verhältnismäßig unbedeutenden Kurfürstentums Brandenburg zum mächtigen *electorate* Königreich Preußen verfolgen.

Die Mark Brandenburg

Wir haben bereits gelernt, daß Karl der Große sein Reich bis an den Böhmerwald, die Saale und die Elbe ausgedehnt hatte. Um die Grenzen (die Marken) zu schützen, setzte er Markgrafen ein, welche das Reich gegen die Angriffe von außen verteidigten. An der Mittelelbe entstand die Nordmark als Bollwerk gegen die Slaven. Im Jahre 1134 wurde Albrecht der Bär, ein Angehöriger der Askanier Familie, vom Kaiser als Markgraf der Nordmark eingesetzt. Er war ehrgeizig und vergrößerte seinen Besitz ostwärts, eroberte die Festung Brandenburg und gründete

diocese

dort ein Bistum. Allmählich stieß er bis an die Oder vor und vertrieb den größten Teil der slavischen Bevölkerung. In den folgenden Jahrzehnten wurde das Land von Kolonisten aus dem Westen übernommen und bebaut, Klöster und Städte wurden gegründet, und das Gebiet, das immer weiter ausgedehnt wurde, hieß nun die Mark Brandenburg. Der Markgraf war ein mächtiger Herr, und seine wachsende Macht wurde 1230 anerkannt, als er zum Kurfürsten[1] erhoben wurde.

Die Hohenzollern

Im Jahre 1320 starben die Askanier aus, und die Mark Brandenburg fiel an die Wittelsbacher aus Bayern, die das Land und das Volk ausbeuteten. Die Wittelsbacher verkauften die Mark bald an die Luxemburger, die sie schließlich den Hohenzollern als erbliches Lehen übertrugen.

Die Hohenzollern stammten ursprünglich aus Schwaben. Gegen Ende des 12. Jahrhunderts wird Konrad von Hohenzollern zum Burggrafen von Nürnberg ernannt. Friedrich, ein Nachkomme Konrads, macht sich im Dienst des Kaisers besonders verdient und wird von diesem 1417 mit der Mark Brandenburg belehnt. Sein Sohn baut eine Burg in Berlin und macht diese Stadt zur Hauptstadt Brandenburgs. Durch Kauf und Diplomatie vergrößert er die Mark gewaltig. Sein bester Kauf ist die Neumark, ein Gebiet halb so groß wie Brandenburg, das östlich der Oder liegt. Im Jahre 1539 wird Brandenburg protestantisch. Später kommen die Gebiete Kleve, Mark und Ravensberg im Westen und Ostpreußen im Osten zu Brandenburg, Ereignisse, welche die zukünftige preußische Politik beeinflussen.

Ostpreußen

Ostpreußen war bereits im 13. Jahrhundert unter Leitung des Deutschen Ritterordens (Siehe Kapitel: Das Rittertum!) kolonisiert worden. Das Land war von den Borussen (Preußen), einem slawischen Volk, bewohnt, als ein polnischer Prinz im Jahre 1226 den deutschen Ritterorden beauftragte, dieses heidnische Volk zu bekehren. Deutsche Bauern kamen in den folgenden Jahrhunderten und siedelten sich in Ostpreußen an. Im Jahre 1525 endete die Herrschaft des Ritterordens. Dessen Glanzzeit war bereits hundert Jahre vorher zu Ende gekommen, als die deutschen Ritter 1410 von den Polen in der Schlacht bei Tannenberg besiegt worden waren. In den Jahren nach dieser Schlacht mußten die Ritter immer mehr Gebiet an Polen abtreten. Das trifft besonders für das Land an der unteren Weichsel (Westpreußen) zu, das bis zur ersten polnischen Teilung (1772) polnisch blieb. Im Jahre 1511 wurde ein Hohenzoller, ein Vetter des Kurfürsten von Brandenburg, zum Hochmeister des Ordens gewählt. Er trat 1523 zum lutherischen Glauben über und erklärte sich zwei Jahre später zum Herzog von Preußen, wurde Lehnsmann des Königs von Polen und erhielt ein Banner mit einem schwarzen Adler, der später zum Symbol Preußens und Deutschlands wurde.

Als das Haus Hohenzollern 1613 in Ostpreußen ausstirbt, fällt das Land an die Vettern in Brandenburg, und damit wird der Kurfürst von Brandenburg gleichzeitig Herzog von Preußen. Zu Anfang des 17. Jahrhunderts hat Brandenburg also sein Gebiet nach Westen durch die Gebiete Kleve, Mark und Ravensberg[2] und nach Osten durch Ostpreußen ausgedehnt. Die zukünftigen Hohenzollern verfolgen von nun an das Ziel, diese Gebiete durch Erwerbung der dazwischenliegenden Territorien zu vereinigen in einen Staat: das spätere Königreich Preußen.

Der Große Kurfürst (1640-1688)

Im gleichen Jahr, in dem der Kurfürst von Brandenburg Herzog von Preußen wird, bricht der Dreißigjährige Krieg aus. Wie fast alle deutschen Staaten leidet auch Brandenburg sehr unter den Folgen des Krieges, bis 1640 Friedrich Wilhelm, der Große Kurfürst, an die Regierung kommt. Er schließt Frieden mit dem König von Polen und einen Waffenstillstand mit den Schweden, die seinem Lande schwer zugesetzt hatten. Er baut ein kleines Heer von 8000 Soldaten auf. Am Ende des Krieges bekommt er den östlichen Teil Pommerns (der westliche Teil bleibt in schwedischer Hand), sowie die Bistümer Cammin, Minden, Halberstadt und später auch Magdeburg. Durch sein

---

[1]   Die Kurfürsten hatten bis 1806 das Privileg, einen deutschen Fürsten zum König zu wählen (küren = wählen). Seit dem 13. Jahrhundert waren es zunächst die Erzbischöfe von Mainz, Trier und Köln, der Markgraf von Brandenburg, der Herzog von Sachsen, der Pfalzgraf vom Rhein und der König von Böhmen.

[2]   Die Grafschaften Kleve und Mark liegen im Rheinland und Ravensberg an der Weser.

diplomatisches Verhalten im Krieg zwischen Schweden und Polen (1655-1660) gelingt es ihm, sein Ansehen weiter zu vergrößern. Er wird als Herr in Preußen anerkannt, und da Preußen nicht unter die Oberherrschaft des Kaisers fällt, steigt er zum unabhängigen europäischen Fürsten empor. Später besiegt er die Schweden bei Fehrbellin (1675)[3] und nimmt ihnen Westpommern ab, das er jedoch auf Drängen Frankreichs wieder zurückgeben muß. Der Sieg bei Fehrbellin bringt ihm die Bezeichnung der "Große" Kurfürst ein.[4]

Das Königreich Preußen

Friedrich I (1688-1713), der Sohn des Großen Kurfürsten ist ein besonders ehrgeiziger Mann, dessen Politik darauf hinzielt, sein persönliches Prestige unter den deutschen Fürsten und das Ansehen seines Landes zu erhöhen. Er will unbedingt König werden, und seiner Beharrlichkeit ist es zu verdanken, daß Brandenburg-Preußen zum Königreich wird. Er verfolgt seine Politik bewußt und mit zäher Folgerichtigkeit, obgleich er anfangs auf entschiedene Ablehnung vom Kaiser in Wien trifft, ohne dessen Zustimmung er nicht gekrönt werden kann. Bald jedoch braucht der Kaiser die militärische Unterstützung Preußens gegen Spanien, England und Frankreich und erkauft sich diese Unterstützung, indem er das Recht des Kurfürsten von Brandenburg anerkennt, sich zum König zu krönen. Friedrich krönt sich am 18. Januar 1701 in Königsberg zum König in Preußen und sichert dem Kaiser 8000 Mann Hilfe für den Kriegsfall und für die zukünftigen Kaiserwahlen die brandenburgische Kurstimme zu. Um Schwierigkeiten mit Polen, das Westpreußen regiert, zu vermeiden, nennt Friedrich sich König *in* Preußen, aber das Volk und andere Staaten sprechen bald von ihm als König *von* Preußen. Friedrich der Große, der Enkel des ersten Preußenkönigs, nennt sich dann auch offiziell König von Preußen.

Friedrich Wilhelm I (1713-1740): Der Soldatenkönig

Friedrichs Sohn, Friedrich Wilhelm I, ist neben dem Großen Kurfürsten und Friedrich dem Großen der bedeutendste Regent Preußens. Im Gegensatz zu seinem Vater ist er sparsam und selbstlos und legt sich und seiner Familie dieselbe Strenge auf, die er von seinen Untertanen verlangt. Spartanische Frugalität, gutes Verwaltungsvermögen, eiserne Disziplin, herbe Sachlichkeit, militärische Zucht und Ordnung, Ehrlichkeit und sittliche Strenge sind Bezeichnungen, die auf ihn passen und die von nun an mit dem Begriff "Preußentum" verbunden werden. Der König liebt seine Soldaten, besonders seine Leibgarde, die aus 1.80 m großen Grenadieren besteht. Es wird behauptet, daß der König den Krieg scheut, weil er seine Regimenter nicht verlieren will. Der eigentliche Grund ist aber wohl, daß er sich nicht als Diplomat betrachtet und fürchtet, in einem Kriege errungene Vorteile doch wieder zu verlieren.

Der König trägt Uniform und führt die Schulpficht ein

Anstatt der üblichen gestickten Hofkleider trägt Friedrich Wilhelm ständig eine Uniform, läßt die preußischen Prinzen Soldaten werden und gewinnt den Adel für den Offiziersdienst. So trägt nicht nur der König, sondern auch der preußische Adel Uniform, ein Beispiel, dem bald viele andere europäische Fürsten folgen. Unter der Führung des Königs wird das preußische Heer mit 83 000 Mann die viertgrößte, aber schlagkräftigste und diszipliniertteste Armee in Europa. So wie das Ansehen des Soldaten, wächst auch das Prestige des preußischen Beamten, der im In- und Ausland wegen seiner Ehrlichkeit und seiner Treue gegen König und Vaterland geachtet wird. Besonders erwähnenswert ist auch, daß Friedrich Wilhelm die allgemeine Schulpflicht einführt und damit eine Hoffnung der Reformation verwirklicht. Mancher ausgediente Unteroffizier findet im preußischen Schuldienst eine Stellung als Lehrer, was zwar leider recht häufig zur Folge hat, daß das Klassenzimmer dem Kasernenhof gleicht. Trotzdem sind die Vorteile der allgemeinen Schulpflicht nicht zu unterschätzen.

---

[3]   Die Schlacht von Fehrbellin bildet den Hintergrund in Heinrich von Kleists Drama *Prinz Friedrich von Homburg.*

[4]   Der Kurfürstendamm in Berlin ist nach ihm benannt.

Friedrich der Große (1740-1786)

Nach dem Tod Friedrich Wilhelms, des Soldatenkönigs, übernimmt sein Sohn als Friedrich II die Regierung. Noch zählt Preußen nicht zu den europäischen Großmächten,[5] aber das ändert sich als der Kronprinz, der nur als Flötenspieler und Anhänger Voltaires bekannt ist, König wird.

Kurz nachdem Friedrich die Regierung übernimmt, stirbt Kaiser Karl Vl. Vor seinem Tod hatten die meisten deutschen Fürsten die "Pragmatische Sanktion",[6] anerkannt, nach der die österreichischen Länder ungeteilt auf seine Tochter Maria Theresia (1740-1780) übergehen sollten. Trotz der Vorkehrungen Karls bricht beim Regierungsantritt Maria-Theresias der sogenannte Österreichische Erbfolgekrieg aus, in dem Friedrich, der Anspruch auf Teile Schlesiens hat, diese reiche Provinz den Österreichern in drei Kriegen entreißt.

Die schlesischen Kriege

Im ersten Schlesischen Krieg (1740-1742) besetzt Friedrich die Provinz Schlesien und schlägt die österreichische Armee überraschend bei Mollwitz an der Oder. Maria-Theresia tritt Schlesien an Preußen ab. Im zweiten Schlesischen Krieg (1744-1745) verteidigt Friedrich die neugewonnene Provinz im Bündnis mit Bayern und Frankreich. Bei Hohenfriedberg gewinnt der preußische König einen seiner glänzendsten Siege über die vereinte österreichisch-sächsische Armee.

Der Siebenjährige Krieg

Maria-Theresia kann sich mit dem Verlust Schlesiens nicht abfinden, denn es ist eine reiche Provinz mit über einer Million Einwohner und einer blühenden Industrie. Unter ihrem Kanzler Fürst von Kaunitz bildet sich die Große Koalition zwischen Österreich, Frankreich und Rußland gegen Preußen. Damit steht ein Land von etwa fünf Millionen Einwohnern und einem Heer von rund 200 000 Mann gegen ein Bündnis von hundert Millionen und einem Gesamtheer von 700 000 Soldaten. Die Aussichten für Preußen, aus diesem Streit ohne gewaltige Gebietsverluste hervorzugehen, sind in der Tat äußerst gering. Daß sich Friedrich dennoch in einem Siebenjährigen Krieg (1756-1763) gegen diese erdrückende Übermacht behauptet, ist seinem Genius als Heerführer, der Treue, Tapferkeit und Opferbereitschaft seiner Soldaten und seines Volkes, der Hilfe Englands, das von 1756 bis 1761 mit Preußen verbündet ist und der Uneinigkeit unter den Bündnispartnern zu verdanken. Obgleich die preußischen Armeen besonders zu Anfang des Krieges glänzende Siege über die Franzosen bei Roßbach (1757), die Österreicher bei Leuthen (1757) und die Russen bei Zorndorf (1758) erringen, müssen sie auch manche schwere Niederlage hinnehmen und können nicht verhindern, daß Berlin 1760 von den Russen besetzt wird. Im folgenden Jahr tritt England, das in Nordamerika gegen Frankreich sehr erfolgreich gewesen ist, aus dem Krieg aus und überläßt Friedrich sich selbst. Es gibt nun Augenblicke, in denen der König keinen Ausweg mehr sieht und glaubt, daß sein Land überwältigt und zerstückelt wird.

Friedrich behauptet sich und Preußen wird europäische Großmacht

Im Januar 1762 stirbt Elisabeth, die Kaiserin von Rußland, Friedrichs unversöhnliche Gegnerin. Ihr Sohn Zar Peter bewundert den Preußenkönig und schließt Frieden mit ihm. Es gelingt Friedrich nun, die Österreicher und Franzosen zurückzudrängen und im Frieden von 1763 seine Gebiete zu behaupten. Preußen unter Friedrich II, der später von Kant Friedrich der Große genannt wird, hat sich die territoriale und politische Großmachtstellung in Europa erkämpft. Mit einem Land, das sich gegen drei Großmächte zugleich behauptet, muß in Zukunft gerechnet werden. Seine Vormachtstellung und künftige Führung unter den nord- und westdeutschen Ländern ist angedeutet. Der Gegensatz Norden-Süden, Protestantisch-Katholisch, Hohenzollern-Habsburg hat sich verstärkt, und es ist den Hohenzollern gelungen, den Einfluß Österreichs unter den deutschen Ländern zu schwächen. Ganz wird Österreichs

---

[5]   Die vier Großmächte der damaligen Zeit waren Österreich, Frankreich, England und Rußland. Selbst Spanien und Bayern waren angesehener als Preußen.

[6]   Bisher hatte noch nie eine Frau Habsburger Gebiet geerbt, aber da Karl keine männlichen Erben hatte, wollte er die Aufteilung seiner Länder unter andere Verwandte vermeiden. Es erschien ihm als pragmatischte Lösung, Österreich auf seine Tochter zu übertragen. Diese Lösung wurde von fast allen deutschen Fürsten anerkannt (sanktioniert).

Vorherrschaft in deutschen Angelegenheiten allerdings erst unter Bismarck, ein Jahrhundert später, beseitigt werden. Die schwachen Anfänge eines Nationalgefühls beginnen sich zu regen, als Friedrich die Franzosen bei Roßbach besiegt, ein Nationalgefühl, das dann in den Befreiungskriegen gegen Napoleon wächst und über hundert Jahre später mit dazu beiträgt, die deutsche Einigung zustande zu bringen.

Die polnische Teilung

In den letzten zwei Jahrzehnten seiner Regierungszeit bewahrt Friedrich den Frieden und vermittelt zwischen Österreich und Rußland, deren Interessen auf der Balkanhalbinsel, wo das türkische Reich sich ausgebreitet hatte und nun am Zusammenbrechen ist, gegeneinander geraten. Im Jahre 1772 beteiligt sich Preußen zusammen mit Österreich und Rußland an der ersten polnischen Teilung und gewinnt Westpreußen ohne Danzig. Damit ist die Landverbindung der brandenburgischen Länder mit Ostpreußen hergestellt und ein weiteres Ziel preußischer Politik erreicht. Obgleich Friedrich diese Gebiete wirtschaftlich und kulturell außerordentlich fördert und vor größerem Verfall bewahrt, wird dem stolzen polnischen Volk mit dieser und den zwei späteren Teilungen, die 1793 und 1795 erfolgen, ein großes Unrecht zugefügt, das sich nach den beiden Weltkriegen an Deutschland rächen soll.

Friedrich, "der Diener seines Volkes"

Es wäre sicher unvollständig und vielleicht ein wenig ungerecht, den Eindruck zu hinterlassen, daß Friedrich der Große nur ein militärisches und diplomatisches Genie ist, denn seine Leistungen auf nicht-militärischem Gebiet sind ebenfalls von Wichtigkeit und befestigen seinen Ruf als aufgeklärten absoluten Fürsten. Friedrich betrachtet sich durchaus als ersten Diener seines Staates und glaubt an die These, daß der Monarch am besten weiß, was dem Volke nützlich ist. Er sieht es als seine Pflicht an, für seine Untertanen zu sorgen, aber glaubt nicht daran, daß das Volk sich selbst regieren kann. Seine Reformen und seine Einstellung dem Volk gegenüber tragen jedoch sicher dazu bei, daß es in Preußen nicht zur Revolution kommt, wie wenige Jahre nach seinem Tod in Frankreich.

Reformen, "Die Mühle von Sanssouci"

Bereits drei Tage nach seiner Thronbesteigung schafft Friedrich die Folter ab. In den darauffolgenden Jahren reformiert er das Gerichtswesen und sorgt für größere Gerechtigkeit und Gleichheit unter dem Gesetz. Er setzt unbestechliche Beamte und Richter ein und schafft einen Stand, von dem die Begriffe Ehre und Ehrlichkeit hochgehalten werden. Bereits zu seinen Lebzeiten beginnen sich Legenden um seine Figur zu ranken, die zwar nicht immer auf wahren Begebenheiten beruhen, die aber seine Einstellung und seine Taten richtig charakterisieren. Bekannt und bezeichnend für Friedrichs Gerechtigkeitssinn ist die Anekdote des Müllers von Sanssouci. Sanssouci war das Schloß des Königs in dem er sich ausruhen wollte. Vor seinem Schlafzimmerfenster soll eine Mühle gestanden haben und das Klappern der Mühle soll den König so gestört haben, daß dieser die Beseitigung des Ärgernisses anordnete. Der Müller, im Vertrauen auf den Gerechtigkeitssinn des Königs, soll daraufhin gesagt haben: "Es gibt noch ein Kammergericht in Berlin." An das wollte er sich wenden, denn diesem Gericht sei selbst der König untertan. Die "Aussage" des Müllers ist geradezu zu einem geflügelten Wort geworden, was beweist, daß sie einen großen Teil innerer Wahrheit enthält.

Die Kodifizierung des Rechts

Beachtlich ist die Kodifizierung des Rechts, die Friedrich veranlaßt. Bereits die Bauern im Bauernkrieg hatten gefordert, daß die Gesetze aufgeschrieben werden und die Fürsten nach dem geschriebenen (kodifizierten) Gesetz Recht sprechen sollten. In den neuen Gesetzesartikeln wird die Macht des Staates und der Polizei bestimmt und begrenzt. Gewisse Rechte und Freiheiten des Einzelnen werden anerkannt, und einige Sätze des Kodex erinnern an die amerikanische Unabhängigkeitserklärung, wie zum Beispiel der Paragraph 83: "Die allgemeinen Rechte des Menschen gründen sich auf die natürliche Freiheit, sein eigenes Wohl, ohne Kränkung der Rechte eines Anderen, suchen und befördern zu können."

Presse- und Religionsfreiheit

Der König befürwortet die Pressefreiheit ("Die Gazetten müssen toleriert werden") und die religiöse Toleranz. Seine Bemerkung "Jeder kann nach seiner Façon selig werden" setzt dem *cuius regio eius religio*[7] des Westfälischen Friedens ein Ende. Bereits unter dem Großen Kurfürsten (20 000 Hugenotten aus Frankreich) und unter dem Soldatenkönig (20 000 Salzburger) waren Vertriebene aus anderen Gegenden in Brandenburg eingewandert und trugen wesentlich zum wirtschaftlichen und kulturellen Aufschwung des Staates bei. Friedrich setzt die Politik seiner Vorfahren fort und lädt Kolonisten aus allen Nachbarländern ein, sich in Preußen anzusiedeln. Über 300 000 Siedler sind seiner Einladung gefolgt und haben sich zum größten Teil in Westpreußen niedergelassen.

Die Tafelrunde

Bekannt ist Friedrichs Tafelrunde, die aus geistreichen Männern bestand, die mit dem König philosophierten und musizierten und zu denen zeitweise der französische Philosoph Voltaire gehörte. Auch Johann Sebastian Bach wurde einmal eingeladen und spielte dem König vor. Friedrich war selbst ein hervorragender Flötenspieler und komponierte eine ganze Reihe von Musikstücken und Konzerten.

Die Verkennung der deutschen Sprache und Literatur

Zeit seines Lebens spricht und schreibt Friedrich Französisch und bevorzugt die französische Kultur. Die deutsche Sprache ist für ihn ein gemeiner Jargon, der sich dazu eignet mit Beamten und Soldaten zu sprechen oder sarkastische Bemerkungen zu machen, aber nicht dazu, Briefe zu schreiben oder gar Literatur und Philosophie zu diskutieren. Die junge deutsche Poesie, die sich mit Klopstock, Wieland, Herder, Lessing, Schiller und Goethe während seiner Regierungszeit entfaltet, bleibt von dem König fast unbeachtet. Das ist bedauerlich, denn sicher wäre eine verständnisvolle Unterstützung des Königs der Entwicklung der deutschen Literatur von Nutzen gewesen. Goethe scheint diesem Argument allerdings nicht beizustimmen, denn im siebten Buch seiner Autobiographie schreibt er, daß Friedrich gerade durch seine ablehnende Haltung befruchtend auf die deutsche Literatur eingewirkt hat. "Schon früher war durch die französische Kolonie, nachher durch die Vorliebe des Königs für die Bildung dieser Nation und für ihre Finanzanstalten eine Masse französischer Kultur nach Preußen gekommen, welche den Deutschen höchst förderlich ward, indem sie dadurch zu Widerspruch und Widerstreben aufgefordert wurden; eben so war die Abneigung Friedrichs gegen das Deutsche für die Bildung des Literaturwesens ein Glück. Man tat alles, um sich von dem König bemerken zu machen, nicht etwa, um von ihm geachtet, sondern nur beachtet zu werden; aber man tat's auf deutsche Weise, nach innerer Überzeugung, man tat, was man für recht erkannte, und wünschte und wollte, daß der König dieses deutsche Recht anerkennen und schätzen solle."

Der Einfluß der französischen Sprache auf die deutsche Sprache

Als Folge für die Vorliebe der französischen Sprache am Hof Friedrichs und auch an anderen deutschen Höfen erstarkt das Französische allmählich wieder und eine ganze Reihe von französischen Wörtern und Ausdrücken wird ein Bestandteil erst der deutschen Schrift- und dann auch der Umgangssprache. Philologen meinen, daß im 17. Jahrhundert auch das Zäpfchen-r nach französischem Vorbild von der gebildeten Schicht auf die deutsche Aussprache übertragen worden sei. Dieses Zäpfchen-r hat das alte deutsche Zungenspitzen-r heute zum größten Teil verdrängt.

Wir haben in diesem Kapitel verfolgt, wie ein kleines, unfruchtbares und unscheinbares Land sich unter der genialen Führung einiger willensstarker und genialer Fürsten zur europäischen Großmacht entwickelte. Diese Großmacht, Preußen, wird im nächsten Jahrhundert Österreichs Vormundschaft in deutschen Angelegenheiten völlig ausschalten und alle deutschen Länder mit Ausnahme Österreichs zu einem Staat vereinigen: dem deutschen Reich.

---

[7]   Der Fürst des Landes bestimmt die Religion seiner Untertanen. (Siehe Kapitel: Die protestantische Reformation und ihre Folgen.)

STUDIENFRAGEN ZUM KAPITEL __DER AUFSTIEG PREUSSENS__

1. Besprechen Sie, wie sich die Nordmark zur Mark Brandenburg entwickelt.
2. Welche Familie wird 1417 mit Brandenburg belehnt?
3. Wie kommt der Deutsche Ritterorden nach Ostpreußen?
4. Wie kommt Ostpreußen zu Brandenburg und welchen zweiten Titel bekommt der Kurfürst nun?
5. Was sind die Verdienste des Großen Kurfürsten?
6. Was ist ein Kurfürst?
7. Wie wird Preußen Königreich?
8. Welche Fürsten tragen besonders dazu bei, Preußen zur Militärmacht zu machen und wie erreichen sie das?
9. Welche Eigenschaften kann man als typisch preußisch bezeichnen?
10. Warum nennt man Friedrich Wilhelm I den Soldatenkönig?
11. Warum trägt Friedrich Wilhelm I Uniform und was verlangt er von den preußischen Prinzen? Warum?
12. Wer sind oft die Lehrer in den preußischen Schulen und wie wirkt sich das auf den Unterricht aus?
13. Erklären Sie, was die pragmatische Sanktion ist und welche Folgen sie hat?
14. Warum führt Friedrich der Große Krieg gegen Österreich?
15. Wie entwickelt Preußen sich zur europäischen Großmacht? Welche Staaten sind die anderen Großmächte in Europa?
16. Welche Reformen führt Friedrich in Preußen ein?
17. Erzählen sie die Anekdote vom "Müller von Sanssouci" und erklären Sie, was mit dieser Anekdote gemeint ist?
18. Wie wirkt sich die Religionsfreiheit zu Gunsten Preußens aus?
19. Was ist die berühmte Tafelrunde des Königs?
20. Welche Sprache bevorzugt der König und warum tut er das?
21. Wie beurteilt Goethe die Vorliebe des Königs für das Französische?
22. Wie beeinflußt die französische Sprache die deutsche?

KAPITEL 14
VOM KÖNIGREICH PREUSSEN ZUM KAISERREICH DEUTSCHLAND

Worum geht es in diesem Kapitel?

Preußen hat sich unter der Führung des Soldatenkönigs und seines Sohnes Friedrich des Großen im 18. Jahrhundert zur europäischen Großmacht entwickelt. Im 19. Jahrhundert erleidet es zunächst Niederlagen gegen Napoleon, erholt sich dann jedoch schnell und geht gestärkt aus den napoleonischen Kriegen hervor. Das Ziel preußischer Politik - und auch der Traum der akademischen Gesellschaft - ist ein vereintes Deutschland. Mehrere Schritte bereiten die Einigung vor, aber erst durch die resolute Politik Bismarcks, der erfolgreich drei Kriege gegen andere europäische Staaten führt, wird der Traum Wirklichkeit. 1871 sind die deutschen Staaten - außer Österreich - endlich in einem mächtigen Kaiserreich vereint.

Wie gehen wir vor?

1. Lesen Sie die Überschriften über den einzelnen Abschnitten, damit Sie einen allgemeinen Eindruck von dem gewinnen, was in diesem Kapitel behandelt wird.
2. Lesen Sie das Kapitel dann in Abschnitten, vielleicht mit Hilfe der Fragen und Anregungen am Ende des Kapitels.
3. Nachdem Sie einen Abschnitt oder einen Teil gelesen haben, wie z.B. die napoleonische Periode, warten Sie, bis Sie weiterlesen und überlegen Sie sich, was Sie gelesen haben. Es ist ratsam, das Gelesene laut zusammenzufassen.
4. Vergessen Sie nicht die Fragen und Anregungen am Ende.

Lernziele:

In diesem Kapitel lernen Sie,

1. wie sich in Frankreich nach der Revolution der Artillerieoffizier Napoleon zum alleinigen Herrscher macht und beginnt Europa zu erobern.
2. daß Napoleon auch Preußen und Österreich unterwirft.
3. daß Preußen nach der anfänglichen Niederlage aus den Kriegen gegen Napoleon schließlich gestärkt hervorgeht und unter den deutschen Staaten immer mehr die Führung übernimmt.
4. daß der Deutsche Bund, der Zollverein und die Nationalversammlung in Frankfurt als Schritte zur Einigung angesehen werden können.
5. wer Otto von Bismarck ist und welche Rolle er in der Einigung Deutschlands spielt.
6. wie es schließlich durch Krieg gegen Frankreich zur Einigung kommt und wie das Kaiserreich nach dem Sieg über Frankreich aussieht.
7. warum der junge Kaiser Wilhelm II Bismarck entläßt und die Führung des Reiches selbst übernimmt.

Die französische Revolution und ihre Wirkung in Europa

Unter Friedrich dem Großen hatte sich Preußen zur europäischen Großmacht entwickelt. Sein Nachfolger Friedrich Wilhelm II (1786-1797) war den Ereignissen der Zeit nicht gewachsen und interessierte sich mehr für seine Mätressen und vergnügte Abwechslung als für die Staatsgeschäfte. Ein wichtiges Ereignis während seiner Regierungszeit war die französische Revolution (1789-1794), in der der dritte Stand, das Volk, unter den berühmten Schlagworten Freiheit, Gleichheit und Brüderlichkeit die Monarchie durch eine Republik ersetzte. Die Ideale dieser Revolution, wie vorher bereits die Verkündung der Menschen- und Bürgerrechte in der amerikanischen Revolution, fanden in Deutschland großen Anklang, ohne daß Preußen und Österreich jedoch die Kraft zur Selbstbefreiung fanden. Die europäischen Monarchien verbündeten sich gegen die Republik Frankreich und taten ihr Möglichstes, die "gefährlichen" Freiheitsideen in ihren Ländern zu unterdrücken.

Kriege mit Frankreich

Im April 1792 erklärte Frankreich den Krieg gegen Österreich. Diese Kriegserklärung leitete eine 24jährige Periode von Kampfhandlungen ein, die wieder zum großen Teil auf deutschem Boden ausgetragen wurden. Preußen schloß sich an Österreich an und entsandte Soldaten nach Frankreich, aber die jungen französischen Truppen, begeistert von den Revolutionsideen sowie getragen von einem starken National- und Missionsgefühl, hielten das

Vordringen der preußischen und österreichischen Heere auf, gingen sofort zum Gegenangriff über und besetzten Holland, Belgien und das ganze linke Rheinufer. Die Jugend und die unteren Schichten der Bevölkerung bereiteten den Franzosen einen herzlichen Empfang und begeisterten sich für das weltliche Evangelium menschlicher Freiheit. Während die Franzosen im Westen vordrangen, teilten Preußen, Österreich und Rußland im Osten Polen unter sich auf unter dem Vorwand, in diesem Land den revolutionären Aufruhr zu unterdrücken. Uneinigkeit unter den Monarchien führte zu weiteren französischen Erfolgen. Preußen trat aus dem Krieg aus, so daß Frankreich sich gegen Österreich konzentrieren konnte.

Napoleons militärische Erfolge gegen Österreich und Preußen

Ein junger korsischer Offizier, Napoleon Bonaparte (1769-1821), war zum General emporgestiegen und eroberte Mittel- und Oberitalien, überschritt die Alpen und bedrohte Österreich selbst, das sich nun zum Frieden entschloß. In den Verhandlungen wurden österreichische Interessen geschickt gegen preußische ausgespielt und trugen zur Verschlechterung der österreichisch-preußischen Beziehungen bei. Im Jahre 1799 drangen alliierte russische, österreichische und englische Armeen zunächst mit großem Erfolg gegen Frankreich vor. Napoleon, der sich in Ägypten aufhielt, kehrte jedoch nach Paris zurück, machte sich zum Diktator, indem er die französische Regierung beseitigte, und marschierte gegen Österreich. Rußland zog sich nun rasch aus dem Krieg zurück und ließ Österreich auf sich allein gestellt zurück, denn Preußen, seit 1797 unter dem ungeschickten Regenten Friedrich Wilhelm III, verhielt sich neutral. In den folgenden Jahren verlor Österreich große Gebiete, und Frankreich beschloß mit Rußland eine Neuordnung Europas, die die Schwächung der beiden großen Monarchien Österreich und Preußen sowie die Stärkung der deutschen Mittelstaaten vorsah, um dadurch eine deutsche politische Einheit zu verhindern.

Napoleon krönt sich zum Kaiser und löst das deutsche Kaiserreich auf

Am 2. Dezember 1804 krönt sich Napoleon zum Kaiser der Franzosen und im nächsten Jahr zum König von Italien. Inzwischen hatten sich England, Rußland, Österreich und Preußen gegen den allzu machthungrigen Franzosen verbündet. Die erfolgreichen französischen Armeen besiegten jedoch die Österreicher und Russen bei Austerlitz (1805) und besetzten Wien. Die deutschen Fürsten sagten sich daraufhin vom Deutschen Reich los, traten als souveräne Staaten dem Rheinbund bei und schlossen ein Militärbündnis mit Frankreich. Der österreichische Kaiser wurde gezwungen, offiziell die römische Kaiserkrone niederzulegen und die Reichsstände von ihren Verpflichtungen zu entbinden. Das Heilige Römische Reich deutscher Nation, das seit Karl dem Großen bestanden hatte, aber seit den Siegen Friedrichs des Großen am Zusammenbrechen war, wurde durch diesen Schritt nun endgültig aufgelöst. Der österreichische Monarch war von nun an lediglich Kaiser von Österreich.

Preußens Niederlage und Napoleons Herrschaft auf dem Kontinent

Der Besiegung Österreichs und der Auflösung des Reiches folgte der Zusammenbruch Preußens. Im Oktober 1806 wurde die preußische Armee bei Jena und Auerstedt geschlagen und Berlin von den Franzosen besetzt. Von hier aus verfügte Napoleon die Kontinentalsperre aller europäischen Staaten gegen England. 1807 schlug er die Russen bei Friedland und besetzte Teile Ostpreußens. Die restlichen deutschen Staaten wurden neu organisiert und gezwungen, in den Krieg gegen England einzutreten. Napoleon war jetzt zwar der Herr des europäischen Kontinents, aber von England aus wurde der Widerstand gegen den französischen Kaiser geschürt, denn bereits nach dem Sieg der britischen Flotte unter seinem berühmten Admiral Nelson bei Trafalgar (1805) über die französische Flotte, war eine Invasion des Inselstaates ausgeschlossen. In Spanien erhoben sich sehr bald Patrioten mit englischer Unterstützung gegen das französische Regime und führten einen verzweifelten Kampf, der bis zum Ende der napoleonischen Herrschaft dauerte. Österreich und Preußen führten Heeresreformen[1] durch und begannen sich auf zukünftige Auseinandersetzungen vorzubereiten. Hier und da kam es zu Erhebungen,[2] die aber blutig unterdrückt

---

[1]   Die Reformen in Preußen werden vor allem vom Freiherrn von Stein und seinem Nachfolger von Hardenberg durchgeführt. Die Leibeigenschaft der Bauern wird aufgehoben, aber die Bauern werden durch die Großgrundbesitzer zu Landarbeitern degradiert. Die Juden erhalten das Bürgerrecht. Die demokratische Selbstverwaltung der Städte wird gefördert und die Gewerbefreiheit eingeführt durch Auflösung der Zünfte. Das Erziehungswesen wird reformiert und die allgemeine Schulpflicht eingeführt. Das Heer wird besser ausgebildet, die allgemeine Wehrpflicht eingeführt und eine Reservearmee geschaffen.

[2]   Bekannt ist der Aufstand der Tiroler Bauern unter ihrem Anführer Andreas Hofer.

wurden. Dann erhob sich Österreich gegen Napoleon, wurde jedoch 1809 erneut bei Wagram geschlagen und mußte sich nun den Franzosen fügen. Im nächsten Jahr (1810) heiratete Napoleon Marie Luise, die Tochter des österreichischen Kaisers, gewann damit zwar das Wohlwollen Österreichs aber verlor die Sympathien Rußlands, das auch die Kontinentalsperre gegen England nicht länger aufrechterhalten wollte.

Napoleons "Große Armee" in Rußland

Die Auseinandersetzung zwischen den beiden Großmächten Frankreich und Rußland blieb unvermeidlich, und im Frühjahr 1812 zog Napoleon mit einer gewaltigen Armee von 608 000 Soldaten,[3] 190 000 Pferden und 1400 Geschützen in Rußland ein. Die Russen führten einzelne Gefechte und fügten Napoleon empfindliche Verluste zu, die noch durch Krankheit, Hunger und Erschöpfung vergrößert wurden, stellten sich jedoch nicht zur entscheidenden Schlacht. Im September zog die Große Armee, arg dezimiert, in Moskau ein, das um sie herum niederbrannte. Die Russen hatten die Stadt in Brand gesteckt. Vergebens wartete Napoleon auf Friedensverhandlungen. Im Oktober zwang ihn der russische Winter zum Rückzug, der zur Katastrophe wurde. Besonders der Übergang über den Beresina-Fluß forderte furchtbare Verluste. Napoleon eilte den geschlagenen Resten seiner Armee voraus zurück nach Paris. Von seiner großen Armee schleppten sich 60 000 Mann mit 15 000 Pferden und 150 Geschützen mühsam an die Grenze zurück.[4]

Der preußische Freiheitskampf; Die Völkerschlacht bei Leipzig

Nun erhob sich Preußen, das sich heimlich militärisch vorbereitet hatte und in dem das Nationalgefühl von den romantischen Freiheitsdichtern (Siehe Kapitel: Die Literatur der Goethezeit!) und von dem Versprechen des Königs auf Liberalisierung des Staatwesens angefacht worden war. Die Begeisterung in Preußen war groß. Die Bürger opferten Gold und Juwelen, die Frauen ihr Haar, und die Jugend zog mit dem Schillerwort "Und setzet ihr nicht das Leben ein, nie wird euch das Leben gegeben sein!" in den Kampf. Der König stiftete das "Eiserne Kreuz" als höchsten preußischen Kriegsorden. Norddeutschland wurde von der französischen Besatzung befreit, und in der Völkerschlacht bei Leipzig vom 16. bis zum 19. Oktober 1813 wurden die Franzosen und ihre Verbündeten von den vereinten Armeen Rußlands, Österreichs, Preußens und Bayerns geschlagen. Napoleon mußte sich über den Rhein absetzen, wurde dann bis nach Frankreich hinein verfolgt, 1814 gezwungen abzudanken und sich nach Elba zurückzuziehen.

Waterloo

Von der Insel Elba kehrte Napoleon im nächsten Jahr zurück, gewann nochmals das Vertrauen der Nation und besonders seiner alten Veteranen, wurde jedoch am 18. Juni 1815 in der Schlacht bei Waterloo, südlich von Brüssel, von den Engländern unter Wellington und den Preußen unter Blücher endgültig besiegt und auf die Atlantikinsel St. Helena verbannt. In Frankreich wurde die Monarchie wiederhergestellt, während sich die Siegermächte über die Neuordnung Europas im Wiener Kongreß einigten.

Metternich und der Wiener Kongreß

Bei den Verhandlungen in Wien waren alle Großmächte darauf bedacht, ihre eigenen Interessen zu wahren und die Balance zwischen den großen Staaten wiederherzustellen. Der konservative Fürst Metternich, Österreichs geschickter Minister, stellte sich streng gegen die Errichtung eines einheitlichen deutschen Staates, gegen jede nationale Idee[5] und gegen alle liberalen Regungen. In Preußen hatten vor allem Intellektuelle, Studenten, Dichter und Bürger für die Wiederherstellung eines einheitlichen Reiches und für politische Liberalisierung gekämpft. Der Sieg des Metternichschen Konservatismus bedeutete für die deutschen Patrioten Verrat an ihren Idealen und Bruch des königlichen Versprechens. Tiefe Enttäuschung verbreitete sich, als die Ziele, für die sie gekämpft hatten, nicht verwirklicht wurden, sondern, im Gegenteil, die Reaktion siegte und viele Reformen rückgängig gemacht wurden.

---

[3]   Ein großer Teil waren deutsche Hilfstruppen, die von Napoleon zum Beistand gezwungen worden waren.

[4]   Der russische Sieg wird in Tschaikowskys 1812 Overtüre eindrucksvoll mit Glockenklang und Kanonensalven gefeiert.

[5]   Der österreichische Staat bestand aus italienischen, tschechischen, slowakischen, slowenischen, ungarischen, kroatischen, rumänischen und polnischen Minderheiten, und eine Befriedigung des deutschen Nationalismus bedeutete für Metternich ein Schüren des Nationalismus dieser Völkerschaften.

Österreich erhielt alle seine alten Gebiete zurück, und Preußen behielt nicht nur Westpreußen nebst Danzig, Thorn und Posen, sondern erhielt außerdem den größeren Teil von Sachsen sowie Westfalen und umfangreiche Gebiete am Rhein, wo es von nun an zusammen mit Bayern und Hessen die Verteidigung der Westgrenze gegen Frankreich zu unternehmen begann.

Der deutsche Bund

Im übrigen schlossen sich die deutschen Staaten zum deutschen Bund zusammen,[6] der in Frankfurt seine ständige Vertretung, den Bundestag, unter dem Vorsitz Österreichs hatte. Die Zahl der deutschen Staaten, die bereits durch Napoleons Maßnahmen verringert worden war, betrug nun 36, was immerhin Fortschritt bedeutete, denn 36 Staaten lassen sich leichter vereinigen als mehrere hundert. Gleichzeitig war der Bund verantwortlich für Verfassungsänderungen, Kriegserklärungen und Friedensschlüsse. Die Verfassung schloß Bündnisse seiner Mitglieder gegen die Sicherheit des Bundes oder gegen Einzelstaaten und Sonderverhandlungen im Kriegsfall aus. Auch das kann als Schritt in die Richtung der Einigung angesehen werden, obgleich betont werden muß, daß es damals nicht als solcher angestrebt oder erkannt wurde. Es war vor allem die wirtschaftliche Entwicklung, die zur Einigung mit beitrug.

Der Zollverein und der Bau der Eisenbahn

Verschiedene Länder schlossen sich zu Zollvereinen zusammen, von denen der Verein zwischen Preußen und den norddeutschen Staaten am wichtigsten war und 1834 zur Gründung des deutschen Zollvereins führte, dem schließlich fast alle deutschen Staaten beitraten. Dadurch wurde eine Wirtschaftsunion der beteiligten Staaten geschaffen und der Zoll an den Grenzen abgeschafft. Die Entwicklung der Eisenbahn (die erste Verbindung bestand zwischen Nürnberg und Fürth 1835) und die damit verbundene Industrialisierung trug ebenfalls zur wirtschaftlichen Einheit bei. So wurde die wirtschaftliche Einheit lange vor der politischen Wirklichkeit erreicht, eine Entwicklung, die sich zwischen den Ländern der Europäischen Union in absehbarer Zeit wiederholen und zu einem vereinten Europa führen könnte. Wie sich heute viele Europäer nach diesem Ziel sehnen, so träumten damals Deutsche in allen Kleinstaaten von einem Reich, das mit den anderen großen Weltmächten konkurrieren könnte. Aber die kleinen Fürsten waren gegen solche Ideen eingestellt und nur auf ihren eigenen Vorteil bedacht. Die Enttäuschung unter den Patrioten wuchs und viele emigrierten ins Ausland, vor allem nach Amerika, oder trösteten sich, indem sie sich in die Philosophie, Musik oder Literatur vergruben, die zu dieser Zeit eine große Blütezeit erlebte.

Metternichs Repressalien und die Revolution von 1848

Auf die erfolgreiche Julirevolution von 1830 in Frankreich folgten neue Erlasse Metternichs, die jede freiheitliche Regung in den deutschen Ländern (freie Presse, Parlament, politische Vereine und Versammlungen) grausam unterdrückte. Tausende wurden wegen ihrer politischen Ansichten verfolgt. Wachsende politische und wirtschaftliche Unzufriedenheit unter einem großen Teil der Bevölkerung Europas führte schließlich zur Revolution von 1848, die den ganzen Kontinent erschütterte. Überall kam es zu Aufständen. Die Februarrevolution in Paris war das Signal für den Aufstand in den deutschen Ländern, mit dem die Anführer drei Hauptziele anstrebten: 1) Die Errichtung eines einheitlichen deutschen Bundesstaates, dem alle deutschen Länder angehören sollten,[7] 2) die Verabschiedung von Verfassungen für die Einzelstaaten sowie einer Bundesverfassung für den Bundesstaat, die der Regierungsgewalt der Fürsten ein Parlament zur Seite stellen würde und 3) die Linderung der sozialen Bedürfnisse der unteren Volksschichten.

---

[6] Der König von England hatte als König von Hannover Sitz und Stimme im deutschen Bundestag und ebenfalls der König von Dänemark als Herzog von Holstein. Frankreich, Spanien und Schweden, die alten Eindringlinge, waren nun ausgeschlossen.

[7] Unter den ausländischen Staaten arbeiteten vor allem Frankreich und Dänemark, das Schleswig-Holstein verlieren würde, gegen diese Bestrebung. Besonders kompliziert war auch die Frage, was aus den Tschechen, Ungarn, Polen, Slowaken, Italienern, Kroaten und anderen Völkern werden sollte, die ein Teil des österreichischen Staatswesens waren. Sollten all diese ausländischen Minderheiten einem deutschen Staatenbund angehören?

Die deutsche Nationalversammlung in Frankfurt

In Berlin kam es zu Straßenschlachten, in denen sich das Volk gegen das Militär behauptete. Der König zog zunächst das Militär ab und bewilligte die Forderungen der Revolutionäre: Abschaffung der Zensur, Anerkennung der Farben schwarz-rot-gold[8] und Errichtung einer Verfassung. Im Mai trat in der Frankfurter Paulskirche die deutsche Nationalversammlung zusammen, die erste und einzige gesamtdeutsche Volksvertretung in der deutschen Geschichte. Die Vertreter, die vom Volk in den einzelnen deutschen Ländern gewählt worden waren, waren die angesehensten Männer des Volkes: Beamte, Schriftsteller,[9] Professoren, Kaufleute usw.

Der Widerstand Österreichs und Preußens

Während das Parlament beriet und eine Reichsverfassung verabschiedete, die von den Länderparlamenten, die inzwischen gewählt worden waren, angenommen wurde (außer Österreich), ging die Revolution besonders in Österreich weiter, wo sich die nationalen Minderheiten ihre Unabhängigkeit zu erkämpfen suchten. Österreich und Preußen reagierten schließlich scharf gegen die Revolutionäre und warfen die Aufstände nieder. Die Nationalversammlung wählte Erzherzog Johann von Österreich zum provisorischen Reichsverweser und andere Männer zu Ministern. Da Österreich diese Reichsregierung ablehnte und Preußen sich unverbindlich verhielt, war die Gründung eines Reiches, trotz allem anfänglichen Optimismus unmöglich. Die meisten Abgeordneten wollten Österreich die Führung des Reiches übergeben (Großdeutsche Lösung) aber Österreich lehnte ab. Da wandte sich die Versammlung an Preußen; sie entschied sich für eine liberale Verfassung[10] und wählte den König von Preußen zum erblichen Kaiser Deutschlands (Kleindeutsche Lösung). König Friedrich Wilhelm IV hatte jedoch ernste Vorbehalte, war wohl auch nicht ehrgeizig und mutig genug und lehnte die Krone ab. Es war gegen sein Empfinden, die Krone aus den Händen der Revolution anzunehmen, er wollte nicht Kaiser von Volkes Gnaden sein, sondern von den Fürsten Deutschlands gewählt werden.[11] Seine Haltung ist uns heute unverständlich, läßt sich jedoch für damalige Zeiten erklären, wenn man bedenkt, daß in Preußen die Gegenrevolution bereits erfolgreich verlaufen war, und Polizei und Militär "Ordnung und Sicherheit" wiederhergestellt hatten, und der Adel an der Auffassung festhielt, daß das Volk nicht an der Regierung beteiligt werden dürfe. Die furchtbar enttäuschte Nationalversammlung wurde daraufhin aufgelöst, und die deutsche Einigung war wiederum vereitelt. Auch die Hoffnungen der liberal und demokratisch denkenden Männer erstickten unter den Bayonetten des preußischen Militärs.

Die preußische Verfassung

Das einzige Zugeständnis an den Mittelstand von Seiten der Regierung war die Einführung einer Verfassung, die jedoch Fürsten und reiche Bürger äußerst begünstigte. Das preußische Parlament bestand aus zwei Kammern, dem vom König ernannten Herrenhaus und dem vom Volk nach dem Dreiklassenwahlrecht gewählten Landtag. Das Dreiklassenwahlrecht, das bis 1918 bestand, gab den größten Steuerzahlern die meisten Stimmen, so daß die unteren Schichten kaum gehört wurden. Es herrschten Autorität und Bürokratismus, und wiederum war in Deutschland ein Volksaufstand erfolglos verlaufen und der Anschluß an die liberaleren politischen Systeme des Westens verpaßt.

---

[8] Schwarz-rot-gold waren die Farben des mittelalterlichen Kaiserstaates gewesen. Sie wurden von den Studenten als Farben der Burschenschaft angenommen, die nach den Freiheitskriegen gegründet worden waren mit der Idee von Förderung des Einheits- und Freiheitsgedankens. Von 1918-1933 waren schwarz-rot-gold die Farben der deutschen Republik und sind es seit 1948 wieder.

[9] Unter den 586 Abgeordneten befanden sich Ernst Moritz Arndt, Dahlmann, Gervinus, Jakob Grimm, Uhland u.a.

[10] Die Verfassung enthielt ähnliche menschliche Grundrechte wie z.B. die Verfassung der USA. Freiheit der Person, der Meinung, des Glaubens, des Wohnsitzes, des Gewerbes, Aufhebung der Standesunterschiede, die Zivilehe, Abschaffung der Todesstrafe waren wichtige Punkte, die zum Vorbild für spätere Gesetzgebungen wurden.

[11] In privaten Briefen und Gesprächen sprach Friedrich Wilhelm von der Krone als der "Schweinskrone" und der "Wurstprezel", die von "Meister Bäcker und Metzger" komme und daß er sie nicht "aus dem Rinnstein aufnehmen wolle".

Otto von Bismarck

In den Jahren nach 1848 vergrößerte sich der Gegensatz Österreich-Preußen, der durch die Annahme der kleindeutschen Lösung im Parlament von Frankfurt nicht gerade gemildert worden war. Ein Mann, der Österreichs Bestrebungen, Preußen zu einer zweitrangigen Macht zu reduzieren, erkannte und zu verhindern suchte, war Otto von Bismarck (1815-1898), der im preußischen diplomatischen Dienst als Botschafter beim Bundestag in Frankfurt, in Petersburg und Paris tätig war. Als der liberal gesinnte preußische Landtag mit dem König und der Regierung in Fragen der Heeresreform nicht übereinstimmte und der Regierung die finanziellen Mittel für die Armee verweigerte, kam es zur Regierungskrise. Der König dachte an Abdankung. Da wurde Bismarck zum Ministerpräsidenten berufen und regierte drei Jahre lang autokratisch. Er führte die Heeresreform gegen den Willen des Landtags durch, regierte ohne Etat und setzte sich über die Verfassung hinweg. Von ihm stammt das bekannte Zitat, daß die deutsche Frage nicht durch Reden und Mehrheitsbeschlüsse, sondern durch "Blut und Eisen" gelöst werden müsse. Erst Jahre später, als seine diktatorische Politik Preußen den gewünschten Erfolg gebracht hatte, wurden seine verfassungswidrigen Maßnahmen nachträglich vom Landtag legalisiert.

Der Krieg gegen Dänemark

Außenpolitisch sah Bismarck Österreich als den Hauptgegner preußischer Größe. Zunächst knüpfte er freundschaftliche Beziehungen mit Rußland an und deckte sich damit den Rücken bei zukünftigen Maßnahmen. Sein Ziel war die preußische Machtvermehrung, und um dieses Ziel zu erreichen, benutzte er alle diplomatischen und kriegerischen Mittel, die ihm zur Verfügung standen. Im ersten Jahrzehnt seiner Amtstätigkeit führte er drei erfolgreiche Kriege, mit denen er sein Ziel verwirklichte. Der erste Krieg wurde zusammen von Preußen und Österreich gegen Dänemark geführt. Es ging um die Herzogtümer Schleswig-Holstein, die Bismarck den Dänen abnehmen wollte. Dänemark wurde 1864 besiegt, Holstein fiel an Österreich und das nördlichere Schleswig an Preußen. Nun plante Bismarck die Auseinandersetzung mit Österreich, die bereits wegen Anspruchsrechten auf Schleswig-Holstein drohte. Durch geschickte diplomatische Schachzüge sicherte er sich die vorläufige Neutralität Frankreichs, das er durch Gebietsversprechungen[12] hinhielt, und die Unterstützung Italiens und Rumäniens. Für England kam ein Eingreifen auf dem Kontinent nicht in Frage, und Rußland war Preußen freundlich gesinnt.

Der Krieg mit Österreich

Die norddeutschen Staaten schlossen sich Preußen sofort an, als der Krieg begann, und die süddeutschen und Hannover wehrten sich nur mit halbem Herzen. Europa erwartete einen langen, blutigen Krieg, aber mit überlegenen Waffen,[13] Truppen und Strategen gewann Preußen den Krieg in sieben Wochen. Der Sieg bei Königgrätz am 3. Juli 1866 endete die österreichische Vormundschaft unter den deutschen Staaten und etablierte Preußen als führende Macht in deutschen Angelegenheiten. Geschickt verhinderte Bismarck die Demütigung Österreichs durch den Einmarsch preußischer Truppen in Wien und durch Annexionen österreichischen Gebiets. Durch sein großmütiges Verhalten konnte er später auf Österreichs Neutralität und auf das Wohlwollen der süddeutschen Staaten hoffen, die er ebenfalls großmütig behandelte. Mitteldeutschland (Hannover, Kurhessen, Nassau, Frankfurt) und natürlich Schleswig fielen an Preußen.

Der norddeutsche Bund

Alle Staaten nördlich des Mains und Sachsen schlossen sich im August 1866 unter preußischer Führung zum norddeutschen Bund zusammen. Mit den süddeutschen Staaten Bayern, Württemberg, Baden und Hessen-Darmstadt schloß Preußen einen geheimen Vertrag ab, in dem diese versprachen, Preußen im Kriegsfalle beizustehen und ihre Truppen preußischem Oberbefehl zu unterstellen. Damit war Bismarck auf die kommende Auseinandersetzung mit Frankreich vorbereitet, das gehofft hatte, Süddeutschland zu isolieren und das an Bismarck seine

---

[12] Auch Österreich versprach Frankreich westdeutsche Gebiete für seine Unterstützung. Frankreich hielt sich aus dem Konflikt heraus, weil es aus einem langen blutigen Krieg der beiden deutschen Mächte Vorteile zu ziehen glaubte.

[13] Die preußischen Truppen besaßen das neue Zündnadelgewehr, die modernste Angriffswaffe. General von Moltke war ein überlegener Heerführer und Stratege.

Gebietsforderungen als "Kompensation" für seine Neutralität und für die Vergrößerung Preußens von neuem geltend machte. Bismarck lehnte die Forderungen diplomatisch ab.[14]

Die Verfassung des norddeutschen Bundes

Der norddeutsche Bund war ein Bundesstaat mit dem König von Preußen als Präsidenten[15] und dem preußischen Kanzler (Bismarck) als Bundeskanzler. Der Reichstag wurde in direkter und geheimer Wahl vom Volk (Dreiklassenwahlrecht) gewählt. Der Bundesrat, der allen Beschlüssen des Reichstags zustimmen mußte, wenn diese Gesetzeskraft erhalten sollten, war die Vertretung der Landesfürsten. Von den 43 Stimmen im Bundesrat erhielt Preußen 17, Sachsen 4, Mecklenburg und Braunschweig je 2 und alle anderen Staaten je eine Stimme. Das Heer unterstand dem Oberbefehl Preußens. Die Farben des Bundes waren schwarz-weiß-rot.[16]

Die Frage der spanischen Thronfolge

Der Krieg mit Frankreich begann vier Jahre nach dem Sieg über Österreich. Der unmittelbare Anlaß erwuchs aus dem Streit über die spanische Thronfolge. Der Thron in Spanien sollte von einer neuen Dynastie besetzt werden, und Prinz Leopold von Hohenzollern-Sigmaringen[17] wurde 1870 als Kandidat vorgeschlagen. Bismarck unterstützte die Kandidatur des Hohenzollernprinzen, denn sie paßte in seine Pläne, während Frankreich natürlich gegen die Kandidatur focht und einen deutschen Prinzen auf spanischem Thron als Bedrohung seiner Sicherheit ansah. Der französische König Napoleon III errang einen diplomatischen Sieg, als Leopold die Kandidatur ablehnte, verdarb sich den vollen diplomatischen Erfolg jedoch durch unvorsichtige Drohungen.

Das Ems-Telegramm

Napoleon verlangte von König Wilhelm das Versprechen, daß dieser auch in der Zukunft die Bewerbung eines Hohenzollernprinzen nicht erlauben würde. Wilhelm, der sich zur Erholung in Bad Ems aufhielt, lehnte höflich ab, solch eine Versicherung zu geben und schickte ein Telegramm (das berühmte Ems-Telegramm) an Bismarck, in dem er seinen Kanzler über die Vorgänge unterrichtete. Bismarck, dem die diplomatische Niederlage und die unverfrorene Haltung der Franzosen nicht zusagte, strich die Depesche auf das Wesentliche zusammen, ohne den Inhalt zu verändern, wodurch der Wortlaut zugespitzt wurde und es aussah, als habe der französische Botschafter den preußischen König beleidigt und dieser daraufhin den Diplomaten unhöflich von sich gewiesen.[18] Die Depesche, die nun wie "eine Fanfare", wie eine Herausforderung klang, wurde von der Weltpresse veröffentlicht und tat in Frankreich ihre erhoffte Wirkung.

---

[14] Frankreich forderte unter anderem linksrheinisches Gebiet mit der Stadt Mainz und Teile der Rheinpfalz, die zu Bayern gehörten. Bismarcks ablehnendes Verhalten machten ihn in den Augen der süddeutschen Staaten zum Verteidiger ihrer Interessen, besonders da Österreich gewillt war, west- und süddeutsche Gebiete an Frankreich abzutreten. Bismarck lehnte ebenfalls die Annexion Belgiens ab und errang damit die Sympathien Englands. Frankreich hatte sich dazu verleiten lassen, seine belgischen Forderungen schriftlich zu geben. Bismarck veröffentlichte diese Dokumente kurz nach Ausbruch des Krieges in der Londoner Times und brachte damit die öffentliche Meinung in England auf seine Seite.

[15] Er schloß Verträge und Bündnisse, ernannte die Beamten und führte den Oberbefehl über das Heer.

[16] Schwarz-weiß waren die Farben Preußens und rot-weiß die der Hanse, Holsteins und des alten Kurfürstentums Brandenburg.

[17] Er war ein entfernter Verwandter des preußischen Königs.

[18] Die Version, die Bismarck der Presse übergab, lautete: "Nachdem die Nachrichten von der Entsagung des Prinzen von Hohenzollern der kaiserlich französischen Regierung von der königlich spanischen amtlich mitgeteilt worden sind, hat der französische Botschafter in Ems an Seine Majestät den König noch die Forderung gestellt, ihn zu autorisieren, daß er nach Paris telegraphiere, daß Seine Majestät der König sich für alle Zukunft verpflichte, niemals wieder Seine Zustimmung zu geben, wenn die Hohenzollern auf ihre Kandidatur zurückkommen sollten.
Seine Majestät hat es darauf abgelehnt, den französischen Botschafter nochmals zu empfangen, und demselben durch den Adjutanten vom Dienst sagen lassen, daß Seine Majestät dem Botschafter nichts weiter mitzuteilen habe."

Der Krieg mit Frankreich

Am 19. Juli 1870 erklärte Frankreich den Krieg gegen Preußen. Die süddeutschen Staaten traten sofort zu Preußen. Österreich, das nur im Falle eines preußischen Angriffs seine Hilfe zugesagt hatte, verhielt sich neutral, Rußland war mit Preußen befreundet und englische Sympathien[19] lagen, wegen der französischen Absichten gegen Belgien, zum Teil auf preußischer Seite. So wirkte sich nun Bismarcks langjährige Diplomatie günstig für sein Land aus. Die deutschen Armeen waren besser geführt und besser ausgerüstet als die französischen und errangen daher gleich zu Anfang des Krieges eine Reihe von großen Siegen. Bei Sedan wurde eine französische Armee eingeschlossen und mußte sich am 1. September 1870 ergeben. Unter den 100 000 Gefangenen befand sich der französische Kaiser, der nach Wilhelmshöhe, einem Schloß bei Kassel, in die Gefangenschaft geschickt wurde. In Paris wurde daraufhin die Republik ausgerufen. Im folgenden Monat wurde die zweite große französische Armee (170 000 Mann) bei Metz ebenfalls gezwungen, die Kampfhandlungen einzustellen. Paris wurde umzingelt, bombardiert und im Januar 1871 zur Übergabe gezwungen. Daraufhin war der Krieg praktisch beendet.

Das neue deutsche Kaiserreich

Noch vor Ende des Krieges gelang Bismarck die Verwirklichung seines Hauptziels: die Reichsgründung unter preußischer Führung. Am 18. Januar 1871 wurde König Wilhelm I von Preußen im Spiegelsaal des Versailler Schlosses von den deutschen Fürsten zum Deutschen Kaiser proklamiert. Wilhelm war von dem Titel nicht allzu begeistert, da er ihn mehr als romantische Verzierung denn als Spiegelbild der politischen Wirklichkeit betrachtete. Außerdem wollte er den Titel Kaiser von Deutschland, nicht Deutscher Kaiser. Lange Verhandlungen mit Württemberg und Bayern,[20] die für sich besondere Privilegien (Armee, Post, Eisenbahn, Finanzen usw.) forderten, waren der Proklamation vorangegangen. Praktisch waren nun alle deutschen Staaten außer Österreich in einem neuen Reich zusammengefaßt, einem Reich, das die Erweiterung des Norddeutschen Bundes durch Baden und Hessen- Darmstadt bedeutete. Mit diesem Bund stand Württemberg in freundlichem, Bayern dagegen in eigenwilligem Vertragsverhältnis. An der Spitze des Reiches stand der Kaiser mit dem Reichskanzler, dem die Staatssekretäre unterstanden. Die beiden Kammern waren der demokratische Reichstag und der aristokratische Bundesrat, der durch sechs bayrische, vier württembergische und je drei badische und hessische Abgeordnete auf 58 Stimmen erhöht wurde.

Für die meisten Deutschen bedeutete die Reichsgründung die Erfüllung ihrer alten Sehnsucht. In Wahrheit war jetzt ein Anfang gemacht, obgleich die alten Gegensätze zwischen Stämmen und Dynastien, der Partikularismus, nicht überwunden war. Das Reich war zwangsmäßig zusammengefügt[21] worden und bestand zunächst auf preußische Art und unter preußischer Verwaltung. Die Zukunft mußte zeigen, wie sich Reich und Kaisertum entwickeln würden.

Ansprüche an Frankreich - Elsaß-Lothringen

Der Frieden mit Frankreich wurde im Mai 1871 abgeschlossen. Frankreich mußte das Elsaß, dessen Bevölkerung hauptsächlich deutsch, und Lothringen, das hauptsächlich französisch sprach, abtreten. Diese Entscheidung, die zum Teil gegen Bismarcks Ratschlag durchgeführt wurde, war insofern unklug, weil die Bevölkerung lieber bei dem liberaler gesinnten Frankreich geblieben wäre als ein Teil des preußischen Militärstaates zu werden, und weil sie die Wiederherstellung freundschaftlicher Beziehungen zwischen den beiden Gegnern verhinderte. Auf deutscher Seite erinnerte man sich nur allzu gut an die Eroberungspolitik Frankreichs unter Ludwig

---

[19] England und die USA unterstützten Frankreich mit Waffenlieferungen.

[20] Bayern hat auch seitdem in der deutschen Geschichte eine eigenwillige Rolle gespielt. Noch bei der Annahme des Grundgesetzes und der Bildung der Bundesrepublik nahm es eine Sonderstellung ein, und bis heute heißt die CDU in Bayern CSU.

[21] Das Reich bestand aus den folgenden Bundesstaaten: 4 Königreichen (Preußen, Bayern, Sachsen, Württemberg), 6 Großherzogtümern (Baden, Hessen, Mecklenburg-Schwerin, Mecklenburg-Strelitz, Oldenburg, Sachsen-Weimar), 5 Herzogtümern (Anhalt, Braunschweig, Sachsen-Altenburg, Sachsen-Coburg-Gotha, Sachsen-Meiningen), 7 Fürstentümern (Lippe-Detmold, Reuss-jüngere Linie, Reuss-ältere Linie, Schaumburg-Lippe, Schwarzburg-Rudolfstadt, Schwarzburg-Sondershausen), 3 Freien Reichsstädten (Hamburg, Bremen, Lübeck) und dem Reichsland Elsaß-Lothringen, das Frankreich gerade abgetreten hatte.

XIV. und Napoleon und rechtfertigte seine Ansprüche mit der Forderung nach zukünftiger Sicherheit. Das stolze Frankreich, ans Herrschen und Bestimmen gewöhnt, vergaß die Demütigung nicht und sann auf Vergeltung. So trugen die Ereignisse von 1871 bereits den Keim zum Weltkrieg von 1914-18 in sich.

Bismarcks Nachkriegsdiplomatie

In den Jahren nach dem deutsch-französischen Krieg suchte Bismarck seine Errungenschaften zu bewahren. Es kam darauf an, die "kleine" Einkreisung Deutschlands durch die katholischen Mächte Österreich, Italien, Frankreich und die gefährlichere "große" Einkreisung durch Frankreich, England und Rußland zu verhindern. Zunächst verbündete Deutschland sich mit Rußland und Österreich (Drei-Kaiser-Bund), aber Rußland erwies sich bald als unzuverlässiger Partner, dessen Interessen auf dem Balkan den Interessen Österreichs zuwiderliefen. Rußland übernahm die Rolle des Beschützers aller Slawen und unterstützte die nationalen Bestrebungen der Balkanvölker gegen Österreich. Deutschland dagegen trat auf Seite seines südlichen Nachbarn und entfremdete dadurch seinen östlichen.

Kulturkampf, Sozialisten- und Versicherungsgesetze

Innenpolitisch führte Bismarck von 1873-1878 den sogenannten "Kulturkampf" gegen den politischen Einfluß der katholischen Kirche in Deutschland und den Kampf gegen die Sozialdemokraten. Zunächst ging Bismarck gegen den katholischen Klerus scharf vor, aber erreichte dadurch nur, daß die Opposition immer stärker wurde und daß er am Ende mit Rom Kompromisse schließen mußte. Gegen die Sozialdemokraten, deren Philosophie sich auf Marx und Engels gründete, und die die Sache der immer stärker anwachsenden deutschen Arbeiterschaft mit radikalen Mitteln vertraten, erließ Bismarck ein Verbot, weil sie den Staat bekämpften. Der unmittelbare Anlaß war ein Attentat, das zwei radikale Sozialisten auf den Kaiser verübt hatten. Trotz des Verbotes wuchs die Partei im Geheimen weiter und wurde später zur stärksten politischen Partei in Deutschland. Um die unteren Klassen für den Staat zu gewinnen, erließ die Reichsregierung im Jahre 1880 das Gesetz "zum Schutze der Arbeit", dem eine Reihe von Versicherungsgesetzen folgte, die die Unfall- und Krankenversicherung (1883), die Alters- und Invalidenversicherung (1889), die Witwen- und Waisenversicherung und schließlich die Arbeitslosenversicherung einführte. Bei diesen Versicherungen trugen Arbeitnehmer, Arbeitgeber und Staat je ein Drittel der Kosten. Heute gehören fast alle Deutschen einer Krankenkasse an, und nur wenige Ärzte haben eine Privatpraxis. Das deutsche Versicherungswesen wurde bald von anderen Staaten als vorbildlich anerkannt und nachgeahmt.

Kaiser Wilhelm II und Bismarcks Entlassung

Kaiser Wilhelm I starb 1888. Kronprinz Friedrich regierte nur wenige Wochen und starb an Krebs. Sein Sohn wurde noch im gleichen Jahr (1888 das Dreikaiserjahr) als Wilhelm II Deutscher Kaiser. Er war 29 Jahre alt, verstand sich mit dem alten Bismarck nicht und entließ den Kanzler deshalb im März 1890. Bismarck hatte sich durch unbeliebte Maßnahmen viele Feinde geschaffen und befürwortete Gesetze und Verfassungsänderungen, die auf die Errichtung einer nackten Autokratie hinzuzielen schienen. Der Kaiser, die Bundesfürsten und viele Politiker fürchteten von einer Fortsetzung der Bismarckschen Politik schlimme Folgen für das Wohl des Reiches. So schien es dem Kaiser als die beste Lösung, den halsstarrigen alten Mann, mit dem er bereits mehrere heftige Auseinandersetzungen gehabt hatte, ehrenvoll zu entlassen. Kein wirklich fähiger Mann konnte die Lücke ersetzen, und Kaiser Wilhelm regierte mehr und mehr nach eigenem Willen, was für die deutsche Geschichte nicht von Vorteil war. Bismarck konnte sich mit seiner Entlassung nicht abfinden. In den acht Jahren bis zu seinem Tod bekämpfte er die Politik der neuen Regierung in Veröffentlichungen und Zeitungsartikeln. Die junge Generation verehrte den großen, alten Mann, und eine Bismarcklegende begann sich zu entwickeln. Wenn es in politischen Angelegenheiten nicht recht voran- oder gar zurückging, fragte man sich, was Bismarck in dieser Situation getan hätte. Als Bismarck am 30 Juli 1898 starb, atmete der junge Kaiser tief auf, aber Deutschland hatte einen bedeutenden Staatsmann verloren, der sich so leicht nicht ersetzen ließ und dessen große Tat die Einigung der deutschen Staaten in ein Deutsches Reich war.

STUDIENFRAGEN ZUM KAPITEL
VOM KÖNIGREICH PREUSSEN ZUM KAISERREICH DEUTSCHLAND

1. Was sind die Ideen und Ideale der französischen Revolution und wie beeinflussen sie die Menschen in den deutschen Staaten?
2. Warum entwickelt sich ein so großer Gegensatz zwischen Frankreich und den deutschen Staaten?
3. Was wissen Sie über Napoleon?
4. Welche militärischen Erfolge hat Napoleon zunächst?
5. Was geschieht mit dem Heiligen Römischen Reich Deutscher Nation?
6. Besprechen Sie, welche Reformen Preußen einführt? Was halten Sie von diesen Reformen?
7. Wie endet Napoleons Herrschaft auf dem Kontinent? Welche Fehler hätte Napoleon, Ihrer Meinung nach, vermeiden sollen, um an der Macht zu bleiben?
8. Wer ist Metternich und welchen Einfluß übt er in Europa aus?
9. Welche politischen Richtlinien werden auf dem Wiener Kongreß beschlossen? Wie erklären Sie sich die reaktionäre Politik der Monarchen nach dem Sieg über Napoleon?
10. Erklären Sie, was der Deutsche Bund ist.
11. Was ist der Zollverein?
12. Wie tragen der Deutsche Bund, der Zollverein und die Eisenbahn zur zukünftigen Einigung Deutschlands bei? Besprechen Sie Parallelen zum heutigen Europa.
13. Was sind die Ziele der Revolutionäre von 1848?
14. Was ist die deutsche Nationalversammlung in Frankfurt und welche Ziele streben die Abgeordneten an? Was ist der Unterschied zwischen der Großdeutschen und der Kleindeutschen Lösung? Warum hat die Nationalversammlung keinen Erfolg?
15. Warum lehnt der preußische König die Kaiserkrone ab? Wie erklären Sie sich seine Einstellung?
16. Wie sieht die preußische Verfassung aus und wie unterscheidet sie sich von der amerikanischen?
17. Wer ist Otto von Bismarck? Was wissen Sie über diesen Mann?
18. Welche drei Kriege führt Bismarck, warum und zu welchem Zweck? Wie hätte er seine politischen Ziele auch ohne Krieg erreichen können?
19. Besprechen sie Einzelheiten über Bismarcks diplomatisches Geschick.
20. Erklären Sie, wie es zum Krieg gegen Frankreich kommt. Welche Rolle spielt die Frage der spanischen Thronfolge und das Ems-Telegramm? Ist dieses Telegramm wirklich so beleidigend für Frankreich? Warum oder warum nicht? Was hielt man damals von Beleidigung der nationalen und persönlichen Ehre?
21. Warum war die Annexion von Elsaß-Lothringen nicht besonders klug und weitsichtig? Seit wann ist dieses Land bereits der Zankapfel zwischen Frankreich und Deutschland?
22. Besprechen Sie Bismarcks Nachkriegsdiplomatie. Was sind seine Hauptziele?
23. Welche Gegensätze entstehen in Europa nach dem deutsch-französischen Krieg und wie werden diese in Zukunft zu einem neuen Krieg führen?
24. Erklären Sie Bismarcks Kulturkampf und seinen Kampf gegen die Sozialisten.
25. Was sind die Versicherungsgesetze und warum werden sie erlassen?
26. Warum wird Bismarck von Kaiser Wilhelm II entlassen und wie reagiert er auf seine Entlassung?
27. Beurteilen Sie Bismarck als Diplomat und Staatsmann.

KAPITEL 15
DIE LITERATUR DER GOETHEZEIT
STURM UND DRANG, KLASSIK UND ROMANTIK

Worum geht es in diesem Kapitel?

Um 1800 erreicht die deutsche Literatur mit Goethe und Schiller und den Romantikern den Anschluß an die Weltliteratur. Was von vielen Dichtern und Philosophen in den vergangenen Jahrhunderten an Sprache und Literaturkritik vorbereitet wurde, erreicht nun den Höhepunkt. Sie lernen die Hauptvertreter der drei Literaturperioden kennen -- Sturm und Drang, Klassik und Romantik -- und werden in ihre bekanntesten Werke eingeführt. Es gehört zur Allgemeinbildung eines Studenten der Germanistik einige dieser Werke gelesen zu haben.

Wie gehen wir vor?

1. Da Ihnen die meisten Namen der Dichter und der Werke dieser Periode sicher schon bekannt sind, können Sie sich nach einer kurzen Übersicht über das Kapitel auf die einzelnen Teile konzentrieren.

2. Lesen Sie die Abschnitte über die Sturm und Drangperiode, die Klassik und die Romantik, aber machen Sie nach jedem Teil eine Pause und wiederholen Sie, was Sie gelesen haben. Sie können am besten feststellen, was Sie gelernt haben, wenn Sie die Abschnitte laut wiederholen.

3. Die Anregungen und Fragen am Ende sollen Ihnen beim Studium helfen.

Lernziele:

In diesem Kapitel lernen Sie,

1. welchen Einfluß Hamann, Herder und die Volksdichtung auf die Literatur ausüben.
2. wie Goethe sich in Straßburg zum lyrischen Dichter entwickelt.
3. welche Ereignisse Goethe beim Schreiben seines *Werthers* beeinflussen und welche starke Faszination dieses Werk besonders auf die Jugend ausübt.
4. mit welchen Jugendwerken Schiller zum Stürmer und Dränger wird.
5. welche Werte zu Idealen der Klassik werden und warum gerade Goethes *Iphigenie* als Prototyp der deutschen Klassik angesehen werden kann.
6. was Schiller unter dem Begriff "schöne Seele" versteht.
7. warum Goethes *Faust* zu den größten Dramen der Weltliteratur zählt.
8. Hölderlin, Kleist und Jean Paul kurz kennen.
9. wer die wichtigsten Theoretiker der Romantik sind, welche Ideen sie vertreten und wer die bekanntesten Dichter dieser Periode und ihre Werke sind.

STURM UND DRANG
Reaktion gegen die Aufklärung

Da Johann Wolfgang Goethe, Deutschlands größter Dichter, die Literaturperiode von etwa 1770 bis 1832 beherrscht, nennt man diese Zeitspanne häufig die Goethezeit. Die literarische Bewegung, die sich während dieser Zeit in drei verschiedenen Stufen, dem Sturm und Drang, der Klassik und der Romantik entfaltet, beginnt als Reaktion gegen die Aufklärung, als Revolte gegen die Unterdrückung des Gefühls und gegen die mechanische Produktion von Kunstwerken nach starren Regeln ohne große schöpferische Leistung. Die Anfänge dieser Tendenz erkennen wir bereits in der Empfindsamkeit, aber ihren Höhepunkt erreicht die Revolte im Sturm und Drang. Während wir bereits in den Schriften Kants und Lessings die Überwindung der Aufklärung und die Grundlage für eine neue Weltanschauung erkennen, wird die Literatur grundlegend von zwei Kunsttheoretikern beeinflußt: Hamann und Herder.

Hamann

Johann Georg Hamann (1730-1788), Königsberger wie Kant, war zeit seines Lebens ein Gegner jeder Vernunftüberlegung und lehnt alles rationale Wissen ab. Das Gefühl ist für ihn die Grundlage jedes künstlerischen Schaffens. Das künstlerische Genie, das von der Gewalt seiner Gefühle, nicht aber von äußeren Beweggründen und Regeln bestimmt wird, ist in Hamanns Auffassung ein Schöpfer analog zu Gott. Die folgenden Beispiele aus den Aphorismen und Ausprüchen zeigen seine Einstellung.

Das Herz schlägt früher, als unser Kopf denkt -- ein guter Wille ist brauchbarer als eine noch so reine Vernunft.

Ein Herz ohne Leidenschaften, ohne Affekte ist ein Kopf ohne Begriffe, ohne Mark.

Sokrates hatte also freilich gut unwissend zu sein; er hatte einen Genius, auf dessen Wissenschaft er sich verlassen konnte, den er liebte und fürchtete als seinen Gott, an dessen Frieden ihm mehr gelegen war als an aller Vernunft der Ägypter und Griechen.

Was ersetzt bei Homer die Unwissenheit der Kunstregeln, die ein Aristoteles nach ihm erdacht, und was bei einem Shakespeare die Unwissenheit oder Übertreibung jener kritischen Gesetze? Das Genie, ist die einmütige Antwort.

Herder und die Volksdichtung

Johann Gottfried Herder (1744-1803), Ostpreuße wie Hamann, wird von diesem und von Kant stark beeinflußt. Er studiert Theologie in Königsberg, wird Pfarrer in Riga und schließlich Superintendent in Weimar. Dichtung ist für Herder nicht ein künstliches Zusammenstellen von Worten nach genauen Regeln, sondern eine Naturgabe, die am ursprünglichsten im Volk hervorsprudelt. Er interessiert sich für Volksdichtung und sammelt alte Volkslieder, die er 1778/79 veröffentlicht. Bereits 1773 hatte er einen Aufsatz über Ossian[1] geschrieben, in dem er der gelehrten Kunstpoesie seiner Zeit die Volkspoesie primitiverer Zeiten gegenüberstellt und ihre ungekünstelte Natürlichkeit lobt. In anderen Aufsätzen bemüht sich Herder um die Erneuerung der deutschen Dichtung und stellt Homer, Shakespeare und Rousseau als Beispiele von echten Naturdichtern auf. Besonders auch das Volkslied -- den Begriff hat Herder geschaffen -- ist Beispiel dieser Naturdichtung. Mit seinen Ideen hat Herder die Literatur stark beeinflußt, besonders Goethe, mit dem er in Straßburg zusammentraf und den er für die "neue" Dichtung gewann.

Stürmer und Dränger

Um Goethe sammelte sich eine Schar junger Dichter, deren Bewegung nach dem Namen eines Dramas von Klinger "Sturm und Drang" genannt wurde. Diese jungen Schriftsteller lehnten sich in ihren Werken, die heute fast ganz in Vergessenheit geraten sind, gegen ihre Väter auf. Ihre Schlagworte waren Natur, Gefühl, Leidenschaft, Genie und Kerl. Ihr Ziel war die Errichtung von politischer, sittlicher und ästhetischer Freiheit, ein Ziel, das sie nur in ihren Werken nicht in der wirklichen Welt erreichten.

Goethes Jugend

Der bedeutendste Stürmer und Dränger, um den sich, wie bereits gesagt, die andern scharten, war Johann Wolfgang Goethe (1749-1832). Er wurde als Sohn reicher Bürgersleute in Frankfurt geboren, genoß eine ausgezeichnete Erziehung im Vaterhaus, erlebte die französische Besetzung der Stadt im Siebenjährigen Krieg und die Krönung Josephs II zum deutschen Kaiser mit. Mit 16 Jahren ging er nach Leipzig, um an der dortigen Universität nach dem Willen des Vaters Jura zu studieren. Er vernachlässigte seine Studien jedoch und begann sich mehr für Theater und Literatur und für das gesellige Leben in "Klein Paris" zu interessieren. Hier schrieb er einige unbedeutende Spiele und Gedichte. Eine schwere Krankheit zwang ihn, 1768 nach Frankfurt zurückzukehren. Eine pietistische Freundin der Mutter, Susanne von Klettenberg, pflegte ihn gesund und machte ihn vertraut mit den pietistischen Lehren. Im Frühjahr 1770 besuchte er die Universität Straßburg und promovierte 1771 zum Lizentiaten der Rechte.

---

[1] MacPherson hatte mehrere alte schottische Bardenlieder des Ossians veröffentlicht, die sich später jedoch als Fälschung herausstellten.

In Straßburg entwickelt Goethe sich zum Dichter

Straßburg wurde eine sehr bedeutende Station im Leben Goethes. Hier entdeckte er die Schönheit der gotischen Architektur am Straßburger Münster. Unter dem Einfluß Herders und anderer Freunde wurde er frei vom Konventionellen des Rokoko, lernte die herrliche Landschaft des Elsaß sehen und lieben, sammelte Volkslieder, las Hamann, Rousseau, Ossian, Shakespeare und Homer und gewann eine unbändige Freude am Leben. So zum echten Dichter vorbereitet, wurde er wahrhaftig zum Dichter, als er sich in eine junge Elsässerin, die Pfarrerstochter Friederike Brion, verliebte. Das Erlebnis dieser Liebe macht ihn zum Dichter. Seine Sesenheimer Lyrik enthält seine ersten ausdrucksstarken, mit echtem Gefühl angefüllten Gedichte: *Mit einem gemalten Band, Willkommen und Abschied* und *Mailied*. Diese Gedichte, die mit zu den besten echten Erlebnisliedern der deutschen Dichtung gehören, haben die Lyrik der nächsten Jahrzehnte stark beeinflußt.

Götz von Berlichingen

In Straßburg entstand auch nach dem Vorbild Shakespeares das Drama *Götz von Berlichingen*, des Ritters mit der eisernen Faust, der sich tatkräftig seine Freiheit zu erhalten versucht. Herder hat das Drama wegen seiner wilden Auswüchse -- die Einheit des Ortes wird neunundfünfzigmal durchbrochen -- getadelt. Trotzdem macht es den Verfasser in Deutschland zum Führer der jungen Generation, die ihn als den neuen Shakespeare verehrt.

Die Leiden des jungen Werther

In Wetzlar (1772) arbeitet Goethe am Reichskammergericht und lernt Albert Kestner und Lotte Buff kennen, in die sich Goethe verliebt. Sie heiratet jedoch Kestner. Dieses Erlebnis und der Selbstmord eines Bekannten spiegeln sich im Briefroman *Die Leiden des jungen Werther* (1774) wider. Der passive, weltfremde, empfindsame Werther zeigt, im Gegensatz zum kraftstrotzenden, kämpferischen Götz, die nach innen gewandte, im Gefühl verschwimmende, der Welt entfremdete Seite des Sturm und Drangs. Der "Held" geht an der Welt, an der Liebe zu einer verheirateten Frau, die er nicht besitzen kann, an seiner künstlerischen Ohnmacht, an seiner Überspanntheit und aus Mangel nützlicher Tätigkeit zugrunde. Werther ist ein überempfindliches Genie, das in die bürgerliche Welt mit ihren Regeln und Konventionen nicht paßt.

Der Einfluß *Werthers*

Der Roman machte Goethe noch weit mehr als *Götz* in ganz Europa berühmt. Napoleon hat ihn ständig bei sich getragen und siebenmal gelesen. Nach der Schlacht bei Jena (1806) sucht er Goethe in Weimar auf, um den Dichter des Werthers kennenzulernen. Noch Jahre später, als Goethe längst über dieses Jugendwerk hinausgewachsen war und seine reifen, klassischen Werke veröffentlicht hatte, bestaunte man ihn zu seinem Verdruß als Dichter des *Werthers*. Der Roman fand zahlreiche Nachahmungen und entrüstete Kritiken. Eine Selbstmordwelle durchzog Europa, und die jungen Männer kleideten sich wie Werther, die Mädchen wie Lotte. So tief wirkte das Werk, so stark entsprach es dem Geist der Zeit. Das folgende Beispiel ist aus dem Brief vom 10. Mai und zeigt, wie Werther über die Natur in Ekstase gerät, und wie er sein Selbst aufgeben möchte:

> Wenn das liebe Tal um mich dampft, und die hohe Sonne an der Oberfläche der undurchdringlichen Finsternis meines Waldes ruht, und nur einzelne Strahlen sich in das innere Heiligtum stehlen, ich dann im hohen Grase am fallenden Bache liege, und näher an der Erde tausend mannigfaltige Gräschen mir merkwürdig werden; wenn ich das Wimmeln der kleinen Welt zwischen Halmen, die unzähligen, unergründlichen Gestalten der Würmchen, der Mückchen näher an meinem Herzen fühle, und fühle die Gegenwart des Allmächtigen, der uns nach seinem Bilde schuf, das Wehen des Allliebenden, der uns in ewiger Wonne schwebend trägt und erhält; mein Freund! wenn's dann um meine Augen dämmert, und die Welt um mich her und der Himmel ganz in meiner Seele ruhn wie die Gestalt einer Geliebten -- dann sehne ich mich oft und denke: Ach könntest du das wieder ausdrücken, könntest dem Papiere das einhauchen, was so voll, so warm in dir lebt, daß es würde der Spiegel deiner Seele, wie deine Seele ist der Spiegel des unendlichen Gottes! -- Mein Freund -- Aber ich gehe darüber zugrunde, ich erliege unter der Gewalt der Herrlichkeit dieser Erscheinungen.

Das zweite Beispiel ist aus dem Brief vom 15. November, in dem Goethe das furchtbare Bild der in einen endlosen Abgrund stürzenden Kreatur heraufbeschwört:

. . .Was ist's anders als Menschenschicksal, sein Maß auszuleiden, seinen Becher auszutrinken. Und ward der Kelch dem Gott vom Himmel auf seiner Menschenlippe zu bitter, warum soll ich groß tun und mich stellen als schmeckte er mir süß. Und warum sollte ich mich schämen, in dem schrecklichen Augenblicke, da mein ganzes Wesen zwischen Sein und Nichtsein zittert, da die Vergangenheit wie ein Blitz über dem finstern Abgrunde der Zukunft leuchtet, und alles um mich her versinkt, und mit mir die Welt untergeht. -- Ist es da nicht die Stimme der ganz in sich gedrängten, sich selbst ermangelnden, und unaufhaltsam hinabstürzenden Kreatur, in den innern Tiefen ihrer vergebens aufarbeitenden Kräfte zu knirschen: Mein Gott! Mein Gott! warum hast du mich verlassen?

Goethe in Weimar

Im November 1775 zieht Goethe nach Weimar. Schon vorher hatte er die großen Hymnen *Mahomets Gesang, Prometheus* und *Ganymed* fertiggestellt. Jetzt folgt ein Jahrzehnt verantwortungsvoller Tätigkeit in Staatsgeschäften, während die dichterische Arbeit zurücksteht. Goethe wird zum Erzieher des wilden, jungen Herzogs und zum gewissenhaften Beamten: 1779 Geheimrat und 1782 erster Minister des Landes; gleichzeitig wird er geadelt. Aus dem jugendlichen Stürmer und Dränger entwickelt sich der reife Mann, der beherrscht und abgeklärt die unbeherrschte Genialität überwindet. Die Gedichte dieser Zeit (*Wandrers Nachtlied, An den Mond, Grenzen der Menschheit, Das Göttliche* u.a.) beweisen Goethes Entwicklung zum Klassiker. Als ihn die Amtsgeschäfte zu sehr bedrücken, der mühsam niedergehaltene Schaffensdrang sich neu regt und das unbefriedigte Verhältnis zu Frau von Stein ihn quälen, bittet er 1786 um Urlaub und flieht nach Italien, von wo er 1788 als vollendeter Klassiker zurückkehrt. Der sonnige Süden, das unbeschwerte Leben und die Berührung mit der Antike hatten ihm zum Durchbruch verholfen.

Bevor wir Goethes klassische Werke besprechen, wollen wir uns dem zweiten großen deutschen Stürmer und Dränger zuwenden, der sich wie Goethe, und zum Teil durch dessen Einfluß, später ebenfalls zum Klassiker entwickelt.

Schillers Jugend

Christoph Friedrich Schiller (1759-1805) stammt aus Schwaben. Da der Vater Offizier im Heer des tyrannisch absolut regierenden Herzogs Karl Eugen von Württemberg war, wurde der Sohn in die Militärakademie aufgenommen und gezwungen, Medizin zu studieren. Schiller haßte den Kasernenhofzwang der Akademie. Sein Haß wurde noch angespornt durch die heimliche Lektüre der revolutionären Werke der Sturm-und-Drang-Dichter Klinger und Schubart und durch Goethes *Götz.* Im Januar 1782 wurde sein erstes Drama, *Die Räuber,* in Mannheim aufgeführt. Es war ein gewaltiger Erfolg, aber der Herzog verbot Schiller die weitere Schriftstellerei, worauf dieser im Dezember heimlich aus dem Herzogtum floh.

Die Räuber

Die Räuber ist wie *Götz von Berlichingen* in Prosa geschrieben und enthält wie dieses Drama eine große Menge kraftvoller Ausdrücke. Das Thema ist die Freiheit, der Kampf gegen die verrottete Gesellschaftsordnung, gegen die Tyrannei des Absolutismus. Für das Kraftgenie, Karl Moor, den edlen Verbrecher, ist die Welt zu klein. Er sammelt eine Schar Gleichgesinnter um sich und bekämpft das Unrecht mit dem Schwert, wodurch er selbst Unrecht begeht und schuldig wird. Am Ende führt die Selbsteinkehr des Helden zur Unterwerfung des Individuums unter die Gesetze der Weltordnung, die er mit Gewalt nicht hat ändern können. Die Hoffnung auf eine bessere demokratische Zukunft klingt an.

Kabale und Liebe

Schillers zweiter Erfolg ist die Tragödie *Kabale und Liebe,* die 1784 aufgeführt wird. Der Konflikt der Standesgegensätze, ein Motiv, das bereits Lessing in seiner *Emilia Galotti* behandelt hatte, macht das Drama (genau wie Lessings Stück) zur bürgerlichen Tragödie, ein Genre das besonders im 19. Jahrhundert entwickelt wird. Wiederum prangert Schiller die Fürstentyrannei an, die das Liebesglück von zwei jungen Menschen zerstört. Verurteilt wird die Hofintrige, die absolute Macht am Hofe, die Frauen zu Mätressen und Soldaten zu Sklaven erniedrigen kann. Eine der eindrucksvollsten Szenen ist die, in der ein alter Diener seiner Herrin berichtet, wie die Regimenter, in denen auch seine Söhne dienen, ans Ausland verkauft wurden. Mit dem Geld erwarb der Herzog ein kostbares Schmuckstück für seine Mätresse, Lady Milford. Es folgt der ergreifende Dialog in der zweiten Szene des zweiten Aktes zwischen dem Kammerdiener (K) und der Lady Milford (L):

K:Seine Durchlaucht der Herzog empfehlen Sich Milady zu Gnaden und schicken Ihnen diese Brillanten zur Hochzeit. Sie kommen soeben erst aus Venedig.

L:(hat das Kästchen geöffnet und fährt erschrocken zurück) Mensch, was bezahlt dein Herzog für diese Steine?
K:(mit finstrem Gesicht) Sie kosten ihn keinen Heller.

L:Was? Bist du rasend? Nichts? -- Und du wirfst mir ja einen Blick zu, als wenn du mich durchbohren wolltest -- nichts kosten ihn diese unermeßlich kostbaren Steine?

K:Gestern sind siebentausend Landskinder nach Amerika fort -- die zahlen alles.

L:(setzt den Schmuck plötzlich nieder und geht rasch durch den Saal) Mann, was ist dir? Ich glaube, du weinst?

K:(wischt sich die Augen, mit schrecklicher Stimme, alle Glieder zitternd) Edelsteine, wie diese da -- ich hab auch ein paar Söhne drunter.

L:(wendet sich bebend weg, seine Hand fassend) Doch keinen gezwungenen?

K:(lacht fürchterlich) O Gott! -- nein -- lauter Freiwillige. Es traten wohl so etliche vorlaute Bursch vor die Front heraus und fragten den Oberst, wie teuer der Fürst das Joch Menschen verkaufe? -- Aber unser gnädiger Landesherr ließ alle Regimenter auf dem Paradeplatz aufmarschieren und die Maulaffen niederschießen. Wir hörten die Büchsen knallen, sahen ihr Gehirn auf das Pflaster spritzen, und die ganze Armee schrie: "Juchhe! Nach Amerika!"

L:(fällt mit Entsetzen auf das Sofa!) Gott! Gott! Und ich hörte nichts? Und ich merkte nichts?

K:... Die Herrlichkeit hättet Ihr doch nicht versäumen sollen, wie uns die gellenden Trommeln verkündigten, es ist Zeit, und heulende Waisen dort einen lebendigen Vater verfolgten, und hier eine wütende Mutter lief, ihr saugendes Kind an Bajonetten zu spießen, und wie man Bräutigam und Braut mit Säbelhieben auseinanderriß, und wir Graubärte verzweiflungsvoll dastanden und den Burschen auch zuletzt die Krücken noch nachwarfen in die neue Welt -- oh, und mitunter das polternde Wirbelschlagen, damit der Allwissende uns nicht sollte beten hören --

L:(steht auf, heftig bewegt) Weg mit diesen Steinen -- sie blitzen Höllenflammen in mein Herz. (Sanfter zum Kammerdiener) Mäßige dich, armer, alter Mann! Sie werden wiederkommen. Sie werden ihr Vaterland wiedersehen.

K:(warm und voll) Das weiß der Himmel! Das werden sie! Noch am Stadttor drehten sie sich um und schrien: "Gott mit euch, Weib und Kinder -- Es leb unser Landesvater -- am jüngsten Gericht sind wir wieder da!"

DIE KLASSIK
Der reife Schiller

Die Jahre 1785-1787 verbringt Schiller in Leipzig im Kreise neugewonnener Freunde. Diesen widmet er das menschenfreundliche Lied *An die Freude*, das Beethoven im vierten Satz seiner neunten Symphonie für alle Zeiten verewigt hat. Das Drama *Don Carlos* zeigt genau wie die Gedichte dieser Epoche bereits klassische Züge. Schiller verwendet hier zum ersten Mal den Blankvers, schreibt in einer gehobeneren, idealisierten Sprache, von der er das Niedere und Maßlose ausschließt, und überwindet die starke Subjektivität seiner frühen Dramen. Während dort die Fürsten ganz schwarz gezeichnet wurden, ist König Philipp kein Zerrbild eines Tyrannen mehr, sondern besitzt menschliche Wärme und Größe. Die geschichtlichen und philosophischen Studien der nächsten Jahre vermitteln Schiller Einsichten und Erkenntnisse, die ihn in seinem Urteil reifen lassen; seine Ehe mit Charlotte von Lengefeld und besonders sein Kontakt mit Goethe, mit dem er 1787 zum ersten Mal persönlich zusammentraf, all diese Erlebnisse lassen auch ihn aus dem Sturm und Drang in die Klassik übertreten.

Form und Sittlichkeit

In ihrer klassischen Periode sind Goethe und Schiller aus dem emotionellen, gesetzlosen, subjektiven Schaffen zum geschlossenen, harmonischen, gerundeten Kunstwerk vorgedrungen. Die äußere Ordnung und strenge Form wird durch innere Gesetze bedingt, nach denen die höchst mögliche innere und äußere Schönheit angestrebt wird. Das extrem Subjektive, das einmalig Individuelle weicht dem Allgemeinmenschlichen. Die klassische Lebenshaltung strebt eine harmonische Synthese zwischen Sturm und Drang und Aufklärung an, die allerdings nicht ohne Spannung bleibt. Der Einzelne, der stürmende, revoltierende "große Kerl" lernt, sich der Sitte und der Gesellschaft, die jetzt allerdings als sittliche, gehobene Gesellschaft empfunden wird, unterzuordnen. Das Individuum zerstört die Gesellschaft nicht mehr durch Gewalt, sondern dient ihr und versucht sie von innen heraus zu bessern, zu heben.

Reine Menschlichkeit und Schönheit

Die klassische Literatur will den empfänglichen Menschen bilden, ihn durch Schönheit sittlich heben. Das Ideal, das angestrebt wird, ist die "reine Menschlichkeit", die "Humanität", die beherrscht und geläutert ist, und der wir bereits in Lessings *Nathan der Weise*, und in der *Erziehung des Menschengeschlechts* begegnet sind. Das Vorbild für die deutsche Klassik ist vor allem die griechische Kunst (Homer, Pindar, Sophokles), die die Deutschen hauptsächlich durch die Augen Winckelmanns (1717-1768) sehen lernen. Winckelmann sieht das klassische Altertum als Ideal jeder Kultur, seine Kunst als absolute Schönheitsnorm. Er führt die Höhe der griechischen Kunst zurück auf die griechische Lebenshaltung, die er ganz einseitig sieht. Der griechische Mensch war für ihn der schönste Menschentypus, den es je gegeben hat. Die seelisch-sittliche Schönheit dieses Menschen sei entstanden durch den gelungenen Ausgleich der Lebensgegensätze.[2] Winckelmanns Ideen und seine Formel "edle Einfalt und stille Größe" werden in die deutsche Klassik aufgenommen.

Goethes klassische Werke

Während Schiller sich bis etwa 1795 hauptsächlich mit historischen[3] und philosophischen Studien befaßt, vollendet der aus Italien zurückgekehrte Goethe seine großen klassischen Werke: *Egmont* (1787), *Iphigenie auf Tauris* (1787), *Torquato Tasso* (1789), *Römische Elegien* (1788), *Venetianische Epigramme* (1790), *Wilhelm Meisters Lehrjahre* (1796), Balladen (1797), *Hermann und Dorothea* (1797) und später *Wilhelm Meisters Wanderjahre* (1807) und *Die Wahlverwandschaften* (1809).

---

[2] Winckelmann sieht nur das Apollonische in der griechischen Kultur. Erst Nietzsche hat uns gelehrt, daß hinter dem Apollonischen das Dionysische lauert.

[3] Seit 1789 ist er Professor für Geschichte an der Universität Jena.

Iphigenie auf Tauris

Iphigenie auf Tauris ist zweifellos der vollendete Ausdruck der deutschen Klassik. Sprache, Aufbau und Weltanschauung sind klassisch. Dem Vorbild Lessings (*Nathan der Weise*) folgend benutzt Goethe den Blankvers, der sich nun als Versfuß des klassischen Dramas durchsetzt. Die Szenen und Akte sind ganz symmetrisch aufgebaut und harmonisch auf Haupt- und Nebenpersonen verteilt. Die Handlung besteht nicht in der Aktion, sondern im Wortkampf. Die Einheiten der Zeit und des Ortes sind streng eingehalten. Die Sprache ist gehoben, schön, idealisiert, gereinigt. Der Stoff ist antik klassisch und stammt aus der griechischen Mythologie sowie aus den Werken Homers und Sophokles. Ganz klassisch im geistesgeschichtlichen Sinn ist der Gehalt des Dramas.

Die Rettung Orests

Iphigenie, die reine, humane Priesterin der Diana, hat auf der Barbareninsel Tauris das Menschenopfer abgeschafft. Durch ihre unbefleckte Reinheit und ihre verzeihende Menschlichkeit erlöst sie den Bruder Orest und verscheucht die Rachegeister, die den Muttermörder verfolgen: "Alle menschlichen Gebrechen sühnet reine Menschlichkeit." Am Ende besteht sie auch die schwerste Probe. Sie wird versucht, ihren väterlichen Freund, König Thoas, durch eine Lüge zu hintergehen, um damit ihren Bruder zu retten und die langersehnte Rückkehr in ihre geliebte Heimat zu erreichen. Auf ihrer Familie liegt seit den schweren Vergehen ihrer Vorfahren der Fluch der Götter. Schwer ringt sie mit sich im Gebet:

> Soll dieser Fluch denn ewig walten? Soll
> Nie dies Geschlecht mit einem neuen Segen
> Sich wieder heben? –
> . . .
> So hofft ich denn vergebens, hier verwahrt,
> Von meines Hauses Schicksal abgeschieden,
> Dereinst mit reiner Hand und reinem Herzen
> Die schwer befleckte Wohnung zu entsühnen.
> . . .
> Olympier, ... Rettet mich
> Und rettet euer Bild in meiner Seele!

Im entscheidenden Augenblick besiegt sie ihre Schwäche und unterwirft das persönliche Begehren dem Gewissen. Ihre sittliche Schönheit, ihre uneigennützige Selbstbeschränkung bricht den Widerstand des Königs. Sie gesteht dem König den Plan, ihn zu hintergehen, appelliert an sein menschliches Verstehen und bittet um Freiheit.

> THOAS: Du glaubst, es höre
> Der rohe Scythe' der Barbar, die Stimme
> Der Wahrheit und der Menschlichkeit, die Atreus,
> Der Grieche, nicht vernahm?
>
> IPHIGENIE: Es hört sie jeder,
> Geboren unter jedem Himmel, dem
> Des Lebens Quelle durch den Busen rein
> Und ungehindert fließt. --
> ...
> Laß mich mit reinem Herzen, reiner Hand
> Hinübergehn und unser Haus entsühnen.

Dem Bruder Orest erzählt Iphigenie, daß sie dem König die Wahrheit gesagt hat: "Gestanden hab' ich euern Anschlag und meine Seele vom Verrat gerettet." Thoas ist bereit, die Griechen ziehen zu lassen, aber er tut es mit feindlichem Sinn. Da überwindet Iphigenie mit ihrem weiblichen Edelmut seinen starren Sinn und gewinnt ihn zum ewigen Freund:

IPHIGENIE:Denk' an dein Wort und laß durch diese Rede
Aus einem graden treuen Munde dich
Bewegen! Sieh uns an! Du hast nicht oft
Zu solcher edeln Tat Gelegenheit.
Versagen kannst du's nicht; gewähr' es bald.

THOAS:So geht!

IPHIGENIE:Nicht so mein König! Ohne Segen,
In Widerwillen scheid' ich nicht von dir.
Verbann' uns nicht! Ein freundlich Gastrecht walte
Von dir zu uns: so sind wir nicht auf ewig
Getrennt und abgeschieden. Wert und teuer,
Wie mein Vater war, so bist du's mir,
Und dieser Eindruck bleibt in meiner Seele.
Bringt der Geringste deines Volkes je
Den Ton der Stimme mir ins Ohr zurück,
Den ich an euch gewohnt zu hören bin,
Und seh' ich an dem Ärmsten eure Tracht:
Empfangen will ich ihn wie einen Gott,
Ich will ihm selbst ein Lager zubereiten,
Auf einen Stuhl ihn an das Feuer laden
Und nur nach dir und deinem Schicksal fragen.
O geben dir die Götter deiner Taten
Und deiner Milde wohlverdienten Lohn!
Leb' wohl! O, wende dich zu uns und gib
Ein holdes Wort des Abschieds mir zurück!
Dann schwellt der Wind die Segel sanfter an,
Und Tränen fließen lindernder vom Auge
Des Scheidenden. Leb' wohl und reiche mir
Zum Pfand der alten Freundschaft deine Rechte.

THOAS:Lebt wohl

Der König reicht der Priesterin die Hand. Die reine Menschlichkeit überwindet selbst den starren Sinn des Barbaren. Die sittliche Weltordnung siegt und zwar bezeichnenderweise ohne Blutvergießen.

Die Bürgschaft

In Schillers großer Ballade *Die Bürgschaft* wird ähnlich wie bei Goethe der Tyrann durch die Stimme der Menschlichkeit so gerührt, daß er sich bekehrt. Damon hatte versucht das Land gewaltsam von der Tyrannei zu befreien. Er wird gefangen und zum Tode verurteilt, bittet aber um eine Frist von drei Tagen, damit er der Hochzeit seiner Schwester beiwohnen kann. Er läßt seinen besten Freund als Bürgen zurück. Auf dem Rückweg muß er unmenschliche Schwierigkeiten überwinden, kommt aber gerade noch rechtzeitig, als man seinen Freund hängen will. Der Tyrann ist menschlich gerührt von der Treue der beiden Freunde, die sich über alle Widerwärtigkeiten hinaus die Freundestreue gehalten haben und bittet, in ihren Freundschaftsbund aufgenommen zu werden. Nicht der Mord, der geplant war, überwindet den Despoten, sondern die Treue. Der Tyrann

... blicket sie lange verwundert an.
Drauf spricht er: "Es ist euch gelungen,
Ihr habt das Herz mir bezwungen,
Und die Treue, sie ist doch kein leerer Wahn,
So nehmet auch mich zum Genossen an,
Ich sei, gewährt mir die Bitte,
In eurem Bunde der Dritte."

Das Göttliche

Bereits in seinem Gedicht *Das Göttliche* hatte Goethe die mit der Menschlichkeit verbundene Verantwortung des Menschen aufgezeigt:

> Edel sei der Mensch,
> Hilfreich und gut!
> Denn das allein
> Unterscheidet ihn
> Von allen Wesen,
> Die wir kennen.

Allein durch den Edelmut, die Hilfsbereitschaft und Güte des Menschen werden die göttlichen Kräfte wirksam.

Die Frau als Erzieherin des Mannes

In den meisten Fällen sind es Frauen, die das sittliche Ideal in der klassischen Dichtung verkörpern: Iphigenie, Maria Stuart, Lenore von Este (im *Tasso*), Elisabeth (im *Don Carlos*). In ihr sind Herzenstrieb und Sittengesetz, Pflicht und Neigung in harmonischem Einklang. Diese Idealfigur, die zur Erzieherin des Mannes wird, die die reine Menschlichkeit verkörpert, wird als "schöne Seele" bezeichnet. Sie erzieht den Mann zum Menschen, zur Humanität. Nathan der Weise war bereits so eine schöne Seele, in der das menschliche Ideal zur Wirklichkeit geworden war.

Goethe in Rom

In Italien war Goethe ein anderer geworden. "Ich zähle eine wahre Wiedergeburt von dem Tag, da ich Rom betrat." In schönen, gleichmäßigen Distichen verarbeitet der Dichter seine Erlebnisse und spricht in den *Römischen Elegien* von seiner Verwandlung (VII):

> O wie fühl' ich in Rom mich so froh! gedenk' ich der Zeiten,
> Da mich ein graulicher Tag hinten im Norden umfing,
> Trübe der Himmel und schwer auf meine Scheitel sich senkte,
> Farb- und gestaltlos die Welt um den Ermatteten lag,
> Und ich über mein Ich, des unbefriedigten Geistes
> Düstre Wege zu spähn, still in Betrachtung versank.
> Nun umleuchtet der Glanz des helleren Äthers die Stirne;
> Phöbus rufet' der Gott, Formen und Farben hervor.
> Sternhell glänzet die Nacht, sie klingt von weichen Gesängen,
> Und mir leuchtet der Mond heller als nordischer Tag. ...

Die Freundschaft zwischen Goethe und Schiller

Nach anfänglichen Mißverständnissen zwischen Goethe und Schiller führte eine Annäherung im Jahre 1794 endlich zur Freundschaft der beiden großen Dichter. Der Briefwechsel zwischen beiden, der bis zu Schillers Tod (1805) fortgesetzt wird, ist trefflicher Beweis dieser Freundschaft und zugleich eines der wertvollsten Dokumente der deutschen Klassik; denn hier lesen wir die Ansichten beider Männer über ihre Arbeiten, die Werke von Zeitgenossen, über künstlerisches Schaffen und Literatur. Die Freunde kritisieren ihr Schaffen gegenseitig, stehen sich bei, geben sich Anregungen. Immer wieder mahnt Schiller den Freund, seinen *Faust* zu beenden. Goethe erkennt Schillers Anerkennung und fühlt sich von einem Ebenbürtigen wahrhaft verstanden: "Sie haben mir eine zweite Jugend verschafft und mich wieder zum Dichter gemacht, welches zu sein ich so gut wie aufgehört hatte." Wir können den Einfluß und die Inspiration, die die beiden aufeinander ausübten, gar nicht hoch genug einschätzen. Im Winter 1797-1798 dichteten beide im Wettstreit eine ganze Reihe von Balladen. Schiller: *Der Taucher, Der Handschuh, Der Ring des Polykrates, Die Kraniche des Ibykus, Die Bürgschaft;* Goethe: *Die Braut von Korinth, Der Gott und die Bajadere, Der Zauberlehrling* u.a.

Schillers philosophische Schriften

In einer Reihe von Aufsätzen setzt Schiller sich mit den Begriffen Freiheit, Schönheit und Sittlichkeit auseinander. In der Abhandung *Über Anmut und Würde* (1793) überwindet er den Pessimismus Kants mit seiner These, daß der Mensch lernen kann, Pflicht und Neigung in Harmonie zu bringen. Kant hatte behauptet, daß sie einander feindlich gegenüberstehen, daß aber der Mensch seine Pflicht auch tun muß, wenn er sie nicht gern tut. Schiller sagt, der Mensch kann lernen, seine Pflicht gern zu erfüllen, so daß sie ihm zur zweiten Natur wird. Er verneint die Notwendigkeit des Konflikts zwischen Sittlichkeit und Sinnlichkeit. Das sittlich-ästhetische Ideal nennt er "schöne Seele".

Die schöne Seele

Der Mensch nämlich ist nicht dazu bestimmt, einzelne sittliche Handlungen zu verrichten, sondern ein sittliches Wesen zu sein. Nicht Tugenden, sondern die Tugend ist seine Vorschrift, und Tugend ist nichts anders "als eine Neigung zu der Pflicht".

Eine schöne Seele nennt man es, wenn sich das sittliche Gefühl aller Empfindungen des Menschen endlich bis zu dem Grad versichert hat, daß es dem Affekt die Leitung des Willens ohne Scheu überlassen darf und nie Gefahr läuft, mit den Entscheidungen desselben im Widerspruch zu stehen. Daher sind bei einer schönen Seele die einzelnen Handlungen eigentlich nicht sittlich, sondern der ganze Charakter ist es.

In einer schönen Seele ist es also, wo Sinnlichkeit und Vernunft, Pflicht und Neigung harmonisieren, und Grazie ist ihr Ausdruck in der Erscheinung.

So wie die Anmut der Ausdruck einer schönen Seele ist, so ist Würde der Ausdruck einer erhabenen Gesinnung.

Beherrschung der Triebe durch die moralische Kraft ist Geistesfreiheit, und Würde heißt ihr Ausdruck in der Erscheinung.

Der Sinn der Tragödie

In den Aufsätzen *Über das Erhabene*, *Über das Pathetische* und *Die Schaubühne als eine moralische Anstalt betrachtet* befaßt Schiller sich mit der Theorie der Tragödie. Die Tragödie muß uns zeigen, daß der Held selbst im Leiden seine erhabene Fassung nicht verliert, sondern daß sein sittlicher Wille noch im Untergang über das Leiden triumphiert. Der tragische Held hat die Wahl zwischen dem Selbsterhaltungstrieb (sein Leben unter allen Umständen zu retten) und der sittlichen Freiheit (sein Leben für seine Idee zu opfern). Er muß sich die Freiheit bewahren und in seinem freiwilligen Untergang die sittliche Idee zum Sieg führen.

Die Kunst als Erzieherin zur Sittlichkeit

Die Kunst, der Bereich der Schönheit, in dem das Sinnliche und Geistige harmonisch verbunden sind, erzieht den Menschen zur Sittlichkeit. In *Über die ästhetische Erziehung des Menschen, in einer Reihe von Briefen* (1795) verkündet Schiller seine These von der Kunst als Erzieherin zu innerer Harmonie: "Wir treten mit der Schönheit in die Welt der Ideen, aber, was wohl zu bemerken ist, ohne darum die sinnliche Welt zu verlassen." Die Schönheit vermittelt in der Erziehung zum "moralischen Zustand" des Menschen, sie leitet den Menschen zur Form, zur Idee und zur Überwindung des Sinnlichen.

Über naive und sentimentalische Dichtung

Schiller hatte das Bedürfnis, das eigene Wesen dem des überragenden Freundes gegenüber zu behaupten. Goethe war von ihm grundverschieden, und diesen Unterschied erörtert Schiller am Beispiel von zwei Dichtertypen, dem naiven und dem sentimentalischen in dem Aufsatz *Über naive und sentimentalische Dichtung* (1795). Der naive Dichter (Goethe) ist Natur und stellt sie so dar wie sie ist. Der sentimentalische Dichter (Schiller) strebt aus der Kultur heraus zurück zur Natur, die er verloren hat. Er sehnt sich nach der harmonischen Einheit von Geist und Sinnlichkeit und muß sie sich in seinen Werken erkämpfen. Er ist sich bewußt, daß er das Ideal verloren hat und empfindet die Spaltung beider Bereiche als störend. Beide Dichtertypen sind völlig gleichberechtigt. Ein Vergleich von Goethes und Schillers Lyrik zeigt, wie richtig Schiller sich und den Freund eingestuft hat. Schillers Lyrik ist Gedankenlyrik, beseelt von der Mission der Weltverbesserung und der Sendung der Kunst, vom Kampf der Ideale gegen die dumpfe Wirklichkeit. Goethes Lyrik dagegen ist reine Wiedergabe der Natur; er spricht nicht über die Natur oder über die Liebe, sondern drückt sie in Wort und Klang direkt aus.

Schillers klassische Dramen

Schillers philosophische Studien schlagen sich in seinen großen Gedichten und Dramen nieder, mit deren Produktion er 1794 wieder beginnt. Die Trilogie *Wallenstein* wird 1799 fertig, *Maria Stuart* 1801, *Die Jungfrau von Orleans* ebenfalls 1801, *Die Braut von Messina* 1803 und schließlich *Wilhelm Tell* 1804. Der Tod setzt seiner Arbeit am 9. Mai 1805 ein Ende. Goethe hatte seinen engsten Freund verloren und Deutschland seinen größten Dramatiker. "Ich dachte, mich selbst zu verlieren, und verliere nun einen Freund und in demselben die Hälfte meines Daseins," schrieb Goethe.

Goethes Alterswerke

Um Goethe wird es nun stiller, aber er setzt seine literarische Produktion fort. Er schreibt viele Gedichte und Gedichtsammlungen wie den *Westöstlichen Divan* (1819), *Urworte. Orphisch* (1820), die *Marienbader Elegie* (1823), beendet seinen Altersroman *Wilhelm Meisters Wanderjahre* (1829) und sein gewaltiges Drama *Faust*. Am *Faust* hat Goethe fast sechzig Jahre lang gearbeitet: die ersten Szenen (*Urfaust*) schrieb er bereits zwischen 1773 und 1775 nieder. Der abgeschlossene erste Teil erschien 1808, Teile des zweiten Teiles nach 1825, und die letzten Zeilen fügte er erst kurz vor seinem Tode (1832) hinzu, versiegelte das Ganze und bestimmte, daß es erst nach seinem Tode veröffentlicht werde.

Goethes *Faust*

Der Fauststoff führt zurück auf das Volksbuch (Siehe Kapitel: Die deutsche Kultur zwischen Minnesang und Aufklärung!) und das Puppenspiel, das auf das Drama Christopher Marlowes fußt. Diesen Stoff hat Goethe auf eigene Art zu seinem Drama verarbeitet, das zu den berühmtesten Werken der Weltliteratur gehört. Faust, der Held, ist ein hochgelehrter Mann, der Erkenntnis und Wahrheit sucht, diese jedoch nicht auf legale herkömmliche Weise finden kann und daher einen Pakt mit dem Teufel schließt. Auf höherer Ebene symbolisiert Faust den Menschen, der zwischen den beiden Kraftpolen "strebend sich bemüht", irrt, fehlt und sündigt, aber immer zu seinem Streben zurückkehrt und deshalb, und weil Gott ihn liebt, trotz seiner Schwächen und Vergehen am Ende aus der Macht des Bösen erlöst werden kann. Den kosmischen Rahmen des ganzen Geschehens bildet die Eingangsszene "Prolog im Himmel" und die Schlußszene "Bergschluchten". Im "Prolog" erfahren wir, daß Gott den Menschen (Faust) liebt, daß der Mensch ihm "verworren dient", weil er noch keine Klarheit besitzt und daß er "irrt ..., so lang er strebt". Von Anfang an steht also fest, daß menschliches Streben mit Irrtum verbunden ist und daß der strebende, irrende Mensch von Gott nicht verdammt werden wird. Zu Mephisto sagt Gott:

> Und steh beschämt, wenn du bekennen mußt:
> Ein guter Mensch, in seinem dunklen Drange,
> Ist sich des rechten Weges wohl bewußt.
> (v. 327-329)

Der Pakt

Worum geht es im Drama? Es geht um den Beweis, daß die Krönung der Schöpfung, der Mensch, kein Fehler war, wie Mephistopheles behauptet, daß die Vernunft ihm nicht zum Verderben wird. Faust soll den Beweis liefern, daß der Mensch in seinem Streben nach Wahrheit nicht durch tierischen Genuß abgelenkt werden kann. Das kommt in dem Pakt zum Ausdruck den Faust mit Mephistopheles schließt:

> Werd' ich beruhigt je mich auf ein Faulbett legen,
> So sei es gleich um mich getan!
> Kannst du mich schmeichelnd je belügen,
> Daß ich mir selbst gefallen mag,
> Kannst du mich mit Genuß betrügen,
> Das sei für mich der letzte Tag!

. . .
Werd' ich zum Augenblicke sagen:
"Verweile doch, du bist so schön!"
Dann magst du mich in Fesseln schlagen,
Dann will ich gern zugrunde gehn!
(Studierzimmer v. 1692-1702)

Als Mephistopheles ihn mahnt, er solle es wohl bedenken, antwortet Faust mit den charakteristischen Worten:

Ich habe mich nicht freventlich vermessen:
Wie ich beharre, bin ich Knecht,
Ob dein, was frag' ich, oder wessen!
(v. 1609-1711)

Fausts Untergang

In den folgenden Szenen führt Mephistopheles Faust durch die kleine und die große Welt. Er lernt die Liebe kennen, die ihm zum tragischen Erlebnis und beinah zum Untergang wird, und er verschuldet nicht nur den Tod Gretchens, sondern auch den Tod ihrer Mutter und ihres Bruders. Die Last dieser Erlebnisse ist so schwer, daß er seinen eigenen Untergang herbeiwünscht: "O, wär ich nie geboren!" und zu Anfang des zweiten Teils symbolisch den Tod (Schlaf) erleidet und daraufhin als neuer Mensch zu neuen Taten erwacht. Am Ende der Gretchentragödie bestand für ihn die große Gefahr darin, nicht im Morast der Sünde zu versinken, sondern unter der Wucht der tragischen Ereignisse zu Grunde zu gehen und sein Streben aus Furcht vor neuer Tragik aufzugeben.

Der zweite Teil der Tragödie

Im 2. Teil geht Faust durch das Bildungserlebnis mit der klassischen Schönheit (Helena). Auch die Vereinigung mit ihr (Symbol für die Synthese zwischen deutscher Romantik und griechischer Klassik) endet tragisch, genau wie seine Betätigung als Herrscher. Ihm bleibt immer nur die rastlose Tätigkeit, das Weitersuchen nach Erfüllung. Am Ende seines Lebens, als blinder, hundertjähriger Greis, der die Magie von seiner Seite hinwegwünscht und als freier Mensch der Lebensaufgabe gegenüberstehen will, erlebt er in einer Vision seine Erfüllung. Während er damit beschäftigt ist, dem Meer neues Land abzugewinnen, hat er eine Vision von der tätigen Gemeinschaft, die im Angesicht der Gefahr sich ihre Freiheit täglich neu erobern muß.

Eröffn' ich Räume vielen Millionen,
Nicht sicher zwar, doch tätig-frei zu wohnen.
Grün das Gefilde, fruchtbar! Mensch und Herde
Sogleich behaglich auf der neusten Erde,
Gleich angesiedelt an des Hügels Kraft,
Den aufgewälzt kühn-emsige Völkerschaft!
Im Innern hier ein paradiesisch Land;
Da rase draußen Flut bis auf zum Rand,
Und wie es nascht, gewaltsam einzuschießen,
Gemeindrang eilt, die Lücke zu verschließen.
Ja! Diesem Sinne bin ich ganz ergeben,
Das ist der Weisheit letzter Schluß:
Nur der verdient sich Freiheit wie das Leben,
Der täglich sie erobern muß.
Und so verbringt, umrungen von Gefahr,
Hier Kindheit, Mann und Greis sein tüchtig Jahr. --
Solch ein Gewimmel möcht' ich sehn,
Auf freiem Grund mit freiem Volke stehn.
Zum Augenblicke dürft' ich sagen:
"Verweile doch, du bist so schön!

Es kann die Spur von meinen Erdentagen
Nicht in Äonen untergehn." --
Im Vorgefühl von solchem hohen Glück
Genieß ich jetzt den höchsten Augenblick.
(v. 11563-11586)

Fausts Tod

Er sinkt tot zu Boden. Mephistopheles, der Fausts hohes Streben nie verstanden hat, hört nur die Worte: "Verweile doch, du bist so schön!" und glaubt Fausts Seele gewonnen zu haben. Aber er hat die Wette verloren, denn Faust hat sich nicht mit Genuß betrogen oder auf ein "Faulbett" gelegt. Sein letzter Wunsch ist es, sich mit freiem Volk täglich die Freiheit neu zu erobern. Das ist kein Faulbett!

Wie steht es mit Gott? Will er seinen Knecht in den Himmel einlassen? Die Frage beantwortet Goethe nicht. Wir erfahren jedoch, daß die Engel Faust vom Bösen gerettet haben und daß er erlöst ist, so daß er sich "zu höhern Sphären" erheben kann, wo er weiterhin tätig sein wird (Siehe v. 12076-12087).

Gerettet ist das edle Glied
Der Geisterwelt vom Bösen:
Wer immer strebend sich bemüht,
Den können wir erlösen.
Und hat an ihm die Liebe gar
Von oben teilgenommen,
Begegnet ihm die selige Schar
Mit herzlichem Willkommen.
(v. 11934-11941)

Fausts Erlösung

Die Liebe Gottes, symbolisiert durch die reine, selbstlose Liebe Gretchens (das Ewig-Weibliche) zusammen mit dem ehrlichen, mühevollen Streben des Menschen bringt die Erlösung. Die ganze Erfahrung eines langen, unendlich reichen Lebens ist im Faustdrama enthalten, das noch nach mehrfachem, aufmerksamem Lesen "manches Geheimnis kundtut".

Goethe starb am 22. März 1832 in Weimar. Das Schweigen und die Ruh, von der er in seinem Gedicht *Wandrers Nachtlied* sprach, war auch für diesen Wanderer gekommen.

Über allen Gipfeln
Ist Ruh':
In allen Wipfeln
Spürest du
Kaum einen Hauch;
Die Vögelein schweigen im Walde.
Warte nur, balde
Ruhest du auch.

Friedrich Hölderlin

Drei bedeutende Zeitgenossen Goethes und Schillers können weder als typische Klassiker noch als typische Romantiker bezeichnet werden. Ihre Werke enthalten Züge aus beiden Bewegungen, haben jedoch hauptsächlich individuelle Charaktermerkmale, die diese drei zu eigentümlichen Dichtern stempeln. Wir meinen Friedrich Hölderlin (1770-1843), Heinrich von Kleist (1777-1811) und Jean Paul (1763-1825). Es ist interessant, daß alle drei -- ganz besonders aber Hölderlin und Kleist -- zu ihrer Lebenszeit nicht berühmt, ja nicht einmal richtig anerkannt wurden, wie ihre anderen Zeitgenossen. Darunter litten sie sehr. Hölderlin scheiterte an der Welt und an seinem dichterischen Wollen. Die unglückliche Liebe zu Susette Gontard, der Frau eines Frankfurter Bankiers, die er als seine Diotima in seinen Liedern verewigt hat, mag zu der seelischen Zerrüttung beigetragen haben, die ihn schließlich in die geistige Umnachtung führte. Bekannt ist er geworden durch seine Hymnen, Elegien und Oden und durch seinen Briefroman *Hyperion oder Der Eremit in Griechenland* (1799). Die Hauptthemen von Hölderlins

Lyrik, die zum größten Teil in die strenge Form der antiken Versmaße gesetzt ist, sind die Liebe des Dichters zu Diotima, dem Symbol des klassischen Ideals, das Göttliche, das Griechentum, das er wie Winckelmann als Ideal der menschlichen Schönheit und Ganzheit empfindet, und die Hingabe des frommen Menschen an die göttliche Natur. Wie sehr Hölderlin sich nach dem antiken Griechenland gesehnt hat und wie sehr er sich als Fremdling im Norden fühlte, zeigt eine Stelle aus seinem Roman *Hyperion*. Der Held Hyperion ist in Südgriechenland aufgewachsen und kommt nach Deutschland:

Hyperion

So kam ich unter die Deutschen. Ich forderte nicht viel und war gefaßt, noch weniger zu finden. Demütig kam ich, wie der heimatlose, blinde Ödipus zum Tore von Athen, wo ihn der Götterhain empfing und schöne Seelen ihm begegneten. -- Wie anders ging es mir!

Barbaren von alters her, durch Fleiß und Wissenschaft und selbst durch Religion barbarischer geworden, tiefunfähig jedes göttlichen Gefühls, verdorben bis ins Mark zum Glück der heiligen Grazien, in jedem Grad der Übertreibung und der Ärmlichkeit beleidigend für jede gutgeartete Seele, dumpf und harmonienlos, wie die Scherben eines weggeworfenen Gefäßes -- das, mein Bellarmin! waren meine Tröster.

Es ist ein hartes Wort, und dennoch sag ich's, weil es Wahrheit ist: ich kann kein Volk mir denken, das zerrissener wäre wie die Deutschen. Handwerker siehst du, aber keine Menschen, Denker, aber keine Menschen, Priester, aber keine Menschen, Herren und Knechte, junge und gesetzte Leute, aber keine Menschen -- ist das nicht ein Schlachtfeld, wo Hände und Arme und alle Glieder zerstückelt untereinander liegen, indessen das vergossene Lebensblut im Sande zerrinnt?

. . . Deine Deutschen aber bleiben gern beim Notwendigsten, und darum ist bei ihnen auch so viel Stümperarbeit und so wenig Freies, Echterfreuliches. Doch das wäre zu verschmerzen, müßten solche Menschen nur nicht fühllos sein für alles schöne Leben, ruhte nur nicht überall der Fluch der gottverlassenen Unnatur auf solchem Volke.

Hyperion kehrt nach Griechenland zurück und lebt dort einsam inmitten der schönen Natur. In diesem Roman schildert Hölderlin sich selbst, den Menschen, der vor der Wirklichkeit nicht bestehen kann.

Heinrich von Kleist

Heinrich von Kleist ist einer der begabtesten Dramatiker der deutschen Literatur. Er scheitert an dem Wunsch, die Leistungen Sophokles und Shakespeares miteinander zu verbinden und eine neue Tragödie zu schaffen. Er stammt aus einer alten preußischen Offiziersfamilie und wird selbst Soldat, aber seinem empfindlichen Wesen liegt das Soldatentum nicht, so nimmt er seinen Abschied, studiert Philosophie,[4] wird Schriftsteller und erschießt sich schließlich, als er verkannt, abgewiesen, mittellos und, von den politischen Ereignissen erschüttert, keine Hoffnung mehr sieht. Seine bekanntesten Dramen sind *Penthesilea* (1808), *Das Käthchen von Heilbronn* (1810), das köstliche Lustspiel *Der zerbrochne Krug* (1811) und *Prinz Friedrich von Homburg*. Unter seinen Novellen ist besonders *Michael Kohlhaas* hervorzuheben. Für seine Novellen ist die Knappheit der Form, die kühle Sachlichkeit und ungeheure Konzentration des Ausdrucks sowie der starke dramatisch tragische Gehalt bezeichnend. Die gleiche Konzentration und furchtbare Tragik findet sich ebenfalls in seinen Dramen. Sein Stil ist äußerst eigenwillig und charakteristisch dramatisch.

---

[4] Die Einsicht Kants, daß wir die Dinge an sich nicht erkennen können, führt ihn an den Rand der Verzweiflung. Das Problem von Schein und Sein ist von zentraler Bedeutung in seinem Werk.

Jean Paul

Jean Paul (Jean Paul Friedrich Richter, 1763-1825) gehört eher zur Romantik als Kleist und Hölderlin. Paul ist vor allem Erzähler und schreibt eine Reihe von umfangreichen Romanen, die wegen ihres optimistischen Humors und ihrer sentimentalen Schilderungen beim Publikum sehr beliebt waren. Besonders für seine ersten Werke ist die Formlosigkeit kennzeichnend; später wird seine Darstellung geschlossener. Das Phantastische und das Realistische stehen Seite an Seite in seinem Werk. Zu erwähnen sind *Das Leben des vergnügten Schulmeisterlein Maria Wuz* (1790), *Hesperus* (1795), *Siebenkäs*[5] (1796), *Titan* (1803), und *Flegeljahre* (1804).

DIE ROMANTIK
Was versteht man unter Romantik und wer sind die Hauptvertreter?

So wie man die Klassik als Synthese von Sturm und Drang und Aufklärung bezeichnen kann, kann man die Romantik als Synthese von Sturm und Drang und Klassik auffassen. Die Romantik hat besonders zu Anfang gemeinsame Züge mit der Klassik, pendelt dann jedoch immer mehr zu den Grundgedanken des Sturm und Drangs zurück. Der Name "Romantik" ist zurückzuführen auf "Roman" oder "romanhaft" (= romantisch), das vor allem für das Romanhaft-Unwirkliche, das Phantastische und Abenteuerliche im negativen Sinne benutzt wurde. Seit Herder und Schlegel nimmt die Bezeichnung den Wert von irrational-gefühlsmäßig an und wird zum Kennwort einer neuen Bewegung, deren Vertreter in der Kunst,[6] Musik[7] und Literatur tätig sind. In der Literatur unterteilt man die romantische Bewegung gewöhnlich in zwei Gruppen,[8] die ältere Romantik (Frühromantik) mit den Mittelpunkten Jena und Berlin und die jüngere Romantik in Heidelberg. Die älteren Romantiker sind hauptsächlich Philosophen und Kritiker. Zu ihnen gehören die Brüder Schlegel, Wackenroder, Tieck und Novalis. Die Hauptvertreter der jüngeren Romantik sind die Brüder Grimm, Achim von Arnim, Brentano, Arndt, Eichendorff und E. T. A. Hoffmann. Philosophische Anregungen erhielten die Romantiker von Fichte, Schelling und Schleiermacher.

Johann Gottfried Fichte

Johann Gottfried Fichte (1762-1814), Professor für Philosophie in Jena und Berlin, geht in seinem Phänomenalismus über Kant hinaus und behauptet, daß die ganze Erscheinungswelt das Produkt des absoluten Subjekts (des Ich) ist, welches das Nicht-Ich (die Welt der Erscheinungen) aus seiner Einbildungskraft heraus schafft. Er fordert die Abwendung von allem Äußeren und die Hinwendung auf das subjektive Innere. "Es ist von nichts, was außer dir ist, die Rede, sondern lediglich von dir selbst!" Die Jugend begeisterte sich für seine Ideen, die ihre Forderungen nach schrankenloser Geistesfreiheit bestätigten und für seine *Reden an die deutsche Nation*, die er in dem von den Franzosen besetzten Berlin hielt und die den nationalen Geist förderten.

Friedrich Wilhelm Schelling

Friedrich Wilhelm Schelling (1775-1854), ebenfalls Professor in Jena und Berlin heiratet Karoline Schlegel, die geschiedene Frau von A. W. Schlegel. Er sieht die Natur als unbewußten Geist und den Geist als Natur an, die zum Selbstbewußtsein erwacht ist. Materie ist schlummernder Geist. Die schöpferische Kraft im Künstler ist dieselbe schöpferische Kraft, die die Natur geschaffen hat. Diese Ideen wurden von den Romantikern aufgegriffen und verarbeitet. Für sie ist die Natur beseelt, im Wald und im Wasser leben zahlreiche Geister, und selbst Steine und Pflanzen sind lebendige Wesen. Das Geistige steht überall hinter dem Materiellen.

---

[5] Der ganze Titel lautet humoristisch: *Blumen-, Frucht- und Dornenstücke oder Ehestand, Tod und Hochzeit des Armenadvokaten F. St. Siebenkäs im Reichsmarktflecken Kuhschnappel.*

[6] Die romantischen Maler sind Philipp Otto Runge, Casper David Friedrich, Ludwig Richter und Moritz von Schwind.

[7] Die bekanntesten Komponisten sind neben dem reifen Beethoven, Carl Maria von Weber, Franz Schubert, Robert Schumann, Mendelssohn-Bartholdy und Carl Loewe.

[8] Manche Kritiker unterscheiden noch zwei weitere Gruppen: Die Spätromantiker (Eichendorff u. E.T.A. Hoffmann) und die schwäbischen Romantiker (Uhland, Kerner, Hauff).

Friedrich Schleiermacher

Friedrich Schleiermacher (1768-1834) wird pietistisch erzogen und ist zuerst Pfarrer, später Theologieprofessor in Berlin. Seine *Reden über die Religion an die Gebildeten unter ihren Verächtern* (1799) wenden sich gegen den Rationalismus. Religion ist für ihn nicht metaphysisches Wissen (Vernunftreligion) oder ethisches Sollen (Kant), sondern eine Sache des Gefühls. Das Gefühl für das Unendliche, für die Abhängigkeit und die Sehnsucht nach dem Unendlichen ist Religion. Dieses Gefühl ist subjektive Sache des Einzelnen und hat keine Konfessionen oder Dogmen. So gilt auch das Sittengesetz nicht für alle Menschen gleich, sondern jedes Individuum untersteht seinem eigenen Gesetz und hat seine Sonderaufgabe, die nur dieses bestimmte Wesen erfüllen kann.[9] Diese Gefühlsreligion und Gefühlsmoral fand bei den Romantikern lebhafte Zustimmung.

Wilhelm Heinrich Wackenroder

Wilhelm Heinrich Wackenroder (1773-1798) ist der erste eigentliche deutsche Romantiker. Zusammen mit seinem Freund Tieck veröffentlichte er mitten in der Klassik (1797) sein Buch *Die Herzensergießungen eines kunstliebenden Klosterbruders*, das in genauem Gegensatz zu Winckelmanns klassischer Kunstauffassung die Schönheit der nordischen, gotischen Kunst verkündet.[10] Auf seinen Reisen in Süddeutschland hatte er Nürnberg, Ansbach, Bamberg und Würzburg besucht und die Schönheiten der mittelalterlichen Baukunst, (Gotik und fränkisches Barock), Malerei (Dürer) und Literatur entdeckt, und war vom festlichen Hochamt im Bamberger Dom tief beeindruckt worden. Diese positive und sehnsüchtige Einstellung der mittelalterlichen Kultur und der katholischen Kirche gegenüber wird typisch für die Romantik. Echt romantisch ist auch die Kunstanschauung Wackenroders. Die Religion ist die Grundlage für die Kunst. Gott offenbart sich dem Menschen in der Natur und in der Kunst, und der Künstler wird damit zum Priester, zum Vermittler zwischen Gott und Mensch. Die Kunst ist die Darstellung von Gemütsbewegungen, worin ganz besonders die Musik hervorragt.

Friedrich Schlegel

Friedrich Schlegel (1772-1829) ist der große Theoretiker der Romantik. Als Sechsunddreißigjähriger tritt er zur katholischen Kirche über und wohnt danach hauptsächlich in Österreich. Mit seinem Aufsatz *Über Lessing* beginnt seine kritische Produktion. Seine Hauptideen sind im *Athenäum* (1798-1800) enthalten, der romantischen Programmschrift, die Friedrich mit seinem Bruder August Wilhelm begründete. Seine Fragmente, die in dieser Zeitschrift veröffentlicht wurden, enthalten prägnant, in aphoristischer Form die Hauptprinzipien der romantischen Kunstauffassung. Am bekanntesten ist das 116. Athenäumsfragment, das die romantische Poesie als progressiv und universal bezeichnet:

> Die romantische Poesie ist eine progressive Universalpoesie. Ihre Bestimmung ist nicht bloß, alle getrennten Gattungen der Poesie wieder zu vereinigen und die Poesie mit der Philosophie und Rhetorik in Berührung zu setzen. Sie will und soll auch Poesie und Prosa, Genialität und Kritik, Kunstpoesie und Naturpoesie bald mischen, bald verschmelzen, die Poesie lebendig und gesellig und das Leben und die Gesellschaft poetisch machen, den Witz poetisieren und die Formen der Kunst mit gediegenem Bildungsstoff jeder Art anfüllen und sättigen und durch die Schwingungen des Humors beseelen. ... Die romantische Dichtart ist noch im Werden; ja das ist ihr eigentliches Wesen, daß sie ewig nur werden, nie vollendet sein kann. Sie kann durch keine Theorie erschöpft werden, und nur eine divinatorische Kritik dürfte es wagen, ihr Ideal charakterisieren zu wollen. Sie allein ist unendlich, wie sie allein frei ist und das als ihr erstes Gesetz anerkennt, daß die Willkür des Dichters kein Gesetz über sich leide.

---

[9] Daraus folgt Schleiermachers Versuch, die Frau zu emanzipieren. Die emanzipierte Frau (Karoline Schlegel, Bettina von Brentano, Rahel Levin, u.a.) spielt in der Romantik eine bedeutende Rolle.

[10] Bereits 1773 hatte Goethe seinen Aufsatz *Von deutscher Baukunst* geschrieben, in dem er das Straßburger Münster bewundert.

August Wilhelm Schlegel

Friedrichs älterer Bruder August Wilhelm Schlegel (1767-1845) ist bekannt geworden durch seine kritischen Vorlesungen und Veröffentlichungen über Kunst und Literatur, die er nach den Gesichtspunkten der Romantik deutet. Seine Übersetzungen von Calderon, Petrarca, Dante, Ariost und Tasso eröffneten den deutschen Lesern die Meisterwerke der romantischen Literatur, und seine Shakespeare Übersetzungen gelten als mustergültig. Sie ersetzten die Prosaübersetzungen Wielands und reihen den Engländer praktisch in die deutsche Literatur ein. Seine Dramen gehören seit dieser Übersetzung zu den beliebtesten Aufführungen an deutschen Theatern. Schlegel selbst übersetzte etwa 16 Dramen während Tiecks Tochter Dorothea zusammen mit Wolf von Baudissin die sogenannte Schlegel-Tiecksche Shakespeareübersetzung von 1825 bis 1849 zu Ende führten.

Ludwig Tieck

Ludwig Tieck (1773-1853) ist ein vielseitiger Dichter, der im Mittelpunkt der Romantik steht, viele Anregungen gibt, aber mit zunehmender Reife immer mehr von der Romantik abrückt. Er interessiert sich für die mittelalterlichen Volksbücher und erzählt sie in freier Form nach (*Heymondskinder, Schildbürger, Melusine*). Seinem Freund Wackenroder, mit dem er die Liebe zu mittelalterlicher Kunst und Literatur gemein hat, setzt er ein Denkmal mit seinem lyrischen Künstlerroman *Franz Sternbalds Wanderungen* (1798), in dessen Mittelpunkt Nürnberg und die Kunst Dürers stehen. Der Roman, der den Künstler als gottbegnadeten Menschen darstellt, regt die vielen Künstlerromane des 19. und 20. Jahrhunderts an. Mit *Der blonde Eckbert, Der getreue Eckart, Der Tannhäuser* und *Der Runenberg* schafft Tieck die neue Gattung des romantischen Kunstmärchens, in dem er die Angst vor dem Irrationalen und dem Grausigen hervorhebt. Ebenfalls neu in Deutschland ist das Märchendrama. Im Jahre 1797 erscheinen *Ritter Blaubart* und *Der gestiefelte Kater*. Besonders in *Der gestiefelte Kater* finden sich gute Beispiele der sogenannten romantischen Ironie, durch die der schöpferische Geist sich die Freiheit zugesteht, sich souverän über seine Schöpfung zu erheben und dieselbe zu durchbrechen, d.h. die Illusion, die er in seinem Werk geschaffen hat, selbst wieder zu zerstören. Der Dichter erhebt sich über seine eigenen Schwächen. In Tiecks Märchenspiel wechseln Wunderbares mit Wirklichem ab: Der Kater kann sprechen und verschafft seinem Herrn großes Glück, die Schauspieler fallen aus ihren Rollen, die Zuschauer werden auf der Bühne dargestellt, kritisieren das Stück und den Dichter und versuchen den Ausgang vorauszusagen, und der Dichter tritt selber auf. Tieck sprengt mit Hilfe der Ironie die eben geschaffene Illusion des Zauberhaften. Die romantische Empfindung wird durch den kühlen Verstand ironisiert. In seinen zahlreichen späteren Novellen und Romanen nähert sich Tieck bereits dem Realismus.

Novalis

Der eigentliche Dichter der Frühromantik ist Friedrich von Hardenberg, der sich Novalis (1772-1801) nennt. Nach seiner Studienzeit verlobt er sich mit der dreizehnjährigen Sophie von Kühn (1795), die jedoch bald schwer erkrankt und 1797 stirbt. Das Schicksal Sophies hat ihn schwer getroffen und sein ganzes Schaffen beeinflußt. Die Themen von Liebe und Tod liegen all seinen Werken zu Grunde. Beseelt von dem Wunsch sich mit der jungen Geliebten im Tode zu vereinigen, stirbt er 1801 an Tuberkulose.

Novalis' *Hymnen an die Nacht* und *Die Christenheit oder Europa*

Seine *Hymnen an die Nacht* (1799) zeigen deutlich das Sophienerlebnis. Nacht und Tod werden als die entgrenzenden Elemente dargestellt, die den Weg ins All öffnen. Die Verbindung mit der Geliebten überbrückt die Grenzen des Todes. Die nächtliche Liebesvereinigung und der Liebestod führen zur Erlösung, zu höherem Leben. In seinem Aufsatz *Die Christenheit oder Europa* (1799) bewundert Novalis die politische und religiöse Einheit des Mittelalters, die durch die Reformation und die Aufklärung zerrissen wurde. Die Zukunft soll eine neue Religion bringen, die die Einheit wiederherstellen wird. "Keiner wird dann mehr protestieren gegen christlichen und weltlichen Zwang, denn das Wesen der Kirche wird echte Freiheit sein, und alle nötigen Reformen werden unter der Leitung derselben als friedliche und förmliche Staatsprozesse betrieben werden."

Die blaue Blume in dem Roman *Heinrich von Ofterdingen*

Fragment blieb der romantische Bildungsroman *Heinrich von Ofterdingen*, in dem es nicht um die Erziehung zum praktischen Leben, sondern um das Einswerden mit der Natur, um die Erziehung zum Dichter geht. Die Welt der Wirklichkeit und des Märchens vermischen sich. In dieser Welt, die ihre eigenen Gesetze hat, wächst der Held zum Dichter heran. Als Jüngling erblickt Heinrich im Traum die "blaue Blume", die sich ihm zuneigt.

Was ihn aber mit voller Macht anzog, war eine hohe, lichtblaue Blume, die zunächst an der Quelle stand und ihn mit ihren breiten, glänzenden Blättern berührte. Rund um sie her standen unzählige Blumen von allen Farben, und der köstlichste Geruch erfüllte die Luft. Er sah nichts als die blaue Blume und betrachtete sie lange mit unnennbarer Zärtlichkeit. Endlich wollte er sich ihr nähern, als sie auf einmal sich zu bewegen und zu verändern anfing; die Blätter wurden glänzender und schmiegten sich an den wachsenden Stengel, die Blume neigte sich nach ihm zu, und die Blütenblätter zeigten einen blauen, ausgebreiteten Kragen, in welchem ein zartes Gesicht schwebte.

Diese "blaue Blume" wird für die Romantiker zum Symbol für die Dichtkunst und zum Inbegriff der unendlichen romantischen Sehnsucht, die nie Erfüllung findet.

Die jüngere Romantik

Die Vertreter der jüngeren Romantik sind weniger Theoretiker und Kritiker als vielmehr Dichter, die die Grundgedanken der Frühromantiker konkretisieren und volkstümlich machen. Brennpunkte sind Berlin, Schwaben und besonders Heidelberg, die Stadt, die mit ihrem Schloß, ihrem Wald, den Reben, Hügeln und winkeligen Gassen am Neckarufer typisch romantisch ist.

Clemens Brentano

In Heidelberg hielt sich Clemens Brentano (1778-1842) eine Zeitlang auf. Er führte ein ruheloses, unstetes Leben und fand keinen rechten Halt. Sein dichterisches Schaffen, ebenfalls zerstückelt, aber überaus reich und gefühlvoll, entspricht diesem Leben. Brentano ist vor allem Lyriker. Seine Gedichte sind Bekenntnisse, in denen Traum und Wirklichkeit ineinander übergehen. Sie zeichnen sich durch ihre Musikalität, ihren klanglichen Wohllaut und durch ihren schönen Rhythmus aus. Sie spiegeln die Sehnsucht, das Gefühl, die seelische Erschütterung sowie die Suche nach Gott und Liebe wider. Das Märchenhafte kommt besonders in seinen Erzählungen zum Ausdruck, unter denen die *Geschichte vom braven Kasperl und dem schönen Annerl* (1817) hervorragt.

Die Volksliedsammlung *Des Knaben Wunderhorn*

Die größte Leistung Brentanos ist die Herausgabe einer dreibändigen Volksliedersammlung, *Des Knaben Wunderhorn*, die er zusammen mit seinem Freund Achim von Arnim veröffentlichte. Während Herder in seiner Sammlung auch ausländische Lieder mit einschloß, beschränkten sich die Freunde auf deutsche Volkslieder vom späten Mittelalter bis zur Zeit der Romantik. Manche Lieder wurden von den beiden umgedichtet oder ergänzt. Die kulturhistorische Bedeutung dieser Sammlung ist beträchtlich; die deutsche Lyrik der folgenden Jahrzehnte ist ihr stark verpflichtet.

Achim von Arnim

Achim von Arnim (1781-1831) heiratete Brentanos Schwester Bettina, die sich sehr für Goethe begeisterte und den Dichter in ihrem Buch *Goethes Briefwechsel mit einem Kinde* grenzenlos verehrt. Arnim hat weniger lyrische Begabung als sein Freund, teilt jedoch mit diesem die Begeisterung für das Mittelalter und das Volkstümliche. Sein Wesen ist fester und männlicher als Brentanos. Sein historischer Roman *Die Kronenwächter* (1817) stellt die spätmittelalterliche Welt der Ritter und Bürger dar. Vor dem realistischen Hintergrund bewegt sich eine symbolisch verschwommene Handlung. Zu seinen besten Erzählungen gehören *Der tolle Invalide auf dem Fort Ratonneau* (1818) und *Die Majoratsherren* (1820).

Die Brüder Grimm und ihre Märchensammlung

Die Brüder Jacob (1785-1863) und Wilhelm Grimm (1786-1859) sind hochgelehrte Männer, die hervorragende Arbeit auf dem Gebiet der deutschen Altertums-, Märchen- und Sprachforschung leisteten. Ihre *Kinder- und Hausmärchen*, die sie zum Teil aus mündlicher Überlieferung und zum Teil aus schriftlichen Quellen sammelten, sind weltbekannt. Dieses Werk, mit seiner schlichten Sprache, wurde zum Volksbuch, das die Erziehung des deutschen Kindes maßgeblich beeinflußt und das wichtiges, altes Volksgut bewahrt hat. Nach Luthers Bibel sind die Grimmschen Märchen das meistgedruckte deutsche Buch. Die Veröffentlichungen der Volksliedsammlungen und der Volksmärchen stärkten das deutsche Selbstbewußtsein gerade in dem Moment, in dem das deutsche Volk diese Stärkung brauchte. Die napoleonischen Heere hatten Deutschland und Österreich überrannt, und in den Freiheitskriegen begann sich das deutsche Nationalgefühl zu regen.

Sprach- und Altertumswissenschaft der Brüder Grimm

Berühmt sind die Gebrüder Grimm ebenfalls als Begründer der deutschen Sprach- und Altertumswissenschaft. Jacob veröffentlicht die *Deutsche Grammatik*, die seine Forschungen über die Sprache der deutschen Vorzeit enthält, die *Deutsche Mythologie* und die *Geschichte der deutschen Sprache*. Wilhelm schreibt *Die deutsche Heldensage* und gibt zusammen mit seinem Bruder *Deutsche Sagen* heraus. Beide begründen das *Deutsche Wörterbuch*, ein dreiunddreißigbändiges Werk, das erst 1960 vollendet wurde.

Begeisterung für das Vaterland

Inmitten des Forschens und Schwärmens von der großen deutschen Vergangenheit wurden immer mehr Stimmen laut, die warnten, daß man die Gegenwart nicht vergessen dürfe. Fichte (*Reden an die deutsche Nation*), F. Schlegel und Wilhelm von Humboldt riefen zur Selbstbesinnung und zum Kampf für das Vaterland auf, das von den Franzosen niedergeworfen war. Die helle, vaterländische Begeisterung sprach aus den Freiheitsliedern von Ernst Moritz Arndt, Theodor Körner und Max von Schenkendorf.

Ernst Moritz Arndt

Arndt (1769-1860) wollte mit seinen Flugschriften und Liedern das deutsche Volk aufrütteln und sein Nationalgefühl stärken. In seinem Gedicht *Was ist des deutschen Vaterland?* stellt er immer wieder dieselbe Frage:

> Was ist des Deutschen Vaterland?
> Ist's Preußenland, ist's Schwabenland?
> Ist's, wo am Rhein die Rebe blüht?
> Ist's, wo am Belt die Möwe zieht?
> O nein, nein, nein!
> Sein Vaterland muß größer sein.

Am Ende werden die Fragen beantwortet mit der Forderung nach nationaler Einigung: "Das ganze Deutschland soll es sein!"

Theodor Körner und Max von Schenkendorf

Theodor Körner (1791-1813) meldete sich als Kriegsfreiwilliger und fiel in Mecklenburg. Seine Lieder wurden von Freunden in der Sammlung *Leier und Schwert* (1814) zusammengefaßt. Die pathetischen Heldenlieder sind dichterisch mittelmäßig, dienten jedoch der jungen Generation zum Aufruf. Die Lyrik von Max von Schenkendorf (1783-1817), der begabter als die andern zwei ist, ruft ebenfalls zum Kampf für die Freiheit auf. Bekannt sind besonders *Freiheit, die ich meine, die mein Herz erfüllt* und *Muttersprache*.

Joseph von Eichendorff und seine Lyrik

Zum volkstümlichsten Dichter der Romantik, mit dem diese Bewegung langsam ausklingt, ist Joseph von Eichendorff (1788-1857) geworden, der auf dem väterlichen Schloß inmitten der oberschlesischen Wälder aufwuchs, in Halle und Heidelberg studierte und seine reifen Jahre im preußischen Zivildienst verbrachte. Seine hervorragendste Leistung sind seine lyrischen Gedichte, von denen viele geradezu zu Volksliedern geworden sind: *Wem Gott will rechte Gunst erweisen, Da fahr' ich still im Wagen, Ich hör' die Bächlein rauschen, O Täler weit, o Höhen, Wer in die Fremde will wandern, In einem kühlen Grunde*, u.a.[11] Die Motive Wandern, idyllische Jugend, die Liebe Gottes, Natur (vor allem der Wald) und Sehnsucht (Heimweh, Fernweh) kehren immer wieder. Als Beispiel mag das Gedicht Sehnsucht dienen:

---

[11] Viele von Eichendorffs Gedichten wurden von Franz Schubert vertont.

Sehnsucht

Es schienen so golden die Sterne.
Am Fenster ich einsam stand
Und hörte aus weiter Ferne
Ein Posthorn im stillen Land.
Das Herz mir im Leib entbrennte,
Da hab' ich mir heimlich gedacht:
Ach, wer da mitreisen könnte
In der prächtigen Sommernacht!

Zwei junge Gesellen gingen
Vorüber am Bergeshang,
Ich hörte im Wandern sie singen
Die stille Gegend entlang:
Von schwindelnden Felsenschlüften,
Wo die Wälder rauschen so sacht,
Von Quellen, die von den Klüften
Sich stürzen in Waldesnacht.

Sie sangen von Marmorbildern,
Von Gärten, die überm Gestein
In dämmernden Lauben verwildern,
Palästen im Mondenschein.
Wo die Mädchen am Fenster lauschen,
Wann der Lauten Klang erwacht
Und die Brunnen verschlafen rauschen
In der prächtigen Sommernacht.

Nachtigallenschlagen, Waldesrauschen, Lautenklang, das Rauschen des Baches oder des Brunnens, das Schloß im Wald, der Hornruf in der Ferne, die nächtliche Einsamkeit am Fenster, die Schönheit der Landschaft, das Heimweh nach der verlorenen Kindheit, all das macht die Stimmung aus in Eichendorffs Lyrik.

Mondnacht

Es war, als hätt' der Himmel
Die Erde still geküßt,
Daß sie im Blütenschimmer
Von ihm nun träumen müßt'.

Die Luft ging durch die Felder,
Die Ähren wogten sacht,
Es rauschten leis die Wälder,
So sternklar war die Nacht.

Und meine Seele spannte
Weit ihre Flügel aus,
Flog durch die stillen Lande,
Als flöge sie nach Haus.

Auch dieses Gedicht ist typisch für Eichendorff und seine Romantik. **Der** Himmel liebt **die** Erde, und **sie** wird durch diese Liebe schön. Beim Anblick der Schönheit in der Natur hat der Mensch ein geistiges Erlebnis. Seine Seele verbindet sich mit dem Göttlichen, mit ihrem Zuhause.

170

Aus dem Leben eines Taugenichts

Lyrisch ist auch Eichendorffs Prosa; sie wird immer wieder durchbrochen von Liedern. Farben, Klänge, bildhafte Vorstellung reihen sich aneinander. In der entzückend unbeschwerten Novelle *Aus dem Leben eines Taugenichts* verläßt der arme Müllerssohn (Taugenichts) die väterliche Mühle und zieht unbekümmert in die Welt hinaus. Immer hat er seine Geige bei sich und spielt sie mit Vergnügen, während er durch eine verzauberte Märchenwelt zieht. Die folgende Leseprobe aus der Novelle enthält viele typische Eichendorffsche Elemente.

Sie weiß nur nicht, daß ich es bin, dachte ich, zog die Geige, die ich allzeit bei mir trage, hervor, spazierte damit auf dem Gange vor dem Hause auf und nieder und spielte und sang das Lied von der schönen Frau, und spielte voll Vergnügen alle meine Lieder durch, die ich damals in den schönen Sommernächten im Schloßgarten oder auf der Bank vor dem Zollhaus gespielt hatte, daß es weit bis in die Fenster des Schlosses hinüber klang. Aber es half alles nicht, es rührte und regte sich niemand im ganzen Hause. Da steckte ich endlich meine Geige traurig ein und legte mich auf die Schwelle vor der Haustür hin, denn ich war sehr müde von dem langen Marsch. Die Nacht war warm, die Blumenbeete vor dem Hause dufteten lieblich, eine Wasserkunst weiter unten im Garten plätscherte immerfort dazwischen. Mir träumte von himmelblauen Blumen, von schönen, dunkelgrünen, einsamen Gründen, wo Quellen rauschten und Bächlein gingen und bunte Vögel wunderbar sangen, bis ich endlich fest einschlief.

E.T.A. Hoffmann

Der Hauptvertreter der Berliner Romantiker ist E.T.A. Hoffmann (1776-1822), der neben deutschen auch polnische und ungarische Vorfahren hatte. Neben seiner literarischen hat er eine ausgesprochen musikalische und zeichnerische Begabung. Hinzu kommen eine scharfe Beobachtungsgabe, eine starke Neigung zur Selbstironie und eine ungeheuer reiche Phantasie, wie man sie einem preußischen Beamten gar nicht zutrauen würde. Er schreibt eine Fülle von phantastischen Novellen und Märchen, die er zu mehreren Sammlungen vereinigt: *Phantasiestücke in Callots Manier* (1815), *Nachtstücke* (1817) u.a. Seine beiden Romane sind *Die Elexiere des Teufels* (1816) und die unvollendeten *Lebensansichten des Katers Murr*. Im letzteren Roman wechseln sich die Lebensgeschichte des selbstbewußten, philisterhaften Katers mit der des Kapellmeisters Kreisler ab. Der Kater benutzt die Rückseite der Blätter, die die Biographie Kreislers enthalten, als Manuskript für seine eigene Lebensbeschreibung. Als der Drucksetzer die Seiten versehentlich nacheinander abdruckt, gehen die beiden Geschichten bunt durcheinander. Das Werk offenbart -- wie Hoffmanns Werk überhaupt -- einen inneren Zwiespalt, der im Doppelgängermotiv zum Ausdruck kommt. Gekennzeichnet ist sein Werk ebenfalls durch die Abneigung gegen das Philistertum und die Gabe, Wirklichkeit und Phantasie glaubhaft zu verweben. In manchen Erzählungen überwiegt das Dämonische, Teuflische, Verbrecherische (*Elexiere des Teufels, Nachtstücke*). In der Novelle *Das Fräulein von Scudery* verrichtet der Goldschmied Cardillac tagsüber still und fleißig seine Arbeit, ermordet jedoch nachts seine Kunden, um ihnen den verkauften Schmuck wieder abzunehmen. Die Sucht nach dem Gold macht ihn zum Verbrecher.

Hoffmann hat stark auf die Weltliteratur eingewirkt. Victor Hugo, Edgar Allan Poe, Beaudelaire, Gogol und Tschechow stehen unter seinem Einfluß und setzen seine unheimlichen Phantasiegeschichten fort. In *Hoffmanns Erzählungen* von Jacques Offenbach geistert der begabte Romantiker weiter fort.[12]

Der Anschluss der deutschen Literatur an die Weltliteratur

Die Literatur in den letzten Jahrzehnten des 18. und in den ersten des 19. Jahrhunderts ist ungeheuer reich und vielfältig und schließt die deutsche Dichtung an die Weltliteratur an. Von nun an sind die deutschen Schriftsteller ihren ausländischen Zeitgenossen durchaus ebenbürtig, und die deutsche Sprache hat eine Höhe der Schönheit erreicht, die es jedem begabten schöpferischen Geist ermöglicht, seine Gedanken so herrlich in seiner Muttersprache auszudrücken wie die Franzosen, Spanier und Engländer in ihrer. Die folgenden Generationen müssen sich mit der Literatur der Goethezeit auseinandersetzen, bevor sie ihren eigenen Ton finden.

---

[12] Paul Hindemiths *Cardillac* hat den teuflischen Goldschmied aus *Das Fräulein von Scudery* zum Thema.

STUDIENFRAGEN ZUM KAPITEL <u>DIE LITERATUR DER GOETHEZEIT</u>

Anregung: Als Student der Germanistik werden Sie sicher Werke der hier angeführten Dichter und Denker lesen. Es ist empfehlenswert, sich eine Liste der Werke anzulegen, die Sie gerne lesen würden. Für manche haben Sie vielleicht erst später Zeit, wenn Sie mit dem Studium fertig sind. Jetzt haben Sie sicher Zeit, einige Gedichte und vielleicht ein oder zwei Novellen zu lesen. Lesen Sie auch einige Volkslieder, spielen Sie sie auf dem Klavier oder bitten Sie jemand sie für Sie zu spielen. Auch sollten Sie Märchen aus der Sammlung der Brüder Grimm lesen.

Fragen:
1. Was verstehen Sie unter Sturm und Drang Dichtung? Geben Sie Beispiele.
2. Mit welchen Anregungen beeinflussen Hamann und Herder die deutsche Literatur?
3. Was wissen Sie über Goethes Jugend?
4. Welche Einflüsse und Erlebnisse machen Goethe zum Dichter?
5. Besprechen Sie *Werther* und welchen Einfluß dieser Roman ausgeübt hat.
6. Lesen Sie die beiden Zitate aus *Werther* und besprechen Sie Sprache und Stil.
7. Welche Erlebnisse hat Goethe in Weimar und welche Gedichte schreibt er dort?
8. Welche Erfahrungen machte Schiller auf der Militärakademie?
9. Was für ein Held ist Karl Moor in *Die Räuber*?
10. Worum geht es Schiller in *Kabale und Liebe*?
11. Besprechen Sie die Szene zwischen dem Kammerdiener und Lady Milford. Was berichtet der Diener der Lady und wie reagiert sie auf seinen Bericht?
12. Glauben Sie, daß manche Fürsten wirklich Soldaten an ausländische Staaten verkauft haben? Wissen Sie von Beispielen aus der amerikanischen Geschichte?
13. Wie entwickeln sich Goethe und Schiller vom Stürmer und Dränger zum Klassiker?
14. Was verstehen Sie unter den Idealen Form, Sittlichkeit, Menschlichkeit und Schönheit? Warum sind sie für den Klassiker so wichtig?
15. Besprechen Sie Goethes *Iphigenie auf Tauris* als Beispiel der klassischen Dichtung. Wie gelingt es der Priesterin Iphigenie, den Barbarenkönig Thoas zur Menschlichkeit zu bekehren?
16. Worum geht es Schiller in der Ballade *Die Bürgschaft*?
17. Was halten Sie persönlich von den Idealen der Klassiker?
18. Was hat Goethe in Rom erfahren und gelernt?
19. Wie hat sich die Freundschaft zwischen Goethe und Schiller auf die Entwicklung der beiden ausgewirkt?
20. Was versteht Schiller unter dem Begriff "schöne Seele"? Wie entwickelt sich der Mensch zur schönen Seele?
21. Was ist nach Schiller der Sinn der Tragödie?
22. Wie kann die Kunst den Menschen zur Sittlichkeit erziehen?
23. Erklären Sie den Unterschied zwischen dem naiven und dem sentimentalischen Dichter?
24. Was ist das Faustproblem?
25. Wo findet Goethe den Stoff für sein Faustdrama?
26. Welche wichtigen Voraussetzungen oder Thesen führt Goethe im Prolog im Himmel an?
27. Worin besteht der Pakt den Faust mit Mephistopheles abschließt und wie unterscheidet sich dieser Pakt vom traditionellen Pakt des Faustbuchs?
28. Welche Erfahrungen macht Faust und was lernt er daraus?
29. Besprechen Sie Fausts große Vision am Ende seines Lebens.
30. Worin besteht Fausts Erlösung? Wovon wird er erlöst und warum kann Gott ihn durch die Engel erlösen?
31. Was sind die Hauptideen in Hölderlins Briefroman *Hyperion*?
32. Was sind die dichterischen Beiträge von Kleist und Jean Paul?
33. Wie unterscheidet sich die Romantik von der Klassik?
34. Besprechen Sie die Hauptideen von Fichte, Schelling und Schleiermacher und wie beeinflussen sie die Dichtung?
35. Was "entdeckt" Wackenroder wieder für seine und die folgenden Generationen?
36. Was meint Schlegel mit "progressive Universalpoesie"?
37. Warum ist die Tieck-Schlegel Übersetzung von Shakespeares Werken wichtig?

38. Was verstehen Sie unter romantischer Ironie?
39. Warum beschäftigt sich Novalis so eingehend mit dem Tod? Was bedeutet ihm das Todeserlebnis?
40. Was symbolisiert die "blaue Blume"?
41. Wer sammelt und veröffentlicht Volkslieder und warum ist diese Sammlung von Bedeutung?
42. Was sammeln die Brüder Grimm?
43. Warum sind diese Sammlungen so wichtig?
44. Wofür öffnen uns die Romantiker die Augen?
45. Womit beschäftigen sich die Brüder Grimm noch außer mit Märchensammlungen?
46. Besprechen Sie welche Männer das Nationalgefühl der Bevölkerung schüren und wie sie das tun?
47. Analysieren Sie Eichendorffs Gedichte *Sehnsucht* und *Mondnacht*. Welche typischen romantischen Motive finden Sie in diesen Gedichten?
48. Besprechen Sie den Beitrag von Hoffmann zur Literatur der Romantik.

Photo 1:
Die 16 Bundesländer der Bundesrepublik Deutschland mit den Hauptstädten

Photo 2:
Die bayerischen Alpen: Berchtesgaden mit dem Watzmann

Photo 3:
Schweiz: Alpenlandschaft

Photo 4:
Ritterburg: Stolzenberg am Rhein

Photo 5:
Köln

Photo 6:
Sitzung des Deutschen Bundestags

Photo 7:
    Büste Karls des Großen

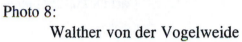

Photo 8:
    Walther von der Vogelweide

Photo 9:
    Gotische Architektur:
    Der Kölner Dom

Photo 10:
Barock Architektur: Salzburger
        Dom mit *Jedermann* Aufführung im
        Vordergrund

Photo 11:
Barock Gartenanlage: Herrenhausen bei Hannover

Photo 12:
    Robert und Clara Schumann

Photo 13:
    Goethe-Schiller-Denkmal vor dem
Nationaltheater in Weimar

Photo 14:
Dürer Kupferstich: Ritter, Tod und Teufel

Photo 15:
Dürer Selbstbildnis

Photo 16:
Preußen: Die Tafelrunde Friedrichs des Großen in Sanssouci

Photo 17:
Proklamation des preußischen Königs zum Deutschen Kaiser 1871 in Versailles

Photo 18:
    Reichskanzler Otto von Bismarck

Photo 19:
    Adolf Hitler 1935 in Nürnberg

Photo 20:
Konferenz in Casablanca 1943: Roosevelt und Churchill

Photo 21:
Kriegsende 1945: Keitel unterzeichnet die bedingslose Kapitulationsurkunde

Photo 22:
    Widerstand:
    Oberst von Stauffenberg

Photo 23:
    Widerstand:
    Die Geschwister Scholl und
    Christoph Probst

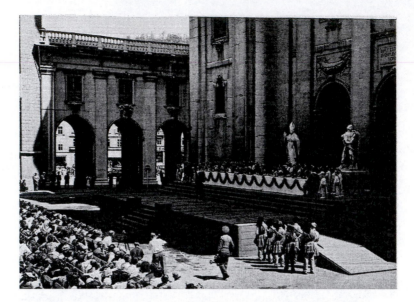

Photo 24:
Salzburger Festspiele: Aufführung von Hofmannsthals *Jedermann*

Photo 25:
Hugo von Hofmannsthal

Photo 26:
Franz Kafka

KAPITEL 16
DIE LITERATUR VON DER ROMANTIK BIS ZUM ERSTEN WELTKRIEG

Worum geht es in diesem Kapitel?

Sie lernen in diesem Kapitel außer dem Dramatiker Grillparzer und den Lyrikern Mörike, Lenau und Heine die bekanntesten Erzähler der deutschen Literatur kennen. Im 19. Jahrhundert entwickeln und verbessern viele Schriftsteller die Novelle und den Roman, und ihre Werke gehören zu den besten Erzählwerken der Literatur. Allmählich wendet sich die Literatur von der Romantik ab und einer realistischeren Erzählweise zu, die dann am Ende des Jahrhunderts im Naturalismus mit Gerhart Hauptmann gipfelt.

Wie gehen wir vor?

1. Verschaffen Sie sich zunächst wieder einen Gesamtüberblick und entnehmen Sie Namen und Begriffe aus den Überschriften.
2. Lesen Sie dann die einzelnen Abschnitte eingehend und lernen Sie die Angaben über Leben und Werk der einzelnen Schriftsteller.
3. Fassen Sie dann die größeren Abschnitte, wie Realismus und Naturalismus, zusammen.
4. Arbeiten Sie beim Wiederholen in Gruppen zusammen. Wenn das jedoch nicht geht, dann fassen Sie das Material laut zusammen.
5. Achten Sie auf die Studienfragen am Ende. Sie sollen Ihnen beim Studium helfen, sich auf Wichtiges zu konzentrieren und Sie zum Denken anregen.

Lernziele:

In diesem Kapitel lernen Sie,

1. welche wichtigen politischen Ereignisse, philosophischen und theologischen Ideen und welche ausländischen Schriftsteller die deutsche Literatur im 19. Jahrhundert beeinflussen.
2. daß sich in der Übergangszeit zwischen Romantik und Realismus Elemente aus beiden Richtungen in der Literatur finden.
3. daß sich unter den männlichen Schriftstellern auch eine große Dichterin, Anette von Droste-Hülshoff, befindet.
4. daß Heinrich Heine einer der großen Lyriker und kritischen Erzähler ist.
5. daß drei Schweizer, Gotthelf, Keller und Meyer, zu den großen Erzählern des Jahrhunderts und ihre Novellen zu den schönsten der deutschen Dichtung gehören.
6. daß Theodor Storm Gedichte und Erzählungen über seine norddeutsche Heimat schreibt.
7. daß Wilhelm Busch mit seinen humorvollen Geschichten ein Vorläufer der Comics ist.
8. den literarischen Beitrag von Raabe und Fontane kennen.
9. daß Hebbel mit seinen pantragischen Werken einer der großen Dramatiker ist.
10. was naturalistische Literatur ist und wie Gerhart Hauptmann zum Naturalismus wesentlich beigetragen hat.

Wichtige Ereignisse im 19. Jahrhundert

Das Heilige Römische Reich Deutscher Nation wird 1806 von Napoleon aufgelöst. Nach der Niederlage des französischen Kaisers bei Waterloo (1815) wird der deutsche Bund organisiert, in dem Österreich den Vorsitz führt. Der Gegensatz Preußen-Österreich entwickelt sich immer stärker und führt 1866 zum Krieg, in dem Österreich schnell und entscheidend besiegt wird. Nach dem Sieg über Frankreich (1871) kommt die deutsche Einigung unter Führung Preußens zustande. Die Politik Kaiser Wilhelms II. führt 1914 zum Ersten Weltkrieg. Die großen politischen Umwälzungen bringen sozialen, wirtschaftlichen und wissenschaftlichen Wandel mit sich. Karl Marx und Friedrich Engels organisieren die Arbeiterschaft gegen das reiche Bürgertum. Die zunehmende Industrialisierung bringt gewaltigen technischen Fortschritt (Dampfschiffahrt, Eisenbahn, Telegrafie, usw.) und scheinbar unüberbrückbare soziale Probleme. In der Philosophie verdrängt der Materialismus den Idealismus. All diese Ereignisse finden ihren Niederschlag in der Literatur, die sich zum Realen hinwendet und hauptsächlich von zwei großen Bewegungen dominiert wird: dem Realismus und dem Naturalismus.

Zwischen Romantik und Realismus

Zwischen Romantik und Realismus wirken eine Reihe von Dramatikern und Lyrikern, deren Schaffen zum Teil noch von der Romantik beeinflußt ist, zum größten Teil jedoch zum Realismus überleitet, wie z.B. Grillparzer, Grabbe, Büchner, Mörike, Rückert, Lenau und Droste-Hülshoff. Wegen ihres starken politischen Engagements werden wir Heine, Börne, Fallersleben und Freiligrath separat betrachten.

Die Dramen von Franz Grillparzer

Franz Grillparzer (1791-1872) ist Wiener. Er wird Beamter, ein Beruf, der ihn nicht befriedigt. Unglückliche Liebe und Mangel an künstlerischem Erfolg lassen ihn unzufrieden, unzugänglich und pessimistisch werden. Als er 1872 in Wien stirbt, ist er einsam und fast vergessen.

Grillparzer ist vor allem Dramatiker. Sein erster Erfolg ist *Die Ahnfrau* (1817), eine typische Schicksalstragödie nach dem Muster von Z. Werners *Der 24. Februar*. Der Fluch der Ahnfrau vernichtet ein ganzes Geschlecht. Das Drama *Sappho* (1819) behandelt das Künstlerproblem, auf das bereits Goethe in seinem *Torquato Tasso* eingegangen war. Was ist die Stellung des Künstlers in der Welt? Die Dichterin Sappho gewinnt nach vielen schmerzlichen Erfahrungen die Einsicht, daß der schöpferische Mensch vom normalen Leben ausgeschlossen bleibt, eine Einsicht, zu der im 20. Jahrhundert zahlreiche Künstler kommen, u.a. Thomas Mann. In seinem umfangreichsten Werk, der Trilogie *Das goldene Vlies* (1819-1822), verfeinert Grillparzer das griechische Vorbild von Medea und den Argonauten. Das Vlies ist ihm Symbol des Bösen, das im Innern der Hauptpersonen Fuß faßt, dort wächst und alles Gute zerstört. Die Leidenschaft der Liebe und des Hasses werden dem Menschen zum Verhängnis. Mit *König Ottokars Glück und Ende* (1823) nähert sich Grillparzer bereits dem Realismus. Nach einigen Mißerfolgen läßt er seine Werke nicht mehr auf der Bühne aufführen und zieht sich vom Theater zurück. Das Drama *Libussa* und andere werden erst nach seinem Tode bekannt.

Eduard Mörike

Eduard Mörike (1804-1875) stammt aus Schwaben, studiert Theologie und wird Pfarrer. Später gibt er Literaturunterricht in Stuttgart. Er hat Sinn für alles Volkstümliche und Sagenhafte aber auch für die Antike, und sein dichterisches Schaffen geht ganz von der Romantik aus. Romantisch sind seine Märchen *Der Schatz* (1835), *Das Stuttgarter Hutzelmännchen* (1852), sein Künstler- und Entwicklungsroman *Maler Nolten* (1832) und ein Teil seiner Lyrik. Die Sehnsucht, der Wunsch nach Entselbstung, die Neigung zum Zauberhaften, Märchenhaften, zur Nacht und die Beschäftigung mit Liebe und Tod sind romantische Züge in der Lyrik. In seinen späteren Gedichten beweist die Hinwendung von der Nacht zum Tag, zur Beschäftigung und zum Ding (*Auf eine Lampe, Auf eine Christblume, Die schöne Buche*) seine Tendenz zum Realismus. Ein Gedicht wie *Septembermorgen* mit seiner sanften Stimmung könnte auch von einem Impressionisten geschrieben sein:

Septembermorgen

Im Nebel ruhet noch die Welt,
Noch träumen Wald und Wiesen:
Bald siehst du, wenn der Schleier fällt,
Den blauen Himmel unverstellt,
Herbstkräftig die gedämpfte Welt
Im warmem Golde fließen.

Die Novelle

Eine meisterhafte Novelle und eines der besten Werke deutscher Erzählkunst ist *Mozart auf der Reise nach Prag* (1856). Mörike fühlt sich ganz ein in das Wesen Mozarts, dessen schöpferisches Künstlertum, Lebenslust und Todesahnung er in schöner Prosa wiedergibt. Auf der Reise nach Prag übernachten Mozart und seine Frau auf dem Schloß eines musikliebenden Grafen. Mozart spielt für die Anwesenden, und alle empfinden, "daß dieser Mann sich schnell und unaufhaltsam in seiner eigenen Glut verzehre, daß er nur eine flüchtige Erscheinung auf der Erde sein könne, weil sie den Überfluß, den er verströmen würde, in Wahrheit nicht ertrüge."

Nikolaus Lenau

Nikolaus Lenau (1802-1850) (Nikolaus Niembsch von Strehlenau) stammt aus Ungarn, studiert in Wien, macht eine Reise nach Amerika und kehrt enttäuscht aus der Neuen Welt zurück und stirbt schließlich in geistiger Umnachtung in Wien. Er ist ein überempfindlicher, innerlich zerrissener Mensch, melancholisch, liebebedürftig und unbeständig. Er empfindet den Weltschmerz stärker als andere. In seinen Gedichten ist das Ich häufig der Welt entfremdet und will ins Unwirkliche fliehen (*An mein Vaterland, Der Pechvogel*). Melancholie, Resignation, Verzweiflung, Trauer über die Vergänglichkeit, Einsamkeit, Todessehnsucht, die ungarische Pußta, Zigeuner und innere Unrast sind Themen seiner Lyrik. Als Beispiel möge das Sonett *Frage* dienen:

Frage

Bist du noch nie beim Morgenschein erwacht
Mit schwerem Herzen, traurig und beklommen,
Und wußtest nicht, wie du auch nachgedacht,
Woher ins Herz der Gram dir war gedrungen?

Du fühltest nur: ein Traum wars in der Nacht;
Des Traumes Bilder waren dir verschwommen,
Doch hat nachwirkend ihre dunkle Macht
Dich, daß du weinen mußtest, übernommen.

Hast du dich einst der Erdennacht entschwungen
Und werden, wie du meinst, am hellen Tage
Verloren sein des Traums Erinnerungen:

Wer weiß, ob nicht so deine Schuld hienieden
Nachwirken wird als eine dunkle Klage
Und dort der Seele stören ihren Frieden?

Anette von Droste-Hülshoff

Eine der größten deutschen Dichterinnen ist Annette von Droste-Hülshoff (1797-1848), die in Münster und in Meersburg am Bodensee lebte. Außer ihren Gedichten ist ihre Novelle *Die Judenbuche* (1842) bekannt. Die Erzählung handelt von dem jungen Bauernsohn Friedrich Mergel, der in einem naturalistischen Milieu unter Triebmenschen aufwächst und unter einer Buche einen Juden ermordet. Er flieht in die Fremde und kehrt nach leidvollen Abenteuern an den Tatort zurück. Die Freunde des Ermordeten haben in hebräischer Schrift die Worte in die Rinde der Buche eingekerbt: "Wenn du dich diesem Orte nahest, so wird es dir ergehen wie du mir getan hast." Mergel erhängt sich an dem Baum. Die dunkle Forstlandschaft des Teutoburger Waldes bildet den Hintergrund des Geschehens und verstärkt den Eindruck der dumpfen, halbdunklen Stimmung von Triebsucht und Zufall, die über der Erzählung liegt. Die ganze Darstellungsart ist durchaus realistisch.

Anettes Lyrik

In ihrer Lyrik offenbart sich die herbe westfälische Art und die Zurückhaltung einer adeligen Frau, die sich scheut, ihre Gefühle auszusprechen. Droste-Hülshoff ist verwurzelt in der heimatlichen Landschaft und im katholischen Glauben. Ihre Sprache ist streng, genau, ihr Rhythmus eigenwillig. Die Gedichte zeigen Musikalität, Phantasie und ein tiefes Empfinden der Sinneseindrücke. Geräusche, Farben, Bewegungen, Lichteindrücke wechseln ab mit scharfen kleinen Bildern, die realistisch herausgearbeitet werden.

Georg Büchner

Während die Lyriker noch unter der Einwirkung der Romantik stehen, sind die beiden Dramatiker Büchner und Grabbe Realisten, die den Stürmern und Drängern und den Jung-Deutschen verwandt sind, die ihrer Zeit weit voraus sind und als Vorläufer des naturalistischen, expressionistischen und epischen Theaters bezeichnet werden können.

Georg Büchner (1813-1837) ist Mediziner. Seine Lebensanschauung ist voller Skepsis und Pessimismus, seine Werke sind zum Teil revolutionär. Er starb im politischen Exil in der Schweiz. Seiner Zeit war er um hundert Jahre voraus und wurde erst von den Naturalisten und Expressionisten als ihnen ebenbürtig anerkannt. Mit seinem Manifest *Der Hessische Landbote* (1834) fordert er erfolglos die hessische Landbevölkerung zum Aufstand gegen die erpresserische und bürokratische Regierung auf:

Friede den Hütten! Krieg den Palästen!

Im Jahr 1834 sieht es aus, als würde die Bibel Lügen gestraft. Es sieht aus, als hätte Gott die Bauern und Handwerker am 5ten Tage, und die Fürsten und Vornehmen am 6ten gemacht, und als hätte der Herr zu diesen gesagt: Herrschet über alles Getier, das auf Erden kriecht, und hätte die Bauern und Bürger zum Gewürm gezählt. Das Leben der Vornehmen ist ein langer Sonntag, sie wohnen in schönen Häusern, sie tragen zierliche Kleider, sie haben feiste Gesichter und reden eine eigene Sprache; das Volk aber liegt vor ihnen wie Dünger auf dem Acker. Der Bauer geht hinter dem Pflug, der Vornehme aber geht hinter ihm und dem Pflug und treibt ihn mit dem Ochsen am Pflug, er nimmt das Korn und läßt die Stoppeln. Das Los des Bauern ist ein langer Werktag; Fremde verzehren seine Äcker vor seinen Augen, sein Leib ist eine Schwiele, sein Schweiß ist das Salz auf dem Tische des Vornehmen.

Im Großherzogtum Hessen sind 718 373 Einwohner, die geben dem Staat jährlich an 6 363 364 Gulden als

1) Direkte Steuern	2 128 131 fl.
2) Indirekte Steuern	2 478 264 fl.
3) Domänen	1 547 394 fl.
4) Regalien	46 938 fl.
5) Geldstrafen	98 511 fl.
6) Verschiedene Quellen	64 198 fl.
	6 343 363 fl.

Dies Geld ist der Blutzehnte, der von dem Leib des Volkes genommen wird. An 700 000 Menschen schwitzen, stöhnen und hungern dafür. Im Namen des Staates wird es erpreßt, die Presser berufen sich auf die Regierung und die Regierung sagt, das sei nötig die Ordnung im Staat zu erhalten.

Büchners *Woyzeck*

Büchners psychologische Einsichten in die Zerrissenheit seiner Zeit und die Seelenqualen eines bekannten Stürmers und Drängers finden ihren Niederschlag in der Novelle *Lenz* (1836). Am bekanntesten sind sein Drama *Dantons Tod* (1835), in dem er den großen französischen Revolutionär als ohnmächtiges Opfer der Schicksalsgewalt darstellt und das Dramenfragment *Woyzeck*, das erst 1879 veröffentlicht und 1913 uraufgeführt wurde. Mit dem mißbrauchten, verachteten Soldaten Woyzeck, einem Menschen der ganz von seinen Trieben beherrscht wird, steht zum ersten Mal der "Untermensch", ein Wesen aus dem "vierten Stand", auf der Bühne. Geplagt und ausgenutzt, seiner Sinne nur halb mächtig, ersticht Woyzeck aus Eifersucht seine Geliebte und geht verstört im Sumpf zugrunde. Die zutiefst gequälte menschliche Kreatur begegnet uns hier. Das Drama ist ein furchtbarer, blutiger Aufschrei der Verzweiflung. In drastischen Einzelbildern, das epische Theater Brechts vorausnehmend, vollzieht sich die Tragödie. In seiner Novelle *Lenz* hatte Büchner gesagt, wenn er allmächtig wäre, so würde er die Welt ändern: "Ich könnte das Leid nicht ertragen, ich würde retten, retten." Im *Woyzeck* bleibt die Rettung aus, und der Allmächtige wird in Frage gestellt. Dem einsamen Menschenkind bleiben nur die Tränen:

Es war einmal ein arm Kind und hat keinen Vater und keine
Mutter, war alles tot und war niemand mehr auf der Welt.
Alles tot, und ist hingegangen und hat gesucht Tag und Nacht.
Und weil auf der Erde niemand mehr war, wollt's in Himmel
gehn, und der Mond guckt es so freundlich an; und wie es
endlich zum Mond kam, war's ein Stück faul Holz. Und da
ist es zur Sonn gegangen, und wie es zur Sonn kam, war's
ein verwelkt Sonnenblum. Und wie's zu den Sternen kam,
waren's kleine goldene Mücken, die waren angesteckt, wie
der Neuntöter sie auf die Schlehen steckt. Und wie's wieder
auf die Erde wollt, war die Erde ein umgestürzter Hafen.
Und es war ganz allein, und da hat sich's hingesetzt und
geweint, und da sitzt es noch und ist ganz allein.

Dietrich Grabbe

Revolutionär wie Büchner ist auch Dietrich Grabbe (1801-1836), der als Opfer des Alkoholismus stirbt. Seine Tragödien enthalten nicht das warme Mitgefühl Büchners, sondern das scharfe Ressentiment des Proletariats. Grabbe, ein Nachfahre der Stürmer und Dränger, schreibt eine Reihe von historischen Dramen, die sich durch Maßlosigkeit und lockere Form auszeichnen. Die Helden in seinen Werken, *Kaiser Barbarossa* (1829), *Don Juan und Faust* (1829), *Kaiser Heinrich VI* (1830), *Napoleon oder die hundert Tage* (1831), *Hannibal* (1835), stehen der Macht des Schicksals ohnmächtig gegenüber und scheitern an der Mittelmäßigkeit und Feigheit der Masse. Volksszenen und eine ganze Schlacht werden auf die Bühne gebracht (*Napoleon*) und bereiten den Weg für spätere Massendramen. Die lockere, epische Szenenfolge seiner Dramen läßt Grabbe mit Büchner zum Vorläufer des modernen Theaters werden.

Das Junge Deutschland

Die Dichter, die man unter der Bezeichnung "Das Junge Deutschland" zusammenzufassen pflegt, durchbrechen die idealisierende Darstellungsweise zugunsten einer neuen Wirklichkeitsdarstellung. Diese Gruppe betrachtet die Literatur als Mittel, liberale politische Ideen und soziale Reformen zu fordern. Die Anregungen kommen von Börne und Heine, denen sich dann Gutzkow, Laube, Wienberg u.a. anschließen. Die Enttäuschung über die Reaktion Metternichs und des preußischen Königs, die nach den Befreiungskriegen gegen Napoleon jede politische Liberalisierung eifrig unterdrückten, sowie die Forderung nach Demokratisierung nehmen eine hervorragende Stellung in den Schriften der Jungdeutschen ein. Die Schriftsteller werden polizeilich verfolgt und ihre Werke verboten, wodurch die ganze Gruppe, die vorher gar keine Gruppe war, enger aneinander geschmiedet wird. Die Forderungen nach Freiheit von Bevormundung durch Staat, Kirche und Konvention, Emanzipation der Frau und Gleichberechtigung der Juden werden immer lauter. Die Freiheitskämpfe der Griechen und Polen, die Julirevolution in Paris finden Sympathie und Verherrlichung, während die großen Geister, die politisch nicht engagiert waren (besonders Goethe), bekämpft wurden. Rationalismus, Sozialismus und Weltbürgertum sind die großen Schlagworte. Die dichterischen Kräfte dieser Generation sind schwach, nur Heine ragt weit über die Mittelmäßigkeit der anderen hinaus und Fallersleben und Freiligrath haben durchschnittliches Talent.

Hoffmann von Fallersleben

Hoffmann von Fallersleben (1798-1874) wurde wegen seiner politischen Einstellung als Professor der Germanistik von der Universität Breslau entlassen und des Landes verwiesen. Er machte sich besonders verdient als Forscher auf dem Gebiet der Germanistik, namentlich durch seine Arbeiten über das Volkslied und durch seine Entdeckung von Otfrieds *Evangelienbuch* (Fragment) und vom *Ludwigslied*. Sein *Lied der Deutschen* (1841) entsprach dem damaligen Nationalgefühl und wurde nach dem Ersten Weltkrieg als Nationalhymne angenommen.

Lied der Deutschen

Deutschland, Deutschland über alles,
Über alles in der Welt,
Wenn es stets zu Schutz und Trutze
Brüderlich zusammenhält,
Von der Maas bis an die Memel,
Von der Etsch bis an den Belt --
Deutschland, Deutschland über alles,
Über alles in der Welt!

Deutsche Frauen, deutsche Treue,
Deutscher Wein und deutscher Sang
Sollen in der Welt behalten
Ihren alten schönen Klang,
Uns zu edler Tat begeistern
Unser ganzes Leben lang --
Deutsche Frauen, deutsche Treue,
Deutscher Wein und deutscher Sang!

Einigkeit und Recht und Freiheit
Für das deutsche Vaterland!
Danach laßt uns alle streben
Brüderlich mit Herz und Hand!
Einigkeit und Recht und Freiheit
Sind des Glückes Unterpfand --
Blüh' im Glanze dieses Glückes,
Blühe deutsches Vaterland!

Die Hymne wurde von den Nationalsozialisten absichtlich falsch interpretiert. Als Hoffmann sie schrieb, bestand Deutschland aus 22 unabhängigen Ländern, und es war sein Wunsch, diese verschiedenen Staaten brüderlich zu einer Nation zu vereinigen. Die Worte des Liedes bedeuten nicht, daß Deutschland die ganze Welt beherrschen solle, sondern daß der Wunsch nach deutscher Einheit höher sei als alles andere in der Welt.[1]

Außer der umfangreichen politischen Lyrik ist Hoffmann von Fallersleben bekannt als der Autor von beliebten Kinderliedern wie *Alle Vögel sind schon da, Kuckuck, Kuckuck ruft's aus dem Wald* und *Morgen kommt der Weihnachtsmann.*

Heinrich Heine

Heinrich Heine (1797-1856) war Jude und wurde deshalb während des Nationalsozialismus totgeschwiegen. Er stammt aus Düsseldorf, wo namhafte Künstler und Gelehrte sich darum bemüht haben, die Universität nach ihm zu benennen. Aus opportunistischen Gründen wird er 1825 Protestant, geht 1831 nach Paris und stirbt dort gelähmt und ans Bett gefesselt. Seine Heimat besucht er nur zweimal kurz und kehrt enttäuscht in die Fremde zurück. Von Paris aus versucht er zwischen der französischen und deutschen Kultur zu vermitteln. Seine politische Überzeugung und seine Aktivität für den Liberalismus kennzeichnen ihn als Vorläufer und Mitarbeiter des Jungen Deutschland. Aber Heines schöpferische Kraft erhebt ihn über jede bestimmte Bewegung hinaus und macht ihn zum Volksdichter.

---

[1] Heute ist nur noch die dritte Strophe der offizielle Text der deutschen Nationalhymne. Es macht keinen Sinn, die erste Strophe zu singen, denn sie entspricht nicht mehr den politischen Gegebenheiten.

Heines Lyrik

Heine hat eine ausgesprochen lyrische Begabung. Seine Gedichte wurden in Sammlungen veröffentlicht. *Buch der Lieder* (1827), *Neue Gedichte* (1844), *Romanzero* (1851) und *Gedichte* (1854). Seine erste Sammlung, die noch ganz unter dem Einfluß der Romantik steht, macht ihn berühmt. Viele seiner Gedichte sind volksliedhaft, und einige sind so populär geworden, daß man sie geradezu als Volkslieder ansieht.[2] Zu seinen schönsten Gedichten gehören *Du bist wie eine Blume, Im wunderschönen Monat Mai, Ich hab' im Traum geweinet, Das Meer erglänzte weit hinaus, Ich weiß nicht, was soll es bedeuten,* sowie die Gedichte der Nordseezyklen. Viele dieser Gedichte sind von Schubert, Schumann und Mendelssohn vertont worden und mit der Melodie so eng verschmolzen, daß wir sie uns heute gar nicht anders als Lieder vorstellen können. Seine Balladen sind ebenfalls romantisch volksliedhaft. Die bekannteste ist *Nach Frankreich zogen zwei Grenadier,* in der er die Bewunderung des einfachen Soldaten für den Kaiser Napoleon zum Ausdruck bringt. Es folgen zwei Gedichte und die Ballade:

Du bist wie eine Blume

Du bist wie eine Blume,
So hold und schön und rein;
Ich schau dich an, und Wehmut
Schleicht mir ins Herz hinein.

Mir ist, als ob ich die Hände
Aufs Haupt dir legen sollt,
Betend, daß Gott dich erhalte
So rein und schön und hold.

Im wunderschönen Monat Mai

Im wunderschönen Monat Mai,
Als alle Knospen sprangen,
Da ist in meinem Herzen
Die Liebe aufgegangen.

Im wunderschönen Monat Mai,
Als alle Vögel sangen
Da hab ich ihr gestanden
Mein Sehnen und Verlangen.

Die Grenadiere

Nach Frankreich zogen zwei Grenadier,
Die waren in Rußland gefangen.
Und als sie kamen ins deutsche Quartier,
Sie ließen die Köpfe hangen.

Da hörten sie beide die traurige Mär:
Daß Frankreich verloren gegangen,
Besiegt und zerschlagen das große Heer -
Und der Kaiser, der Kaiser gefangen.

Gewähr mir, Bruder, eine Bitt:
Wenn ich jetzt sterben werde,
So nimm meine Leiche nach Frankreich mit,
Begrab mich in Frankreichs Erde.

Das Ehrenkreuz am roten Band
Sollst du aufs Herz mir legen;
Die Flinte gib mir in die Hand,
Und gürt mir um den Degen.

So will ich liegen und horchen still
Wie eine Schildwach, im Grabe,
Bis einst ich höre Kanonengebrüll
Und wiehernder Rosse Getrabe.

Dann reitet mein Kaiser wohl über mein Grab
Viel Schwerter klirren und blitzen;
Dann steig ich gewaffnet hervor aus dem Grab -
Den Kaiser, den Kaiser zu schützen ...

---

2 Besonders *Die Loreley* ("Ich weiß nicht was soll es bedeuten") wurde zum Volkslied gemacht.

In der Fremde ergreift den Dichter das Heimweh und er weint:

> Denk' ich an Deutschland in der Nacht,
> Dann bin ich um den Schlaf gebracht,
> Ich kann nicht mehr die Augen schließen,
> Und meine heißen Tränen fließen. (Aus: *Nachtgedanken*)

Heines Ironie

Geistreich ist Heines Humor, beißend sein Spott und seine Ironie. Immer wieder durchbricht er die geschaffene Stimmung, die Ergriffenheit, das heitere Gefühl mit scharfer Ironie oder mit Parodie. Meistens kommt die Desillusion erst am Schluß des Gedichtes, manchmal wechseln Stimmung und Zerstörung miteinander ab. In dem folgenden kleinen Gedicht wird mit den ersten vier Zeilen bewußt eine Illusion aufgebaut, eine Stimmung geschaffen, die dann mit den letzten Zeilen spöttisch aufgehoben wird.

> Das Fräulein stand am Meere
> Und seufzte lang und bang,
> Es rührte sie so sehre
> Der Sonnenuntergang.
>
> Mein Fräulein! sein Sie munter,
> Das ist ein altes Stück.
> Hier vorne geht sie unter
> Und kehrt von hinten zurück.

Der Romantiker Heine

Zwiespältig, ironisch ist Heines Verhältnis zur Romantik. Er ist Romantiker, ohne es sein zu wollen. Als Realist und Rationalist weiß Heine um seine romantische Inklination und macht sich immer wieder über sich selbst lustig, ohne die Illusion verwerfen zu können.

Trotz meiner exterminatorischen Feldzüge gegen die Romantik blieb ich doch selbst immer ein Romantiker, und ich war es in einem höheren Grade, als ich selbst ahnte. Nachdem ich dem Sinn für romantische Poesie in Deutschland die tödlichsten Schläge beigebracht, beschlich mich selbst wieder eine unendliche Sehnsucht nach der blauen Blume im Traumland der Romantik, und ich ergriff die bezauberte Laute und sang ein Lied, worin ich mich allen holdseligen Übertreibungen, aller Mondscheintrunkenheit, allem blühenden Nachtigallenwahnsinn der einst so geliebten Weise hingab. Ich weiß, es war das "letzte freie Waldlied der Romantik", und ich bin ihr letzter Dichter.

Die Reisebilder - *Die Harzreise*

Heines Prosa zeigt ebenfalls seine Veranlagung zur Verspottung, aber auch seine großartige Sprachbegabung. Seine Reisebilder, von denen *Die Harzreise* (1826) am berühmtesten ist, sind weniger Landschaftsbeschreibungen als witzige, manchmal bissige Plaudereien über Religion, Philosophie, Politik, Kunst und das bürgerliche Philistertum. Folgende Probe stammt aus der *Harzreise*:

Die Stadt Göttingen, berühmt durch ihre Würste und Universität, gehört dem Könige von Hannover, und enthält 999 Feuerstellen [= Häuser], diverse Kirchen, eine Entbindungsanstalt [=Krankenhaus, in dem Kinder geboren werden] eine Sternwarte, einen Karzer [=Universitätsgefängnis], eine Bibliothek und einen Ratskeller, wo das Bier sehr gut ist. ... Die Stadt selbst ist schön, und gefällt am besten, wenn man sie mit dem Rücken ansieht. Sie muß schon sehr lange stehen, ... Einige behaupten sogar, die Stadt sei zur Zeit der Völkerwanderung erbaut worden, jeder Stamm habe damals ein ungebundenes Exemplar seiner Mitglieder darin zurückgelassen und davon stammten all die Vandalen, Friesen, Schwaben, Teutonen, Sachsen,

Thüringer, usw.,[3] die noch heutzutage in Göttingen, hordenweis, und geschieden durch Farben der Mützen und der Pfeifenquäste [= bunte Haarbüschel an einer Raucherpfeife], über die Weenderstraße einherziehen, auf den blutigen Wahlstätten der Rasemühle ... sich ewig unter einander herumschlagen, in Sitten und Gebräuchen noch immer wie zur Zeit der Völkerwanderung dahinleben, und teils durch ihre Duces [= Führer], welche Haupthähne heißen, und teils durch ihr uraltes Gesetzbuch, welches Comment heißt und den legibus barbarorum [= den Gesetzen der Barbaren] eine Stelle verdient, regiert werden.

Im allgemeinen werden die Bewohner Göttingens eingeteilt in Studenten, Professoren, Philister und Vieh, welche vier Stände doch nicht weniger als streng geschieden sind. Der Viehbestand ist der bedeutendste. Die Namen aller Studenten und aller ordentlichen Professoren hier herzuzählen, wäre zu weitläufig; auch sind mir in diesem Augenblick nicht alle Studentennamen im Gedächtnisse, und unter den Professoren sind manche, die noch gar keinen Namen haben. Die Zahl der Göttinger Philister muß sehr groß sein, wie Sand, oder besser gesagt, wie Kot am Meer; wahrlich, wenn ich sie des Morgens, mit ihren schmutzigen Gesichtern und weißen Rechnungen, vor den Pforten des akademischen Gerichtes aufgepflanzt sah, so mochte ich kaum begreifen, wie Gott nur so viel Lumpenpack erschaffen konnte.

DER REALISMUS
Das neue Weltbild

Wir haben festgestellt, daß die Jungdeutschen, und in gewissem Sinne bereits einige Romantiker, mit ihrer politischen Tätigkeit sich mehr der Wirklichkeit hinwandten. Um die Mitte des 19. Jahrhunderts wird der Wirklichkeitssinn der Dichter und Schriftsteller immer schärfer, so daß sie mit der Tradition der Klassik und Romantik völlig brechen. Die neue wirklichkeitsnahe Dichtung wird von dem modernen Weltbild beeinflußt, das sich in der zweiten Hälfte des 19. Jahrhunderts entwickelt und das geformt wird durch 1) die zunehmende Verbreitung von Industrie und Wirtschaft, 2) die Enttäuschungen über den Zusammenbruch der Träume von Liberalisierung und Demokratisierung nach den Freiheitskriegen und in den Revolutionen von 1830 und 1848, 3) den zunehmenden Nationalismus und Sozialismus, 4) die naturwissenschaftlichen Errungenschaften und 5) die philosophischen Gedankengänge der Positivisten und Materialisten. All das trägt zur Formung einer realistischen Geisteshaltung bei, die sich im Leben (z.B. Realpolitik Bismarcks) und in der Dichtung widerspiegelt.

Karl Marx und Friedrich Engels

An Hegels großes System, das noch einmal versucht, das klassisch-romantische Erbe zusammenzufassen, knüpfen seine Schüler an und übertragen seine Dialektik, nach der Fortschritt aus dem Dreischritt These-Antithese-Synthese hervorgeht, auf ihre eigenen Ziele. Karl Marx (1818-1883) betont den Zusammenschluß der Arbeiterklasse zur Revolution gegen den Kapitalismus. Gegen den Idealismus setzt er den Materialismus. Wie er, bekämpft sein Mitarbeiter Friedrich Engels (1820-1895) die geheiligte Tradition, die absoluten Werte: "Die dialektische Philosophie löst alle Begriffe endgültiger absoluter Wahrheit und eines endgültigen absoluten Zustandes des Menschen auf, die damit Hand in Hand gehen. Somit ist nichts endgültig, absolut, heilig." Die beiden veröffentlichen 1848 die kommunistische Programmschrift, das *Kommunistische Manifest*, in der sie die Arbeiterklasse zur Revolution gegen das Bürgertum aufrufen und die mit dem berühmten Satz endet: "Proletarier aller Länder vereinigt euch!"

Der Einfluß von Feuerbach, Strauß, Schopenhauer und Darwin

Die positivistischen Ideen des Franzosen Auguste Comte und des Engländers John Stuart Mill werden von Ludwig Feuerbach (1804-1872) auf die Religion übertragen. Für ihn ist Gott ein Wunschbild, das der Mensch in seiner Abhängigkeit von der feindlichen Natur geschaffen hat. David Friedrich Strauß (1808-1874) erklärt Christus als mythologische Gestalt in seinem *Das Leben Jesu, kritisch bearbeitet* (1836). Der historische Jesus wird bezweifelt. Arthur Schopenhauer (1788-1860) erklärt, daß die Welt unter dem Zwang blinder Kräfte steht und zur

---

[3]   Mit diesen und den folgenden Bemerkungen meint Heine die schlagenden [= die Duelle mit Säbeln austragen] Studentenverbindungen.

Hölle wird. Nur durch den Willen zur Askese, zur Aufgabe des Wollens können die Leiden überwunden werden. Sein antiidealistischer Pessimismus beeinflußt die ganze Zeit. Darwins Werk *The Origin of Species* (1859) mit seiner Deszendenztheorie trägt zur Resignation und Entsagung bei, die sich zu verbreiten beginnt.

Der Einfluß der französischen Literatur

Zu den obenerwähnten Einflüssen auf die deutsche Literatur kommt die ausländische Literatur. Balzac schildert mit seinen Romanen, die er zur *Comédie humaine* zusammenfaßt, das zeitgenössische Leben. Flauberts *Madame Bovary*, Stendhals *Le Rouge et le Noir* und Charles Dickens *Oliver Twist* und *David Copperfield* werden den Deutschen zum Vorbild. Die Prosa, vor allem der Roman, wird zum Hauptträger der Wirklichkeitsdichtung, deren Hauptvertreter Stifter, Gotthelf, Keller, Meyer, Storm, Raabe, Busch, Fontane und Hebbel sind. Es muß bei jeder Einstufung von bedeutenden Geistern in eine Bewegung immer bedacht werden, daß diese Einreihung mit Schwierigkeiten verbunden ist. Man muß beachten, daß jeder große Dichter ein Individuum ist, dessen ganzes Schaffen sich nicht starr einreihen läßt, da sein Denken und Schaffen sich allmählich entwickelt und in einem oder dem anderen Werk die Grenzen einer Bewegung sprengt oder erweitert. Wir haben diese Entwicklung zum Beispiel bereits bei Schiller und besonders bei Goethe gesehen.

Adalbert Stifter

Adalbert Stifter (1805-1868) läßt sich schwer einreihen. Er ist einer der bekanntesten deutschen Erzähler. Er stammt aus dem Böhmerwald, studiert in Wien und wird Lehrer in Linz. Seine Erzählungen hat er in den Sammlungen *Studien* und *Bunte Steine* zusammengefaßt. Sein Roman *Nachsommer* ist ein Entwicklungsroman in der Tradition von Goethes *Wilhelm Meister*. In der Vorrede zu *Bunte Steine* erläutert Stifter sein dichterisches Programm, in dem Gerechtigkeit und Dienst an der Gemeinschaft wichtige Punkte sind. Das große Tragische wird abgewertet zugunsten des unscheinbaren Geschehens. Unheil entsteht durch den Verlust des Maßes. Das Göttliche offenbart sich im Kleinen, und daher ist Demut gerade vor den kleinen Dingen der Schöpfung notwendig.

> Das Wehen der Luft, das Rieseln des Wassers, das Wachsen der Getreide, das Wogen des Meeres, das Grünen der Erde, das Glänzen des Himmels, das Schimmern der Gestirne halte ich für groß; das prächtig einherziehende Gewitter, den Blitz, welcher Häuser spaltet, den Sturm, der die Brandung treibt, den feuerspeienden Berg, das Erdbeben, welches Länder verschüttet, halte ich nicht für größer als obige Erscheinungen ... Die Kraft, welche die Milch im Töpfchen der armen Frau emporschwellen und übergehen macht, ist es auch, die die Lava in dem feuerspeienden Berge emportreibt und auf den Flächen der Berge hinabgleiten läßt.

Stifters Erzählungen

Seine Erzählungen zeichnen sich aus durch die große Ruhe und den Frieden, der über ihnen waltet, wodurch sie so scharf mit den fanatischen politischen Aufrufen seiner Zeitgenossen kontrastieren. Der Mensch, der durch leidvolle Erfahrung gereift ist, begegnet uns in der Novelle *Brigitta*, der reine, gerade Sinn des jungen Menschen in *Das Heidedorf* und *Bergkristall*. Typisch für Stifter ist seine genaue, detaillierte, maßvolle Naturbeschreibung: Die heimatliche Umgebung des Böhmerwaldes, das Hochgebirge, die ungarische Pußta.

In seinem Roman *Der Nachsommer*, den Nietzsche als die vollkommenste deutsche Prosaerzählung bezeichnet hat, bekennt Stifter sich zur perfekten Ordnung der Natur und zu einer Menschlichkeit, die aus Zucht, Maß, Schönheit, Innerlichkeit, Stille und Entsagung erwächst. Die Resignation zum Leben, den Verzicht auf leidenschaftliche Wünsche, die traute Häuslichkeit, die Breite und Behaglichkeit der Erzählweise, die vielen Digressionen und Details, die Vorliebe für Gartenbau und das Sammeln machen dieses Werk geradezu zum Musterbeispiel des Biedermeiers,[4] das alle diese Züge in sich vereint. Auf Grund dieser Tendenzen wird Stifter von manchen Literarhistorikern als Vertreter des Biedermeiers angesehen.

---

[4]   Biedermeier ist eine Parodie des philisterhaften Spießbürgers der Zeit von 1815-1848. Der Begriff bezeichnet die resignierte, unpolitische Haltung des Bürgers, der sich mit seinem Garten und seinen Sammlungen beschäftigt. Vortrefflich ist dieser Typ in der Malerei von Spitzweg dargestellt worden.

Jeremias Gotthelf

Von den acht großen Erzählern des Realismus stammen vier (Stifter, Gotthelf, Keller, Meyer) aus dem Süden des deutschen Sprachraums (Österreich und der Schweiz) und vier aus dem Norden. Jeremias Gotthelf (1797-1854), dessen eigentlicher Name Albert Bitzius ist, stammt aus dem Kanton Bern. Nach seinem Studium wird er Pfarrer im Emmental, wo er sich sehr für die Seelsorge seiner Bauern einsetzt. Seine dichterische Tätigkeit begann er aus dem Wunsch heraus, nicht nur seine Gemeinde, sondern die ganze Schweiz sittlich zu erziehen. So ist sein Werk eigentlich Didaktik, Tendenzliteratur, aber seine naive, ungekünstelte schöpferische Kraft erhebt es über das Didaktische hinaus. Gotthelf tritt ein für das Rechte, für die Liebe zu Gott und zum Nächsten, für Arbeit und Fleiß und bekämpft Gottlosigkeit, den neumodischen Liberalismus und Materialismus und alles Oberflächliche. "Mein Schreiben ist ein Bahnbrechen, ein wildes Umsichschlagen nach allen Seiten hin gewesen." In ehrlicher Arbeit und in der Ordnung liegt Segen. Das ist der Leitgedanke hinter dem zweiteiligen Roman *Wie Uli der Knecht glücklich wird* und *Uli der Pächter*. Uli steigt vom Bauernknecht zum Grundbesitzer auf, weil er sich an die Gesetze Gottes hält, tüchtig arbeitet und auf Ordnung sieht. Statt einer verzogenen, reichen Frau heiratet Uli das brave Vreneli, die ihn vor Geiz und Geldgier bewahrt und ihn recht und ehrlich erhält. Wie Vreneli sind die Frauen bei Gotthelf oft engelhafte Wesen, die den Mann erziehen und ihm Beistand leisten. Gotthelfs Meisternovelle ist *Die schwarze Spinne* (1842), in der er seine These vertritt, daß das Böse nur durch Ehrbarkeit und Glauben an Gott abgewendet werden kann. Wenn die Menschen lieblos und stolz werden, bricht das teuflische Ungeheuer über sie herein.

Gottfried Keller

Gotthelfs Landsmann ist Gottfried Keller (1819-1890), der in Zürich zu Hause war. Er hält sich eine Zeitlang in München und dann in Heidelberg auf, wo ihn Feuerbachs Vorlesungen über den Materialismus tief beeinflussen und seinen christlichen Glauben erschüttern. Über Berlin kehrt er schließlich nach Zürich zurück und wird Stadtschreiber und später freier Schriftsteller. Sein erstes großes Prosawerk ist der Künstlerroman *Der grüne Heinrich* (1855). Hier schildert Keller die Entwicklung eines unbegabten jungen Malers. In der ersten Fassung findet der Held den Tod, aber in einer späteren Fassung wird der Tod abgeändert in gelassene Resignation und Dienst für die Gemeinschaft. Auch die Komposition wird gestrafft.

Kellers Novellen

Am besten drückt sich Kellers Wesen in seinen Novellen aus, die in den Zyklen *Die Leute von Seldwyla* und *Züricher Novellen* gesammelt sind. Mit Liebe, Ironie, Humor, Besorgnis und tiefem Ernst beschreibt Keller das Treiben seiner schweizer Mitbürger und die Tragik des Lebens. Mit Spott und beißender Ironie geißelt er das Philistertum und den engstirnigen, kleinbürgerlichen Geist. Die Bewohner von Seldwyla, einer typischen deutschen, (schweizer) fiktiven Kleinstadt, repräsentieren diesen verschrobenen Spießbürger. Zu den bedeutendsten Novellen des Seldwyla-Zyklus gehören: *Romeo und Julia auf dem Dorfe, Die drei gerechten Kammacher* und *Kleider machen Leute*.

In den *Sieben Legenden* (1872) erzählt Keller mittelalterliche Legenden mit viel Phantasie und Fabulierkunst nach. Die *Züricher Novellen* (1878) haben Heimatgeschichte als Inhalt. Mit Skepsis, satirischem Humor und Liebe preist der Dichter den wackeren, aufrichtigen Sinn des Bürgers und die Verbundenheit mit der Heimat. *Hadlaub, Der Narr auf Manegg, Der Landvogt von Greifensee* und *Das Fähnlein der sieben Aufrechten* gehören zu dieser Sammlung. Seine letzte Novellensammlung sind sieben Novellen, die Keller unter dem Titel *Sinngedicht* (1881) zusammenstellt. Hier behandelt er das Thema der glücklichen und unglücklichen Liebesverbindung. Als Motto steht über dem Ganzen Logaus Rokokovers:

"Wie willst du weiße Lilien zu roten Rosen machen? Küß eine weiße Galatee: sie wird errötend lachen."

Conrad Ferdinand Meyer

Der dritte schweizer Erzähler des Realismus ist Conrad Ferdinand Meyer (1825-1898), der die Themen für seine Novellen und Gedichte in der Geschichte findet. Besonders in der Renaissance- und Reformationszeit entdeckt er große Männer, an denen er das menschlich Wertvolle und Heldenhafte schätzt. Seine Heimat ist ebenfalls Zürich. Er reist in Frankreich und Italien und schult seinen Form- und Schönheitssinn an der Kunst dieser Länder. Der Calvinismus beeinflußt sein Denken und bereitet ihm besonders in seiner Jugendzeit Probleme, die sich in Hemmungen, Angst und Menschenscheu äußern. Erst während des Krieges von 1870-71 zwischen Preußen und Frankreich findet er sich und beginnt sein dichterisches Schaffen.

Meyers Stil und Technik

Meyer, der feine, gebildete Aristokrat, ist dem bürgerlichen Keller und dem bäuerlichen Gotthelf recht ungleich. Er zeichnet sich aus durch knappe Komposition, nicht wie Keller durch die Fülle der urwüchsigen Erzählkunst, sondern durch eine artistisch schöne Sprache und durch gekonnte Technik. Viele seiner Novellen sind Rahmenerzählungen. Durch die Rahmentechnik macht er seine Erzählung glaubhaft und bewahrt zugleich Distanz. Es ist bemerkenswert, wie Meyer seine seelische Anteilnahme am Geschehen durch diese Technik und die kühle, objektive Darstellung verbergen kann. Die historischen Themen deutet er psychologisch. Inmitten einer materialistisch und mechanisch eingestellten Welt sucht er in den großen Perioden der Vergangenheit nach Schönheit und Vollkommenheit. "Am liebsten vertiefe ich mich in vergangene Zeiten, deren Irrtümer ich leicht ironisiere und die mir erlauben, das Ewig-Menschliche künstlerischer zu behandeln, als die brutale Aktivität zeitgenössischer Stoffe mir gestatten würde."

Meyers Roman *Huttens letzte Tage*

Meyers erstes Werk ist der Versroman *Huttens letzte Tage* (1871), in dem er den schweizer Reformator in der Stille seiner letzten Zufluchtsstätte zeigt, während die Reformation ohne ihn weiterkämpft. Meyer interessiert "der ungeheure Kontrast zwischen der in den Weltlauf eingreifenden Tatenfülle seiner [Huttens] Kampfjahre und der traumartigen Stille seiner letzten Zufluchtsstätte". Er konzentriert die Schilderung auf die letzten Tage im Leben seines Helden, die angefüllt sind mit Erinnerungen und "einer Skala von Stimmungen: Hoffnung und Schwermut, Liebe und Ironie, heiliger Zorn und Todesgewißheit, kein Zug dieser tapferen Gestalt sollte fehlen, jeder Gegensatz dieser leidenschaftlichen Seele hervortreten".

Meyers historische Novellen

In den Novellen offenbart sich uns Meyers Kunst: Er wird als Meister der historischen Novelle anerkannt. *Das Amulett* (1873) schildert die grauenvollen Ereignisse der Bartholomäusnacht, aus denen der Held auf wunderbare Weise gerettet wird. Andere Novellen sind *Der Schuß von der Kanzel, Der Heilige, Plautus im Nonnenkloster, Gustav Adolfs Page, Die Hochzeit des Mönchs, Die Richterin* und *Die Versuchung des Pescara*. In *Der Heilige* läßt Meyer das Geschehen (die Geschichte König Heinrichs II und des Erzbischofs von Canterbury Thomas Becket) von einem einfachen Bogenschützen erzählen, dessen unzureichende Bildung er dazu ausnutzt, die eigentliche psychologische Motivierung zu verschleiern. Becket, der feinkultivierte, zarte, gebrechliche Kanzler findet den Märtyrertod im Dienst der Kirche. Die Kontrastfigur, der robuste, leidenschaftliche, grobe König, kann sich mit dem Bischof nicht versöhnen und veranlaßt durch ein Zufallswort den Mord Beckets. Der König geht ebenfalls unter, nicht physisch, sondern moralisch.

Meyers Gedichte

Wie seine Novellen so zeichnen sich auch seine Balladen und Gedichte durch ihre kunstvolle Sprache und vollendete Form aus. Das Dinggedicht *Der römische Brunnen* zählt zu seinen schönsten:

Der römische Brunnen
Aufsteigt der Strahl und fallend gießt
Er voll der Marmorschale Rund,
Die, sich verschleiernd, überfließt
In einer zweiten Schale Grund;
Die zweite gibt, sie wird zu reich,
Der dritten wallend ihre Flut,
Und jede nimmt und gibt zugleich
Und strömt und ruht.
(letzte Fassung)

Theodor Storm

Theodor Storm (1817-1888) kommt aus Schleswig, und die norddeutsche Landschaft mit Meer, Strand, der weiten baumlosen Marsch, den Hecken und Gräben und den stillen Dörfern wird in seinem Werk lebendig. Wegen seiner deutschen Einstellung mußte Storm seine Heimat auf zehn Jahre verlassen, als sie bis 1864 an Dänemark fiel. Dann kehrte er zurück und lebte in der Nähe von seiner Heimatstadt Husum.

Storms Novellen

Mit seinen Freunden Theodor und Tycho Mommsen sammelt Storm Volkslieder (*Liederbuch dreier Freunde*), plattdeutsche Reime, Sagen und Märchen aus seiner Heimat. Er ist vorwiegend Novellendichter. Es geht ihm in seinen Novellen, die in der Vergangenheit spielen, um die Vergänglichkeit und die elegische Erinnerung. Die stimmungsvolle, süßlich romantische Novelle *Immensee* ist sein erstes Prosawerk. Es ist angefüllt von stiller Resignation, von der Erinnerung an das versäumte Liebesglück. Die lyrischen, sentimentalen, melancholischen Elemente sind stark in allen seinen frühen Novellen. Die Wehmut, die Einsamkeit, die Entsagung, Liebes- und Familienprobleme, das idyllische Bürgerheim begegnen uns immer wieder (*Angelika, Pole Poppenspäler*). Storms beste Novellen sind seine sogenannten Chroniknovellen,[5] die aus seiner späteren Schaffensperiode stammen und zu denen die folgenden gehören: *Aquis submersus, Eekenhof* und *Carsten Curator*.

Der Schimmelreiter

Storms Meisterwerk ist *Der Schimmelreiter* (1888), das den Kampf des Menschen gegen das Meer um das hinter dem Deich liegende Land schildert. Der Deichgraf Hauke baut gegen den Willen der Bauern einen neuen Damm, der später der Sturmflut trotzt, in der jedoch der alte Damm, der trotz Haukes Befehl nicht genügend ausgebessert wurde, bricht. Haukes Frau und Kind werden von der Flut ertränkt. Darauf reitet Hauke seinen Schimmel in die Wellen des Meeres. In der Phantasie des Volkes lebt der Schimmelreiter weiter, und beim Sturm erzählen sich die Alten in der Wirtsstube die spukhafte Geschichte.

Storms Lyrik

In der Lyrik Storms finden wir die gleichen Themen wie in der Prosa. In Stimmungsbildern malt er die norddeutsche Heimat wie in den folgenden beiden Gedichten:

Die Stadt

Am grauen Strand, am grauen Meer
Und seitab liegt die Stadt;
Der Nebel drückt die Dächer schwer,
Und durch die Stille braust das Meer
Eintönig um die Stadt.

Es rauscht kein Wald, es schlägt im Mai
Kein Vogel ohn' Unterlaß;
Die Wandergans mit hartem Schrei
Nur fliegt in Herbstesnacht vorbei,
Am Strande weht das Gras.

Doch hängt mein ganzes Herz an dir,
Du graue Stadt am Meer;
Der Jugend Zauber für und für
Ruht lächelnd doch auf dir, auf dir,
Du graue Stadt am Meer.

Meeresstrand

Ans Haff nun fliegt die Möwe,
Und Dämmrung bricht herein;
Über die feuchten Watten
Spiegelt der Abendschein.

Graues Geflügel huschet
Neben dem Wasser her;
Wie Träume liegen die Inseln
Im Nebel auf dem Meer.

Ich höre des gärenden Schlammes
Geheimnisvollen Ton,
Einsames Vogelrufen --
So war es immer schon.

Noch einmal schauert leise
Und schweiget dann der Wind;
Vernehmlich werden die Stimmen,
Die über der Tiefe sind.

---

[5] Die historische Erzählung ist eine alte Chronik, oder der Chronist berichtet die Ereignisse selbst. Durch diese Rahmentechnik wird der Eindruck gegeben, daß die Handlung wahr ist.

Wilhelm Raabes Romane

Aus Norddeutschland kommt auch Wilhelm Raabe (1831-1910), dessen Werk im Gegensatz zu Storms von einer Art pessimistischen Humors geprägt ist. Raabe wurde bei Holzminden (Braunschweig) geboren, lebte in Magdeburg und Berlin (Philosophiestudium) und wurde Schriftsteller in Stuttgart und Braunschweig. Die Philosophie Schopenhauers beeinflußt ihn stark. Er empfindet den Gegensatz zwischen Ideal und Wirklichkeit schmerzhaft, und pessimistisch sieht er wie in der Welt das Leid, die Unvollkommenheit und die Minderwertigkeit überhandnehmen. Das Gute findet keinen Lohn, das Böse keine Strafe, und der Tod vernichtet am Ende alle Hoffnung auf Erfolg und Besserung. Seinen ersten Roman *Die Chronik der Sperlingsgasse* schreibt Raabe, als ob er ein alter Mann wäre, der auf sein Leben zurückschaut. Sein Hauptwerk ist die Romantrilogie *Der Hungerpastor, Abu Telfau* und *Der Schüdderump*. Während die Trilogie hoffnungsvoll einsetzt, verdüstert sie sich mit dem zweiten und besonders dem dritten Roman immer mehr. Der Schüdderump ist der rumpelnde Pestkarren, der im Dreißigjährigen Krieg erbarmungslos alt und jung, arm und reich als Leichen in die Grube kippt. Alles Liebliche und Schöne in der Welt wird ruiniert. "Die Räder des Schüdderump lassen sich so wenig aufhalten, wie das Siechtum abgeschafft werden kann; denn die Gemeinheit der Menschen ist überall und jederzeit vorhanden." Die Bösen gewinnen den Sieg über die Guten, nur der Tod erscheint in der Welt des Unrechts als der große Befreier, vor dem auch das siegreiche Böse haltmachen muß. Mit dieser Trilogie überwindet Raabe den Tiefpunkt des Pessimismus. In seinen späteren Werken (*Stopfkuchen*) wird der Humor des Schriftstellers offensichtlicher.

Wilhelm Busch

Wilhelm Busch (1832-1908) ist nicht als Erzähler bekannt, sondern als Humorist und Zeichner. Er ist in Hannover zu Hause und bildet sich in München zum Maler und Zeichner aus. Dort wird er Mitarbeiter an den Fliegenden Blättern und den Münchner Bilderbogen, zwei bekannten humoristischen Zeitschriften. Seine meisten Werke sind Serien von Zeichnungen, die er mit Versen begleitet, ähnlich wie bei den heutigen Comics, als deren Vorläufer er betrachtet wird. Seine Verse zeichnen sich durch beißende Schärfe und grotesken Humor aus, mit dem er den Spießbürger, die Lüge, die Scheinheiligkeit und das Biedermeier-Idyll bekämpft. Am bekanntesten ist seine Lausejungengeschichte *Max und Moritz*, in der die beiden Missetäter nach einer Reihe von recht grausamen Streichen am Ende die gerechte Strafe erhalten. Als sie dem Bauern Mecke Löcher in die Getreidesäcke schneiden, werden sie erwischt und zur Mühle getragen:

> Max und Moritz wird es schwüle,
> Denn nun geht es nach der Mühle.
>
> "Meister Müller, he, heran!
> Mahl er das, so schnell er kann!"
>
> "Her damit!" Und in den Trichter
> Schüttet er die Bösewichter.
>
> Rickeracke! Rickeracke!
> Geht die Mühle mit Geknacke.

Die Mühle mahlt die Bösewichter in kleine Körner, die von den Enten des Müllers aufgefressen werden. Im Dorf atmet jeder auf:

> "Gott sei Dank! Nun ist's vorbei
> Mit der Übeltäterei !"

Andere bekannte, illustrierte Versgeschichten sind: *Die fromme Helene, Hans Huckebein* und *Fips der Affe*. Sie sind zum humoristischen Hausschatz des deutschen Volkes geworden.

Theodor Fontane

Theodor Fontane (1819-1898) wurde bekannt durch seine Berliner Gesellschaftsromane, in denen er uns das Berlin um 1870 und 1880 mit seinen Bürgern, Beamten und Offizieren zeigt. Seine besten Romane sind *Irrungen Wirrungen, Effie Briest* und *Stechlin*. In *Irrungen Wirrungen* wird es den beiden Liebenden schmerzlich klar, daß sie sich nicht heiraten können, weil der Standesunterschied unüberbrückbar ist. Der Offizier heiratet eine junge Dame aus der Berliner Gesellschaft, das arme Mädchen einen tüchtigen Mann aus dem Volk. Fontane schildert das tragische Geschehen still, ohne Pose und ohne Romantik.

Effie Briest zerbricht an den gesellschaftlichen Gesetzen. Sie heiratet, selbst fast noch ein Kind, den älteren Baron Instetten. Die Liebe zu einem jungen Offizier erheitert Effies Dasein kurz. Bald ist das Ereignis vorüber und vergessen. Als Instetten nach Jahren von Effies Liebe erfährt, tötet er den Offizier im Duell und läßt sich scheiden. Effie ist gesellschaftlich verfemt, verliert ihre Lebenskraft und stirbt, ausgestoßen und verlassen von Eltern und Mitmenschen. Obgleich für Fontane die Sittengesetze fragwürdig geworden sind, siegt dennoch die menschliche Ordung über den Einzelnen. "Ich habe das Leben immer genommen, wie ich's fand, und mich ihm unterworfen. Das heißt, nach außen hin: in meinem Gemüte nicht."

Friedrich Hebbel Pantragismus

Neben Otto Ludwig ist Friedrich Hebbel (1813-1863) der begabteste Dramatiker des Realismus. Er stammt aus armen Verhältnissen und hatte eine harte Jugend, studierte in Heidelberg und München und ließ sich 1845 in Wien nieder, wo er heiratete und seine Tragödien schrieb. Seine Ideen über das Drama hat Hebbel in zwei Aufsätzen (*Ein Wort über das Drama* und *Mein Wort über das Drama*) und in dem Vorwort zu *Maria Magdalena* niedergeschrieben. Das Drama soll den Lebensprozeß darstellen. Dieser wird besonders in Übergangsperioden oder geschichtlichen Wendepunkten deutlich, wo das Alte durch das Neue verdrängt wird. Das Neue wird immer herbeigeführt durch Individuen, die mit der Gemeinschaft oder anderen Individuen, die das Alte vertreten, in Konflikt geraten. Der Einzelne, der sich vom Ganzen absondert, wird schuldig, eben weil er als Einzelwesen existiert (Pantragismus = Alltragik, d.h. jede individuelle Willensregung bedingt tragische Schuld). Die Vertreter des Neuen erfüllen den Auftrag des Weltgeistes und setzen sich für den Fortschritt ein, aber sie glauben ihre eigenen Absichten zu verfolgen. Sie müssen ihre Schuld, die gerade in der Absonderung besteht, mit dem Untergang büßen. Die Tragik liegt nicht in einem moralischen Vergehen des Helden, sondern im Weltprozeß. Das Drama muß jedoch trotzdem die unausweichliche Notwendigkeit des Geschehens durch genaue Motivierung zeigen. In seinen Dramen befaßt sich Hebbel mit grundsätzlichen Problemen der Menschheit und zeigt "das Individuum im Kampf zwischen seinem persönlichen und dem allgemeinen Weltwillen", den Gegensatz des Individuums zur Gemeinschaft und des Mannes zur Frau.

Maria Magdalena

Eins von Hebbels ersten Dramen ist die Tragödie *Maria Magdalena*. Die Heldin ist ein gefallenes verlassenes Mädchen, das zum Opfer der starren bürgerlichen Sittenordnung wird. Das Stück ist ein bürgerliches Trauerspiel, aber anders als bei Schiller und Lessing geht die Tragik nicht hervor aus dem Standeskonflikt, sondern aus der bürgerlichen Sittlichkeit, "nicht aus dem Zusammenstoß der bürgerlichen Welt mit der vornehmen, ... sondern ganz einfach aus der bürgerlichen Welt selbst, aus ihrem zähen und in sich selbst begründeten Verharren auf den patriarchalischen Anschauungen und ihrer Unfähigkeit, sich in verwickelten Lagen zu helfen". Klara geht zugrunde am harten Konservatismus ihres Vaters und am Unverständnis des geliebten Mannes. Mit ihrem Tod fordert sie eine neue Zeit, die menschlichen Vergehen menschliches Verständnis entgegenbringen wird.

Herodes und Mariamne

Als sein Meisterwerk betrachtet Hebbel die Tragödie *Herodes und Mariamne*. Mann und Frau, beide große, leidenschaftliche Menschen, stehen im Konflikt und vernichten sich. Mariamne empört sich gegen den unmenschlichen Geist der Vergangenheit, der ihre Menschenwürde verletzt und verhilft ihrem Mann durch ihren Tod zu einer neuen, höheren Stufe der Menschlichkeit. Herodes, der Gewaltmensch, hat Mariamne geheiratet und will die Treue seiner Frau über seinen Tod hinaus erzwingen. Er gibt den Befehl, seine Frau zu töten, falls er in der Schlacht fallen würde. Mariamne würde ihm freiwillig in den Tod folgen, aber gegen den Zwang empört sich ihr weiblicher Stolz und ihre Menschenwürde. "Du hast in mir die Menschheit geschändet."

Doch ein Leben
Hat jedermann und keiner will das Leben
Sich nehmen lassen, als von Gott allein,
Der es gegeben hat! Solch einen Frevel
Verdammt das ganze menschliche Geschlecht,
Verdammt das Schicksal, das ihn zwar beginnen,
Doch nicht gelingen ließ, verdammst du selbst!
Und wenn der Mensch in mir so tief durch dich
Gekränkt ist, sprich, was soll das Weib empfinden,
Wie steh' ich jetzt zu dir und du zu mir?

Mariamne täuscht Herodes Untreue vor und wird daraufhin hingerichtet. Zu spät entdeckt Herodes, daß er "des tückischen Schicksals blindes Werkzeug war."

Der Konflikt zwischen Mann und Frau

In *Agnes Bernauer* unterliegt das Individuum dem Staat, der das höhere Recht besitzt. Agnes muß ihr Leben für das Wohl des Staates opfern und Herzog Albrecht sein persönliches Glück. Hebbel sagt, Agnes ist "das reinste Opfer, das der Notwendigkeit im Laufe aller Jahrhunderte gefallen ist". Auch in dem Stück *Gyges und sein Ring*, das sich durch seine schöne Sprache und vollendete Form besonders auszeichnet, steht der Konflikt zwischen Mann und Frau im Mittelpunkt. Auch hier hat der Mann die Menschenwürde der Frau schwer verletzt. In der Trilogie *Die Nibelungen* behandelt Hebbel den Stoff des *Nibelungenliedes*. Brunhild ist die tragische Heldin, Dietrich von Bern das Symbol für die Sittlichkeit einer zukünftigen Zeit.

NATURALISMUS
Philosophische Einflüsse

Das Streben zur Darstellung der Wirklichkeit findet gegen Ende des 19. Jahrhunderts einen Höhepunkt und zugleich das Ende in der neuen Kunstanschauung, die wir als Naturalismus bezeichnen. Diese Kunst wird stark beeinflußt von den wissenschaftlichen Theorien des Darwinismus und des Positivismus: dem Evolutionsgedanken, der Idee vom Kampf ums Dasein und der Überwindung des Schwächeren durch den Stärkeren, der Vererbungslehre und der genauen Beobachtung von Einzelheiten. Großen Einfluß auf die Literatur übt Taines Milieulehre aus, die das Individuum aus seiner Umwelt, seiner Rasse und seiner geschichtlichen Zeit erklärt. Diese Lehren führen zum Determinismus, zu der Einsicht, daß der Mensch durch äußere Einflüsse bestimmt wird, durch seine Erbmasse und sein Milieu, und daß ihm sein Wille und seine schöpferische Kraft abgesprochen werden. Hinzu kommt ein starkes Sozialgefühl. Angeregt durch die Schriften von Marx und Engels und die zunehmende Industrialisierung, besonders nach dem Sieg über Frankreich (1871), hatte sich der Sozialismus stark entwickelt und setzte sich immer mehr für das Großstadtproletariat ein. Besonders in Berlin und München begannen die jungen Schriftsteller die soziale Funktion der Literatur zu verfechten. Der Dichter hat die Aufgabe, der Welt die Augen für soziale Mißstände zu öffnen und diese zu beseitigen.

Das Vorbild von Zola, Ibsen, Dostojewski und Tolstoi

Der Naturalismus ist eine gesamteuropäische Bewegung; die maßgebenden Anstöße für die deutsche Dichtung kamen aus dem Ausland. Die französischen Romanschriftsteller Balzac und Flaubert analysierten bereits die gesellschaftlichen Mißstände, als der deutsche Roman noch von Gemüt und Verinnerlichung sprach. Emile Zola (1840-1902) gab dann mit seinem *Roman expérimental* (1880) das erste theoretische Manifest der naturalistischen Kunstlehre, in dem er die naturwissenschaftliche Einstellung des Künstlers fordert, d.h. objektive und vollständige Darstellung des menschlichen Lebens, das von seiner Herkunft und von seiner Umwelt kausal bedingt ist. Der Mensch ist das berechenbare Produkt dieser beiden Einflüsse. In seinen 20 Romanbänden schildert Zola in allen Einzelheiten das Elend in den Wohnkasernen der Arbeiterviertel, in den Industriebetrieben, den Großstadtkneipen, Bordells und Krankenhäusern. Der Skandinavier Henrik Ibsen (1828-1906) kämpft mit seinem analytischen Drang gegen die Lüge der bürgerlichen Gesellschaft und Moral. Leo Tolstois (1828-1910) und Fedor Dostojewskis (1821-1881) Romane mit ihren genauen psychologischen Motivierungen und detaillierten Beobachtungen werden den deutschen Schriftstellern ebenfalls zum Vorbild.

Das naturalistische Programm

In den zehn Jahren vor 1889 erscheinen eine Reihe von Aufsätzen und Manifesten, die die folgenden Hauptforderungen an den Schriftsteller stellen: Unbedingte Wahrheit in der Darstellung; objektive, unbeteiligte, passende Ausdrucksweise; genaues Beobachten des Details in der Sprache, z.B. Sprechen im Dialekt, Stammeln, Arbeitersprache usw.; Beachtung der Kausalität von Umwelt und Herkunft; psychologische Erhellung seelischer Vorgänge. Das Jahr 1889 brachte dann den Vorstoß von der Theorie zur Praxis mit der Gründung des Vereins "Freie Bühne", der nach Ibsens *Gespenstern* am 20. Oktober Gerhart Hauptmanns *Vor Sonnenaufgang* aufführte. Die Aufführung verursachte einen Theaterskandal. Noch im gleichen Jahr folgten Sudermanns *Die Ehre*, ebenfalls ein Erfolg, und Arno Holz' und Johannes Schlafs Prosastudien *Papa Hamlet*.

Der Sekundenstil

Papa Hamlet besteht aus mehreren Skizzen, die im "Sekundenstil" kleinste Bewegungen, Geräusche und Vorgänge, sozusagen von Sekunde zu Sekunde, wiedergeben. Ein Stück Leben wird präzis aus dem vierten Stock einer Berliner Mietskaserne und aus dem Künstlerbohéme herausgeschnitten. Für Holz hat die Kunst "die Tendenz, wieder Natur zu sein". In dem Drama *Familie Selicke* gibt Holz das Beispiel eines "konsequenten" naturalistischen Dramas: Keine Handlung geht vor sich, auf der Bühne wird der Tod eines armen Kindes dargestellt, an dessen Bett der betrunkene Vater tritt. Das Ganze dauert 80 Minuten und wird von Minute zu Minute peinlich genau und naturgetreu nachgezeichnet. Auf dramatische oder sprachliche Gesetze wird keine Rücksicht genommen.

Gerhart Hauptmanns Werke

Der eigentliche Künstler unter den Naturalisten, der ein überragend dichterisches Talent besitzt, ist Gerhart Hauptmann, (1862-1946) dem diese Bewegung in Deutschland ihre Beachtung verdankt. Ohne ihn würde sie wohl nur im Vorübergehen erwähnt werden. Hauptmann ragt über seine Zeitgenossen hinaus und erhebt auch besonders das Drama über den Naturalismus und führt es auf neue Gleise. Er wurde in Schlesien am Fuße des Riesengebirges geboren, studierte Kunst in Breslau und Naturwissenschaften in Jena und Zürich. Nach langer literarischer Tätigkeit erlebte er noch den Zusammenbruch Deutschlands im Zweiten Weltkrieg mit und starb in seiner Heimat zwei Tage vor der Ausweisung durch die polnischen Behörden. Sein Werk ist ungeheuer umfangreich, und wir nennen nur die wichtigsten Dramen und Erzählungen. Dramen: *Vor Sonnenaufgang* (1889), *Die Weber* (1892), *Der Biberpelz* (1893), eine der besten deutschen Komödien, *Hanneles Himmelfahrt* (1894), *Florian Geyer* (1896), *Die versunkene Glocke* (1897), *Fuhrmann Henschel* (1898), *Michael Kramer* (1900), *Rose Bernd* (1903), *Iphigenie in Delphi* (1941), *Iphigenie in Aulis* (1943), *Agamemnons Tod* und *Elektra* (1948). Prosa: *Bahnwärter Thiel* (1888), *Der Narr in Christo Emanuel Quint* (1910), *Der Ketzer von Soana* (1918), *Die Insel der großen Mutter* (1925).

Vor Sonnenaufgang

Hauptmanns erster Erfolg war sein Drama *Vor Sonnenaufgang*, in dem er das Milieu eines neureichen schlesischen Bauern schildert, der durch den Abbau von Kohle auf seinem Land wohlhabend geworden ist. Die Familie ist durch Alkoholgenuß und Sexualität sittlich völlig verkommen. Nur die Tochter Helene, die von den Herrenhutern erzogen worden ist, hat sich ihre Reinheit bewahrt, aber seit ihrer Rückkehr zur Familie nur durch die verzweifelte Ansammlung all ihrer Kräfte. Erlösung aus den elenden Verhältnissen scheint möglich, als Loth, ein junger sozialistischer Idealist ins Dorf kommt und ihr die Möglichkeit eines neuen Lebens eröffnet. Als er jedoch von den Familienverhältnissen unterrichtet wird, verläßt er Helene feige. Ihr bleibt nur der Freitod als einziger Ausweg aus der Verkommenheit. Sie stirbt vor Sonnenaufgang, gerade als ihr Vater betrunken das Haus betritt und mit "roher, näselnder Trinkerstimme" brüllt: "Hoa ich nee a poar hibsche Töchter!" (Hab ich nicht ein paar hübsche Töchter.)

Die Weber

Hauptmanns größter Erfolg war das Drama *Die Weber*, in dem er die Ereignisse des schlesischen Weberaufstandes von 1844 verarbeitet hat. Hier stellt er die Wirklichkeit ohne Pathos und Heldentum auf die Bühne, die gerade wegen der objektiven Darstellung so ungeheuer wuchtig und eindrucksvoll ist. Die Not ist der Held des Dramas, hat Hauptmann gesagt. Abgemagerte, kranke, verzweifelte Menschen werden brutal und rücksichtslos ausgebeutet und seelisch wie körperlich zu Grunde gerichtet. Als sich die Weber endlich gegen ihre Ausbeuter aufrichten, werden sie vom Militär zusammengeschossen. Gerade den Unschuldigen trifft die Kugel, den christlich gesinnten alten Mann, der die Gewalt abgelehnt hatte. Die Erschütterung, die das Drama hervorruft, spiegelt sich wider in dem Zyklus von Radierungen über *Die Weber*, die Käthe Kollwitz schuf.

Spätere Werke

Zu Hauptmanns naturalistischen Dramen gehören auch *Fuhrmann Henschel, Rose Bernd* und eine der besten Komödien in der deutschen Literatur *Der Biberpelz*. Hier werden nicht die Schuldigen, wie in Kleists Lustspiel *Der zerbrochne Krug*, sondern die Unschuldigen gerichtet. Mit *Hanneles Himmelfahrt, Die versunkene Glocke* und *Pippa tanzt* versetzt uns Hauptmann in eine romantische Traum- und Phantasiewelt und verläßt das erbärmliche Milieu des Naturalismus. Seine späteren Werke sind vielschichtig und nicht leicht zugänglich. Die Atriden-Tetralogie, die während des Zweiten Weltkrieges geschrieben wurde, enthält klassisches Gedankengut, spiegelt aber gleichzeitig auch das Barbarische, Chaotische des Kriegsgeschehens wider und ist voller Visionen von einem zusammenbrechenden Zeitalter. Unter seinem Prosawerk sind vor allem die Erzählungen *Bahnwärter Thiel* und *Der Ketzer von Soana* lesenswert.

Nach dem Naturalismus, der um die Jahrhundertwende abklingt, ist es schwierig, die deutsche Dichtung in bestimmte Bewegungen zu unterteilen. Mit Ausnahme des Expressionismus läßt sich kaum eine einheitliche Kunstrichtung mit Bestimmtheit festlegen.

STUDIENFRAGEN ZUM KAPITEL
DIE LITERATUR VON DER ROMANTIK BIS ZUM ERSTEN WELTKRIEG

Die Fülle der Literatur in diesem Jahrhundert macht es dem Studenten der Germanistik unmöglich, in einem oder zwei Semester alle Werke zu lesen. Sie sollten jedoch einige Hauptwerke lesen: Ein Drama von Büchner, Hebbel und Hauptmann, ein paar Novellen, Gedichte und einen Roman. Nur auf diese Weise können Sie Ihr Verständnis des Realismus und des Naturalismus vertiefen. Machen Sie sich eine Liste von den Werken, die Sie später lesen wollen.

1. Besprechen Sie die ideengeschichtlichen und politischen Ereignisse, die die Literatur während des 19. Jahrhunderts stark beeinflussen.
2. Was wissen Sie über Grillparzer und sein Schaffen?
3. Was interessiert Mörike besonders und worüber schreibt er?
4. Welche Impressionen gibt uns Mörike in seinem Gedicht *Septembermorgen*?
5. Welche Fragen stellt Lenau in seinem Gedicht *Frage*? Können Sie sich mit den Gedanken in diesem Gedicht identifizieren? Warum oder warum nicht? (Was ist ein Sonett?)
6. Was wissen Sie über das Leben und Schaffen von Droste-Hülshoff?
7. Womit befaßt sie sich in ihrer Novelle *Die Judenbuche*?
8. Warum kann man Büchner und Grabbe als Vorläufer des modernen Theaters bezeichnen?
9. Wen klagt Büchner in *Der Hessische Landbote* an und mit welchen Argumenten tut er das?
10. Erzählen Sie die Geschichte aus *Woyzeck* von dem Kind, das Geborgenheit und Liebe sucht. Was findet es nur statt dessen? Was will Büchner damit sagen?
11. Was bezwecken die Jungdeutschen mit ihren Werken?
12. Warum wird heute nicht mehr die erste Strophe von Fallerslebens *Lied der Deutschen* gesungen?
13. Welche drei Ideale preist Fallersleben in der dritten Strophe?
14. Besprechen Sie, was Sie über Heines Leben und seine Werke wissen.
15. Finden Sie, daß Heines zwei Gedichte, die wir zitieren, romantisch sind? Warum oder warum nicht?
16. Woher kommen die beiden Grenadiere in Heines Ballade, und wohin wollen sie gehen?
17. Was wünscht sich der eine Grenadier, falls er sterben sollte?
18. Welche Ideen drückt Heine in diesem Gedicht (*Die Grenadiere*) aus?
19. Was kritisiert Heine in dem Ausschnitt aus *Die Harzreise*? Welche Einzelheiten betont er? Wie kritisiert er, spöttisch, humorvoll, sarkastisch, scharf, objektiv? Erklären Sie Ihre Antwort.
20. Was beeinflußt das Weltbild des Realismus?
21. Wofür setzen sich Marx und Engels ein und was fordern sie?
22. Welche philosophischen und theologischen Gedanken beeinflussen die realistische Literatur?
23. Was ist Stifters literarisches Programm?
24. Was sind Stifters Hauptwerke und was behandelt er darin?
25. Was verstehen Sie unter dem Begriff Biedermeier? (Schauen Sie sich Bilder von Spitzweg an!)
26. Woher stammt Gotthelf? Was schreibt er? Was sind seine Ideen und Ideale?
27. Woher kommt Keller? Worüber macht er sich in seinen Novellen lustig? (Wie unterscheidet sich eine Novelle von einem Roman?)
28. Wie unterscheiden sich Meyers Novellen von Kellers und Gotthelfs?
29. Warum kann man Meyers Gedicht *Der römische Brunnen* als Dinggedicht bezeichnen? (Vergleichen Sie später dieses Gedicht mit Rilkes *Römische Fontäne*.)
30. Woher kommt Storm und worüber schreibt er?
31. Worüber schreibt Storm in seiner Novelle *Der Schimmelreiter*?
32. Interpretieren Sie die Gedichte *Die Stadt* und *Meeresstrand*. Wie unterscheiden sie sich z.B. von Eichendorffs oder anderen romantischen Gedichten? Warum bezeichnet man Storms Gedichte als realistisch und nicht romantisch?
33. Was schildert Raabe in seinen Romanen?
34. Warum bezeichnet man Busch als Humorist und Vorläufer der Comics? Was geschieht mit Max und Moritz am Ende und warum?
35. Wie kritisiert Fontane die damalige Gesellschaft in seinen Romanen?
36. Was versteht Hebbel unter Pantragismus? Wie werden seine Helden schuldig?

37. Was will Hebbel mit seinen Dramen *Maria Magdalena* und *Herodes und Mariamne* sagen?
38. Welche Ideen und welche ausländischen Schriftsteller beeinflussen den Naturalismus?
39. Besprechen sie, was das naturalistische Programm ist.
40. Was verstehen Sie unter Sekundenstil? Geben Sie ein Beispiel.
41. Was beabsichtigt Hauptmann mit seinen Dramen? Besprechen Sie das am Beispiel von *Vor Sonnenaufgang* und *Die Weber*.
42. Können Sie sich denken, wie es Hauptmann möglich war, unter den Nationalsozialisten weiter zu schreiben?

KAPITEL 17
DIE KLASSISCHE MUSIK IM DEUTSCHEN SPRACHRAUM

Worum geht es in diesem Kapitel?

Musik spielt eine wichtige Rolle im Leben eines jeden Menschen. Die deutsche Kultur hat eine große Anzahl von weltberühmten Komponisten hervorgebracht, deren Musik das Leben von Millionen in vielen Ländern bereichert hat. Bach und Händel sind bereits besprochen worden, und in diesem Kapitel behandeln wir das Leben und die Werke der großen deutschen Klassiker von Joseph Haydn bis Karlheinz Stockhausen. Jeder gebildete Mensch sollte wenigstens die bekanntesten Komponisten und einige ihrer Kompositionen kennen und schätzen.

Wie gehen wir vor?

1. Verschaffen Sie sich einen Gesamtüberblick über das ganze Kapitel. Sie werden sicher viele berühmte Namen und Werke schon gehört haben.
2. Lesen Sie die Abschnitte zu den einzelnen Komponisten, halten Sie nach jedem Komponisten inne und wiederholen Sie, was Sie gelesen und gelernt haben.
3. Machen Sie sich Notizen und fassen Sie am Ende des Kapitels alles zusammen. Sie prägen sich Einzelheiten viel besser ein, wenn Sie sie laut zusammenfassen.
4. Die Studienfragen am Ende des Kapitels helfen Ihnen beim Lernen.

Lernziele:

In diesem Kapitel lernen Sie,

1. warum Wien zunächst zum europäischen Musikzentrum wird.
2. die großen Werke von Haydn und Mozart kennen.
3. daß Beethoven trotz seines großen Leidens einer der größten Komponisten aller Zeiten ist.
4. Einzelheiten über die Werke der Romantiker (Schubert, Schumann, Mendelssohn und Weber).
5. daß Wagner ein großer Opernkomponist ist.
6. welchen Beitrag zur Musik Brahms, Bruckner, Mahler und Strauss geleistet haben.
7. etwas über die moderne Musik der Komponisten des 20. Jahrhunderts.

Die deutsche klassische Musik hat Weltruhm

Mit Johann Sebastian Bach und Friedrich Händel gelingt der deutschen Musik der Anschluß an die Weltbesten, auch wenn das im Falle Bachs damals noch nicht voll erkannt wurde. Sein Sohn Carl Philipp Emanuel galt als größerer Musiker als der Vater, aber das Urteil wurde nicht von den großen Meistern geteilt und hat sich heute grundlegend geändert. Mit den Wiener Klassikern übernimmt die deutsche Musik dann die Führung, die sie bis zum Anfang des 20. Jahrhunderts nicht wieder aufgibt.

Wien als Musikzentrum

Man fragt sich, warum Wien zur Hauptstadt des Musiklebens wurde, da doch kein einziger der großen Wiener Meister in dieser Stadt geboren wurde. Es ist wohl der volkstümlichen Kaiserin Maria Theresia zu verdanken, daß sie eine künstlerische Atmosphäre schuf, in der sich das Deutsche mit dem Tschechischen, Ungarischen, Polnischen, Kroatischen und Slowenischen verband und in der sich die Musik ganz besonders gut entwickeln konnte. Zu der vom Hofe geschaffenen Atmosphäre der Weltstadt tritt die entzückende Wiener Umgebung, die die Schöpferkraft der Meister anzuregen schien. Drei große Meister sind es, die den Ruf Wiens als Metropole der Musik begründen: Haydn, Mozart und Beethoven.

Franz Joseph Haydn

Franz Joseph Haydn (1732-1809) wurde im Burgenland südöstlich von Wien als Sohn eines Wagenbauers geboren, der musikalisches Talent besaß. Mit acht Jahren kam der Junge als Chorsänger an den Stephansdom nach Wien. Schon früh entwickelte sich sein Können; er spielte Instrumente, sang und komponierte. 1759 erhielt er die Musikdirektorstelle bei einem Grafen in Pilsen. Wie die meisten Künstler der damaligen Zeit, so war auch Haydn zeit seines Lebens auf Aufträge und Anstellungen bei Fürsten angewiesen, gehörte zur Dienerschaft und komponierte auf Wunsch seines Herrn für jede nur erdenkliche Gelegenheit. Da Haydn nun ein festes Gehalt hatte, heiratete er die Tochter eines Wiener Friseurs. Die Ehe, die 40 Jahre dauerte und kinderlos blieb, war unglücklich, denn seine Frau war herrschsüchtig und bigott und hatte kein Verständnis für Musik.

Haydns Erfolge in Eisenstadt

Im Jahre 1761 wurde Haydn vom Fürsten Eszterhazy nach Eisenstadt berufen und blieb bei ihm und seinen Nachfolgern bis ins Alter als Kapellmeister tätig. Ab 1790 hatte er ziemlich viel Freiheit und zog nach Wien. Zwei Konzertreisen nach England waren für ihn sehr erfolgreich, er wurde stürmisch gefeiert und von den Großen geehrt und verdiente mit seinen Kompositionen, hauptsächlich Symphonien und Streichquartetten, über 24 000 Gulden.[1] Nach seiner Rückkehr im Alter von 65 Jahren erreichte er den Höhepunkt seines Schaffens. Seine beiden großen Oratorien die *Schöpfung* und die *Jahreszeiten* wurden 1798 und 1801 aufgeführt. Aus dieser Zeit stammen auch seine sechs feierlichen Messen. Haydns Ansehen und Ruhm wuchsen ständig, und man besuchte das Schloß des Fürsten Eszterhazy, um Haydns Symphonien zu hören. Der Komponist starb wenige Tage nach dem Einrücken der Franzosen in Wien.

Haydn, der Vater der Symphonie und des Streichquartetts

Haydn wird als der Vater der Symphonie und des Streichquartetts bezeichnet. Er förderte den neuen Instrumentalstil, indem er verschiedenen Instrumenten des Orchesters neue Funktionen zuwies, wie beispielsweise den Blasinstrumenten, die selbstständig an der thematischen Bildung beteiligt wurden, eine Aufgabe, die bisher nur die Streicher hatten. Haydn entwickelte die Kunst, ein Thema in Motive zu zerlegen und das Thema immer erneut abzuwandeln. An dieser Abwandlung wurden alle Instrumente beteiligt.

Die Symphonien und Streichquartette

Im ganzen hat Haydn uns über hundert Symphonien, dazu Streichquartette und unzählige Gelegenheitskompositionen (Serenaden, Märsche und Einzelstücke) hinterlassen.[2] Einige Symphonien benannte er nach dem Aufführungsort wie die *Oxford Symphonie* und die *London Symphonie*, andere nach besonderen Ereignissen. Bei der Uraufführung einer Symphonie stürzte z.B. der Kronleuchter in den Saal, und da niemand verletzt wurde, nannte er diese Komposition *Le Miracle*. Die *Abschiedssymphonie* entstand auf dem Sommersitz des Fürsten Eszterhazy. Die Musiker wollten an den Ort des Stammschlosses zurückkehren, wo ihre Familien wohnten, aber der Fürst wollte noch bleiben. Da schrieb Haydn die Symphonie, in deren letzten Satz ein Musiker nach dem andern Instrument und Noten einpackt und davongeht. Zum Schluß spielt nur noch die erste Geige. Der Fürst soll den Wink verstanden haben. Die *Symphonie mit dem Paukenschlag* hat im Andante Satz ein einschläferndes Pianissimo-Motiv, das plötzlich mit einem Paukenschlag und dem ganzen Orchester unterbrochen wird. Es wird gesagt, daß Haydn auf diese Weise seine einschlafenden Zuhörer aufwecken wollte.

Unter Haydns 83 Streichquartetten sind die Quartettreihen op. 64, zu dem das *Lerchenquartett*, op. 74, zu dem das *Reiterquartett* und op. 76, zu dem das *Kaiserquartett* gehört, besonders beliebt. Das Streichquartett entstand, weil viele Fürsten sich kein volles Orchester leisten konnten. Zunächst experimentierte man mit Kombinationen von verschiedenen Soloinstrumenten, die die Gesangstimmen von Sopran, Alt, Tenor und Baß

---

[1]   Nach Eckfeldts und DuBois *Manual of Gold and Silver Coins* (1842) entsprach ein Gulden etwa einem halben Dollar.

[2]   1797 komponierte Haydn die Kaiserhymne *Gott erhalte Franz den Kaiser*, die mit verschiedenen Texten bis 1946 Österreichs Nationalhymne war. Die Musik wurde ebenfalls für Hoffmann von Fallerslebens Text *Lied der Deutschen* verwendet, der 1922 deutsche Nationalhymne wurde.

übernehmen konnten, bis man allmählich auf zwei Violinen, Bratsche und Violoncello verfiel. Die vier Stimmen bewegen sich selbständig und doch in völliger Harmonie miteinander. Die musikalische Idee "ist auf ihre wesentlichsten und notwendigsten Bestandteile, die vier Stimmen, beschränkt". (von Weber) Die Kunst des Streichquartetts wurde von Beethoven, Schubert, Schumann, Brahms und Reger weiter entwickelt.

Wolfgang Amadeus Mozart

Während Haydn langsam, erst nach vielen Jahren und umfangreichem Schaffen, berühmt wurde, erschien Wolfgang Amadeus Mozart (1756-1791) plötzlich wie ein Komet am Himmel der Musik, leuchtete für kurze Zeit hell auf und versank in bitterer Armut. Mozart wurde in Salzburg geboren und zusammen mit seiner Schwester "Nannerl", die er sein ganzes Leben lang herzlich liebte, vom Vater im Musikunterricht unterwiesen. Der Vater, Leopold Mozart, war Hofkomponist beim Bischof in Salzburg und selbst ein bedeutender Musiker. Mozart zeigte sehr früh seine musikalische Begabung und sein ausgezeichnetes Gedächtnis.

Die Konzertreisen des Wunderkindes

Der Vater nutzte die Begabung seiner Kinder zum finanziellen Vorteil aus und schleppte sie auf langen Konzertreisen durch Europa, wo das "Wunderkind" vor der Welt spielte und Geld einbrachte. Sicher hat Mozart auf diesen Reisen auch viel gelernt, aber hier wird sich das Kind wohl auch die Krankheit zugezogen haben, die seinem Leben allzu früh ein Ende setzte. Die Reisen führten den jungen Mozart durch die meisten Städte Westeuropas und vor die Großen der damaligen Zeit. Auf der ersten langen Konzertreise, die drei Jahre dauerte (1763-66) und dem jungen Künstler großen Ruhm brachte, komponierte er seine ersten Symphonien, Sonaten und Konzertstücke. Als Fünfzehnjähriger wurde er in Salzburg zum Konzertmeister ernannt und fuhr im nächsten Jahr nach Italien, wo er Unterricht nahm und mit Meistern der damaligen Zeit in Kontakt kam. In Rom erregte er Aufsehen, als er ein Stück, das er in der Sixtinischen Kapelle gehört hatte, aus dem Gedächtnis aufschrieb. Der Papst verlieh ihm den Orden vom goldenen Sporn. In Mailand wurde eine seiner frühen Opern (*Mitridate, re di Ponto*) wiederholt mit Erfolg aufgeführt. Auch in den folgenden Jahren, die er in Salzburg oder auf Reisen verbrachte, komponierte er Opern sowie Messen, Klavierkonzerte, Serenaden, Symphonien und 5 Violinkonzerte (Mozart war ein ausgezeichneter Violinist). Trotz seiner großen Erfolge erhielt er keine Stellung, die ihm den Lebensunterhalt ermöglichte, so daß er schließlich (1777) Salzburg verließ, als er mit seinem Herrn, dem Erzbischof, in Streit geriet.

Mozarts große Kompositionen

Eine lange Reise führte ihn nach Paris, brachte aber nicht den gewünschten Erfolg, denn der Zweiundzwanzigjährige war kein Wunderkind mehr. Der Tod seiner Mutter und eine unglückliche Liebe trafen ihn schwer. Er kehrte 1779 nach Salzburg zurück und schrieb eine Reihe von Meisterstücken. Schließlich entzweite er sich ganz mit dem Erzbischof, der ihn beleidigend behandelte, und wurde entlassen. Er ging als freier Künstler nach Wien, heiratete dort und lebte von nun an in schwierigen wirtschaftlichen Verhältnissen. Er erwarb sich seinen Unterhalt mit Unterricht (eine kurze Zeit war Beethoven sein Schüler) und Kompositionen, die er verkaufte. Mit Haydn verband ihn eine innige Freundschaft. Mozarts Opern *Figaros Hochzeit* und *Don Giovanni* wurden mit Erfolg in Wien und Prag[3] aufgeführt. 1788 entstanden innerhalb von sechs Wochen seine letzten drei großen Symphonien, darunter die *Jupiter Symphonie* (C-dur). Seine Oper *Die Zauberflöte* komponierte Mozart in seinem letzten Lebensjahr, wie auch das unvollendet gebliebene *Requiem*, das er als seine eigene Totenmesse schrieb. Als er mit 35 Jahren, viel zu früh, offenbar verarmt und kaum beachtet starb, wurde er in einem Armengrab beigesetzt, das nicht bezeichnet wurde, so daß man nicht weiß, wo er ruht. Aber obgleich seine sterblichen Überreste verschollen sind und man über ihnen keinen Gedenkstein errichten kann, ist sein musikalisches Werk, das aus einer Fülle von über 600 Kompositionen besteht, ein lebendiges Denkmal, das nie in Vergessenheit geraten wird.

---

[3] In seiner entzückenden Novelle *Mozart auf der Reise nach Prag* bringt uns Eduard Mörike den Künstler während dieser Schaffensperiode nahe.

Mozarts schöpferisches Genie

Das harte Leben, die drückende Armut, die frühe Krankheit und das Wissen um den baldigen Tod haben Mozart in seinem Schaffen nicht hindern können, ja es scheint, daß gerade all diese widerwärtigen Umstände ihn immer wieder zum Komponieren angetrieben haben. Wir stehen mit Staunen vor einem ungewöhnlich begabten Menschen, der ganz in der Musik lebte, in dessen Kopf Melodie auf Melodie entstand, die er dann oft völlig fertig niederschrieb. Die Barocktradition, die italienische Musik und die Werke Bachs und Händels haben sein Schaffen stark beeinflußt. Das anfänglich Graziöse, rokokohaft Beschwingte seiner Musik verlor sich später und machte einer ernsteren Innerlichkeit, einer momentanen Melancholie und geheimnisvollen Mystik Platz. Sein *Don Giovanni* wird neben Goethes *Faust* als eines der größten Bühnenwerke der deutschen Kultur angesehen, das unausschöpflich ist in seiner symbolischen Bedeutung. Die *Zauberflöte* wird zum Vorbild der romantischen Oper. Es ist ein Singspiel mit humanitären, sittlichen Grundideen. Licht und Dunkel, Ideal und niedrige Wirklichkeit sind Daseinsbereiche, zwischen denen das edle Liebespaar hindurchgehen muß, bis es nach verschiedenen Prüfungen geläutert vereint wird. Die gemeinen Menschen verbleiben dagegen auf der Stufe des Naturhaft-Sinnlichen. Die Opern *Zauberflöte* und *Don Giovanni*, die Klavierkonzerte, die Kammermusik, die letzten Symphonien und das *Requiem* zählen zu seinen bedeutendsten Kompositionen.

Ludwig van Beethovens Leben

Der dritte der großen Wiener Klassiker, der sowohl Mozarts als auch Haydns Schüler war und wie diese von Bach und Händel beeinflußt wurde, war Ludwig van Beethoven (1770-1827). Seine Vorfahren waren zum Teil Musiker: Sein Großvater Hofkapellmeister in Bonn, sein Vater Musiker in der Hofkapelle. Der Vater war oft roh und dem Trunk verfallen und leitete die musikalische Erziehung des Sohnes ziemlich unordentlich und streng. Er wollte aus dem Sohn ein Wunderkind wie Mozart machen. Schon mit 12 Jahren wurde Ludwig Mitglied der kurfürstlichen Hofkapelle. Sein ungewöhnliches Talent entwickelte er zum großen Teil selbst durch eifriges Üben und Spielen in der Kapelle. Nach dem Tode seiner Mutter, die Beethoven überaus liebte, übernahm er die Fürsorge für die zwei jüngeren Brüder, da der Vater dazu nicht imstande war. In diesen Jahren schrieb Beethoven seine ersten Kompositionen und entwickelte sich zu einem hervorragenden Pianisten. Im Jahre 1792 fuhr er nach Wien, um sich dort weiter zu bilden und sein Glück zu finden. Er trat in den Salons und Konzertsälen der Donaustadt mit Erfolg auf und verkehrte in mehreren adeligen Familien, die seinen Genius anerkannten und förderten. Leider machte der strenge Standesunterschied echte menschliche Beziehungen wie Heirat unmöglich. Im Burgtheater gab er u.a. ein öffentliches Benefizkonzert für die Witwe Mozarts. Seinen Lebensunterhalt bestritt er mit Konzerten und mit Kompositionen, die Adelige bei ihm in Auftrag gaben und die er seinen Gönnern widmete. Seit er Bonn verlassen hatte, nahm Beethoven keine Stelle mehr an, sondern lebte als freier Künstler, der erste bedeutende Musiker, dem das erfolgreich gelang. Er wurde für seine Kompositionen gut bezahlt (z.B. erhielt er für sein letztes Streichquartett op. 135 die Summe von 1000 Gulden vom Wiener Tuchhändler Wolfmayer) und erhielt seit 1808 vom Erzherzog Rudolf, Fürst Lichnowsky und Fürst Kunsky ein jährliches Gehalt von 4000 Gulden mit der einzigen Bedingung, daß er seinen ständigen Wohnsitz in Wien beibehalten würde.

Beethovens Taubheit

Von tiefer Tragik war für Beethoven ein Gehörleiden, das bereits um 1795 begann, sich immer weiter verschlimmerte, 1808 zu starker Schwerhörigkeit und ab 1819 zu völliger Taubheit führte. Zuerst suchte Beethoven das Leiden zu verbergen, aber als das nicht mehr möglich war und er das Konzertieren aufgeben mußte, zog er sich aus der Öffentlichkeit zurück und entwickelte sich zu einem einsamen Sonderling. Wie sehr ihn die Schwerhörigkeit bedrückte, aber auch wie sehr er gewillt war, sein Schicksal zu meistern, bezeugt das *Heiligenstädter Testament*, das er 1802 als Abschiedsbrief an seine Brüder schrieb:

> O ihr Menschen, die ihr mich für feindselig, störrisch oder misanthropisch haltet oder erklärt, wie unrecht tut ihr mir! Ihr wißt nicht die geheime Ursache von dem, was euch so scheint. Mein Herz und mein Sinn waren von Kindheit an für das Gefühl des Wohlwollens. Aber bedenkt nur, daß seit sechs Jahren ein heilloser Zustand mich befallen, durch unvernünftige Ärzte verschlimmert. ... Wollte ich auch zuweilen mich einmal über alles das hinaussetzen, o wie hart wurde ich durch die verdoppelte traurige Erfahrung meines schlechten Gehörs dann zurückgestoßen, und doch war's mir nicht möglich, den Menschen zu sagen: sprecht lauter, schreit, denn ich bin taub. Ach, wie wäre es möglich, daß ich die Schwäche eines Sinnes zugeben sollte, der bei mir in einem

vollkommenern Grade als bei andern sein sollte, einen Sinn, den ich einst in der größten Vollkommenheit besaß, in einer Vollkommenheit, wie ihn wenige von meinem Fache gewiß haben noch gehabt haben. -- O, ich kann es nicht. Darum verzeiht, wenn ihr mich da zurückweichen sehen werdet, wo ich mich gerne unter euch mischte. Doppelt weh tut mir mein Unglück, indem ich dabei verkannt werden muß. Für mich darf Erholung in menschlicher Gesellschaft nicht stattfinden. Nur soviel, als die höchste Notwendigkeit fordert, darf ich mich in Gesellschaft einlassen. Wie ein Verbannter muß ich leben. Nahe ich mich einer Gesellschaft, indem ich fürchte, in Gefahr gesetzt zu werden meinen Zustand merken zu lassen. ... welche Demütigung, wenn jemand neben mir stand und von weitem eine Flöte hörte und ich nichts hörte, oder jemand den Hirten singen hörte und ich auch nichts hörte. Solche Ereignisse brachten mich nahe an Verzweiflung: es fehlte wenig, und ich endigte selbst mein Leben. -- Nur sie, die Kunst, sie hielt mich zurück. Ach, es dünkte mir unmöglich, die Welt eher zu verlassen, bis ich das alles hervorgebracht, wozu ich mich aufgelegt fühlte, ...

Beethovens Tod

In den letzten zwei Jahren wurde Beethoven für Krankheiten anfälliger und starb schließlich an einer Lungenentzündung am 26. März 1827. Seiner Beisetzung wohnten Tausende bei, die einem Fackelzug zum Friedhof folgten. Die Großen und Kleinen ehrten Beethoven auf seinem letzten Gang, Franz Schubert war unter den Fackelträgern, Grillparzer verfaßte die Grabrede, die der Schauspieler Anschütz verlas. Welch ein Gegensatz zu Mozarts Begräbnis! Bei dessen Totenmesse waren nur seine Frau und ein paar Freunde anwesend und niemand -- nur die Totengräber -- hatten seiner Beerdigung beigewohnt.

Beethovens dynamisches Schaffen

Im Gegensatz zu Mozart, und besonders zu Haydn, war Beethoven Revolutionär, Republikaner, der die Freiheit leidenschaftlich liebte und sich seine Unabhängigkeit immer bewahrte. "Wahrheit nie, auch am Throne nicht verleugnen," ist ein Ausspruch, der sein ganzes Leben durchwaltet und ihn markant charakterisiert. Sein Idealismus ist dem des Dichters Schiller am besten vergleichbar. Wie Haydn und Mozart ist Beethoven ein Höhepunkt in der Musikgeschichte. Im Mittelpunkt seines Schaffens stehen die großen Instrumentalwerke, für die die kontrastierenden, scheinbar miteinander kämpfenden Themen sowie die dadurch hervorgerufene unerhörte Dynamik bezeichnend sind. Diese Entwicklung des dialektischen Stils in der Musik ist von Haydn über Mozart auf Beethoven zu verfolgen, aber im Gegensatz zu diesen beiden Meistern, ließ Beethoven seine Kompositionen länger ausreifen und sagte sich von der Massenproduktion seiner Vorgänger los. Während Haydn z.B. 83 Streichquartette und über 100 Symphonien schrieb (Mozart rund 50 Symphonien), komponierte Beethoven 16 Streichquartette und 9 Symphonien.

Beethovens 3. Symphonie - Die *Eroica*

Ein Höhepunkt in Beethovens Schaffen ist die *Eroica Symphonie* (Nr. 3, op. 55), die 1803 entstand und die er seinem Idol Napoleon widmete, den er als Retter und Befreier der Menschheit verehrte. Als Napoleon sich jedoch zum Kaiser krönen ließ und sich als Autokrat entpuppte, zerriß Beethoven die Widmung furchtbar enttäuscht und erkannte, daß er nur ein Mensch wie andere auch war, der die Menschenrechte mit den Füßen zertrat und seine eigensüchtigen, ehrgeizigen Pläne verfolgte. So interpretieren wir denn die *Eroica* als Selbstzeugnis des heroischen Beethoven, der sich im ersten Satz gegen das Schicksal aufbäumt und im zweiten Satz, der in der Form eines Beerdigungsmarsches gefaßt ist, seine völlige Verzweiflung ausdrückt. Im dritten Satz kommt der Lebenswille, die schöpferische Energie in dem Scherzo zum Ausdruck, während der letzte Satz die Befreiung bringt, das Thema, das an den griechischen Helden Prometheus erinnert, der den Göttern widerstand und sich im Dienst für die Menschheit aufopferte. Auch die berühmte *Fünfte Symphonie* und das 4. und 5. Klavierkonzert sowie seine einzige Oper, *Fidelio*, das Loblied auf die Freiheit, die Tapferkeit und Treue einer liebenden Frau, setzen das Thema der *Eroica*, Heldentum, fort. Zu seinen ersten großen Werken gehören der Zyklus der 32 Klaviersonaten, zu seinen letzten die großartige *Neunte Symphonie*, die *Missa solemnis* und die letzten Streichquartette.

Die 9. Symphonie

Die 9. Symphonie endet im letzten Satz mit dem Gesang des Chors und der Solisten, für den Beethoven nach langem Suchen die Worte in Schillers Ode *An die Freude* fand:

Freude, schöner Götterfunken,
Tochter aus Elysium,
Wir betreten feuertrunken,
Himmlische, dein Heiligtum.
Deine Zauber binden wieder
Was die Mode streng geteilt;
Alle Menschen werden Brüder,
Wo dein sanfter Flügel weilt.

Seid umschlungen, Millionen!
Diesen Kuß der ganzen Welt!
Brüder -- Überm Sternenzelt
Muß ein lieber Vater wohnen.
Wem der große Wurf gelungen,
Eines Freundes Freund zu sein;
Wer ein holdes Weib errungen,
Mische seinen Jubel ein!
Ja -- wer auch nur eine Seele
Sein nennt auf dem Erdenrund!
Und wers nie gekonnt, der stehle
Weinend sich aus diesem Bund!

Hier beschwört der taube, leidgeprüfte Beethoven, für den es auf dieser Welt kaum noch Freude gab, in Jubelchören eine Welt der Freude herauf, wobei es kaum in der Möglichkeit der Instrumente und Menschenstimmen liegt, den Jubel, die überwältigende Erhabenheit des Gefühls, die der Komponist in Noten niederschreibt, in Musik auszudrücken. Die kunstvolle Verflechtung der Solo- und Chorstimmen und der Instrumente symbolisiert die Verbrüderung aller Menschen. Dieser letzte Satz der *Neunten Symphonie* steht wahrhaftig einzig in der Geschichte der deutschen Musik da.

Die Leistung der Großen

Es ist nicht möglich, die Leistung Beethovens, Mozarts oder Haydns in wenigen Paragraphen ausführlich und gebührend zu behandeln. Der Leser muß sich selbst mit diesen Titanen befassen und sich ihre Werke im Konzertsaal oder auf der CD anhören. Erst dann wird ihm die erhabene Schönheit und Großartigkeit der Musik dieser Meister offenbar, die natürlich das trockene Wort nicht vermitteln kann. Es kann nur zum Hören anregen und einen kurzen Überblick geben über die Hauptstationen im Leben und Schaffen dieser Komponisten.

Von Beethoven zu den Romantikern

Von Beethoven führt der Weg direkt zu den Romantikern, zu Richard Wagner und Johannes Brahms und über diese zu den modernen Komponisten. Beethoven steht am Anfang der modernen Musik und die Epoche, die mit ihm begann, ist vielleicht immer noch nicht zu Ende. Besonders das Subjektive, Elementare, die persönlichen Leidenschaften, die oft heftig erregt ausgedrückt werden, die Spannungen, die äußere Grenzen sprengen, leiten zur romantischen Musik Schuberts, Schumanns und Mendelssohns hinüber.

Franz Schuberts schöpferisches Genie

Franz Schubert (1797-1828) starb ein Jahr nach Beethovens Tod, war jedoch 27 Jahre jünger als dieser und wurde nur 32 Jahre alt. Wie Mozart wurde er früh aus dem Leben gerissen, und man fragt sich, was beide noch geleistet hätten, wären sie 70 oder 80 Jahre alt geworden. Schubert war ein musikalisches Genie ersten Ranges, dem das Notenschreiben wichtiger war als das Essen und Trinken. Wir wissen nicht, ob er wie Mozart immer einige fertige Melodien in sich herumtrug, aber es ist bekannt, daß das Lesen eines Gedichts, ein poetischer Ausspruch oder ein wohlklingender Wortlaut seine Phantasie oft sofort anregte, Noten aufzuschreiben. Die unerschöpfliche Fülle seiner Melodien ist bewundernswert wie auch die Vielfalt der Gefühle, die er in seiner Musik ausdrückt: Leid, Freude, Erwartung, Verzagen, Sehnsucht, Hoffnung, Verzweiflung und Liebe.

Schuberts Leben und Schaffen - Seine Lieder

Schubert wurde bei Wien geboren und entwickelte sein frühes musikalisches Talent im Musikunterricht und als Chorknabe in der Metropole. Eine feste Anstellung bekam er nicht, sondern verbrachte seine Tage mit Komponieren am Schreibtisch und im Umgang mit Freunden im Wirtshaus, im Café oder auf Wanderungen in der Umgebung Wiens. Im Mittelpunkt seines Schaffens stehen seine Lieder, von denen uns etwa 600 erhalten sind. Bereits dem 17jährigen gelingt ein so schönes Lied wie *Gretchen am Spinnrad*. Mit 18 Jahren komponiert er Goethes *Erlkönig*. Er erlaubt sich weit größere, künstlerische Freiheit im Gestalten als andere Komponisten vor ihm, aber seine Gestaltungsweise wird vorbildlich für Schumann, Liszt, Mendelssohn, Brahms und Richard Strauss. Er sprengt die traditionelle Liedform, um alle seelischen Nuancen und Tönungen ausdrücken zu können. "Insbesondere bei Schubert ist der wahre Ausdruck, die tiefste Empfindung schon in der Melodie als solcher gelegen und durch die Begleitung trefflich gehoben. Alles, was den Fluß der Melodie hemmt und die gleichmäßig fortlaufende Begleitung stört, ist daher der Absicht des Tonsetzers gerade zuwiderlaufend und hebt die musikalische Wirkung auf." (Sonnleithner) Unter seinen Liedern befinden sich etwa 80 Vertonungen von Goethes Gedichten. Die beiden lyrischen Liederzyklen heißen *Die schöne Müllerin* und *Winterreise*. Außer den 600 Liedern komponierte Schubert rund 400 andere Werke, darunter etwa 20 Klaviersonaten (besonders schön die Sonaten in A-moll und in B-dur), Streichquartette, Tänze, Opern und Symphonien, von denen die in C-dur und die in H-moll, *Die Unvollendete*, besonders berühmt sind. Wir empfinden Schuberts Tod -- er starb an einer Typhusinfektion -- als tragisch, weil der Künstler mitten aus seinem Schaffen herausgerissen wurde und sein Lebenswerk nicht beenden konnte.

Felix Mendelssohn-Bartholdy

Felix Mendelssohn-Bartholdy[4] (1809-1847) wurde wie Franz Schubert und Robert Schumann ebenfalls nicht alt. Seine Eltern waren wohlhabende Berliner Bürger, in deren Haus alles verkehrte, was Rang und Namen hatte. Vielleicht ist der Wohlstand dafür verantwortlich, daß Mendelssohn zu weich und empfindsam war, so daß sich sein Genie nicht recht entwickeln konnte. Es ist eine romantische Vorstellung, daß der Künstler leiden muß, wenn aus ihm etwas Großes werden soll, und wenn wir das glauben wollen, so könnte es bei dem Romantiker Mendelssohn zutreffen, daß seine Seichtigkeit daher stammt, weil er nie Not litt. In den Jahrzehnten seit seinem Tod ist sein Andenken immer mehr verblaßt, blüht jedoch in den letzten Jahren wieder auf. Seine beliebtesten Werke, *Die Schottische Symphonie, Die Italienische Symphonie* sein Violinkonzert und die *Sommernachtstraum Ouvertüre*, werden häufig aufgeführt. Eines seiner großen Verdienste ist die Wiedererweckung der Musik Bachs, die er mit der Aufführung der *Matthäuspassion* erreichte. In Leipzig wurde Mendelssohn Leiter der Gewandhauskonzerte, und dort erhielt durch ihn das Konzertinstitut ein großes Ansehen und wurde zu einem Mittelpunkt des deutschen Musiklebens. Auch das Leipziger Konservatorium entwickelte sich mit Mendelssohns Unterstützung zu einer der besten Musikschulen Europas.

Robert und Clara Schumann

Robert Schumann (1810-1856) wurde in Zwickau (Sachsen) geboren und sollte Jurist werden. Seiner Virtuosenlaufbahn als Klaviersolist setzte er selbst unbeabsichtigt ein Ende, indem er den vierten Finger, den er stärken wollte an einer Schlinge über dem Instrument mechanisch heraufziehen ließ und sich dadurch eine Sehnenentzündung zuzog. Nun mußte er sich aufs Komponieren verlegen und entwickelte sich zu einem bedeutenden Musikschriftsteller. In Leipzig nahm er Unterricht bei dem Klavierpädagogen Wieck, in dessen Tochter Clara er sich verliebte, die er 1840 gegen den Willen des Vaters heiratete und die ihn sehr glücklich machte. Clara war eine hervorragende Pianistin und errang weit verbreiteten Ruhm auf Konzertreisen mit Robert Schumann und nach seinem Tode als Klavierlehrerin. Mit seiner eigenen Musikzeitschrift *Neue Zeitschrift für Musik* machte Schumann Musikgeschichte und setzte sich für Chopin, Brahms und andere Meister ein. Durch die Aufsätze in der

---

4   Er ist der Enkel von Lessings Freund und Mitarbeiter Moses Mendelssohn.

Zeitschrift wurde er zu einem Kunstkritiker von europäischem Rang. Unter anderem veröffentlichte er auch die Partitur von Schuberts C-dur Symphonie, die Schumann unter verstaubten Notenstößen im Nachlaß bei Schuberts Bruder in Wien entdeckt hatte. Bereits nach 1833 machte sich bei Schumann ein Gemütsleiden bemerkbar, das später in Wahnideen und Halluzinationen ausartete. 1854 stürzte er sich von einer Rheinbrücke in das eiskalte Wasser des Flusses, wurde jedoch gerettet und starb nach zweijährigem Aufenthalt in einem Sanatorium bei Bonn.

Schumanns Sonaten und Lieder

Am berühmtesten sind Schumanns Klavier- und Violinsonaten. Seine Klaviersätze (das Klavierkonzert in A-moll ist wohl das schönste) schrieb der Komponist zum größten Teil für Clara, die sie mit Erfolg vortrug. Seine Lieder und Liederkreise (Vertonung von Heines, Eichendorffs, Chamissos und Schillers Gedichten; auch spanische Liebeslieder) mit der Poesie vom Mondenglanz, von Blumen, Tau und Blüten gehören zu den schönsten Liedern der deutschen Musikliteratur und sind denen Schuberts ebenbürtig. Die Opern, Oratorien und Symphonien sind dem Laien weniger bekannt. Wenn man den Romantiker Schumann in wenigen Augenblicken erleben will, so muß man sich seine *Träumerei* anhören, die alles Charakteristische dieses Komponisten enthält. Tragisch an Schumanns Schicksal ist, daß ein so jubelnd begonnener Eroberungszug, eine so jugendliche Verheißung im Wahnsinn enden mußte.

Carl Maria von Webers Oper *Der Freischütz*

Wichtig für die Entwicklung der romantischen und der deutschen Nationaloper ist Carl Maria von Webers (1786-1826) Oper *Der Freischütz*, die 1821 in Berlin uraufgeführt wurde. Die Jugend, die tief enttäuscht aus den Freiheitskriegen gegen Napoleon zurückgekehrt war, nahm diese Oper so begeistert auf, daß die Aufführung zum größten Ereignis der deutschen Opernbühne zwischen Mozart und Wagner wurde.

Gutes und Böses treten sich hier gegenüber. Der Jäger Casper verbündet sich in der schauerlichen Wolfsschlucht mit dem schwarzen Jäger Samiel, um die Tochter des Försters zu gewinnen und seinen Rivalen auszuschalten. Am Ende siegt das Gute. Mit der Musik als Symbolsprache charakterisiert Weber das Geschehen und die Personen: der sonnige Tag im Wald wird durch die Waldhörner symbolisiert, die geisterhafte Schlucht und der schwarze Jäger durch Fis-moll Klänge. Der Wald spielt eine große Rolle in der Oper und im Gemüt der Deutschen, die ihn lieben mit seiner Abenteuerlichkeit und seiner unheimlich mysteriösen Atmosphäre. Der Wald, der Held und die Heldin, sprachen sofort an und der *Jungfernkranz*, der *Jägerchor*, sowie mehrere Arien wurden schnell volkstümlich. Mit dem *Freischütz* war die italienische Oper in Deutschland endgültig überwunden.

Richard Wagner

Die Linie der deutschen Operngeschichte verläuft von Christoph Willibald Gluck (1714-1787), der die Oper reformierte und die ältere italienische Richtung überwand, über Mozart, Weber zu Richard Wagner (1813-1883). Letzterer wuchs in Dresden auf und wollte zunächst Schriftsteller werden, erhielt jedoch gründlichen Musikunterricht und studierte Musik an der Universität Leipzig. In seinen Jugendjahren komponierte er und erhielt mehrere kurze Anstellungen am Theater. 1836 heiratete er die Schauspielerin Minna Planer, von der er sich jedoch 1861 scheiden ließ. Nach dreijährigem Aufenthalt in Paris feierte er seine ersten Erfolge mit den Opern *Rienzi* und *Der fliegende Holländer* und wurde an der Dresdener Oper zum Kapellmeister ernannt. Hier gelangte er als Dirigent zu Ansehen und hier schrieb er seine Opern *Tannhäuser* und *Lohengrin*. Da er sich an den Aufständen von 1848 beteiligt hatte, mußte er aus Sachsen fliehen und blieb bis 1858 in der Schweiz.

Bayreuth

Es folgten Reisen durch Europa, 1864 die Einladung König Ludwigs II von Bayern nach München, der Rückzug nach Tribschen bei Luzern, wo er Franz Liszts Tochter (Bülows geschiedene Frau Cosima) heiratete, die Freundschaft und Feindschaft mit Nietzsche und 1872 die Übersiedelung nach Bayreuth. Hier wurde 1872 der Grundstein für das Festspielhaus gelegt, in dem 1876 *Der Ring des Nibelungen* in Gegenwart Kaiser Wilhelms, König Ludwigs und von vielen Künstlern aus ganz Europa, uraufgeführt wurde. Wagner hatte seinen Höhepunkt erreicht. Ursprünglich sollten in Bayreuth auch die Werke anderer Künstler aufgeführt werden, aber Wagners Erben haben es ausschließlich für Wagners Werke bestimmt, die dort jährlich zur Festspielzeit aufgeführt werden.

Wagners berühmteste Werke

Richard Wagner ist der größte deutsche Musikdramatiker des 19. Jahrhunderts. Seine bekanntesten und meist aufgeführten Musikdramen sind *Der fliegende Holländer, Tannhäuser, Lohengrin, Der Ring des Nibelungen* (bestehend aus den vier Opern *Das Rheingold, Die Walküre, Siegfried* und *Götterdämmerung*), *Tristan und Isolde, Die Meistersinger von Nürnberg* und *Parsifal*. Außer diesen großen Opern hat er noch eine Anzahl von Chorwerken, Orchesterwerken, Klavierwerken, Liedern und Aufsätzen geschrieben.

Das Gesamtkunstwerk

Wagner wollte der Oper eine neue, höhere Stellung verschaffen, als sie zu seiner Zeit innehatte. Für die Italiener war die Oper eine Kunstform, in der die menschliche Stimme ihre Virtuosität beweisen konnte; für Wagner sollte sie ein Mittel sein, menschliche Leidenschaften und Gefühle zu vermitteln. Er strebte das Gesamtkunstwerk an, in dem die einzelnen Künste wie Musik, Drama, Tanz und Malerei vereint dem gleichen Zweck dienen sollten. Da das Libretto in vielen Opern äußerst schwach, wenn nicht gar lächerlich oder unverständlich war, schrieb Wagner den Text für seine Opern selbst. Zwar sind diese Texte besser als die gewöhnlichen Operntexte, denn Wagner besaß literarisches Talent, aber mit seiner Musik sind sie in keinem Falle gleichrangig. Er war eben ein hochbegabter Komponist aber kein Poet, und so stehen seine Texte im Dienst der Musik.

Die Idee der Erlösung

Als echter Romantiker interessierte sich Wagner für das Volkstümliche und Sagenhafte und erschloß den deutschen Sagenkreis für das Musikdrama. In all seinen Werken spielt die Idee der Erlösung eine zentrale Rolle. Im *Fliegenden Holländer, Lohengrin* und *Tannhäuser* sucht der Held seine Erlösung in der Liebe zu einer Frau. In den späteren Werken bedeutet Erlösung Verzicht und Entsagung. Dieser Wechsel in seiner Anschauung ist sicher von Arthur Schopenhauers Philosophie beeinflußt worden, mit der sich Wagner viel beschäftigte.

Das Leitmotiv

Wie alle namhaften Künstler ging Wagner über seine Vorgänger hinaus und schuf sich neue Formen. Die Arie, das Duett und das Ensemble wurden immer mehr vermieden. Bezeichnend für seine Musik ist das Leitmotiv, mit dem er die Handlung verknüpft. Jede Person, jede symbolische Handlung und wichtige Gegenstände (wie eine Waffe oder ein Ring) haben ein musikalisches Motiv, das sie durch die ganze Oper hindurch begleitet und das an bedeutsamen Stellen erklingt. Auch die Verwendung des Rhythmus ist bezeichnend für Wagner, mit dessen Hilfe er Schmieden, Pferdegetrappel oder das Hämmern in der Schusterwerkstatt nachahmt.

Die Wagnerverehrung

Bis heute gehört Wagner zu den meistaufgeführten Opernkomponisten. Seine Musik erreicht zuweilen eine emotionale Intensität (z.B. im Vorspiel und Liebestod aus *Tristan und Isolde*), wie sie sonst kaum in der Musikgeschichte erreicht wurde. Seine vielen Anhänger sind fast fanatisch in ihrer Verehrung für den Meister und seine Kunst, ein Phänomen, das in der Goethe- oder Rilkeverehrung seine Parallele hat. Sie "pilgern" jedes Jahr nach Bayreuth, um die Werke des Meisters zu bewundern.

Johannes Brahms

Neben dem Opernkomponisten Richard Wagner ragen die großen Symphoniker Johannes Brahms, Anton Bruckner und Gustav Mahler aus der Menge der Komponisten des 19. Jahrhunderts hervor. Wir haben erwähnt, daß Johannes Brahms (1833-1897) von Robert Schumann und nach dessen Tod von seiner Witwe Clara stark gefördert wurde. Brahms stammt aus Hamburg. Seine Vorfahren waren holsteinische Bauern, sein Vater Stadtmusiker. In seiner Jugend entwickelte er sich zum hervorragenden Klavierspieler. Zuerst 1864 und dann endgültig 1878 ließ er sich in Wien nieder. Ein Jahr vor seinem Tod wurde er mit dem jungen Komponisten Max Reger bekannt, von dessen Talent er tief beeindruckt war und den er so warm unterstützte, wie es einst Schumann für ihn getan hatte. Neben Beethoven und Schubert liegt Brahms auf dem Wiener Zentralfriedhof begraben.

Brahms neue Eigenart

Brahms wurde besonders von den Anhängern Wagners angefeindet, und es entwickelten sich zwei Lager, die sich gegenseitig leidenschaftlich bekämpften. Die Anhänger Wagners lehnten seine Musik als zu kalt, zu intellektuell, zu förmlich ab. Heute denken die Kritiker anders, und Brahms gewinnt immer noch an Statur und steht fest neben Bach und Beethoven als einer der Großen. Er kam mitten hinein in die lyrische, leidenschaftliche Musik der Romantik mit seiner ernsten, intellektuell bestimmten Art, sprach sich für Zurückhaltung und Formbewußtsein aus und setzte sich ein für die Wiederbelebung der klassischen Sonate.

Brahms Hauptwerke

Seine Hauptwerke sind seine vier Symphonien, seine beiden großen Klavierkonzerte, sein *Deutsches Requiem*, das ihn als religiösen Menschen offenbart, und seine Lieder, die seine tief empfindende Natur zeigen und diejenigen Lügen strafen, die behaupten, er habe kein Gefühl. Beliebt sind ebenfalls seine graziösen und melodischen *Ungarischen Tänze*, seine Walzer und die beiden Sonaten in F-moll und in Fis-moll.

Anton Bruckner

Anton Bruckner (1824-1896) stammt aus Oberösterreich. Im Kloster St. Florian ließ er sich als Organist und Komponist ausbilden. Er liebte die Stiftsorgel des Klosters und liegt auf seinen Wunsch unter ihr begraben. Besonders ernst befaßte er sich mit den Orgelwerken Bachs und später mit der Musik Wagners, dessen begeisterter Anhänger er wurde. Nach seiner Stellung als Domorganist in Linz, siedelte er 1868 nach Wien über und wurde Professor am Konservatorium und Lektor an der Universität. Aus seiner Linzer Zeit stammen die Messen (in D-moll, E-moll und F-moll) und die Symphonien in C-moll und in D-moll. Unter seinen neun Symphonien sind die 3., 5. und 7. am besten bekannt. Außer als Symphoniker ist Bruckner als Komponist geistlicher Musik bekannt. Sein *Te Deum* ist eine großartige mehrstimmige Vertonung des Lobgesangs.

Gustav Mahler

Bruckners Lieblingsschüler war Gustav Mahler (1860-1911), ein rastloser Geist, der vergeblich nach Ruhe und Wahrheit suchte. Er hatte ungewöhnliches organisatorisches Talent und war ein ausgezeichneter Dirigent und Intendant, willensstark, und von hitzigem Temperament. Selbst seine engsten Freunde konnten ihn nicht immer verstehen. Er war in verschiedenen Städtchen als Kapellmeister tätig, bis er schließlich 1897 die Leitung der Wiener Oper übernahm. In den zehn Jahren unter seiner Leitung blühte die Oper auf wie nie zuvor und nie seitdem. 1907 ging er an die Metropolitan Opera und übernahm später die New Yorker Philharmoniker, die er völlig neu organisierte. Nach einem völligen Zusammenbruch kehrte er nach Wien zurück und starb dort im Mai 1911.

Mahlers Kompositionen

Wie Beethoven und Bruckner schrieb Mahler neun Symphonien (die 10. blieb unvollendet), in denen er Singstimmen und Chöre verwendet und so die Linie fortsetzt, die Beethoven mit seiner 9. Symphonie begonnen hatte. Wegen der Länge, der Zahl und Anordnung der Sätze werden diese Werke von manchen nur zögernd als Symphonien bezeichnet. Auf jeden Fall brechen sie mit der klassischen Form. In der 8. Symphonie wird z.B. ein doppelter gemischter Chor, ein Knabenchor, eine Reihe von Solisten und ein riesiges Orchester verlangt. Bekannt sind Mahlers Lieder, deren Texte zum größten Teil aus *Des Knaben Wunderhorn* stammen. Als Höhepunkt von Mahlers Schaffen wird *Das Lied von der Erde* angesehen, das er in seinem letzten Lebensjahr vollendete und das erst nach seinem Tod von seinem Schüler Bruno Walter uraufgeführt wurde. Dieses Werk, das als Stimme aus dem Grabe bezeichnet worden ist, ist Mahlers Testament. Der Komponist wußte, daß er nicht mehr lange leben würde. Die Musik ist einzigartig, und der Eindruck, den das Ende des letzten Satzes vermittelt, wenn die Alt-Stimme geheimnisvoll und ernst das Wort "ewig ... ewig" wiederholt, ist unbeschreiblich. Man muß sich dieses Werk in der Interpretation von Bruno Walter anhören.

Richard Strauss

So wie Gustav Mahler bereits in unser Jahrhundert hineinreicht, so gehört auch Richard Strauss (1864-1949) zu den Komponisten des 20. Jahrhunderts. Strauss, in München geboren, wurde früh berühmt und konnte mit zunehmender Reife seine erfolgreichen Jugendwerke nicht mehr überbieten. Als Dirigent verschiedener Orchester, schließlich in München und Berlin, erhielt er eine wertvolle Ausbildung und Vorbereitung als Komponist.

Die symphonischen Dichtungen

Schon früh setzt sich Strauss über die Tradition hinweg und schafft Neues mit seinen symphonischen Dichtungen, in denen er die Kunst des Kontrapunktes und des Leitmotivs (Wagner) geschickt verwendet. Mit *Don Juan, Tod und Verklärung* und *Till Eulenspiegel* erreicht er mit diesem neuen Genre eine Stufe der Vollendung. Tonmalerei und Klangsymbolik finden wirkungsvolle Anwendung in den Tongedichten, die sein technisches Können sowie seine Leidenschaftlichkeit und Kunst der Charakterisierung zeigen. Überraschend für die damalige Zeit waren ebenfalls die harmonischen Neuerungen und das Experimentieren mit Dissonanzen. Die späteren symphonischen Dichtungen *Also sprach Zarathustra, Don Quichote* und *Ein Heldenleben* enthalten zwar ebenfalls bemerkenswert schöne Stellen, erreichen jedoch dem Urteil der Musikexperten nach nicht mehr die Straffheit und geniale Größe ihrer Vorgänger. Sie enthalten zu viele bombastische, Effekt heischende, ziellose und triviale Passagen.

Die Opern

Auch unter seinen Opern sind die drei ersten, *Salome, Elektra* und *Der Rosenkavalier* seine besten, letztere sein größter Bühnenerfolg. *Der Rosenkavalier* ist melodisch heiter, voller Leben und Rhythmus und erinnert an Mozart und Johann Strauß. Neben seinen symphonischen Werken und Opern schrieb Strauss eine Anzahl von Liedern, unter denen wiederum die aus seiner Jugendzeit hervorragen. Man hat behauptet, daß der Romantiker Strauss nicht mehr in unsere Zeit gepaßt und die zunehmende Mechanisierung und Modernisierung ihm seine Zauberkraft genommen habe.

Die "neue" Musik

Mit Mahler und Richard Strauss geht die "alte Musik" in Deutschland zu Ende, und die "neue Musik" beginnt. Wie in den anderen Kunstformen, so ist auch in der Musik des 20. Jahrhunderts, besonders der zweiten Hälfte, die Abkehr von Tradition und Überlieferung zu beobachten. Die Harmonik, Rhythmik und Formen der Meister des 18. und 19. Jahrhunderts werden aufgegeben oder neu interpretiert. Die Begriffe Schönheit, Harmonie, Tonalität, Freude und Genuß werden ersetzt durch Experiment, Schock, Entsetzen, Disharmonie, Atonalität und Kühnheit. Das Publikum lehnt einen großen Teil der atonalen Musik beharrlich ab, vielleicht ein Zeichen dafür, daß auch in unserer Zeit Ordnung und Harmonie dem Chaos und der Disharmonie noch vorgezogen werden, oder daß man sich wohler und sicherer fühlt im Umgang mit Musik, die man leicht verstehen und an der man sich erfreuen kann.

Die modernen Komponisten

Unter den Modernen ragen Arnold Schönberg und seine Schüler Anton von Webern und Alban Berg, sowie die Komponisten Paul Hindemith, Carl Orff und Werner Egk hervor. Man hört und liest von anderen, die sich einen Namen machen, über die wir jedoch in dieser Kulturgeschichte kein Urteil fällen wollen. Der Musikliebende mag Werke der folgenden gehört haben: Wolfgang Fortner (Violinkonzert), Ernst Pepping (evangelische Kirchenmusik), Boris Blacher (Concertante Musik), Gottfried von Einem (Opern), Hermann Reutter (Chorwerke, Lieder) u.a.

Arnold Schönberg und seine Schüler von Webern und Berg

Arnold Schönberg (1875-1951) stammt aus Wien und ist einer der einflußreichsten Komponisten unserer Zeit. Von Wagner ausgehend sprengt er die Tonalität und löst sie eine Zeitlang in Atonalität auf, in der es nur noch subjektive Gesetzmäßigkeit gibt. Um dem Chaos zu entgehen entwickelte er die sogenannte Zwölftontechnik, nach der er Reihen aus den 12 Tönen der chromatischen Skala für seine Kompositionen verwendet. Diese Technik brachte in die Musik eine Art mathematische Formelhaftigkeit, die für den Laien schwer verständlich ist. Mit großem Erfolg ist Schönbergs Oper *Moses und Aaron* aufgeführt worden. Anton von Webern (1883-1945), ebenfalls Wiener, war Schüler und Nachfolger Schönbergs. Sein Einfluß auf die jüngste Generation ist ziemlich stark. Der dritte Wiener, Alban Berg (1885-1935), war ebenfalls Schönbergs Schüler und förderte mit von Webern die Zwölftonmusik. Seine bekanntesten Werke sind die Opern *Wozzeck*, nach Büchners bekanntem Drama, und *Lulu*.

Paul Hindemith, Carl Orff und Werner Egk

Paul Hindemith (1895-1963) ist neben Schönberg der bekannteste moderne Komponist Deutschlands. Er arbeitete in Berlin und als Professor an den Universitäten Yale und Zürich. Seine Musik lehnt sich an die Barocktradition an und versucht einen neuen subjektiven Stil zu entwickeln. Sein musikalisches Schaffen ist umfangreich und gipfelt 1934 in der Oper *Mathis der Maler*. Er entwickelt die "Gebrauchsmusik" (Beispiel: *Wir bauen eine neue Stadt*) und "Hausmusik" (Beispiel: *Frau Musika*). Er ist Gegner der atonalen Musik und setzt sich für Harmonie, und Tonalität in der Musik ein. Carl Orff (1895-1982) entwickelte einen neuen Theaterstil, nach dem antike und christliche Dichtung mit Hilfe musikalischer Mittel dargestellt wird. Seine pädagogischen Ideen werden in Orff-Instituten praktisch angewandt. Seine *Carmina Burana*, eine Art episches Oratorium, das mittelalterliche Gedichte zum Text hat, wird seit 1937 mit Erfolg aufgeführt. Werner Egk (1901-1983) verbindet in seiner Musik Volkstümliches mit moderner Harmonik und Instrumentation nach dem Vorbild Strawinskys. Er vertont legendäre Stoffe wie *Peer Gynt, Don Juan* und *Faust* und schreibt Opern (*Abraxas*) und Orchesterwerke.

Elektronische Musik

Auch in Deutschland wie in den USA wird mit elektronischer Musik experimentiert. Diese Musik wird ausschließlich auf elektronischem Wege hervorgebracht. Man verwendet alle möglichen elektrischen Geräte (Tonbandgeräte, Generatoren, Filter, Modulatoren, usw.), neuerdings sogar Computer, zur Herstellung neuer Töne. Der Hauptvertreter, (vielleicht kann man hier nicht von Komponist sprechen, sondern sollte Wissenschaftler sagen) dieser Musikrichtung ist in Deutschland Karlheinz Stockhausen (1928-), der Mitarbeiter am Rundfunk war. Zu seinen Werken zählen *Elektronische Studien I und II* sowie die elektronische Komposition *Gesang der Jünglinge im Feuerofen für fünf Lautsprechergruppen*. Seine Musik wurde im deutschen Pavillon auf der Weltausstellung von 1970 in Japan gespielt.

STUDIENFRAGEN ZUM KAPITEL <u>DIE MUSIK IM DEUTSCHEN KULTURRAUM</u>

Ich empfehle Ihnen, sich die Kompositionen der großen Meister anzuhören und sich im Laufe der Jahre eine Sammlung der Hauptwerke der berühmten Komponisten anzulegen, genau so wie Sie für Ihre Bibliothek die bekanntesten Werke der Literatur sammeln. Vielleicht könnten Sie eine Liste vorbereiten, auf der Sie die Kompositionen anführen, die Sie zuerst kaufen oder als Geschenk haben möchten. Ihr Professor, ein Gastprofessor aus der Musikabteilung oder einer von Ihnen könnte die eine oder andere Komposition in einem Vortrag und mit Hilfe eines Tonbandes oder einer CD für die ganze Gruppe interpretieren. Es ist natürlich unmöglich, sich im Laufe eines Semesters alle Kompositionen, die in diesem Kapitel besprochen und empfohlen werden, anzuhören, aber Sie sollten sich auf jeden Fall auf einige Werke konzentrieren und Ihre Kenntnisse der deutschen klassischen Musik bereichern.

1. Warum wird gerade die Stadt Wien zum europäischen Musikzentrum?
2. Was wissen Sie über Leben und Werk von Joseph Haydn?
3. In welcher europäischen Stadt wurde Haydn ganz besonders stürmisch gefeiert? Wie viel verdiente er dort und was wäre das in heutigem Geld wert?
4. Warum nennt man Haydn den Vater der Symphonie und des Streichquartetts?
5. Erklären Sie den Unterschied zwischen einer Symphonie und einem Streichquartett?
6. Was sind typische Titel für einige von Haydns Symphonien und warum werden sie so bezeichnet?
7. Besprechen Sie die Entwicklung des Streichquartetts.
8. Besprechen Sie Mozarts Leben und seine Konzertreisen.
9. Warum wird Mozart das Wunderkind genannt?
10. Welche Opern und Symphonien von Mozart sind besonders berühmt?
11. Wo wird Beethoven geboren und wie entwickelt er sich zum großen Musiker?
12. Worunter leidet Beethoven sehr?
13. Was drückt er in seinem *Heiligenstädter Testament* aus?
14. Was ist besonders charakteristisch für Beethovens Musik?
15. Warum zerreißt Beethoven die Widmung zu seiner 3. Symphonie und wie nennt er sie jetzt? Was drückt er in diesem Werk aus?
16. Wie unterscheidet sich die 9. Symphonie von den anderen acht? Welchen Text verwendet Beethoven im 4. Satz? Von wem stammt der Text und was drückt der Dichter mit diesem Text aus? Wie interpretiert Beethoven die Botschaft des Textes durch seine Musik?
17. Was wissen Sie über das musikalische Genie Schubert?
18. Wofür ist Schubert ganz besonders berühmt?
19. Wo finden die Romantiker die Texte für ihre Lieder?
20. Wie unterscheidet sich Mendelssohn von den meisten anderen Komponisten?
21. Welchen großen Komponisten "entdeckt" Mendelssohn wieder? Mit welcher Komposition?
22. Wen heiratet Robert Schumann und wer ist diese Frau?
23. Was komponiert Schumann hauptsächlich?
24. Was geschieht mit Schumann gegen Ende seines Lebens?
25. Besprechen Sie, warum Webers Oper *Der Freischütz* wichtig ist in der Geschichte der deutschen Oper. Wovon handelt diese Oper?
26. Besprechen Sie Leben und Werk von Richard Wagner.
27. Wofür ist die Stadt Bayreuth besonders bekannt?
28. Welche Opern von Wagner werden in Bayreuth aufgeführt?
29. Was verstehen Sie unter dem Begriff "Gesamtkunstwerk"?
30. Wie verwendet Wagner das Leitmotiv in seinen Opern?
31. Wo wächst Johannes Brahms auf und was sind seine Hauptwerke?
32. Wofür ist Anton Bruckner besonders bekannt?
33. Was ist besonders charakteristisch für Mahlers Musik?
35 Wie unterscheiden sich Mahlers Symphonien von den traditionellen Syphonien?
35. Was ist eine symphonische Dichtung oder ein Tongedicht und wer entwickelt dieses Genre?
36. Wie unterscheidet sich die "neue" Musik von der "alten"?
37. Besprechen Sie die modernen Komponisten, besonders Schönberg, Hindemith und Orff, und ihre Kompositionen.

38. Was ist elektronische Musik und wer ist einer der Hauptvertreter dieser Musik in Deutschland? Was wissen Sie über ihn?
39. Welche Komponisten interessieren Sie am meisten und warum?
40. Welche Kompositionen wollen Sie sich gerne anhören und in Ihre Sammlung einfügen?
41. Haben Sie eine Erklärung dafür, warum man Beethovens 9. Symphonie jetzt auch als europäische Hymne bezeichnet?
42. Was meinen Sie, warum ist deutsche klassische Musik in Japan so beliebt, unter anderem auch besonders Beethovens 9. Symphonie?

KAPITEL 18
DIE REGIERUNGSZEIT KAISER WILHELMS II (1888-1918)

Worum geht es in diesem Kapitel?

Europa um die Jahrhundertwende und gegen Anfang des 20. Jahrhunderts braucht umsichtige und erfahrene Diplomaten als politische Führer, aber an der Spitze der großen Nationen stehen Könige und Politiker, die Konflikte schüren, anstatt sie zu verhindern. Besonders der österreichische und der deutsche Kaiser sowie der russische Zar besitzen weder die Intelligenz noch die moralische Größe, einen Krieg zu vermeiden. So kommt es dann 1914 zum Ersten Weltkrieg als der österreichische Thronfolger in Serbien ermordet wird. Vier Jahre lang bekämpfen sich die Großmächte und ihre Alliierten. Millionen junger Männer vergießen ihr Blut auf den Schlachtfeldern im Osten und im Westen, und man fragt sich noch heute: Wofür eigentlich? Deutschland und Österreich verlieren den Krieg und müssen teuer bezahlen, mit Territorium, Devisen, Gütern und Stolz. Das österreichische Reich wird aufgelöst und in viele kleine Staaten aufgespalten. Der Friedensvertrag von Versailles und die politische Neugestaltung Europas führen schließlich zum Zweiten Weltkrieg und zu Problemen, die bis in unsere Zeit noch nicht gelöst worden sind.

Wie gehen wir vor?

1. Lesen Sie wie immer zunächst die Überschriften über die einzelnen Abschnitte. Das vermittelt Ihnen einen ersten Gesamtüberblick über das Material in diesem Kapitel.
2. Lesen Sie dann die Abschnitte einzeln nacheinander. Machen Sie nach jedem Abschnitt eine Pause und überlegen Sie sich, was Sie gelesen haben. Wiederholen Sie (möglichst laut) das Gelesene.
3. Machen Sie dann auch am Ende des Kapitels eine Pause und wiederholen Sie das gesamte gelesene Material.
4. Die Studienfragen am Ende des Kapitels helfen Ihnen bei der Wiederholung.

Lernziele:

In diesem Kapitel lernen Sie,

1. was die Schwächen des deutschen Kaisers sind und wie diese ihn besonders in der Außenpolitik in Konflikte mit seinen Nachbarn führen.
2. welche Kolonien Deutschland aus welchem Grund erworben hatte.
3. wie Deutschland allmählich eingekreist wird und wie die Balkankrise zum Ausbruch des Ersten Weltkriegs führt.
4. daß die deutsche Offensive im Westen steckenbleibt und zum Grabenkrieg führt, der fast vier Jahre dauert und Millionen Soldaten auf beiden Seiten ihr Leben oder ihre Gesundheit kostet.
5. daß der Krieg gegen Rußland von Deutschland und Österreich 1917 erfolgreich beendet wird und Lenin in Rußland ein kommunistisches Regime errichtet.
6. warum die USA in den Krieg eingreifen und die Kampfhandlungen im Westen zugunsten der Alliierten entscheiden.
7. was die Bedingungen des Waffenstillstandes sind und wie diese es Deutschland unmöglich machen, sich mit Waffengewalt gegen die Bedingungen des Versailler Vertrages zu wehren.
8. wie Deutschland eine demokratische Republik wird und mit welchen Schwierigkeiten diese Republik gleich von Anfang an zu kämpfen hat.
9. was die Bedingungen des Versailler Vertrages sind.
10. warum manche Bedingungen des Vertrages von den Deutschen und Österreichern als rachsüchtig, kurzsichtig und ungerecht angesehen werden und zu künftigen Konflikten führen.

Die Schwächen des neuen Kaisers

Der junge Kaiser, der mit 29 Jahren die Regierung des neuen Reiches übernahm, war trotz seiner überdurchschnittlichen Begabung den Ereignissen seiner Regierungszeit nicht gewachsen. Er handelte zu rasch, zu unbesonnen. Da er Kritik gegenüber sehr empfindlich war, sammelten sich Schmeichler und Bewunderer um seine Person, die seine Selbstgefälligkeit anschürten, die jedoch keinen guten Einfluß auf ihn und die Geschicke des Reiches ausübten. Er war politisch nicht reif und wendig genug. Ein "eiserner Kanzler", wie Bismarck, war nötig, das Reich zu führen und zu fördern, aber es war kein zweiter Bismarck in der Regierung vertreten, und wahrscheinlich hätte der Kaiser so einen Mann auch nicht geduldet, denn er gewöhnte sich rasch daran, nach eigenen, oft recht unglücklichen Einfällen zu handeln. Von Geburt an war der rechte Arm des Kaisers verkrüppelt, was ihm sportliche und militärische Übungen sehr erschwerte. Seine energische äußerliche Haltung und die fehlende innere Sammlung sind von Psychologen als Folge der Verkrüppelung erklärt worden. Seine innere Unsicherheit äußerte sich in ziemlich plumper Diplomatie mit lautem Säbelrasseln und militärischer Haltung. Sein Ziel war, Deutschland zu einer Welt- und Kolonialmacht zu machen, und darüber vernachlässigte er die innenpolitische Reform. Die Forderung nach dem neuen Menschen, die von der modernen Kunst und Literatur ausging, war ihm unheimlich.

Fehlerhafte deutsche Außenpolitik

Der Vertrag mit Rußland wurde nicht erneuert, und die Folge war, daß Rußland sich mit Frankreich befreundete und von diesem Land militärische Unterstützung erhielt. Deutschland schloß sich näher an Österreich an und formte mit der Donaumonarchie und Italien den Dreibund. Mit England verbesserten sich die Beziehungen zu Anfang, und es gelang der Austausch der Insel Helgoland gegen die ostafrikanische Insel Sansibar. Bald jedoch zerstörte die undiplomatische Haltung des Kaisers diese gute Beziehung. Im Burenkrieg sympathisierte die deutsche Regierung und Öffentlichkeit mit den unabhängigen Burenrepubliken in Südafrika, und der Kaiser wollte mit Truppen gegen England eingreifen. Schließlich ließ er sich bewegen, seinen Tatendrang durch die Entsendung eines Glückwunschtelegramms an Paul Krüger, den Präsidenten von Transvaal, zu befriedigen. Die deutsche Haltung befremdete Großbritannien, dessen Wege sich nun mehr und mehr von Deutschland trennten. Gegen Englands und Rußlands Interessen vertrat Deutschland die Unantastbarkeit des Türkischen Reiches und spielte sich als Schutzherr der Mohammedaner auf. In überseeischen Kolonialländern stießen deutsche Interessen ungeschickt auf russische und englische, und Deutschlands Flottenbau interpretierte England als direkte Konfrontation.

Die deutschen Kolonien, die Kriegsflotte und Handelserfolge

Viel später als die andern Großmächte begann Deutschland ein Kolonialreich aufzubauen und geriet dadurch in Konflikt mit seinen Rivalen, hauptsächlich England und Frankreich. Die Gründe für die Erwerbung von Kolonien waren wirtschaftlicher und politischer Natur. Die ständig wachsende Industrie brauchte Rohstoffe, die man aus den Kolonien billig einführen konnte. Außerdem konnte das Kolonialland als neues Siedlungsland dienen für Deutsche, die aus dem übervölkerten Mutterland auswandern wollten. Politisch spielte die Prestigefrage eine Rolle. Eine Weltmacht mußte auf fremden Erdteilen Besitzungen haben. Gegen Ende des 19. Jahrhunderts hatte Deutschland folgende Kolonien erworben: Deutsch-Südwestafrika (heute Namibia), Deutsch-Ostafrika (heute Transania), Kamerun und Togo im westlichen Zentralafrika, einige Südseeinseln und den Handelsstützpunkt Tsingtau in China. Die deutsche Handelsflotte, die die Export- und Importgüter beförderte, begann ernstlich mit englischen Schiffen zu konkurrieren. Zum Schutz der Handelsflotte und der Kolonien baute Deutschland eine gewaltige Kriegsflotte, womit es wiederum gegen England, die größte Seemacht, in den Wettbewerb trat. Auch im Außenhandel waren deutsche Kaufleute sehr erfolgreich und bedrohten das Handelsmonopol Englands besonders in Südamerika und Asien. Der Grund für den Erfolg des deutschen Handels war der "Dienst am Kunden": Die Lieferung von Ersatzteilen, Inschriften in der Landessprache, Packungen in Gewicht, Maßen und Farben, die dem Wunsch des Landes entsprachen. Ein weiterer Grund war die außergewöhnliche Güte deutscher Produkte. Der Stempel "Made in Germany", der der deutschen Industrie anfangs von England aufgezwungen worden war, um die "Minderwertigkeit" deutscher Waren zu identifizieren, entwickelte sich zu einem Symbol hoher Anerkennung von deutscher Wertarbeit. Es muß betont werden, daß die wirtschaftlichen Erfolge zusammen mit der Ausdehnung des Kolonialreiches und dem Ausbau der Kriegsflotte ein wichtiger Faktor in der Verschlechterung deutsch-englischer Beziehungen vor dem Ersten Weltkrieg waren.

Die Einkreisung des Reiches

Hinzu kamen natürlich wichtige politische Gründe, wie die zum Teil oben bereits erwähnten. Obgleich Kaiser Wilhelm im Grunde keinen Krieg wollte, gaben seine lauten Reden und seine Handlungen den Eindruck des genauen Gegenteils. Die wiederholten Forderungen der Großmächte auf gemeinsame Rüstungsbeschränkungen lehnte er ab, und seine ungeschickten, unverhüllt imperialistischen Bemerkungen verstärkten das Mißtrauen gegen das Deutsche Reich unter den anderen Großmächten. Während Bismarck es meisterhaft verstanden hatte, die Großmächte gegeneinander auszuspielen und Bündnisse gegen Deutschland zu verhindern, brachte es Kaiser Wilhelm fertig, die so gefährliche Koalition zwischen England, Frankreich und Rußland zur Wirklichkeit werden zu lassen. Außerdem wurde Italien als Bündnispartner zunehmend unzuverlässiger, schloß heimlich einen Vertrag mit den Westmächten und versprach, im Kriegsfall neutral zu bleiben.

stoked

Die Balkankrise - Sarajewo

Der Krieg bahnte sich auf dem Balkan an, wo 1912 der Balkanvierbund (Bulgarien, Serbien, Griechenland und Motenegro) gegen die Türkei losschlug.[1] Zunächst wurde ein Einschreiten der Großmächte noch verhindert, aber die Spannung zwischen Österreich-Ungarn und Serbien steigerte sich gewaltig. Rußland schürte die serbischen Nationalisten in ihren Bestrebungen. Da wurden am 28. Juni 1914 der österreichische Thronfolger Franz Ferdinand und seine Gattin in Sarajewo von serbischen Nationalisten ermordet. Mit deutscher Rückendeckung verlangte Österreich von Serbien Genugtuung in Form eines Ultimatums, das dieses nicht annehmen konnte.

Der Ausbruch des Ersten Weltkrieges

Am 28. Juli 1914 erklärte Österreich den Krieg gegen Serbien, ein Schritt, der hätte verhindert werden können, wenn Österreich nicht so impulsiv gehandelt hätte. Am 29. Juli erklärte Rußland die allgemeine Mobilmachung, was damals fast gleichbedeutend mit Kriegseintritt war, weil das Militär großen Einfluß hatte und weil das Land im Vorteil war, das zuerst seine Truppen mobil machen konnte. Deutschland trat auf die Seite Österreichs und erklärte am 1. August den Krieg gegen Rußland, und da es eine unbefriedigende Antwort von Frankreich erhalten hatte, am 3. August gegen Frankreich. England trat am 4. August gegen Deutschland und Österreich in den Krieg ein. So begann der Erste Weltkrieg, den eigentlich in letzter Minute niemand wollte, der aber in absehbarer Zeit wohl trotzdem ausgefochten worden wäre.

Allianzen

Auf deutscher Seite stritten Österreich-Ungarn und seit 1915 die Türkei und Bulgarien. Gegen Deutschland standen außer den drei Großmächten auch Serbien, Japan und seit 1917 die U.S.A. Die beiden Verbündeten der Mittelmächte, Italien und Rumänien, verhielten sich zunächst neutral und schlossen sich dann der erfolgreicheren alliierten Seite an. Von Jahr zu Jahr wuchs die Zahl der Gegner[2] und verschlechterte sich die materielle Lage Deutschlands. Die türkischen und österreichischen Staaten waren bereits vor Kriegsausbruch praktisch am Zerfallen, so daß man sie daher kaum als Stützen der deutschen Seite ansehen kann, im Gegenteil, beide waren auf Deutschlands Hilfe angewiesen.

Der Verlauf des Krieges im Westen - Grabenkrieg

encircle

Die Großoffensive im Westen, die durch das neutrale Belgien und Luxemburg hindurch zur Einkesselung und Vernichtung der französischen Armeen führen sollte, blieb an der zähen Verteidigung der französischen und englischen Truppen und wegen entschiedener strategischer Fehler auf deutscher Seite völlig stecken. In der Marneschlacht kam die deutsche Offensive vor Paris zum Stehen. In der gewaltigen Schlacht um Verdun von Februar bis Dezember 1916 kämpften die Deutschen um jeden Meter Boden unter furchtbaren Verlusten, ohne die Stadt nehmen zu können.[3] Der Krieg entwickelte sich zum Stellungskrieg (Grabenkrieg). Beide Seiten gruben sich ein und lieferten sich gewaltige Materialschlachten, Artillerieduelle und vereinzelte Vorstöße, aber im großen und ganzen verlief der Krieg im Westen ohne größere Gebietsgewinne oder Gebietsverluste, aber Hunderttausende von jungen Männern auf beiden Seiten wurden sinnlos hingeschlachtet.

---

[1] Die Türken hatten nach der Eroberung von Konstantinopel (1453) allmählich die ganze Balkanhalbinsel unter ihre Herrschaft gebracht. Zweimal standen sie vor den Toren Wiens, (1529 und 1683) bis sie im 18. Jahrhundert von den Österreichern zurückgedrängt wurden. Im 19. Jahrhundert regt sich der Nationalismus unter den Balkanvölkern, 1819 befreien sich die Serben und 1829 die Griechen. Auch die Russen nehmen den Türken in mehreren Kriegen Territorium ab. Im 20. Jahrhundert werden die Balkanstaaten in die beiden Weltkriege verwickelt, standen nach dem 2. Weltkrieg (außer Griechenland) hauptsächlich unter dem Einfluß der Sowjetunion, bis diese zusammenbrach. Nach dem Tod Titos zerfiel Jugoslawien, und die Gegensätze zwischen Serben, Kroaten, Bosniern und Albanern führten zu immer neuen kriegerischen Handlungen.

[2] Die alliierte Seite wurde schließlich von rund 30 Staaten unterstützt.

[3] Beide Seiten verloren weit über eine Million Mann an Toten und Verwundeten.

strait = Meerstraße
verbindet Nordsee mit
der Ostsee

Der Seekrieg - Die Skagerrakschlacht

Der Seekrieg war für Deutschland sehr enttäuschend. Die Flotte konnte den Überseehandel nicht schützen, der von der britischen Blockade erdrosselt wurde. Deutsche Unterseeboote schädigten die Blockade und errichteten eine Gegenblockade, aber Deutschland hatte sich auf den Bau seiner Hochseeflotte konzentriert und die Unterseeboote vernachlässigt. Die Hochseeflotte focht nur eine Seeschlacht, die Schlacht am Skagerrak bei Jütland in der Nordsee vom 31. Mai bis zum 1. Juni 1916, die strategisch unentschieden verlief. Die englische Flotte beherrschte jedoch weiterhin die Meere[4] und die deutschen Schiffe lagen nutzlos bis Ende des Krieges im Hafen. So leistete die stolze Flotte keinen positiven Beitrag. Sie hatte letzten Endes den Eintritt Englands auf alliierter Seite verschuldet, sie vermochte die englische Blockade nicht zu brechen, sie hatte ungeheuer viel Geld gekostet, das dem Heer hätte zu Gute kommen können, und ihre Besatzung verlor durch die lange Untätigkeit die Lust am Kämpfen und entwickelte sich zu einem Bruthred für revolutionäre Gedanken.

Der Krieg im Osten

Im Osten vollbrachte die deutsche Führung dagegen eine Reihe von hervorragenden militärischen Leistungen. Zwei russische Armeen, die in Ostpreußen einmarschiert waren, wurden von deutschen Streitkräften unter dem Befehl der Generale Paul von Hindenburg und Erich Ludendorff, den zwei militärischen Genies auf deutscher Seite, bei Tannenberg und bei den Masurischen Seen geschlagen. Im folgenden Jahr wurden die Russen aus Polen, Litauen und Lettland verdrängt. Im März 1917 brach die Zarenregierung in Rußland zusammen. Die deutsche Heeresleitung sorgte dafür, daß Lenin und andere Führer des Kommunismus aus ihrem schweizer Exil nach Rußland zurückkehrten, wo sie im November 1917 nach der erfolgreichen Revolution den kommunistischen Sowjetstaat errichteten. Dieser Staat schloß mit Deutschland Frieden, so daß die Kampfhandlungen im Osten aufhörten. In den Friedensverträgen von Brest-Litowsk (März 1918) mit der Sowjetunion und von Bukarest (Mai 1918) mit Rumänien siegte nochmals der Geist der Autokratie und des Militarismus. Deutschland erzwang Annexionen und Entschädigungen, die die Haßpropaganda seiner Gegner von neuem anschürte und für die Verhandlungen von Versailles ein unglücklicher Präzedenzfall waren.

Die Lage im Westen

Im Westen hatte sich die Lage inzwischen weiter verschlechtert. Die Vereinigten Staaten waren zuerst durch die Verletzung der belgischen Neutralität, dann durch die Versenkung des britischen Passagierschiffes Lusitania[5] (Mai 1915) mit dem Verlust von 1000 Menschenleben (darunter über 100 Amerikanern) und anderer amerikanischer Schiffe durch deutsche Unterseeboote und schließlich durch die sogenannte Zimmermann Note,[6] die den Engländern in die Hände gefallen war, immer stärker gegen Deutschland verstimmt worden. Deutschland wurde befehdet und gehaßt und der autokratische "Kaiserismus" sollte von den freiheitlich gesinnten westlichen Demokratien ausgerottet werden. Am 6. April 1917 traten die Vereinigten Staaten in den Krieg gegen Deutschland ein, wodurch der Austritt der Sowjetunion mehr als wettgemacht war.

Die letzte deutsche Großoffensive

Im März 1918 entschloß sich General Ludendorff, der in Deutschland praktisch die militärische Diktatur errichtet hatte, zum letzten gewaltigen Angriff. Unter äußersten Anstrengungen gelang es den deutschen Truppen, die Alliierten bis an die Marne zurückzudrängen. Im Sommer wendete sich dann das Kriegsglück. Frische amerikanische Truppen und die Übermacht des Materials -- besonders die neue Tankwaffe machte den Deutschen schwer zu schaffen -- brachten die Offensive zum Stehen. Im Juli traten die Alliierten zum Gegenangriff an und

---

4 Englands Flotte war mit etwa 70 Schlachtschiffen und Schlachtkreuzern (insgesamt 800 Kriegsschiffen) der deutschen Flotte mit etwa 33 Schlachtschiffen und Schlachtkreuzern weit überlegen.

5 Obgleich die Lusitania Kriegsmaterial an Bord hatte, erregte die Versenkung des Schiffes gewaltigen Haß gegen das Kaiserregime in den USA. Die amerikanische Bevölkerung wußte natürlich nichts von der Ladung des Schiffes.

6 Deutschland hatte diese Note angeblich an seine Botschaft in Mexiko geschickt. Danach sollte Mexiko zum Krieg gegen die U.S.A. aufgefordert werden und für seine Hilfe mit den Staaten Texas, Neu Mexiko und Arizona belohnt werden.

warfen die Deutschen bis über ihre Ausgangspositionen zurück. Die militärische Lage war aussichtslos, und Ludendorff instruierte die Regierung, einen Waffenstillstand auf der Basis von Woodrow Wilsons 14 Punkte-Programm zu suchen. Noch 6 Wochen dauerte das Sterben an der Front, bis am 11. November 1918 der Waffenstillstand eintrat, was für Deutschland gleichbedeutend mit Kapitulation war.

Die Waffenstillstandsbedingungen

Innerhalb von zwei Wochen mußten die deutschen Truppen französisches und belgisches Gebiet sowie Elsaß-Lothringen räumen. In zwei weiteren Wochen war das ganze linksrheinische Gebiet zu räumen und wurde von den Alliierten besetzt. Auch im Osten mußten sich deutsche Regimenter auf das Reichsgebiet zurückziehen. Große Mengen von Kriegsmaterial, darunter alle Unterseeboote, sowie Lokomotiven, Eisenbahnwagen und Lastwagen waren den Alliierten zu übergeben und alle Kriegsgefangenen freizulassen. Die britische Blockade blieb bestehen. Die Hochseeflotte war unter alliierte Kontrolle zu stellen. Deutschland erfüllte all diese Forderungen ordnungsgemäß und zum vorgeschriebenen Zeitpunkt und war damit außer Lage gesetzt, die Kampfhandlungen wieder aufzunehmen. Es hatte den Krieg eindeutig verloren.[7]

Die Situation in Deutschland

Die Ursachen für die deutsche Niederlage waren außer militärisch-strategischer Natur vor allem auch wirtschaftlicher und politischer Art. Deutschland hatte einfach nicht genug Rohstoffe und Lebensmittel, um einen langen Krieg führen zu können, und die erfolgreiche englische Blockade verhinderte die Einfuhr aus Übersee. Die Heimat hungerte und litt unter Knappheit an allem zum Leben Notwendigen. Die Winter von 1917 und 1918 brachten furchtbares Elend. Daß die Engländer die Blockade noch bis zum Sommer 1919 fortsetzten, haben die Deutschen lange nicht vergessen. Die wirtschaftliche Lage und die geringen Aussichten, eine militärische Entscheidung herbeizuführen, veranlaßten die unabhängigen Sozialdemokraten und die Kommunisten für den Frieden zu agitieren. Sie riefen Streiks aus und versuchten die Streitkräfte durch Propaganda zu zersetzen. Im April 1917 sowie im Januar und Februar 1918 kam es zu lähmenden Streiks in der Rüstungsindustrie. Das Ziel war die Revolution nach russischem Vorbild. Arbeiterräte wurden gebildet und Verschwörungen in der Marine angezettelt. Die Besatzungen zahlreicher Kriegsschiffe verweigerten im Oktober 1918 den Gehorsam, als in letzter Minute noch der Befehl zum Auslaufen kam. Die Frontarmee blieb von der revolutionären Agitation bis fast zum Ende unberührt. Einen Tag vor Inkrafttreten des Waffenstillstands floh der Kaiser mit seiner Familie nach Holland und ließ sein Volk im Stich, gerade in dem Moment, wo die Not am größten war. Alle anderen deutschen Fürsten dankten ab, blieben jedoch in ihren Ländern. Das Volk war belogen worden und hatte kaum eine Ahnung von der wahren Lage an den Fronten. Nun brach der Haß aus gegen die führende Schicht, die Offiziere und Junker, die das Volk selbstgefällig und übermütig ins Verderben geführt hatte.

Revolution gegen die Monarchie -- Deutschland wird Republik

Die Revolution begann mit der Meuterei in der Marine und breitete sich von Kiel über Hamburg, Lübeck und Bremen nach innen aus. In München wurde bereits am 7. November die Republik ausgerufen, und am 9. November wurden die Regierungsgeschäfte dem sozialdemokratischen Reichstagsabgeordneten Friedrich Ebert übergeben. Die Republik wurde auch in Berlin verkündet, und ein Rat der Volksbeauftragten übernahm die Regierungsgewalt. Marxisten und Leninisten verlangten die blutige Revolution, den Bürgerkrieg, die Diktatur des Proletariats, aber die Mehrheit der deutschen Parteien widerstrebte der kommunistischen Revolution. Die Sozialdemokraten verhinderten die Errichtung eines kommunistischen Regimes in Deutschland, indem sie ein Bündnis mit den bürgerlichen Parteien und der Armee eingingen, und für den 19. Januar 1919 Wahlen zur Nationalversammlung ansetzten. Die Kommunisten antworteten mit dem Bürgerkrieg. Angeführt vom Aufstand der Marine brachen Straßenschlachten in Berlin und anderen großen Städten aus. Das Heer wurde eingesetzt und die Aufständischen niedergekämpft. Führende Kommunisten wie Rosa Luxemburg und Karl Liebknecht wurden von Offizieren erschossen. Zahlreiche weitere Aufstände wurden im Ruhrgebiet, in München und anderen Städten von

---

[7]   Von den rund 9 Millionen Toten und 21 Millionen Verwundeten des Ersten Weltkrieges betrugen deutsche Verluste rund 1,8 Millionen Tote und 4,3 Millionen Verwundete, österreichische Verluste rund 1,2 Millionen Tote und 3,7 Millionen Verwundete. Österreich verlor fast 90% seiner Streitkräfte durch Tod, Verwundung oder Gefangenschaft, Rußland 76%, Frankreich 73% und Deutschland 60%. Im ganzen standen auf beiden Seiten rund 60 Millionen Mann unter Waffen. (Siehe Encyclopaedia Britannica: World War 1!)

Freikorps[8] und Reichswehrtruppen niedergeworfen, oft nach blutigen Kämpfen und grauenhaften Ausschreitungen auf beiden Seiten. Die Gefahr des Umsturzes war im Sommer 1919 beseitigt. Eine demokratische Regierung wurde gewählt und eine neue Verfassung angenommen. Deutschland, vom Chaos bewahrt, wurde Republik, der jedoch schwere Zeiten bevorstanden.

Der Versailler Vertrag

Am 28. Juni 1919 unterzeichnete die neue Reichsregierung den Friedensvertrag von Versailles, der praktisch ein Diktat der Siegermächte war, das Deutschland unter Drohung der Wiederaufnahme der Kampfhandlungen annehmen mußte. Immerhin wurde durch die Annahme des Diktats das Reich als einheitliches Staatsgebilde erhalten. Eine Ablehnung hätte wahrscheinlich Besetzung und Zerstückelung bedeutet. Die Annahme belastete die neue Republik mit einer tiefen Demütigung, die zu ihrem Fall dreizehn Jahre später wesentlich mit beitrug.

Gebietsverluste

Die Neuziehung der Grenzen betraf fast ausschließlich den preußischen Staat: Elsaß-Lothringen fiel zurück an Frankreich, das ebenfalls das Saarland auf 15 Jahre in seinen Wirtschaftsbereich übernahm. Empfindlich waren die Verluste im Osten. Die neugebildeten Staaten Polen und die Tschechoslowakei übernahmen Millionen von Deutschen in ihren Staatsbereich, was den Nationalsozialisten Futter für ihre Forderung gab, daß alle Deutschen ins Reich "heimkehren" sollten. Ostpreußen wurde durch den sogenannten polnischen Korridor (Posen und Westpreußen) von der Hauptmasse des Reiches abgetrennt. Damit erhielt Polen Zugang zur Ostsee, aber Deutschland war durch diese unglückliche Lösung in zwei Teile geteilt. Danzig wurde zum Freistaat erklärt. Kohlen- und industriereiche Teile Oberschlesiens fielen an Polen, das Memelland an Litauen und Nordschleswig an Dänemark. Alle Kolonien und aller überseeischer Besitz ging verloren.

Das Gebiet links des Rheins und auf 50 km Breite rechts des Rheins mußte entmilitarisiert werden, und die französischen, britischen und amerikanischen Besatzungen sollten auf 15 Jahre dort stationiert bleiben. Alle großen deutschen Flüsse und Kanäle wurden internationalisiert und von einer internationalen Kommission verwaltet. Fast alle diese Bestimmungen lassen sich verstehen und konnten von Deutschland hingenommen werden, da es den Krieg verloren hatte; eine Ausnahme ist die Errichtung des polnischen Korridors, die auf die Dauer eine fehlerhafte Lösung war, da sie bereits den Keim für zukünftige Auseinandersetzungen in sich trug.

Abrüstungsbedingungen und die Schuldfrage

Die Abrüstungsbestimmungen des Vertrages reduzierte die deutsche Armee auf ein Berufsheer von 100 000 Mann, das "nur für die Erhaltung der Ordnung innerhalb des deutschen Gebietes und zur Grenzpolizei bestimmt" war. Der Bau und Besitz von Panzern, Unterseebooten, Militärflugzeugen und anderen schweren Waffen wurde untersagt. Die Flotte wurde auf 36 hauptsächlich kleinere Schiffe verringert.[9] Am schwersten trafen Deutschland die wirtschaftlichen Bestimmungen und Artikel 231, der das Reich für den Krieg allein verantwortlich machte:

> "Die alliierten und assoziierten Regierungen erklären, und Deutschland erkennt an, daß Deutschland und seine Verbündeten als Urheber für alle Verluste und Schäden verantwortlich sind, die die alliierten und assoziierten Regierungen und ihre Staatsangehörigen infolge des Krieges, der ihnen durch den Angriff Deutschlands und seiner Verbündeten aufgezwungen wurde, erlitten haben."

---

[8] Freikorps waren militärische Verbände, die von Freiwilligen gebildet wurden. Sie kämpften hauptsächlich an der Ostgrenze als Grenzschutz und gegen die kommunistischen Aufstände.

[9] Nach dem Krieg wurde die deutsche Hochseeflotte (9 Schlachtschiffe, 5 Schlachtkreuzer, 7 Kreuzer und 50 Zerstörer) bei Scapa Flow auf den Orkney Inseln interniert. Dort gab der deutsche Admiral im Juni 1919 den Befehl die Flotte zu versenken.

Dieser Artikel erregte gerechterweise große Empörung unter allen Parteien von der Rechten bis zur Linken, denn er verletzte tief das deutsche Ehrgefühl und den Gerechtigkeitssinn.

Reparationen und die Zerschlagung Österreichs

Die Höhe der Reparationszahlungen wurde zunächst nicht festgelegt, und Deutschland mußte sich zur Zahlung von Beträgen verpflichten, deren Höhe es nicht kannte. Zunächst wurde die Summe von 5 Milliarden Goldmark[10] und außerdem ungeheure Lieferungen von Holz, Stahl, Kohle, Maschinen, Vieh, Pferden, Schweinen usw. verlangt. Der Kaiser und andere führende Persönlichkeiten seien auszuliefern und sollten von alliierten Gerichtshöfen als Kriegsverbrecher abgeurteilt werden. Letzteres wurde nicht erfüllt, da es sinnlos und undurchführbar war. Immerhin hatten diese Männer aus gutem vaterländischem Empfinden -- wenn auch vielfach falsch und unweise -- gehandelt. Schließlich verbot der Vertrag den Anschluß Österreichs an das Reich. Österreich war zu einem Kleinstaat erniedrigt worden und hatte all seine nichtdeutschsprechenden Teile im Norden, Osten und Süden verloren, auf die es jedoch weiterhin wirtschaftlich angewiesen war. Eine Verbindung mit Deutschland, die Österreich anstrebte, wäre natürlich gewesen. Im Norden von Österreich entstand die Tschechoslowakei, in der Deutsche (die sogenannten 3 Millionen Sudetendeutschen), Tschechen und Slowaken zusammenleben mußten. Dieser Staat wurde von Hitler überrannt, nach dem Zweiten Weltkrieg von Kommunisten regiert und zerfiel nach dem Zusammenbruch der Sowjetunion in zwei Teile. Südtirol, mit vorwiegend deutscher Bevölkerung, kam zu Italien und wurde jahrzehntelang zum Streitobjekt zwischen Österreich und Italien. Auf dem Balkan wurde das "Königreich der Serben, Kroaten und Slowenen" gebildet, das sich ab 1929 Jugoslawien nannte. Es wurde nach dem Zweiten Weltkrieg von dem kommunistischen Dikatator Tito regiert, zerfiel nach dessen Tod, und die verschiedenen ethnischen Gruppen bekämpften sich in Bürgerkriegen. In all diesen verhängnisvollen Beschlüssen wurde die Forderung des amerikanischen Präsidenten Wilson nach Selbstbestimmung der Völker völlig außer acht gelassen und führte daher zu unüberwindlichen Schwierigkeiten.

War der Vertrag zu hart?

Der Vertrag, der selbst für damalige Verhältnisse außerordentlich hart war, war hauptsächlich von Frankreich und England ausgearbeitet worden, die Revanche und Erniedrigung suchten. Die 14 Punkte Wilsons auf Grund derer Deutschland den Waffenstillstand abgeschlossen hatte, wurden kaum beachtet. Die Vereinigten Staaten ratifizierten den Vertrag von Versailles daher auch nicht und nahmen an späteren Verhandlungen nicht mehr teil. Am Völkerbund beteiligten sich die U.S.A. ebenfalls nicht. Deutschland wurde die Mitgliedschaft anfangs auch verweigert. Das war ein weiterer schwerer Fehler, denn damit besaß es keine Möglichkeit, seine Wünsche an dieser Stelle vorzubringen, da doch der Völkerbund zum großen Teil für deutsche Interessen und Zukunft zuständig war. Die ganze Verbitterung, die der Friedensvertrag hervorrief, wandte sich gegen diesen Völkerbund. Für die neue Demokratie waren die harten Bedingungen des Versailler Vertrages eine ungeheure wirtschaftliche und politische Belastung, unter der sie schließlich zusammenbrach. Anstatt die demokratische Entwicklung in Deutschland durch intelligente und versöhnliche Maßnahmen zu fördern, verhinderte man sie durch unversöhnliche Racheakte, bis es leider schließlich zu spät war. Im nächsten Kapitel werden wir besprechen, wie der Versailler Vertrag dazu beitrug, die Republik zu Fall zu bringen.

---

[10] Später wurde die Gesamtsumme auf 132 Milliarden Goldmark festgesetzt, wovon Deutschland etwa die Hälfte bezahlte.

STUDIENFRAGEN ZUM KAPITEL <u>DIE REGIERUNGSZEIT KAISER WILHELMS II</u>

1. Besprechen Sie die Schwächen des deutschen Kaisers und wie diese zu Schwierigkeiten zwischen Deutschland und seinen Nachbarn führen.
2. Welche Fehler macht Deutschland in der Außenpolitik?
3. Welche Kolonien erwirbt Deutschland und aus welchem Grund erwirbt es sie?
4. Besprechen Sie die Rolle der deutschen Hochseeflotte im Kaiserreich: Was ist der Grund für den Bau einer großen Hochseeflotte? Warum ist diese Entscheidung verhängnisvoll? Bedenken Sie wie teuer der Bau und die Instandhaltung einer großen Flotte ist, wie das Geld hätte für andere Zwecke verwendet werden können, welche Rolle die Flotte im Krieg spielt und die Rolle der Matrosen in der Meuterei am Ende des Krieges. Was geschieht mit all den Schiffen schließlich?
5. Was verstehen Sie unter "Einkreisung des Reiches? Wie kommt diese zustande?
6. Besprechen Sie, wie die Balkankrise zum Ausbruch des Ersten Weltkriegs führt.
7. Welche Staaten sind Deutschlands Verbündete und wie beurteilen Sie die Stärke oder Schwäche dieser Verbündeten?
8. Wer steht auf der Gegenseite?
9. Besprechen Sie den Verlauf des Krieges an der Westfront. Was verstehen Sie unter Grabenkrieg?
10. Wer gewinnt die Skagerakschlacht? Erklären Sie Ihre Antwort.
11. Wie verläuft der Krieg im Osten? Welchen Einfluß hat die kommunistische Revolution in Rußland auf die Kampfhandlungen?
12. Was ist die Lusitania und warum wird sie von deutschen U-Booten versenkt?
13. Aus welchen Gründen erklären die USA den Krieg gegen Deutschland?
14. Wie kommt der Krieg schließlich zu Ende?
15. Was sind die Bedingungen des Waffenstillstandes?
16. Was ist die Situation in Deutschland 1917 und 1918?
17. Warum mißlingt es den Kommunisten, in Deutschland eine Diktatur zu errichten?
18. Wie beurteilen Sie die Flucht des Kaisers?
19. Warum unterzeichnet Deutschland den Versailler Vertrag?
20. Welche Gebiete muß Deutschland abtreten?
21. Besprechen Sie die anderen Bedingungen des Vertrages.
22. Wer bekommt die ganze Schuld am Krieg? Warum verfügen die Alliierten das? Wie beurteilen Sie diese Entscheidung?
23. Wofür muß Deutschland Reparationen zahlen und wie hoch sind diese Zahlungen?
24. Welche Gebiete verliert Österreich und wie wirkt sich das auf dieses kleine Land aus?
25. Meinen Sie, daß man den Anschluß Österreichs an Deutschland hätte erlauben sollen? Warum oder warum nicht?
26. Welche neuen Staaten werden aus ehemaligen österreichischen Gebieten gebildet und was ist deren Zukunft?
27. Was halten Sie von den Bedingungen des Versailler Vertrages? Was hätte man ihrer Meinung nach anders machen können oder sollen?

KAPITEL 19
DIE WEIMARER REPUBLIK

Worum geht es in diesem Kapitel?

Nach dem verlorenen Ersten Weltkrieg wird Deutschland zum ersten Mal in seiner Geschichte eine demokratische Republik, die aber mit großen politischen und wirtschaftlichen Schwierigkeiten zu kämpfen hat und nur 14 Jahre besteht. Die Republik bricht 1933 endgültig unter dem Druck der vielen Probleme zusammen, und Adolf Hitler errichtet die nationalsozialistische Diktatur. Wir erfahren in diesem Kapitel, wie es den Nationalsozialisten gelingt, die Demokratie zu untergraben und ihre totalitäre Herrschaft zu errichten.

Wie gehen wir vor?

1. Jeder Abschnitt hat eine Überschrift. An Hand dieser Überschriften können Sie sich einen Gesamtüberblick über das ganze Kapitel verschaffen.
2. Lesen Sie die einzelnen Abschnitte.
3. Machen Sie nach jedem Abschnitt eine kurze Pause und prüfen Sie sich (möglichst laut), ob Sie das Gelesene verstanden haben.
4. Prüfen Sie sich auch am Ende des ganzen Kapitels, ob Sie das gesamte Material zusammenfassen können.
5. Wiederholen Sie das Material mit Hilfe der Studienfragen am Ende.

Lernziele:

In diesem Kapitel lernen Sie,

1. was die Lage in Deutschland nach dem Krieg ist und warum die Nationalversammlung in Weimar tagt.
2. wie die neue Verfassung aussieht und welche Schwächen sie hat, die der Republik mit zum Verhängnis werden.
3. wer Adolf Hitler und seine Partei ist.
4. wie es zur Inflation kommt und wozu die Inflation führt.
5. wer Hindenburg ist.
6. warum Gustav Stresemann ein großer Staatsmann ist, was er für die neue Republik erreicht, aber welche Probleme er nicht lösen kann.
7. wie es Hitler und seiner Partei gelingt, die politische Macht an sich zu reißen.

Die Lage in Deutschland nach der Kapitulation

Nach dem verlorenen Krieg wurde eine kommunistische Diktatur in Deutschland durch das Bündnis zwischen Friedrich Ebert, dem Führer der Sozialdemokraten, den bürgerlichen Parteien und der Reichswehr verhindert. Ebert, als Vorsitzender der stärksten Fraktion im Reichstag -- der Sozialdemokraten -- hatte das Amt des Kanzlers nach der Flucht des Kaisers übernommen und alle Beamten aufgerufen, im Amt zu bleiben. Die Armee kehrte im ganzen ordnungsgemäß und diszipliniert in ihre Garnisonen zurück und stand weiter unter dem Befehl ihrer Offiziere. Hindenburg blieb Oberkommandierender der Streitkräfte und erkannte die neue Regierung an. Ebert konnte also auf die Unterstützung des Heeres und der Beamten gegen die radikale Linke rechnen, deren Revolution unter diesen Umständen nicht erfolgreich sein konnte. Außerdem einigten sich Kapital und Gewerkschaften friedlich: Die Forderungen der Gewerkschaften (Anerkennung, 8-Stunden-Tag, Bildung von Gewerkschaftsräten usw.) wurden von den Arbeitgebern angenommen.

Die Nationalversammlung in Weimar

Für den 19. Januar 1919 wurden die Wahlen zur Nationalversammlung angesetzt, deren Aufgabe es war, die neue demokratische Verfassung auszuarbeiten. Das allgemeine Wahlrecht war verkündet worden und zum ersten Mal beteiligten sich die Frauen an den Wahlen. Keine Partei gewann die absolute Mehrheit, aber die Sozialdemokraten erhielten die meisten Stimmen (11 1/2 von 30 Millionen). Von den 421 Delegierten waren 163 Sozialdemokraten, 92 Mitglieder der Zentrums-Partei und 75 Mitglieder der Demokratischen Partei. Am 6. Februar 1919 eröffnete Friedrich Ebert die Nationalversammlung in Weimar, dem Thüringischen Städtchen, nach dem das Dokument, das hier beschlossen wurde, die Weimarer Verfassung heißt. Man traf sich ganz bewußt in Weimar, da man sich mit der klassisch-humanistischen Tradition von Goethe und Schiller, nicht aber mit dem Geist von Potsdam identifizieren wollte. Die Verfassung, die im August angenommen wurde, ist im Prinzip der amerikanischen Verfassung ähnlich und zählt zu den bedeutenden Freiheitsdokumenten des Westens. Sie bestätigt die menschlichen Grundrechte.

Die Verfassung der Weimarer Republik

Persönliche Freiheit:

ARTIKEL 114: Die Freiheit der Person ist unverletzlich. Eine Beeinträchtigung oder Entziehung der persönlichen Freiheit durch die öffentliche Gewalt ist nur auf Grund von Gesetzen zulässig.

Freie Meinungsäußerung:

ARTIKEL 118: Jeder Deutsche hat das Recht, innerhalb der Schranken der allgemeinen Gesetze seine Meinung durch Wort, Schrift, Druck, Bild oder in sonstiger Weise frei zu äußern. An diesem Rechte darf ihn kein Arbeits- oder Angestelltenverhältnis hindern, und niemand darf ihn benachteiligen, wenn er von diesem Rechte Gebrauch macht. Eine Zensur findet nicht statt, doch können für Lichtspiele durch Gesetz abweichende Bestimmungen getroffen werden.

Versammlungsfreiheit:

ARTIKEL 123: Alle Deutschen haben das Recht, sich ohne Anmeldung oder besondere Erlaubnis friedlich und unbewaffnet zu versammeln.

Glaubensfreiheit:

ARTIKEL 135: Alle Bewohner des Reiches genießen volle Glaubens- und Gewissensfreiheit. Die ungestörte Religionsausübung wird durch die Verfassung gewährleistet und steht unter staatlichem Schutz.

Lehrfreiheit:

ARTIKEL 142: Die Kunst, die Wissenschaft und ihre Lehre sind frei. Der Staat gewährt ihnen Schutz und nimmt an ihrer Pflege teil.

Parlament und Regierung

Die gesetzgebende Gewalt liegt im Reichstag und im Reichsrat. Reichstagsabgeordnete werden auf vier Jahre gewählt. Die Regierung ist dem Reichstag verantwortlich. Der Reichsrat ist die Vertretung der Länder. Der Reichspräsident ernennt den Reichskanzler und dieser die Reichsregierung. Kanzler und Regierung sind natürlich auf die Unterstützung des Reichstags angewiesen.

Schwächen der Verfassung

Die Hauptschwäche der Verfassung lag in der Tatsache, daß jede Partei, die bei den Wahlen Stimmen erhielt, ihre Abgeordneten in den Reichstag bringen konnte, was zur Zersplitterung führte und zum Fall von vielen Regierungen, da keine Partei von 1919 bis 1933 je die absolute Mehrheit gewann und daher jede Regierung auf die Unterstützung mehrerer Parteien angewiesen war. Sobald eine Partei diese Unterstützung versagte, wurde die Regierung gestürzt, eine Tragödie, die sich in den 14 Jahren der Weimarer Republik etwa zwanzigmal wiederholte. Zum Verhängnis wurde der Republik schließlich Artikel 48, der im Falle der Gefährdung der öffentlichen Sicherheit und Ordnung, dem Reichspräsidenten die Macht gab, mit bewaffneter Macht einzuschreiten und die Grundrechte außer Kraft zu setzen.

Opposition und Angriffe gegen die Republik

Die Verfassung war eine Kompromißlösung, die keine der bestehenden Oppositionsparteien befriedigte, am wenigsten die Marxisten und die Nationalisten. Die neue Republik hatte von Anfang an viele Feinde und mußte mit einer starken Opposition von links und von rechts rechnen. Dabei war die Rechtsopposition viel gefährlicher, weil gegen die Kommunisten jederzeit die Reichswehr eingesetzt werden konnte, deren Offiziere jedoch mit der Rechten gute Beziehungen aufrecht erhielten.

Die ersten vier Jahre waren besonders schwierig für die Republik, und sie mußte sich immer wieder vor Angriffen von Extremisten schützen. Der sogenannte Kapp-Putsch, ein Unternehmen, das von reaktionären Politikern und Generälen gegen die Regierung unternommen wurde (März 1920), scheiterte an der Opposition der Regierungsparteien und der Arbeiterschaft, die in den Generalstreik traten. Aber der Nationalismus blieb stark, besonders in militärischen Kreisen, die immer noch mit der Wiederherstellung der Monarchie rechneten.

Freikorps und Geheimorganisationen

Die Abdankung der Offiziere und Soldaten wurde ein Problem. Da nicht alle in die Reichswehr übernommen werden konnten, gingen viele zur Polizei, die dadurch einen merklich militärischen Charakter erhielt, oder zu den sogenannten Freikorps. Diese freiwilligen Truppen kämpften erfolgreich gegen Kommunisten, besonders in den östlichen Grenzgebieten, wo sie gegen "Bolschewisten" und Polen vorgingen. Als sich die Lage im Osten beruhigte, wurden die Freikorps ein Instrument in den Händen der Nationalisten. Sie wurden heimlich von der Armee mit Waffen und Geld unterstützt. Schließlich wurden sie offiziell für illegal erklärt, aber inoffiziell existierten sie als Geheimorganisationen weiter und taten das Ihre, den Rechtsstaat zu bekämpfen. Wichtige Demokraten, wie die Minister Erzberger und Rathenau sowie Hunderte von weniger bekannten Persönlichkeiten, wurden von Angehörigen solcher Organisationen ermordet. Die radikalen Elemente fühlten sich angesprochen von den Nationalsozialisten, denen es schließlich gelang, die meisten der rauflustigen, oft verbrecherisch gesinnten Antirepublikaner unter ihrem Banner zu vereinigen.

Adolf Hitler und die NSDAP

Der Erfolg der Nationalsozialistischen Partei war hauptsächlich dem organisatorischen und rednerischen Talent Adolf Hitlers zu verdanken, einem arbeitslosen Gelegenheitsarbeiter aus Österreich, der im Krieg zum Unteroffizier befördert worden war und das Eiserne Kreuz erhalten hatte. Er war eine ziemlich verkrachte Existenz aber fand schließlich als Volksredner und Parteiführer seine eigentliche Berufung. Im Januar 1919 wurde er Mitglied Nummer 7 der Deutschen Arbeiterpartei, die sich unter seiner Leitung in München zu der äußerst erfolgreichen Nationalsozialistischen Deutschen Arbeiterpartei (NSDAP) entwickelte und Männer wie Ludendorff, Hermann Goering,[1] Alfred Rosenberg,[2] Rudolf Hess[3] und Ernst Roehm[4] anzog. Am 9. November 1923, einen Tag nach dem opernhaften Putsch im Münchner Bürgerbräu Keller, marschierte Hitler mit rund 1000 Anhängern gegen das Regierungsgebäude in München, um die Regierung abzusetzen und von Bayern aus die Führung des Reiches zu übernehmen. Bei der Feldherrnhalle schoß die Polizei auf die Revolutionäre, tötete 16 Nazis und schlug den Rest, darunter Hitler, in die Flucht. Hitler wurde zu fünf Jahren Haft verurteilt, von denen er dreizehn Monate absaß. Während dieser Zeit schrieb er sein Buch *Mein Kampf*, das zur Bibel des Nationalsozialismus wurde.

---

[1] Hermann Goering war ein bekannter Fliegeroffizier, der nach Richthofens Tod den Befehl über die berühmte Richthofen Jagdfliegerstaffel übernommen hatte. Er befehligte bald die SA.

[2] Rosenberg wurde ein führender Parteiideologe und übernahm die Leitung des *Völkischen Beobachters*, der nationalsozialistischen Presse.

[3] Hess wurde Hitlers Sekretär und Stellvertreter. Er flog während des Krieges unter mysteriösen Umständen nach England, wurde verhaftet und nach dem Krieg zu lebenslänglicher Haft in Berlin verurteilt.

[4] Roehm war Offizier und spielte eine große Rolle in den ersten Jahren der Parteibewegung. Er übernahm die Führung der SA, wurde aber 1934 auf Befehl von Hitler ermordet und von Heinrich Himmler übertrumpft.

Die Reparationsforderungen und die Inflation

Im Sommer 1921 überreichte die alliierte Reparationskommission der deutschen Regierung die Reparationsforderung in Höhe von 132 Milliarden Goldmark, für Deutschland eine unfaßliche Summe, die es unmöglich zahlen konnte.[5] Die Nachricht schlug wie eine Bombe ein und führte zu mehreren ernsten Krisen, die mit dem totalen Zusammenbruch der deutschen Währung endeten. Seit 1919 herrschte im Lande die Inflation, die den Wert der Reichsmark von Jahr zu Jahr verringerte. Für die Inflation lassen sich drei Hauptgründe anführen:

1) Schulden und Zinsen für Kriegsanleihen waren ungeheuer hoch, und neue Kredite wurden nicht gewährt.
2) Die Reparationszahlungen leerten die Goldreserven und nahmen der Mark ihre Deckung.
3) Die Ruhrbesetzung von 1923.

Die französische Besetzung des Ruhrgebiets

Frankreich wollte unter allen Umständen ein Wiedererstarken Deutschlands verhindern und besetzte daher im Januar 1923 unter dem Vorwand, daß Deutschland fällige Reparationsbeträge nicht bezahlt hätte, das Ruhrgebiet. Die reichen Kohlengruben wurden von Frankreich und Belgien ausgebeutet und fielen für Deutschland als Kapital- und Steuerquelle aus. Der Impakt in Deutschland war Erschütterung, Haß und Verzweiflung. Die Arbeiter im Ruhrgebiet leisteten passiven Widerstand, der von der Regierung zunächst unterstützt wurde und viele Menschenleben sowie einen wirtschaftlichen Schaden von über 4 Milliarden Goldmark kostete. Schließlich mußte der passive Widerstand aufgegeben werden. Im Herbst des Jahres 1923 hatte die Inflation phantastische Ausmaße erreicht. Löhne wurden täglich gezahlt und mit dem Geld sofort Notwendiges gekauft, da es in ein paar Stunden bereits wertlos war. Eine Briefmarke kostete 1 Milliarde Mark und eine Straßenbahnfahrt 100 Milliarden. Schließlich war das Umtauschverhältnis von 1 Dollar zu 1 Mark 1:4 000 000 000 000, so daß dann die Inflation in sich zusammenbrach und eine neue Währung die alte Reichsmark ersetzte: die Rentenmark, die durch den gesamten Grundbesitz in Deutschland gedeckt war.

Die Folgen der Inflation

Die Folgen der Inflation waren außerordentlich und hinterließen im deutschen Volk unverwischliche Spuren. Der Mittelstand verlor sein Vermögen und seine Ersparnisse und verarmte. Hypotheken, Versicherungen und Wertpapiere wurden völlig entwertet. Großkapitalisten und Spekulanten konnten entweder ihr Vermögen retten oder in kurzer Zeit gewaltigen Besitz ansammeln, aber die Existenz des kleinen Mannes war zerstört. Man suchte nach den Schuldigen und prangerte die Juden und die sozialdemokratische Regierung an, die man bereits für die Unterzeichnung des Versailler Vertrages verantwortlich gemacht hatte. Der Antisemitismus blühte auf, und das Judentum wurde der bequemste Blitzableiter für die enttäuschte Mittel- und Unterschicht. Arbeiter und einzelne Akademiker wandten sich dem Kommunismus zu; die verarmten Bürger, Handwerker, Kleinhändler, die schlecht bezahlten Lehrer und Beamten, weibliche Angestellte, Pensionäre und abgedankte Offiziere suchten Trost und Hoffnung im Nationalsozialismus, dessen unablässige Propagandamaschine gegen Versailles, die Sozialisten und Kommunisten und gegen die Juden randalierte. Die Republik wurde von allen Seiten angefeindet und gehaßt. Die Anhänger der Weimarer Koalition[6] hatten am meisten unter der Inflation gelitten und wandten sich nach links oder rechts,[7] und die Regierung machte eine allmähliche Rechtsdrehung mit. Nach dem Tod von Friedrich Ebert, der seit 1919 Reichspräsident gewesen war, wurde 1925 der Held von Tannenberg, Generalfeldmarschall von Hindenburg, zum Präsidenten gewählt. Viele erhofften sich eine Wiederherstellung des Kaiserreiches, aber Hindenburg blieb

---

[5] Die Summe sollte in 42 Jahren (1963) abbezahlt werden. Deutschland stellte 1933 die Reparationszahlungen ein. Im ganzen hat es etwa Beträge in Höhe von 70 Milliarden Goldmark geleistet.

[6] Die Regierung wurde von einer Koalition der Mitte getragen, zu der außer den Sozialisten, die Demokraten und das Zentrum gehörten. Da diese Koalition bereits in den ersten Reichstagswahlen von 1920 die Mehrheit verlor, war sie auf die Unterstützung der Volkspartei angewiesen, der die Schlüsselstellung zuviel.

[7] Außer den Nationalsozialisten, die vor 1929 noch keinen großen Einfluß hatten, waren die Deutschnationalen (DNV) die Hauptvertretung der politischen Rechten. 1924 waren sie mit 111 Abgeordneten vorübergehend die stärkste Partei im Reichstag

seinem Eid treu und unterstützte die Republik bis 1932. Eine Zeitlang war er das Element, das der Republik Stabilität gab und um das sich Anhänger aller Parteien scharen konnten, aber am Ende konnte er den Untergang nicht verhindern.

Die Stresemann-Periode

In den fünf Jahren von 1924 bis 1929 erfreute sich die Republik einer gewissen politischen Stabilität und einer wirtschaftlichen und kulturellen Blüte. Man hat diese Zeitspanne auch die Stresemann-Periode genannt und damit den Verdienst des Politikers Gustav Stresemann (1878-1929) anerkannt, der zum großen Teil für die Blüte bis 1929 verantwortlich war. Stresemann war nur für kurze Zeit Reichskanzler, gehörte jedoch der Regierung von 1923 bis zu seinem Tod als Außenminister an. Es gelang seiner Regierung, die Inflation einzudämmen und die Währung zu stabilisieren. Der Dawes-Plan, der 1924 angenommen wurde, regelte die Reparationszahlungen und sicherte die deutsche Währung durch ausländische Kredite. Durch Stresemanns Vermittlung räumten die Franzosen das Ruhrgebiet. Im Vertrag von Locarno wurden Deutschlands Grenzen garantiert. Stresemann wurde von seinen ausländischen Kollegen anerkannt und geachtet, wodurch Deutschlands Prestige in der Welt erheblich wuchs. Die Folge war die Aufnahme in den Völkerbund im September 1926. Mit Rußland wurde ein Freundschafts- und Neutralitätsvertrag abgeschlossen mit dem Resultat einer größeren deutsch-russischen Verständigung. Auch mit England und Frankreich verbesserten sich die Beziehungen durch Stresemanns konziliatorische Politik.

Stresemanns Mißerfolge und sein allzu früher Tod

Leider blieben Stresemanns Versuche, die Reparationsleistungen zu erleichtern, die Frage des polnischen Korridors und der Grenzen in Oberschlesien zu lösen, erfolglos. In den Wahlen von 1928 verloren die Radikalen an Stimmen zugunsten der Mittelparteien, die Stresemanns Politik unterstützten, aber die erfolglosen Reparationsverhandlungen und die seit zwölf Jahren andauernde Besetzung des Rheinlandes durch französische Truppen begann wiederum die Atmosphäre zu verpesten. Am 3. Oktober 1929 starb Stresemann, gerade in dem Augenblick, in dem Deutschland diesen intelligenten Staatsmann am meisten brauchte. Sehr wahrscheinlich wäre er 1932 zum Präsidenten gewählt worden, und damit wäre der Nationalsozialismus nicht an die Macht gekommen.

Mutmaßungen!

Die Fehler der Alliierten

Vielleicht hätte sich die Machtübernahme der Rechtsradikalen auch verhindern lassen, wenn die Westmächte Stresemann nur einen Teil seiner friedlichen Forderungen erfüllt hätten. Einige Jahre später, als es längst zu spät war, nahm Hitler mit Gewalt weit mehr als Stresemann gefordert hatte, und da ließen die Westmächte ihn ruhig gewähren. Warum bestand man weiterhin auf einer Politik unvernünftiger Revanche und Unterdrückung Deutschlands? Warum erleichterte man nicht die erdrückende Last der Reparationszahlungen, als die Republik noch zu retten war? Warum forderten die französischen Banken ihre Kredite zurück, und warum ermöglichte man dem Reich keine neuen Anleihen? Warum hielten die Franzosen das Rheinland weiterhin besetzt? Konnte man nicht einsehen, daß all die unvernünftigen, verbohrten Handlungen direkt in die Hände der Rechtsradikalen spielten, die mit einer neuen Flut von Haßpropaganda das deutsche Volk gegen die führenden Männer der Republik aufhetzten?

Das Arbeitslosenproblem

Die Evakuierung des Rheinlandes im Sommer 1930 kam zu spät und wurde überschattet vom Zusammenbruch des amerikanischen Marktes und der darauffolgenden Weltwirtschaftskrise. In Deutschland blieben die Kredite aus, und die Zahl der Arbeitslosen begann von Jahr zu Jahr zu steigen. Im Sommer 1932 erreichte sie die alarmierende Höchstzahl von über 6,8 Millionen, rund 34% der Arbeiterschaft. Die wirtschaftliche Lage in Österreich war noch verzweifelter als in Deutschland, aber ein Anschluß an das Reich, selbst eine Zollunion wurde besonders von Frankreich heftig abgelehnt. Als Folge brach die österreichische Kreditanstalt im Mai 1931 zusammen, was als Schlag gegen die politische Ordnung angesehen werden muß.

Brünings fataler politischer Fehler: Neuwahlen

Die immer schlechter werdende wirtschaftliche Lage brachte zunehmendes politisches Chaos mit sich. Die Staatsmänner der Republik verloren die Kontrolle über den Staat, und die Rechte und Linke gingen zielbewußt und brutal auf die Zerstörung der Republik aus und auf ihre eigene Machtergreifung. Im März 1930 wurde Heinrich Brüning, der Vorsitzende der Zentrumsfraktion, zum Kanzler ernannt. Zu seinen ersten Maßnahmen gehörten die Inkraftsetzung von Notverordnungen gestützt auf Artikel 48 und die Auflösung des Reichstags im Juli 1930. Diese Handlung haben namhafte Historiker als äußerst fatal bezeichnet, denn die Koalition besaß eine Mehrheit von 100 Stimmen über die gesamte Opposition der Kommunisten, Deutschnationalen und Nationalsozialisten. In den Neuwahlen im September dagegen erhielten die Nationalsozialisten 6 1/2 Millionen Stimmen und wurden mit 107 Sitzen (gegenüber 12 vorher) die zweitstärkste Partei im Reichstag. Die Kommunisten erhöhten ihre Sitze ebenfalls von 54 auf 77, so daß die radikale Opposition ungeheuer erstarkt war und die Regierungsparteien nicht mehr wirksam handeln konnten. Man nimmt an, daß die Nationalsozialisten zwei Jahre später, in den Wahlen von 1932, weit weniger erfolgreich gewesen wären, hätte Brüning den Reichstag nicht aufgelöst und damit die Wahlen von 1930 verhindert.

Zunehmendes politisches Chaos und Anarchie

Zusammen begannen Kommunisten und Nationalsozialisten nun die Sitzungen des Reichstags durch Randalieren, Sprechchöre und Absingen von Kampfhymnen in Chaos zu verwandeln. Die Folge war, daß die Regierung immer mehr mit Hilfe von Verordnungen anstatt demokratischer Beschlüsse zu regieren gezwungen war. Auch auf den Straßen herrschte die Anarchie. In blutigen Straßenschlachten bekämpften sich Rotgardisten (Kommunisten) und Braunhemden, wie man die Mitglieder der SA nannte. Die paramilitärischen Organisationen wie SA und SS[8] wurden schließlich verboten, aber das Verbot nie ausgeführt. Morde von Mitgliedern der politischen Opposition, Einschüchterungen durch Drohungen und Folterungen wurden immer häufiger. Auch in Gemeinde- und Länderregierungen[9] begannen sich die Nationalsozialisten durchzusetzen.

Hindenburg wird zum zweiten Mal Präsident

1932 fanden Neuwahlen für das Amt des Reichspräsidenten statt. Da die Republik keinen Mann vom Ansehen Stresemanns besaß, wurde der rasch alternde Hindenburg noch einmal aufgestellt und gewann mit 19,4 Millionen Stimmen gegen Adolf Hitler, für den jedoch immerhin 13,4 Millionen Deutsche stimmten. Terror und Chaos verstärkten sich. Deutschland wurde praktisch diktatorisch regiert durch Verordnungen Hindenburgs, der Brüning entließ und immer mehr unter den Einfluß reaktionärer Männer geriet.

Der Wahlsieg der NSDAP

Am 31. Juli 1932 fanden neue Reichstagswahlen statt. Mit einer unglaublichen Flut von Wahlpropaganda, mit Tausenden von emotionalen Wahlansprachen, mit Flaggenparaden und Umzügen und mit Mord und Totschlag trommelten die Nationalsozialisten die Wähler zusammen und appellierten besonders erfolgreich an die fast sieben Millionen Arbeitslosen mit dem Versprechen, Arbeit für alle zu schaffen. Der Wahlsieg der Nationalsozialisten war überzeugend: Mit 230 Sitzen zogen sie in den Reichstag ein, und obgleich das nicht die absolute Mehrheit bedeutete, forderten sie die Übernahme der Regierung, aber Hindenburg verabscheute den "böhmischen Gefreiten". Der neue Reichskanzler von Papen löste den Reichstag auf und am 6. November fanden neue Wahlen statt, in denen die Nationalsozialisten dramatisch 2 Millionen Stimmen und 35 Sitze verloren; sie hatten den Höhepunkt ihrer Popularität überschritten. Konnte die Republik den gewaltigen Ansturm von rechts vielleicht doch überstehen?

[handschriftliche Notiz am Rand: von 107 auf 230]

---

[8]   SA (Sturmabteilung) und SS (Schutz-Staffel) waren die politischen Kampftruppen der NSDAP. Die SA war zu Anfang der dreißiger Jahre durch ihre Saal- und Straßenschlachten und ihren Terror berüchtigt. Nach dem Röhmputsch (Juni 1934) verlor sie an Bedeutung. Die SS wurde 1925 zum "persönlichen Schutz" Hitlers aus der SA abgesondert. Unter Heinrich Himmler entwickelte sie sich zum politischen Kontrollorgan des Staates und übernahm die Kontrolle der Polizeigewalt. Berüchtigt wurde die SS vor allem als Terrorinstrument in Verbindung mit der Gestapo und der Verwaltung der Konzentrationslager.

[9]   In Preußen hatten sie seit 1932 die Mehrheit.

Adolf Hitler wird Reichskanzler

Trotz großem Druck weigerte sich Hindenburg zunächst weiterhin, Hitler zum Kanzler zu ernennen, bis ihm keine andere Möglichkeit mehr blieb. Endlich, nach langen Verhandlungen und mit Vorbedingungen ernannte der Reichspräsident am 30. Januar 1933 Adolf Hitler zum Kanzler. Damit waren die Nationalsozialisten an der Macht, die Republik war praktisch tot, der nackte Terror der Diktatur begann. Äußerlich war die Ernennung Hitlers zum Reichskanzler verfassungsmäßig legal, aber innerlich verstieß sie gegen die Verfassung, weil dadurch die Demokratie an ihre erklärten Feinde ausgeliefert wurde. Hindenburg war am Ende zu alt, um das Verhängnis abwenden zu können. Er war zu müde und stand zu sehr unter dem Einfluß wohlmeinender Ratgeber wie von Papen, der glaubte, Hitler und die Partei manipulieren zu können, einer Täuschung, der sich ebenfalls Vertreter der Großindustrie und der Armee hingaben. Die tragische Periode der Hitlerdiktatur werden wir im nächsten Kapitel verfolgen.

STUDIENFRAGEN ZUM KAPITEL <u>DIE WEIMARER REPUBLIK</u>

1. Besprechen Sie, wie in Deutschland nach dem Krieg eine kommunistische Diktatur verhindert wird.
2. Wer übernimmt die Regierungsgeschäfte und wird später Reichspräsident? Welcher Partei gehört er an?
3. Wie verhalten sich Offiziere und Soldaten?
4. Worauf einigen sich Arbeitgeber und Arbeitnehmer?
5. Wann und wo versammelt sich die Nationalversammlung? Warum gerade in dieser Stadt?
6. Was beschließt die Nationalversammlung?
7. Welche menschlichen Grundrechte garantiert die neue Verfassung den Deutschen?
8. Wer erhält zum ersten Mal das Wahlrecht?
9. Was ist der Unterschied zwischen Reichstag und Reichsrat?
10. Besprechen Sie die Schwächen der Verfassung und wie sich diese auf die Zukunft der Republik auswirken. (Besprechen Sie, wie die Gründer der Bundesrepublik diese Schwächen im Grundgesetz vermieden haben.)
11. Wer bedroht die neue Republik? Wie und warum?
12. Welche Rolle spielen die Freikorps und die Geheimorganisationen in der Republik? Halten Sie deren Einfluß für positiv oder negativ? Erklären Sie Ihre Antwort.
13. Was wissen Sie über Adolf Hitler und die NSDAP?
14. Warum scheitert der erste Putschversuch Hitlers in München?
15. Wer sind führende Männer in der NSDAP und welche Rolle spielen sie?
16. Was sind Reparationen? Warum muß Deutschland Reparationen zahlen? Wie hoch sind die Zahlungen?
17. Welches wichtige Industriegebiet besetzen die Franzosen? Unter welchem Vorwand tun sie das? Wozu führt das in Deutschland?
18. Wie kommt es in Deutschland zur Inflation? Was sind die Ausmaße der Inflation?
19. Besprechen Sie die Folgen der Inflation und erklären Sie, wie es dazu kommt?
20. Wie nutzt die rechtsgerichtete Propaganda die Inflation für ihre Zwecke aus? Wen machen sie für die wirtschaftlichen Probleme verantwortlich und wozu führt das am Ende? Halten Sie die Argumente der Opposition für gerechtfertigt?
21. Wer wird nach Eberts Tod Reichspräsident? Wer ist er? Wie erklären Sie sich, daß die Deutschen den höchsten Offizier zum Präsidenten wählen. Was erwarten sie vielleicht von ihm? Ist es verständlich, daß man sich in Notzeiten von einem starken Mann Lösungen verspricht? Denken Sie an Deutschlands Vergangenheit: Wann war Preußen oder Deutschland "stark"? (Friedrich der Große, Bismarck!) (Können Sie sich an Parallelen in der amerikanischen Geschichte erinnern, wo man auch einen General zum Präsidenten gewählt hat?)
22. Wer ist Gustav Stresemann und welche Erfolge hat er zu verzeichnen?
23. Was gelingt Stresemann jedoch nicht?
24. Welche Maßnahmen hätten Frankreich und England ergreifen können, um das ständige Anwachsen des Radikalismus in Deutschland zu verhindern, und welche Maßnahmen hätten sie vermeiden sollen?
25. Wie kommt es zu dem riesigen Ausmaß der Arbeitslosigkeit und wie wird diese zum politischen Problem in Deutschland?
26. Welche gravierenden Fehler macht Brüning? Wozu führen diese Fehler?
27. Wer gewinnt zum zweiten Mal die Wahlen zur Präsidentschaft? Wie viele Menschen entscheiden sich für Hitler? Wie erklären Sie sich das? Wie wirkt sich die Wahl eines alternden Präsidenten auf die politische Zukunft der Republik aus?
28. Wie kommen die Nationalsozialisten schließlich an die Regierung?
29. Wer wird schließlich Reichskanzler und welche Folgen hat das?
30. "Der Fall einer Republik." Besprechen Sie, welche Umstände zum Fall der Weimarer Republik beigetragen haben und wie der Fall der Republik hätte verhindert werden können. Besteht die Möglichkeit, daß auch in Ihrem Land eines Tages die Republik zu Fall gebracht werden könnte? Wie könnte das geschehen? Welche Verantwortung haben Sie als gebildeter und gut informierter Mensch, eine derartige Tragödie zu verhindern? Welche praktischen Maßnahmen können Sie ergreifen?

KAPITEL 20
DAS DRITTE REICH

Worum geht es in diesem Kapitel?

1933 ergreift Adolf Hitler die Macht in Deutschland und beginnt sofort die Demokratie zu beseitigen und eine blutige Diktatur zu errichten. Mit ungesetzlichen Maßnahmen stärkt er seine Macht immer mehr, rüstet Deutschland zu einer starken Militärmacht auf und bereitet sich Schritt für Schritt auf den Zweiten Weltkrieg vor. Dieser beginnt schließlich mit dem deutschen Angriff auf Polen und endet mit der totalen Niederlage Deutschlands und mit der sinnlosen Zerstörung großer Teile Europas. Als der Krieg im Mai 1945 zu Ende kommt, sehen sich die Deutschen einer so ungeheuren Katastrophe gegenüber, daß sie einsehen müssen, Deutschland gibt es nicht mehr und wird es in absichtbarer Zeit auch nicht wieder geben.

Wie gehen wir vor?

1. Verschaffen Sie sich einen Gesamtüberblick, indem Sie die Überschriften über die einzelnen Abschnitte studieren.
2. Lesen Sie jeden Abschnitt einzeln und machen Sie am Ende eine Pause. Wiederholen Sie die Informationen in jedem Abschnitt laut.
3. Fassen Sie am Ende des ganzen Kapitels die Informationen zusammen, am besten immer laut.
4. Die Studienfragen helfen Ihnen bei der Wiederholung der einzelnen Abschnitte und des ganzen Kapitels.

Lernziele:

In diesem Kapitel lernen Sie,

1. warum Hitler den Reichstag auflöst und wie der Reichstagsbrand ihm bei den neuen Wahlen gut gelegen kommt.
2. welche Maßnahmen Hitler ergreift, um seine Macht im Land zu festigen.
3. wer Roehm ist und warum Hitler ihn ermorden läßt.
4. wie Hitler die Arbeitslosigkeit beseitigt.
5. wie Hitler das Heer auf seine Seite bringt.
6. daß Hitler das Rheinland, Österreich und das Sudetenland besetzt und wie die Alliierten darauf reagieren.
7. daß der Zweite Weltkrieg mit dem deutschen und sowjetischen Angriff auf Polen beginnt.
8. daß Hitler zunächst im Westen und im Osten große militärische Erfolge hat.
9. daß sich das Kriegsglück langsam aber sicher wendet und die deutschen Armeen im Osten und im Westen besiegt werden.
10. was die großen Wendepunkte des Krieges sind.
11. wann und warum die USA in den Krieg gegen Deutschland eintreten.
12. wie der Krieg im Mai 1945 endlich zu Ende kommt.
13. welche großen Verbrechen die Nationalsozialisten begangen haben, aber daß auch die Alliierten Verbrechen gegen die Zivilbevölkerung begehen.

Adolf Hitler an der Macht

Für die Idealisten, die Adolf Hitler und seine Partei unterstützt hatten, war ein Traum in Erfüllung gegangen: das Unrecht von Versailles würde nun wiedergutgemacht werden, alle würden Arbeit und Brot haben, eine neue, starke Nation würde entstehen. Schnell zerrann dieser Traum und hinter den Parolen, die von der Beseitigung der Klassenherrschaft, des Bolschewismus und der Ausbeutung der arischen Rasse durch das Judentum sprachen, erhob sich der nackte Terror, der nun legal betrieben wurde und systematisch zur Ausrottung jeglicher Opposition führte. Was in Deutschland vor sich ging, kann als Musterbeispiel für die Errichtung einer Diktatur angesehen werden. Daß sich gegen die diktatorischen Maßnahmen der neuen Machthaber zunächst keine nennenswerte Opposition erhob, ist Beweis genug dafür, wie sehr das deutsche Volk von der Idee der Demokratie durch die Ereignisse der letzten 14 Jahre enttäuscht worden und wie wirksam die nationalsozialistische Propaganda und Unterdrückung war. Es bezeugt auch, wie sehr führende Männer der Politik, der Wirtschaft und der Armee den "böhmischen Gefreiten" unterschätzt hatten.

Die Auflösung des Reichstags und Terror auf den Straßen

Als erste Maßnahme der neuen Machthaber wurde der Reichstag aufgelöst und Neuwahlen für den 5. März 1933 angesetzt. Hitler hoffte die absolute Mehrheit zu erringen. Joseph Goebbels, der gerissene Propagandaleiter der Partei, hatte die Finanzen des Staates sowie sämtliche Rundfunkstationen und andere Mittel unter seiner Kontrolle. Auf den Straßen wurden die Kommunisten und Linkssozialisten von SA-Terroristen zusammengeschlagen oder ermordet, Demonstrationen untersagt und SA- and SS-Verbände als Hilfspolizei in Dienst gestellt. Nach und nach wurde die Geheime Staatspolizei (Gestapo) der SS unterstellt, und bis 1934 hatte Heinrich Himmler das Kommando über die ganze politische Polizei in Deutschland, die zum Rückgrat des Nationalsozialistischen Staates wurde.

Der Reichstagsbrand und der Beginn der Diktatur

Am 27. Februar brannte der Reichstag, und die Nazis verkündeten sofort, daß es das Signal des kommunistischen Aufstandes sei, daß die Kommunisten mit eiserner Hand vernichtet werden müßten. "Es gibt jetzt kein Erbarmen; wer sich uns in den Weg stellt, wird niedergemacht"[1] (Hitler). "Jeder kommunistische Funktionär wird erschossen, wo er angetroffen wird. Die kommunistischen Abgeordneten müssen noch in dieser Nacht aufgehängt werden" (Hitler am Tatort). Noch in derselben Nacht wurden 4000 Kommunisten und Gegner des Regimes verhaftet, kommunistische Zeitungen verboten und die Propagandamaschine der Sozialisten stillgelegt. Am nächsten Tag unterschrieb Hindenburg die von Hitler gewollte Notverordnung, die alle demokratischen Grundrechte außer Kraft setzte. Verhaftungen, Inhaftierungen und Hausdurchsuchungen konnten von der Polizei nach Belieben durchgeführt werden, Zeitungen zensiert oder verboten, Parteien und Vereine aufgelöst, das Eigentum beschlagnahmt und Versammlungen verboten werden. Polizeiliche Willkür herrschte. Am Wahltag erhielten die Regierungsparteien (NSDAP und DNVP) wie erwartet die absolute Mehrheit (340 von 647 Sitzen). Am 23. März stimmte der Reichstag mit der nötigen zwei Drittel Mehrheit (441 gegen die 94 Stimmen der Sozialisten)[2] für das Ermächtigungsgesetz, das der Regierung auf vier Jahre die Befugnis gab, ohne Parlament zu regieren und Gesetze sowie Änderungen der Verfassung zu erlassen. Nach vier Jahren war der Reichstag nur noch eine Fassade, dessen einzige Funktion darin bestand, die Propagandareden des Führers mit lautem Beifall zu unterstützen.

Die Maßnahmen der Hitlerdiktatur
- NS Organisationen -
"Ideologische Gleichschaltung"

In den folgenden Monaten wurde alles beseitigt, was den Nazis noch im Wege stand. Sämtliche Ministerposten wurden mit Parteigenossen besetzt. Die bürgerlichen Parteien lösten sich auf, und die Sozialdemokraten wurden verboten. Führende Politiker gingen ins Ausland, ebenfalls Tausende von Schriftstellern und Künstlern. Die NSDAP wurde als einzige Partei erlaubt, politische Gegner, Pazifisten und Juden aus allen öffentlichen Ämtern und Beamtenstellen entlassen, jüdische Geschäfte geschlossen, die Länderparlamente nach dem Muster des Reichstags mit Nazis gefüllt und dann abgeschafft und Reichstatthalter an die Spitze der Länder gesetzt, die direkt unter der Zentralgewalt in Berlin standen. Die föderalistische Republik wurde in eine zentralistische Diktatur verwandelt. Gegner des Staates, verdächtige "Elemente" und Juden wanderten zu Zehntausenden in die Konzentrationslager, wo sie schlimmsten Mißhandlungen ausgesetzt oder ermordet wurden.[3] Das ganze Volk wurde mit einem feinverästelten Spitzelsystem durchsetzt, alt und jung organisiert und uniformiert. Nach dem "Führerprinzip" wurde der Führer immer "von oben eingesetzt und gleichzeitig mit unbeschränkter Vollmacht und Autorität bekleidet." Jeder hatte unbedingt zu gehorchen und jeder wurde in Organisationen "erfaßt" und "weltanschaulich geschult". Das zehnjährige Kind gehörte dem Jungvolk an, wurde mit 14 in die HJ (Hitlerjugend) oder den BDM (Bund Deutscher Mädchen) übernommen, dann in den Reichsarbeitsdienst, in die Wehrmacht und

---

[1] Der holländische Anarchist van der Lubbe hatte den Reichstag in Brand gesteckt. Der Nachweis der kommunistischen Instigation ist nie erbracht worden. Man nimmt an, daß die SA das Gebäude angezündet hat.

[2] Die Kommunisten hatten ihre 81 Sitze verloren und saßen zusammen mit mehreren Sozialisten in Gefängnissen. Dem Zentrum hatte Hitler die schriftliche Garantie gegeben, daß er immer gesetzmäßig handeln würde. Darauf stimmten alle Parteien außer den Sozialisten für das Gesetz.

[3] Bis zum Kriegsende sind etwa 1 Million Deutsche in Konzentrationslagern inhaftiert worden. Die Zahl der Ausländer und Juden war wesentlich höher. Man schätzt, daß rund 6 Millionen Juden in Vernichtungslagern ermordet wurden

danach in NS Organisationen (SA, SS, NS-Frauenschaft, NS-Berufsverbände, NS-Arbeiterverbände, NS-Bauernverbände usw.) aufgenommen. Das ganze Erziehungswesen, einschließlich der Universitäten, wurde unter die Kontrolle des Staates und der Unterricht in den Dienst der NS Propaganda gestellt. Dichtung und Kunst wurden "ideologisch gleichgeschaltet" und dienten der Verherrlichung nationalsozialistischer Ideen. Der Angriff gegen die Kirchen war nur teilweise erfolgreich. Der evangelischen Reichskirche von Hitlers Gnaden stellte sich die "Bekennende Kirche" unter der Leitung von Martin Niemöller entgegen, die vom Regime verfolgt wurde. Das gesamte Gerichtswesen wurde vergewaltigt, und vor allem in politischen Angelegenheiten wurden von Sondergerichten, besonders von dem berüchtigten "Volksgerichtshof", Urteilssprüche nicht nach Gesetzesparagraphen sondern nach "gesundem Volksempfinden" willkürlich verkündet. Fanatischer Nationalismus und irrationale Willkür ersetzten Gesetzmäßigkeit und Vernunft in ganz Deutschland.

Hitler und die SA - Ernst Roehm

Hitler verstand es außerordentlich gut, die große Mehrheit der Nation für sich zu gewinnen und nutzte ganz geschickt bestehende Vorurteile, wie z. B. den Antisemitismus, zu seinen Gunsten aus. Einzelne Ausschreitungen wurden SA-Schlägern zugeschrieben, der Führer selbst könne sich nicht um alles kümmern. Hitler warnte die Extremisten innerhalb seiner Partei, daß die Revolution zu Ende sei, daß sich der Staat nun durch Evolution entwickeln müsse. Seine Warnungen waren gegen die SA unter der Führung Ernst Roehms gerichtet, die nun, da die Opposition ausgeschaltet war, ihre Existenzberechtigung als kämpferische Organisation zu verlieren drohte. Die "alten Kämpfer" wollten die "zweite blutige Revolution", sie wollten Beute und besonders gegen den Adel, die Großindustrie und die Heeresleitung vorgehen. Roehms persönliche Ambitionen liefen auf die Vereinigung von Armee und SA unter seinem Kommando hinaus. Aber Hitler brauchte die Industrie, das Junkertum und vor allem die Armee für seine Pläne und wollte sich nicht in "marxistische Experimente" einlassen. Außerdem traute er Roehm und seinen Unterführern nicht und scheute sich, diesem gefährlichen Mann die stärkste Macht im Staat in die Hand zu geben. Die Reichswehr hatte sich der nationalsozialistischen Bewegung nicht entgegengestellt, und Hitler versicherte sich ihrer Loyalität durch Versprechungen von Wiederaufrüstung, Militarisierung und einer expansiven Außenpolitik. Außerdem brauchte er die Unterstützung der Reichswehr, wenn er nach dem Tod Hindenburgs das Amt des Reichspräsidenten und obersten Befehlshabers mit dem Kanzleramt vereinigen wollte, wie es sein Plan war.

Die Roehm Affäre

Der Reichswehr war die braune Privatarmee längst ein Dorn im Auge, und so kam es zwischen der Obersten Heeresleitung und Hitler, der vor allem von Göring und Himmler unterstützt wurde, zur Abmachung: Roehms Sturz gegen die Unterstützung des Heeres in der Präsidentschaftsangelegenheit. In der Nacht des 30. Juni 1934 wurden Ernst Roehm und führende Männer der SA heimlich von Angehörigen der SS ermordet. Offiziell war damit "die drohende Verschwörung und Revolte", die dem Staat von Seiten der SA drohte, beseitigt. Mit der Entmachtung der SA gewannen Heinrich Himmler und die SS, die sich gegen die eigenen Genossen "bewährt" hatten, gewaltig an Macht und Einfluß. Die SS wurde nun die dem Führer bedingungslos gehorchende Verfügungstruppe, die sich verpflichtete "alle offenen und verborgenen Feinde des Führers und der nationalsozialistischen Bewegung ausfindig zu machen, sie zu bekämpfen und zu vernichten".

Timing

Der Tod Hindenburgs - Hitler übernimmt das Amt des Reichspräsidenten

Am 2. August 1934 starb Hindenburg und wurde mit großem militärischem Pomp in der Krypta des Siegesdenkmals bei Tannenberg beigesetzt. Hitler vereinigte nun das Amt des Reichspräsidenten und Kanzlers in seiner Person und nannte sich Führer und Reichskanzler. Die Reichswehr hielt ihr Versprechen und leistete den Treueid auf die Person des Führers Adolf Hitler. Das Volk wurde in seinem Glauben unterstützt, daß sein Führer nun endlich die Gefahr eines blutigen Bürgerkrieges gebannt und die gefährlichen Umstürzler beseitigt habe. Es wußte nicht, daß sich unter den Ermordeten des 30. Junis auch aufrichtige Gegner des Regimes befunden hatten wie Generäle und Politiker. Am 18. August bestätigte es in einer Volksabstimmung mit 80% Mehrheit Adolf Hitler in seinem neuen Amt. Die nationalsozialistische Revolution war zu Ende. Hinter einer Kulisse von äußerer Ruhe und Ordnung herrschte die totalitäre Macht in der Person des Führers.

Hitler festigt seine Macht

In den nächsten Jahren ging Hitler daran, seine Macht immer fester zu gründen und seine Wahlversprechungen einzulösen. Immer wieder hatte er betont, daß er den Versailler Vertrag brechen würde. Die Reparationszahlungen waren bereits 1933 eingestellt worden, und zwar nicht als Verdienst Hitlers, sondern, wie auch andere Erfolge, als Frucht von wichtiger Vorarbeit, die noch von Politikern der Republik geleistet worden war, die das Volk jedoch Hitlers Tatkraft zuschrieb. Im Oktober 1933 trat Deutschland aus dem Völkerbund aus. Im März 1935 hob Hitler die militärischen Beschränkungen des Versailler Vertrages auf und führte die allgemeine Wehrpflicht ein. Die Reichswehr wurde in Wehrmacht umbenannt. England und Frankreich begnügten sich mit Protesten. Die Rüstungsindustrie begann auf Hochtouren zu arbeiten.

Die Wiederaufrüstung und der Bürgerkrieg in Spanien

Gleichzeitig wurde die deutsche Luftwaffe unter dem Oberbefehl von Hermann Goering geschaffen. Bereits im nächsten Jahr wurden die ersten deutschen Flugzeuge zur Unterstützung General Francos im spanischen Bürgerkrieg eingesetzt. In einem Flottenvertrag mit England wurde der deutschen Kriegsmarine der Bau einer Hochsee- und einer Unterseebootflotte zugestanden. Die Schlachtschiffe "Bismarck" und "von Tirpitz" und der Panzerkreuzer "Scharnhorst" wurden geplant. Der Wehrmacht standen bereits 1935 etwa 2 Millionen SA-Männer, mehrere SS-Bataillone, der Arbeitsdienst und die HJ zur Seite, aus deren Reihen sie um ein Vielfaches vergrößert werden konnte. Praktisch besaß Deutschland schon bald wieder eine Heeresmacht, mit der zu rechnen war.

Die Beseitigung der Arbeitslosigkeit

Die Aufrüstung, der Arbeitsdienst und die Wehrpflicht sorgten schnell für die Beseitigung der Arbeitslosigkeit. In Wirklichkeit begann die Weltwirtschaftskrise bereits zu Anfang von Hitlers Regierungszeit abzuflauen, und die Arbeitslosigkeit wäre auch ohne Hitler beseitigt worden, aber wieder sah es so aus, als hätte der Führer die allgemeine Not gebändigt. Zu den bekanntesten Bauunternehmen gehörten Autobahnen, Flugplätze und Kasernen. Mit der Beseitigung der Arbeitslosigkeit löste Hitler ein weiteres Versprechen ein.

Die Besetzung des Rheinlandes - Pakt mit Italien und Japan

Da die Westmächte Hitler nicht an seiner Rüstungspolitik hinderten, entschloß er sich zu immer größeren Risiken und begann, bewußt auf den Kriegsfall hinzuarbeiten. Die Westmächte wollten keinen Krieg, besonders nicht um den revisionsbedürftigen Versailler Vertrag. Man hatte ein schlechtes Gewissen und glaubte, Hitler durch freundliches Entgegenkommen befriedigen zu können. Welch ein Fehler! Hitler legte das Zögern und Gewährenlassen als Schwäche aus. Mit jedem gelungenen Unternehmen vergrößerte sich sein Appetit auf den nächsten Schlag. Da Italien nicht daran gehindert worden war, Abessinien zu überfallen, entschloß sich Hitler, die entmilitarisierte Zone im Rheinland zu besetzen. Am 7. März 1936 marschierte die Wehrmacht ins Rheinland.[4] Hitler war bereit, seine Truppen sofort zurückzuziehen, falls er auf militärischen Widerstand stoßen würde, aber kein Widerstand stellte sich den deutschen Regimentern entgegen, und Hitler begann mit dem Bau des Westwalls als Gegenpol zur französischen Maginot-Linie. Im selben Jahr näherte sich Deutschland auch dem faschistischen Italien, und als im Sommer sowohl Mussolini als auch Hitler General Franco im spanischen Bürgerkrieg unterstützten, kam es zum Freundschaftsvertrag zwischen den Achsenmächten.[5] Etwas später unterzeichneten dann Japan und Deutschland, den Antikominternpakt, dem auch Italien beitrat und der gegen den Kommunismus gerichtet war.

[handschriftlich: 1930-1940 gebaut]

[handschriftlich: zur Abwehr der Kommunistischen Internationalen]

---

[4]   Das Saarland war bereits im Jahr vorher, nach einer Volksabstimmung in der 91 % der Bevölkerung den Wunsch geäußert hatten, wieder deutsch zu werden, "ins Reich zurückgekehrt".

[5]   Mussolini nannte das Einvernehmen die "Achse Berlin - Rom".

Hitlers Generäle und "Ratgeber"

Mehrere Male, besonders in der Frage der Rheinlandbesetzung, hatte die Heeresleitung sich gegen Hitlers Pläne ausgesprochen, so daß Hitler sich über die militärischen Bedenken seiner Generäle zu ärgern begann, besonders da er recht behalten hatte. Als Hitler im November 1937 den Oberbefehlshabern seine Expansionspläne unterbreitete, die für das deutsche Volk "neuen Lebensraum" zu schaffen gedachte, stieß er wiederum auf Widerstand von Seiten des Kriegsministers General von Blomberg, der gerade zu Hitlers Geburtstag (20. April) zum Feldmarschall befördert worden war, des Oberbefehlshabers der Wehrmacht Generaloberst von Fritsch (ebenfalls am 20. April befördert) und des Außenministers von Neurath. Anstatt auf den Rat seiner Offiziere zu hören, entließ er kurzerhand Blomberg, Fritsch und Neurath und ersetzte sie durch Jasager. Das Kriegsministerium wurde abgeschafft und das Oberkommando der Wehrmacht (OKW) an seine Stelle gesetzt, das Hitler direkt unterstellt war. Der Leiter des OKW wurde der ergebene Befehlsempfänger General Keitel. Das Heer wurde General von Brauchitsch unterstellt, der es völlig dem Nationalsozialismus auslieferte. Damit war nun auch die Wehrmacht "gleichgeschaltet", d.h. sie unterstand dem Führer direkt und wurde von nun an als Instrument der Machtpolitik mißbraucht. Das Amt des Außenministers wurde mit Joachim von Ribbentrop besetzt, einem Dilettanten, der ebenfalls ganz nach Hitlers Pfeife tanzte. Hitler wollte keine Ratgeber, sondern nur Gefolgsleute, die ihm blind gehorchten, seinen grandiosen Plänen rückhaltlos beipflichteten und ihn im Glauben an seine "Unfehlbarkeit" stärkten. Es ist tragisch für das Schicksal Deutschlands, daß sich der Rat vernünftiger Leute bis zum Rußlandfeldzug immer wieder als "falsch" herausstellte, daß sich dagegen Hitlers Entscheidungen als "richtig" erwiesen und ihn als "unfehlbares Genie" der Innen- und Außenpolitik sowie der Kriegsführung erscheinen ließen.

Der Anschluß Österreichs ans Reich

Im März 1938 wurde Österreich ans Reich "angeschlossen". Der "Anschluß" verlief friedlich, die einmarschierenden deutschen Soldaten wurden von der Bevölkerung jubelnd als Befreier begrüßt. In einer Volksabstimmung erklärten sich 99.7% der Bevölkerung mit der Wiedervereinigung des deutschen Volkes einverstanden. In Österreich hatte seit Anfang der dreißiger Jahre ein autoritäres System Fuß gefaßt, das neben den Sozialisten auch die Nationalsozialisten unterdrückte. Diese Unterdrückung wurde von Hitlers Propaganda voll ausgenutzt, die ihn und die nationalsozialistische Bewegung als Kämpfer für die Freiheit und das Selbstbestimmungsrecht der Unterdrückten hinstellten. Als die legale Machtergreifung von innen nach deutschem Vorbild mißlang, marschierten deutsche Truppen ein. Danach triumphierte der Nationalsozialismus in Österreich, und wieder rührte sich der Westen kaum, und wieder hatte Hitler richtig kalkuliert.

"Heim ins Reich" - Die Sudetendeutschen

Der österreichische Anschluß war für Hitler ein ungeheuer populärer Erfolg. Seine Propagandathesen waren äußerst wirksam. Es ginge hier um das Selbstbestimmungsrecht des deutschen Volkes, um die gerechte Lösung von Volkstumsproblemen, um die Wiedergutmachung unerträglichen Unrechts, das in Versailles dem deutschen Volk angetan worden sei. Großdeutschland war geschaffen und zwar eigentlich zum ersten Mal in der deutschen Geschichte. In dieses Großdeutsche Reich sollten nun die anderen Volksdeutschen ebenfalls heimkehren dürfen, alle vereint in einem großen einigen Vaterland, das sich dann im Osten neuen Lebensraum suchen mußte. Außer den Österreichern waren die rund 3 1/2 Millionen Sudetendeutschen, die an der West- und Nordgrenze der Tschechoslowakei wohnten, die größte im Ausland wohnende deutsche Minderheit. Sollten diese Deutschen nicht auch ins Reich kommen? Die faschistische Sudetendeutsche Partei lieferte den Vorwand zu Hitlers Eingreifen, indem sie an die Regierung in Prag Forderungen stellte, die diese nicht gewähren konnte. Hitler spielte sich zum Schutzherrn der "unterdrückten" Deutschen auf. Sein größeres Ziel war die Zerschlagung des tschechischen Staates, den er seit seiner Jugend als Widersacher Österreichs haßte. Zu diesem Zweck bereitete die Wehrmacht die Invasion vor. Die Sudetendeutschen verlangten die Volksabstimmung, d.h. die Abtrennung des Sudetenlandes von der Tschechoslowakei an Deutschland. Im September 1938 begannen Kämpfe zwischen Sudetendeutschen und Tschechen. Inzwischen hatten England, Frankreich und Rußland den Tschechen ihre Unterstützung zugesagt, waren jedoch nicht in der Lage, ihre Forderungen militärisch zu unterstützen. Im letzten Moment versuchte der britische Premierminister Chamberlain, die Lage zu retten. Er traf sich mit Hitler in Berchtesgaden und wurde vom Führer für die deutschen Pläne gewonnen. Chamberlain überredete die Prager Regierung, das Sudetenland abzutreten, aber als er von Prag nach Deutschland zurückkehrte, forderte Hitler ganz Böhmen und Mähren. Außerdem unterstützte er die Gebietsforderungen Polens und Ungarns gegen die Tschechoslowakei und die Unabhängigkeitsbestrebungen der Slowaken. Unter dem Druck der Westmächte und Mussolinis, berief Hitler für den 29. September eine Konferenz

240

mit Chamberlain, Daladier (Frankreich) und Mussolini in München ein. Die Tschechoslowakei und Rußland wurden nicht eingeladen, eine Beleidigung, die Stalin den Westmächten nie vergaß. Hitler erhielt die Zustimmung aller Beteiligten, das Sudetenland zu besetzen. Die Anwesenden garantierten daraufhin die Unabhängigkeit des übrigen tschechischen Staates, und Chamberlain verkündete zuversichtlich in London, daß der "Friede für unsere Zeit" durch das Münchener Abkommen garantiert sei. [6]

Die Auflösung der Tschechoslowakei

In Wirklichkeit hatte England eine riesige diplomatische Schlappe erlitten. Die Tschechoslowakei, die Gebiete an Deutschland, Polen und Ungarn verloren hatte, bestand nur noch wenige Monate als unabhängiger Staat. Am 13. März marschierten deutsche Truppen in das Land ein, unter dem Vorwand, den Slowaken in ihrem Unabhängigkeitskampf zu helfen. Am 15. März löste Hitler in Prag den tschechoslowakischen Staat auf, stellte das "Protektorat Böhmen und Mähren" unter deutsche Verwaltung und erkannte die Slowakei als unabhängigen Staat an. Die Tschechoslowakei hatte aufgehört zu existieren. Wieder begnügten sich Frankreich und England mit Protesten, aber diesmal erklärten sie, in Zukunft würden sie eingreifen. Natürlich schenkte Hitler dieser Drohung keinen Glauben und noch im selben Monat, im März 1939, erlebte Hitler einen weiteren Triumph. Unter massiver Drohung gab Litauen das Memelland an Deutschland zurück. Am 21. März war Hitler in Memel und begrüßte seine "Volksgenossen" als Angehörige des Großdeutschen Reiches.

Nichtangriffspakt mit der Sowjetunion

Nach den Erfolgen im Frühjahr wurde für spätestens den 1. September die Besetzung Polens angesetzt. Hitler suchte nur nach einer günstigen Gelegenheit, den Krieg mit Polen zu beginnen. Die Warnung Englands hielt er für hohle Reden, und Frankreich wurde als Gegner nicht ernst genommen. Nur die Gefahr einer englischen, französischen und sowjetischen Allianz schreckte ihn ab, aber Stalin hatte selbst Absichten auf Polen und andere Gebiete an seiner Westgrenze. Auch hoffte er, daß sich Deutschland und die Westmächte zerfleischen würden, so daß er dann ganz Europa übernehmen könnte. Ein Pakt mit Deutschland schien ihm im Augenblick günstiger als eine Allianz mit England und Frankreich. So kam es am 23. August zur Unterzeichnung des deutsch-sowjetischen Nichtangriffspakts, der in Wirklichkeit die Teilung Polens und die Auslieferung der baltischen Staaten und Teile Rumäniens an Rußland bedeutete.

Der Angriff auf Polen und die Auflösung des polnischen Staates

Es ging Hitler in der Sache Polen nicht nur um die Wiedergewinnung der Stadt Danzig und der Frage des polnischen Korridors, sondern ganz eindeutig auch um Landgewinn, um die Errichtung von deutschen Kolonien im Osten und um eine günstige Ausgangsposition gegen den künftigen Angriff auf die Sowjetunion, den er seit langem plante. Für den Augenblick nutzte er die Allianz aus, weil sie für ihn zum Vorteil war.

Da Polen sich nicht zum Angriff provozieren ließ, Hitler jedoch den Krieg als "Notwehr" hinstellen wollte, um vielleicht England doch aus dem Krieg herauszuhalten, inszenierte die SS einen "polnischen Überfall" auf den Sender Gleiwitz. Das machte das Maß "des polnischen Terrors" voll, und Hitler konnte vor dem Reichstag erklären: "Seit 5 Uhr wird zurückgeschossen!" Am 1.September 1939 marschierten deutsche Truppen in Polen ein, und der Zweite Weltkrieg hatte begonnen. Am 3. September erklärten England und Frankreich Deutschland den Krieg, waren aber nicht in der Lage, dem heldenhaft kämpfenden polnischen Volk zu helfen. In einer Woche waren die polnischen Streitkräfte zerschlagen, in einem Monat das Land Polen von der Landkarte verschwunden. Russische Truppen besetzten am 17. September die östliche Hälfte, ohne auf Widerstand zu stoßen. Danzig, Westpreußen, Posen und Oberschlesien wurden in das Großdeutsche Reich einverleibt und der Rest des Landes in "Generalgouvernement" umgetauft.

---

6   Die Kapitulation der Westmächte verhinderte den möglichen Sturz Hitlers. Im Falle eines Angriffs auf die Tschechoslowakei planten hohe Offiziere in Berlin die Verhaftung und Aburteilung des Führers. Dadurch, daß die Westmächte selbst die Tschechoslowakei zerstückelten, gewann Hitler gewaltig an Prestige und erschien nicht als Kriegsanzettler, sondern als Friedensbewahrer, und seine Verhaftung erschien als völlig sinnlos. (Siehe Kapitel: Die Widerstandsbewegung!)

Der Massenmord in den Konzentrationslagern der SS

Das Generalgouvernement wurde praktisch zur deutschen Kolonie, in der die SS Hunderttausende von Polen, vor allem Juden, in Konzentrationslagern brutal mißhandelte. Nach der nationalsozialistischen Rassentheorie wurden alle Nicht-Arier, d.h. alle nicht-germanischen Völker, als minderwertig angesehen und sollten entweder ganz "ausgerottet" (Juden und Zigeuner) oder zu Sklaven reduziert werden (Polen und Russen). In der Rassenskala standen nur Juden und Zigeuner noch niedriger als Polen und Russen, was die furchtbare Behandlung dieser Menschen durch die SS erklärt.

Während besonders die slawischen Völker zu Sklaven degradiert wurden und unaussprechliches Leid erdulden mußten, (etwa 5 Millionen Fremdarbeiter wurden allein nach Deutschland zur Sklavenarbeit verschleppt) wurden die Juden systematisch ermordet. Besonders mit dem Rußlandfeldzug wurden die Juden der Oststaaten massenweise erschossen und in KZs zu Tode gequält. Nachdem Erschießungen und Vergasung mit Auspuffgasen nicht die gewünschten Resultate ergaben, entwickelte die SS die Massenmordmethode der Vergasung durch Zyklon B. Bis zum Ende des Krieges waren rund 6 Millionen Juden den Nazi-Verbrechern zum Opfer gefallen. Vor einer solchen Bestialität, die systematisch die Ausrottung ganzer Rassen und Völkerschaften betrieb, steht der menschliche Verstand still. Namen wie Auschwitz, Treblinka, Buchenwald und Dachau werden für alle Zeiten als Mahnmale vor dem Gewissen eines jeden zivilisierten Volkes stehen, nie wieder einer Verbrecherbande wie den Nationalsozialisten, die Möglichkeit zu geben, ein Volk zu vergewaltigen.

Die Besetzung Dänemarks und Norwegens - Der Sieg über Frankreich

Im Westen war die Lage inzwischen ziemlich ruhig geblieben. Hitler plante die Invasion Frankreichs, das hinter der berühmten Maginot-Linie auf den Angriff wartete, für Mitte Januar, aber die Pläne wurden geändert. Um den Engländern zuvorzukommen, besetzten deutsche Truppen im April Dänemark und Norwegen. Damit hatte Deutschland sich auch für die Zukunft die Einfuhr schwedischen Erzes sowie wichtige Flottenstützpunkte an der norwegischen Küste gesichert.

Am 10. Mai begann der Feldzug im Westen. Durch ein starkes rechtes Flügelmanöver, das die holländische und belgische Neutralität verletzte, wurde die Maginot-Linie umgangen und in wenigen Tagen die französische Kanalküste erreicht. Die englische Armee wurde bei Dünkirchen eingeschlossen, entkam jedoch zusammen mit 100000 Franzosen auf die britische Insel. Am 14. Juni erreichten deutsche Truppen Paris, und am 21. Juni schloß Frankreich Waffenstillstand. Die deutschen Forderungen mußten von der französischen Regierung in demselben Eisenbahnwagen im Wald von Compiègne unterzeichnet werden, in dem 1919 der deutschen Delegation das Diktat von Versailles ausgehändigt worden war. Elsaß-Lothringen wechselte wieder den Besitzer, und halb Frankreich wurde besetzt. Im Süden regierte eine von Hitler abhängige Regierung unter Marschall Pétain. Die französische Resistance wurde organisiert, die besonders in den Wochen und Monaten vor der Invasion, durch Sabotageakte den Deutschen schwer zu schaffen machte. General DeGaulle betrieb von London aus die Befreiung Frankreichs und setzte sich bald an die Spitze einer französischen Armee in Nordafrika, die später an der Invasion teilnahm.

Mussolini, der sich bisher geweigert hatte auf deutscher Seite in den Krieg zu treten, war nun durch die deutschen Erfolge überzeugt und erklärte am 10. Juni den Krieg gegen England und Frankreich. Im letzten Moment wollte er am Siegesruhm beteiligt werden. Deutschland hat der Eintritt Italiens in den Krieg eher geschadet als geholfen, denn es stellte sich bald heraus, daß die italienische Armee der deutschen ein Klotz am Bein und das italienische Volk ein unzuverlässiger und unwilliger Verbündeter war.

Die Luftschlacht um England

Obgleich Hitler die Invasion Großbritanniens im Grunde nicht wollte, sondern viel lieber Frieden geschlossen hätte, blieb ihm keine Wahl als England, das nun unter der Regierung Winston Churchills die Friedensfühler ablehnte, anzugreifen. Da die deutsche Flotte der englischen unterlegen war, mußte Deutschland unbedingt die Luftherrschaft über das Inselreich erringen. Die Einzelheiten der Luftschlacht über England sind bekannt und brauchen hier nicht wiederholt zu werden. Es gelang Goerings Luftwaffe nicht, die "Royal Air Force" auszuschalten, und am Ende wurde die Landung als aussichtslos abgesagt. In vier Monaten (Juli bis Oktober) verlor die Luftwaffe 1733 Flugzeuge, die Royal Air Force 915. Die Luftschlacht war der erste entscheidende Sieg der Alliierten gegen die Achsenmächte und kann als ein Wendepunkt im Krieg an der Westfront angesehen werden. Der Krieg gegen England wurde von den U-Booten weitergeführt, aber obgleich riesige Mengen an Handelsschiffen versenkt wurden,[7] gelang die Blockade der Insel nicht, und ab 1943 überwogen die Neubauten an Handelsschiffen die Verluste bei weitem. Gleichzeitig wurde das Radar-Gerät gegen die deutschen U-Boote mit großem Erfolg eingesetzt und beendete die Wirksamkeit dieser Waffe. Mit dem Eintritt der USA in den Krieg konnte Großbritannien überhaupt nicht mehr in die Knie gezwungen werden.

Die Lage auf dem Balkan und in Nordafrika

Bereits während der Schlacht um England verlagerte sich Hitlers Interesse auf den Mittelmeerraum, den Balkan und nach Rußland. Im Dezember 1940 waren dann die Pläne für das "Unternehmen Barbarossa", den Angriff auf die Sowjetunion, fertig. Zum Erfolg dieses Unternehmens brauchte Deutschland die Loyalität der Balkanstaaten. Finnland stand auf deutscher Seite, mit der Sympathie der Bevölkerung der Baltenstaaten, die Rußland gerade in sein Staatswesen einbezogen hatte, war zu rechnen, die Slowakei, Jugoslawien, Rumänen, Ungarn und Bulgarien hielten ebenfalls zu Deutschland. Japan dagegen weigerte sich, Rußland im Rücken anzugreifen, da es seine Kräfte gegen das Kolonialreich Englands, Frankreichs und Hollands und gegen die USA sammeln wollte. Hitler sah sich in letzter Minute gezwungen, seinen Angriffstermin gegen Rußland zu verschieben, weil er den Italienern in Griechenland und Nordafrika helfen mußte. Im Oktober 1940 war Mussolini aus Albanien, das er bereits erobert hatte, nach Griechenland vorgestoßen, jedoch von den tapferen Griechen zurückgeschlagen worden. Zu gleicher Zeit wurden die italienischen Verbände, die in Nordafrika gegen Ägypten vorgestoßen waren, von den Engländern nach Lybien (damals italienische Kolonie) zurückgeworfen. Da schickte Hitler General Erwin Rommel nach Nordafrika, um den Italienern beizustehen. Schließlich entwickelte sich unter Rommels Befehl das berühmte Afrikakorps, das die Führung über die Italiener übernahm und die Engländer bis nach El Alamein zurückdrängte, wo es 1942 von Montgomery geschlagen und zum Rückzug gezwungen wurde. Das Ende kam für das deutsche Afrikakorps im Mai 1943, als es bei Tunis von amerikanischen Truppen, die in Marokko gelandet waren und britischen Einheiten umzingelt wurde. Schon damals waren der Wüstenfuchs und sein Afrikakorps zur Legende geworden.

Die Eroberung des Balkans

Doch zurück zum Balkan im Frühjahr 1941. Um den Italienern zu helfen und die Engländer daran zu hindern, durch Griechenland nach Norden vorzustoßen, griff Hitler im April Griechenland und gleichzeitig Jugoslawien an, das sich nach einem Regierungswechsel mit Rußland angefreundet hatte. In einer Woche war Jugoslawien erobert. Ende April wurden die Griechen und Engländer auf Kreta zurückgeworfen und die Insel im Mai ebenfalls gestürmt. Der italienischen Mittelmeerflotte gelang es jedoch nicht, den britischen Nachschub nach Malta und Ägypten zu unterbinden, so daß die Engländer das Afrikakorps schließlich besiegen konnten. Hitlers militärische Erfolge gegen Jugoslawien und Griechenland verzögerten den Angriff gegen Rußland um vier bis sechs Wochen. Vier oder gar sechs Wochen waren für den Rußlandfeldzug von ungeheurer Wichtigkeit, denn es kam darauf an, die russischen Armeen vor Einsetzen des furchtbaren russischen Winters zu schlagen. Dieses Ziel wurde nicht erreicht, weil der Winter besonders früh und besonders hart einsetzte und die deutschen Offensiven zum Stillstand brachte.

Die Offensive gegen die Sowjetunion

Die Offensive gegen Rußland begann am 22. Juni 1941 -- wie bereits gesagt, sechs Wochen zu spät -- und war außerordentlich erfolgreich, was Hitler wiederum in seiner Unfehlbarkeit als militärisches Genie den Zweiflern gegenüber zu bestätigen schien. Im Norden drang eine deutsche Armee durch die Baltenstaaten vor und umzingelte zusammen mit finnischen Einheiten Leningrad (jetzt St.Petersburg). In der Mitte, über Minsk und Smolensk, rückte eine zweite Armee bis auf 50 km an Moskau heran und im Süden über Kiew und den Dnjepr Fluß hinaus. In riesigen Kesselschlachten wurden unübersehbare Mengen von Menschen (bei Kiew allein 660 000) gefangen und Material erbeutet. Die Stärke des russischen Gegners war unterschätzt worden. Der Winter setzte mit furchtbarer Strenge ein, und die deutsche Offensive blieb stecken. Die Russen traten zur Gegenoffensive an. Hitler schob die Schuld auf seine Generäle, entließ Brauchitsch, Rundstedt, Leeb, Guderian und andere verdiente und gescheite Männer, übernahm den Oberbefehl des Heeres und leitete die Operationen der Armee von nun an selbst, was zur kommenden Katastrophe mit beigetragen hat. Als am 11. Dezember 1941 Deutschland den USA den Krieg erklärte (am 7. Dez. hatte Japan die amerikanische Flotte in Pearl Harbor angegriffen), war der Krieg praktisch für Deutschland verloren,

---

7   1940 über 3 Millionen BRT, 1945 über 4 Millionen und 1942 rund 8 Millionen BRT.

denn es mußte sich gegen die gewaltige Übermacht allmählich verbluten. Die Amerikaner, die bereits England mit Waffen und Material unterstützt hatten, begannen nun die Rote Armee mit riesigen Mengen von Kriegsmaterial zu beliefern.

Stalingrad und der sowjetische Vorstoß bis Berlin und an die Elbe

Die gewaltigen deutschen Erfolge von 1942 [8] konnten über den schließlichen Ausgang des Krieges nicht hinwegtäuschen, denn der Feind wurde nicht vernichtet, sondern es gelang ihm, die deutschen Truppen zum Stillstand und dann zum Rückzug an allen Fronten zu zwingen. Im Spätsommer erreichte die 6. Armee Stalingrad, wurde dort jedoch eingekesselt und im Winter 1942-43 vernichtet.[9] Hitler hatte befohlen, die Stellungen unter allen Umständen zu halten. Das Endresultat war der Verlust von 300 000 Mann. In den folgenden Monaten begann die russische Großoffensive, die 1945 in Berlin und an der Elbe endete.

Die alliierte Invasion Italiens

Im November 1942 landeten amerikanische und britische Einheiten in Marokko und Algerien und nahmen das deutsche Afrikakorps in die Zange, das sich im Mai 1943 ergeben mußte. Im Juli landeten die Anglo-Amerikaner auf Sizilien und eroberten die Insel. Der Angriff auf die "Festung Europa" hatte begonnen. Mussolini wurde vom König entlassen, und Italien schloß im September einen Waffenstillstand mit den Alliierten. Deutsche Truppen übernahmen die Verteidigung der italienischen Halbinsel und brachten die alliierte Offensive zwischen Neapel und Rom zum Stehen. Erst im Juni 1944 fiel Rom, im August Florenz, und deutsche Verbände hielten in Norditalien bis fast zum Ende des Krieges aus. Stalin verlangte die Errichtung der zweiten Front zur Entlastung seiner mit schweren Verlusten kämpfenden Roten Armee. Eine Invasion im Balkan, die Churchill im Sinn hatte, um damit die Balkanstaaten dem bolschewistischen Einfluß zu entziehen, lehnten Stalin und Roosevelt ab.

Die Normandie Invasion

Am 6. Juni 1944 begann die große anglo-amerikanische Invasion an der Normandieküste. Der Krieg war verloren, verlängerte sich jedoch noch auf fast ein Jahr, weil die Deutschen, von einer verbrecherischen Clique geführt, in einem wahnsinnigen Blutvergießen jedes Stückchen Boden zäh verteidigten, bis es kein Stückchen Boden mehr gab. Historiker haben behauptet, daß die Forderung der "bedingungslosen Kapitulation" die Widerstandskreise in ihren Bestrebungen, Hitler zu beseitigen, untergrub, da ja durch den Sturz Hitlers kein glimpflicher Friede zu erhandeln war. So trieb diese verhängnisvolle Forderung das deutsche Volk in den aussichtslosen Endkampf, hingehalten von den nationalsozialistischen Kampfparolen, daß der Endsieg doch noch errungen werden könne, vielleicht durch die Einsetzung einer Wunderwaffe. Schließlich sei ja von den Alliierten keine Gnade zu erwarten, was man von 1918/19 zur Genüge wisse und was die pausenlosen Luftangriffe gegen die deutsche Zivilbevölkerung immer wieder beweise. So kämpfte man denn weiter und warf schließlich auch noch alte Männer und vierzehnjährige Hitlerjungen in die Schlacht, oder besser gesagt, das Schlachten.

Die Zerstörung deutscher Städte durch alliierte Luftangriffe

Die Luftangriffe englischer und amerikanischer Bombengeschwader gegen deutsche Städte, die 1943 ernsthaft begonnen hatten, wurden bis zum Ende fortgesetzt und führten zur Zerstörung fast aller deutscher Städte und zur Demoralisierung der Bevölkerung.[10] Die Rüstungsindustrie wurde nicht vernichtend geschädigt, sondern erreichte in der zweiten Hälfte von 1944 trotz konzentrierter Angriffe ihren Höchststand. Die völlige Zerstörung solcher Kulturstätten wie Dresden, das keine kriegswichtige Industrie enthielt, bleibt bis heute unverständlich und kann nur als Zeichen eines unmenschlichen Barbarismus angesehen werden, der auch auf alliierter Seite Auswüchse trieb.

---

[8] Die Truppen stießen bis an den Don und im Süden in die Ölfelder zwischen dem Schwarzen- und Kaspischen Meer vor.

[9] In seinem Roman *Stalingrad* hat Theodor Plievier die grauenvolle Vernichtung der 6. Armee beschrieben. Seine Werke *Berlin* und *Moskau* behandeln die Schlachten um diese Städte

[10] In den Nächten vom 24. Juli bis zum 3. August 1943 wurde beispielsweise die Stadt Hamburg in ein brennendes Inferno verwandelt. In einer einzigen Nacht wurden 800 000 Menschen obdachlos.

Hitlers feiger Selbstmord

Wie der Kaiser 1918, so entzog sich auch Hitler 1945 der Verantwortung für seine Verbrechen und mit ihm Hunderte von "getreuen" Untergebenen. Bevor die russischen Truppen seinen Bunker in Berlin erreichen konnten, nahm er sich feige das Leben, am Ende halb wahnsinnig Reserven an die Front schickend, die es nicht mehr gab und auf das deutsche Volk fluchend, das ihn verräterisch im Stich gelassen habe und damit seinen Untergang verdiene. Sein Nachfolger Admiral Dönitz unterzeichnete am 8. Mai 1945 die bedingungslose Kapitulation. Deutschland hatte aufgehört zu existieren. Niemals in seiner langen Geschichte hatte es eine solche Katastrophe erlebt.

Das Ende des Dritten Reiches

Über 6 Millionen Deutsche waren tot,[11] viele Millionen in der Kriegsgefangenschaft, aus der Hunderttausende (über 1 Million sind bis heute vermißt) nie zurückkehren sollten. Millionen waren auf der Flucht vor der Rache der Roten Armee oder aus ihrer Heimat im Osten vertrieben. Die Städte lagen in Trümmern, die Wirtschaft war ruiniert. Überall herrschte Hunger, Elend und Chaos. Die unbeschreibliche materielle Not wurde vom moralischen Verfall begleitet. Das gleiche Schicksal, das Deutschland in fünf langen Kriegsjahren über Millionen anderer Völker gebracht hatte, mußte das deutsche Volk nun am eigenen Leibe erdulden. Wie würde es sich je aus dieser Katastrophe erholen? Aussichten auf baldige Gesundung bestanden nicht. Es schien, als sei das Ende für Deutschland und das deutsche Volk gekommen.

---

[11] Im Zweiten Weltkrieg fielen rund 16 Millionen Soldaten (6 Mill. Sowjetrussen, 3 1/2 Mill. Deutsche, 2 Mill. Japaner und 1 1/2 Mill. Chinesen). Verluste der Zivilbevölkerung an Toten durch Kriegshandlungen, Massenvernichtung, Partisanentätigkeit usw. werden auf 30 Millionen geschätzt davon allein etwa 12 Mill. Russen, von denen Stalin in seinen Verfolgungen sehr viele selbst umbringen ließ. Rund 1 1/2 Millionen Menschen verloren ihr Leben durch Luftangriffe (600 000 in Deutschland und 360 000 in Japan). Das kleine Land Polen verlor schätzungsweise 600 000 Soldaten und 5 Millionen Zivilisten, die meisten polnische Juden.

Rund 60 Nationen beteiligten sich am Zweiten Weltkrieg, auf deutscher Seite Japan, Italien, Finnland, Bulgarien, Rumänien and Ungarn.

STUDIENFRAGEN ZUM KAPITEL <u>DAS DRITTE REICH</u>

1. Erklären Sie, warum viele Menschen in Deutschland glaubten, das mit Hitler eine neue, bessere Zeit anbrechen würde.
2. Warum löst Hitler 1933 den Reichstag auf?
3. Wie begünstigt der Reichstagsbrand Hitlers Absichten?
4. Erzählen Sie, wie Hitler und seine Partei den Wahlkampf führen.
5. Wozu ermächtigt das Ermächtigungsgesetz die Hitlerregierung?
6. Welche Maßnahmen ergreift Hitler, um sein Regime zu stärken?
7. Was verstehen Sie unter dem "Führerprinzip"?
8. Wie wurde das Volk organisiert? Nennen Sie einige der NS Organisationen.
9. Erklären Sie an Einzelheiten, was "ideologische Gleichschaltung" bedeutet.
10. Welche Bestimmungen des Versailler Vertrags setzt Hitler nach und nach außer Kraft?
11. Wer ist Ernst Roehm und was sind seine Absichten?
12. Wie beseitigt Hitler seinen Rivalen Ernst Roehm?
13. Wie verhält sich das Heer in der Roehm Affäre und warum tut es das?
14. Was ist der Unterschied zwischen SA und SS?
15. Bespechen Sie die Beziehung zwischen Hitler und der Wehrmacht von 1933 bis zum Ende des Krieges.
16. Besprechen Sie die Maßnahmen, die Hitler zur Wiederaufrüstung ergreift.
17. Mit welchen Mitteln beseitigt Hitler die Arbeitslosigkeit?
18. Wie reagieren die Westmächte, als Hitlers Truppen das Rheinland besetzen? Wie erklären Sie sich die Reaktion der Alliierten auf Hitlers Bruch mit dem Versailler Vertrag?
19. Besprechen Sie, welche Haltung das Ausland gegenüber Hitler einnimmt. Wie trägt dieses Verhalten dazu bei, Hitlers Macht zu festigen und seine Angriffslust anzuregen? Besprechen Sie Einzelheiten.
20. Besprechen Sie, wie Hitler die Wehrmacht "gleichschaltet".
21. Wie erreicht Hitler den "Anschluß" Österreichs?
22. Was bedeutet der Aufruf "Heim ins Reich"?
23. Wie gelingt es Hitler, die Sudentendeutschen "heim ins Reich" zu holen und wie kommt es schließlich zur Auflösung der ganzen Tschechoslowakei? Welche Rolle spielt Chamberlain dabei?
24. Was beschließen Deutschland und die Sowjetunion, als sie den Nichtangriffspakt unterzeichnen?
25. Wie beginnt der Zweite Weltkrieg? Welche Ereignisse führen zum Ausbruch des Krieges? Wer sind Deutschlands Verbündete und wer seine Gegner?
26. Warum besetzen deutsche Truppen Dänemark und Norwegen?
27. Wie verläuft der Krieg gegen Frankreich?
28. Warum gelingt es Hitler nicht, England zu besiegen? Besprechen Sie die Rolle der Luftwaffe in der Schlacht um England.
29. Was ist die Lage auf dem Balkan? Erklären Sie, wie Deutschlands Feldzug auf dem Balkan sich auf den Krieg gegen die Sowjetunion auswirkt.
30. Welche Rolle spielt Italien im Krieg?
31. Wie verläuft der Krieg zunächst gegen die Sowjetunion und warum gelingt es den Deutschen am Ende nicht, die Sowjets zu besiegen?
32. Was geschieht in Stalingrad?
33. Warum treten die USA in den Krieg gegen Deutschland ein? Wie ändert sich die militärische Situation in Europa nach dem Eintritt der USA? Wie erklären Sie sich das?
34. Besprechen Sie die Auswirkungen der alliierten Invasionen in Italien und in der Normandie.
35. Welche Wirkung haben die alliierten Luftangriffe auf deutsche Städte?
36. Was ist Ihre persönliche Einstellung zu der Frage, ob massive Bombenangriffe auf nicht-militärische Ziele (Wohnbezirke, Kirchen, Krankenhäuser, kulturelle Einrichtungen, usw,), die keine strategische Bedeutung haben, gerechtfertigt sind? Besprechen Sie die militärischen, strategischen und moralischen Vor- und Nachteile.
37. Wie endet Hitler und wie kommt es zum Ende des Reiches? Was ist die Situation in Deutschland am Ende des Krieges?

38. Besprechen Sie die Rassenpolitik der Nationalsozialisten und wie sich diese Politik auf Juden, Polen und Russen auswirkte. Wie rechtfertigt Hitler diese Einstellung? Sehen Sie heute eine Gefahr für Juden und andere Minderheiten?

39. Untersuchen Sie das barbarische Verhalten auf beiden Seiten -- vor allem auf deutscher Seite -- und nehmen Sie dazu Stellung.

40. Was wäre wohl geschehen, wenn die USA nicht in den Krieg eingetreten wären oder wenn Deutschland die Luftschlacht um England gewonnen hätte?

KAPITEL 21
DIE WIDERSTANDSBEWEGUNG

Worum geht es in diesem Kapitel?

Nach dem Krieg und dem Ende der Diktatur interessierte man sich zunächst mehr für Adolf Hitler und die Verbrechen seines Regimes. Erst allmählich erfuhr man, daß Hunderttausende von Deutschen den Nationalsozialismus mit Wort und Tat bekämpft und sich der Willkürherrschaft widersetzt hatten und daß Zehntausende in Konzentrationslagern und Gefängnissen brutal mishandelt und viele von ihnen ermordet worden waren. Widerstand kam von Studenten- und Jugendgruppen, Politikern, Geistlichen und Offizieren. Es ist wesentlich für den Studenten der Germanistik, diesen Abschnitt der deutschen Geschichte richtig verstehen und schätzen zu lernen.

Wie gehen wir vor?

1. Ihnen werden manche Namen nicht bekannt sein, und deshalb ist es ratsam, daß Sie wiederum das ganze Kapitel überfliegen und sich dabei auf die Überschriften der einzelnen Abschnitte konzentrieren.

2. Lesen Sie dann einen oder zwei Abschnitte, legen Sie eine Pause ein und verarbeiten Sie das Gelesene. Am besten wiederholen Sie das Material laut.

3. Wenn Sie das ganze Kapitel gelesen haben, teilen Sie das Material nach logischen Gesichtspunkten ein und wiederholen Sie es. Sie können z. B. zunächst die Rolle der Kirchen behandeln und die Männer besprechen, die der offiziellen Linie nicht gefolgt sind.

4. Sehen Sie die Studienfragen am Ende als Hilfsmittel an.

Lernziele:

In diesem Kapitel lernen Sie,

1. wie wichtig es ist, den deutschen Widerstand in die Geschichte richtig einzuordnen und den Beitrag der Widerstandskämpfer gebührend zu verstehen und zu achten.

2. was die offizielle Einstellung der großen Kirchen zum Hitlerregime war und warum und wie einzelne Geistliche sich der Diktatur trotzdem widersetzten.

3. wer die Jugendlichen und Studenten waren, die Flugblätter verteilten und so versuchten, die Menschen aufzuklären. Die Münchner Studentengruppe, *Die weiße Rose*, steht im Mittelpunkt unserer Diskussion und dient als Beispiel für alle derartigen Jugendgruppen.

4. welche Rolle die Offiziere der deutschen Wehrmacht spielten.

5. die Einzelheiten des letzten Attentats auf Adolf Hitler am 20. Juli 1944 im Führerhauptquartier.

6. die Deutschen, die unter dem Hitlerregime lebten, in neuem Licht zu sehen.

7. für sich zu beurteilen, ob die Versuche der vielen Widerstandskämpfer, Hitler und das Regime zu beseitigen, umsonst waren.

Einführung

Noch immer sind die Einzelheiten der Widerstandsbewegung und die Männer und Frauen, die Adolf Hitler und sein verbrecherisches Regime bekämpften, nicht so gut bekannt wie die Verbrechen der Nationalsozialisten. Dennoch ist dieses Kapitel der modernen deutschen Geschichte weit rühmlicher als die Taten Hitlers, Goerings oder Himmlers und verdient immer wieder erzählt zu werden. Es ist fast unmöglich, eine so durchorganisierte, stark bewaffnete und vom größten Teil des Volkes unterstützte Diktatur wie die Hitlers zu Fall zu bringen. Daß dies dennoch versucht wurde und daß sich immer wieder Menschen dem totalitären Zwang widersetzten, ist ein erstaunlicher Beweis für den Sinn von Menschlichkeit und Gerechtigkeit, der selbst unter der grausamsten Gewaltherrschaft nicht zu erdrücken ist. Die Zehntausenden, die in den Folterkammern der Gestapo und in den Konzentrationslagern mißhandelt und ermordet wurden, sind Zeugen dafür, daß sich nicht alle Deutschen dem Teufel verschrieben, sondern daß viele den Mut hatten, ihre Freiheit, ihre Gesundheit und ihr Leben einzusetzen für ihr Ideal: Ein besseres Deutschland zu schaffen, in dem die Menschenrechte geachtet würden.

Tausende leisteten Widerstand

Die Deutschen, die gegen den Nationalsozialismus kämpften, kamen aus allen Schichten der Bevölkerung. Unter ihnen waren Offiziere, Politiker, Studenten, Arbeiter, sowie evangelische und katholische Geistliche. Ihre Opposition erwuchs aus vielerlei Gründen, von persönlichen bis allgemein idealistischen und erstreckte sich vom bitteren Stillschweigen bis zum Anschlag auf Hitlers Leben. Wie immer in der Geschichte so sind auch in der Widerstandsbewegung die Namen von Tausenden unbekannt geblieben. Nur die Taten leitender Persönlichkeiten sind reichlich dokumentiert und daher im Einzelnen bekannt. Wenn wir im folgenden Namen nennen, so sollen diese als Repräsentanten für all die vielen Ungenannten gelten, deren Leben genau so wertvoll war, wie das der Bekannten.

Die politische Opposition

Die Opposition gegen die Nationalsozialisten wurde zuerst von Politikern und Gewerkschaftsführern getragen. Da öffentliche Aussagen sofort mit Inhaftierung oder Mord bestraft wurden, war diese Art des Widerstandes zwecklos. Bereits 1933 wurde die politische Opposition durch die SA und SS wirksam zum Schweigen gebracht. Wer nicht ins Ausland fliehen konnte, wurde in Konzentrationslager gesperrt. Der sozialistische Reichstagsabgeordnete Julius Leber wurde auf offener Straße überfallen und später ermordet. Es war weiser, heimlich gegen das Regime zu arbeiten, und so entwickelte sich die Widerstandsbewegung als Untergrundbewegung. Verständigung zwischen verschiedenen Zellen und Organisationen war äußerst schwierig und gefährlich. Je größer eine Organisation wird, desto akuter wird die Gefahr der Bespitzelung und des Verrats. So arbeitete man hauptsächlich in kleinen Kreisen, meistens abgeschnitten voneinander. Wir werden in den folgenden Paragraphen die vier Hauptorganisationen besprechen, aus denen Widerstandskämpfer hervorgingen: Kirche, Universität, politische Parteien und Gewerkschaften und Wehrmacht.

Das Zentrum und das Konkordat der katholischen Kirche mit dem Hitlerregime

Die katholische Kirche ist wiederholt angegriffen worden,[1] weil sie sich den Nationalsozialisten nicht rigoros widersetzte, sondern sich sogar den Anschein der Unterstützung gab. Das Zentrum, die katholische Partei im Reichstag, unterstützte Hitlers Ermächtigungsgesetz, anstatt es zusammen mit den Sozialisten zu bekämpfen, und löste sich dann friedlich auf. Der Vatikan -- der Papst schien damals schlecht beraten zu sein und war sehr antibolschewistisch und daher pro-deutsch eingestellt -- schloß bereits im Juli 1933, lange vor anderen ausländischen Mächten, ein Konkordat[2] mit Hitler, das dessen Regime vor den deutschen Katholiken und vor dem Ausland zu legitimieren schien. Auf jeden Fall wurde das von der äußerst wirkungsvollen Nazipropaganda so interpretiert.

Kardinal Faulhaber

Weitaus vernünftiger und tapferer erschien die Haltung einzelner Priester und Bischöfe, die sich ohne die offizielle Rückenstärkung des Vatikans, auf sich allein gestellt, gegen die nationalsozialistischen Ideen und Taten aussprachen. Der Münchener Kardinal Michael Faulhaber predigte gegen die Judenverfolgung und ließ seine Predigten drucken und verbreiten. Er protestierte immer wieder gegen Akte der Verfolgung und wurde für viele ein Symbol des passiven Widerstands. Ab 1936 wurden immer mehr katholische Priester verhaftet und eingekerkert. Mehrere deutsche Bischöfe protestierten gegen die unrechtmäßigen Verhaftungen und gegen die Unterminierung der Kirche von Seiten des Propagandaministeriums. Der Papst beschränkte sich im wesentlichen auf einen Protest im Jahre 1937 mit seiner Enzyklika "Mit brennender Sorge", die in Deutschland verboten wurde. Leider blieb es Einzelnen überlassen, sich gegen Gewalttaten mit Predigten und Protesten zur Wehr zu setzen.

---

[1] Rolf Hochhuths Drama *Der Stellvertreter* ist solch ein Angriff. Der Autor beschuldigt den Papst, sich nicht für die Juden eingesetzt zu haben.

[2] Das Konkordat ist ein Vertrag zwischen dem Vatikan und einem Staat.

Bischof Galen

Der Bischof von Münster Clemens von Galen, der anfangs auf Hitlers Seite gestanden hatte,[3] widersetzte sich bald den Nazis. Seine Haltung stärkte die Bürger von Münster in ihrer Opposition. 1941 hielt Bischof von Galen drei Predigten, in denen er offen Ungerechtigkeiten anprangerte. Die Nazis tobten vor Wut aber wagten es nicht, den Bischof zu beseitigen. Während Faulhaber und von Galen nicht verfolgt wurden, inhaftierte die Gestapo andererseits mehrere hundert deutsche Priester und ermordete Dutzende.

Die Haltung der Protestanten

Die Haltung der evangelischen Kirche war zunächst abwartend und ziellos. Die Kirchenführer waren vielfach konservativ eingestellt, betrachteten den Versailler Vertrag als Ungerechtigkeit und unterließen es, die demokratische Idee zu unterstützen. Außerdem unterschätzten sie Hitler wie so viele andere auch und hielten es mit der Einstellung Luthers, der den Staat unterstützt und Auflehnung gegen die Staatsgewalt untersagt, ja sogar verworfen hatte. Das Resultat war Gehorsam der evangelischen Kirchenführer und Christen dem Staat gegenüber. Widerstand kam wieder von Einzelnen, aber nicht von der ganzen Kirche als einige Organisation. Viele arbeiteten sogar für das Regime in der deutschen Reichskirche,[4] die "germanisches, arisches Heldentum" an die Stelle von "verlogenen, jüdischen Legenden" setzte.

Widerstand von einzelnen Geistlichen

Eine frühe Warnung von Otto Dibelius, dem Landesbischof von Brandenburg an die Pastoren, hatte seine Entlassung zur Folge. Die Bischöfe von Bayern und Württemberg, Hans Meiser und Theophil Wurm,[5] verteidigten die Rechte der Kirche und setzten sich bis zuletzt für die Juden ein. Viele ihrer Anhänger traten tapfer für sie ein, als sie verhaftet wurden und erzwangen ihre Entlassung. Pastor Martin Niemöller, ehemaliger U-Boot Kommandant des Ersten Weltkrieges und seit 1931 Pfarrer in Berlin-Dahlem, gründete den Pfarrer-Notbund, dem bis Ende 1933 rund 6000 Pastoren (etwa ein Drittel der Gesamtzahl) beitraten, als Protest gegen die Deutsche Reichskirche, die von Nationalsozialisten geführt wurde. Aus dem Notbund ging die Bekennende Kirche hervor, die das Evangelium Christi gegen die Lehren des Atheismus verteidigte. Verhaftungen von evangelischen Geistlichen nahmen zu, und 1937 wurde auch Niemöller verhaftet und bis Ende des Krieges in Dachau inhaftiert.

Die schwierige Rolle des Geistlichen

Die Rolle des Geistlichen wurde besonders im Krieg immer schwieriger. Einerseits war es seine Aufgabe, die Kirche und das Evangelium zu verteidigen, andererseits war er verpflichtet, jungen Leuten, die an die Front mußten, Frauen, deren Männer und Söhne für das Vaterland kämpften und Menschen, die ehrlich an die Gerechtigkeit der deutschen Sache glaubten, Trost zu spenden. Wie konnte er offen gegen das Vaterland predigen, das ihn in der Stunde der Not brauchte? Aber wie konnte er auch ruhig zusehen, wie die christlichen Ideale zertrampelt wurden? Besonders wenn jüdische Brüder seine Hilfe brauchten, konnte er diese Hilfe nicht versagen und riskierte damit Verlust seiner Kirche und seines Lebens.

---

[3] Auf Grund des Konkordats mußten alle Bischöfe dem Regime Gehorsam schwören.

[4] Hitler setzte Bischof Ludwig Müller als Reichsbischof ein, der die amtliche "Theologie" der Nationalsozialisten befürwortete. Gegen die Reichskirchenregierung und die "gleichgeschaltete" Deutsche Evangelische Kirche, die von den sogenannten Deutschen Christen beherrscht wurde, wandten sich der Pfarrernotbund, die Bekenntnisgemeinschaften in den Landeskirchen und die Bekennende Kirche.

[5] Bischof Wurm erklärte, daß die Zerstörung deutscher Städte durch alliierte Bombenangriffe als Strafe Gottes für die Judenverfolgung anzusehen sei.

Dietrich Bonhoeffer

Der radikalste Weg, die Beseitigung Hitlers, wenn nötig mit Gewalt, ist mit dem Beruf eines Pastors an sich unvereinbar, wurde aber trotzdem von einigen gewählt. Der bekannteste Theologe, der diesen Weg für richtig hielt, war Dietrich Bonhoeffer. Er setzte sich aktiv für die Niederwerfung des Regimes ein, nahm mit Mitgliedern der Untergrundbewegung Kontakt auf und versuchte sogar Hilfe außerhalb Deutschlands zu mobilisieren, die jedoch nicht gewährt wurde. 1943 wurde Bonhoeffer nach Buchenwald gebracht und einen Monat vor Kriegsende ermordet. Die Zahl der protestantischen Geistlichen in Konzentrationslagern war nicht viel geringer als die ihrer katholischen Brüder, und ihr Glaube und Mut waren gleich groß.

Die weiße Rose

Unter den Jugendgruppen, die gegen das Regime arbeiteten, ist *Die weiße Rose* in München am bekanntesten und soll uns als Beispiel gelten für die anderen, die ebenfalls am Widerstand beteiligt waren.[6] *Die weiße Rose* bestand aus einer Gruppe von Münchener Studenten, die sich um die Geschwister Hans und Sophie Scholl scharten. Die Geschwister waren in einer württembergischen Kleinstadt und in Ulm aufgewachsen. Zuerst waren sie begeisterte Anhänger der Hitlerjugend, aber sehr bald wurden sie durch Handlungen enttäuscht, die sie nicht verstehen konnten. Hans durfte keine ausländischen Volkslieder mehr singen, ihm wurde das Lesen von Stefan Zweig und Thomas Mann untersagt, und er mußte andere Demütigungen hinnehmen. Er begann nachzudenken, Fragen zu stellen und zu zweifeln. 1937 wurde er zum ersten Mal verhaftet, weil er zu viel redete. 1940 gingen Hans und seine Schwester Sophie auf die Universität in München. Angeregt durch die Predigten des Bischofs von Münster, die ihnen in die Hände geraten waren, begannen sie zusammen mit den Freunden Alexander Schmorell, Willi Graf und Christoph Probst, Flugblätter unter dem Namen *Die weiße Rose* zu drucken und zu verteilen. "Leistet passiven Widerstand", hieß es darin, "Widerstand, wo immer ihr auch seid, verhindert das Weiterlaufen dieser atheistischen Kriegsmaschine, ehe es zu spät ist, ehe die letzten Städte ein Trümmerhaufen sind, gleich Köln, und ehe die letzte Jugend des Volkes irgendwo für die Hybris eines Untermenschen verblutet ist."

Die Tätigkeit der Studenten und ihre Verhaftung

Die Arbeit der Gruppe wurde unterbrochen, als die Studenten nach Rußland an die Front geschickt wurden. Die Kriegserlebnisse, das Elend und Leiden, das sie dort sahen, ließen in ihnen den Willen zum Widerstand noch stärker werden, und als sie im Herbst 1942 nach München zurückkehrten, begannen sie ihre Tätigkeit von neuem. Auch Professor Kurt Huber von der philosophischen Fakultät war zu ihnen gekommen und begann sie zu unterstützen. Die Flugblätter wurden nun auch in anderen Städten verteilt, was ungeheuer schwierig und gefährlich war, denn überall lauerten Streifen der Polizei und der Gestapo, die Papiere und Gepäck kontrollierten. Die Gestapo arbeitete fieberhaft, um der Verantwortlichen habhaft zu werden. In einer Nacht malten die jungen Leute die Worte "Nieder mit Hitler" an die Häuserwände der Ludwigstraße und "Freiheit" über den Eingang zur Universität. Am Morgen des 18. Februar wurden Hans und Sophie beim Verteilen von Flugblättern in den Gebäuden der Universität verhaftet. Schnell wurden auch die anderen von Agenten der Gestapo aufgetrieben. Die Geschwister gestanden ihre Handlungen, um die anderen zu schützen. Ihr Mut und ihre innere Gelassenheit vor ihren Henkern sind bewundernswert. Sie und ihre Kameraden, einschließlich Professor Huber, wurden zum Tode verurteilt und enthauptet.

---

6   Helmuth Hübener, aktives Mitglied der Kirche Jesu Christi der Heiligen der letzten Tage, wurde 1942 in Hamburg hingerichtet, weil er antinationalsozialistische Flugblätter verteilt hatte. Günter Gras hat ihm in seinem Roman *örtlich betäubt* ein Denkmal gesetzt. Für den jungen Philipp Scherbaum ist Hübener zusammen mit seinen Freunden und Gehilfen ideales Vorbild für den Widerstand gegen den kriminellen Staat. Eine weitere Gruppe, Das Edelweiß, bestand aus Mitgliedern der katholischen Jugend und stellte sich aus religiösen Gründen gegen die Nazi Ideologie. Eine Berliner Studentengruppe unter Leitung von Werner Steinbrink verbreitete Flugblätter; vierzehn Mitglieder wurden hingerichtet. Die Meute in Leipzig, die Kittelbach-Piraten im Ruhrgebiet und der Anti-Nationalsozialistische Verband in den bayrischen Alpen waren andere Widerstandszellen.

Der Zusammenbruch der jugendlichen Widerstandszellen

Mit dem Tod der Anführer brachen *Die weiße Rose* und andere ähnliche Gruppen in Berlin, Hamburg, Freiburg und anderen Städten in sich zusammen, aber das Beispiel dieser jungen Menschen hatte viele beeindruckt und wird für alle Zeit andere daran erinnern, daß es vielleicht besser ist, für die Freiheit zu kämpfen, selbst wenn das zum Tode führt, als tatenlos dazustehen und die Tyrannei gewähren zu lassen. Die Geschwister Scholl und ihre Freunde bewahrten sich ihre persönliche Freiheit selbst im Angesicht der grausamsten Unterdrückung.

Die Wehrmacht

Während der Widerstand von Männern in den Kirchen und Schulen hauptsächlich passiver Art war, übernahmen höhere Offiziere der Wehrmacht eine aktivere Rolle mit dem Ziel, Adolf Hitler und andere führende Nazis aus ihren Ämtern zu entfernen und sie durch verantwortliche Männer zu ersetzen. Daß das nicht gelang, gehört zu den tragischen Umständen in der Geschichte des Dritten Reiches. Die Operationen der Offiziere wurden anfangs, also in den Jahren kurz vor dem Krieg, durch Hitlers ungeheure Erfolge erschwert. Wie konnte man einen Mann beseitigen, der auf der Höhe seiner Beliebtheit beim Volke stand und Triumph auf Triumph feierte? Später wurde die Absetzung immer schwieriger, weil Hitler sich mit Mitarbeitern und Heerführern umgab, die ihm absolut verschrieben waren. Offiziere, die ihm widersprochen und sich dadurch unbeliebt gemacht hatten, wurden abgesetzt und auf entlegene Posten abgeschoben oder gingen in Pension. Außerdem konnten es viele nicht mit ihrem Gewissen vereinbaren, dem Mann, dem sie persönliche Treue geschworen hatten, nun, da das Vaterland im Krieg um seine Existenz rang, in den Rücken zu fallen. Trotz all dieser Schwierigkeiten fanden sich dennoch Männer, die Attentate ausführten, deren Treue und Liebe zum Vaterland, das von einem Wahnsinnigen bewußt zertrümmert wurde, größer war und ihnen mehr bedeutete als der Treueid auf einen Mann, der seinerseits die Treue und das Vertrauen seines Volkes gebrochen hatte.

Der Goerdeler-Beck-Kreis

Zwei Männer, um die sich eine aktive Gruppe bildete mit dem Ziel, die Hitlerclique durch eine legitime Regierung zu ersetzen, waren General Ludwig Beck, der Leiter des Truppenamtes, der damit praktisch Chef des Generalstabs war, und Carl Goerdeler, der frühere Bürgermeister von Leipzig. Um Beck sammelten sich Offiziere und um Goerdeler Politiker und Arbeiterführer, die bald zusammenzuarbeiten begannen. Nachdem General von Blomberg als Verteidigungsminister und General von Fritsch 1938 als Oberbefehlshaber der Wehrmacht entlassen worden waren, arbeitete der Goerdeler-Beck-Kreis den ersten Plan für einen Staatsstreich aus. Unterstützung kam von drei hohen Offizieren, den Generälen Erwin von Witzleben, Kurt von Hammerstein und Franz Halder, dem neuen Chef des Generalstabs. Von der Abwehr[7] kamen Admiral Wilhelm Canaris und Oberst Hans Oster hinzu, und aus dem Außenministerium und dem diplomatischen Dienst konservative Beamte.

Erste Versuche Hitler abzusetzen

Kontakte mit dem Ausland wurden aufgenommen und der Versuch gemacht, England und Frankreich zu überzeugen, Hitler in der tschechoslowakischen Frage so energisch wie möglich entgegenzutreten. Wenn die Westmächte Hitlers aggressiven Plänen von Anfang an mit mehr als lauwarmen Protesten entgegengetreten wären, wäre der Einfluß der Generäle wirksam geworden. Im Fall eines Angriffs auf die Tschechoslowakei war alles bereit, Hitler abzusetzen. Die Wehrmacht sollte vorübergehend die Regierungsgewalt übernehmen, Hitler vor ein Gericht stellen und ihn für geisteskrank erklären. Die nötigen Unterlagen waren bereits von Psychologen gesammelt worden. General von Witzleben, der Kommandant des 3. Militärdistrikts (Berlin und Brandenburg), Graf von Brockdorff-Ahlefeld, der Befehlshaber der Potsdamer Garnison, General Erich Hoepner, Befehlshaber der 5. Division im Ruhrgebiet, sowie die Berliner Polizeipräsidenten Helldorf und von Schulenburg waren bereit, einen Gegenstreich der SS zu vereiteln und die führenden Nazis zu verhaften. Besonders Generaloberst von Brauchitsch, der neue Oberbefehlshaber des Heeres, weigerte sich jedoch, gegen Hitler vorzugehen. Beck selbst war zu vorsichtig und oft unfähig, entscheidende Maßnahmen zu treffen.

Aber auch England weigerte sich, mit den Generälen zu verhandeln und unterzeichnete sogar das Münchener Abkommen am 29. September 1938, in dem Hitler die Tschechoslowakei praktisch geschenkt wurde. Wie konnten die Generäle den Führer nach so einem gewaltigen diplomatischen Erfolg verhaften? Die Gelegenheit war verpaßt worden, zum Teil durch die diplomatischen Vorgänge und zum Teil durch das Zögern und die

---

[7]   Das Abwehramt betrieb militärische Gegenspionage.

Uneinigkeit unter den Verschwörern.[8] Solch eine günstige Gelegenheit für den Regierungswechsel kam nie wieder, und erst gegen Ende des Krieges fanden sich die Verschwörer nochmals zusammen, um Deutschland vor der endgültigen Zerstörung zu retten. In den ersten Kriegsjahren waren die militärischen Erfolge Deutschlands so enorm, daß an Hitlers Beseitigung nicht gedacht werden konnte. Erst nach dem verlorenen Rußlandfeldzug, der Schlacht von Stalingrad und besonders nach der Invasion, wurde die Frage wieder akut.

Die Erklärung von Casablanca

An der russischen Front sammelten sich Offiziere um Generalmajor Henning von Tresckow, einem Stabsoffizier in der Heeresgruppe Mitte. Ihr Selbstvertrauen, sowie die Haltung der gesamten Widerstandsbewegung wurde stark erschüttert und ihre Aussichten auf Erfolg untergraben durch die alliierte Erklärung von Casablanca im Januar 1943, nach der Churchill und Roosevelt nur die bedingungslose Kapitulation Deutschlands annehmen und sich in keinerlei Verhandlungen mit den Achsenmächten einlassen würden. Gerstenmaier, der spätere Präsident des Bundestages und selbst an der Verschwörung gegen Hitler beteiligt, hat erklärt, daß Casablanca den Erfolg der deutschen Widerstandsbewegung aussichtslos erscheinen ließ. Fast alle Historiker und viele Politiker stimmen heute mit Gerstenmaier überein. Casablanca veranlaßte deutsche Männer und Frauen, sich trotzig und verbissen um ihren Führer zu scharen und bis zum bitteren Ende zu kämpfen. Dennoch raffte sich die Opposition wieder auf und begann mit erneutem Eifer den Versuch, zu retten, was noch zu retten war.

Mehrere Attentatsversuche

Im März 1943 waren die Pläne Tresckows für die Beseitigung Hitlers fertig. Nach einem Besuch an der Ostfront sollte eine Bombe im Flugzeug Hitlers explodieren und den Führer töten. Die Erschießung Hitlers an der Front scheiterte an Tresckows Vorgesetztem General von Kluge, dem Befehlshaber der Heeresgruppe Mitte, der sich nicht entscheiden konnte, gegen den Führer vorzugehen. In Berlin, Paris, Wien und Köln war alles genau vorbereitet worden. Sobald Hitler beseitigt war, würden diese Städte in die Hand der Wehrmacht fallen und SS- und Parteiführer verhaftet oder erschossen werden. Die Bombe wurde in Hitlers Flugzeug gebracht, aber explodierte nicht, und die Pläne in Berlin und den anderen Städten konnten nicht ausgeführt werden. Ein zweiter Anschlag in Berlin wenige Tage später schlug ebenfalls fehl, weil Hitler seine Pläne geändert hatte. Major von Gersdorff wollte sich und Hitler bei einer Besichtigung im Zeughaus mit einer Bombe, die er in der Manteltasche trug, in die Luft sprengen, aber Hitler blieb nicht lange genug im Zeughaus. Daraufhin wurde der nächste Versuch für den November angesetzt. Bei der Inspektion von neuen Uniformen sollte Hitler in seinem Hauptquartier in Rastenburg von Hauptmann Bussche beseitigt werden. Hitler hatte unglaubliches Glück. Die Sendung wurde in Berlin in einem Bombenangriff zerstört, und die Inspektion auf Weihnachten verschoben. Wieder wurden Vorbereitungen getroffen, aber im letzten Moment änderte Hitler sein Vorhaben und verbrachte Weihnachten in Berchtesgaden. Bussche, der Zugang zum Hauptquartier des Führers hatte, wurde im Januar verwundet und durch Ewald von Kleist ersetzt. Ein dritter Anschlag, der für den 11. Februar 1944 angesetzt war, mußte ebenfalls aufgegeben werden, weil die Besichtigung der Uniformen abgesagt worden war.

Die Verhaftung führender Widerstandskämpfer

Ende 1943 und Anfang 1944 gelang es der Gestapo, einige Widerstandszellen zu infiltrieren und die beiden hohen Offiziere in der Abwehr, Oster und Canaris, die viele Tätigkeiten der Untergrundbewegung gedeckt hatten, zu beseitigen. Auch Graf Helmuth von Moltke, ein führender Theoretiker und Mann von großem Einfluß, wurde verhaftet. General von Hammerstein starb und General Beck wurde wegen Krebs operiert. Damit fielen leitende Männer aus, und neue Pläne mußten gemacht werden, in denen Oberst Claus von Stauffenberg die führende Rolle übernahm.

Oberst Claus von Stauffenberg

Claus von Stauffenberg, ein resoluter, fröhlicher Mensch, der das Leben liebte und bei seinen Kameraden beliebt war, kam in Kontakt mit Mitgliedern des Widerstandes und war besonders von Tresckow und dessen Mitarbeiter Schlabrendorff beeindruckt. Bereits im Dezember 1943 brachte er eine Bombe ins Führerhauptquartier in Ratzeburg, hatte jedoch keine Gelegenheit, sie anzuwenden. Schon vorher hatte er Pläne für das "Unternehmen

---

8   Generaloberst von Brauchitsch und General Beck lehnten ihre Beteiligung ab.

Walküre", die Übernahme Berlins nach Hitlers Tod, gemacht. Eine Schlüsselfigur war General Friedrich Fromm, der Befehlshaber der Streitkräfte in Deutschland. Mit Fromms Unterstützung konnte nur gerechnet werden, wenn der Erfolg eindeutig war; in jedem Falle würde er sich auf die Seite schlagen, die am Ende siegreich bleiben würde. Die Pläne waren im August 1943 fertig und wären sofort realisiert worden, wenn Bussches oder Kleists Anschläge auf Hitlers Leben erfolgreich gewesen wären. Aber Hitler wurde immer vorsichtiger und umgab sich mit einer Leibwache, die über 3000 Mann stark war. Er ließ sich immer seltener in der Öffentlichkeit sehen. Er ahnte, daß er Feinde hatte, die ihm nach dem Leben trachteten. Da wurde Stauffenberg im Juni 1944 zum Stabschef unter General Fromm ernannt. Diese Stellung ermöglichte ihm periodischen Zugang zum Führerhauptquartier. Es wurde beschlossen, ihn mit der Ausführung des Attentats zu beauftragen.

Pläne für Anschläge im Führerhauptquartier

Am 11. Juli kam die erste Gelegenheit auf dem Obersalzberg bei Berchtesgaden. Stauffenberg trug die Bombe an sich, erhielt jedoch von Berlin den Befehl zu warten, weil Himmler nicht bei Hitler war und weil man warten wolle bis man beide zugleich beseitigen könne. Dieser Entschluß wurde schon am nächsten Tag aufgegeben. Nur auf Hitlers Tod kam es an. Am 15. Juli war Stauffenberg in Ratzeburg wieder zum Attentat bereit, aber Hitler verließ die Konferenz vorzeitig. Inzwischen waren weitere Mitglieder der Verschwörung verhaftet worden, unter ihnen Julius Leber, der ehemalige sozialdemokratische Reichstagsabgeordnete, der die Pläne Stauffenbergs kannte, der jedoch nichts verriet. Ganz offensichtlich mußte bald gehandelt werden, denn die Gestapo arbeitete Tag und Nacht und konnte die Verschwörung jeden Augenblick entdecken. Am 17. Juli wurde der Befehl erlassen, Goerdeler zu verhaften, aber dem ehemaligen Bürgermeister gelang es, der Verhaftung zu entgehen und sich vier Wochen lang zu verstecken.

Der vergebliche Anschlag auf Hitler

Dann kam der 20. Juli, der in die moderne deutsche Geschichte als das Datum eingegangen ist, an dem sich zum letzten Mal die Männer der Verschwörung gegen die blutige Hitlertyrannei erhoben und ihr Leben einsetzten, um das Vaterland von den Verbrechern und vom bevorstehenden Untergang zu retten. Alle Vorbereitungen waren getroffen. Stauffenberg flog zu einer Besprechung ins Führerhauptquartier. Die Konferenz fand in der Gästebaracke statt. Stauffenberg brachte die Bombe in seiner Aktentasche ins Konferenzzimmer und stellte sie unter den Tisch, vier Meter von Hitler entfernt, an ein Bein des Tisches gelehnt; dann verließ er das Zimmer. Ein Offizier stieß versehentlich an die Brieftasche und stellte sie auf die andere Seite des dicken Eichenholzbeines unter den Tisch, so daß sich das Tischbein zwischen der Bombe und Hitler befand und diesen etwas schützen konnte. Die Bombe explodierte und demolierte die Baracke, aber Hitler kam mit leichten Verletzungen davon. Stauffenberg, der nicht wußte, daß Hitler am Leben geblieben war, eilte nach Berlin zurück, wo die Operation Walküre noch nicht in Gang gesetzt worden war. Vier wertvolle Stunden waren vertan worden, in denen man die Regierung hätte an sich reißen können. Als die Pläne endlich in Aktion gesetzt wurden, war es zu spät, und die Nationalsozialisten hatten sich zum Gegenschlag aufgerafft. Die Verschwörung brach in sich zusammen.

Die Verhaftung und Exekution der Verschwörer

Stauffenberg, Obricht und andere Offiziere wurden auf Befehl Fromms, der zu lange gezögert hatte und sich schnell auf die Seite der SS schlug, erschossen, weil er sie nicht in die Hände der Nazis fallen lassen konnte, denn sie konnten ihn mit ihren Aussagen schwer belasten. Trotzdem wurde General Fromm von den Nazis getötet und die übrigen Verschwörer verhaftet und inhaftiert. In Paris, München und Wien, wo die Revolte erfolgreich durchgeführt worden war, wurden die SS- und Parteiangehörigen wieder freigelassen, sobald es sich herausstellte, daß Hitler noch am Leben war. In den nächsten Tagen und Wochen wurden rund 7000 Mitglieder der Widerstandsbewegung verhaftet und etwa 5000 erschossen, erhängt oder zu Tode gequält. Es wird berichtet, daß Hitler die Quälereien filmen ließ und sich an den Aufnahmen in höchst perverser Weise erfreute. Beck, Tresckow und Rommel, der nicht direkt an den Ereignissen beteiligt gewesen war, begingen Selbstmord. Nur wenige Widerstandskämpfer haben die Wochen nach dem 20. Juli überlebt und uns Einzelheiten berichtet. Der Mut, den viele der Angeklagten vor dem Volksgerichtshof bewiesen, in dem der blutrünstige Henker Freisler den Vorsitz führte, ist erstaunlich bewundernswürdig. Immer wieder mußte Freisler, der wie ein Wahnsinniger auf die Gefangenen einschrie und sie mit wilden Drohungen einzuschüchtern versuchte, Entgegnungen hinnehmen, die ihn rasend machten. Der Mut der Angeklagten ist um so bemerkenswerter, wenn man bedenkt, daß fast alle grausam gefoltert und gequält wurden.

Der Krieg dauerte weiter an

Der Krieg dauerte noch zehn Monate an, und Deutschland wurde in ein Trümmerfeld verwandelt. Hundertausende verloren auf beiden Seiten in diesen letzten Monaten noch ihr Leben, weil ein wahnsinniger Tyrann am Leben geblieben war, der sich am Ende feige wie eine Ratte in einem dunklen Kellerloch der Verantwortung entzog, der nicht einmal das bißchen Mut aufbrachte, an der Spitze seiner SS oder Hitlerjugend den sogenannten Heldentod zu suchen. Wären Stauffenberg und seine Kameraden am 20. Juli doch erfolgreich gewesen!

Waren all die Opfer umsonst?

Die Frage, ob ihre Tat umsonst gewesen ist, muß mit einem sicheren Nein beantwortet werden. Obwohl sie ihr Ziel nicht erreichten, haben sie, sowie die Studenten, Arbeiter, Geistlichen und die vielen anderen Ungenannten, die sich auflehnten, der Welt bewiesen, daß es viele Tausende von mutigen Männern und Frauen gab, denen ihre menschlichen Ideale höher standen als ihr persönliches Wohlergehen und ihr Leben. Auf ihr Andenken kann die deutsche Jugend stolz sein. Wenn sie nach Idealen sucht, kann sie sie bei diesen Männern und Frauen finden. Die große Tragik der Widerstandsbewegung liegt darin, daß ihre Mitglieder das neue Deutschland nicht mehr erlebt haben und daß ihr Mut, ihr Können, ihre Energie und ihre Einsatzbereitschaft für dieses neue Deutschland verloren gegangen sind. Aber vergessen darf man sie nicht, darf man den "Aufstand des Gewissens", ihren Kampf gegen die Unmenschlichkeit, nicht. General von Tresckows Worte zeigen, daß die Verschwörer mit dem Mißerfolg ihres Unternehmens rechneten, aber daß ihnen der Versuch dennoch ihr Leben und ihre Ehre wert war: "Sollte es nicht gelingen, so muß trotzdem der Staatsstreich versucht werden. Denn es kommt jetzt nicht mehr auf den praktischen Zweck an, sondern darauf, daß die deutsche Widerstandsbewegung vor der Welt und der Geschichte unter Einsatz ihres Lebens den entscheidenden Wurf gewagt hat."

STUDIENFRAGEN ZUM KAPITEL <u>DIE WIDERSTANDSBEWEGUNG</u>

1. Wie erklären Sie sich, daß die mutigen Taten der deutschen Widerstandsbewegung weniger bekannt sind als die Greueltaten der Naziverbrecher?
2. Wer sind die Widerstandskämpfer? Aus welchen Kreisen kommen sie?
3. Was geschieht mit der politischen Opposition, als Hitler an die Regierung kommt?
4. Warum ist Widerstand gegen einen totalitären Staat so ungeheuer schwierig?
5. Wie verhält sich die Zentrumspartei, als Hitler das Ermächtigungsgesetz fordert?
6. Was ist das Konkordat und welchen Einfluß übt es aus?
7. Welche katholischen Geistlichen protestieren gegen Maßnahmen der Nazis und warum tun sie das?
8. Was ist die offizielle Einstellung der beiden großen Kirchen gegenüber Adolf Hitler? Wie erklären Sie sich das?
9. Besprechen Sie, wie einzelne Seelsorger Widerstand leisten und was mit ihnen geschieht.
10. Erklären Sie, welche seelischen Kämpfe Priester und Pastoren ausfechten müssen, besonders als der Krieg ausbricht.
11. Was befürwortet Dietrich Bonhoeffer? Wie beurteilen Sie seine Einstellung?
12. Wer sind die Mitglieder der *weißen Rose*? Was unternehmen sie, warum tun sie das und was geschieht mit ihnen?
13. Welche anderen Jugendgruppen leisten Widerstand?
14. Was war die Rolle der Wehrmacht im Widerstand?
15. Besprechen Sie, welche Gewissenskonflikte die Offiziere hatten. Wie konnten sie etwas gegen ihren Oberbefehlshaber unternehmen, dem sie einen persönlichen Treueid geschworen hatten? Welche Rolle spielen Ehre, Treue, militärischer Gehorsam und Religion in diesem Gewissenskonflikt?
16. Wer sind die Männer im Goerdeler-Beck-Kreis und was beabsichtigen sie?
17. Was planen hohe Offiziere, wenn Hitler die Tschechoslowakei angreifen sollte? Wie reagiert England? Warum führen die Offiziere ihre Pläne nicht durch?
18. Was beschließen Churchill und Roosevelt in Casablanca und welche Wirkung hat dieser Entschluß auf den deutschen Widerstand?
19. Besprechen Sie die Attentatsversuche deutscher Offiziere und warum es ihnen nicht gelingt, Hitler zu töten.
20. Besprechen Sie die Rolle, die Claus von Stauffenberg im Widerstand spielt. Warum schlägt auch sein Anschlag auf den Führer fehl?
21. Welche Schuld trägt General Fromm daran, daß der Aufstand in Berlin fehlschlägt?
22. Was geschieht mit fast allen Widerstandskämpfern am Ende?
23. Waren die Opfer der Widerstandskämpfer umsonst? Erklären Sie Ihre Antwort.
24. Warum hätte man gerade diese Männer und Frauen gebraucht, als der Krieg endlich zu Ende kam und der Wiederaufbau in Deutschland begann?

KAPITEL 22
DIE LITERATUR ZWISCHEN DEN BEIDEN WELTKRIEGEN (1918-1945)

Worum geht es in diesem Kapitel?

Wie in allen Zeitaltern wird auch die deutsche Literatur in den Jahren zwischen den beiden großen Weltkriegen von den geistigen Strömungen und den politischen Ereignissen beeinflußt. Die drei großen Lyriker, George, Hofmannsthal und Rilke werden von den Expressionisten und diese von den Dramatikern und Romanschriftstellern abgelöst. Werke von Brecht, Kafka, Hesse und Thomas Mann gehören zur Weltliteratur, und der Student der deutschen Literatur sollte die Autoren kennen und einige ihrer Werke lesen.

Wie gehen wir vor?

1. Viele Namen sind Ihnen sicher schon bekannt, und einzelne Werke haben Sie wahrscheinlich auch gelesen. Trotzdem ist es ratsam, daß Sie sich wieder einen Gesamtüberblick über das ganze Kapitel verschaffen. Das tun Sie am besten, indem Sie die Überschriften lesen.
2. Nehmen Sie sich dann die Autoren und ihre Werke einzeln vor und verarbeiten Sie dieses Material, indem Sie Pausen machen und sich vergewissern, daß Sie alles gut verstanden haben.
3. Fassen Sie am Ende die Autoren und ihre literarischen Beiträge zusammen und berichten Sie (laut), was Sie in diesem Kapitel gelernt haben.
4. Die Anregungen und Fragen am Ende sollen Sie beim Studium leiten und Ihnen helfen, sich auf Wesentliches zu konzentrieren.

Lernziele:

In diesem Kapitel lernen Sie,
1. wer Friedrich Nietzsche ist und was seine bekanntesten Ideen sind.
2. wer George, Hofmannsthal und Rilke sind. Sie lesen einige ihrer Gedichte und lernen ihre Hauptwerke kennen.
3. wie die Expressionisten sich von den vorigen Dichtern unterscheiden und was ihr Beitrag zur Literatur ist.
4. welche Dramen Zuckmayer und Brecht geschrieben haben und was Brechts Dramentheorie ist.
5. welche Prosawerke Kafka, Hesse und Thomas Mann geschrieben haben und mit welchen Problemen sich diese Autoren beschäftigen.

Einführung

Wir haben bereits am Ende des Kapitels über die Literatur von der Romantik bis zum Ersten Weltkrieg festgestellt, daß sich die deutsche Literatur des 20. Jahrhunderts nur noch sehr schwer unter bestimmten Bezeichnungen zusamenfassen läßt. Man kann von Bewegungen wie Impressionismus, Neuromantik, Symbolismus, Neuklassik und Neue Sachlichkeit sprechen, ohne in ihnen einen einheitlichen Kunstwillen zu entdecken, der die Schriftsteller in leicht definierbare Gruppen zusammenbringt. Eine Ausnahme bildet der Expressionismus, der sich einheitlich charakterisieren läßt und der bei vielen Dichtern eine deutlich verwandte Reaktion auslöst. Wir werden in diesem Kapitel weniger von Schulen, Bewegungen oder Kunststilen sprechen als vielmehr von individuellen Künstlern, die, wie wir bereits bei den Großen der Vergangenheit festgestellt haben, wohl zeitweilig von einer Theorie oder einem Stil beeinflußt werden, aber sonst weit über jede Bindung und Bewegung hinausragen.

Was beinflußt die Literatur dieser Zeit?

Zwei große politische Katastrophen beeinträchtigen das literarische Schaffen unseres Jahrhunderts ganz erheblich: Der Erste Weltkrieg und die nationalsozialistische Periode, die in dem Zweiten Weltkrieg gipfelt. Weitere große Einflüsse sind die immer weiter zunehmende Technisierung, die wachsende Macht des Sozialismus, die Entdeckungen auf naturwissenschaftlichem Gebiet, die Psychoanalyse begründet von Sigmund Freud und die Existentialphilosophie, die von Nietzsche und Kierkegaard ausgeht und von Heidegger, Sartre und Jaspers weiter entwickelt wird.

Friedrich Nietzsche

Sehr stark hat Friedrich Nietzsche (1844-1900) auf die Dichtung des 20. Jahrhunderts eingewirkt. Da sein Werk und seine Gedanken sehr vielseitig sind, läßt sich der Einfluß nicht immer mit Bestimmtheit lokalisieren, aber Hauptmann, Wedekind, George, Thomas Mann, Jünger, Kafka und Benn haben entscheidende Anstöße von ihm erhalten, und seine Ideen sind vielfach wirksam geworden.

Nietzsche war außerordentlich begabt. Sein Vater starb früh, und er wurde von der Mutter, Großmutter und zwei Tanten großgezogen, besuchte Schulpforta und studierte klassische Philologie in Leipzig. Als 25jähriger wurde er zum Professor an der Universität Basel ernannt. Ab 1879 wanderte er krank und ohne festen Wohnsitz durch Europa und brach 1889 seelisch zusammen. Die letzten elf Jahre verbrachte er in geistiger Umnachtung, gepflegt von seiner Schwester Elisabeth.

Das Apollonische und Dionysische

Mit seinem Aufsatz *Die Geburt der Tragödie aus dem Geiste der Musik* setzte er dem Winckelmannschen Prinzip "Stille Einfalt und edle Größe" das rauschhafte, orgiastische, entfesselnde Prinzip des Dionysischen entgegen, das durch das maßvolle Apollonische nur mühsam gebändigt werden kann. Während dieser Aufsatz vor allem in Fachkreisen großen Eindruck machte, wurden seine Warnungen und Ermahnungen gegen den Fortschrittsjubel und die lügenhafte Fassade der Gründerjahre zunächst wenig beachtet.

Der Übermensch und die Umwertung aller Werte

In seinen *Unzeitgemäßen Betrachtungen* bekämpft Nietzsche D. F. Strauß, den Historismus, das Spießbürger- und Philistertum und verherrlicht Richard Wagner, mit dem er sich jedoch bald entzweit. Das Ziel Nietzsches ist es, einen neuen Menschen zu schaffen, einen Übermenschen, der alles Verlogene, Krankhafte, Philisterhafte vernichten soll. Das Symbol für den Übermenschen wird Zarathustra, der Held des poetisch-philosophischen *Also sprach Zarathustra*. Zarathustra, der neue Lehrer der Menschheit, verbirgt sich zuerst in der Einsamkeit, um in der Zwiesprache mit der Natur die nötige Reife für seine Mission zu erlangen. Dann kehrt er in die Welt zurück und verkündet den Übermenschen, den Herrenmenschen, der die Herrschaft über die Erde übernehmen wird, der die verlogene bürgerliche Moral, alles Pöbelhafte und das Christentum[1] ausrotten wird. Die "Sklavenmoral des Christentums" und die Leitwerte der bürgerlichen Sittlichkeit stehen der Erneuerung im Wege. Nur durch die "Umwertung aller Werte" können der Materialismus, die Skepsis, die Dekadenz und Resignation überwunden werden. Nietzsche hielt den Humanismus und das Christentum verantwortlich für die Krise in der westlichen Kultur. Seiner Meinung nach hätten sie ihre Versprechungen nicht erfüllt, sondern führten den Menschen direkt in den Nihilismus.

Karl Jaspers' Urteil über Nietzsche

Als Kritiker, Sprachschöpfer, Aphoristiker und Essayist ist Nietzsche von großer Bedeutung, als Dichter von weniger großer. Seine Philosophie ist schwer zugänglich, wie kein geringerer als Karl Jaspers zugibt: "Es ist kein Ausruhen in Nietzsche, keine letzte Wahrheit und Glaubwürdigkeit hält stand." "Nietzsche ist nur recht aufzufassen, wenn systematische und begriffliche Schulung schon anderswo gewonnen wurde, wenn Hartnäckigkeit und Genauigkeit des Denkens mitgebracht werden."

Der Kult der Schönheit in der Lyrik

Am Anfang des 20. Jahrhunderts schreiben drei Lyriker, die mit Walther von der Vogelweide, Goethe und den Romantikern zu den größten der deutschen Literatur zählen: Stefan George, Hugo von Hofmannsthal und Rainer Maria Rilke. Alle drei treten gegen den Naturalismus ein und weigern sich, die trostlose Wirklichkeit nachzuahmen. Die Schönheit wird von ihnen wieder zum Ideal der Kunst erhoben. Es ist ihr Glaubensbekenntnis, daß Poesie gelöst werden müsse von Bindung an Zweck, Belehrung, Moral und Realität. Nicht die äußere Wirklichkeit ist für sie von Interesse, sondern die innere des Dichters, seine Ideen und Träume. Dieses Unsagbare kann jedoch nur durch die Symbolkraft der schönen künstlerischen Sprache ausgedrückt werden.[2] Der Klang, der fremdartige Wohllaut, das ausgesuchte Bild, das hohe, erlesene Wort, die strenge Form sind im Gedicht von

---

[1] Nietzsches Christusbild ist das weiche, sentimentalische, kindliche, passive Christusbild des Pietismus.

[2] Man hat George, Rilke und Hofmannsthal aus diesem Grunde auch Symbolisten genannt.

maßgebender Bedeutung. Das "reine Gedicht" nach Vorbild der französischen Symbolisten, soll zur Gestaltung gelangen. Der Gehalt dieser Dichtung ist die Schönheit, der l'art-pour-l'art Ästhetizismus, der sich abschließt von den Problemen der realen Welt. Der Dichter sitzt in seinem "elfenbeinernen Turm", ist wirklichkeitsfremd und widmet seine Energie ausschließlich seiner Kunst. Es ist ein überaus verfeinerter, übersensitiver Ästhet, den der sinnlose Alltag langweilt und der sich ohne Verpflichtungen in seine poetische Traumwelt flüchtet.

Stefan George

Stefan George (1868-1933) ist der Sohn eines rheinischen Winzers (Rüdesheim). Er beginnt bereits als Gymnasiast, Gedichte zu schreiben, studiert in Berlin und München und reist durch Europa. In Frankreich lernt er Verlaine und Mallarmé kennen, deren Gedichte er zur Selbstschulung übersetzt. In Wien schließt er vorübergehend Freundschaft mit Hofmannsthal. Um ihn scharen sich eine Reihe von gleichgesinnten Jüngern, junge Dichter und Gelehrte, die den sogenannten Georgekreis[3] bilden. Vor den Nationalsozialisten, die ihn gern als einen der Ihren betrachtet hätten, verbirgt er sich in der Schweiz, wo er 1933 stirbt.

Georges Sendung

Von Anfang an wendet sich George gegen die Hinterhausreportage, die Erniedrigung der Sprache zur Schilderung bedrückender Alltagswirklichkeit, die Nivellierung des Geistes und die Relativierung aller Werte durch die deterministische Anschauung, die Umwelt und Erbgut für die Handlungen des Menschen verantwortlich machen. Die Kunst und die dichterische Sprache hat der Schönheit zu dienen; sie ist nicht einfach Werkzeug der Mitteilung, sondern eine heilige Gottesgabe, die die chaotischen Mächte des Daseins überwinden kann, die die Gewalt der Seele und des menschlichen Geistes offenbart. Der Dichter ist Seher, Priester und Wahrer der erhabenen Werte, eine Sendung, an die bereits Klopstock und Hölderlin glaubten. Die Kunst soll das Leben -- besonders das Leben des schöpferischen Menschen -- formen und ihm den Sinn geben, so daß das Leben zum Kunstwerk wird. Der Dichter, und damit stimmen auch Hofmannsthal und Rilke überein, hat die Verantwortung, durch seine Kunst die menschliche Gesellschaft zu erneuern. Diesem Ideal diente der Georgekreis. Die "Erwählten" schlossen sich streng ab von der Öffentlichkeit, von der profanen Masse und veröffentlichten ihre Gedanken zuerst in kostbaren Privatdrucken oder in der Zeitschrift *Blätter für die Kunst*, die von George begründet wurde. Der Zugang zu Georges Dichtung wurde dem gemeinen Mann erschwert durch eine eigenwillige Zeichensetzung, Kleinschreibung der Substantive, ein besonderes Druckbild und einen priesterlich weihevollen Stil.[4]

Georges Gedichte

Seine Gedichte veröffentlicht George in einer Reihe von Bänden, zu denen die frühen *Hymnen*, *Pilgerfahrten* und *Algabal* gehören. Der Nachdruck liegt auf der Schönheit des Klangs, des Ausdrucks und des Eindrucks. Die Gedichte sind Kompositionen aus Düften, Blumen und kostbarem Gestein. Es folgen *Das Jahr der Seele*, das der Liebe und den zwölf nächsten Gefährten des Dichters gewidmet ist. *Der Teppich des Lebens* und *Die Lieder vom Traum und Tod* zeigen die Abkehr vom Schönheitskult und die Annahme der Sendung und Verantwortung des Dichters. Die strenge Form ist hier besonders vollkommen durchgeführt: Der Zyklus besteht aus dreimal vierundzwanzig Gedichten aus je vier Strophen zu je vier Zeilen. Die siebte Sammlung, *Der siebente Ring*, ist immer aufs neue siebengeteilt. Hier stellt George große Gestalten der Geschichte dem "Stroh der Welt" gegenüber. Seine letzte Sammlung, *Das neue Reich*, erschien 1929 und wurde von den Nationalsozialisten mißdeutet. Es geht George nicht um die Gegenwart, sondern um ein "Reich des Geistes".

Das dichterische Talent Georges offenbart sich auch in seinen Übersetzungen der Dichtungen Verlaines, Baudelaires und Swinburnes, der Sonette Shakespeares und Teile von Dantes *Göttlicher Komödie*. Sein Hauptverdienst liegt in der Erneuerung der dichterischen Sprache und der Stellung des Dichters. Georges Gedicht *Komm in den totgesagten Park und schau* veranschaulicht seine eigenwillige Schreibweise (Hauptwörter werden klein geschrieben) und Zeichensetzung.

---

[3] Zu diesem Kreis gehörten z.B. Wolfskehl, Klages, Gundolf, Bertram und Kommerell.

[4] Der Einfluß Nietzsches auf George ist offensichtlich. Er zeigt sich nicht nur in seinem eigenwilligen Sprachstil, sondern mehr noch in der dahinterliegenden Verachtung des Aristokraten für den "Pöbel", in dem herrischen Übermenschentum und in dem Willen, den neuen Menschen zu erziehen.

[handwritten: –Imperative] *[handwritten: 1897]*

Komm in den totgesagten park und schau: *[handwritten: shores]*
Der schimmer ferner lächelnder gestade. *[handwritten: Kreuzreim]*
Der reinen wolken unverhofftes blau
Erhellt die weiher und die bunten pfade. *[handwritten: letzter Spur vom Sommer]*
[handwritten: ponds] *[handwritten: Paarreim]*

Dort nimm das tiefe gelb. das weiche grau
Von birken und von buchs. der wind ist lau.
Die späten rosen welkten noch nicht ganz.
Erlese küsse sie und flicht den kranz.

Vergiss auch diese letzten astern nicht. *[handwritten: asters]*
Den purpur um die ranken wilder reben *[handwritten: twines, tendrils]*
Und auch was übrig blieb von grünem leben
Verwinde leicht im herbstlichen gesicht. *[handwritten: umarmeder Reim]*

Hugo von Hofmannsthal

Hugo von Hofmannsthal (1874-1929) war eine Zeitlang mit George befreundet, sagte sich aber bald von ihm los, da seine weiche, liebenswürdige und verständnisvolle Art dem heroisch-herrschsüchtigen, aristokratisch-ablehnenden Wesen Georges zu fremd war. Er wollte sich der Welt und dem Leben nicht verschließen wie George. "Denn dies ist das einzige Gesetz unter dem er [der Dichter] steht: keinem Ding den Eintritt in seine Seele zu wehren."

Hofmannsthals frühe Werke

Hofmannsthal ist Wiener. Sein Vater war Bankdirektor, sein Großvater war geadelt worden, seine Großmutter stammte aus Italien. Wie George schrieb er bereits Gedichte und Essays auf dem Gymnasium und reiste viel in Europa. Er genoß eine ausgezeichnete Bildung, wuchs im traditionsreichen Wien auf, wo er die Welt des Mittelalters, des Barocks und des Rokokos kennenlernte, und las die Literaturwerke Italiens, Spaniens, der Antike und des Orients. Bereits als der Achtzehnjährige die beiden lyrischen Dramen *Der Tod des Tizian* und *Der Tor und der Tod* schreibt, zeigt sich die frühreife, traurige Melancholie, der Schmerz und das Leiden, das dem Dichter so eigen ist. Es gelingt ihm, die Ergriffenheit vom Geheimnis und Wunder der Schöpferkraft, das Wissen um die Vergänglichkeit dieser Kraft und des Lebens in klanglich schönen Versen von sinnlicher, melancholisch-trauriger Reife darzustellen. Auch erkennt er bereits die Gefahr des Ästheten, der spielerisch und genießend am Ernst und der Verantwortung des Lebens vorübergeht und dem das Leben selbst darüber entschwindet. Bestechend schön und bezaubernd sind die Verse, in denen der Dichter seine Erkenntnis vorträgt.

"Der Dichter leidet an allen Dingen, und indem er an ihnen leidet, genießt er sie," sagt Hofmannsthal, und dieses Leiden an der ziellosen Existenz, am Leben, das fragwürdig und rätselhaft ist und an der künstlerischen Schöpferkraft und an der Schönheit, die so vergänglich sind, kommt auch in den Gedichten zum Ausdruck. Wieder sind das ungewöhnliche Sprachgefühl und die Sensitivität des Dichters auffallend.

Die Beiden
Sie trug den Becher in der Hand
--Ihr Kinn und Mund glich seinem Rand --
So leicht und sicher war ihr Gang,
Kein Tropfen aus dem Becher sprang.

So leicht und fest war seine Hand:
Er ritt auf einem jungen Pferde,
Und mit nachlässiger Gebärde
Erzwang er, daß es zitternd stand.

Jedoch, wenn er aus ihrer Hand
Den leichten Becher nehmen sollte,
So war es beiden allzu schwer:
Denn beide bebten sie so sehr,
Daß keine Hand die andre fand
Und dunkler Wein am Boden rollte.

transience, temporaryness

Über Vergänglichkeit

Noch spür ich ihren Atem auf den Wangen: A
Wie kann das sein, daß diese nahen Tage B
Fort sind, für immer fort, und ganz vergangen? A

Dies ist ein Ding, das keiner voll aussinnt, C
Und viel zu grauenvoll, als daß man klage: B
Daß alles gleitet und vorüberrinnt C

Und daß mein eignes Ich, durch nichts gehemmt, D
Herüberglitt aus einem kleinen Kind C
Mir wie ein Hund unheimlich stumm und fremd. D

Dann: daß ich auch vor hundert Jahren war E
Und meine Ahnen, die im Totenhemd, D
Mit mir verwandt sind wie mein eignes Haar, E

So eins mit mir als wie mein eignes Haar. E

Ballade des äußeren Lebens

Und Kinder wachsen auf mit tiefen Augen, A
Die von nichts wissen, wachsen auf und sterben, B
Und alle Menschen gehen ihre Wege. C

Und süße Früchte werden aus den herben B
Und fallen nachts wie tote Vögel nieder D
Und liegen wenig Tage und verderben. B

Und immer weht der Wind, und immer wieder D
Vernehmen wir und reden viele Worte E
Und spüren Lust und Müdigkeit der Glieder. D

Und Straßen laufen durch das Gras, und Orte E
Sind da und dort, voll Fackeln, Bäumen, Teichen, F
Und drohende, und totenhaft verdorrte. E

Wozu sind diese aufgebaut? und gleichen F
Einander nie? und sind unzählig viele? G
Was wechselt Lachen, Weinen und Erbleichen? F

Was frommt das alles und diese Spiele, G
Die wir doch groß und ewig einsam sind H
Und wandernd nimmer suchen irgend Ziele? G

Was frommt's, dergleichen viel gesehen haben? I
Und dennoch sagt der viel, der "Abend" sagt, J
Ein Wort, daraus Tiefsinn und Trauer rinnt H

Wie schwerer Honig aus den hohlen Waben. I

entstand wahrscheinlich 1894, erschienen 1922

monotone, müde, schwere Betonung

Tiefsinn?

richtungslos, inhaltslos, beziehungslos

Vorfrühling

Es läuft der Frühlingswind
Durch kahle Alleen,
Seltsame Dinge sind
In seinem Wehn.

Er hat sich gewiegt,
Wo Weinen war,
Und hat sich geschmiegt
In zerrüttetes Haar.

Er schüttelte nieder
Akazienblüten
Und kühlte die Glieder,
Die atmend glühten.

Lippen im Lachen
Hat er berührt,
Die weichen und wachen
Fluren durchspürt.

Er glitt durch die Flöte
Als schluchzender Schrei,
An dämmernder Röte
Flog er vorbei.

Er flog mit Schweigen
Durch flüsternde Zimmer
Und löschte im Neigen
Der Ampel Schimmer.

Es läuft der Frühlingswind
Durch kahle Alleen,
Seltsame Dinge sind
In seinem Wehn.

Durch die glatten
Kahlen Alleen
Treibt sein Wehn
Blasse Schatten.

Und den Duft,
Den er gebracht,
Von wo er gekommen
Seit gestern Nacht.

Die Beiden, Über Vergänglichkeit, Ballade des äußeren Lebens, Vorfrühling, Reiselied und *Lebenslied* zählen zu Hofmannsthals schönsten Gedichten. Der Wirklichkeitsnachahmung der Naturalisten stellt er seine Ansicht entgegen, "daß das Material der Poesie die Worte sind, daß ein Gedicht ein gewichtloses Gewebe aus Worten ist, die durch ihre Anordnung, ihren Klang und ihren Inhalt, indem sie sich die Erinnerung an Sichtbares und die Erinnerung an Hörbares mit dem Element der Bewegung verbinden, einen genau umschriebenen, traumhaft deutlichen flüchtigen Seelenzustand hervorrufen, den wir Stimmung nennen."

Theater und Oper

Kurz nach der Jahrhundertwende hört Hofmannsthal auf, Gedichte zu schreiben und widmet sich dem Theater. In *Elektra* und in *Ödipus und die Sphinx* deutet er die Tragödie dionysisch im Sinne Nietzsches und zeigt den Menschen als Opfer eines maßlosen Schicksals. Richard Strauss vertonte die *Elektra* und Hofmannsthal schrieb in den folgenden Jahren für ihn das Libretto zu *Der Rosenkavalier, Ariadne auf Naxos, Die Frau ohne Schatten* und *Arabella*. Hier wurde das sonst oft völlig unbedeutende, manchmal sogar alberne Libretto anderer Opern zu dichterischer Höhe erhoben.

Jedermann

In seinem Spätwerk versucht der Dichter immer entschlossener, die Verantwortung auf sich zu nehmen, die große Tradition des Abendlandes gegen die wachsenden Mächte der Zersplitterung und Zerstörung zu retten. Besonders in seinen Aufsätzen und in den Dramen *Jedermann* und *Das Salzburger Große Welttheater* wird diese Verpflichtung ausgedrückt. *Jedermann* ist das "Spiel vom Sterben des reichen Mannes", mit dem Hofmannsthal an das Mysterienspiel des Mittelalters anknüpft und den Knittelvers von Hans Sachs neu belebt. Der sorglos dahinlebende reiche Jedermann verlacht die Mahnungen, sich auf den Tod vorzubereiten, bis dieser ihn während eines üppigen Nachtmahls zu sich ruft. Das Spiel wurde in Salzburg vor den Fassaden alter Gebäude während der Salzburger Festspiele gespielt, die Hofmannsthal zusammen mit Max Reinhardt 1920 begründete. Heute wird das Stück jedes Jahr vor dem Salzburger Dom aufgeführt, und die schaurige Stimme des Todes, der laut (elektronisch verstärkt) "Jedermann" ruft, hallt durch die Gassen der Stadt und erinnert den Besucher der Festspiele an den jedermann bevorstehenden Tod.

Rainer Maria Rilke

Ein noch bedeutenderer Lyriker als George und Hofmannsthal, heute allgemein als der größte deutsche Lyriker des 20. Jahrhunderts anerkannt, ist Rainer Maria Rilke (1875-1926). Er wurde in Prag geboren, das damals zu Österreich gehörte. Die Mutter hatte sich ein Mädchen gewünscht und erzog den Knaben, der überzart, weich und kränklich war, bis zu seinem 5. Lebensjahr als Mädchen. Dann wurde er auf Drängen des Vaters in die Militärschule gesteckt, wo er unter dem robusten Leben qualvoll litt. Er studierte in München und Berlin und entschloß sich, freier Schriftsteller zu werden. Seine Reisen führten ihn zweimal nach Rußland, wo ihn die weite Ebene und die gläubigen Bauern tief beeindruckten, nach Italien, Frankreich und anderen Ländern. In der Künstlerkolonie Worpswede bei Bremen heiratete er die Malerin Clara Westhoff, von der er sich jedoch bald wieder trennte. In Paris wurde er Privatsekretär des berühmten Bildhauers Rodin, lebte dann eine Zeitlang im Schloß Duino an der Adria und verbrachte die letzten Jahre im Rhonetal im Wallis.

Rilkes schöpferisches Talent

Rilke, ein äußerst verfeinerter, empfindlicher Mensch, ist jedem Eindruck wehrlos und offen empfänglich ausgeliefert. Wie in jedem großen Lyriker verbindet sich in ihm die unerhörte Empfindung, auch die leisesten Erfahrungen mit der Seele aufzunehmen, mit der Fähigkeit, sie innerlich zu verarbeiten und in einer unglaublich schönen Sprache wiederzugeben. Schon als Jüngling beherrscht er -- wie Hofmannsthal -- die Sprache und den Reim vollkommen. Während bei George der Reim den architektonisch gebauten Vers abschließt, löst er ihn bei Rilke gleichsam auf und entgrenzt ihn. Rilkes Verse mit ihren Bildern drücken das Unendliche aus und weisen immer über sich hinaus, vom Äußeren auf das Innere, vom Wort auf den unaussprechlichen Sinn.

Die Weise von Liebe und Tod des Cornets Christoph Rilke

Ungeheuren Anklang fand Rilkes kleines lyrisches Prosawerk *Die Weise von Liebe und Tod des Cornets Christoph Rilke*, das den heroischen Tod eines jungen Cornets verherrlicht, der mit der Fahne in der Faust, dem Heer voran in die Schlacht gegen die Türken reitet. Der Rhythmus dieser Zeilen ist dionysisch mitreißend:

Ist das der Morgen? Welche Sonne geht auf?
Wie groß ist die Sonne? Sind das Vögel? Ihre Stimmen sind überall.
Alles ist hell, aber es ist kein Tag.
Alles ist laut, aber es sind nicht Vogelstimmen.
Das sind die Balken, die leuchten. Das sind die Fenster, die schrein.
Und sie schrein, rot, in die Feinde hinein, die draußen stehen im flackernden Land,
Schrein: Brand.
Und mit zerrissenem Schlaf im Gesicht drängen sich alle,
Halb Eisen, halb nackt, von Zimmer zu Zimmer, von Trakt zu Trakt und suchen die Treppe.
Und mit verschlagenem Atem stammeln Hörner im Hof: Sammeln, sammeln!
Und bebende Trommeln.

Aber die Fahne ist nicht dabei.
Rufe: Cornet!
Rasende Pferde, Gebete, Geschrei.
Flüche: Cornet!
Eisen an Eisen, Befehl und Signal.
Stille: Cornet!
Und noch ein Mal: Cornet!
Und heraus mit der brausenden Reiterei.

Aber die Fahne ist nicht dabei.

Das Rußlanderlebnis

Das russische Erlebnis schlägt sich im *Stundenbuch* nieder. Nietzsches "Gott ist tot" bedrohte Rilke, und er fragte sich, wie der Mensch angesichts dieser Erkenntnis Erfüllung finden und der Verzweiflung entgehen kann. In Rußland, besonders während der Osternacht in Moskau unter dem Dröhnen der Kirchenglocken und in der tiefen Religiösität einfacher Menschen, erlebt er die Frömmigkeit. "Rußland hat mich zu dem gemacht, was ich bin, all mein innerer Ausgang ist dort." "Rußland [Sie erkennen das in Büchern, wie etwa dem *Stundenbuch*] wurde, in gewissem Sinne, die Grundlage meines Erlebens und Empfangens, ebenso wie, vom Jahre 1902 ab, Paris -- das unvergleichliche -- zur Basis für mein Gestaltenwollen geworden ist". (*Brief an eine junge Freundin*) Mit ganzer Kraft sucht er Gott und versucht ihn aus seiner unnahbaren, unbegreiflichen Jenseitigkeit zur Wirklichkeit werden zu lassen, "bei ihm anzukommen". Dieses Suchen, diese Sehnsucht nach Gott ist *Das Stundenbuch*.

Ich kreise um Gott, um den uralten Turm,
und ich kreise jahrtausendelang;
und ich weiß noch nicht: bin ich ein Falke, ein Sturm
oder ein großer Gesang.

....

DU, Nachbar Gott, wenn ich dich manchesmal
in langer Nacht mit hartem Klopfen störe, --
so ists, weil ich dich selten atmen höre
und weiß: Du bist allein im Saal.
Und wenn du etwas brauchst, ist keiner da,
um deinem Tasten einen Trank zu reichen:
Ich horche immer. Gib ein kleines Zeichen.
Ich bin ganz nah.

Nur eine schmale Wand ist zwischen uns,
durch Zufall; denn es könnte sein:
ein Rufen deines oder meines Munds --
und sie bricht ein
ganz ohne Lärm und Laut.

Die "Dinggedichte"

In Paris wird das Gefühl der Ungeborgenheit, die Daseinsangst, in Rilke stärker. Unter dem Einfluß des Bildhauers Rodin versucht er diesem Gefühl zu entgehen und konzentriert sich auf Form, Klarheit und Gestalt. Von Rodin lernt er strenge Disziplin und die Einsicht, daß ein "Ding" nicht nachgebildet, sondern aus dem Material (Marmor, Sprache) erst erschaffen wird, so daß man es in seiner wahrhaftigen Wirklichkeit, "erfahren" kann. So entstehen seine berühmten "Dinggedichte", die *Neuen Gedichte*, die das ganze Können Rilkes zeigen. Das Konkrete, Sinnliche eines Dinges, eines Karussells, eines Brunnens, wird sichtbar und zugleich durchsichtig gemacht durch das Wort. Wir sehen den Gegenstand und durch ihn in die unaussprechlichen Tiefen seines Daseins hinein. Die *Römische Fontäne*, *Die Kathedrale*, *Die Treppe der Orangerie*, *Die Flamingos* und *Der Panther* sind ungeheure sprachliche Meisterleistungen.

Römische Fontäne

Borghese

Zwei Becken, eins das andre übersteigend
aus einem alten runden Marmorrand,
und aus dem oberen Wasser leis sich neigend
zum Wasser, welches unten wartend stand,

dem leise redenden entgegenschweigend
und heimlich, gleichsam in der hohlen Hand,
ihm Himmel hinter Grün und Dunkel zeigend
wie einen unbekannten Gegenstand;

sich selber ruhig in der schönen Schale
verbreitend ohne Heimweh, Kreis aus Kreis,
nur manchmal träumerisch und tropfenweis

sich niederlassend an den Moosbehängen
zum letzten Spiegel, der sein Becken leis
von unten lächeln macht mit Übergängen.

Der Panther

Im Jardin des Plantes, Paris

Sein Blick ist vom Vorübergehn der Stäbe
so müd geworden, daß er nichts mehr hält.
Ihm ist, als ob es tausend Stäbe gäbe
und hinter tausend Stäben keine Welt.

Der weiche Gang geschmeidig starker Schritte,
der sich im allerkleinsten Kreise dreht,
ist wie ein Tanz von Kraft um eine Mitte,
in der betäubt ein großer Wille steht.
Nur manchmal schiebt der Vorhang der Pupille
sich lautlos auf --. Dann geht ein Bild hinein,
geht durch der Glieder angespannte Stille --
und hört im Herzen auf zu sein.

Die Aufzeichnungen des Malte Laurids Brigge

Aus der Pariser Zeit stammt auch der Roman *Die Aufzeichnungen des Malte Laurids Brigge*, die Leidensgeschichte einer modernen, kranken, tiefeinsamen Seele. Haltlos, im teilnahmslosen Leben der Großstadt sucht der Einzelne nach Wahrheit, nach sich selbst und erfährt die große existenzielle Angst. Wehrlos und ohnmächtig ist er ausgeliefert, preisgegeben.

Duineser Elegien, Sonette an Orpheus

Nach einer langen Schaffenskrise schrieb Rilke 1912 auf dem Schloß der Fürstin von Thurn und Taxis die ersten drei *Duineser Elegien*. Der Erste Weltkrieg ließ ihn abermals verstummen, bis dann 1923 die zehn *Duineser Elegien* und die *Sonette an Orpheus* erschienen. Diese Gedichte, die schwer zugänglich sind, enthalten Rilkes reifste Erkenntnisse über den Sinn des menschlichen Daseins und die Aufgabe des Dichters: "Sie hieß, die seelenlos gewordenen Dinge im inneren Gefühl in das Göttliche zu verwandeln. Es ist ein im Singen und Rühmen geschehendes Verwandeln der Dinge in den Weltinnenraum, das Unsichtbarmachen der Welt in uns, in unserem Gefühl, damit sie in uns bewahrt werde." (Martini).

Briefe und Übersetzungen

Zu Rilkes dichterischem Werk gehören seine Briefe und Übersetzungen. Er schrieb Hunderte von Briefen, die er mit großer künstlerischer Sorgfalt verfaßte und in denen er sich über sein Wesen, seine Gedanken und Erfahrungen ausdrückt. In seinen Übersetzungen verhelfen ihm sein außerordentliches Sprach- und Einfühlungsvermögen zur Meisterschaft.

Rilkes unerhörter Erfolg und Weltruhm sind verdient. Mit seiner Lyrik müssen sich die folgenden Generationen auseinandersetzen, übersehen können sie sie nicht. Um die Person des Dichters hat sich eine Gemeinde von schwärmerischen Verehrern[5] gesammelt (wie z.B. auch um Goethe u.a.), aber blinde, gefühlsbedingte Idolatrie hilft dem Verständnis der Größe Rilkes wenig, denn diese beruht auf seinem dichterischen Schaffen und nicht auf seiner Persönlichkeit.

Die expressionistische Literatur

Der Expressionismus richtet sich sowohl gegen den Naturalismus als auch gegen die Dichter, die sich in den "elfenbeinernen Turm" der Ästhetik flüchteten. Der Titel von Kurt Pinthus' Gedichtanthologie *Menschheitsdämmerung* bedeutet Ende und Anfang zugleich, Ende der chaotischen Entwicklung der Menschheit und Anfang einer neuen Welt, eines neuen Menschen, "Kampf gegen die Menschheit der zu Ende gehenden Epoche und zur sehnsüchtigen Vorbereitung und Forderung neuer, besserer Menschheit." (Pinthus)

Einflüsse auf den Expressionismus

Die fortschreitende Industrialisierung und Technisierung hatten den Menschen weiter entfremdet, hatten die Kluft zwischen Armen und Reichen vergrößert und den Einzelnen zur Maschine entwürdigt. Zu dieser Entwürdigung trug der imperialistische Militärstaat bei mit seiner Bürokratie und seiner Apotheose des Militarismus. Dieses Übel hatte der Naturalismus vergeblich bekämpft, indem er die biologische, psychologische und soziologische Bedingtheit des Menschen anerkannte und unterstrich. Rilke, George und Hofmannsthal hatten den Kontakt mit der Wirklichkeit gemieden und sich in einer schönen Scheinwelt versteckt. Der Expressionismus, "das letzte Zeichen des Alarms der geängsteten Seele" (Bahr), nimmt den Kampf noch einmal auf und versucht die Entfremdung des Menschen von sich selbst und der Natur zu überwinden, indem er sich mit allem Lebenden, besonders mit dem Mitmenschen verbrüdert. Die Katastrophe des Weltkrieges (1914-1918) wird geahnt, kann aber nicht abgewendet werden und steigert noch die Gewißheit des totalen Zusammenbruchs und die Hoffnung auf die Geburt des Neuen aus dem Chaos.

---

[5] Rilke selbst hat diese Verehrung nicht ungern gesehen und sie durch seine eigenwillige Lebensführung unterstützt.

Themen und Sprache der Ausdruckskunst

Den Dichtern voraus gehen die Maler, die sich in Dresden zur *Brücke*[6] und in München zum *Blauen Reiter*[7] (1909) zusammenschließen. In den Zeitschriften *Die Aktion* und *Der Sturm* werden künstlerische Arbeiten und theoretische Auseinandersetzungen veröffentlicht. Der Dichter ahmt nicht mehr getreu die Wirklichkeit nach oder gibt seine Eindrücke, seine Impressionen wieder, sondern schafft aus seiner inneren Vision heraus eine eigene Welt, drückt seine eigenen Empfindungen aus (Expressionismus = Ausdruckskunst). Das Wort drückt die Seele des Dichters aus. Der Dichter ist erfüllt von dem Gefühl der Brüderlichkeit, vom Dienen der Gemeinschaft, und Worte wie Bruder, Mensch, Gott, Welt kehren immer wieder. Er verlangt das Urteil, nicht die Verzeihung für alles wie der Naturalismus, die Menschenliebe und sittliche Erneuerung; er drückt seine Abneigung gegen die bestehenden Zustände, die deutsche Kultur und die ethischen Anschauungen aus. Der Vater-Sohn-Konflikt ist symbolisch für den Streit der Generationen, wobei die Welt des Vaters verworfen wird. In der Sprache wird die genaue Wiedergabe von Eindrücken völlig aufgegeben. Vergleiche sind persönlich, im Dichter selbst begründet und daher oft unklar. Der Satz wird auf das Notwendigste reduziert, der Satzbau zersplittert, das Aktive überwiegt und daher wird das Verb dem Adjektiv vorgezogen, und Adjektiv und Substantiv werden verbalisert, "verzeitlicht" ("die Erde schwült", "der Rücken schneckt"). Neue Wörter werden geformt, der Rhythmus dynamisch zusammengeballt, Bilder und Farben erhalten ganz subjektive Bedeutungen, so daß das Verständnis dieser Dichtung, besonders der Lyrik, oft sehr schwierig ist. Bleibendes glückte den Lyrikern nur, wenn sie auf ihre radikalen Forderungen verzichteten oder an Stelle des zerstörten Satzgebildes neue Gesetzlichkeit aufrichteten. Die gewaltige, hochgeladene Spannung, die höchst persönliche Ausdrucksweise und Metaphorik sowie der Weltkrieg, in dem viele junge Vertreter ums Leben kamen, und die politische Entwicklung der Nachkriegszeit[8] behinderten die fruchtbare Entfaltung der expressionistischen Literatur in den zwanziger Jahren.

Die Lyriker Heym, Benn und Trakl

Die expressionistischen Ideen äußern sich am reinsten in der Lyrik, die 1919 und 1920 in zwei wichtigen Sammlungen veröffentlicht wird: *Die Erhebung* und *Menschheitsdämmerung*. Das bedeutendste Talent unter den Lyrikern besitzen Georg Heym (1887-1912), Gottfried Benn (1886-1956), Georg Trakl (1887-1914) und Franz Werfel (1890-1945).

Heym ertrank 1912 als er beim Schlittschuhlaufen durch das Eis der Havel gebrochen war. Er besaß großes dichterisches Talent, das nicht zur Entfaltung kam. Seine Gedichtsammlungen (*Der ewige Tag, Umbra vitae*) sind angefüllt mit grauenvollen Visionen und schrecklichen Angstträumen. Benns frühe Gedichte enthalten vielleicht das Scheußlichste, was je in der deutschen Lyrik ausgesprochen wurde: Der Gestank von Leichenhäusern und Krankenhäusern, wo die Krebskranken verwesen, das Elend der Großstadt und das Grauen werden zynisch und rücksichtslos, medizinisch exakt dargestellt (*Morgue*). Georg Trakl wuchs in Salzburg auf und nahm sich 1914 das Leben, als er an der Ostfront als Sanitäter unter dem Leiden der Schwerverwundeten seelisch zusammenbrach. Trakl ist der begabteste Lyriker unter den Expressionisten.

Georg Trakl

Dumpfe Trauer, Schwermut, Ahnung des drohenden Verhängnisses, herbstliche Verwesung, anfangs bildliche und klangliche Schönheit zeichnen seine Lyrik aus. Die Bilder von Aussatz und Verwesung werden bei ihm im Gegensatz zu Heym und besonders Benn gemildert durch die Musikalität seiner Lyrik. Das Gedicht *In den Nachmittag geflüstert* ist ein gutes Beispiel:

---

[6]　Ihr gehören Nolde, Heckel, Pechstein u.a. an.

[7]　Zur *Blauen Reiter* Gruppe gehören u.a. Kandinsky, Franz Marc und Paul Klee.

[8]　Die Nationalsozialisten bekämpften den Expressionismus als dekadent. Bei ihrer Machtergreifung im Jahre 1933 verließen Hunderte von Künstlern und Theoretikern Deutschland und flohen ins Ausland.

In den Nachmittag geflüstert
Sonne, herbstlich dünn und zag,
Und das Obst fällt von den Bäumen.
Stille wohnt in blauen Räumen
Einen langen Nachmittag.
Sterbeklänge von Metall;
Und ein weißes Tier bricht nieder.
Brauner Mädchen rauhe Lieder
Sind verweht im Blätterfall.
Stirne Gottes Farben träumt,
Spürt des Wahnsinns sanfte Flügel.
Schatten drehen sich am Hügel,
Von Verwesung schwarz umsäumt.
Dämmerung voll Ruh und Wein;
Traurige Gitarren rinnen.
Und zur milden Lampe drinnen
Kehrst du wie im Traume ein.

Trakls letztes Gedicht, *Grodek*, spiegelt seine Kriegserlebnisse wider. Grodek war ein Ort im Osten, wo eine große Schlacht zwischen deutschen und russischen Armeen stattfand.

Grodek
Am Abend tönen die herbstlichen Wälder
Von tödlichen Waffen, die goldnen Ebenen
Und blauen Seen, darüber die Sonne
Düstrer hinrollt; umfängt die Nacht
Sterbende Krieger, die wilde Klage
Ihrer zerbrochenen Münder.
Doch stille sammelt im Weidengrund
Rotes Gewölk, darin ein zürnender Gott wohnt.
Das vergoßne Blut sich, mondne Kühle;
Alle Straßen münden in schwarze Verwesung.
Unter goldnem Gezweig der Nacht und Sternen
Es schwankt der Schwester Schatten durch den schweigenden Hain,
Zu grüßen die Geister der Helden, die blutenden Häupter;
Und leise tönen im Rohr die dunklen Flöten des Herbstes.
O stolzere Trauer! ihr ehernen Altäre,
Die heiße Flamme des Geistes nährt heute ein gewaltiger Schmerz,
Die ungeborenen Enkel.

Oft bemüht sich der Dichter um eine Zeile, die äußerst eindrucksvoll ist und sich unserem Gedächtnis auf alle Zeit unvergeßlich einprägt. Solche Zeilen sind "Alle Straßen münden in schwarze Verwesung", die die völlige Ausweglosigkeit eines jungen Menschen im Krieg aufzeigt, und "Die ungeborenen Enkel". Besonders die letzte Zeile drückt den Wahnsinn eines Krieges aus, in dem Hunderttausende von jungen Männern hingeschlachtet werden, die nie eine Frau heiraten und Kinder haben werden. Ganze Generationen werden sinnlos dahingerafft.

Das expressionistische Drama

Die Hauptleistung des Expressionismus liegt auf dem Gebiet des Dramas. Die Aufnahme neuer Stoffe und eine neue Darstellungsmethode beeinflussen das spätere Theater sehr stark. Inhaltlich treten die Fragen nach der Erneuerung des Menschen, des Verhältnisses der Menschen zueinander und nach den Aufgaben der menschlichen Gesellschaft in den Vordergrund. Bühnentechnisch verzichtet das expressionistische Drama auf genaue Wiedergabe des Milieus und der Pflege des Details. Nicht das Einzelschicksal interessiert, sondern die menschliche Situation. Schon die Vorläufer (Frank Wedekind, Carl Sternheim und August Strindberg) hatten sich vom einmaligen Fall, von persönlichen Namen, Orts- und Zeitangaben losgelöst. Das Drama will das Typische zeigen, das allgemeine Vorbild. Das "Stationsdrama", in dem ein typischer Mensch Station für Station seinen Weg auf das Ziel hin verfolgt, entsteht. In Reinhard Sorges *Der Bettler* (1912), dem ersten expressionistischen Drama, haben die Personen kein individuelles Eigenleben mehr. Sie sind Typen und heißen der Vater, die Mutter, das Mädchen usw. Das wird zum Vorbild. Die Form des expressionistischen Dramas ist uneinheitlich: Vers und Prosa wechseln sich ab, die Szenen wechseln rasch, der Monolog überwiegt. Unter den vielen Dramatikern ragt Georg Kaiser hervor, und wir werden uns in unseren Ausführungen auf ihn als treffendes Beispiel beschränken.

Georg Kaisers *Die Bürger von Calais*

Georg Kaiser (1878-1945) reiste als Kaufmann in Südamerika und den Mittelmeerländern und starb im Exil in der Schweiz. Er schrieb etwa 40 Dramen, unter denen *Die Bürger von Calais* (1914) und die Trilogie *Die Koralle, Gas I* und *Gas II* uns am meisten interessieren. Der Stoff für *Die Bürger von Calais*, den auch Rodin für seine berühmte Gruppe aus Bronze verwendet hat, stammt aus der französischen Geschichte und dient Kaiser dazu, das Ideal vom "neuen Menschen" aufzustellen. Der "alte Mensch", dargestellt in der Person des königlichen Offiziers Duguesclins, kennt nur den bedingungslosen Kampf um Ehre und Prestige. Ihm tritt der "neue Mensch" in den sieben Bürgern von Calais entgegen, die bereit sind, ihr Leben für ihre Mitmenschen und die Erhaltung ihrer Stadt zu opfern. Der englische König, der die belagerte Stadt Calais in seine Gewalt gebracht hat, will Gnade üben, wenn sechs angesehene Bürger sich ihm zum Sühnetod stellen. Sieben melden sich, so daß einer durch das Los freigesprochen werden kann. Eustache, der angesehenste Bürger der Stadt, zögert die Entscheidung zweimal hinaus, um alle von selbstsüchtigen Gefühlen zu läutern. Er erreicht sein Ziel, indem er Selbstmord begeht und dadurch jeden der anderen sechs von den Gefühlen der Verwirrung, Eifersucht und Selbstgerechtigkeit befreit. Der Vater des Toten verkündet: "Ich habe den neuen Menschen gesehen -- in dieser Nacht ist er geboren!" Die andern sechs sind nun zum Opfer bereit. Da wird ihnen das Leben geschenkt.

Die Gas-Trilogie

Die *Gas-Trilogie* erscheint 1917-1920 und hat Aufstieg und Untergang des neuen Menschen und die Tragödie des technischen Zeitalters zum Thema. Der Generationskonflikt wird in *Die Koralle* aufgezeigt. Sohn und Tochter verlassen den Milliardärvater, der sich brutal, ohne Mitleid für die schuftenden Arbeiter, nach oben gearbeitet hat. Sie wollen sich dem Dienst am Nächsten widmen. *Gas I* wird zur Tragödie der technischen Errungenschaften. Der Ausblick auf den neuen Menschen und das Weltparadies verschwärzen sich am Ende. Der Milliardärsohn hat eine neue Welt geschaffen. In den großen Fabriken gibt es keine Klassenunterschiede mehr, und jeder ist am Gewinn beteiligt. Gas, ein geheimnisvolles Antriebsmittel für die Maschinen der Erde, wird in ungeheuren Mengen hergestellt. Da explodiert die Fabrik, obgleich die Formel für das Gas mathematisch einwandfrei ist. Millionen kommen um. Die Technik ist dem Menschen über den Kopf gewachsen. Weil der Unternehmer neues Unheil verhindern will, weigert er sich, die Fabrik wieder aufzubauen. Die Arbeiter sollen Land erhalten und Bauern werden, aber sie sind zu Maschinen geworden und können sich nicht auf ein neues Leben umstellen. In *Gas II* symbolisiert der Milliardärarbeiter den neuen Menschen. Er ist ein Urenkel des reichen Kapitalisten in *Die Koralle*. Der Staat hat die Fabrik wiederaufgebaut, weil er Gas für den Krieg braucht, der ausgebrochen ist. Die Blaufiguren kämpfen gegen die Gelbfiguren. Der Ingenieur hat das Giftgas entwickelt, das den Feind vernichten wird. Der Milliardärarbeiter appelliert an Vernunft und Menschlichkeit -- aber seine Stimme wird im Gebrüll der Masse erstickt, die das Entzünden des Giftgases fordert. Da vernichtet er sich und die andern: "Unsere Stimme konnte die Wüste wecken -- der Mensch ertaubte vor ihr!! Ich bin gerechtfertigt!! Ich kann vollenden!!!" "In der dunstgrauen Ferne sausen die Garben von Feuerbällen gegeneinander -- deutlich in Selbstvernichtung." Die Menschen verharren in ihrer Engstirnigkeit. Das Drama endet im völligen Pessimismus, der zweifellos durch die Ereignisse des Ersten Weltkrieges bedingt wurde. Kaum ein anderes Drama des Expressionismus arbeitet den Gegensatz von expressionistischer Technik (Sprachstil, Bühnengestaltung, Gestik, Personen als Typen) und verbohrtem Unverstand des Menschen so stark heraus wie Kaisers *Gas*.

Alfred Döblins *Berlin Alexanderplatz*

Auf dem Gebiet des expressionistischen Romans ist Alfred Döblin (1878-1957) der erfolgreichste Autor. Er wurde in Stettin geboren, wuchs in Berlin auf und wurde dort Arzt und Psychoanalytiker. Während der Hitlerzeit emigrierte er nach Frankreich und in die USA. Sein erfolgreichster Roman ist *Berlin Alexanderplatz*. Im Mittelpunkt des Geschehens, das sich in der Großstadt Berlin abspielt, steht der Transportarbeiter Franz Biberkopf, der gerade aus dem Gefängnis gekommen ist und nun ein anständiges Leben führen will. "Das gelingt ihm auch anfangs. Dann aber wird er, obwohl es ihm wirtschaftlich leidlich geht, in einen regelrechten Kampf verwickelt mit etwas, das von außen kommt, das unberechenbar ist und wie ein Schicksal aussieht." Um ihn rasen die Autos und Bahnen, blitzen die Lichtreklamen auf, fluten fremde Menschen, lärmen die Dirnen und Dunkelmänner in Spelunken und

Kaschemmen. Dreimal wirft es Biberkopf um, dann begreift er langsam, was um ihn vor sich geht. Er sieht sein verpfuschtes Leben vor sich. "Das furchtbare Ding, das sein Leben war, bekommt einen Sinn. Es ist eine Gewaltkur mit Franz Biberkopf vollzogen." Am Ende steht er wieder am Alexanderplatz, "sehr verändert, ramponiert aber doch zurechtgebogen". Das ganze Geschehen wird in einem charakteristischen Prosastil geschildert, in dem sich Berliner Straßenjargon mit Hochdeutsch, Reklametexten, balladenartigen Berichten und innerem Monolog wirkungsvoll abwechseln.

Weitere Dramatiker und Romanschriftsteller

Mit Döblin verlassen wir die Expressionisten und wenden uns zwei Dramatikern, Carl Zuckmayer und Bertolt Brecht, zu, deren Entwicklungs- und Reifezeit in die Periode vor dem Zweiten Weltkrieg fällt, und den Schriftstellern Franz Kafka, Thomas Mann und Hermann Hesse, deren bedeutendstes Schaffen ebenfalls in die Vorkriegszeit fällt.

Carl Zuckmayer

Carl Zuckmayer (1896-1977) stammt aus dem Rheinland, eine Tatsache, die in seinen Werken immer wieder ihren Niederschlag findet. Sein erster Erfolg ist das humoristisch-derbe Stück *Der fröhliche Weinberg* (1925). Es ist ein Volksstück, das die physischen Freuden des rheinischen Winzers preist: Essen, Trinken, Lieben, Singen und Raufen. Es geht vornehmlich um die Fortpflanzung der Winzerdynastie Gunderloch und um das Weiterführen des Geschäfts. Mit der Tragikomödie *Der Hauptmann von Köpenick* (1931) führt Zuckmayer eine satirische Attacke gegen Kadavergehorsam und Bürokratie, gegen ein System, in dem nur die Uniform Respekt genießt. Der biedere, vorbestrafte Schuster Voigt kann keine Arbeit bekommen, weil er keinen Paß hat und keinen Paß, weil er keine Arbeit hat. Das System verwehrt ihm die Lebenschance und die Rückkehr in die menschliche Gesellschaft. Er endet wieder im Gefängnis. Nach abermaliger Entlassung entschließt er sich, die Bürokratie mit ihren eigenen Waffen zu schlagen. Für 15 Mark kauft er sich eine alte Hauptmannsuniform, befiehlt einer Wachabteilung, die ihm auf der Straße begegnet und dem "Herrn Hauptmann" blind gehorcht, ihm auf das Rathaus nach Köpenick zu folgen. Dort will er sich den nötigen Paß besorgen. Er setzt den Bürgermeister gefangen, der ihm als Reserveoffizier ebenfalls blind gehorcht und verlangt die Ausweispapiere, aber das Rathaus Köpenick hat kein Paßamt, und wieder stürzt Voigts Welt in sich zusammen. Sein Streich, der vom Kaiser wohlwollend belacht wird, macht ihn jedoch berühmt und bringt ihm den ersehnten Paß und damit endlich die Lebensberechtigung ein. Das Stück ist eine grimme Satire auf die Unmenschlichkeit des Staatsapparats und das "deutsche Märchen von der Uniform".

Das Problem des Widerstands

In drei späteren Dramen, *Des Teufels General* (1946), *Der Gesang im Feuerofen* (1949) und *Das kalte Licht* (1955) befaßt sich Zuckmayer mit dem Problem des politischen Verrats. In *Des Teufels General* geht es um die aktuelle Frage: Hat der Offizier die Pflicht, sich einem unmenschlichen Staat zu widersetzen? Äußerst geschickt und unglaublich realistisch -- besonders wenn man bedenkt, daß Zuckmayer während der Hitlerzeit im Exil lebte -- zeigt der Autor die typischen Verhaltensweisen von Menschen, die im Dritten Reich Führungspositionen innehatten. Die Pole sind unbedingter Gehorsam dem Führer gegenüber und tatkräftiger Widerstand unter Einsatz des Lebens. Dazwischen liegen alle Schattierungen. Die Hauptfigur, der Luftwaffengeneral Harras, dient dem verbrecherischen Regime, das er im Grunde verachtet, aus Liebe zum Fliegen und Kriegführen. Seine Opposition gegen die Partei beschränkt sich auf geschickte Verhöhnung der Machthaber und heimliche Hilfeleistung an ein jüdisches Ehepaar. Sein Freund und Mitarbeiter Oderbruch bekämpft das Regime mit Sabotageakten, die unbeabsichtigt eigenen Kameraden das Leben kosten. Am Ende erkennt Harras, daß er sich dem Unheil verschrieben hat und befreit sich aus der Verstrickung durch den Freitod. Durch seine Tat lenkt er den Verdacht weg von seinem Freund und auf sich.

Bertolt Brecht

Befruchtender als Zuckmayer hat Bertolt Brecht (1898-1956) auf das moderne Theater gewirkt. Er wurde in Augsburg geboren, studierte Medizin, aber begann sich sehr bald für das Theater zu interessieren und wurde Dramaturg und Regisseur in Berlin. Sein starkes Mitgefühl für die Arbeiterklasse und sein Sinn für soziale und gesellschaftliche Gerechtigkeit ließ ihn schon früh die kapitalistische Gesellschaft verdammen und mit dem Sozialismus und Kommunismus sympathisieren. Im Jahre 1933 mußte er emigrieren, kam auf Umwegen nach Hollywood und kehrte 1948 nach Berlin (Ost) zurück, wo er mit seiner Frau, der Schauspielerin Helene Weigel, das "Berliner Ensemble" gründete.

Brechts erste Dramen

Brechts erste Dramen *Trommeln in der Nacht* (1922), *Baal, Im Dickicht der Städte* (1923) sind in expressionistischer Sprache als Anklage gegen die bürgerliche Gesellschaft geschrieben. Marxistische Tendenzen, wie die starke politische Agitation, machen sich bemerkbar. Sein erster großer Erfolg wird *Die Dreigroschenoper* (1928), eine radikale Umarbeitung von John Gays *Beggar's Opera* (1728). Kurt Weill komponierte die Musik zu den Songs, die überall in die Handlung eingeschoben werden. Mit bitterer Ironie, Satire und Zynismus setzt Brecht das Treiben der Gangster Mackie Messer und Peachum den Gepflogenheiten der kapitalistischen Bürgerschicht gleich.

Lehrstücke, das epische Theater und der Verfremdungseffekt

In den folgenden Jahren engagiert sich Brecht politisch mehr mit der Linken und schreibt eine Reihe von sogenannten Lehrstücken, die nicht mehr lebendige Vorgänge und Personen auf die Bühne stellen, sondern Thesen des dialektischen Materialismus durchexerzieren. Er schreibt ebenfalls seine Ideen über das "epische Theater" und den "Verfremdungseffekt" nieder. Es kommt ihm darauf an, die Zuschauer zu desillusionieren. Episches Theater steht im Gegensatz zum traditionellen Illusionstheater, in dem der Zuschauer sich mit den Personen und Vorgängen auf der Bühne identifiziert und vom Geschehen keinen kritischen Abstand nimmt. Das ist anders im epischen Theater. Brecht spricht gerade das kritische Denkvermögen des Zuschauers an, und versucht, ihn im marxistischen Sinne zu belehren und zur Aktivität aufzurütteln. Durch den "Verfremdungseffekt" wird Bekanntes und Vertrautes fremd gemacht. Die Mittel, die Brecht anwendet, um diesen V-Effekt hervorzurufen, sind vielfältig.

Brechts spätere Dramen

Seine besten Dramen schrieb Brecht in der Emigration. *Mutter Courage und ihre Kinder* (1939) ist ein eindrucksvolles Antikriegsdrama. Die Marketenderin will im Dreißigjährigen Krieg mit dem Krieg Geschäfte machen, aber dieser entreißt ihr nacheinander ihre drei Kinder. Obwohl sie unter diesem Verlust leidet, kommt sie nicht zu der Einsicht, daß der Krieg dem Menschen am Ende alles nimmt. *Der gute Mensch von Sezuan* (1940) ist ein Parabelstück, das in China spielt. Drei Götter, die die erstarrte, bürgerliche Religion (Dreieinigkeit!) symbolisieren, suchen einen guten Menschen und finden das hilfreiche Freudenmädchen Shen Te. Aber Shen Te kann nicht gut bleiben, denn wer gut ist, kann nicht leben; wenn man leben will, muß man böse sein. Der gute Mensch muß sich in zwei Pole aufspalten: die gute, lebensschwache Shen Te und den bösen Vetter Shui La, der im Leben erfolgreich ist. Die Lage des Menschen ist ausweglos, aber die Götter ziehen sich enttäuscht in ihren rosa Himmel zurück. Der Schluß des Stücks bleibt offen, und Brecht fordert das Publikum auf, die Lösung selbst zu finden. *Das Leben des Galilei* (1939) behandelt den Konflikt des Wissenschaftlers mit der dogmatischen Kirche, die sowohl den Nationalsozialismus wie auch den Kommunismus symbolisieren kann. In *Der kaukasische Kreidekreis* (1945) triumphiert Menschlichkeit über Blutsverwandtschaft. Die Frau, die in der Not für ein Kind gesorgt und es unter großen persönlichen Opfern großgezogen hat, wird als die wahre Mutter erklärt gegenüber der Frau, die es zwar geboren, dann jedoch im Stich gelassen hat.

Wie in seinen Dramen, so kämpft Brecht auch in seinen Gedichten um eine bessere Zukunft. Der richtige Weg schien ihm nicht der westliche Kapitalismus, sondern der dialektische Materialismus zu sein. Er glaubte, daß das ostdeutsche System seinen Idealen näher kommen würde als Westdeutschland, und aus diesem Grund ließ er sich in Ostberlin nieder.

Der Erzähler Franz Kafka

Das Werk des Erzählers Franz Kafka (1883-1924) übte auf die Entwicklung der modernen Literatur einen ähnlich starken Einfluß aus wie die Dramen Bertolt Brechts. Kafka wurde wie Rilke und Werfel in Prag geboren. Die Eigenart seiner Werke, die, wie er selber sagt, Darstellungen seines "traumhaften inneren Lebens" sind, wurde erst nach seinem Tod langsam anerkannt, und erst nach 1945 wurde Kafka im In- und Ausland berühmt. Er studierte Rechtswissenschaft und arbeitete nach der Promotion zum Dr. jur. als Angestellter in einer Versicherungsgesellschaft. Er war scheu, zurückhaltend und kontaktarm und verbrachte die meiste Zeit nach der Tagesarbeit mit Schreiben. Er hatte wenig Vertrauen in sich und seine literarische Arbeit und verlangte von seinem Freund Max Brod, daß dieser nach seinem Tode seinen gesamten Nachlaß vernichte. Glücklicherweise hat Brod diese Forderung nicht befolgt, sondern die Hauptwerke 1925 veröffentlicht. Kafka selbst veröffentlichte nur kleinere Erzählungen (*Das Urteil, In der Strafkolonie, Der Landarzt*), die scheinbar wenig Verständnis fanden.

Einflüsse auf Kafkas Leben und Schaffen

Drei Tatsachen haben großen Einfluß auf Kafkas Schaffen ausgeübt: Das Verhältnis zu seinem Vater, die jüdische Religion und die Atmosphäre der Stadt Prag. Sein ganzes Leben lang litt er unter seiner Abneigung gegen den Vater, was in dem sensitiven Sohn ein starkes Schuldgefühl entwickelte. Der Vater war stark und robust und dominierte den schmächtigen, scheuen Sohn, der seinen Wünschen gar nicht entsprach. In einem 40 Seiten langen Brief (*Brief an den Vater*), einem erschütternden Dokument, das das tragische Verhältnis zwischen Vater und Sohn widerspiegelt, versucht Kafka sich von dem "niederdrückenden" Einfluß des Vaters zu lösen. Es war dem Sohn einfach nicht möglich, mit dem Vater zu sprechen, und so schrieb er diesen berühmten Brief, den er auf den Rat der Mutter nie an den Vater abgeschickt hat. Für den Sohn war es unfaßbar, daß der Vater, der für ihn "so ungeheuer maßgebende Mensch", sich nicht selbst an die Gebote hielt, die er dem Sohn auferlegte. Dadurch kam er sich wie ein Sklave vor, der Gesetze befolgen mußte, die nur für ihn geschaffen waren und die er nie völlig richtig befolgen konnte. Der Vater repräsentierte die Regierungsgewalt, der der Sohn sich nie nähern konnte und die damit beschäftigt war, immer neue Gesetze und Befehle zu erlassen, die nicht erfüllt werden konnten. "Ich war immerfort in Schande, entweder befolgte ich Deine Befehle, das war Schande, denn sie galten ja nur für mich, oder ich war trotzig, das war auch Schande, denn wie durfte ich Dir gegenüber trotzig sein, oder ich konnte nicht folgen, weil ich zum Beispiel nicht Deine Kraft, nicht Deinen Appetit, nicht Deine Geschicklichkeit hatte, trotzdem Du es als etwas Selbstverständliches von mir verlangtest, das war allerdings die größte Schande."

Das Schuldproblem -- Kafkas Welt

Die Verlorenheit des Autors wurde noch vergrößert dadurch, daß er als deutschsprechender Jude inmitten einer tschechischsprechenden, katholischen Mehrheit sicher manche Demütigung hinnehmen mußte. Die düstere Atmosphäre der Stadt Prag und der Versicherungsgesellschaft mit ihren dunklen Büroräumen, ihrer bürokratischen Hierarchie und ihren staubigen Akten beeinflußten sein Werk und sein Menschenbild. Der Mensch in Kafkas Werken ist existentiell schuldig. Er weiß zunächst nichts von dieser Schuld, nimmt sie jedoch allmählich auf sich und versucht sie vergeblich abzubüßen. Er sucht, aber er weiß nicht, was oder ob es ihm Erleichterung bringen würde, wenn er es fände. Er bewegt sich in einer surrealistischen, traumhaften Welt, in der die bekannten Gesetze von Ort, Zeit, kausaler und psychologischer Bedingtheit aufgehoben sind, in der jedoch ein geheimnisvolles, unerkennbares Gesetz gilt, das befolgt werden muß, aber nicht befolgt werden kann. Die Strafe wird über diesen Menschen verhängt, aber er weiß nicht, worin sie besteht, wann, wo oder von wem sie vollzogen wird. Haltlos, verzweifelt, wie in einem Alptraum sucht das Opfer nach einem Ausweg, ohne ihn je zu finden. In dieser irrealen Welt zeichnet Kafka paradoxerweise Vorgänge und besonders Räumlichkeiten mit genauem Detail und mit einer klaren, völlig übersichtlichen, realistischen Sprache, die verblüffend wirkt. Haargenau werden Dachzimmer, Gerümpelkammer und Amtszimmer in *Der Prozeß* geschildert oder die verschneite Landschaft, der Schankraum und die Bauernstube in *Das Schloß* oder die mörderische Maschine in *Die Strafkolonie*. Aber was ist diese Welt, was sagt sie aus? Der Mensch kann sich in diesen Räumlichkeiten, in diesen Vorgängen nicht orientieren. Er hat sich verirrt und vergeblich sucht er Klarheit. Er ist in einem Tunnel, der dunkel ist und von dem er nicht einmal genau weiß, ob er einen Anfang oder ein Ende hat.

In *Der Prozeß* soll der Held K. sich vor dem Gericht für seine Schuld verantworten. Er weiß nicht, worin seine Schuld besteht oder wo er das Gericht finden soll. Trotzdem macht er sich auf die Suche und wird immer mehr mit Instanzen, Helfern und Gegnern verstrickt, bis er schließlich von zwei unbekannten Männern erstochen wird. In *Das Schloß* hat der Landvermesser K. einen Auftrag vom Schloß bekommen, das über dem Dorf thront. Niemand kennt ihn oder hilft ihm. Er versucht herauszufinden, was sein Auftrag ist und die Schloßbehörde zu befragen, aber er hat keinen Erfolg. Er verbringt sein Leben mit der Suche nach Klarheit und Anerkennung. Weder das Schloß noch das Dorf nehmen ihn auf. Er bleibt im Niemandsland, hoffnungslos, ziellos. Besonders bezeichnend für Kafka sind außer den beiden angeführten Romanen die Erzählungen *Das Urteil, Die Verwandlung, In der Strafkolonie* und die Parabel *Vor dem Gesetz*. Berühmt ist der erste Satz aus *Die Verwandlung*: "Als Gregor Samsa [Kafka] eines Morgens aus unruhigen Träumen aufwachte, fand er sich in seinem Bett zu einem ungeheuren Ungeziefer verwandelt."

Hermann Hesse

Für die Entwicklung der Literatur weit weniger bedeutend, aber beliebt bei den jungen Deutschen nach den beiden Weltkriegen -- und seit der Hippie-Bewegung auch in Amerika -- ist Hermann Hesse (1877-1962). Er ist der Sohn eines baltendeutschen Missionars, der seine Frau in Indien kennengelernt hatte, wächst in Basel und im Schwarzwald auf, wird 1904 freier Schriftsteller und siedelt 1912 in die Schweiz über. 1946 erhält er den Nobelpreis für Literatur. Hesse beginnt seine schriftstellerische Tätigkeit als "der letzte Ritter der Romantik, dessen Nachhut er verteidigt". Sehnsucht und Naturgefühl sprechen aus seinen ersten Werken, die heute weniger ansprechend sind, als seine vier großen Romane: *Demian* (1919), *Siddharta* (1922), *Steppenwolf* (1927) und *Das Glasperlenspiel* (1943).

Demian und *Siddharta*

Demian steht unter dem Leitspruch: "Wahrer Beruf für jeden ist nur das eine: zu sich selbst zu kommen." Hesse sucht Antworten auf die Fragen seiner Zeitgenossen, deren Illusionen im Ersten Weltkrieg und der schweren Nachkriegszeit total zusammengebrochen waren. Das Buch wurde von der Jugend begeistert aufgenommen, nicht weil es Antworten gab, sondern weil es dieselben ehrlichen Fragen enthielt, die die junge Generation stellte. In der indischen Legende *Siddharta* wird die Suche nach der Rettung aus dem Chaos fortgesetzt. Der Weg geht im buddhistischen Sinne "nach innen"; durch Innenschau und durch Verzicht auf Genuß und Lebensfreude wird der Seelenfrieden gewonnen.

Steppenwolf

In *Steppenwolf* widerspricht Hesse dieser Einsicht und entlarvt den modernen Kulturzerfall, die Zerrissenheit und Zersetzung aller Werte. Der Mensch ist halb Wolf, d.h. er hat wilde Instinkte, hemmungslose Triebe in sich, die sich Bildung und Kultur widersetzen. Harry Haller ist ein einsamer, ausgestoßener "Wolf", der in der Steppe, außerhalb des bürgerlichen Lebens umherirrt. Das "Magische Theater", in das Haller von einem Musiker eingeführt wird, ist eine zeitlose Welt ohne Realität, die an ein modernes "happening" erinnert.

Hesses Popularität

Wie läßt sich Hesses Popularität unter der amerikanischen Jugend erklären? Was ist so anziehend an seinen Werken, die in englischer Übersetzung zu Bestsellern an amerikanischen Universitäten wurden? Zunächst sieht die Jugend in Hesse einen Gleichgesinnten, der ihre Probleme von Selbstidentität und Suche nach Werten versteht. Seine Romanhelden verwerfen die Ideale der bestehenden Gesellschaft und suchen nach einem besseren Leben. Siddhartha ist ein Blumenkind, das aus der menschlichen Gesellschaft austritt und sein Leben an einem Fluß in glücklicher Meditation verbringt. Hesses Werk enthält einen starken Zug indischer Mystik, der dem Zen-Buddhismus und Yoga ähnlich ist. Visionenhafte Stellen in Hesses Werken z.B. das Magische Theater in *Steppenwolf* erweitern das Bewußtsein. Als Anhänger Freuds und Jungs benutzt Hesse Bilder und Metaphern, die die Hippie-Generation ansprechen. Der *Steppenwolf* verherrlicht emotionell aufgeladene Musik, Rauschgift und freie Liebe als Mittel, die gehemmte menschliche Natur freizusetzen und die Totalität der Lebenserfahrung zu erreichen. Wie Harry Haller war auch Hesse selbst Pazifist, eine Haltung mit der viele Kriegsgegner sympathisieren. Zweifellos finden viele junge Leute in Hesses Werken ein verständnisvolles Echo, das Echo eines Mannes, der mit all den Problemen der heutigen Jugend selbst gekämpft hat.

Thomas Mann

Thomas Mann (1875-1955), der Sohn eines angesehenen Lübecker Kaufmanns ist der Patrizier unter den modernen Schriftstellern und wird von vielen als der bedeutendste deutsche Romanschreiber des 20. Jahrhunderts angesehen. Er lebt zunächst als freier Schriftsteller in München, geht 1933 in die Schweiz, dann in die USA, und nach dem Krieg zurück in die Schweiz. 1929 erhält auch er den Nobelpreis und 1949 den Goethepreis für Literatur. Seit dem Erfolg seines ersten Romans *Buddenbrooks*[9] (1901) ist er finanziell unabhängig und braucht selbst im Exil -- ganz im Gegensatz zu vielen anderen deutschen Schriftstellern -- seine aristokratische Lebensführung nicht aufzugeben. Manns Schaffen wird entscheidend beeinflußt von der Philosophie Schopenhauers und Nietzsches und von der Musik Richard Wagners.

---

[9]   Der Roman ist seitdem in über 1200 Auflagen erschienen.

Der Verfall einer Bürgerfamilie

Der Roman *Buddenbrooks* verfolgt Blüte und Niedergang einer bekannten hanseatischen Kaufmannsfamilie in Lübeck. Das Interesse des Autors gilt besonders dem Verfall dieser Familie, der während der letzten beiden Generationen seinen Höhepunkt erreicht. Der Verfall des Hauses Buddenbrook, Symbol für den Untergang des bürgerlichen Zeitalters mit seinen bürgerlichen Tugenden und Talenten, wird hervorgerufen durch den wachsenden Einfluß des künstlerisch Philosophischen auf die Lebensweise der Familie. Damit verbunden ist die zunehmende Schwächung der biologischen und moralischen Lebensfähigkeit der Familienmitglieder. Die geistige Verfeinerung, herbeigeführt durch die Kunst (Musik), bringt biologischen Verfall und Lebensuntüchtigkeit mit sich. Der Leitspruch des alten Buddenbrooks, "Mein Sohn, sei mit Lust bei den Geschäften bei Tage, aber mache nur solche Geschäfte, daß du bei Nacht innig schlafen kannst," gerät in Vergessenheit.

Das Künstlerproblem

Das Grundproblem, das sich durch Manns Gesamtwerk hindurchzieht, taucht bereits in dem Roman *Buddenbrooks* auf: Was ist das Verhältnis des Künstlers zum Bürger, des künstlerischen Schaffens zur handwerklichen oder kaufmännischen Tüchtigkeit? Wie verhält sich die Pflege der Schönheit zu den Gesetzen der bürgerlichen Gesellschaft, die zum Wohlstand und Fortschritt geführt haben? Wie steht der rechtschaffene, gesunde Bürger, der Wohlstand, Ordnung und Sicherheit schafft, zum ungewöhnlichen, unverständlichen, künstlerischen Genie? Das Künstler-Bürger-Problem wird zum Leitmotiv in Manns Schaffen. Es kehrt wieder in den sechs Novellen, die im *Tristan* (1903) zusammengefaßt sind, wird besonders ernst in *Tonio Kröger* behandelt und später in *Der Tod in Venedig* (1913). Thomas Mann selbst gehört beiden Welten an und kann daher das Problem von beiden Seiten beleuchten, was er oft mit überlegener Ironie und kühler Distanz tut.

Der Zauberberg

Manns zweiter großer Roman *Der Zauberberg* (1924) begründet den Weltruhm des Schriftstellers. Er versucht "auf wunderliche, ironische und fast parodistische Weise den alten-deutschen Wilhelm Meisterlichen Bildungsroman ... zu erneuern" (T. Mann). Mit dem Roman beginnt Manns Hinwendung zu Goethe, d.h. der Versuch eine neue humane Sittlichkeit zu begründen. Gleichzeitig findet er nun die Parodie als sein eigentliches Stilmittel. Hans Castorp, ein junger norddeutscher Kaufmannssohn, kommt in die Lungenheilanstalt Davos in den Schweizer Bergen, um einen Freund zu besuchen. In Wirklichkeit sucht er nach dem Sinn und Ziel des Daseins und kommt von der zauberhaften Atmosphäre des Berges mit seinen Verlockungen und der Freiheit von Verantwortung nicht mehr los. Zwei Intellektuelle, der Humanist Settembrini, der an die Vernunft, den Fortschritt und die demokratische Staatsform glaubt, und der Revolutionär Naphta, der den Nihilismus und Totalitärismus vertritt, versuchen Castorp für ihre Philosophie zu gewinnen. Die unmittelbare Lebensvitalität wird von Mynheer Peeperkorn vertreten. Wir finden hier auf dem Zauberberg eine kleine Welt, die die große Welt, das kranke, entschlußlose Europa widerspiegelt, das dem Zerfall nahe ist. Nur der Weg in den Tod, in den Weltkrieg, scheint offen zu sein.

Doktor Faustus

Im Exil vollendet Mann seine große Romantetralogie *Joseph und seine Brüder* und seinen parodistischen Roman *Lotte in Weimar*. Der Roman *Doktor Faustus, Das Leben des deutschen Tonsetzers Adrian Leverkühn erzählt von einem Freunde* erscheint 1947 und ist ein Musterbeispiel der Kompositions- und Sprachkunst Manns. Perspektive, Zeit- und Geschehnisebenen wechseln miteinander ab; die Handlung wird unterbrochen von Partien, in denen der Autor über sein Werk reflektiert oder in denen er sich lehrhaft in gelehrten Abhandlungen über moderne Musik und andere Wissensgebiete ausläßt. Die traditionelle Romanform ist aufgegeben und ersetzt worden durch ein kunstvolles Montagesystem. Der Chronist, ein humanistisch gebildeter Repräsentant des Spätbürgertums, ist ein Freund des Musikers Leverkühn. Er beginnt seine Aufzeichnungen im Kriegsjahr 1943, und sein Bericht verläuft parallel zur rasch herannahenden Katastrophe Deutschlands. Die Erzählung selbst spielt von 1885-1945. Im Schicksal des Helden schildert Mann die Krankheit und das Ende des Philosophen Nietzsche. Die Sprache greift zurück auf das Deutsch der Reformationszeit und des Volksbuches vom Dr. Faust. Damit drückt Thomas Mann aus, daß die Katastrophe, in die Adrian Leverkühn und das deutsche Volk stürzen, mit Martin Luther begann und über die Romantik und Nietzsche zu den Katastrophenjahren 1933 und 1945 führten. Die Krankheit des Helden und des deutschen Volkes ist die deutsche Neigung zum Irrationalen, zum Abgründigen, Maßlosen und Teuflisch-Dämonischen. Diese Krankheit, die das Beste des deutschen Volkes "durch Hybris und Teufelgeist zum Bösen" wendet, beginnt damals mit Luther. Der Pakt mit dem Teufel, den Leverkühn schließt, symbolisiert die abgründigen, zerstörerischen, irrationalen Kräfte. Der Teufel verspricht großartige Erfolge gegen den Verzicht auf Liebe, menschliche Wärme und Gesundheit. Die Musik ist für Leverkühn kein Erlösung bringendes Gnadengeschenk, sondern eine irrationale Macht, die das Chaos entfesselt. Am Ende bricht Leverkühn zusammen und endet im Wahnsinn, während draußen das mit dem Teufel verbündete Deutschland des Zweiten Weltkrieges ebenfalls im Wahnsinn versinkt. Mit diesem Roman scheint Thomas Mann den Bund des Künstlers mit den dämonischen Mächten als frevelhaft abzulehnen, oder will er sagen, daß die Hybris des Übermenschen, die ihn dazu verleitet um des Erfolgs willen, das Humane, das Menschliche in sich zu verraten, zu verdammen ist, weil sie zum Untergang führt?

Thomas Manns Essays

Neben seinem Prosawerk steht das bedeutende Essaywerk des Meisters, in dem er in brillianter Sprache seine politischen Anschauungen und sein schriftstellerisches Schaffen kommentiert und die großen Vorbilder der humanistischen Tradition, Goethe, Schiller, Schopenhauer, Wagner, Nietzsche u.a. würdigt. Mit Thomas Mann erreicht die deutsche Literatur wieder den Anschluß an die Weltliteratur. Sein Stil und seine Sprachkunst sind bewundernswert und erreichen eine ungeheure Feinheit und Höhe. Genauste Beobachtung von Einzelheiten, Empfänglichkeit für noch so leise Regungen und Nuancen und das Geschick, dieses sprachlich auszudrücken, eine umfangreiche Bildung und die damit verbundene gelehrsame Gründlichkeit, eine feine Ironie, die ihn über den Dingen und Ereignissen stehen läßt und eine gekonnte Parodie, die mit Stilmitteln und traditioneller Form überlegen spielt, sind charakteristisch für die Prosa Thomas Manns.

In diesem Kapitel sind aus der Vielzahl der Schriftsteller und Dichter nur diejenigen herausgegriffen worden, die am bedeutendsten und am einflußreichsten sind. Die vielen anderen Autoren, die ebenfalls lesenswert sind, muß der Student an anderer Stelle, durch eine moderne deutsche Literaturgeschichte oder besser noch durch die Lektüre ihrer Werke kennenlernen. Das Gleiche gilt für die Gegenwartsliteratur, die ungeheuer vielfältig ist und die im letzten Kapitel nur in ihren Hauptvertretern besprochen werden kann.

STUDIENFRAGEN ZUM KAPITEL
DIE LITERATUR ZWISCHEN DEN BEIDEN WELTKRIEGEN

Die kurzen Einführungen in Autoren und Werke und die Besprechungen dienen als Anreiz für Sie, die Werke der Dichter und Schriftsteller selbst zu lesen. Natürlich können Sie das nicht in einem Semester oder in einem Jahr. Machen Sie sich deshalb eine Liste und legen Sie sich im Laufe des Studiums und danach eine Bibliothek der Werke an, die Sie am meisten interessieren. Es gehört zur Allgemeinbildung eines Studenten der Literatur -- und natürlich eines angehenden Germanisten --, eine reiche Auswahl der hier angeführten Werke gelesen und diskutiert zu haben.

1. Welche großen Ereignisse und geistigen Bewegungen beeinflussen die Literatur dieser Periode?
2. Was wissen Sie über Friedrich Nietzsches Leben und Werke?
3. Wie unterscheidet sich das dionysische Prinzip vom apollonischen? Versuchen Sie an Beispielen aus der Literatur aufzuzeigen, was Nietzsche mit diesen beiden Prinzipien meint.
4. Was meint Nietzsche mit dem Übermenschen und der Umwertung aller Werte? Warum ist es ihm wichtig, die traditionellen Werte umzuwerten?
5. Besprechen Sie, was Sie unter dem Kult der Schönheit verstehen.
6. Wer ist Stefan George und was ist seine Einstellung zu Literatur und Sprache?
7. Wie erklären Sie sich, daß die Nationalsozialisten George falsch verstanden haben?
8. Interpretieren Sie das Gedicht *Komm in den totgesagten Park.* Was meint George wohl mit dem Park? Warum sagt er, der Park ist "totgesagt" und nicht tot? Was bemerkt man in diesem Park, wenn man genau hinsieht?
9. Wer ist Hugo von Hofmannsthal und was sind seine frühen Werke?
10. Wer sind die Beiden in dem Gedicht? Wie charakterisiert der Dichter <u>sie</u> und <u>ihn</u>? Was schildert Hofmannsthal in der letzten Strophe? Was ist die Symbolik des Weins, und warum ist es <u>roter</u> Wein? Wohin reitet der Mann und warum beben beide so sehr?
11. Was spürt das Ich noch auf seiner Wange in *Über Vergänglichkeit*? Was vergeht alles? Warum findet der Dichter das grauenvoll? Warum vergleicht der Dichter seine toten Ahnen mit seinem Haar?
12. Interpretieren Sie *Ballade des äußeren Lebens*? Was meint der Dichter mit <u>äußerem</u> Leben? Was für eine Stimmung ruft der Dichter in Ihnen hervor? Wie tut er das? Was erscheint ihm alles fast unverständlich? Welche Fragen stellt er am Ende und was meint er damit? Was meint er mit dem Wort <u>Abend</u>? Warum ist dieses Wort vielsagend und was sagt ihnen der Vergleich mit schwerem Honig der aus <u>hohlen</u> Waben rinnt?
13. Was verstehen Sie unter Vorfrühling? Hofmannsthal personifiziert den Wind. Was erlebt dieser Wind alles? Warum wählt der Dichter den Wind und was meint er mit dem Ausdruck <u>seltsame Dinge</u>?
14. Wovon handelt das Drama *Jedermann* und wo wird es jedes Jahr aufgeführt? Warum gerade dort?
15. Erzählen Sie, was Sie über Rilkes Leben wissen.
16. Was drückt Rilke in der Erzählung über den Cornet Christoph Rilke aus? Achten Sie auf die leidenschaftliche (dionysische) Sprache. Geben Sie ein paar Beispiele.
17. Welches Erlebnis hat Rilke in Rußland tief bewegt?
18. Womit vergleicht das Ich sich und womit vergleicht es Gott in Rilkes *Ich kreise ...*?
19. Was meint das Ich, wenn es Gott als Nachbar bezeichnet und ihn durch hartes Klopfen stört? Was möchte das Ich herstellen und worauf hofft es?
20. Was verstehen Sie unter einem Dinggedicht? Warum ist *Römische Fontäne* ein typisches Dinggedicht?
21. Warum wählt Rilke die Form des Sonetts für sein Gedicht? Achten Sie auf die Zeichensetzung in dem Gedicht. Wie viele Sätze hat das Gedicht? Wo steht der einzige Punkt? Was will Rilke damit ausdrücken? Hat die Struktur etwas mit der Struktur einer römischen Fontäne gemeinsam? Erklären Sie Ihre Antworten.
22. Wie beschreibt Rilke den Panther in seinem Gedicht? Können Sie sich den Panther bildlich vorstellen? Wo befindet sich das Tier? Wovon ist sein Blick so müde? Was erblickt der Panther manchmal, aber warum hört sein Wunsch "im Herzen auf zu sein"? Was oder wen könnte der Panther symbolisieren? Was ist dann wohl mit den Stäben gemeint?
23. Wovon wird die expressionistische Literatur stark beeinflußt?
24. Was sind die hauptsächlichen Themen des Expressionismus?
25. Was ist charakteristisch für die Sprache der expressionistischen Literatur?

26. Was drückt Trakl in seinem Gedicht *In den Nachmittag geflüstert* aus? Nicht alle Zeilen und Ausdrücke sind leicht zu verstehen, aber welche Empfindungen und Vorstellungen ruft der Dichter in Ihnen hervor, wenn Sie das Gedicht genau lesen?

27. Was bezeichnet der Name Grodek? Welche Bilder prägen sich Ihrem Gedächtnis besonders ein? Welche Zeilen sind besonders einprägsam und unvergeßlich? Was meint der Dichter mit der Schwester, die durch den Hain schwankt? Was drückt er mit der Zeile "die ungeborenen Enkel" aus?

28. Wie unterscheiden sich die Gedichte Hofmannsthals und Rilkes von Trakls Gedichten?

29. Was sind charakteristische Merkmale des expressionistischen Dramas?

30. Besprechen Sie, was Kaiser mit dem "neuen Menschen" meint und wie er ihn in seinen Dramen darstellt.

31. Wie stellt Döblin die Hauptperson in seinem Roman dar?

32. Wogegen wendet sich Zuckmayer in *Der Hauptmann von Köpenick* und wie gelingt ihm das?

33. Welches Problem behandelt Zuckmayer in *Des Teufels General*? Wer ist der Teufel?

34. Besprechen Sie Brechts Dramentheorie und seine Bühnentechnik.

35. Was kritisiert Brecht vor allem in seinen Dramen? Wie tut er das?

36. Was wissen Sie über den Erzähler Franz Kafka?

37. Was beeinflußt Kafkas Leben und Schaffen ganz besonders?

38. Welche Probleme behandelt Kafka in seinen Romanen und Erzählungen? Wie erklären Sie sich das?

39. Besprechen Sie Hesses Romane und die Probleme und Fragen, die er behandelt.

40. Wie erklären Sie sich Hesses Popularität besonders unter jungen Menschen?

41. Erzählen Sie, was Sie über Thomas Mann wissen.

42. Wie heißen Thomas Manns große Romane und welche Themen behandelt er?

43. Wie unterscheidet sich Thomas Manns *Doktor Faustus* von Goethes Drama und dem Volksbuch? Wie interpretiert Mann den Pakt mit dem Teufel?

44. Welche Themen und Probleme sind für die Literatur, die in den Jahren von 1918 bis 1945 geschrieben wird, besonders charakteristisch? Sind diese Themen und Probleme auch heute immer noch aktuell?

KAPITEL 23
AUSGEWÄHLTE LITERATUR NACH 1945

Worum geht es in diesem Kapitel?

Die Literatur nach 1945 wird sehr stark vom Grauen des Krieges, den Verbrechen der Nationalsozialisten und den Problemen der Nachkriegszeit beeinflußt. Die Schriftsteller versuchen sich mit der Vergangenheit auseinanderzusetzen, sie stellen viele Fragen aber finden oft keine Antworten. Wie kam es zu den Greueltaten der Naziverbrecher, was geschah im Krieg, wie kann man nach dem Krieg überleben, wer trägt die Verantwortung? Die Literatur behandelt Themen und Fragen, die sich viele Menschen gestellt haben und immer noch stellen.

Wie gehen wir vor?

1. Einige Schriftsteller und einige Werke sind Ihnen wahrscheinlich bekannt, aber vieles dürfte Ihnen neu sein. Überschauen Sie zunächst das Kapitel und lesen Sie die Überschriften der Paragraphen.
2. Gehen Sie wie in den anderen Kapiteln vor. Lesen Sie einzelne Abschnitte und versuchen Sie jeweils am Ende des Abschnitts Ihre Gedanken zusammenzufassen.
3. Fassen Sie dann am Ende das ganze Kapitel zusammen. Drücken Sie Ihre Gedanken laut aus.
4. Achten Sie auf die Studienfragen am Ende und beantworten Sie diese.

Lernziele:

In diesem Kapitel lernen Sie,
1. warum viele Schriftsteller und Künstler Deutschland nach 1933 verließen und was der Unterschied zwischen innerer und äußerer Emigration ist.
2. warum Wolfgang Borcherts Drama so eindrucksvoll ist.
3. was Plivier in seinem Roman schildert.
4. worin der Beitrag von Böll zur Literatur besteht.
5. welchen Beitrag die beiden schweizer Schriftsteller und Dramatiker zur deutschen Literatur geleistet haben.
6. warum die Stücke von Hochhuth und Weiss so kontrovers sind.
7. wer Günter Grass ist und welche Themen er in seinen Werken behandelt.

Die innere und äußere Emigration

In den Jahren zwischen 1933 und 1945 konnte sich die Literatur in Deutschland nicht entwickeln. Die meisten bekannten Schriftsteller gingen in die innere oder äußere Emigration,[1] und ihre Werke wurden erst nach Ende des Krieges bekannt. Das Grauen des Krieges und der Nachkriegszeit spiegelt sich in den ersten Werken wider, die nach dem Krieg veröffentlicht wurden, und auf lange Zeit versuchen die Schriftsteller, die deutsche Vergangenheit zu bewältigen.

Wolfgang Borchert

Ein Mann, der aus dem Krieg nach Hause kam und dann aber doch kein Zuhause mehr vorfand, war Wolfgang Borchert (1921-1947). Er stammt aus Hamburg, wurde eingezogen und wegen negativer Äußerungen gegen Staat und Partei zu vier Monaten Gefängnis verurteilt. Im Winter 1942/43 zog er sich in Rußland eine Krankheit zu, wurde vom Militär entlassen und wegen Erzählen von politischen Witzen erneut inhaftiert. Der Krieg und die Inhaftierung raubten ihm die Gesundheit, so daß er bereits 1947 starb. In den zwei Jahren nach dem Krieg schrieb er seine Kurzgeschichten und die dramatische Szenenfolge *Draußen vor der Tür*.

---

[1] Innere Emigration bezieht sich auf die Schriftsteller und Künstler, die zwar in Deutschland blieben, aber ihre Werke nicht veröffentlichen konnten. Sie schrieben entweder gar nicht mehr oder heimlich und versteckten ihre Arbeiten. In die äußere Emigration gingen diejenigen, die ins Ausland flohen und oft dort weiter arbeiteten

Draußen vor der Tür

Borcherts Sprache ist gekennzeichnet durch den äußerst knappen Ausdruck, die dauernde Wiederholung von Schlüsselwörtern, die Wahl einfacher Wörter und durch Antithesen und Paradoxe. Das Thema ist immer wieder der Krieg und die Nachkriegsbegebenheiten. Das Drama *Draußen vor der Tür*, das ursprünglich als Hörspiel gedacht war, stellt den Unteroffizier Beckmann auf die Bühne, der verwundet und todmüde aus dem Krieg nach Hause kommt, aber dem alle Türen verschlossen sind und der daher draußen bleiben muß. Seine Frau hat einen anderen Mann, seine Eltern sind tot und sein Oberst, dem er die Verantwortung für den Tod von elf Soldaten zurückgeben will, die er geführt und verloren hat, hält ihn für irrsinnig. Der Tod, im Drama als Beerdigungsunternehmer, ist von Leichen überfressen und kann nur immer scheußlich rülpsen, und Gott ist ein alter, hilfloser Greis, der um seine Kinder jammert, aber doch nichts ändern kann. Im Stück wechseln sich traumhaft-irreale Szenen mit eiskalter Wirklichkeit ab, und die leidenschaftliche Sprache ist ein gewaltiger Aufschrei gegen die unmenschlichen Folgen des Krieges. Auch in seinen Kurzgeschichten und in den ganz kurzen *Lesebuchgeschichten*, die oft nur aus ein paar Zeilen bestehen, wendet er sich leidenschaftlich gegen den Krieg.

Theodor Pliviers *Stalingrad*

Ein noch leidenschaftlicherer Aufschrei gegen den Krieg ist Theodor Plieviers Roman *Stalingrad*, ein Werk in der Trilogie zu der ebenfalls *Moskau* und *Berlin* gehören. Der Autor (1892-1955) kommt aus einer Berliner Arbeiterfamilie, beteiligt sich 1918 am Matrosenaufstand in Wilhelmshaven und emigriert 1933 nach Moskau. Der Roman *Stalingrad* schildert in gnadenlos fürchterlicher Objektivität die Vernichtung der 6. Armee durch die sowjetischen Streitkräfte. Das Buch wirkt wie ein Augenzeugenbericht. Plievier schreibt bewußt dokumentarisch, faktisch und führt dem Leser eine Vielzahl greller Einzelepisoden vor Augen, aus denen ein Bild von der Furchtbarkeit und Sinnlosigkeit dieser Schlacht entsteht. In einem Massenschicksal -- Einzelschicksale treten kaum hervor -- gehen die Menschen zu Tausenden unter. Das Thema ist die Unmenschlichkeit, Angst, Verzweiflung, Kälte, der Hunger und der Tod. Um dieses Ungeheuerliche darzustellen, wählt Plievier für seinen Roman das Mittel der Reportage, des Tatsachenberichts, der das Grauenvolle nur noch um so grauenvoller erscheinen läßt.

Heinrich Böll

Das Thema "Der zweite Weltkrieg und die Nachkriegszeit" wird auch immer wieder von Heinrich Böll (1917-1985) behandelt. Böll wird 1939 eingezogen, erlebt den Krieg an verschiedenen Fronten mit und kommt 1945 aus amerikanischer Kriegsgefangenschaft zurück. Der Tod, die Trümmer, die Hinterbliebenen, der Schwarzmarkthandel usw. sind Stoffe für seine Prosawerke. Bölls erste größere Erzählung ist *Der Zug war pünktlich* (1949), in der er die Ereignisse zwischen Start und Ziel eines Zuges beschreibt, der Soldaten an die Front und in den Tod bringt. In *Wo warst du Adam?* (1950) beschreibt Böll Einzelszenen aus der Zeit des deutschen Rückzugs im Osten. Der Krieg ist sinnlos. Er besteht aus einer Kette von Zufällen, die uns absurd erscheinen. Ein Soldat tritt zufällig auf einen Blindgänger, der schon monatelang vor seinem Quartier liegt, eine zerstörte Brücke wird meisterhaft wieder aufgebaut, nur um am nächsten Tag vor den anrückenden Russen in die Luft gesprengt zu werden, und die eigentliche Hauptperson wird am Ende des Krieges vor der Tür des Elternhauses von einer durch Zufall abgeschossenen Granate getötet.

Bölls Hauptwerke

Mit dem Roman *Und sagte kein einziges Wort* (1953) wird Böll in weiten Kreisen bekannt. Der Titel bezieht sich auf das Leiden Christi am Kreuz, das in einem negro spiritual besungen wird. In Bölls Buch ist es Kathie Bogner, die Frau eines Heimkehrers, der sich in der Heimat nicht wieder zurechtfindet, die wie Christus und am Ende durch ihr stilles Dulden die Ehe zusammenhält. Bittere Gesellschaftskritik gegen die Scheinordnung des Christentums und den Egoismus des Bürgers, der wieder reich wird, bilden den Hintergrund. In *Haus ohne Hüter* (1954) sehen wir die Welt durch die Augen von zwei elfjährigen Jungen, die ihre Väter im Krieg verloren haben. In *Billard um halbzehn* (1959) und besonders in *Ansichten eines Clowns* (1963) wird Bölls Zeit- und Gesellschaftskritik immer bitterer. Der Clown wird das Symbol für den Menschen, der von der inhumanen, kalten Welt nicht akzeptiert wird. Mit seiner langen Erzählung *Ende einer Dienstfahrt* (1966) parodiert Böll die deutsche Beamtensprache und macht sich lustig über die Bundeswehr und das Kleinstadtleben. Bölls Roman *Gruppenbild mit Dame* (1971), brachte ihm 1972 den Nobelpreis ein. In *Die verlorene Ehre der Katharina Blum* kritisiert Böll die Methoden der Polizei im Einsatz gegen den Terrorismus und die Rolle der Boulevardpresse, die das Leben einer einsamen, naiven jungen Frau zerstört. Die darauffolgende heftige Debatte um die Rolle der Presse brachte ihm bittere Kritik der Bild-Zeitung ein, die ihn als Komplizen der Terroristen anprangerte. In seinen letzten beiden Romanen, *Fürsorgliche Belagerung* (1979) und *Frauen vor Flußlandschaft* (1986), kritisiert Böll noch einmal den Staat, der die menschliche Gesellschaft total überwacht, und die "Machtpolitik" der Bundesregierung in Bonn.

Max Frisch

Die Werke der beiden schweizer Autoren Max Frisch (1911-1991) und Friedrich Dürrenmatt (1921-1990) sind auch über die Grenzen des deutschen Sprachbereichs hinaus bekannt geworden. Frisch studiert Architektur und wechselt erst später ganz zur Schriftstellerei über. Seine dramatischen Werke stehen unter dem Einfluß Brechts, mit dem er die Moralität der modernen Gesellschaft in Frage stellt. Er glaubt, daß der Nationalsozialismus ein möglicher Auswuchs der industriellen Gesellschaft war, der sich durchaus wiederholen kann, wenn nämlich das Bürgertum die Ereignisse der Hitlerzeit nicht moralisch verarbeitet, sondern nur auf die Seite räumt.

Die Dramen von Max Frisch

Das erste Stück von Frisch, *Nun singen sie wieder* (1945), ist ein Requiem auf die Opfer des Nationalsozialismus, ein Klagelied auf die Toten, die von scheinbar kultivierten Menschen ermordet wurden. *Die chinesische Mauer* (1947) zeigt die Ohnmacht des Intellektuellen in einem diktatorischen Staat. *Herr Biedermann und die Brandstifter* (1056) zeigt, was geschieht, wenn man das Böse nicht sehen will. Der Fabrikant Biedermann ist in seiner naiven Blindheit den Anarchisten gegenüber völlig hilflos. Er schließt nicht nur die Augen und will nicht wahrhaben, daß die Brandstifter ihm das Haus über dem Kopf anzünden werden, sondern er unterstützt sie sogar noch in ihren Plänen und hilft seinen eigenen Ruin herbeizubringen. Das Drama ist ein Kommentar zum politischen Geschehen der dreißiger Jahre in Europa und paßt noch ebenso gut auf unsere Zeit. In *Andorra* (1961) untersucht Frisch die Schuld der Gemeinschaft am Schicksal eines Außenseiters, eines Juden, der von Fremden verfolgt und getötet wird. Sind die Mitglieder der Dorfgemeinde, die aus Feigheit nichts für den Juden unternehmen, an seinem Tod mitschuldig?

Die Romane

Unter den Romanen Frischs sind *Stiller* (1954) und *Homo Faber* (1957) am bedeutendsten. Um sich selbst, seiner Umwelt und seiner Frau zu entfliehen, fährt der Maler Stiller auf sechs Jahre nach Amerika und kommt als ein anderer Mensch, White, in die Heimat zurück. Hier wird er verhaftet und gezwungen, wieder der zu werden, der er war. Anfangs wehrt er sich dagegen, seine neugewonnene Identität wieder aufzugeben, aber am Ende muß er sich fügen und zu dem Menschen werden, den man von ihm erwartet. In dem zweiten Roman herrscht der Zufall vor, der blind in das Leben der Hauptperson eingreift. Walter Faber ist Ingenieur und glaubt das Leben auf eine Formel bringen zu können. Durch Berechnung schirmt er sich gegen jedes natürliche, spontane Erleben ab, gerät aber durch die Liebe zu seiner ihm unbekannten Tochter in einen tragischen Konflikt. Die klischeehaften Bilder und Sätze spiegeln die sterile Welt Fabers stilistisch wider.

Friedrich Dürrenmatts Dramatik

Friedrich Dürrenmatts Vater war Pastor. Der Sohn studiert Germanistik und Philosophie, wendet sich dann, wie sein Landsmann Frisch, der Schriftstellerei zu und veröffentlicht Dramen, Hörspiele und Romane. Für Dürrenmatts dramatische Entwicklung ist der Einfluß des Expressionismus, Thornton Wilders und Bertolt Brechts entscheidend. Besonders in einem seiner ersten Dramen, *Die Ehe des Herrn Mississippi* (1952), macht er viel Gebrauch von der Illusionsdurchbrechung, die von Wilder und Brecht so meisterhaft gehandhabt wird. Seine Theorien über das Drama hat er in dem Aufsatz *Theaterprobleme* (1955) besprochen. Seine Dramatik geht davon aus, daß es heute keine tragischen Helden und daher keine Tragödien mehr gibt. Der moderne Staat, das Verwaltungswesen, die Institutionen unterminieren die Grundlagen des Tragischen. Unsere "ungestaltete, im Werden, im Umsturz begriffene Welt" kann nur noch durch die Form der Komödie dargestellt werden, in der Parodie, Farce und Experiment verwendet werden können. Dürrenmatt geht in seinem Schaffen von der Fabel aus, die er erfindet und die er dann ausschmückt und mit Einfällen umgibt, die besonders theaterwirksam sind. In seinen Stücken versteckt sich hinter dem komödienhaften Vorgang, das Gleichnis, die didaktische Demonstration, die Moral.

Romulus der Große und *Ein Engel kommt nach Babylon*

Die burleske Komödie *Romulus der Große* (1950) handelt vom Ende einer Kultur. Der letzte römische Kaiser hat den Mut "unheldisch zu sein und die einfachen Dinge der Menschlichkeit zu lieben". Bewußt arbeitet er auf den Untergang des römischen Weltreiches hin. Er will es den Germanen übergeben, weil Rom eine Weltmacht geworden ist "und damit eine Einrichtung, die öffentlich Mord, Plünderung, Unterdrückung und Brandschätzung auf Kosten der andern Völker" betreibt. Aber auch der Germanenfürst kommt nur nach Rom, um sich Romulus zu unterwerfen und so die Germanen vor dem Heldentum zu retten. Am Ende wird Romulus als Hühnerzüchter in Pension geschickt. Der Heldentod bleibt ihm versagt. Der Engel in *Ein Engel kommt nach Babylon* (1953) bringt den Menschen das Mädchen Kurrubi, die Verkörperung der Gnade. Ungewollt stiftet sie im Reich Nebukadnezars Verwirrung. Die Kämpfe zwischen Nebukadnezar und Nimrod sind ein Spiegelbild der Machtkämpfe unserer Zeit. Gott und der Engel erweisen sich als ohnmächtig und überlassen die Menschen sich selbst. Der frei dahinlebende Bettler erhält das Mädchen, weil er es versteht und sich vor den Intrigen der Macht retten kann.

Der Besuch der alten Dame

Der Besuch der alten Dame (1956) ist Dürrenmatts erfolgreichstes und bekanntestes Drama. Nach Jahren der Abwesenheit kehrt Claire Zachanassian, eine Milliardärin, mit Prothesen und einem Hofstaat aus entlassenen Ehegatten und geblendeten Kastraten, in ihre Heimatstadt Güllen (Jauchepfütze) zurück. Als junges Mädchen ist sie von ihrem Jugendfreund Ill verführt und durch den Meineid von zwei Burschen um die Ehe mit Ill geprellt worden. Nun will sie der verlotterten Stadt, deren Industrie sie heimlich aufgekauft und stillgelegt hat, eine Milliarde schenken für den Tod Ills. Zunächst lehnen die "ehrbaren" Bürger das Angebot entrüstet ab, aber bald macht sich ein Wirtschaftsaufschwung bemerkbar. Alle, selbst Ills Familie, kaufen auf Kredit. Schließlich sieht Ill seine Schuld ein und opfert sich für die Gemeinde. Claires harte Forderung ist erfüllt: "Die Welt machte mich zu einer Hure, nun mache ich sie zu einem Bordell. ... Anständig ist nur, wer zahlt, und ich zahle. Güllen für einen Mord, Konjunktur für eine Leiche." Das Stück endet mit einer Chorparodie. In hymnischen Versen wird der neue Wohlstand der Stadt gefeiert.

Die Physiker

Ebenso wie *Der Besuch* ist auch *Die Physiker* (1962) eine tragische Komödie, eine bittere Satire auf unsere Welt. Drei Physiker befinden sich in einem Irrenhaus. Möbius, der eine Formel gefunden hat, die die ganze Welt vernichten kann, hat sich dorthin versteckt, um die Menschheit zu bewahren. "Unsere Wissenschaft ist schrecklich geworden, unsere Forschung gefährlich, unsere Erkenntnisse tödlich. Es gibt für uns Physiker nur noch die Kapitulation vor der Wirklichkeit. ... Wir müssen unser Wissen zurücknehmen, und ich habe es zurückgenommen." Die beiden andern sind Geheimagenten von zwei Großmächten, die die Formel in ihren Besitz bekommen möchten. Als ihnen das nicht gelingt, bleiben sie ebenfalls freiwillig in der Anstalt. Aber am Ende sind alle Opfer umsonst. Die Anstaltsleiterin, die einzig wirklich Irre, hat die Formel gefunden und an eine Macht gegeben, die die Erde beherrschen will. "Die Welt ist in die Hände einer verrückten Irrenärztin gefallen."

Dürrenmatts Prosawerke

Dürrenmatts Prosawerke sind vorwiegend Parodien auf den Kriminalroman. *Die Panne, Das Versprechen* (Film: *Es geschah am hellichten Tag*) und *Der Richter und sein Henker* sind seine bekanntesten Erzählungen.

Rolf Hochhuths *Der Stellvertreter*

Einer der jüngeren Autoren, der mit seinen beiden ersten Dramen ungeheures Aufsehen erregt hat, ist Rolf Hochhuth (geb. 1931 in Hessen). Der Stoff seiner Dramen ist die jüngste deutsche Geschichte. Sein erstes Stück, *Der Stellvertreter* (1963), führte sofort zu erregten Diskussionen im In- und Ausland. In dem Spiel klagt der Autor Papst Pius XII der Mitschuld an der Ermordung der Juden unter den Nationalsozialisten an. Anstatt sich mit der ganzen Autorität und dem gewaltigen Prestige seines Amtes für die Unglücklichen einzusetzen, habe der Papst praktisch geschwiegen und mit den Verbrechern ein Konkordat abgeschlossen. Dem Papst stellt Hochhuth den jungen Jesuitenpater Riccardo Fontana gegenüber, eine fiktive Figur, die dem Andenken der Geistlichen gewidmet ist, die sich für die Juden einsetzten. Der Pater, der wirkliche Stellvertreter Gottes auf Erden, opfert sich für seine Mitmenschen und wird ins Konzentrationslager eingeliefert. *Der Stellvertreter* zeichnet sich aus durch die Leidenschaft, mit der der Autor seine These vertritt. Der künstlerische Rang des Dramas ist umstritten. Hochhuth belegt seine Thesen mit langen Bühnenanweisungen, die in ausführliche Erklärungen ausarten. Das Drama ist zweifellos bühnenwirksam, wenn es von einem fähigen Dramaturgen für die Bühnenaufführrung zugeschnitten wird.

Soldaten

Das zweite Stück, *Soldaten* (1967), zeigt den englischen Premierminister Winston Churchill als tragische Figur. Churchill wird des Völkermords angeklagt, weil er den Befehl zur Bombardierung offener Städte und damit zur Ermordung von Frauen und Kindern gegeben hat. Hochhuth macht ihn ebenfalls für den Tod des Hauptes der polnischen Exilregierung verantwortlich. Churchill opfert Sikorski, weil er Stalin im Wege steht. Die realistische Churchill-Handlung ist eingefügt in eine Rahmenhandlung, die expressionistisch visionenhaft wirkt. Ein ehemaliger englischer Fliegeroffizier bereitet die Aufführung des Churchill-Dramas vor der Ruine der Kathedrale von Coventry vor. Das Drama enthält die Skrupel des Offiziers, die dieser gegen die Bombardierung der Zivilbevölkerung hat.

Guerillas

Hochhuths Drama *Guerillas* ist wie die vorhergehenden eine Tragödie, die 1970 im württembergischen Staatstheater Stuttgart uraufgeführt wurde. Wie der Titel andeutet, behandelt das Stück die mögliche Übernahme der USA durch Partisanen. Der Held ist der Senator David Nicolson, dessen Organisation die politische Maschinerie und das Pentagon infiltriert, dessen Frau, eine Geheimagentin, vom CIA ermordet wird und der am Schluß selbst ein bizarres Ende findet: Er wird aus dem Fenster gestoßen. Wie die anderen Dramen enthält *Guerillas* eine Unmenge von historischem Detail, das für die Aufführung scharf gesichtet werden muß.

Hochhuths bisher letzte Werke

Auch sein Stück *Juristen* (1979) erregte wieder großes Aufsehen. Heilmeyer, ein ehemaliger nationalsozialistischer Militärrichter wird Minister in der Bundesrepublik. Mit den Vorgängen auf der Bühne bezog sich Hochhuth ganz offensichtlich auf den damaligen Ministerpräsidenten von Baden-Württemberg, Filbinger, der nach erbitterter Diskussion sein Amt aufgeben mußte. Die Journalistin Judith in dem Drama *Judith* (1984) plant ein Attentat auf den amerikanischen Präsidenten. Hochhuth rechtfertigt die Tat als Rebellion eines Menschen, der sonst keine andere Möglichkeit hat, wirksam Widerstand zu leisten. Drei Prosatexte sind *Die Berliner Antigone* (1975), *Eine Liebe in Deutschland* (1978), das die Liebesbeziehung zwischen einer deutschen Frau und einem polnischen Kriegsgefangenen behandelt, und *Alan Turing* (1987).

Mit seinen Stücken, in denen er historische Ereignisse unserer Zeit auf die Bühne stellt und die Männer, die Hochhuth für schuldig hält, laut anklagt, wurde er zum Initiator des sogenannten Dokumentartheaters, ein Gebiet, auf dem sich auch Peter Weiss und Günter Grass versucht haben.

Peter Weiss

Peter Weiss (1916-1982) geht 1934 in die Emigration und wird schwedischer Staatsbürger. Zu seinen Prosawerken gehören *Der Schatten des Körpers des Kutschers* (1960) und *Fluchtpunkt* (1962). Letzteres hat Autobiographisches zum Inhalt, besonders die Emigration mit ihren Schwierigkeiten für den Schriftsteller. Am bekanntesten ist Weiss durch seine Theaterstücke geworden. *Die Verfolgung und Ermordung Jean Paul Marats* (1964) macht ihn über die Grenzen Deutschlands hinaus bekannt. Weiss befaßt sich mit dem französischen Revolutionär Marat, der in seiner Badewanne sitzend erstochen wurde, und findet dabei heraus, daß der Marquis de Sade eine Rede über den Revolutionär nach dessen Tod gehalten hat. Der Marquis wurde später wegen seiner Sittenlosigkeit in der Heilanstalt Charenton interniert, wo er unter anderem mit den Patienten Theaterstücke einübte. Diese Tatsachen liegen dem Stück von Weiss zugrunde. In dem Drama läßt der Autor Marat und Sade einander gegenübertreten und konfrontiert damit zwei Hauptpositionen: Rationales Denken und Sinnlichkeit. Dem Politisch-Philosophischen stehen Irrsinn, Rausch, Auspeitschung, Raserei und Mord gegenüber. Dem Standpunkt, der die Antriebskräfte in politischer und gesellschaftlicher Umwälzung sucht, steht die Haltung gegenüber, die den extremen Individualismus vertritt. Wie Frisch und Dürrenmatt verwendet auch Weiss die Technik des epischen Theaters (Gesangseinlagen, komplexe Illusionsbrechung usw.) in seinen Dramen. *Die Ermittlung* (1965) ist eine szenische Dukumentation des Auschwitz Prozesses, der in Frankfurt stattfand. 1968 folgt *Viet-Nam-Diskurs* und 1968 *Hölderlin*. Sein letztes großes Werk sind die Romane *Die Ästhetik des Widerstandes* (1975-1981), in der er sich kritisch mit der Geschichte, Politik, Kunst und Gesellschaft unseres Jahrhunderts auseinandersetzt und mit besonderem Nachdruck Kritik am Kommunismus und Stalinismus übt. Wie Thomas Mann behandelt er ebenfalls das Künstlerproblem und versucht sich und seine schriftstellerische Tätigkeit zu rechtfertigen.

Die Ermittlung

Das Dokumentarstück *Die Ermittlung* (1965) versucht die politische Aufklärung. Fast authentisch ahmt Weiss den Frankfurter Prozeß nach, in dem der Massenmord an Juden im Lager Auschwitz verhandelt wurde. Das Stück ist in elf Gesänge unterteilt, die von den ankommenden Zügen an der Rampe bis zur Vergasung und zur Verbrennung der Juden reichen. Der Versuch, mit diesem Stück die Greuel in den Konzentrationslagern aufzuzeigen, ist Weiss nicht recht gelungen, denn die Tatsachen sprechen für sich selbst viel eindrucksvoller in der Wirklichkeit als auf der Bühne. Auf der Bühne klingt es allzu polemisch und isoliert.

Der Gesang vom lusitanischen Popanz

Das Stück *Der Gesang vom lusitanischen Popanz* (1967) löste Kontroversen und Proteste von Seiten der portugiesischen Regierung aus. Weiss prangert die unmenschlichen Zustände in der portugiesischen Kolonie Angola an, wendet sich aber nicht nur gegen die portugiesischen Unterdrücker, sondern auch gegen alle weißen Europäer, die mitschuldig sind, wie die NATO Staaten, die mit Portugal ein Bündnis geschlossen haben, die Konzerne, die in Angola wirtschaftlich engagiert sind und die Bundesrepublik, die Portugal wirtschaftliche Hilfe gibt. Der Popanz ist der kolonialistische Kapitalismus, gegen den Weiss agitiert. Der Zuschauer soll in diesem Stück nicht wie in den anderen aus der Masse der Fakten seine eigenen Schlußfolgerungen ziehen, sondern wird zur Stellungnahme gegen die Unterdrücker gezwungen, indem ihm alle Ausflüchte geschickt verbaut werden.

Vietnam Report

Vietnam Report (1968) ist wegen des umfangreichen Materials, das die jahrhundertelange Leidensgeschichte des vietnamesischen Volkes bietet und von Weiss verwendet wird, wenig bühnenwirksam. Wieder bezweckt Weiss die Agitation, diesmal gegen die amerikanischen kriegerischen Aktionen in Vietnam.

Günter Grass

Bisher hat Günter Grass mit seinen Bühnenstücken weit weniger Erfolg gehabt als seine Zeitgenossen. Sein 1969 aufgeführtes Drama *Davor* war sogar ein völliger Reinfall. Auch als Lyriker ist Grass weniger bedeutend. Was ihm seinen Ruhm einbrachte sind seine Prosawerke, vor allem sein Roman *Die Blechtrommel*.

Grass wurde 1927 in Danzig geboren, der Stadt an der Ostsee, die in seinen Romanen eine wichtige Stellung einnimmt und die Grass als die Hauptstadt seiner Welt bezeichnet. Seine Vorfahren waren deutsch und polnisch. Nach fünf Jahren Dienst im Jungvolk und der Hitlerjugend wird der Fünfzehnjährige Flakhelfer und später Soldat. Nach dem Krieg studiert er Malerei und Bildhauerei in Düsseldorf und Berlin und verdient sich sein Studiengeld als Trommler in einer Jazzkapelle. Grass war mit einer schweizer Tänzerin verheiratet (die Ehe ist geschieden), hat vier Kinder und wohnt in Berlin und Schleswig Holstein. Er ist politisch engagiert und nahm 1961, 1965, 1969 und 1972 aktiv an den Wahlkämpfen für die SPD teil. In seinem Volkswagenbus, auf dem ein Hahn abgebildet war, der "Es-Pe-De" (SPD) krähte, fuhr er durch ganz Deutschland und hielt Wahlreden für Willy Brandt, für den er auch mehrere Reden schrieb. 1958 erhält er den Preis der Gruppe 47,[2] 1960 den der Berliner Kritiker und 1962 den französischen Literaturpreis für *Die Blechtrommel*, das beste ausländische Werk. Seitdem wird Günter Grass von Kritikern im In- und Ausland als einer der bedeutendsten Schriftsteller Europas anerkannt. Er ist äußerst kontrovers und hat sowohl viele Gegner als auch einen großen Anhang, besonders unter der Jugend.

Die Blechtrommel

Der erste Roman von Günter Grass, *Die Blechtrommel*, macht den Autor über Nacht berühmt. Das Werk ist in viele Sprachen übersetzt worden, und davon sind Millionen Exemplare verkauft worden. Mit der *Blechtrommel* knüpft Grass wieder an die Tradition des Schelmen- und Abenteuerromans an. Der Leser sieht die Ereignisse der Vorkriegs-, Kriegs- und Nachriegszeit in Deutschland durch die Augen des Erzählers, Oskar, der absichtlich zu wachsen aufhört, als er drei Jahre alt ist und der die Vorgänge der dreißiger und vierziger Jahre durch das Trommeln auf seiner Blechtrommel begleitet. Er sieht sozusagen von unten auf die Leute und die ganze Zeitperiode. Oskar erzählt alles frisch, natürlich, naiv, kinderhaft. Obgleich er von den Erwachsenen als Kind angesehen wird, hat er die Intelligenz und Einsichten eines Erwachsenen. Das Komische, Groteske, Verzerrte, Abnormale fasziniert Grass und

---

2   Die Gruppe 47 bestand aus Schriftstellern, Kritikern und Verlegern, die einmal im Jahr zur Diskussion von neuesten Literaturwerken zusammenkamen. Vor dieser Gruppe, die 1947 von Hans Werner Richter gegründet wurde und zu der u.a. auch Böll und Weiss gehörten, las Grass aus seiner *Blechtrommel*. Die Leseproben wurden begeistert aufgenommen.

kommt in vielen Szenen zum Ausdruck. Seine Bilder sind frisch, neu, manchmal brutal und abstoßend; seine Sprache ist der des klassischen Idealismus entgegengesetzt, betont Realismus und stellt der Idee das Objekt gegenüber.

Katz und Maus

Wie *Die Blechtrommel* spielt die Novelle *Katz und Maus* (1961) in Danzig und wie Oskar hat auch Mahlke, die Hauptperson, eine körperliche Abnormalität: einen riesigen Adamsapfel, die "Maus". Diese Abnormalität wird Mahlke zum Stimulans, sie spornt ihn zu außergewöhnlichen Taten an: er entwickelt sich zu einem ungewöhnlichen Schwimmer und Taucher und vollbringt im Krieg tapfere Taten, die ihm das Ritterkreuz einbringen. Allerdings spielen bei der Erwerbung des Ritterkreuzes noch andere Beweggründe mit. Als Schüler hat Mahlke einem jungen Offizier, der in der Schule spricht, das Ritterkreuz gestohlen und wird wegen dieser Tat von der Schule verwiesen. Seitdem ist es sein Wunsch, die Tat wiedergutzumachen und als Ritterkreuzträger in der Schule zu sprechen. Als dieser Wunsch vom Direktor abgelehnt wird, ohrfeigt Mahlke ihn und kehrt nicht wieder zu seiner Einheit zurück. Er verschwindet in einem alten Wrack, das vor der Küste liegt, und Grass läßt die Frage offen, ob er dort Selbstmord begeht, ins Ausland entkommt oder bis zum Ende des Krieges wartet.

Kritik an der Novelle

Die Novelle erregte starkes Aufsehen in Deutschland wegen der Beschreibung von sogenannten unsittlichen Handlungen und wegen der sogenannten Degradierung des Ritterkreuzes, der höchsten deutschen militärischen Auszeichnung des Zweiten Weltkriegs. Grass macht sich über das Ritterkreuz lustig und läßt seinen jugendlichen Helden diesen Orden in grober Weise handhaben. Außerdem enthält das Werk eine Anzahl von krassen Ausdrücken und Szenen. Den Kritikern traten namhafte Schriftsteller und Literarhistoriker entgegen wie Fritz Martini, Walter Jens, Hans M. Enzensberger und der Psychologe Emil Ottinger.

Hundejahre

Der dritte Roman der sogenannten Danziger Trilogie, *Hundejahre* (1963), strotzt wie die anderen Werke von faszinierenden Einfällen, die zum Teil gut formuliert und gut verarbeitet worden sind, aber zum Teil das Thema überwuchern und verdunkeln. Der "stotternde Rhythmus" (Wagenbach), die lange Aufzählung von Objekten, Wörtern, das Hin und Her sind typisch für den Stil des Romans. Drei Erzähler berichten, jeder aus seiner eigenen Sicht, die Geschichte eines Schäferhundes namens Prinz, der dem Führer Adolf Hitler gehörte. Die Hundejahre sind die Zeit von 1935 bis 1955, die Zeit, in der die Nazis auf ihren Höhepunkt gelangten, die Kriegsjahre und die Nachkriegszeit. In diese Fabel sind Fragmente eingeflochten, historische Vorgänge, genealogische Tatsachen, Episoden, Anekdoten, satirische und pikareske Geschichten und Diskussionen aktueller Themen wie Ludwig Ehrhards freie Marktwirtschaft und die Diskussionswut in der Bundesrepublik, Zeitungsberichte, Annoncen, Reklameanzeigen und geschichtliche Dokumente. Elemente der Expressionisten und Dadaisten werden von Grass verarbeitet und die Bibel sowie die Sprache deutscher Philosophen und Dichter parodiert. Dadurch entsteht eine neue Form des Romans, die manchmal aufregend fasziniert, manchmal abstößt. Abstoßend wirken auch einige der allzu rohen, ekelhaften, zotigen, gotteslästerlichen Episoden. Man fragt sich, welchen Sinn diese Szenen haben außer den des Schocks?

Örtlich betäubt

Der Roman *Örtlich betäubt* (1969) befaßt sich mit den Problemen der Mittelklasse und der Jugend und untersucht politische und philosophische Einstellungen der modernen deutschen Jugend, den Zwiespalt zwischen der Jugend und der älteren Generation, die Protestbewegung der jungen Revolutionäre und die Ohnmächtigkeit des deutschen Liberalismus. Im Mittelpunkt der Handlung steht die geplante Verbrennung eines Dackels vor einem berühmten Café auf dem Kurfürstendamm in Berlin. Damit will sein Herr, der siebzehnjährige Philipp Scherbaum, seine Mitmenschen auf die Napalmbombardierungen amerikanischer Bombenflugzeuge in Vietnam aufmerksam machen und sie aus ihrer unbeteiligten Letargie aufrütteln. Er würde sich selbst verbrennen, aber gegen Menschenverbrennungen sind die Berliner zu abgestumpft, Hunde jedoch lieben sie, und der Feuertod eines Dackels wird die Gemüter gewaltig erregen. Sein Lehrer am Gymnasium, der Studienrat Starusch, der Bandenführer Störtebecker aus der Danziger Trilogie, ist jetzt 40 Jahre alt und versucht seinen Schüler von seinem Vorhaben abzuhalten.

Die bisher letzten Werke

In *Aus dem Tagebuch einer Schnecke* (1972) setzt sich Grass mit dem Wahlkampf von 1969 und in *Der Butt* (1977) mit dem radikalen Feminismus auseinander. Letzteres bringt auch eine Art Geschichte des Mannes und der Frau seit der Steinzeit. In der Erzählung *Das Treffen in Telgte* (1979) treffen sich, zurückversetzt ins Jahr 1647, die deutschen Schriftsteller der Gruppe 47 zwischen Osnabrück und Münster, wo 1647 der Westfälische Friede zum Abschluß des Dreißigjährigen Krieges verhandelt wurde. 1986 folgt *Die Rättin*. Die Menschen haben unsere Erde völlig zugrunde gerichtet, und sie muß jetzt von den Ratten gerettet werden. In den letzten Jahren schreibt Grass nicht mehr viel, sondern beschäftigt sich mit seinen Hobbies, aber 1995 erscheint sein sehr kontroverses und umfangreiches Werk *Ein weites Feld*, das von vielen Kritikern negativ beurteilt wird.[3] Von Kritikern und Lesern lebhaft begrüßt wurde die im Jahre 2002 veröffentlichte umfangreiche Novelle *Im Krebsgang*. Sie stand wochenlang auf der Bestsellerliste. Der Stoff, die Versenkung des Flüchtlingschiffes *Wilhelm Gustloff* durch ein sowjetisches Unterseeboot in den letzten Tagen des Zweiten Weltkrieges, wurde in Deutschland bis zur Veröffentlichung dieses Buches allgemein gemieden. An Bord des Schiffes befanden sich über 9000 Menschen, die aus Ostpreußen vor der anrückenden sowjetischen Armee flüchteten und in den eisigen Wintergewässern der Ostsee den Tod fanden.

Wie fast alle modernen deutschen Schriftsteller ist Grass unbequem und wird daher nicht von allen Zeitgenossen akzeptiert. Am beliebtesten ist er bei der Jugend, obgleich viele behaupten, besonders die Linksradikalen, er spreche nicht für sie. Gottfried Benn hat von der Faszination der modernen Lyrik gesprochen, und dieser Ausdruck paßt auf die gesamte moderne Literatur, die mit den traditionellen Ausdrücken nicht mehr bezeichnet und über die ein abschließendes Urteil nicht gefällt werden kann, weil uns noch die nötige Übersicht und der Abstand fehlen, vielleicht auch die gültigen Maßstäbe.

---

[3] Besonders der berühmte Literaturkritiker Marcel Reich-Ranicki veröffentlicht eine scharfe Kritik in der *Spiegel* Ausgabe vom 21. August 1995.

STUDIENFRAGEN ZUM KAPITEL <u>AUSGEWÄHLTE LITERATUR NACH 1945</u>

Wie in den anderen Kapiteln, die sich mit Literatur befassen, empfehle ich Ihnen auch hier wieder, sich eine Liste der Werke anzulegen, die Sie im Laufe der nächsten Jahre lesen wollen.

1. Warum verließen so viele Künstler und Schriftsteller Deutschland im Jahre 1933?
2. Was ist der Unterschied zwischen innerer und äußerer Emigration?
3. Warum starb Wolfgang Borchert schon kurz nach dem Krieg?
4. Welches Thema behandelt Borchert in *Draußen vor der Tür* und warum hat das Drama diesen Titel?
5. Was schildert Plivier in seinem Roman *Stalingrad*?
6. Was wissen Sie über Heinrich Böll?
7. Welche Themen behandelt er hauptsächlich in seinen Werken?
8. Nennen Sie einige der Werke Bölls.
9. Wofür hält Frisch den Nationalsozialismus?
10. Was behandelt Frisch in seinen Dramen?
11. Wie heißen seine beiden großen Romane und wovon handeln sie?
12. Wer und was beeinflußt Dürrenmatt in seinen Theaterstücken?
13. Besprechen Sie *Der Besuch der alten Dame*.
14. Warum ist *Die Physiker* eine bittere Satire?
15. Warum sind Hochhuths Werke so kontrovers?
16. Wen greift Hochhuth in *Der Stellvertreter* an?
17. Weswegen kritisiert Hochhuth Winston Churchill?
18. Was wissen Sie über Peter Weiss?
19. Mit welchen Themen beschäftigt sich Weiss in seinen Dramen?
20. Besprechen Sie Leben und Werk von Günter Grass.
21. Welche Vorteile hat Oskar in *Die Blechtrommel* dadurch, daß er klein geblieben ist?
22. Was kritisieren manche Leute an dem Roman?
23. Warum ist auch die Novelle *Katz und Maus* ziemlich kontrovers?
24. Wessen Geschichte steht im Mittelpunkt von *Hundejahre*?
25. Was halten Sie von den Schriftstellern und Werken, die wir in diesem Kapitel behandelt haben? Was gefällt Ihnen und was nicht?
26. Vergleichen Sie die Literatur des 19. mit der des 20. Jahrhunderts. Gehen Sie ein auf Themen, Stil, Sprache, Einstellung dem Leser gegenüber, Fragestellung, Auseinandersetzung mit Problemen usw.

KAPITEL 24
DIE MODERNE KUNST IN DEUTSCHLAND

Worum geht es in diesem Kapitel?

Die Maler Liebermann, Slevogt und Corinth sind die drei Hauptvertreter der deutschen impressionistischen Malerei. Obgleich ihre Gemälde farbenfroh und voller Licht sind, sind diese drei Künstler nicht so bedeutend wie die französischen Impressionisten. Mit den Expressionisten jedoch wird die deutsche Malerei wieder führend und vorbildlich in der Welt. Sie lernen die Hauptvertreter dieser Kunstrichtung und ihre Hauptwerke kennen. Von großer Bedeutung sind auch Kokoschka und Beckmann, deren Kunst über den Expressionismus hinausragt.

Wie gehen wir vor?

1. Konzentrieren Sie sich zunächst auf die Impressionisten Liebermann, Slevogt und Corinth und deren Werke.
2. Lernen Sie verstehen, was man unter impressionistischer Malerei versteht.
3. Lesen Sie dann die Abschnitte, die sich mit der expressionistischen Malerei befassen und konzentrieren Sie sich auf die einzelnen Künstler und ihre Werke.
4. Lernen Sie, wer zur Brücke und wer zur blauen Reiter Gruppe gehört.
5. Lesen Sie die Informationen über Kokoschka und Beckmann.
6. Wiederholen Sie das Gelesene mit Hilfe der Studienfragen am Ende des Kapitels.

Lernziele:

In diesem Kapitel lernen Sie,

1. was man unter impressionistischer Malerei versteht.
2. welchen Beitrag Liebermann, Slevogt und Corinth zum Impressionismus leisten und was sie in ihren Hauptwerken darstellen.
3. welche Stadt zum Kunstzentrum wird und wer in dieser Stadt schöpferisch arbeitet.
4. welche Landschaft und welche Menschen Paula Modersohn-Becker malt.
5. wer Emil Nolde ist, was charakteristisch an seinem Kunststil ist und warum seine Kunst von den Nationalsozialisten verboten wird.
6. welche Maler zur *Brücke* und welche zur *blauen Reiter* Gruppe zählen.
7. wer Kirchner und Kandinsky sind und was sie malen.
8. was Paul Klee in seinem umfangreichen Werk darstellt.
9. was Franz Marc und August Macke malen und wie sie sich voneinander unterscheiden.
10. was der Österreicher Oskar Kokoschka malt.
11. was Max Beckmann malt und was seine Themen sind.
12. warum die Nationalsozialisten den meisten Malern dieser Periode die Malerei verboten haben und wie sie deren Werke bezeichneten.

Die impressionistische Malerei

Die moderne europäische Malerei beginnt mit den französischen Impressionisten, die starken Einfluß auf die deutschen Maler ausüben. Die Hauptvertreter des deutschen Impressionismus sind Liebermann, Slevogt und Corinth, die jedoch nicht dieselbe Weltbedeutung erreichen wie Renoir, Degas oder Manet. Die Impressionisten wollen einen Sinneseindruck auf der Leinwand festhalten, die Erscheinung des Gegenstandes in wechselnder Atmosphäre, im zerstreuten Licht des offenen freien Raums oder im geballten Licht des Innenraumes bannen. Sie interessieren sich für flüchtige, vergängliche Eindrücke, für die Wiedergabe des optischen Eindrucks in einem ganz bestimmten Augenblick. Sie kehren sich von der geometrischen Komposition ab. Das Bild erzählt und dramatisiert nicht mehr sondern ist ein rein visuelles Phänomen, das das Auge anspricht. Sie entwickeln eine neue Technik, in der die Farbe über die Konturen herrscht und diese verwischt, in der die Form nur angedeutet wird, das Subjekt unscharf bleibt und in der das Malen in Flächen und Flecken überwiegt. Das Zentrum des deutschen Impressionismus wird Berlin, wo alle drei deutschen Meister ihre Ateliers haben.

Max Liebermann

Max Liebermann (1847-1935) ist der Sohn eines wohlhabenden Berliner Fabrikanten. Er beginnt mit realistischen und naturalistischen Gemälden und entwickelt sich erst allmählich zum Impressionisten, wird dann aber der führende Meister dieser Schule in Deutschland. In vielen seiner Gemälde herrschen fahle Grautöne vor, und ihnen haftet etwas Nüchternes, Trockenes, Geometrisches, eine kühle Disziplin an. In seinen späteren Bildern sind die farbigen Impressionen häufiger. Liebermann ist bekannt für seine Strandbilder aus Holland und seine Landschaftsansichten. Zu seinen Hauptwerken zählen *Münchner Biergarten* (1883), *Netzflickerinnen* (1889), *Frau mit Ziegen* (1890), *Alter Mann in den Dünen* (1895), *Polospieler* (seit 1905) und die Bilder aus dem Garten in Berlin Wannsee (seit 1914).

Max Slevogt

Max Slevogt (1868-1932) erhält seine Ausbildung in München, Paris und Italien und lebt ab 1901 in Berlin. Seit etwa 1895 entwickelt er seinen eigenen Stil. In seinen Chiemseelandschaften und Studien aus dem Zoo in Frankfurt zeigt sich sein Interesse für die Augenblickserscheinung im hellen Licht, für Bewegung und zunehmende Auflösung der Form. Slevogt malt Bildnisse, religiöse Darstellungen, Szenen aus der Sage, der Dichtung und der Oper, Stilleben und Landschaften. Besonders sehenswert sind *D'Andrade als Don Juan* (1902 und 1912), *Die Tänzerin di Rigardo* (1904), *Pawlowa* (1909), *Landschaft bei Godramstein* (1909), *Cortez vor Montezuma* (1917), *Sommernachtstraum* (1921), *Bildnis von Hermann Sudermann* (1927), *Weinlese in der Pfalz* (1927) und *Selbstbildnis* (1930).

Lovis Corinth

Lovis Corinth (1858-1925) wird in Ostpreußen geboren, bildet sich als Maler an der Königsberger Akademie, in München, Antwerpen und Paris aus und kommt 1900 nach Berlin. Er heiratet die Malerin Charlotte Berend, mit der er eine glückliche Ehe führt und die ihn zu immer neuem Schaffen anspornt. Corinth entwickelt sich aus einem sinnlichen Realisten zum Impressionisten. Seine Technik ist malerisch frei und kraftvoll, man sieht die Wucht des Pinselstriches überall. Seine Göttinnen sehen aus wie pralle Mägde, seine Heroen wie trinkfeste Burschen, seine Landschaften strotzen von Farbe und Leben. Die Landschaftsbilder seiner reifen Jahre leuchten mit konvulsivischen Farbströmen, und die Landschaft erscheint stürmisch, wie im Furor hingestrichen. Mit seinen späten Gemälden verläßt er den realistischen Boden und weist zum Expressionismus hinüber. Bekannt ist Corinth für seine Selbstbildnisse, seine Akte, seine Porträts, seine Darstellungen mythologischer Themen und seine Walchenseelandschaften.

Das Kunstzentrum München

Mit seinen letzten Landschaftsgemälden leitet Corinth bereits zum Expressionismus über. Während die Impressionisten hinter den Franzosen an Weltgeltung zurückstehen, leisten die deutschen Expressionisten nicht nur einen bedeutenden Beitrag zur Weltkunst, sondern übernehmen sogar die Führung. Vor allem München wird zur Brücke zwischen Ost und West. Hier läßt sich der Russe Kandinsky nieder, der 1911 zusammen mit Franz Marc den Almanach *Der blaue Reiter* veröffentlicht und seine Kunstlehre *Über das Geistige in der Kunst* (1912) schreibt. Paris mit Pablo Picasso bleibt allerdings ebenfalls ein Kunstzentrum ersten Ranges.

Die expressionistische Kunst

Die expressionistische Kunst befreit sich von der Darstellung der Wirklichkeit. Sie gibt nicht mehr Sichtbares wieder, sondern macht Verborgenes sichtbar. Form, Farbe und Linie stellen nicht mehr die reale Welt dar, sondern schaffen eine eigene Welt. Der Expressionismus ist die Kunst des seelischen Ausdrucks. Das Kunstwerk gibt keinen ästhetischen Genuß mehr, sondern wird zum elementaren Erlebnis.

Paula Modersohn-Becker

Als Vorläuferin der Expressionisten kann man die Künstlerin Paula Modersohn-Becker (1876-1907) bezeichnen, die sich in der Künstlerkolonie Worpswede bei Bremen niederläßt und Bäuerinnen, blonde Kinder und die braune Moorlandschaft malt. Der hilflose Ausdruck in den großen Kinderaugen, die eckigen Formen ihrer Bauern und Bäuerinnen, die erdige Farbe ihrer Landschaften sind für sie charakteristisch.

Emil Nolde

Als eigentlicher Begründer des deutschen Expressionismus wird Emil Nolde (1867-1956) angesehen, der scheue Bauernsohn von der norddeutschen Küste. Schon als Kind malt er mit Kreide auf Stalltüren und Ochsenkarren. "Mit Holunder und Rotebeetesaft machte ich Malversuche, ich mochte so gern die rotviolette Farbe." Er lernt in München und Paris, wird beeinflußt von Manet, van Gogh, Gauguin und Munch und verbindet sich auf kurze Zeit mit der Dresdener *Brücke*, bleibt aber dann der große Einzelgänger des deutschen Expressionismus.

Noldes Kunststil

Zusammen mit den Mitgliedern der *Brücke* entwickelt Nolde den expressionistischen Stil, der durch mächtige Farbmassen, nicht wie der Impressionismus durch einzelne Pinselstriche, gekennzeichnet ist. An Stelle des flüchtigen äußeren Eindrucks tritt nun der gewaltige innere Ausdruck, der die natürlichen Formen überwindet und zu Deformierungen führt. Noldes Bilder glühen von farbigen Substanzen, die sich mit elementarer Gewalt wie Lavamassen über die Bildfläche ergießen. (Siehe: *Fischkutter* 1916, *Hohe Wogen* 1940, *Das Meer* 1913 u.a.) Ab 1909 malt Nolde religiöse Kompositionen, die wegen ihrer drastischen Inbrünstigkeit von vielen Kirchenführern abgelehnt werden. (Siehe: *Pfingsten* 1909, *Abendmahl* 1909, *Das Leben Christi* 1911, *Die Grablegung* 1915, *"So ihr nicht werdet wie die Kindlein"* 1929.) Exotische Masken und primitive Skulpturen baut er in seinen weltlichen Bildern mit Farben zusammen. Populär werden seine Blumen und Landschaften, die am wenigsten deformiert sind. "Je weiter man sich von der Natur entfernt und doch natürlich bleibt, um so größer ist die Kunst", lautet sein Grundsatz. In Noldes Gemälden leuchten die Farben grell hervor, oft mit plakathafter Schlagkraft.

Verfolgung durch die Nationalsozialisten

Nolde wurde von den Nationalsozialisten das Malen verboten, seine Gemälde aus den Galerien entfernt und sein Werk als "entartete Kunst" und "Kulturbolschewismus" verdammt. Heimlich malte der Künstler Hunderte von kleinen Aquarellen, die er nach dem Krieg, als der Druck von ihm wich, in Ölgemälde umzusetzen begann.

Die Brücke

Die Brücke, der Nolde ein Jahr lang angehörte, wurde im Juni 1905 von vier Architekturstudenten der Dresdener Hochschule gegründet. Andere, die mit dem Programm übereinstimmten, schlossen sich ebenfalls an. Einer der Gründer ist Ernst Ludwig Kirchner, der das Programm entwirft. Die Mitglieder sagen sich vom Realismus und Impressionismus los, begeistern sich für van Gogh und Munch und streben nach abstrahierender Ursprünglichkeit, Verwendung ungebrochener Farben, Ablösung der impressionistischen Luftperspektive und dynamischer Verblockung der Form. Die Großstadtzivilisation wird abgelehnt. Die Brücke-Gemeinschaft erneuert vor allem Malerei und Graphik. Kurz vor dem Ersten Weltkrieg löst sie sich langsam auf. Rückblickend schreibt Kirchner über die Ziele der *Brücke*: "Das große Geheimnis, das hinter allen Vorgängen und Dingen der Umwelt steht, wird manchmal schemenhaft sichtbar. ... Wir können es nie gestaltlich aussprechen, wir können es nur in Formen oder Worten symbolisch geben."

Ernst Ludwig Kirchner und *Die Brücke*

Ernst Ludwig Kirchner (1880-1938) stammt aus der Mark Brandenburg. Neben dem Studium der Architektur widmet er sich sehr bald immer mehr der Malerei. Mit einigen Gleichgesinnten gründet er 1905 *Die Brücke*, die eine radikale kulturelle Erneuerung anstrebt. Nach seelischen Krisen, die im Ersten Weltkrieg ausgelöst und dann durch die Ereignisse nach 1933 und schweren Krankheiten verschlimmert werden, versinkt Kirchner in tiefe Trostlosigkeit und nimmt sich 1938 das Leben. Seine Kunst wurde von den Nationalsozialisten verworfen.

Kirchners Schaffen

Kirchners erste Gemälde sind lebendig, lebensfroh und feurig. Die offenen Konturen unterstreichen die flüssigen Formen. Bei Dresden und auf der Insel Fehmarn studiert er den menschlichen Akt in der Natur und akzentuiert häufig das erotische Element. Später zieht Kirchner nach Berlin und malt das Großstadtleben, vor allem die Halbwelt mit ihren koketten Frauen und ihren Dandys. Er leidet unter großer Einsamkeit inmitten der Geschäftigkeit. "Meine Arbeit entspringt dem Wunsch nach Einsamkeit." In Berlin nimmt er die Spannung der Straßen, Bahnhöfe und Fabriken in sich auf und verarbeitet die dramatische Dynamik durch Verzerrung der Formen und durch vertikale Übersteigerung. Für ihn werden energische Pinselführung, spitzwinklige, steile Formen, zusammen- und auseinanderstrahlende Kurven und eine nadelartige Struktur bezeichnend. Nach dem Kriegserlebnis und nach seinem Aufenthalt in den schweizer Bergen werden seine Farben kräftiger und seine Formen fester, rektangulärer, seine Technik malerischer und weicher. Er wendet sich der Natur zu und schafft neben Gemälden zahlreiche Graphiken. Nach 1927 versucht er sich auch in der abstrahierenden Malerei (Picasso). Lineare Verschlingungen und einfache Farbflächen bestimmen seine Bilder.

Der blaue Reiter

Die zweite berühmte Gruppe expressionistischer Künstler ist *Der blaue Reiter*, dessen Mitglieder sich noch mehr von der Umwelt lossagen als die der *Brücke* und die viel freier mit Farben und Formen experimentiert und die Vergeistigung von Form und Farbe will. Diese Gruppe formt sich in München um den Russen Kandinsky und die Deutschen Franz Marc und Paul Klee.[1] 1904 gründet Kandinsky die *Phalanx*, eine Malschule, dann 1909 die *Neue Künstlervereinigung*, und 1911 veröffentlicht er den Almanach, aus dem der Name *Blaue Reiter* stammt und unter dem im selben Jahr die historisch gewordene Austellung in München, Köln, Berlin, Frankfurt und anderen Städten mit Werken Kandinskys, Mackes, Marcs, Klees u.a. stattfindet.

Wassily Kandinsky

Wassily Kandinsky (1866-1944) stammt aus Moskau, studiert Jura und Volkswirtschaft und hat eine brilliante Karriere vor sich, gibt dann jedoch 1896 die bürgerliche Laufbahn auf und studiert in München Malerei. Auf langen Reisen in Europa und Asien bildet er sich, entwickelt nach seiner Rückkehr nach München eine ungeheure Aktivität und wird zum Führer der jungen Expressionisten. Der Weltkrieg reißt die Gruppe des *Blauen Reiters* auseinander. Kandinsky kehrt nach Rußland zurück, kommt 1921 wieder nach Deutschland und arbeitet mit Gropius als Lehrer im Bauhaus in Dessau.[2] 1933 muß er Deutschland verlassen und wendet sich nach Paris, wo er sich mit Miro und Chagall befreundet und 1944 stirbt.

Kandinskys Beitrag zur modernen Kunst

In seinen Gemälden kommt die Überzeugung zum Ausdruck, daß die Gegenständlichkeit der Farbentfaltung ein Hindernis ist, daß die Unklarheit oder gar das Aufgeben des Gegenstands im Bild die Ausdruckskraft des Malers und die ungeheure Pracht der Farben frei werden läßt. So versucht er in seinen Darstellungen den Gehalt des Bildes durch das freie Spiel von Form und Farbe zu schaffen und wird zum Vorkämpfer der abstrakten Kunst. "Ich ging über den Expressionismus zur abstrakten Malerei über." Er trennt die Kunst von der Natur, bis er "jedes für sich als ganz vom anderen verschieden betrachten" kann. "Wenn im Bilde eine Linie von dem Ziel, ein Ding zu bezeichnen, befreit wird und selbst als Ding fungiert, wird ihr innerer Klang durch

---

[1] Andere Maler der *Brücke* waren Erich Heckel, Karl Schmidt-Rottluff, Otto Müller und Max Pechstein.

[2] Das Bauhaus wurde 1919 in Weimar gegründet und 1925 nach Dessau verlegt. Sein Gründer war der berühmte Architekt Walter Gropius, der 1937 nach Harvard berufen wurde. Das Ziel dieser Hochschule war "die Wiedervereinigung aller werkkünstlerischen Disziplinen zu einer neuen Baukunst" sowie die Schaffung eines "Einheitskunstwerkes, in dem es keine Grenzen gibt zwischen monumentaler und dekorativer Kunst." Außer Kandinsky war auch Paul Klee am Bauhaus tätig, von dem starke Wirkungen auf die moderne Kunst und Architektur ausgingen. Die Nazis lösten das Bauhaus auf.

keine Nebenrolle abgeschwächt, und sie bekommt ihre volle innere Kraft." Kandinsky nennt seine Arbeiten vielfach Impressionen, Improvisationen und Kompositionen. In der Bauhausperiode interessiert er sich für geometrische Formen wie Punkte, Kreissegmente, Dreiecke oder Linien. Seine Bilder sind nach strengen Regeln aufgebaut; seine Farben sind klar und treten miteinander in Spannung. In seinen letzten Jahren zeigen seine Gemälde irrationale Formen und gewagte Farbkontraste.

Paul Klee

Paul Klee (1879-1940) wird in der Schweiz geboren. Sein Vater ist Musiker und Musikpädagoge und achtet auf die Pflege der Künste in seinem Haus. Klee selbst ist als Gymnasiast schon ein begabter Musiker, aber er entscheidet sich für die bildende Kunst und geht als Achtzehnjähriger nach München und studiert dort, sowie in Italien und Paris, Malerei. Zunächst wird Klee als Graphiker bekannt. In seinen ersten Gemälden setzt er sich mit dem Impressionismus auseinander und findet dann zu Kandinsky, Marc und Macke und beteiligt sich an der *Blauen Reiter* Ausstellung. Eine Reise nach Tunis gibt seiner Kunst entscheidende Impulse. Nach dem Krieg arbeitet er als Lehrer am Bauhaus, macht weitere Reisen u.a. nach Sizilien und Ägypten und wird an die Kunstakademie in Düsseldorf berufen. Wegen der nationalsozialistischen Verfolgung kehrt er 1933 in die Schweiz zurück, wo ihm große Anerkennung zuteil wird.

Klees Werke

Klees Werk ist gewaltig und umfaßt über 9000 Gemälde, Aquarelle, Zeichnungen und Graphiken. In diesen Arbeiten beantwortet er die Frage, was moderne Kunst ist. "Die Kunst gibt nicht das Sichtbare wieder, sondern macht sichtbar." Es geht ihm nicht darum, die Natur zu reproduzieren, sondern das im Bild darzustellen, was hinter dem Sichtbaren verborgen ist, die schöpferische Kraft, die Gesetzmäßigkeit oder die Struktur. Für die Gegenstände dieser Welt setzt Klee Zeichen oder Symbole ein und verwandelt das Vordergründige ins Magische, Phantastische, Irreale. Er will die Seele, das Innere aufdecken, nicht fotographisch die Oberfläche wiedergeben sondern "ins Innere dringen". "Ich spiegele bis ins Herz hinein. ... Meine Menschengesichter sind wahrer als die wirklichen." Die Betrachtung seiner Bilder gleicht einem Abenteuer, auf dem man immer neue Überraschungen erlebt. Wie bei allen guten Werken der modernen Kunst sind seine Bilder mehrdeutig und bieten keine festen Anhaltspunkte, an die man sich mit Gewißheit halten kann. Sie gewähren mehrere Möglichkeiten der Interpretation, und der Betrachter muß sie für sich mit einem persönlichen Inhalt versehen. Der Inhalt bleibt in der Schwebe, was erklärt, warum die moderne Kunst so schwer zugänglich ist.

Buchstaben und Titel in Klees Werken

Nach der Reise nach Tunis (1914) beginnt die Farbe in seinen Gemälden aufzublühen. Später spielt er mit Formen und zerlegt die Bilder in Flächen, Felder und Linienbündel. Am Ende, unter dem Einfluß einer langen Krankheit, wird sein Werk immer symbolhafter. Bezeichnend für Klee sind die Buchstaben, die geheimnisvoll und zauberhaft auf der Leinwand erscheinen und uns die Bilder beinah ablesen lassen. Dichterische Titel, die Klee hinzusetzt wie "Schwankendes Gleichgewicht", "Fuge in Blau und Rot", "Grenzen des Verstandes", "Lachende Gotik", "Auftritt dreier Spottgeburten" und "Wachstum der Nachtpflanzen" sollen den Zugang erleichtern. Zuletzt werden die Unterschriften beklemmend ernst, und seine letzten Werke wirken wie ein *memento mori*: *Dämonie, Angstausbruch, Ungeheuer in Bereitschaft, Tod und Feuer*. Der Spruch auf seinem Grabstein ist für Klees Schaffen bezeichnend: "Diesseits bin ich nicht mehr faßbar. Denn ich wohne geradesogut bei den Toten wie bei den Ungeborenen. Etwas näher dem Herzen der Schöpfung als üblich und noch lange nicht nahe genug."

Franz Marc

Franz Marc und August Macke stoßen beide zur Blauen Reiter Gruppe und fallen beide im Ersten Weltkrieg. Franz Marc (1880-1917) stammt aus München und studiert dort an der Kunstakademie. Anfangs befaßt er sich mit Einzeltieren und dann mit rhythmischen Gruppierungen von Tieren in seinen Bildern. Unter dem Einfluß seiner Freunde Macke und Kandinsky werden seine Farben leuchtender und seine Darstellungen abstrakter. Er befaßt sich mit seinen großen Pferdekompositionen, in denen er mit den Komplementärfarben experimentiert. 1911 malt er *Die drei roten Pferde*, die auf den Komplementärgegensätzen Rot-Grün, Blau-Orange, Gelb-Violett aufgebaut sind. Im gleichen Jahr vollendet er auch *Die blauen Pferde*. Später sieht man den Einfluß des Kubismus in Marcs Gemälden. Aus dem Jahre 1913 stammen der *Turm der blauen Pferde* und sein Hauptwerk *Tierschicksale*, von dem Marc sagt, "die Bäume zeigten ihre Ringe, die Tiere ihre Adern". Auf der Rückseite schrieb er: "Und alles Sein ist flammend Leid". Als Sechsunddreißigjähriger wird er vor Verdun verwundet und stirbt 1917 an diesen Wunden.

Marcs Tierdarstellungen

Marc hat etwas von der friedlichen Naturliebe des Franz von Assisi an sich. Seine Gemälde sind reich an Farben und an rhythmischen, fast melodischen Formen. Farbe und Form vereinigen sich lyrisch geschmeidig mit rundender Schönheit. Vom Menschen geht er zur Kreatur, zum Tier über, das er so malt als wäre es noch im Mutterleib in embryonaler Lage. Die Gelenke seiner Rehe, Katzen und Kühe sind gerundet, gebogen. Eine anheimelnde Magie geht von seinen Werken aus, die viele verzaubert hat und die ihn zu einem der populärsten modernen Maler macht.

August Macke

August Macke (1887-1914) wächst im Rheinland auf, studiert an der Kunstakademie in Düsseldorf und entwickelt sich zum freien Künstler. Er unternimmt Schulungsreisen nach Italien, Holland, London und Paris, wo die französischen Impressionisten ihn tief beeindrucken. Mit Franz Marc, den er in München trifft, verbindet ihn ab 1910 eine Freundschaft, die ihn auch in Verbindung mit der Blauen-Reiter Gruppe bringt. In seinen letzten beiden Lebensjahren erreicht sein künstlerisches Schaffen seinen Höhepunkt. Mit Paul Klee fährt er 1914 nach Tunis und malt dort eine Reihe von Aquarellen, die berühmt geworden sind. Im August wird er eingezogen und fällt bereits im September an der französischen Front. Wie im Fall Marcs findet auch mit Macke eine künstlerische Entwicklung ihr allzu frühes Ende.

Mackes Werke

In Tegernsee, wo Macke sich 1909 nach seiner Hochzeit aufhält, entwickelt er sich zum Expressionisten. Er setzt sich mit der Natur und den Menschen seiner Umgebung auseinander und verwendet starke, leuchtende Farben in seinen Bildern. Es entstehen u.a. die Darstellung seiner Frau in dem *Porträt mit Äpfeln* und Darstellungen von seiner Frau mit dem ersten Kind. Etwas später entstehen das Stilleben *Hyazinthenteppich* und das *Bildnis Franz Marc*. Unter dem Einfluß von Matisse malt er stark farbige Bilder wie *Gemüsefelder* und *Kinder im Garten*. Immer wieder variiert er dieselben Themen: zoologischer Garten, spielende Kinder, Spaziergänger im Park und blühende Gärten. Die Menschen erscheinen ohne Gesichter im Einklang mit der Umgebung wie im Paradies. In seinen späteren Werken versucht er das Ziel zu erreichen, Farbzusammenklänge, wie Rot und Grün, "die beim Ansehen sich bewegen, flimmern", darzustellen. "Wenn Du nun etwas Räumliches malst," schreibt er an einen Freund, "so ist der farbige Klang, der flimmert, räumliche Farbwirkung, und wenn Du eine Landschaft malst und das grüne Laub flimmert ein wenig mit dem durchscheinenden blauen Himmel, so kommt das daher, weil das Grün auch in der Natur auf einer anderen Ebene liegt als der Himmel. Diese raumbildenden Energien der Farbe zu finden statt sich mit einem toten Helldunkel zufrieden zu geben, das ist unser schönstes Ziel." Dieses Ziel strebt er an in *Sonniger Weg, Mädchen unter Bäumen, Lesender Mann im Park, Dame in grüner Jacke* und *Leute am blauen See*.

Mackes abstrakte Malerei

In Mackes abstrakten Gemälden, lassen sich die Gegenstände immer noch erkennen. Der Maler gibt das Ding nicht völlig auf, sondern läßt das Wesentliche stehen und zur geometrischen Form werden. Er geht nicht so weit wie Kandinksy und Klee und ist in dieser Hinsicht eher seinem Freund Marc verwandt. Mit einem gegenstandslosen Bild kann Macke nichts aussagen. Bei Mackes Tod sagt Marc über ihn: "Mit seinem Tode knickt eine der schönsten und kühnsten Kurven unserer deutschen künstlerischen Entwicklung jäh ab; keiner von uns ist imstande, sie fortzuführen." Drei Jahre später wird auch Marc dahingerafft.

Oskar Kokoschka

Zwei große Meister, die weder der *Brücke* noch dem *Blauen Reiter* nahestehen und ziemlich für sich allein in der Kunstgeschichte dastehen, sind Kokoschka und Beckmann. Oskar Kokoschka (1886-1980) ist Österreicher und erhält seine künstlerische Ausbildung in Wien und auf Reisen im Ausland. Seine erste große Austellung, 1910 in Berlin, wird vom Publikum abgelehnt. Im Ersten Weltkrieg wird Kokoschka verwundet, geht dann fünf Jahre lang an die Dresdener Kunstakademie, malt auf langen Reisen seine berühmte Reihe der italienischen, französischen, englischen und afrikanischen Landschaften und siedelt 1935 von Wien nach Prag über. 1938 muß er nach England fliehen. Nach dem Zweiten Weltkrieg beginnt sich sein Ruhm von neuem zu verbreiten. Er verbrachte seine letzten Lebenstage am Genfer See und war im Sommer meistens in Salzburg tätig.

Kokoschkas Malerei

Zu Kokoschkas ersten Werken gehören eine Reihe von Porträts, in denen die Farbe kaum angedeutet ist und die daher weich und transparent erscheinen, wie in den Bildnissen von *Karl Krauss* und *Professor Forel*. Um 1913 entstehen eine Reihe von Werken, zu denen *Die Windsbraut* gehört, ein Bild, auf dem sich der Künstler mit der Witwe des Komponisten Mahlers darstellt. Kurz vor dem Weltkrieg tritt Kokoschka mit den Expressionisten in Verbindung, aber im Gegensatz zu diesen bezweckt er nicht den sozialen Protest und die Zerstörung der althergebrachten Werte, sondern das Hervorheben der positiven Aspekte der Welt. Er verherrlicht den Lebenswillen des Menschen, das Gefühl, vor allem das Recht auf Liebe. Die Haltung verbindet ihn mit dem österreichischen Barock, während er von den deutschen Expressionisten den kraftvollen Ausdruck und die ausdrucksreiche Farbe übernimmt. Viel näher ist er den Impressionisten, vor allem van Gogh, Corinth und Slevogt. Besonders die Gemälde, die zwischen 1919 und 1924 in Dresden entstehen, zeigen eine heftige seelische Erregung, die sich im dickflüssigen, gespachtelten Farbauftrag ausdrückt. Die Farbflecken sind breit und leuchten in Kontrasten von Grün, Rot und Blau. Die Farbe wird zum bauenden Element im Bild. Nach der Dresdener Zeit folgt der Zyklus der Stadtlandschaften (*Rom, Marseille, Toledo, Madrid, Paris, London, Venedig* u.a.), die eine räumliche Weite und zugleich vielfältige Überschneidungen zeigen. Diese Ansichten sind besonders bezeichnend für den Künstler und offenbaren seinen charakteristischen Stil.

Max Beckmann

Max Beckmann (1884-1950) kommt aus Leipzig und findet in Berlin seine Bestätigung als Künstler. Die grauenvollen Jahre des Weltkrieges beeindrucken ihn schwer. Von 1925-1933 lehrt er an der Kunstakademie in Frankfurt, flieht vor den Nationalsozialisten nach Holland und wird 1947 nach USA berufen. Bei einem Spaziergang in New York bricht er 1950 plötzlich zusammen und stirbt.

Beckmanns Thematik

Beckmanns Geschöpfe sind triebhafte Erscheinungen, seine Landschaften wirken drohend, seine Gelage und seine Zirkusdarstellungen unheimlich und verwegen. Er malt gleichnishafte Themen wie Kreuzschleppung, Frauenraub, Titanic, Nacht und Auferstehung. Der Tod lauert hinter dem Leben in den Porträts, Landschaften und Stilleben. Der Gegensatz Tod und Leben zeigt sich an der Farbkomposition und im Formalen. Sinnlich grelle Farben sind von düsteren umrandet oder vergittert, und der Mensch ist vom Bildrahmen eingepfercht. Während und nach dem Weltkrieg übt Beckmann Sozialkritik und malt Zerrbilder von ineinander verklammerten Gestalten mit übergroßen Köpfen. In den zwanziger Jahren überwiegen dann wieder die lebendigen Farben, die zeitweise von glasigen, kalten verdrängt worden waren. Leuchtendes Gelb, tiefes Grün und Blau werden von Schwarz abgesetzt. Nun entstehen neun gewaltige Triptychen, weltliche Altäre wie *Abfahrt, Antonius, Perseus, Odysseus* und *Argonauten*. In der gegenstandslosen Darstellung versucht sich Beckmann nicht. Es kommt ihm auf "die Übersetzung des dreifachen Raumes der Welt der Objekte in den zweifachen der Bildfläche" an.

Die Verfolgung der Künstler durch die Nationalsozialisten

Über alle Künstler, die in diesem Kapitel besprochen und über viele, die hier nicht erwähnt wurden, brach 1933 der Terror des Nationalsozialismus herein, der jegliche, freie künstlerische Entwicklung -- auch auf den Gebieten der Musik und Literatur -- jäh roh abbrach. Die Freiheit des künstlerischen Ausdrucks ging völlig verloren, und die Werke der verfolgten Maler und Bildhauer wurden aus den Galerien entfernt und als "entartete Kunst" oder "Kulturbolschewismus" verschrien. Wie die Musiker und Schriftsteller, flohen die Künstler ins Ausland oder, wenn sie im Land blieben, mußten sie ihre Tätigkeit einstellen und den Haß ihrer Verfolger über sich ergehen lassen. Nach 1945 mußte die künstlerische Entwicklung im wesentlichen da wieder einsetzen, wo sie 1933 stehengeblieben war. Dazwischen lagen zwölf verlorene Jahre und der Untergang einer Welt. Daß nach 1945 die Kunst in Deutschland wieder einsetzte, ist fast ein Wunder. Daß Deutschland auf dem Gebiet der Kunst und Architektur seit 1945 nicht mehr führt, ist verständlich.

STUDIENFRAGEN ZUM KAPITEL <u>DIE MODERNE KUNST IN DEUTSCHLAND</u>

Anregung: Damit Sie sich ein gutes Bild von den Werken der Künstler machen können, die wir in diesem Kapitel besprochen haben, schlage ich Ihnen vor, sich Reproduktionen oder Dias in der Bibliothek anzuschauen. Ohne bildliche Vorstellung ist es schwierig, die Kunst dieser Männer zu schätzen.

Fragen:

1. Wie heißen die Hauptvertreter der deutschen impressionistischen Malerei und wer sind ihre Vorbilder?
2. Was wollen die Impressionisten auf der Leinwand festhalten?
3. Wie unterscheiden sich Liebermanns erste Gemälde von seinen späteren? Welche Bilder zählen zu seinen bekanntesten Werken?
4. Warauf konzentriert sich Max Liebermann in seinen bekanntesten Gemälden?
5. Wo wird Max Slevogt ausgebildet und was sind einige seiner bekanntesten Bilder?
6. Wofür ist Lovis Corinth besonders bekannt?
7. Warum wird München zum Kunstzentrum in Deutschland?
8. Was ist charakteristisch an der expressionistischen Kunst?
9. Wo arbeitet Modersohn-Becker und was malt sie?
10. Besprechen Sie Emil Noldes Kunststil und nennen Sie seine Hauptwerke.
11. Wie bezeichneten die Nationalsozialisten Noldes Kunst. Können Sie sich denken, warum sie Noldes Kunst ablehnten?
12. Was verstehen Sie unter *Die Brücke* und unter *Der blaue Reiter*? Wer gehört zu diesen beiden Gruppen?
13. Wer ist Ernst Kirchner und wofür ist er bekannt?
14. Woher kommt Kandinsky, wo malt er und welchen Beitrag leistet er zur modernen Kunst?
15. Besprechen Sie die künstlerische Entwicklung von Paul Klee.
16. Was mögen die Buchstaben und Titel in Klees Gemälden bedeuten? Machen sie die Interpretation leichter? Erklären Sie Ihre Antwort.
17. Was ist das Bauhaus, wer gehörte zum Bauhaus und welche Ziele verfolgten diese Architekten und Künstler?
18. Wie stellt Franz Marc Tiere in seinen Bildern dar?
19. Besprechen Sie Mackes Kunst.
20. Welche Städtebilder von Kokoschka sind besonders bekannt?
21. Welche Ereignisse beeindrucken Max Beckmann besonders?
22. Besprechen Sie Beckmanns Malerei.
23. Warum wurden die Künstler dieser Periode von den Nationalsozialisten verfolgt?
    Damit Sie die Einstellung der Nationalsozialisten besser verstehen, schauen Sie sich einige typische Kunstwerke an, die in den dreißiger Jahren in Deutschland als ideale Kunstwerke bezeichnet wurden. Welche Gemälde gefallen Ihnen besser und warum?

KAPITEL 25
DEUTSCHLAND NACH DEM ZWEITEN WELTKRIEG

Worum geht es in diesem Kapitel?

Am Ende des Krieges war Deutschland völlig zerstört und ohne Regierung. Es wurde von den Truppen der alliierten Siegermächte besetzt und verwaltet und in vier Besatzungszonen aufgeteilt. Während die Sowjets im östlichen Teil eine kommunistische Diktatur errichteten, entwickelte sich im Westen mit Hilfe der Amerikaner eine demokratische Republik, die allmählich eine starke Wirtschaft aufbaute und ein Teil der europäischen Wirtschaftsgemeinschaft wurde. Im Oktober 1990 erfolgte die Wiedervereinigung der beiden deutschen Staaten, die neue, vielfach unvorhergesehene Probleme mit sich brachte, die nun von der Regierung gelöst werden mußten.

Wie gehen wir vor?

1. Zum besseren Verständnis der jetzigen Situation und der Ereignisse in Deutschland und Europa ist es ratsam, regelmäßig eine renommierte Zeitung zu lesen und/oder die Nachrichten im Fernsehen zu verfolgen.
2. Lesen Sie die Überschriften zu den einzelnen Abschnitten. Auf diese Weise bekommen Sie einen Gesamtüberblick über die Themen, die in diesem Kapitel behandelt werden.
3. Lesen Sie dann jeden Abschnitt genau, machen Sie das Buch zu und sagen Sie einem Freund (es kann auch ein imaginärer Freund sein), was sie aus diesem Abschnitt gelernt haben.
4. Beachten Sie die Fragen am Ende des Kapitels, und beantworten Sie die Fragen beim Lesen.

Lernziele:

In diesem Kapitel lernen Sie,

1. was die politische und wirtschaftliche Situation in Deutschland unmittelbar nach dem Krieg war.
2. daß Deutschland völlig zerstört war und von Soldaten der Alliierten besetzt wurde.
3. daß Deutschland Territorium verlor und in Besatzungszonen aufgeteilt wurde.
4. wie sich im Westen eine Demokratie aber im Osten eine Diktatur entwickelte.
5. wie die Bundesrepublik allmählich ihre Souveränität erhielt und sich eng an die EU anschloß.
6. welche wichtigen politischen und wirtschaftlichen Entscheidungen die Regierungen in Ost und West trafen.
7. welche Ereignisse die DDR zu Fall brachten, so daß sie sich der BRD anschließen konnte.
8. wie sich die Bundesrepublik seit der Wiedervereinigung entwickelt hat.

Die Situation in Deutschland unmittelbar nach der Kapitulation

Als die deutsche Wehrmacht am 7. und 8. Mai 1945 bedingungslos kapitulierte, gab es keinen einheitlichen deutschen Staat mehr. Der nationalsozialistische Terror war endlich zu Ende gekommen. Die ganze Welt starrte unglaublich auf die unfaßbaren Greuel, die von den SS Verbrechern mit voller Unterstützung der Regierung begangen worden waren, einer Regierung, die jedoch nicht mehr bestand. Die Verantwortlichen hatten sich zum Teil das Leben genommen (Hitler, Goebbels, Himmler), waren auf der Flucht oder im Ausland (Bormann, Eichmann) oder befanden sich in Haft (Goering, Hess, Ribbentrop, Seyss-Inquart, Rosenberg, Schirach, Speer und die hohen Offiziere wie Doenitz, Raeder, Keitel, Jodl, u.a.). Das Land war verwüstet, die Wirtschaft ruiniert, über 6 Millionen Menschen waren tot, 6 Millionen Soldaten vermißt oder in Gefangenschaft, und 14 Millionen Menschen waren auf der Flucht oder wurden aus ihrer Heimat vertrieben. Bis zum heutigen Tag suchen Menschen ihre Angehörigen. Nach Angaben von verschiedenen Organisationen, wie dem Roten Kreuz, werden noch über eine Million Menschen vermißt. Die meisten sind jetzt wahrscheinlich tot. Die Städte waren Trümmerhaufen. In Düsseldorf waren 98% der Häuser unbewohnbar und in Köln, einer Metropole von 730.000 Einwohnern vor dem Krieg, vegitierten nur noch etwa 40.000 Schatten in den Trümmern.

Überall herrschte Chaos und Angst. Manche glaubten, das Ende der deutschen Zivilisation sei gekommen. Aber es war nicht das Ende. Allmählich begann ein neues Leben, das zum Aufbau und zum Wirtschaftswunder führte. Die Wunden sind vernarbt, und die jüngere Generation weiß wenig vom Krieg und von der Nachkriegszeit. Die ältere Generation spricht nicht gern über die "unbewältigte Vergangenheit", an die sie noch ab und zu durch Kriegsverbrecherprozesse und durch die gegenwärtige Situation erinnert wurde. Es gab zum ersten Mal in der Geschichte zwei Staaten, die beide behaupteten, Deutschland zu sein.

Die neuen Grenzen

Ganz Deutschland war im Juni 1945 von alliierten Truppen besetzt. Die deutsche Wehrmacht war bis zum letzten Soldaten in Gefangenschaft. Eine zweite Dolchstoßlegende würde diesmal nicht entstehen. Die Regierungsgewalt wurde von den alliierten Befehlshabern General Eisenhower, Marschall Schukow, Feldmarschall Montgomery und General Lattre de Tassigny, die sich in Berlin im Kontrollrat zusammensetzten, gemeinsam ausgeübt. In Vorkriegskonferenzen zwischen Roosevelt, Churchill und Stalin in Teheran (1943) und Jalta (1945) war das Schicksal Deutschlands und Osteuropas entschieden worden. Dem naiven Optimismus Roosevelts und dem großen, starrköpfigen diplomatischen Geschick Stalins ist es zuzuschreiben, daß alle osteuropäischen und Balkanstaaten mit Ausnahme Finnlands und Griechenlands, das von britischen Truppen besetzt worden war, sowjetische Satellitenstaaten unter kommunistischen Regierungen wurden. Deutschland verlor alle Gebiete östlich der Flüsse Oder und Neiße an Polen und Rußland. Stalin behielt die östlichen Gebiete Polens, die er 1939 im Teilungsvertrag mit Hitler gewonnen hatte, und entschädigte das neue Polen mit den deutschen Provinzen östlich der Oder-Neiße außer dem nördlichen Ostpreußen mit Königsberg, das er dem Sowjetstaat einverleibte. Praktisch alle Deutschen wurden aus diesen Gebieten ausgewiesen, so daß sie aufgrund eines möglichen zukünftigen Volksentscheids nicht wieder an Deutschland zurückkehren könnten. Die Ausgewiesenen kamen zum größten Teil nach Westdeutschland, wo sie viele Jahre lang als starker politischer Block - als Bund der Heimatvertriebenen und Entrechteten (BHE) - die offizielle Anerkennung der Oder-Neiße Linie verhinderten. Für jeden westdeutschen Politiker wäre es in den ersten Nachkriegsjahren politischer Selbstmord gewesen, die deutsche Ostgrenze als Realität zu betrachten. Mit dem allmählichen Aussterben der älteren Generation und mit der völligen Integration der jüngeren, die sprachlich, wirtschaftlich und kulturell Bayern, Schwaben oder Niedersachsen geworden sind, hat sich der politische Einfluß der Ausgewiesenen ständig verringert. So ist es der Bundesregierung 1971 und 1972 möglich geworden, die bestehenden Ostgrenzen offiziell anzuerkennen.

Die Besatzungszonen

Das übrige Deutschland zwischen Rhein und Oder (Elsaß-Lothringen und das Saargebiet wurden wieder französisch) wurde in vier Besatzungszonen aufgeteilt. Österreich wurde separat behandelt und ebenfalls besetzt. Der Plan des US-Finanzministers Morgenthau, nach dem Deutschland in ein Agrarland ohne Industrie verwandelt werden sollte, wurde glücklicherweise nicht befolgt. Der Osten wurde die sowjetische, der Süden die amerikanische, der Westen die britische und der Südwesten die französische Besatzungszone. Berlin, das 150 km innerhalb der sowjetischen Zone lag, wurde ebenfalls in vier Zonen gespalten und unter alliierte Verwaltung gestellt. Die Bildung deutscher Verwaltungsbehörden, aus denen sich dann eine Zentralregierung entwickeln sollte, scheiterte am französischen Veto. So entwickelten sich die Zonen zunächst separat. Auch wirtschaftlich sollte Deutschland dem Potsdamer Abkommen nach als Einheit betrachtet werden, aber besonders die Sowjets begannen sofort mit der Demontage in ihrer Zone, so daß die Amerikaner für die Versorgung der Zivilbevölkerung in der Sowjetzone mitsorgen mußten, was sie auf die Dauer nicht dulden konnten. Der zunehmende Gegensatz zwischen Ost und West wirkte sich auch in Deutschland aus und förderte die immer offensichtlicher werdende Spaltung. Stalin übervorteilte geschickt von Anfang an die Westmächte, die sich nicht einig waren, deren Regierungen wechselten (Truman in den USA und Atlee in England) und die im Gegensatz zur Sowjetunion keine auf lange Sicht geplante Deutschlandpolitik betrieben und besonders im Falle Amerika recht naiv handelten. Auch die überaus vorsichtige Haltung Frankreichs, das eine deutsche Zentralgewalt durchaus ablehnte und sich immer häufiger gegen die Absichten Englands und der USA äußerte, half der sowjetischen Politik und erschwerte die Entwicklung in Deutschland.

Die Entwicklung im Osten und im Westen

Stalins Ziel war, die Westmächte vor vollendete Tatsachen zu stellen, bevor sie aus ihren Träumen erwachten. In Berlin setzte der sowjetische Stadtkommandant einen Magistrat ein, der zur Hälfte aus Kommunisten bestand. Bereits im Juni wurden in der Ostzone politische Parteien, zuerst die kommunistische Partei (KPD) und Gewerkschaften zugelassen. Die Parteien schlossen sich zur "Antifaschistisch-demokratischen Einheitsfront" zusammen, die unter der Führung der SED (Sozialistische Einheitspartei Deutschlands) stand. Die aus Moskau zurückgekehrten Kommunisten Pieck, Grotewohl und Ulbricht rissen mit den von den Nationalsozialisten wohlbekannten, totalitären Mitteln die Macht an sich. Die Bodenreform enteignete alle landwirtschaftlichen Betriebe über 100 Hektar und teilte sie unter die Bauern auf. Zehntausend Privatbetriebe wurden im Oktober in "Volkseigene Betriebe" umgewandelt.

Die Entwicklung im Westen ging langsamer vor sich. Man traute den Deutschen zunächst nicht, wollte sie auch bestrafen und mußte versuchen, sie erst umzuerziehen. Besonders die Amerikaner nahmen die sogenannte "Entnazifizierung" sehr ernst und verurteilten über viermal so viele Nationalsozialisten in ihrer Zone wie die Besatzungen der anderen drei Zonen zusammen. Sie händigten über 13 Millionen Fragebogen aus, auf denen die Befragten 139 Fragen über ihre Vergangenheit beantworten mußten. Etwa 170.000 Deutsche kamen vor ein amerikanisches Militärgericht, 18.000 vor ein sowjetisches, 17.000 vor ein französisches und 2.000 vor ein britisches. Über eine Million Deutsche wurden aus leitenden Stellen im Staat und in der Wirtschaft entfernt. Das Entnazifizierungsverfahren teilte Bürger in Hauptschuldige, Belastete, Minderbelastete, Mitläufer und Nichtbelastete ein. Die meisten Deutschen betrachteten die Entnazifizierung weniger als Umerziehung sondern mehr als Schikane und Rache, besonders weil alliierte Kriegsverbrecher (wie z.B. Stalin und die Verantwortlichen für die Zerstörung von Dresden und anderen deutschen Städten) nicht zur Rechenschaft gezogen wurden. Die erwünschte innere Reinigung blieb aus.

Die Spaltung in Ost und West

Den Amerikanern lag die Demokratisierung besonders am Herzen, und sie ließen bald wieder demokratische Parteien zu. Auch in den anderen Zonen begann die Demokratisierung und zwar von Grund auf, zuerst in den Gemeinden und Städten. Die ersten Länderregierungen (die Länder waren von den Alliierten geformt worden) und Landtage wurden von den Militärregierungen eingesetzt. 1946 und 1947 fanden dann Wahlen zu den verfassungsgebenden Versammlungen und danach zu den Landtagen statt. Von nun an übernahmen die Länderregierungen die Mitverantwortung für das wirtschaftliche, kulturelle und politische Wohl ihrer Bürger.

Am 1. Januar 1947 schlossen Amerika und England ihre Zonen zur "Bi-Zone" zusammen. Frankreich und die Sowjetunion hatten eine Beteiligung abgelehnt. Damit begann die endgültige Spaltung Deutschlands, die sich von nun an weiter vertiefte. Der "eiserne Vorhang", von dem Churchill gesprochen hatte, ging mitten in Deutschland nieder. Mitte 1947 begann die amerikanische Marshallplanhilfe, die die Wirtschaft Westeuropas wiederherstellen sollte, so daß die einzelnen Länder vor dem Kommunismus bewahrt werden konnten. Ende des Jahres wurde auch Westdeutschland am Marshallplan beteiligt. Die Wirtschaftshilfe, die über 1 Milliarde Dollar betrug, half die deutsche Außenhandelsbilanz auszugleichen und beschleunigte die Zusammenfassung der drei westlichen Besatzungszonen, die nach dem Sommer 1948 praktisch vollzogen war. Die Londoner Sechsmächtekonferenz (USA, England, Frankreich und die Beneluxstaaten) beschloß im Frühjahr 1948 die Gründung eines westdeutschen Staates. Die sowjetische Delegation verließ daraufhin den Kontrollrat, der sowieso nie richtig funktioniert hatte. Wenige Tage darauf begann die Blockade Westberlins, erst allmählich, aber dann als Folge der Währungsreform in vollem Umfang, bis im Sommer alle Straßen, Wasserwege und Eisenbahnlinien abgeschnitten waren. Die Alliierten hatten versäumt, Zugangsstraßen vom Westen nach Berlin, das 150 km tief in der Ostzone lag, dokumentarisch festzulegen. Man hatte vertrauensselig angenommen, daß der Zugang selbstverständlich wäre. Nun wurde man eines Besseren belehrt. Es blieb nur die Versorgung der zweieinhalb Millionen Berliner auf dem Luftwege. So wurde von General Lucius Clay die berühmte "Luftbrücke" organisiert, durch die Berlin mit Nahrungsmitteln und Rohstoffen versorgt und so vor der Kapitulation und dem Kommunismus bewahrt wurde. Alle drei Minuten landete ein Transportflugzeug auf dem Westberliner Flugplatz Tempelhof. Die Blockade endete im Mai 1949, aber die Luftbrücke blieb bis zum September bestehen (insges. 462 Tage). Über 10.000 Tonnen Güter wurden pro Tag eingeflogen, rund 200.000 Flüge unternommen.

Der wirtschaftliche Aufschwung

Am 20. Juni führte der Westen die berühmte Währungsreform durch. Die Reichsmark wurde auf 6% abgewertet und durch die Deutsche Mark (DM) ersetzt. Die deutsche Währung war seit langem fast wertlos gewesen, und die amerikanische Zigarette hatte die Reichsmark abgelöst. Nur durch Tauschhandel auf dem schwarzen Markt konnte man Waren erstehen. Nun wurde das mit einem Schlag anders: Der schwarze Markt verschwand, die Arbeit hatte wieder einen Sinn, und die Wirtschaft begann auf vollen Touren zu laufen, angeregt auch besonders durch Ludwig Ehrhards Politik der "Sozialen Marktwirtschaft". Die Planwirtschaft wurde durch eine liberal-kapitalistische Wirtschaft ersetzt und die Lohn- und Preisbildung aufgehoben. In den nächsten Jahren begann das sogenannte "deutsche Wirtschaftswunder", das dem Marshallplan, der intelligenten Führung Ehrhards, dem Fleiß des deutschen Arbeiters und Bürgers und der Initiative der Unternehmer zu verdanken war. Es schnellte Deutschland neben die USA und die Sowjetunion an die Spitze der Weltproduktion.

Das Grundgesetz

Auf Wunsch der westlichen Militärregierungen trat am 1. September 1948 der Parlamentarische Rat zusammen, um eine Verfassung zu schaffen, die "eine Regierungsform föderalistischen Typs" mit einer "angemessenen Zentralinstanz" begründen sollte. Die 65 Mitglieder des Rates, die von den Länderparlamenten als verfassungsgebende Versammlung gewählt worden waren, erarbeiteten nach langen Verhandlungen das sogenannte Grundgesetz, das nur bis zur Verabschiedung einer gesamtdeutschen Verfassung Gültigkeit haben sollte. Am 8. Mai 1949 wurde es mit 53 gegen 12 Stimmen angenommen. Die Militärgouverneure genehmigten den Text, und die Länderparlamente, mit Ausnahme von Bayern, ratifizierten das Gesetz, das am 24. Mai 1949 in Kraft trat.

Die Gründung der BRD und der DDR

Am 14. August fanden die ersten Bundestagswahlen statt, die mit einem knappen Sieg der CDU/CSU endeten. Konrad Adenauer wurde zum Bundeskanzler berufen und führte die Geschicke der Bundesrepublik Deutschland für die nächsten vierzehn Jahre mit außerordentlichem Erfolg. Adenauer war zweifellos der bedeutendste Deutsche und einer der hervorragenden europäischen Politiker der Nachkriegszeit. Theodor Heuss wurde zum ersten Bundespräsidenten gewählt.

Die sowjetische Militärbehörde beschloß der Bundesrepublik (BRD) die Deutsche Demokratische Republik (DDR) gegenüberzustellen. Der Volksrat, ein Einparteien-Parlament, verabschiedete am 30. Mai 1949 die Verfassung der DDR. Der Volksrat erklärte sich daraufhin zur Volkskammer und beauftragte Otto Grotewohl mit der Regierungsbildung. Wilhelm Pieck wurde zum Präsidenten gewählt. Die wahre Macht lag jedoch beim Generalsekretär der SED, Walter Ulbricht, der schließlich nach dem Tod seiner Kollegen als Parteichef die Ämter Grotewohls und Piecks in seiner Person vereinigte. Ein totalitäres Regime nach dem Muster Moskaus entstand in den nächsten Jahren, dessen Führung 1971 der neue SED-Vorsitzende Erich Honecker übernahm. Am 17. Juni 1953 wurde der Aufstand der Arbeiter in Ostberlin gegen das totalitäre Regime brutal von sowjetischen Panzern niedergewalzt.

Im Westen wurden die militärischen Befehlshaber durch zivile Hohe Kommissare ersetzt, mit denen Adenauer in Bonn, das zur Bundeshauptstadt erklärt worden war, eng zusammenarbeitete. Die militärische Besatzung war beendet, die Westmächte verzichteten auf weitere Demontagen von Industrieanlagen, und die Bundesrepublik durfte sich an internationalen Organisationen beteiligen. Natürlich waren ihr immer noch wichtige Beschränkungen auferlegt, aber allmählich begann Adenauer, sie aus der wirtschaftlichen und politischen Isolation herauszuführen, bis sie 1955 ihre Souveränität erlangte. 1950 trat die Bundesrepublik dem Europa-Rat in Straßburg bei, 1952 der Europäischen Gemeinschaft für Kohle und Stahl, die einen gemeinsamen Markt für diese Produkte schuf und 1957 zur Europäischen Wirtschaftsgemeinschaft (EWG) erweitert wurde.

Sozialistische Einheitspartei Deutschlands

Die Bundeswehr

Infolge des Korea Krieges begann man in Europa, Pläne für eine Europäische Verteidigungsgemeinschaft (EVG) zu diskutieren. Die Teilnahme deutscher Streitkräfte wurde erwogen, stieß aber zunächst auf heftige Abneigung im Ausland und auch im Inland. Man hatte den Krieg noch nicht vergessen, man erinnerte sich noch allzu gut an die sinnlosen Opfer und an die Behandlung der deutschen Offiziere und Soldaten nach der Kapitulation. Man wollte nicht wieder Soldat spielen. Adenauer dagegen sah in der Beteiligung seines Landes an einer europäischen Verteidigung große Vorteile. Die Oppositionspartei (SPD) unter der Führung Ollenhauers und Schumanns lehnte jede Wiederbewaffnung entschieden ab. Schließlich war die Entstehung der "Kasernierten Volkspolizei" in der DDR ein Grund mit, warum die

Regierung westdeutsche Streitkräfte verlangte. 1955 wurde die Bundesrepublik Mitglied des Nordatlantikpaktes (NATO), der bereits 1949 zwischen den USA und den meisten westeuropäischen Staaten abgeschlossen worden war. Deutsche Divisionen wurden geformt, dem Oberbefehl der NATO unterstellt und in die NATO-Verbände integriert. Auf die Herstellung von ABC Waffen, Raketen, Bombenflugzeugen und großen Kriegsschiffen verzichtete die Bundesrepublik vertraglich. 1956 wurde die allgemeine Wehrpflicht eingeführt. 1958 wurde die Bundeswehr auch mit atomartigen Waffen ausgerüstet, über deren Einsatz jedoch die Amerikaner bestimmten. Die Mitbestimmung über den Einsatz von Atomwaffen wurde von Westdeutschland angestrebt. Die Stärke der Bundeswehr betrug etwa 450.000 Mann.

Die BRD erhält ihre Souveränität

Die Politik Adenauers erreichte ihren Höhepunkt am 5. Mai 1955, zehn Jahre nach der bedingungslosen Kapitulation, als sie von den Westmächten ihre endgültige Souveränität erhielt. Außer den vertragsmäßig festgelegten Truppen- und Rüstungsbeschränkungen behielten sich die Alliierten das Recht zur Stationierung von Truppen in Deutschland und die Verwaltung Berlins vor. In allen anderen Angelegenheiten konnte die Bundesrepublik nach eigenem Ermessen handeln. Allerdings war sie der sowjetischen Politik gegenüber noch auf die Unterstützung ihrer NATO-Partner, besonders der USA angewiesen. Um einem etwaigen Angriff der UdSSR vorzubeugen, bestand Westdeutschland auf die fortwährende Stationierung westalliierter Truppen auf seinem Hoheitsgebiet (besonders in Berlin und an der Grenze zur DDR), weil es dadurch im Falle eines Übergriffs den sofortigen Eingriff seiner Verbündeten erwarten konnte. Zur Unterhaltung der ausländischen Truppen trug die Bundesrepublik finanziell bei. Die Stationierung fremder Soldaten in seinem Vaterland betrachtete der Deutsche mit gemischten Gefühlen. Einerseits meinte er, daß er auf diese Soldaten zur Erhaltung seiner Souveränität angewiesen war, andererseits wollte er sie gerne loswerden, denn sie waren Fremdlinge, die nicht in sein Gemeinwesen paßten und die ihn fortwährend an seine Abhängigkeit erinnerten. Das Mißtrauen, besonders dem amerikanischen Bündnispartner gegenüber, kam auch dadurch immer wieder zum Ausdruck, daß fast jeder neue amerikanische Präsident durch einen Deutschlandbesuch die Verteidigungsbereitschaft seines Landes bezeugen mußte. Während des Vietnam Krieges versteifte sich die ablehnende Haltung von Teilen der Bevölkerung gegen die Amerikaner weiterhin.

Die Erfolge der Adenauer Regierung

Die Erfolge der Außenpolitik Adenauers und der Wirtschaftspolitik Ehrhards wurden von den Wählern anerkannt. In den Bundestagswahlen von 1953 und 1957 erhielten die Regierungsparteien große Mehrheiten gegenüber den Sozialisten, die das Regierungsprogramm im wesentlichen angegriffen hatten. Nach den Wahlen von 1957 änderte die SPD jedoch ihre Einstellung und begann sich immer mehr mit den Zielen der CDU zu identifizieren. Die CDU/CSU verlor allmählich an Prestige, weil die so lang erhoffte Wiedervereinigung ausblieb und immer unwahrscheinlicher wurde und weil Konrad Adenauer älter wurde und nicht abdanken wollte. 1959 schlug man ihn als Kandidat für den Posten des Bundespräsidenten vor. Er nahm zunächst an, besann sich dann jedoch eines Besseren und behielt seinen Kanzlerposten, den er seinem erfolgreichen und beim Volke beliebten Wirtschaftsminister Ehrhard nicht zu gönnen schien. Innerhalb der Partei bahnten sich nun Gegensätze an. In den Wahlen von 1961 verlor die CDU/CSU ihre absolute Mehrheit und ihr Koalitionspartner, die DP, verlor alle 17 Sitze im Bundestag. Eine Koalition zwischen CDU/CSU und FDP kam nur zustande, als Adenauer versprochen hatte, in spätestens zwei Jahren abzudanken. Im Jahre 1963 übernahm Ludwig Ehrhard die Regierungsgeschäfte. Da sich die Beziehungen zwischen Frankreich und England sowie zwischen Frankreich und den USA verschlechterten, Deutschland jedoch mit allen drei Mächten gute Beziehungen aufrechterhalten wollte, mußte es vorsichtig die Balance halten. Es schloß noch unter Adenauer einen Freundschaftsvertrag mit Frankreich ab, vertrat jedoch weiterhin die Interessen der NATO und den Eintritt Großbritanniens in die EWG. Im Lande wurde der Mangel an Arbeitskräften immer größer, da seit der Errichtung der Mauer um Westberlin am 13. August 1961, die Flut der Flüchtlinge nach Westdeutschland abgeschnitten worden war. Mehr als 3 Millionen Menschen waren aus dem kommunistischen in den westlichen Teil Deutschlands geflohen. Der Verlust wertvoller Arbeiter, Handwerker und Akademiker schadete der ostdeutschen Wirtschaft erheblich und führte schließlich zum Bau der berüchtigten Mauer, an der im Laufe der nächsten Jahre über 200 Menschen bei Fluchtversuchen erschossen wurden. Anstelle der Flüchtlinge lud die BRD Hunderttausende von Fremdarbeitern ein, die dann bald Gastarbeiter genannt wurden. Sie wurden zwar von der Industrie aber oft nicht von der einheimischen Bevölkerung willkommen geheißen.

Die Regierung von Willy Brandt und die Ostverträge

1966 trat die CDU/CSU in die sogenannte große Koalition mit der SPD ein. Diese Koalition gab den Regierungsparteien eine Mehrheit von 447 gegen 49 Sitzen der FDP im Bundestag. Willy Brandt, der frühere Bürgermeister von Berlin, wurde Vizekanzler und Außenminister und Karl Schiller (SPD) Wirtschaftsminister. Letzterer begann die deutsche Wirtschaft mit außerordentlichem Geschick zu führen und trug wesentlich zur Popularität der SPD in den Wahlen von 1969 bei. In diesen Wahlen erhielt die CDU/CSU 46,1%, die SPD 42,7% und die FDP 5,8% der abgegebenen Stimmen. Im Bundestag verlor die CDU/CSU 3 und die FDP 19 Sitze, während die SPD 22 Sitze hinzubekam. Willy Brandt beschloß die große Koalition nicht fortzusetzen, sondern selbst den Kanzlerposten zu übernehmen, indem er die kleine Koalition mit der FDP einging. Damit hatte Deutschland zum erstenmal seit den Tagen der Weimarer Republik eine sozialistische Regierung, und die CDU/CSU übernahm zum erstenmal seit ihrer Entstehung die Rolle der Opposition. Die neue Regierung war weiterhin an guten Beziehungen mit den westlichen Partnern interessiert und setzte sich besonders für den Eintritt Großbritanniens in die EWG ein. Außerdem bemühten sich Willy Brandt und sein Außenminister Scheel um ein besseres Verhältnis mit Deutschlands östlichen Nachbarn, besonders mit Polen und der Sowjetunion. Bereits am 12. August 1970 schloß die Bundesrepublik einen Nichtangriffspakt mit der Sowjetunion ab, in dem beide Staaten sich verpflichteten, den Frieden in Europa zu wahren und alle "Streitfragen ausschließlich mit friedlichen Mitteln" zu lösen. Außerdem erkannten beide Staaten die bestehenden Grenzen in Europa an, "einschließlich der Oder-Neiße-Linie, die die Westgrenze zu Polen bildet, und der Grenze der Bundesrepublik Deutschland und der Deutschen Demokratischen Republik." (Artikel 3).

Noch im selben Jahr, am 7. Dezember 1970, schloß die Bundesrepublik einen ähnlichen Vertrag mit Polen ab. Auch in diesem Vertrag wurde bereits im 1. Artikel die bestehende "westliche Staatsgrenze der Volksrepublik Polen", d.h. die Oder-Neiße-Linie, als "unverletzlich" anerkannt. Die BRD und Polen "bekräftigen die Unverletzlichkeit ihrer bestehenden Grenzen jetzt und in der Zukunft und verpflichten sich gegenseitig zur uneingeschränkten Achtung ihrer territorialen Integrität". (Artikel 1)

Beide Verträge wurden erst nach langen, oft sehr heftigen Debatten vom Bundestag im Mai 1972 ratifiziert. Die CDU/CSU, die zunächst gegen die Verträge war, enthielt sich bei der Abstimmung der Stimme. Mehrere Abgeordnete der FDP konnten ebenfalls die Verträge nicht befürworten und traten zur Opposition über. Dadurch verlor die Regierungskoalition ihre Mehrheit im Bundestag und entschloß sich vorzeitig, bereits im Herbst 1972 Neuwahlen abzuhalten, und Willy Brandt gewann wieder die Wahlen.

Auch in der Berlin-Frage wurden wesentliche Fortschritte gemacht. Nachdem zunächst die vier alliierten Mächte den freien Zugang von der BRD nach Westberlin und vom westlichen in den östlichen Teil der Stadt debattiert hatten, einigten sie sich am 3. September 1971. Im Dezember unterzeichneten daraufhin die BRD und die DDR ein ähnliches Abkommmen, das nach der Ratifizierung der Ostverträge vom Bundesrat in Kraft trat. Das Berlin-Abkommen regelte die Durchfahrtsrechte von Westdeutschland nach Westberlin und erlaubte den Westberlinern, ihre Verwandten im Osten zu besuchen. Mit diesem Abkommen war ein weiteres, äußerst schwieriges Streitproblem gelöst und damit die Aussicht für den Frieden in Europa wesentlich verbessert. In Anerkennung für seine Bemühungen um den Frieden und um ein besseres Verhältnis zwischen Ost und West wurde Willy Brandt im Dezember 1971 der Friedensnobelpreis verliehen. (Willy Brandt ist der vierte Deutsche, der den Friedensnobelpreis erhalten hat. Im Jahre 1926 erhielt der damalige Außenminister Gustav Stresemann den Preis, 1927 der Historiker Ludwig Quidde und 1936 der Widerstandskämpfer Carl von Ossietzky.) Es ist besonders bemerkenswert, daß diese hohe Auszeichnung seit 35 Jahren wieder einem deutschen Staatsmann verliehen wurde. Nach den vielen Jahren der politischen Streitereien und Spannungen konnten die Bürger der Bundesrepublik stolz darauf sein, daß die Welt sie und ihren führenden Politiker als friedliebende Menschen anerkannte.

Die Entwicklung in der DDR

1974 mußte Willy Brandt zurücktreten, da ein enger Mitarbeiter für die DDR Spionage betrieben hatte. Helmut Schmidt übernahm die Regierungsgeschäfte und führte bis 1982 eine Koalition von SPD und FDP. Als diese im Herbst auseinanderbrach, wurde Helmut Kohl (CDU) Bundeskanzler, und unter seiner Regierung entspannten sich die Beziehungen zwischen Ost und West immer mehr. Der neue Regierungschef der Sowjetunion Gorbatschow sorgte für Entspannung im Osten. Bis 1989 hatte die DDR unter Erich Honecker eine stalinistische Diktatur errichtet, die die Menschen immer unzufriedener machte und die Wirtschaft ruinierte. Während die Parteibonzen sich bereicherten und ein herrliches Leben führten, sank der Lebensstandard der Bevölkerung auf das Niveau eines Entwicklungslandes ab.

Polen und Ungarn verfolgten eine liberale Politik und reformierten ihre totalitären Systeme. Da Ostdeutsche in die Ostländer einreisen konnten, flohen Tausende durch Ungarn und Polen in den Westen.

Inzwischen hatten sich in der DDR politische Gruppen unter dem Namen "Neues Forum" gebildet und sich in den Kirchen zu Diskussionen versammelt. Nun gingen sie zu Zehntausenden auf die Straßen in Leipzig und Berlin und demonstrierten mit dem Ruf "Wir sind das Volk" gegen die SED Regierung. Erich Honecker wurde gezwungen abzutreten, und am 9. November 1989 öffnete die neue Regierung die Grenzen und bahnte damit praktisch das Ende der DDR an. Bald darauf traten andere führende Miglieder des Staates, wie Willy Stoph und das gesamte Politbüro ebenfalls zurück. Liberale Kommunisten übernahmen die Regierung in der DDR, aber die SED war immer schärferer Kritik ausgesetzt und verlor an Einfluß. Führende Kommunisten wurden aus der Partei ausgeschlossen und sogar strafrechtlich verfolgt. Die Parteiführung der SED beschloß Änderungen in der Parteipolitik und änderte den Namen der SED in SED-PDS (Partei des Demokratischen Sozialismus). Später hieß sie nur noch PDS. Die Berliner Mauer wurde im Laufe des Jahres völlig abgerissen, das Brandenburger Tor geöffnet und fast alle Grenzbefestigungen beseitigt. Im März 1990 fanden die ersten freien, allgemeinen, direkten und geheimen Wahlen zur Volkskammer statt, und unerwartet gewann die Allianz für Deutschland (CDU, DSU, DA) mit 48,15% einen großen Wahlsieg vor der SPD (21.84%), der in Umfragen eine absolute Mehrheit vorausgesagt worden war. Drittstärkste Partei wurde die ehemalige SED, die PDS, mit 16.33%.

Das Ergebnis der Wahl:

CDU	(Christdemokraten)	40,91%	167 Sitze
SPD	(Sozialdemokraten)	21,84%	88 Sitze
PDS	(Kommunisten)	16,33%	66 Sitze
DSU	(Deutsche Soziale Union)	6,32%	25 Sitze
FDP	(Liberale)	5,28%	23 Sitze
Allianz 90 und Grüne		4.86%	20 Sitze
DBD/DFB	(Bauern und Frauen)	2.52%	10 Sitze

Die Wiedervereinigung

Am 1. Juli 1990 wurde die DM die offizielle Währung in der DDR. Ostdeutsche konnten einen Teil ihres Bankguthabens im Verhältnis von 1:1 umtauschen und einen Teil 1:2. Die Währungs-, Wirtschafts- und Sozialunion zwischen den beiden deutschen Staaten war erreicht. Mitte Juli fuhr Bundeskanzler Kohl nach Moskau und erhielt von Präsident Gorbatschow die Zusage, daß die Sowjetunion die Vereinigung der beiden Staaten nicht behindern würde. Zum Dank würde Deutschland die Wirtschaft der Sowjetunion mit riesigen Summen sanieren helfen. Auch für den Abzug der 370 000 russischen Soldaten und den Familien der Offiziere, der im Sommer 1994 beendet war, verpflichtete sich die BRD zu zahlen. Die Volkskammer in Berlin beschloß den Beitritt der DDR zur BRD für den 3. Oktober, und nachdem im September 1990 die Außenminister der vier Großmächte der Wiedervereinigung Deutschlands zugestimmt hatten, verabschiedete die Volkskammer der DDR und der Bundestag und Bundesrat der BRD den Vereinigungsvertrag. Die vier alliierten Großmächte gaben ihre Rechte in Deutschland und Berlin auf und begannen ihre Truppen abzuziehen. Um Mitternacht vom 2. auf den 3. Oktober 1990 beendete die DDR offiziell ihre Existenz und trat der BRD bei. Die 14 Regierungsbezirke wurden aufgelöst und die früheren 5 Länder wiederhergestellt: Brandenburg, Mecklenburg-Vorpommern, Sachsen, Sachsen-Anhalt und Thüringen. 144 Abgeordnete aus der ehemaligen DDR Volkskammer zogen in den Bundestag ein. Die Alliierten gaben ihre Rechte in Berlin auf und zogen ihre Truppen ab. Deutschland war nun völlig souverän, versprach jedoch, sich weiterhin an Rüstungsbeschränkungen zu halten und die Bundeswehr der NATO zu unterstellen. Die Streitkräfte der ehemaligen DDR wurden zum Teil in die Bundeswehr integriert, die ihre Truppenstärke auf weit unter 400 000 Mann wesentlich verringerte.

Am 2. Dezember 1990 wurden die ersten freien, gesamtdeutschen Wahlen seit 1932 (für den Bundestag) abgehalten. Die Regierungskoalition unter Kanzler Helmut Kohl und Außenminister Hans-Dietrich Genscher gewann die Wahl.

Ergebnis:

CDU\CSU	43,8%	319 Sitze
FDP	11,0%	79 Sitze
SPD	33,5%	239 Sitze
PDS	2,4%	17 Sitze
Bündnis 90	1,2%	8 Sitze

Die neue Bundesrepublik

Die Gesamtzahl der Abgeordneten im neuen Bundestag betrug nun 662. Den Grünen gelang es nicht, in den Bundestag zurückzukehren. Auch die Republikaner, eine rechtsextreme Partei, gewannen kein Mandat. In den folgenden vier Jahren setzte die Bundesregierung unter Helmut Kohl ihre Politik gegenüber den osteuropäischen Ländern und besonders gegenüber den fünf neuen Bundesländern - wie sie jetzt genannt wurden - fort und setzte sich gleichzeitig für den Beitritt Österreichs, Finnlands, Schwedens und Norwegens zur Europäischen Union (EU) ein. Jedes Jahr gab sie Milliarden für den wirtschaftlichen Wiederaufbau im Osten aus. Eine Infrastruktur mußte in den neuen Bundesländern geschaffen werden, denn es mangelte an allem. Die Renovierung von Wohnhäusern und öffentlichen Gebäuden wurde fortgesetzt, und die Wirtschaft und Landwirtschaft wurde privatisiert. Besonders Letzteres führte zu riesigen Problemen, die man nicht vorhergesehen hatte. Millionen von Menschen verloren ihren gewohnten Arbeitsplatz, und deren große Enttäuschung führte zur Unzufriedenheit unter der Bevölkerung. Diese konnte sich mit all dem Neuen nicht zurechtfinden und wandte sich in den Landtags- und Bundestagswahlen (1994) aus Protest der kommunistischen Partei zu und wählte deren Abgeordnete in die Landtage und den Bundestag. Der Gegensatz zwischen den Deutschen in den alten Bundesländern im Westen und den neuen im Osten wuchs und führte zu immer neuen Problemen. In den Bundestagswahlen im Oktober 1994 gelang es der Koalition von CDU/CSU und FDP zwar die Wahl noch einmal zu gewinnen, aber ihre Mehrheit im Bundestag war sehr knapp, und die Abgeordneten wählten Helmut Kohl nur mit einer Stimme Mehrheit wieder zum Bundeskanzler. An diesem Ergebnis konnte man die Unzufriedenheit der Bundesbürger ablesen, die sich jedoch nicht ganz für die Opposition von SPD und Grünen entscheiden konnten. Die PDS erreichte zwar die 5% Klausel nicht, konnte aber in mindestens drei Wahlkreisen einen Kandidaten durch direkte Wahl in den Bundestag schicken. Wenn das der Fall ist, erlaubt das Grundgesetz einer Partei zusätzliche Sitze im Parlament. Deshalb sind auch die Kommunisten, die nur in den neuen Bundesländern genügend Stimmen erhielten, im Bundestag vertreten. Die Zahl der Abgeordneten erhöhte sich auf 672.[1]

Das Ergebnis der Bundestagswahl vom 16. Oktober 1994:

CDU/CSU	41.5%	294 Sitze
FDP	6.9%	47 Sitze
SPD	36.4%	252 Sitze
Grünen/Allianz	7.3	49 Sitze
PDS	4.4	30 Sitze

In den nächsten acht Jahren erfreut sich die SPD bei der Bevölkerung zunehmender Beliebtheit. Helmut Kohl ist zu lange Bundeskanzler und wird in einen Spendenskandal verwickelt. Es gelingt ihm und der CDU nicht, bundesweit Probleme, wie die zunehmende Arbeitslosigkeit, die besonders in den neuen Bundesländern gravierend ist, zu lösen. Insgesamt sind über 4 Millionen Menschen ohne Arbeit, nahezu 11% der gesamten deutschen Bevölkerung und weit über 20% in manchen Regionen im Osten. Diese schlechten Verhältnisse helfen der PDS 1998 die 5%-Hürde zu überspringen und mit 30 Abgeordneten in den Bundestag einzuziehen.

---

[1] Ein Ausschuß des Bundestages untersucht die Möglichkeit, die Zahl der Abgeordneten in Zukunft zu verringern.

Ende der neunziger Jahre und in den ersten beiden Jahren des neuen Jahrtausends stellt die Koalition von SPD und Grünen eine neue Regierung. Gerhard Schröder wird Bundeskanzler und Joschka Fischer, der Vorsitzende der Grünen, Außenminister. Die Wahl im Jahre 2002 geht knapp für die Koalition aus. Die CDU/CSU mit dem Kanzlerkandidaten Edmund Stoiber hatte lange Zeit vorne gelegen, verlor dann jedoch ihr Momentum und die Wahl. Gründe dafür sind: 1. Die Nord- und Ostdeutschen sind im allgemeinen dem trockenen, katholischen, konservativen Bayern, Edmund Stoiber, gegenüber abgeneigt. 2. Gerhard Schröder ist wendiger in der Aussage und im Auftreten und wird besonders von Frauen, Jugendlichen und Ostdeutschen unterstützt. 3. Es gelingt der FDP, dem geplanten Koalitionspartner der CDU/CSU, nicht genügend Stimmen zu bekommen, um die Mehrheit im Parlament zu erreichen. 4. Joschka Fischer ist mit Abstand der beliebteste Politiker in Deutschland und hilft den Grünen die FDP zu überholen. 5. Kanzler Schröder macht sich geschickt die Anti-Kriegs-Haltung der Deutschen zu Nutze und verspricht, die Kriegspläne des amerikanischen Präsidenten Bush auf keinen Fall mit deutschen Soldaten zu unterstützen. 6. Eine ungeheure Naturkatastrophe im August kommt der SPD zurecht. Große Gebiete im Osten werden von gewaltigen Überschwemmungen heimgesucht, Stadtteile und ganze Ortschaften werden von den Flutwellen vernichtet und mehr als Hunderttausend sind obdachlos. Der Schaden beträgt 23 Milliarden Euro. Schröder agiert sofort und verspricht Soforthilfe. Stoiber reagiert zu spät und verpasst die Gelegenheit, die Wähler auf sich zu konzentrieren.

Das Ergebnis der Bundestagswahl 1998 (669 Abgeordnete)

SPD	40,9%	298 Sitze
CDU/CSU	35,1%	294 Sitze
Grünen	6,7%	49 Sitze
F.D.P.	6,2%	43 Sitze
PDS	5,1%	30 Sitze

Das Ergebnis der Bundestagswahl 2002 (603 Abgeordnete)

SPD	38,5%	251 Sitze
CDU/CSU	38,5%	248 Sitze
Grünen	8,6%	55 Sitze
F.D.P.	7,4%	47 Sitze
PDS	4,0%	2 Sitze (durch Direktmandate)

Die Koalition von SPD und Grünen hat mit 306 Sitzen eine Mehrheit von 9 Stimmen im Bundestag, und Gerhard Schröder wird wieder zum Bundeskanzler gewählt.

Die Koalition von SPD und Grünen hatte im Jahre 2002 einen knappen Wahlsieg gewonnen, verlor jedoch im Laufe der nächsten vier Jahre bei der Bevölkerung immer mehr an Sympathie. Das lag nicht so sehr an der Persönlichkeit des Bundeskanzlers and seines Außenministers, sondern an wirtschaftlichen und politischen Umständen, über die sie zum Teil keinen rechten Einfluss hatten.

Die Regierung versuchte soziale Reformen durchzusetzen, die aber bei der Bevölkerung nicht beliebt waren und auf Widerstand stießen, so z. B. in der Rentenpolitik und Krankenversorgung. Durch die weiter zunehmende Globalisierung intensivierte sich die Diskussion um die Lohnnebenkosten, welche die Arbeit in der Bundesrepublik zu teuer machte. Konsequenterweise verlagerten immer mehr große Unternehmen und ihre Zulieferer ihre Porduktion ins Ausland, wo die Lohn- und Lohnnebenkosten sehr viel niedriger waren. Das führte zu immer größerer Arbeitslosigkeit und entzog den Regierungsparteien die Unterstützung der Arbeiterklasse. Obgleich der Export boomte, stand die BRD 2006 besonders im Inland schlechter da als 2002. Das Wirtschaftswachstum sank unter 1 Prozent, mehr als 5 Millonen Menschen waren arbeitslos und die Schulden der Republik verdoppelten sich..

Die Koaltion verlor eine Landtagswahl nach der anderen an die CDU/FDP und daher stellte Bundeskanzler Schröder im Juli 2005 im Bundestag die Vertrauensfrage, was so viel bedeutete, dass er nicht mehr im stande war, das Land zu regieren. Bundespräsident Köhler setzte daraufhin für den 18. September 2005 Neuwahlen an, die aber kein eindeutiges Ergebnis zugunsten einer politischen Partei ergaben. Angela Merkel kandidierte als erste Frau für das Amt des Kanzlers, gewann jedoch für ihre Partei nur einen winzigen Vorsprung vor der SPD von Gerhard Schröder. Dessen Partei verlor Stimmen an die neuorganisierte sogenannte Linke, einer Kombination von Kommunisten und enttäuschten linksgerichteten Sozialdemokraten. Nach langem hin und her einigte man sich endlich auf die sogenannte Große Koalition von CDU/CSU/SPD mit Angela Merkel als Bundeskanzlerin. Schröder und Fischer zogen sich enttäuscht aus der Poitik zurück.

Das Ergebnis der Wahl vom September 2005:

CDU/CSU	36.8%	226 Sitze
SPD	36.2%	222 Sitze
FDP	9.9%	61 Sitze
Linkspartei	8.8%	54 Sitze
Grüne	8.3%	51 Sitze

Damit verfügt die Koalition mit 446 Sitzen eine gewaltige Mehrheit und wenn es ihr gelingt harmonisch zusammenzuarbeiten, sollte sie die meisten Probleme der BRD lösen können.

STUDIENFRAGEN ZUM KAPITEL
DEUTSCHLAND NACH DEM ZWEITEN WELTKRIEG

1. Beschreiben Sie die Situation in Deutschland nach der Kapitulation und die Aussichten damals für die Zukunft.
2. Was geschah in Osteuropa als Resultat der Beschlüsse von Teheran und Jalta?
3. Welche Gebiete verlor Deutschland, und was geschah mit den Deutschen, die dort wohnten?
4. Welchen Einfluß hatte der BHE auf die westdeutsche Politik?
5. Was sah der Morgenthau-Plan für ein zukünftiges Deutschland vor?
6. In welche Zonen wurde Deutschland aufgeteilt?
7. Welche politischen Maßnahmen führten die Kommunisten in der Ostzone durch? Was war die Bodenreform?
8. Besprechen Sie, wie die sogenannte Entnazifizierung vor sich ging.
9. Welche Probleme waren mit der Bestrafung von Kriegsverbrechern und mit der Entnazifizierung verbunden? Warum trat die erhoffte innere Reinigung nicht ein?
10. Besprechen Sie, wie sich die Ostzone in einen separaten deutschen Staat, die Deutsche Demokratische Republik, entwickelte.
11. Besprechen Sie, wie sich die drei westlichen Zonen zu einer Republik, der BRD, entwickelten.
12. Warum war es notwendig, Berlin durch die Luft zu versorgen? Besprechen Sie die Luftbrücke.
13. Welche Maßnahmen legten die Basis für die Wiedergesundung der deutschen Wirtschaft?
14. Was war die Aufgabe des Parlamentarischen Rats?
15. Welche Partei gewann knapp die erste Bundestagswahl und wer wurde Bundeskanzler?
16. Welchen europäischen Gemeinschaften trat die Bundesrepublik bei und warum?
17. Warum bekam die BRD wieder eine Armee und warum waren viele Menschen gegen die Wiederbewaffnung?
18. Welche Beschränkungen seiner Souveränität wurden der BRD auferlegt?
19. Was hielten viele Deutsche von der fortwährenden Stationierung alliierter Truppen in ihrem Land?
20. Wie erklären Sie sich die großen Wahlerfolge der CDU/CSU in den fünfziger Jahren?
21. Was war die große Koalition?
22. Wie erklären Sie sich, daß die SPD allmählich immer populärer wurde?
23. Besprechen Sie die Ostpolitik von Willy Brandt. Welche Verträge schloß er ab? Was sind die Einzelheiten dieser Verträge? Welche Verpflichtungen hat die BRD durch den Abschluß der Ostverträge auf sich genommen? Hat sie durch diese Verträge Vorteile oder Nachteile? Erklären Sie Ihre Antwort. Was ist die Bedeutung der Verträge mit der Sowjetunion und mit Polen für den Osten und den Westen? Welche Einzelheiten wurden durch das Berlin Abkommen geregelt?
24. Wer wurde 1982 Bundeskanzler? Warum?
25. Wie gelang es Tausenden von Ostdeutschen in den Westen zu fliehen? Warum wollten sie die DDR verlassen?
26. Besprechen Sie, warum und wie das SED Regime schließlich zusammenbrach.
27. Warum war die Berliner Mauer errichtet worden, und warum wurde sie 1989 abgerissen?
28. Was war das Ergebnis der Wahlen in der DDR im März 1990. Wie schnitten die Kommunisten ab?
29. Besprechen Sie, wie die DDR ihre Existenz aufgab und ein Teil der BRD wurde.
30. Was war das Resultat der ersten gesamtdeutschen Wahl vom Dezember 1990?
31. Was geschah nun mit den alliierten Truppen in Berlin, der ehemaligen DDR und der BRD?
32. Glauben Sie, daß eine rechtsradikale Partei in Deutschland wieder die Macht an sich reißen könnte? Was spricht dafür und was dagegen?
33. Wer wurde in den Wahlen von 1994 wiedergewählt?
34. Wie erklären Sie sich den knappen Wahlsieg der Koalitionsparteien CDU/CSU und FDP?
34. Wie kam die PDS in den Bundestag, obgleich sie die 5% Hürde nicht nehmen konnte?
35. Wie erklären Sie sich, daß verhältnismäßig viele Wähler in den alten Bundesländern die PDS wählten?
36. Was ist Ihre Prognose für die Zukunft der Bundesrepublik?

WÖRTERVERZEICHNIS

For each noun, the nominative plural is given (der Abschluß, -"sse). If the plural is the same as the nominative singular, the sign - appears after the noun (der Riemen, -). If the plural is lacking or unusual, no sign is listed (die Abwehr). Weak nouns have -(e)n in all cases except the nominative singular.

Verbs that have separable prefixes are designated by - (ab-weichen). For strong or irregular verbs only the infintive is listed.

Expressions or idioms related to an entry are included within that entry.

A

der Abbau--working a mine; demolition
ab-bilden--to portray
der Abbruch--demolition
ab-danken--to resign
Abdankung, -en --discharge; resignment; dismissal; resignation
abendländisch--occidental; western
abermals--once again
ab-finden: sich nicht abfinden können mit--not to be able to put up with
der Abgeordnete, -n --delegate
abgeschieden--secluded
abgewandelt--changed; modified
der Abgrund, -"e --abyss; chasm
die Abhandlung, -en --treatise; thesis; discourse
ab-helfen--to remedy
die Abhilfe, -n --remedy
ab-knicken--to break off
das Abkommen, - --agreement
die Abkühlung, -en --cooling
die Abkürzung, -en --abbreviation
ab-lagern--to store, deposit
der Ablaß, -"sse --indulgence
der Ablaßbrief, -e --letter of indulgence
die Ablaßfrage, -n --indulgence question
ab-lehnen--to reject
die Ablehnung, -en --refusal; rejection; disapproval
ab-leiten--to derive
ab-lösen--to relieve, alternate, sever, take over
ab-magern--to grow lean
die Abneigung, -en --aversion
das Abonnement, -s --subscription
der Abonnent--subscriber
ab-rücken--to back off
ab-schaffen--to abolish
die Abschaffung, -en --abolition; repeal
ab-schließen--to end, lock up; to conclude (a treatise)
der Abschluß, -"sse --settlement; conclusion; graduation
der Abschnitt, -e -- section; paragraph
die Abschrift, -en --copy
absehbar--foreseeable; in absehbarer Zeit: in the foreseeable future
abseitwärts--toward one side; remote

die Absetzung, -en --deposition; removal

die Absicht, -en --intention

ab-sondern--to separate, isolate

ab-stammen von--to come from, stem from, descend from

die Abstammung, -en --descent; origin

der Abstand--interval; distance

ab-stimmen--to vote

ab-stumpfen--to blunt, dull

ab-suchen--to search all over

der Abt, -"bte --abbot

die Abtei, -en --abbey

die Abteilung, -en -- department

ab-trennen--to divide off

ab-treten--to resign, surrender, cede

ab-urteilen--to pass judgment on

die Abwandlung, -en --modification

ab-warten--to wait (for)

die Abwechslung, -en -- distraction; change

abwechslungsreich--rich in variation

die Abwehr--counter intelligence

ab-wehren--to ward off, prevent

ab-weichen--to deviate, digress

ab-weichend--differing

ab-weisen--to reject, turn down

ab-werten--to diminish, devaluate

die Abwesenheit, -en --absence

das Abzeichen, - --insignia

der Abzug, -"e --withdrawal

ächten--to outlaw

der Acker, "cker--field

das Ackerland, -"nder --field; farm land

der Adel--nobility

adelig--aristocratic; noble

adeln--to enoble, dignify, exalt

die Adelsfamilie, -n --noble family

der Adler, - --eagle

agitieren--to agitate

das Agrarprodukt, -e --agrarian product

die Ahle, -n --awl; pricker

ahnden--to punish

der Ahne, -n --forefather

ähneln--to resemble

ahnen--to foresee, have a presentiment or foreboding

ähnlich--like; similar

die Ähre, -n --ear of grain

der Akt, -e --life model (nude)

die Akte, -n --document; file

albern--silly

die Alemannen (pl)--early Germanic tribe who settled Switzerland

die Allee, -n --avenue

die Alleinseligmachung--only true way to salvation

allmählich--gradual; gradually

die Allmende, -n --community land

die Alm--alpine meadow

althergebracht--ancient; traditional

die amöne Landschaft--idyllic scenery

die Ampel, -n --traffic light

anakreontisch--anacreontic; rococo poetry

an-bahnen (sich)--to develop, open up to
an-bauen--to grow, plant
das Andenken, - --memory
an-deuten--to indicate
die Andeutung, -en --indication; hint
das Anerbieten, - --offer
an-fallen--to attack
anfällig--prone
anfänglich--initial; initially
der Anfangsbuchstabe, -n --first letter
an-fechten--to attack; assail, contest
an-feinden--to treat with hostility
der Anführer,- --leader
die Angabe, -n --statement; declaration
an-geben--to give, inform on
angeglichen--adjusted; assimilated
die Angelegenheit, -en --affair; concern
angemessen--suitable; adequate
angesehen--respected
das Angesicht, -er --countenance; face
angewandt--applied
angewiesen sein auf--to be dependent on
an-gleichen--assimilate, adapt, adjust
der Angriff, -e --attack
an-haften--to adhere to, stick
der Anhänger, - --supporter; follower
die Anhänglichkeit--attachment
an-häufen--to heap up, (sich) accumulate
der Anklang, -"e --approval; Anklang finden: to find approval
an-klingen--to sound like
an-knüpfen--to tie, join; begin
die Ankündigung, -en --declaration; proclamation
der Anlaß, -"sse --cause
anläßlich--on the occasion of
an-legen--to plan, sketch, found, dock
an-lehnen--to lean on
die Anleitung, -en --instruction; guidance
die Anmeldung, -en --registration
an-messen--to measure for
die Anmut--grace; charm
anmutig--graceful; pretty
die Annäherung, -en --approach
die Annahme--assumption
annoncieren--to advertise
an-ordnen--to order
an-prangern--to denounce
an-regen--to stimulate
die Anregung, -en --stimulus
an-richten--to produce, cause, prepare
der Ansatz, -"e --beginning; attempt
die Anschauung, -en --view; opinion
der Anschlag, -"e --notice; attack (on one's life)
der Anschluß, -"sse--connection; annexation
an-schüren--to inflame, foment, rake up
anschwellen--to swell
das Ansehen--reputation
ansehnlich--good-looking; considerable; imposing
an-spornen--to spur, stimulate

an-sprechen--to speak to
anspruchslos--unpretentious
das Anspruchsrecht, -e --right to a claim; pretension
an-starren--to stare at
der Anstoß, -"e --impact; impulse
an-streben--to strive for
der Ansturm--assault; attack
antastbar--disputable
der Anteil: Anteil nehmen an--to take an interest in
die Antike--antiquity
an-treiben--to drive on
das Antriebsmittel, - --means of inducement; incentive
an-vertrauen--to entrust
anvertraut--entrusted
an-weisen--to direct, instruct, designate
die Anwendung, -en --application
die Anwesenheit, -en --presence
die Anzahl, -en --quantity; number
an-zeigen--to indicate, announce; denounce
an-zetteln--to instigate
die Anziehungskraft, -"fte --power of attraction
der Anziehungspunkt, -e --sight; point of attraction
appellieren an--to appeal to
die Apsis--apse
das Aquarell, -e --water color
der Arbeiterrat, -"te --worker's council
der Arbeitsausschuß, -"sse --committee
arg--awful
die Armbrust--crossbow
ärmellos--sleeveless
ärmlich--poor; humble
die Armut--poverty
die Askese--asceticism
der Ast, "-e --branch
ästhetisch--aesthetic
das Atelier, -s --artist's studio
atemberaubend--breathtaking
das Attentat, -e --attack on one's life
auf-bäumen--to rebel, rear up
auf-blühen--to flourish
aufdringlich--obtrusive; pushy
der Aufenthalt, -e --stay; residence
auf-erlegen--to inflict
auffallend--noticeable
auf-fassen--to comprehend
die Auffassung, -en --opinion; view
auf-fordern--to invite, request
die Aufforderung, -en --challenge
auf-führen--to perform, act
die Aufführung, -en --performance
aufgedunsen--bloated
auf-gehen in--to be absorbed in
aufgeschlossen--open; enlightened
Aufhebung, -en --abolition
auf-hetzen--to instigate, stir up (against)
die Aufklärung, -en --enlightenment; clearing up
die Auflage, -n --edition
auf-lauern--to waylay

auf-lehnen (sich)--to revolt, oppose

auf-lockern--to loosen up, relax

die Auflockerung, -en --relaxation

auf-lösen--to dissolve, break up

die Auflösung, -en --dissolution

auf-raffen (sich)--to rouse oneself

auf-ragen--to tower, loom up

aufrecht--upright; erect

die Aufrechterhaltung, -en --maintenance

auf-reiben--to destroy, wear down

der Aufruf--outcry; call; challenge

der Aufruhr--turmoil

auf-rütteln--to shake up

der Aufsatz, -"e --essay

der Aufschwung, -"nge --rise

das Aufsehen--sensation

die Aufsicht--supervision

der Aufstand, -"e --revolt; rebellion

auf-stauen--to dam up, store up

der Auftrag, -"e --commission

auf-wallen--to boil up

auf-walzen--to roll out

auf-zehren--to consume, use up, spend

auf-zwingen--to force upon

augenblicklich--at the moment; at once

aus-arten--to degenerate, deteriorate, get out of control

aus-bauen--to remove

aus-beuten--to exploit

aus-dehnen--to expand, extend (powers, borders)

die Ausdehnung, -en --expansion; extension

die Ausdruckskraft, -"e --power of expression

die Auseinandersetzung, -en --struggle

der Außenhandel--foreign trade

die Außenpolitik--foreign politics

der Außenrand, -"er --rim

außergewöhnlich--out of the ordinary

äußern--to express

äußerst--extremely

aus-fechten--to fight out

aus-führen--to export; to execute (an order)

ausführlich--detailed

der Ausgangspunkt, -e --starting point

ausgemergelt--enervated; exhausted

ausgeprägt--distinct; pronounced

der Ausgleich, -e --balance; Ausgleich für: by way of compensation for

die Ausgrabung, -en --digging; excavation

aus-heben--to lift out, enlist, capture

aus-klingen--to wane, die away

aus-klopfen--to thrash

aus-laufen--to put to sea

die Auslegung, -en --explanation; interpretation

aus-liefern--to deliver, relinquish

das Ausmaß--dimension; extent

die Ausnahmestellung, -en --exceptional position

aus-rotten--to exterminate

die Ausrottung, -en --extermination

die Aussage, -n --declaration; deposition, statement

der Aussatz--leprosy

ausschließlich--exclusive
der Ausschluß, -"sse --excommunication
die Ausschreitung, -en --excess
der Ausschuß, -"sse --committee
aussichtslos--hopeless
aus-söhnen--to reconcile
der Ausspruch, -üche --statement
der Austausch--exchange
der Ausweg, -e --way out
aus-weisen--to expell
aus-wirken (sich)--to result in
der Auswuchs, -"e --excess; growth; product
autonom--autonomous

B

der Bach, -"e --stream, brook
bahnen--to clear
der Baldachin--canopy
ballen--to clench, conglomerate
banal--trite
bangen um--to be anxious/worried about
das Bankguthaben--bank balance
der Bann--ban; excommunication
die Bannbulle, -n --bull of excommunication
barmherzig--merciful
die Basaltkuppe, -n --basalt top
der Bauernhof, -"e --farm
die Bauernschinderei--ill-treatment of peasants
der Baustil, -e --design style; architectural style
beachtlich--remarkable
beamtet--to have tenure
beängstigend--alarming
beanspruchen--to claim
die Bearbeitung, -en --workings (i.e. of manuscript)
beauftragen--to commission, empower
beben--to shake, tremble
bedächtig--deliberate; thoughtful
bedauerlich--regrettable; unfortunate
bedauern--to regret, be sorry for, pity
bedingen--to stiputate, postulate
bedingt werden durch--to be determined by
die Bedingtheit, -en --dependence; limitation
bedingungslos--unconditional
die Bedrängnis, -se --threat; pressure
bedrohen--to threaten
die Bedrohung, -en --threat
bedrücken--to press, oppress
beeinträchtigen--to impair, damage, detract from
die Beeinträchtigung, -en --impairment; restriction; infringement of
die Beendigung, -en --conclusion
die Beerdigung, -en funeral; einer Beerdigung beiwohnen: to attend a funeral
befahrbar--navigable; passable; accessible
befehden--to make war on, fight
die Befehlsgewalt, -en --imperative power; commanding power
der Befehlshaber, - --commander
befördern--to transport, send; promote

befriedigen--to satisfy
befruchten--to fertilize, inspire
die Befugnis, -se --authority
befürworten--to support, advocate
die Begebenheit, -en --event; occurrence; incident
begehen--to commit
begehren--to desire
begnadet (sein)--(to be) blessed with
die Begnadigung, -en --pardoning; reprieving
der Begriff, -e --idea; notion; concept
begründen--to give reasons
begünstigen--to favor
beharren--to persist, remain firm
beharrlich--steadfast
die Beharrlichkeit, -en --persistence; tenacity
die Behauptung, -en --assertion
die Behörde, -n --authority; governing body
der Beichtvater, -" --confessor
bei-setzen--to bury
die Beisetzung, -en --funeral
der Beitrag, -"e --contribution
bei-treten--to join
der Beitritt, -e --entrance
bei-wohnen--to attend
beizend--caustic; pungent
die Bejahung, -en --affirmation
bekämpfen--to fight, combat, resist
bekehren--to convert
die Bekenntnis, -se --confession; creed
beklemmend--oppressing
beklommen--anxious; uneasy; depressed
die Bekümmernis, -se --affliction; grief
beladen--to load, burden
belagern--to lay siege
belasten--to burden
die Belastung, -en --load; burden
beleben--to liven up
belehnen--to invest with
die Belehrung, -en --instruction; information
beleidigend--insulting
die Beleidigung, -en --insult
belgisch--Belgian
beliebt--popular
bemalen--to paint, color
benachteiligen--to prejudice; discriminate; injure, hurt
beraten--to advise
berauben--to deprive, rob, bereave
berauschend--intoxicating; enchanting
der Bereich, -e --scope; range; field; sphere; domain
bereichern--to enrich
bereits--already
der Bergbau--mining
der Bergfried, -e --castle tower
der Berghang, -"e --mountain slope
der Bergmann, -"er --miner
die Bergschlucht, -en --mountain canyon
das Bergwerksrecht, -e --mining rights
die Berichterstattung, -en --reporting

der Bernstein--amber
der Bernsteinschmuck--amber jewelry
berüchtigt--infamous; notorious
berücksichtigen--to consider
berufen (sich auf etwas)--to touch upon
die Berufswahl--choice of profession
die Besatzung, -en --crew; occupying force
die Besatzungsmacht, -"e --military powers; occupation force
Beschäftigung, -en --occupation; work; employment
beschaulich--contemplative
die Beschimpfung, -en --insult
beschleunigen--to accelerate
beschleunigt--accelerated
beschließen--to decide
der Beschluß, -"sse --decision; conclusion
beschränken--to limit, restrict
beschränkt--confined; limited
die Beschränkung, -en --restriction
beschwerlich--onerous; tiring
beschwingt--on wings; speedy
beschwören--to swear; to confirm with an oath; to conjure up
beseelen--to animate, inspire, fill, breathe life into
beseelt--animated; inspired
beseitigen--to remove; eliminate
die Beseitigung--removal
besessen--posessed by
besichtigen--to view, tour, inspect
besiedeln--to populate, colonize
besiedelt--populated, settled
die Besinnung, -en --consciousness
besitzen--to posess
bespitzeln--to spy on
der Bestandteil, -e --component; part
bestaunen--to marvel at
die Bestechung, -en --bribery
bestehen--to exist
die Besteigung, -en --ascent
die Bestialität--bestiality
das Bestreben, - --wish; desire
die Bestrebung, -en --effort
bestreiten--to challenge; contest, dispute
betäuben--to stun, deafen; confuse
die Beteiligung, -en --participation
betitelt--titled
der Beton--concrete
betont--stressed
betrachten--to observe, consider
beträchtlich--considerably
betreffend--concerning
betreiben--to pursue, manage, operate
der Betrug, -"e --deceit
die Beule, -n --bump; tumor; boil; bruise
die Beunruhigung, -en --worry
der Beutel, - --bag; pouch; purse
beutelartig--like a pouch
die Bevormundung--guardianship; tutelage
bevorzugen--to favor, prefer
bevorzugt--favored, preferential

bewachsen--grown over
bewahren--to protect or preserve s.o. from s.th.
bewaldet--timbered
die Bewässerung, -en --irrigation
beweinen--to mourn
der Beweis, -e --proof; den Beweis liefern: to render proof
die Bewerbung, -en --application; candidature
bewilligen--to grant
bewirten--to accommodate, serve
bewundern--to admire
das Bewußtsein--consciousness
bezeichnen--to deliniate
der Bezirk, -e --district
der Bezug, -"e --covering
bezwecken--to aim at, have something in mind
bezweifeln--to doubt
die Biederkeit--honesty; uprightness
die Biegung, -en --bend; curve
bildhaft--pictorial; graphic
der Bildhauer, - --sculptor
die Bildhauerkunst--art of sculptoring
das Bildnis, -se --likeness, picture, image
die Bildung, -en --formation; education
der Binnenhafen, -" --inland harbour
die Binnenschiffahrt, -en --river shipping
der Binnenstaat, -en --inland; landlocked country
die Binnenstadt, -"e--landlocked place/city
der Birkenstamm, -"e --birch trunk
bisher--till now; hitherto
bissig--vicious
Bistum, -"er --bishopric
blenden--to blind
blendend--dazzling
der Blickwinkel, - --point of view
blindwütend--raging blindly
der Blitzableiter, - --lightning conductor
das Blumenbeet, -e --flower bed
die Blüte, -n --blossom
die Blütezeit, -en --high point period; growing period; classical period
die Blutrache--blood feud; vendetta
blutrünstig--blood thirsty
das Blutvergießen--bloodshed
die Bodenfläche, -n --acreage
der Bodenschatz, -"e --natural resource
böhmisch--Bohemian
das Bollwerk, -e --bulwark
die Börse, -n --stock exchange
der Bösewicht, -er --villain; scoundrel
der Brandstifter, - --firebug; arsonist
die Bratsche, -n --viola
das Braunkohlenlager, - --lignite coal deposit
die Breite, -n --latitude; breadth; width
das Brett, -er --board
das Brötchen, - --bun; roll
der Bruch, -"e --breaking; breaking off
das Bruchstück, -e --fragment
der Brunnen, - --fountain
die Brüstung, -en --breastwork; rampart

brüten--to breed; brood; ponder
die Brutstätte, -n --hotbed
der Buchdruck, -e --book printing
die Buche, -n --beech tree
der Buchenhain--beech grove
der Buchenwald, -"er --beech tree forest
der Buchsbaum, -"e --box-tree
die Bucht, -en --bay
die Buhle, -n --lover
die Bühne, -n --stage
die Bulle, -n --proclamation
das Bundesarbeitsgericht, -e --federal labor court
das Bundesdorf, -"er --nickname for Bonn (=Bundesstadt)
die Bundesebene, -n --federal level
das Bundesfinanzhof--federal fiscal court
das Bundesgerichtshof, -"e --federal high court; government court
das Bundesheer, -e --armed forces
das Bundesrecht--federal rights
die Bundesrepublik--Federal Republic
der Bundestag--lower house of the German Parliament
die Bundestagswahl, -en --national elections
das Bundesverwaltungsgericht, -e --federal administrative court
das Bündnis, -se --treaty; agreement
der Bundschuh, -e --sandal
bunt--colorful
der Bure, -n --boer; South African of Dutch descent
der Burenkrieg, -e --boer war
die Burg, -en --castle
der Bürgerkrieg, -e --civil war
das Burgverließ, -e --dungeon
der Bursche, -n --lad
der Burschenschaftler--member of a student fraternity
die Buße--penance
der Busen, - --bosom
das Bußwerk, -e --penitence work
die Bußzahlung, -en --payment of penitence; compensation

C

das Chorgestühl, -e --choir stalls

D

dahin-raffen--to snatch away, carry off (into death)
der Dämmerschlaf--twilight sleep
dar-stellen--to represent
die Dauer--endurance; auf die Dauer: in the long run
deftig--large, strong
der Degen, - --sword; thane
degradieren--to degrade, talk bad about; reduce in rank
dehnen--to stretch
der Deich, -e --dike
die Deklination, -en --declension
die Demontage, -n --disassembling; dismantling
die Demut--humility
die Demütigung, -en --abasement; humiliation

das Denkmal, -"er --monument; ein Denkmal setzen: to immortalize

die Depesche, -n --dispatcb

derartig--such; this sort of

derb--rough; coarse; hardy; blunt

dermaleinst--sometime (in the future)

dicht--dense

die Dichtung, -en --poetry

dingen--to hire

der Dirigent, -en --conductor

die Dissonanz, -en --dissonance; discord

das Distichon--double verse

divergierend--diverging

der Dolch, -e --dagger

die Dolchstoßlegende--stab in the back legend

dolmetschen--to interpret, act as interpreter

dozieren--to lecture

das Drachenblut--dragon blood

der Dramaturg, -n --producer (drama)

der Drang--urge; impulse; drive

der Dränger, - --pusher

dreizinnig--three-pronged

drohen--to threaten

das Druckverfahren--printing procedure

der Duce, -s --fraternity leader

der Duft, -e --aroma

dulden--to tolerate, suffer

dumpf--hollow; dull

dünken--to strike, fancy

Dur--Major (music/key)

der Durchbruch, -üche --eruption; breakthrough

durchdacht--reasoned

das Durchgangsland, -"er --transit land

die Durchlaucht, -en --Highness

die Durchschnittstemperatur, -en --average temperature

durch-setzen--to intersperse

dürr--arid, parched; lean, skinny

die Durtonart, -en --Major key

düster--dark; gloomy; melancholy

das Dutzend, -e --dozen

E

die Ebbe, -n --low tide

ebenbürtig--equal

die Ebene, -n --level; plain

die Edelkastanie, -n --chestnut (edible)

die Edelsteinindustrie, -n --precious stone industry

ehrbar--honorable; respectable

ehrenamtlich--honorary

der Ehrgeiz--ambition

ehrgeizig--ambitious

die Eiche, -n --oak

der Eid, -e --oath

die Eidgenossenschaft--confederacy (Swiss)

eifrig--zealous

die Eigenart, -en --peculiarity

eigensüchtig--selfish

eigentlich--actually; that really means; anyway
das Eigentum, -"er --property
die Eigentumswohnung, -en --condominium; apartment
eigenwillig--selfish; self-willed
der Eimer, - --bucket
einäugig--cyclops; only one eye
ein-berufen--convene
ein-betten--to embed
ein-beziehen--to include, implicate
eindeutig--clear; unequivocal
der Eindringling, -e --invader
der Einfall, -"e--invasion; idea
ein-fassen--to border, encompass
ein-flößen--to pour into; administer; infuse
der Einfluß, -"sse --influence
ein-gestehen--to admit
ein-gliedern--to integrate
ein-greifen--to intervene
ein-hauchen--to inhale, breathe into
der Einheimische, -n --native
einheitlich--uniform
die Einheitlichkeit, -en --uniformity
die Einkaufsgewohnheit, -en --shopping habit
die Einkaufsstraße, -n --shopping street
ein-kerkern--to incarcerate
ein-kesseln--to encircle
der Einklang, -"e --unison; harmony
die Einkreisung, -en --policy of encirclement
ein-münden--to flow into
einmütig--unanimous
ein-pferchen--to pen in, crowd together
einprägen (sich)--to impress on one's mind
einprägsam--impressive; easily remembered
ein-rahmen--to frame
die Einrichtung, -en --furnishing; organization; set-up
ein-ritzen--to carve in, engrave
ein-rücken--to march into, report for duty
einschließlich--inclusive
ein-schliessen--to include
einschneidend--incisive
der Einschnitt, -e --cut; incision; cleft; decicive point
die Einschränkung, -en --restriction
ein-schreiben--to register, enroll
ein-schreiten--to intervene
ein-schüchtern--to intimidate
die Einschüchterung, -en --intimidation
ein-sehen--to comprehend, perceive, look into
die Einsicht, -en --insight
der Einsiedler, - --hermit
einsilbig--monosyllabic
ein-sperren--to jail, lock up
einstellbar--adjustable
ein-stellen--to enlist; stop
ein-stufen--to classify
eintönig--monotonous
ein-treiben--to collect
ein-treten für--to stand up for
ein-verleiben (sich)--to incorporate, annex

der Einwand, -"e --objection
die Einwirkung, -en --influence
das Eisenerz, -e --iron ore
eisern--unrelenting
ekelhaft--loathsome; disgusting
die Ekstase--ecstasy
das Elend--misery; poverty
das Elendsviertel, - --slum quarter
elfenbeinern--made of ivory
die Empfänglichkeit, -en --susceptibility; conception
empfindlich--sensitive
empfindsam--sentimental
die Empfindsamkeit--sentimentality; sensitivity
die Empore, -n --gallery (in a church)
empören (sich)--to revolt
empor-steigen--to rise, ascend
die Empörung, -en --indignation; revolt
endgültig--definite; final
engagieren--to engage, hire
entarten--degenerate
entbinden--to release s.o. of a promise
die Entbindungsanstalt, -en --maternity ward
entbunden--delivered; released
enteignen--to expropriate
entfalten (sich) --to develop
die Entfaltung, -en --display; unfolding; development
die Entfernung, -en --distance
entfremden--to alienate
entgegengesetzt--opposing
entgegen-nehmen--to accept, take
entgegen-sehen--to anticipate
entgegen-wirken--to counteract
die Entgegnung, -en --reply
enthalten--to contain
enthaupten--to decapitate
enthüllen--to uncover
entladen--to unload
entlarven--to unmask
entlasten--to relieve, unburden, credit with
entlegen--remote
entlehnen--to borrow
entmannen--to castrate
entmutigen--to discourage
entpuppen (sich) --to burst the cocoon; reveal oneself (fig.)
entrechten--to deprive of rights
entreißen--to snatch away
entrinnen--to run out of; escape
die Entrüstung, -en --indignation
die Entsagung, -en --renunciation; resignation
entschädigen--to compensate
die Entschädigung, -en --compensation
entschlossen--resolute
entschwinden--to disappear
entsenden--to dispatch, send off
das Entsetzen--horror
entsprechen--to be in accordance with
entspringen--to originate
entstehen--to originate, emerge

entsühnen--to atone for
enttäuschen--to disappoint
enttäuschend--disappointing
entwässern--to drain
entwenden--to steal
entwerfen--to sketch, outline, design
entwerten--to cancel, devalue
das Entwicklungsland, -länder --developing country
die Entziehung, -en --evasion; withdrawal
entziffern--to decipher
entzücken--to delight, charm
entzückend--delightful
entzwei--apart; broken
entzweien (sich)--to separate; alienate
die Epoche, -en --era
erbarmen (sich)--to have pity
erbärmlich--wretched
erbarmungslos--pitiless; merciless
der Erbe, -n --heir; das Erbe--inheritance
erben--to inherit
erbeuten--to capture; gain as booty
erblich--hereditary
erbosen (sich)--to become angry
erdenken--to think up
erdenklich--imaginable; conceivable
das Erdöl--mineral oil; petroleum
erdrosseln--to strangle
erdrücken--to squeeze to death; crush
erdulden--to endure
das Ereignis, -se --event
die Erfüllung, -en --accomplishment; fulfillment
ergänzen--to supplement, complement
ergeben--to yield, produce; surrender
die Ergriffenheit, -en --emotion
ergründen--to fathom; probe; explore
die Erhabenheit, -en --sublimity; nobility
die Erhebung, -en --elevation; revolt, uprising
erheitern--to cheer; brighten
erhöhen--to raise
das Erholungsgebiet, -e --recreation area
erkaufen--to buy
erkoren--chosen; select
erkühnen (sich)--to venture, dare
der Erlaß, -"sse --decree; exemption; remission
erlesen--exquisite; select
erliegen--to succomb to
die Erlösung, -en --salvation; redemption
das Ermächtigungsgesetz, -e --enabling act (Nazi)
ermatten--to tire, weaken, wear down
die Ermordung, -en --assassination
die Ermüdung, -en --fatigue
ernennen--to appoint, nominate
die Ernennung, -en --nomination; appointment
erneuern--to renew
die Erniedrigung, -en --subjugation; humiliation
erobern--to conquer
die Eroberung, -en --conquest
der Eroberungszug, -"e --path to victory; conquest; campain

erörtern--to discuss

erpresserisch--extortionate

erquickt--refreshed

erregen--to excite

errichten--to build, erect

die Errichtung, -en --foundation; establishment

erringen--to attain, achieve,

erröten--to blush

die Errungenschaft, -en --accomplishment

der Ersatzteil, -e --spare part

erschlaffen--to relax; give out

erschließen--to suppose, guess; conclude

die Erschöpfung, -en --exhaustion

erschüttern--to shake, move deeply

die Erschütterung, -en --shock; tremor; vibration

erschweren--to make difficult

erschwinglich--reasonable, affordable, within one's means

ersetzen--to replace

ersichtlich--obvious; clear; apparent

die Ersparnis, -sse --savings

erstarren--to numb

erstechen--to stab to death

erstehen--to buy, purchase, get

ersticken--to suffocate

erstrangig--best, first rank

erstrecken (sich)--to extend

ersuchen--to request

der Ertrag, -"e --yield

ertragen--to endure

erwähnenswert--worthy of mention; famous

erweisen: einem einen Dienst erweisen--to render service to s.o.

der Erwerb, -e --acquisition

erwerben--to acquire, purchase, gain

die Erwerbung, -en --inheritance

erwischen--to catch, capture

erwürgen--to strangle

erzeugen--to produce

das Erzeugnis, -se --produce, product

erzieherisch--educational; pedagogic

das Erziehungswesen--educational system

erzwingen--to force

etablieren--to establish, become established

der Etat, -s --budget

der Etheling, -e --benefactor; noble leader

etlich--some

etwaig--possible

das Exemplar, -e --copy

F

das Fabelwesen, - --fabled being or creature

der Fachkreis, -e --circle of experts

das Fachwerkhaus, -"er --half-timbered house

die Fackel, -n --torch

der Fackelzug, -"e --torch procession

der Faden, -ä --thread

fähig--capable

fahl--pale; faded

die Fährte, -n --trail

fällen--to cut a tree

der Fang, -"e--talon; fang; claw; tusk

das Farbdia, -s --color slide

die Farbenpracht--color brilliance

farbenprächtig--colorful

der Farbstoff, -e --artificial coloring; dye

die Fassung, -en --composure

fechten--to fence (swords)

das Fegefeuer, - --purgatory

das Fehderecht, -e --right to private war

fehl-schlagen--to fail, go wrong, miss

der Feierabend, -e --time after work

feig--cowardly

die Feigheit--cowardice

der Feigling, -e --coward

feindlich--hostile

die Feindschaft, -en --enmity

feist--fat; stout

das Fell, -e --fur; skin; coat; hide; pelt

der Felsblock, -"e --boulder

die Fermate, n --pause (music)

der Fernsehturm, -"e --TV tower

die Fessel, -n --fetter; chain

fest-setzen--to fix, stipulate, arrest

die Feuersbrunst--conflagration

die Fichte, -en --spruce; pine

der Fichtenwald, -"er --pine tree forest

fieberhaft--feverish

die Filiale, -n --branch; affiliated institution

der Findling, -e --drift boulder

finster--somber

flach--flat

die Fläche, -n --surface area

flackern--to flare, flicker

der Flakhelfer, - --anti-aircraft gun assistant

flatterhaft--fickle; inconstant; flighty

die Flechte, -n --braids

die Fledermaus, -"e --bat

das Flexionssystem, -e --System of inflexion

das Fließband, -"er --conveyor belt (as on an assembly line)

flimmern--to glimmer

die Flinte, -n --rifle

florieren--flourish

das Floß, -"e --raft; float

die Flotte, -n --fleet

der Flottenbau--fleet construction

der Flottenstützpunkt, -e --naval base

fluchen--to curse, swear

der Flüchtling, -e --refugee; fugitive

die Flur, -en --open fields; der Flur, -e --hall; stair case

die Flußniederung, -en --river lowlands

das Flußtal, -"er --river valley

der Föderalismus--federalism

die Föderation, -en --federation; promotion

föderativ--federal

folgenschwer--grave; momentous

folgerichtig--logical

die Folgerichtigkeit, -en --logical consequence

die Folterkammer, -n --torture chamber

foltern--to torture

foppen--to tease

die Fopperei, -n --teasing; hoaxing

fördern--to support, promote, advance

der Förderturm, -"e --mining tower for hoisting

die Forderung, -en --requirement

formelhaft--set; stereotyped

forsch--forthright; blatant; vigorous

der Forstbestand, -"e --forest resources

die Forstwirtschaft, -en --forestry

der Fortgang, -"e --departure; progress

fortlaufend--continuing; consecutive

der Fortschrittsjubel--jubilation (=optimism) about progress

fortwährend--continual

die Fracht, -en --freight

der Frachter, - --cargo boat

die Freigebigkeit--generosity

die Freilichtbühne, -n --open air theatre

freizügig--liberal

die Freizügigkeit, -en --openmindedness; liberalness

der Fremdenverkehr--tourist traffic

das Fresko, -en --fresco (painting)

der Frevel, - --outrage; crime; sacrilege

frevelhaft--sacrilegious; flagrant

die Friedensverhandlung, -en --peace negotiation

der Friedensvertrag, -äge --peace treaty

fromm--pious

frommen--to avail, benefit, be of use

die Frömmigkeit, -en --piety

der Fron--drudgery; forced labor

der Frondienst, -e --forced labor

frontal--head-on

fügen (sich)--to comply

der Fund, -e --finding; find (archaeological)

fungieren--to function

der Funke, -n --spark

die Fürsorge, -n --care

der Fürst, -en --prince

das Fürstentum, -tümer --principality

die Furt--fjord; ford

das Fußvolk, -ölker --wanderers; foot soldiers

der Futtermais--feed corn

die Futterrübe, -n --beet; turnip

G

gären--to ferment, seethe

die Garnison, -n --garrison

garstig--nasty

die Gärung, -en --fermentation

die Gasse, -n --narrow street

die Gastfreundschaft--hospitality

der Gatte/ die Gattin--spouse

die Gattung, -en --genre; kind; sort

der Gaumen, - --palate
das Gebiet, -e --area
gebieten--to order
der Gebietsstand, -"e --area (as of boundaries on a certain date)
der Gebirgszug, -"e --chain of mountains; mountain range
gebräuchlich--customary
der Gebrauchsgegenstand, -"e --commodity
gebühren--to be due to
das Gebüsch--bushes
gedeihen--to thrive
gediegen--solid; pure; genuine
gedulden (sich)--to be patient
geeignet--suitable; right
die Gefahr--danger; eine Gefahr bannen: to stop danger
gefährden--to endanger
gefährdet--endangered
die Gefährdung, -en --jeopardy; endangerment; danger
das Gefäß, -e --vessel
das Gefecht, -e --fight; battle
geflügelt--winged; das geflügelte Wort: familiar quotation
die Gefolgschaft, -en --(group of) followers
der Gefolgsherr, -en --feudal lord
der Gefolgsmann, -"er --loyal follower; squire
der Gefreite, -n --corporal
der Gefühlsüberschwang--flood of emotions
der Gegenangriff, -e --counter-attack
die Gegenleistung, -en --service in return
der Gegensatz, -ätze --contrast; difference
der Gegenstand, -ände--object
der Gegner, - --opponent; adversary; enemy
der Gehalt--intrinsic value; merit; content
das Gehänge, - --pendants; festoon; slope; incline
das Gehirn, -e --brain
gehoben--raised; high; poetic (language)
das Gehöft, -e --farm
die Geige, -n --violin
der Geigenbau--violin construction
geißeln--to lash; scourge
geistlich--spiritual
der Geistliche, -n --(church) minister
geistreich--intelligent; ingenious
gekrümmt--crooked
gekünstelt--artificial
die Gelassenheit--calmness; composure
das Geleit, -e --retinue; guard; escort
das Gelenk, -e --joint
gelingen--to succeed
das Gelöbnis, -se --promise; pledge; vow
gelten--to be worth, valid, good
das Gelübde, - --vow; ein Gelübde ablegen: to take a vow
die Gemäldesammlung, -en --collection of paintings
gemäßigt--moderate
die Gemeinde, -n --community
der Gemeinderat, -"e --municipal council
die Gemeindewiese, -n --community pasture
das Gemetzel, - --slaughter
das Gemüt, -er --disposition; nature; feeling
das Gemütsleiden, - --emotional illness

die Gemütsverfassung, -en --state of mind
genehmigen--to authorize
genial--brilliant; gifted
die Genialität--brilliance
das Geniezeitalter--age of genius
die Genugtuung, -en --satisfaction; gratification
der Genuß, -"sse --enjoyment
die Genußsucht--thirst for pleasure
die Gepflogenheit, -en --custom; habit
geraten--to come upon; turn out, come across
geräumig--roomy
die Gerichtsbarkeit--jurisdiction
der Gerichtshof, -höfe--court of justice
das Gerichtswesen--judiciary system
gering--slight; trifling
die Geringschätzung, -en --disregard
gerissen--crafty; smart; wily
die Gerste--barley
der Geruch, -"e --smell
gerühmt--praised
die Gerümpelkammer, -n --junk (room) rubbish
gesamt--whole; entire; all
die Gesamtfläche, -n --total area
das Gesamtkunstwerk, -e --total work of art
der Gesamtüberblick--total overview
gescheit--clever
das Geschick, -e --fate
geschickt--skillful
geschmeidig--pliant
das Geschoß, -"sse --story (building)
das Geschütz--artillery piece; cannon; gun
gesellig--gregarious; social
die Geselligkeit, -en --gregariousness
die Gesellschaftsordnung, -en --social order
die Gesetzgebung, -en --legislation
die Gesetzlichkeit, -en --legality
gesinnt--disposed
die Gesinnung, -en --disposition
der Gesinnungsgenosse, -n --partisan friend or follower
das Gespenst, -er --ghost
die Gespreitzheit, -en --bombast, affectation, pomposity
das Gestade, - --bank; shore; beach
die Gestalt, -en --character
gestalten--to fashion, make, create
die Gestaltung, -en --formation; organization; development
die Gestaltungsweise, -n --method of organization
die Geste, -n --gesture
gestehen--to confess
das Gestein, -e --rock
das Gesträuch--shrubbery
gesunden--to recover
das Getreide--grain
gewähren--to permit; gewähren lassen: to tolerate
gewährleisten--to guarantee, ensure
die Gewalt, -en --power
die Gewaltenteilung, -en --separation of powers
gewaltig--powerful; huge; tremendous; massive
gewaltsam--violent

die Gewalttat, -en --act of violence
das Gewand, -"er --garment; dress
die Gewandtheit--cleverness; adroitness
die Gewerbefreiheit, -en --freedom of trade
die Gewerkschaft, -en --(labor) union
das Gewicht, -e --weight
die Gewichtsverlagerung, -en --shifting of weight
das Gewimmel--swarm; multitude; crowd
gewiß--certainly
das Gewitter--thunderstorm
gewitzt--shrewd
das Gewölbe, - --vault; arch
gewölbt--vaulted; arched
das Gewürz, -e --spice
gezimmert--made from wood
der Giebel, - --gable; pediment
das Giebelfeld, -er --gable field; tympanium
der Ginster--broom plant
der Gipfel, - --summit
gipfeln--to culminate
das Gitter, - --fence; bars (prison); lattice
das Glanzstück, -e --most magnificent object
die Glanzzeit, -en --golden age
das Glaubensbekenntnis, -se --profession of faith
gleichberechtigt--having equal rights
die Gleichberechtigung, -en --equality
gleichgesinnt--of the same mind
gleichmäßig--symmetrical; regular
gleichrangig--of equal rank
gleich-schalten--to bring into line politically; to eliminate opposition
gleichzeitig--at the same time
das Gleis, -e --track
der Gletscher, - --glacier
das Glied, -er --member
gliedern--to segment; arrange; organize
glimpflich--mild; light
glockig--bell-shaped
die Glut--passion; heat
der Golfstrom, -"e --gulf stream
der Gönner, - --patron; protector
die Götterdämmerung--twilight of the gods
gotteslästerlich--blasphemous
die Gottessehnsucht--yearning for God
der Götze, -n --idol
der Graben, - --trench
der Grabenkrieg, -e --trench warfare
der Graf, -en --earl, count
der Grashalm, -e --blade of grass
grauenhaft--horrible
die Grausamkeit, -en --cruelty
die Grazie--grace
graziös--graceful
der Greis, - --old man
grell--glaring; shrill
die Grenzbestimmung, -en --border regulation
der Greuel, - --horror
greulich--abominable
der Griff, -e --grip

grob--coarse; rough

die Grobheit, -en --coarseness; roughness

der Groschen, - --small unit of money

großmütig--magnanimous

die Großtaufe, -n --baptism by immersion

die Grotte--cave; grotto

die Grube, -n --mine; pit

die Grünanlage, -n --park

die Gründerjahre (Pl.) --years of reckless financial speculation

das Grundgesetz--constitutional law; basic law

grundlegend--basic; fundamental

der Grundriß, -sse --design; floor plan

das Grundstück, -e --piece of land; lot

günstig--favorable

der Gürtel, - --belt

das Gut, -"er --estate

die Güterbeförderung, -en --transportation of goods

H

habhaft: einer Sache habhaft werden--to get hold of, seize

die Hafenstadt, -"e --port city; sea port

das Haff, -e --lagoon

die Haft--arrest; custody

hager--lean; thin

das Hakenkreuz, -e --swastika

die Halbinsel, -n --peninsula

die Halde, -n --slag heap; dump

der Halm, -e --blade; stem

die Haltung, -en --attitude; posture

der Handel--trade; commerce

die Handelsflotte, -n --merchant fleet

die Handelspolitik--trade policy

die Handlung, -en --plot

der Hang, -"e --incline; slope; inclination

die Hansestadt, -"e --Hanseatic city

der Hanswurst--clown

die Hartnäckigkeit--stubborness

die Hast--haste

der Hauch--breath; breeze

die Häufung, -en --accumulation

der Haupthahn, -"e --chief (of a student fraternity); life of the party

die Hauptmasse, -n --bulk

hauptsächlich--mainly

das Hauptschiff, -e --nave

die Hauptströmung, -en --principal current

die Hauptstütze, -n --main support

der Hausbesitz, -e --house ownership; land area owned by a noble family

der Hausboden, -" --loft

die Hecke, -n --hedge

heften--to fix, pin

heftig--violent; heavy

hehr--noble

die Heide, -n --heath; moorland

der Heidelbeerstrauch, -"er --hillberry bush

die Heidschnucke, -n --North German moorland sheep

das Heilbad, -"er --spa

die Heilsgeschichte--the story of Christ's passion
heiter--cheerful
der Held, -en --hero
die Heldengestalt, -en --hero figure
die Hellebarde, -n --pike; halberd
die Hemmung, -en --inhibition
herauf-ziehen--to pull up
der Herausforderer, - --challenger
heraus-ragen--jut out, project; stand out
heraus-stellen (sich)--to turn out; to give prominence to
herb--tart; sharp; sour; acid
die Herberge, -n --shelter; hostel; inn
herkömmlich--traditional
die Herkunft--origin
herrschsüchtig--domineering; power hungry; bossy
her-stellen--to produce
hervorragend--excellent
der Herzog, -"e --duke
das Herzogtum, -"er --duchy
der Heuwagen, - --hay wagon
die Hexe, -n --witch
hierarchisch--hierarchic; hierarchily
hinauf-schrauben--to make more valuable
hin-richten--to execute
die Hinrichtung, -en --execution
die Hinsicht: in dieser Hinsicht--in this respect
hinterhältig--perfidious; sneaky
die Hinterhausreportage--literature concentrating on the sordid details of life
hinweg-nehmen--to take away
hin-zielen--to aim at; drive at
hinzu-fügen--to add
hl.--(abbrev. heilig) sacred, holy; saint
der Hobel, - --plane (for woodwork)
die Hochebene, -n --plateau
der Hochofen, -" --blast furnace
hocken--to sit (slang), squat
der Hof, -"e --court; court yard
hoffährtig--haughty
der Hoforganist, -en --court organist
die Hoheit, -en --sublimity; grandeur; majesty
der Höhenzug, -"e --range of hills
hohl--hollow
die Höhle, -n --cage
die Höllenqual, -en --pains of hell
der Holundersaft, -"e --elder-berry juice
das Holzgitter, - --wooden lattice
der Hort, -e --treasure
der Hühnerzüchter, - --chicken farmer
die Huld--grace
die Huldigung, -en --homage
hüllen (sich...in)--to cover, wrap oneself
das Hünengrab, -"er --prehistoric grave
die Hure, -n --whore; prostitute
huschen--to slip, whisk, pop
die Hypothek, -en --mortgage

I

der Imker, - --bee keeper
immerwährend--perpetual; everlasting; eternal
die Inbrünstigkeit, -en --ardent fervor
ingrimmig--angry
die Inhaftierung, -en --arrest
die Inkraftsetzung, -en --empowerment
die Innenpolitik--domestic/ home policy
die Innerlichkeit--cordiality; inwardness
die Innigkeit, -en --intimacy; heartiness; fervor
inniglich--ardently; fervently
die Inschrift, -en --inscription
instand-halten--to keep in repair, maintain
die Instanz, -en --court
instruieren--to instruct
inszenieren--to stage, produce
der Intendant, -en --director (theater)
die Intensität, -en --intensity
das Internat--boarding school
das Interessengebiet, -e --field of interest
irrsinnig--mad; madness

J

der Jagdfrevel--poaching/ hunting offense
das Jahresgehalt, -e --annual salary
der Jähzorn--violence
jämmerlich--pathetic
jammern--to moan
die Jauchepfütze, -n --manure water puddle
jenseits--beyond; across
das Joch, -e --bay (architecture); yoke; burden
jubeln--to rejoice, shout for joy
die Judenverfolgung, -en --persecution of the Jews
der Junggeselle, -n --bachelor
der Junker, - --nobleman (landowner)
der Jurist, -en --lawyer

K

kahl--bald
das Kalisalz, -e --potash
der Kalkfels, -en --lime cliff
der Kamm, -"e --ridge; comb
die Kammer, -n --chamber (of deputies)
der Kammermusiker, - --chamber musician
die Kampfhandlung, -en --battle action
der Kanton, -e --canton; swiss state
die Kanzel, -n --pulpit
die Kanzlei, -en --administrative office
das Kap--cape (sea)
die Kapitulation, -en --surrender; capitulation
kapitulieren--to surrender
der Karzer, - --student prison

die Kaschemme, -n --tavern; low dive
die Kaserne, -n --barracks
die Kaskade, -n --waterfall; cascade
die Kastanie, -n --chestnut
der Kater, - --tom cat; hangover
die Keilformation, -en --wedge-formation
die Keimzelle, -n --nucleus; seed
das Kennwort, -e --code name
der Kerl, -e --fellow; guy
der Kern, -e --stone; center
die Kernkraft, -"e --nuclear energy; nuclear power
das Kernkraftwerk, -e --nuclear power station
der Kerzenständer, - --candle holder
der Kessel, -n --valley; depression; basin; encirclement
die Kesselschlacht--battle of encirclement
die Kette, -n --chain
der Ketzer, - --heretic
ketzerisch--heretic
die Keule, -n --club
die Kiefer, -n --pine
kippen--to tilt; tip over
die Kirchenhandschrift, -en --church manuscript
kitzeln--to tickle
der Klafter, - --cord of wood; span
das Klagelied, -er --lamentation
klappern--to clatter
der Klappstuhl, -"e --folding chair
der Klapptisch, -e --folding table
die Klausel, -n --clause; stipulation
der Klerus--clergy
die Klippe, -n --cliff; reef; rock
das Kloster, - --monastery
der Klotz, -"e --block of wood
die Kluft--chasm; gulf; abyss
der Knappe, -n --knave
die Knappheit, -en --scarcity
knechten--to tyrannize
knirschen--to crunch; gnash; grind
die Knospe, -n --bud
kodifizieren--to write down
der Kofferraum, -"e --(car) trunk
die Kohle--coal
kokett--flirtatious
die Komödie, -n --comedy
komponieren--to compose
konkurrenzlos--unrivaled
konkurrieren--compete
konstituieren--to constitute
der Kontrapunkt, -e --counterpoint (music)
das Konzil, -e --council (church)
der Kopfputz--headdress
das Korn, -"er --grain
der Kot--excrement
die Krabbe, -n --crab; small decoration in Gothic architecture
kraftstrotzend--vigorous; exuding vitality
der Kragen, - --collar
die Kralle, -n --claw
kränken--to insult, hurt, offend

die Krankenkasse, -n --health insurance
der Kranz, -"e --wreath
kraß--crass; blatant
die Kreditanstalt, -en --credit institution
die Kreide--chalk
der Krempelmarkt, -"e --market for secondhand goods; rag fair
das Kreuzrippengewölbe, - --cross ribbed vault
der Kreuzzug, -"e --crusade
die Kriegsanleihe--war loan
krönen--to crown
der Kronleuchter, - --chandelier
die Krönung -en --coronation
die Krönungsstadt, -"e --coronation city
die Krücke, -n --crutch
kühn--bold
der Kulturbolschewismus--intellectual nihilism; decadence
das Kulturgut, -"er --cultural possessions
die Kunde--news
die Kunstfertigkeit, -en --skill; virtuosity
die Kunstsammlung, -en --art collection
das Kupfer--copper
das Kupfergeschirr--copperware
der Kupferstich, -e --engraving
die Kuppel, -n --cupola; dome
der Kurfürst, -en --elector
kurfürstlich--electoral
der Kurgast, -"e --patient (guest) in a spa
der Kurort, -e --recreation area; spa
der Küstenstrich, -e --coastal strip
der Kutscher, - --coachman

L

lächerlich--laughable
die Lage, -n --situation; location
der Lagerwall, -e --embankment around the camp
lähmen--to paralyze; cripple; tie up
der Laie, -n --layman; amateur
das Laienpriestertum, -"er --lay priesthood
die Landkarte, -n --map
der Landkreis, -e --administrative region
der Landsknecht, -e --mercenary; trooper
die Landsmannschaft, -en --student fraternity
die Landstraße, -n --country road
der Landtag, -e --provincial parliament
langandauernd--lasting for quite a long time
der Lastkahn, -"e --barge
lau--lukewarm; tepid; mild
die Laube, -n --arbor; loggia; pergola
das Laubholz, -"er --deciduous trees
lauern--to lurk
der Lauf: im Laufe der Jahrhunderte--in the course of centuries
die Laufbahn, -en --career
lauschen--to listen, eavesdrop
der Lausejunge, -n --rascal
die Läuterung, -en --purification; refining
der Lebensunterhalt--livelihood; den Lebensunterhalt bestreiten to make (earn) a living

lebhaft--lively
lediglich--merely
das Lehnswesen--feudal system
der LehrstuhI: einen Lehrstuhl bekleiden--to hold a (university) chair
die Leibeigenschaft--bondage; serfdom
die Leibgarde--body guard
das Leichenhaus, "er --mortuary; morgue
der Leichenredner, - --funeral orator
die Leidenschaft, -en --passion
leidenschaftlich--passionate; passionately
leimen--to glue
der Leinenkittel, - --linen cloak
die Leinwand--canvas; screen
leisten (sich etwas...)--to afford to do something; treat oneself
der Leitsatz, -"e --theme; axiom
das Lichtspiel, -e --motion picture
liebebedürftig--in need of love
der Liederzyklus, -en --series of songs
der Limes--Roman border fortification
lindernd--soothing
die Linderung, -en --alleviation
die List--cunningness
listig--sly; crafty
die Litfaßsäule, -n --circular billboard
das Loblied, -er --song of praise
das Loch, -"er --hole
die Locke, -n --curl
locken--to lure
der Lockenwickler, - --curler
die Lücke, -n --gap
die Luftlinie, -n --as the crow flies
die Luftschlacht, -en --air battle (airplanes)

M

das Maar, -e --crater; lake
die Machtergreifung, -en --seizure of power
die Machtverringerung, -en --decrease of power
die Magd, -"e --maid; girl
magisch--magic
mahnen--to remind, warn
die Mahnung, -en --admonition; warning
die Malerei, -n --painting
die Malweise, -n --painting style
mancherlei--various
das Mandat, -e --power (of attorney); seat in parliament
die Mandel, -n --almond
die Manier--manner
mannigfaltig--manifold; various
die Märe--tale
die Mark--limit; boundary
markant--marked; striking; prominent
der Markgraf--margrave (count in charge of a border region)
marmelsteinern--out of marble
der Marmor--marble
die Marsch--marsh
das Maß, -e --measurement

maßgebend--important
maßgeblich--authoritative; decisive
das Maßhalten--moderation
mäßig--moderate
maßlos--boundless
die Maßlosigkeit, -en --extremity
die Massenhinrichtung, -en --mass execution
der Maßstab, -"e--scale; rate; standard
das Maßwerk, -e --tracery
die Materie, -n --matter; material
die Mätresse, -n --mistress
die Mauerkrone, -n --mural crown
das Maul, -"er --mouth; snout
der Maulaffe, -n --inquisitive person
der Meeresspiegel--sea level
die Mehrheit, -en --majority
der Meineid, -e --perjury
meineidig--perjured
meißeln--to chisel; carve
der Melkkübel, - --milk bucket
die Menschenwürde--human dignity
das Meßgewand, -"er --vestment (of a priest)
die Messe, -n --mass; fair
der Messeplatz, -"e --fairground; city holding an annual fair
der Met--mead; alcoholic beerlike drink
metzgen--to slaughter
die Meuterei--mutiny
die Milchwirtschaft, -en --dairy farming
mildern--to ease, soothe
das Milieu, -s --environment
die Militärbehörde, -n --military authorities
die Miliz, -en --militia; Swiss stand-by-army
die Minderheit, -en --minority
minderwertig--inferior
die Minderwertigkeit, -en --inferiority
das Minderwertigkeitsgefühl, -e --inferiority feeling
der Ministeriale, - --member of the lower nobility
die Mischung, -en --mixture
der Mitgestalter, - -someone who is a contributor or partaker
mit-reißen--to sweep along; inspire; enthuse
die Mitteilung, -en --announcement
das Mittelgebirge--central mountain region
das Mittelschiff, -e --central nave (church)
die Mobilmachung, -en --mobilization
moll--Minor (music)
die Molltonart, -en --Minor key
der Mönch, -e --monk
das Mönchsgelübde, - --monastic vow
das Moor--moor; swamp
der Morast--morass; mire
die Möwe, -n --sea gull
die Mühle, -n --mill
der Mühlstein, -e --mill stone
mühsam--difficult; toilsome
die Mumie, -n --mummy
mundartlich--dialect
münden--to merge
die Mündung, -en --outlet (river); estuary; mouth (of a river)

das Münster, - --cathedral
die Münze--coin
müßig--idle; unprofitable
musizieren--to play music
das Muster, - --example; model; design
mustergültig--exemplary
mutig--brave
die Myriade--a very large number
die Mystik--mysticism

N

nach-ahmen--to imitate, copy
die Nachahmung, -en --imitation
der Nachdruck--emphasis
nach-eifern--to emulate
die Nachhut, -en --rear guard
der Nachkomme, -n --descendent
nach-lassen--to leave behind; to bequeath; stop; cease
nachlässig--careless; negligent
der Nachschub--supply
nach-stehen--to follow; fall short of; be inferior to
nachträglich--retroactive; supplementary; later; subsequently
nach-weisen--to prove, show
der Nachwuchs--offspring
das Nähere--detail; particular
die Nahtstelle, -n --joint; boundary position
namhaft--distinguished; famed
der Narr--fool
narren (jmd.)--to fool someone
naschen--to nibble; eat sweets
der Naturschutz--nature preserve
nebst--together with; in addition to
die Neige--decline; zur Neige gehen: to come to an end
neigen (sich)--to bow to
die Neigung, -en --tendency; inclination
die Nelke, -n --clove; carnation
die Neuerung, -en --innovation
die Niederlage, -n --defeat
nieder-metzeln--to cut down; kill
der Niederschlag, -"e --precipitation; result; outcome
die Niederschrift, -en --record
nieder-walzen--to crush
das Niveau, -s --level
die Nivellierung, -en --leveling; equalization
der Notenstoß, -"e --blast of notes
die Notverordnung, -en --emergency decree
die Nuance, -n --shade; tint
nüchtern--sober; level-headed
die Nutznießung, -en --use; usufruct

O

das Obdach--shelter
der Oberrhein--upper Rhein
obgleich--although

obig--above mentioned
die Obrigkeit, -en --authority (political)
offenbaren--to reveal
der Oheim, -e --uncle
die Ohnmacht--faint; impotency
die Ölung, letzte Ölung--extreme unction
die Operette, -n --operetta
der Opferspruch, -"e --sacrificial chant
der Orden, - --religious order; medal
der Ordensritter, - --knight of an order (Teutonic Knight)
die Ordenstracht, -en --robes of a religious order
das Organ, -e --agency
der Ortsvorsteher, - --chief magistrate

P

das Panzerhemd, -en --coat of mail
panzern--to armor
die Parole, -n --password; watchword; motto
die Partitur, -en --score (music)
die Parzelle, -n --plot of gardenland
das Pathos--emotionalism
der Patrizier, - --patrician
der Paukenschlag, -"e --kettle drum beat
das Pech--pitch; bad luck
pendeln--to swing, oscillate
das Pergament--parchment
der Pfadfinder, - --(boy) scout
der Pfahlbau, -ten --building on stilts; water/ lake dwelling
das Pfarrhaus, -"er --parsonage
der Pfeifenquast, -"e --tassel of a pipe
der Pfeil, -e --arrow
der Pfeiler, - --pillar
Pfingsten (Pl.)--Pentecost
das Pflanzenschutzmittel, - --pesticide
die Pflege--care; cultivation
pflegen--to look after
der Pinselstrich, -e --brush stroke
plakathaft--poster-like
plump--clumsy; awkward; shapeless; blunt
pöbelhaft--common; vulgar
pochen auf--to insist on
die Poesie--poetry
die Polemik--dispute
poltern--to rumble
die Präambel--preamble
die Pracht--splendor
prächtig--splendid; magnificent
die Prädominanz, -en --predominance
prägen--to stamp, form
prägnant--terse; succinct
prall--plump
der Präzedenzfall, -"e --exemplary case; precedence; leading case
die Predigt, -en --sermon
der Preiselbeerstrauch, -"er --cranberry bush
prellen--to swindle, cheat
die Pressefreiheit, -en --freedom of the press

die Prestigefrage--question of prestige
preußisch--Prussian
der Priesterkelch--chalice; sacramental wine given to the priest only
die Priesterweihe, -n --ordination
die Problematik--difficulty; questionability
promovieren--to attain a doctorate; to take one's degree
die Prosa--prose
der Proviant--provisions (food)
der Prunk--splendor; pomp
der Prunkbau, -ten --ostentatious/splendid building
prunkvoll--splendid, gorgeous
der Putsch, -e --armed uprising; riot

Q

die Quälerei, -n --torment; suffering
qualmen--to smoke heavily
qualvoll--agonizing; excruciating
quellen--to flow from
quer--across; diagonal; crosswise
das Querschiff, -e --transept (church)

R

der Rabe, -n --raven
die Rache--revenge
rächen--to avenge
rachsüchtig--revengeful
radartig--circular; like a wheel
die Radierung, -en --etching
raffen--to snatch
raffiniert--clever, ingenious, sophisticated
ragen--to tower
der Rahm--cream
ramponieren--to spoil, damage
randalieren--to rampage
der Rang, -"e --rank; order; class; position; range; field, sphere
die Rangmiete, -n --rent for sections of theatre
ranken--to climb; surround; sich ranken: entwine (itself)
rasch--quick; hasty; speedy
rasend--raving; furious; frantic
das Rasenstück, -e --piece of turf
die Rasse, -n --race; breed
das Rassenmerkmal, -e --racial characteristic
rastlos--indefatigable
raten--to advise
der Raubritter, - --robber knight
der Raubzug, -"e --raid for plunder
rauflustig--pugnacious
rauh--rough
die Raumeinheit--spatial unit
räumen--to evacuate; aus dem Wege räumen: to get rid of, clear away
die Realunion--two sovereign states sharing the same head of state
die Rebe, -n --vine
die Rechenschaft--account
rechteckig--rectangular

rechthaberisch--dogmatic; obstinate; insistent on being right
die Rechtsprechung, -en --jurisdiction; administration of justice
der Recke, -n --hero; fighter; warrior
die Reederei, -en --shipping company/line
das Referat, -e --department; report
rege--active
regeln--to regulate
regen (sich)--to move; to be active
der Regensammler, - --rain collector
der Regent--sovereign; ruler
der Regierungsbezirk, -e --government district
der Regisseur, -e --stage manager; producer
das Reh, -e --deer; roe
die Reichsunmittelbarkeit--right to self-government under the emporer
der Reichsverweser, - --imperial governor
reichverziert--richly ornamented
reifen--to mature
der Reinfall, -"e --failure
die Reiterei, -en --cavalry
der Reiz, -e --attraction; charm; stimulus
reizend--charming; cute; sweet
reizvoll--charming
der Rektor, -en --rector; vice-chancellor
religiösinbrünstig--fervently religious
der Rest, -e --remnants
die Revanche, -n --revenge
der Rezensent--critic; reviewer
der Richterwahlausschuß, -"sse --committee for the nomination of judges
die Richtlinie, -n --guideline
der Richtscheit, -e --rule; ruler; level
die Richtschnur, -en --chalk-line; standard; rule; guiding principle
der Riemen, - --strap
der Riese, -n --giant
rieseln--to trickle; ripple
der Rinnstein, -e --gutter
der Ritter, - --knight
die Rivalität, -en --rivalry
der Roggen--rye
roh--raw; coarse; crude
die Rohheit, -en --brutality; crudeness
die Rohrleitung, -en --pipeline
rokokohaft--of the rococo style
das Roß, -"sser --horse; steed
rotädrig--red veined (as in marble or stone)
die Rotte, -n --band; mob; gang
die Rübe, -n --beet
die Rückendeckung, -en --backing; support
die Rückeroberung, -en --reconquest
das Rückgrat--back bone
der Rückschluß, -"sse --conclusion; inference
Rückschlüsse ziehen von: to draw conclusions from
die Rückseite, -n --backside
rücksichtslos--reckless; inconsiderate
der Rückzug, -"e --retreat
der Ruf--reputation; calling
der Ruhm--fame; glory
rühmen--to praise, extol, boast, brag
rühmlich--glorious; laudable

ruhmreich--glorious
rülpsen--to belch
rumpeln--to rumble; jolt
rund--about; roughly
der Rundbogen, -" --rounded arch
der Rundfunk--broadcasting
die Rune, -n --runic symbol; rune
die Runeninschrift, -en --runic characters; runic inscription
das Runenstäbchen, - --runic letter
der Ruß--soot
die Rüstung, -en --armor (knight)
die Rüstungsindustrie--war industry
der Rütlischwur--oath taken by the founders of Switzerland

S

der Säbelhieb, -e --sword-cut
das Säbelrasseln--sabre rattling
sachlich--matter of fact
die Sachlichkeit--objectivity; impartiality; relevance
sächsisch--Saxon
sacht--softly
die Sage, -n --legend
sagenhaft--mythical; legendary
der Sagenkreis, -e --collection of legends
sagenumwoben--legendary
säkularisieren--to secularize
sandig--sandy
der Sanftmut--gentleness
der Sang--(poet.) song; singing
der Sangeswettbewerb, -e --poetry (song) competition
sanieren--to rehabilitate, cure, redevelop, renovate
sättigen--to satisfy, make replete
die Säule, -n --column
der Säulengang, -"e --collonade; arcade
säuseln--to murmur; rustle
schaben--to scrape
das Schachbrett, -er --chess board
der Schachzug, -"e --move in chess
der Schädel, - --skull
schädlich--harmful
schaffen--to create; jem. (Dat.) zu schaffen machen: to give someone problems
die Scham--shame; modesty
die Schande--disgrace
schänden--to disgrace
die Schanze, -n --earth work; entranchment
die Schar, -en --band; group
scharen (sich...um)--to gather around
die Schärpe, -n --scarf; sash
der Schatten--silhoutte; shadow
die Schattierung, -en --shading
schauerlich--dreadful
die Scheide, -n --sheath
der Scheitel, - --apex; summit; crown (of head); parting (of hair)
der Scheiterhaufen, - --funeral pile; stake; pyre
scheitern--to fail
der Schelm, -e --rogue

der Schelmenroman, -e --picaresque novel
schemenhaft--shadowy; unreal
die Schenkung, -en --gift; donation
scheuen (sich)--to shy away from
scheußlich--horrible; atrocious
die Schicht, -en --class; level; layer
das Schicksal, -e --fate
das Schiff, -e --aisle
schiffbar--navigable
die Schikane--unfair treatment; persecution; harrassment
der Schild, -er --shield
der Schildbuckel--shield buckle
die Schilderung, -en --account; description; portrayal
die Schildwache, -n --sentry
der Schimmel, - --white horse
der Schimmer--gleam; glimmer; glitter
schimpfen--to scold
das Schindeldach, -"er --shingle roof
die Schinderei, -n --drudgery
der Schirm, -e --umbrella
schirmen--to protect, shield
der Schirmherr--protector
die Schlacht, -en --slaughter; battle
das Schlachtbeil, -e --battle axe
das Schlachtfeld, -er --battle field
die Schlacke, -n --slag
das Schlagwort, -e --slogan
der Schlamm--mud
schlank--slender
die Schlehe, -n --wild plum
der Schleier, - --veil
schleppen--to drag, haul
die Schleuder, -n --sling
die Schleuse, -n --lock; sluice
die Schlinge, -n --noose
der Schlitten, - --sleigh
der Schlot, -e --chimney
die Schlucht, -en --ravine; gorge
schlummernd--dormant
die Schmach--disgrace
schmachtend--yearning; soulful
schmächtig--slim, slender, slight
schmähen--abuse, revile; disparage
schmeicheln--to flatter
der Schmeichler, - --flatterer
schmettern--to crash, smash
der Schmied, -e --smith
die Schmiede, -n --forge; blacksmith shop
schmiegen: sich schmiegen an--to nestle to, snuggle up to
die Schmuckindustrie--jewelry industry
der Schnabel, -n --beak
schnitzen--to cut; carve
das Schnitzwerk, -e --carving
schnüren--to lace
die Schönschrift--calligraphy
schönverziert--beautifully decorated
schöpferisch--creative
schräg--askew

schrankenlos--boundless
der Schrebergarten, -" --leased garden outside the city
der Schrein, -e --shrine
der Schriftsteller, - --writer; author
das Schriftstück, -e --document
schroff--rough; steep
schrumpfen--to shrink
schuften--to work hard, drudge, slave
die Schuld, -en --debt; fault
schüren--to stir (up), incite
der Schuster, - --shoemaker
die Schutz-Staffel--SS black shirts (Nat. Soc.)
die Schutzhaft--protective custody
der Schutzherr--(wk.) protector; guardian; patron
der Schützling, -e --prodigé
der Schutzwall--protection mound; embankment
schwanken--stagger; sway; rock
der Schwärmer, - --dreamer; enthusiast
die Schwärmerei, -en --enthusiasm; ecstasy; rapture
schweben--glide; float; sail
der Schweif, -e --tail
schweigen--to be silent
die Schwelle, -n --threshold
schwenken--to swing, turn
das Schwergewicht, -e --emphasis
die Schwermut--discouragement; melancholy; depression
das Schwert, -er --sword
die Schwertleite--knighting ceremony
die Schwingung, -en --vibration
schwören--to swear an oath
schwül--sultry
der Schwulst, -"e --swelling; bombast
schwülstig--bombastic
der Schwur, -"e --oath
das Seeräubernest, -er --pirate's hideout
das Segelfliegen--gliding
die Sehnenentzündung, -en --inflammation of sinews
die Sehnsucht--yearning; longing
seicht--shallow; trivial
die Seichtigkeit, -en --shallowness; insipidity
die Seilschwebebahn, -en --cable railway
das Seitenschiff, -e --side nave; aisle
die Selbstbeherrschung--self-control; self-assurance
das Selbstbewußtsein--self-assurance
die Selbsteinkehr--contemplation about self
die Selbstgefälligkeit, -en --complacency; self-satisfaction
die Selbsthingabe--self-sacrifice
selbstverschuldet--brought about by own fault or guilt
die Selbstverwaltung, -en --self-government
das Selbstzeugnis, -se --personal testimony
der Sender, - --transmitter
die Sendung, -en --mission; purpose
senkrecht--vertical
die Sennhütte, -n --chalet; Alpine dairy
seßhaft--settled
die Seuche, -n --epidemic
seufzen--to sigh
sichern--to fortify

die Sicht, -en --view; visibility; sight
das Siechtum--chronic ill health; infirmity
die Siedlung, -en --settlement; tract of houses
die Silbe, -n --syllable
die Singbrüderschaft, -en --society of singers
der Sinneseindruck, -ücke --sensory impression
sinnlich--sensual
die Sippe, -n --clan; kin
der Sippenverband, -"e --group of clans; tribal unit
die Sitte, -n --custom
das Sittengesetz, -e --moral law; custom; rule
der Sittenverfall--moral decline
sittlich--moral
der Sitz, -e --headquarter
der Sockel, - --base; pedestal; footing
der Sold, -e --pay (of a mercenary or soldier); reward
der Söldner, - --mercenary
die Sole, -n --brine
der Sommerfrischler, - --summer tourist
der Sonderling, -e --eccentric; odd person; crank
souverän--sovereign
spachteln--to putty
spähen--to scout
die Spaltung, -en --split; division
die Spange, -n --clasp
die Spannung, -en --tension; suspense; excitement
die Spannweite, -n --span; spread
die Speiche, -n --spoke
die Spelunke, -n --dive; low tavern
der Spielmann, -"er --minstrel; bandsman
der Spießbürger, - --narrow-minded person
die Spionage--espionage
der Spitzbogen, -"en --pointed arch
der Sporn, -e --spur; stimulus
der Spott--mockery; ridicule
spöttisch--derisive
die Sprachgesellschaft, -en --linguistic society
der Sprechchor--chorus that speaks in unison
spreizen--to spread apart
sprengen--to break, blow up
der Spruch, -"e --saying; poem with a (political) message
spukhaft--ghostly
das Staatsgeschäft, -e --state business
die Staatsgewalt, -en --supreme power of the state
das Staatsstreich--coup d'état
der Staatsvertrag, -äge --state treaty
der Stab, -"e --stick; staff; headquarters
der Stabreim, -e --alliteration
der Stabreimvers, -e --alliterative verse
der Stabschef--chief of staff
das Stammschloß, -"sser --ancestral castle
der Stammtisch, -e --table reserved for regular customers
das Standbild, -er --statue
das Standesbewußtsein--class consciousness
der Standesunterschied, -e --social (class) difference
starr--stiff
die Starrheit, -en --stiffness; rigidity
starrköpfig--stubborn

der Starrsinn--obstinancy
starrsinnig--obstinate; inflexible
stattlich--impressive
der Stecherunterricht--engravings lesson
die Steigerung, -en --escalation
steil--steep
die Steinbrucharbeit, -en --quarry work
das Steinkohlenvorkommen--(hard) bituminous coal deposit
stellen--to place; put; engage; challenge
die Stellung, -en --position
die Stellungnahme, -en --attitude; position; opinion
stellvertretend--vicarious
der Stellvertreter--deputy; representative
der Stempel--(rubber) stamp; seal
der Stengel, - --stalk
sternförmig--star-shaped; stellate
die Sternwarte, -n --observatory
die Steuer, -n --tax
der Steuerzahler, - --tax payer
der Stich, -e --sting; im Stich lassen: to let down
stiften--to found, establish, institute; donate
der Stift,- --convent
die Stiftschule, -n --monastic school
stillen--to breastfeed
das Stillschweigen--silence
die Stimme--vote
das Stimmrecht, -e --right to vote
die Stimmung, -en --mood; atmosphere
die Stirn, -e --forehead
straff--tight
die Straßendecke, -n --street surface
der Straßengraben, - --ditch
streben--to strive
der Strebepfeiler, - --support pillar; flying buttress
der Streich, -e --blow; prank
der Streicher, -e --strings (in orchestra)
der Streit--dispute
streitig sein--to be under dispute
das Streitroß, -össer --war horse
das Stroh--straw
der Strom--electric power; large river
die Strömung, -en --current
strotzen von--to abound in
der Strudel, - --whirlpool
der Stürmer, - --hotspur; angry young man (poet.)
stürmisch--stormy
stürzen--to overthrow, fall, plunge
süchtig--addicted
sühnen--to atone
der Sühnetod--atonement
Summa: in Summa--"to sum it up"
der Sumpf, -"e --swamp

T

tadeln--to scold, rebuke

tagen--to sit, meet

die Tagesordnung, -en --agenda; order of the day

die Tagung, -en --meeting

der Talkessel, - --valley basin

die Talsperre, -n --dam

tändeln--to dally; flirt; dawdle

die Tapferkeit--courage; bravery

die Tarnkappe, -n --magic hood

der Tatendrang--thirst for action; desire to do great things

tatkräftig--energetic

die Tatsache, -n --fact

der Tau--dew

der Taucher, - --diver

die Taufe, -n --baptism

täuschen--to feign

der Teich, -e --pond

das Tendenzdrama, -en --thesis drama

der Teppichklopfer, - --rug beater

die These, -n --thesis

das Thing--assembly of free men (Germanic tribes)

der Thronfolger, - --successor to the throne

die Tiefebene, -n --lowland; plain

toben--to rage

die Todesahnung, -en --presentiment of fear or death

der Todesstoß, -"e --death blow

der Tölpel, - --fool

tönen--to sound

die Tönung, -en --tinge; shading; tint

die Torheit, -en --folly; abomination; unkempt action

törichterweise--foolishly

totgeschwiegen--silenced by death; hushed up

die Trabantenstadt, -"e --satellite city

die Tracht, -en --costume; dress

das Traktat, -e --treatise; tract

das Treiben--activity; goings on

treiben--to urge, drive

der Treueid--oath of allegiance

der Trieb, -e --drive; inclination

die Triebsucht--passionate drive

das Triforium--triforium gallery

triumphal--triumphant

die Trommel, -n --drum

trösten (sich)--to take comfort; cheer up

der Trotz--defiance

trotzen--to defy

trotzig--obstinate; defiant

trübsinnig--dejected; gloomy; melancholy

trügerisch--deceitful

die Trümmer (Pl.)--rubble; ruins; wreckage

der Trümmerhaufen, - --heaps of rubble; ruins

der Trutz--defiance

tüchtig--competent; skillful; experienced; efficient

tückisch--insidious; treacherous; deceitful

die Tugend--virtue

U

überbieten--to surpass, outbid
überdurchschnittlich--above average
überempfindlich--oversensitive
der Überfall, -"e --surprise attack; raid
die Übergangsstelle, -n --crossing place
die Übergangszeit, -en --transition period
übergeordnet--placed over; superior
überladen--to overload
überlegen--superior
die Überlieferung, -en --tradition; legend
übermannen--to overcome
übermäßig--immoderate; excessive; excessively
übermitteln--to convey
übermütig--high-spirited; arrogant
überragen--to surpass
überragend--exceeded; surpassed
überreden--to persuade
übersät mit--covered with
die Überschrift, -en -- heading; headline
überschüssig--surplus; in excess
die Überschwemmung, -en --flood
überschwenglich--effusive
die Überspanntheit, -en --extravagance; eccentricity
überstimmen--to outvote, vote down
übertreffen--to surpass
die Übertreibung, -en --exaggeration
überwältigen--to overpower, overwhelm
überwältigend--overwhelming
überwiegen--to surpass; exceed; prevail
überwuchern--to overgrow
die Überzeugungskraft--power of conviction
üblich--ordinary; customary
das Ufer, - --shore; bank
der Umbruch, -"e --radical change; outbreak
um-erziehen--to reeducate
umfangreich--extensive
umfassen--to enclose, comprise, surround
umfehdet--fought for
die Umgangsform, -en --(good) manners
die Umgebung, -en --surrounding; environment
umgürten--to gird
der Umhang, -"e --shawl; mantle; wrap
umher-schweifen--to rove, roam about
umher-ziehen--to wander
umhüllen--to wrap up; envelop; veil; cover
die Umnachtung (geistige U.)--mental derangement; insanity
umranden--to surround, border
umreißen--to outline, sketch
umsäumen--to hem in, surround
umsonst--in vain
umstritten--contested for; controversial; disputed
der Umsturz--overthrow; rebellion; im Umsturz begriffen: in process of being overthrown
umstürzen--to overthrow
umstürzlerisch--revolutionary

umwälzen--to change radically

umwälzend--revolutionizing

die Umwälzung, -en --radical change; upheaval; revolution

um-wandeln--to change, convert

umzingeln--to surround

unablässig--incessant

unabwendbar--inevitable

unantastbar--inalienable; inviolable; unimpeachable

die Unantastbarkeit, -en --inalienability

unaufdringlich--unobtrusive

unaufhaltsam--irresistable; incessant

unausgeglichen--opposing; disharmonious

unausschöpflich--inexhaustible; very deep; cannot be fully understood

unbändig--unruly; excessive; tremendous; unrestrained

unbeabsichtigt--unintentional

unbefangen--impartial; natural

die Unbefangenheit--openness; impartiality; free from bias; naturalness

unbefleckt--spotless

unbegütert--poor

unbeholfen--helpless

unbekümmert--carefree; unconcerned

unbeliebt--unpopular; disliked

unbequem--uncomfortable; inconvenient

unberechenbar--incalculable

unbeschwert--unburdened; easy

unbesonnen--thoughtless; reckless; imprudent

unbeständig--unstable

unbestechlich--unbribable; incorruptible

unbeugsam--inflexible

unbewältigt--unfinished; not come to terms with

undurchdringlich--impenetrable

uneigennützig--unselfish

uneingeschränkt--unlimited

die Unentschlossenheit--indecisiveness

unerschöpflich--inexhaustible

unerschütterlich--unshakeable

unfaßbar--incomprehensible

die Unfehlbarkeit--infallibility

die Ungeborgenheit--insecurity

ungeschickt--clumsy; maladroit

ungezügelt--unrestrained

die Ungnade--disgrace

unhaltbar--untenable

unheilsam--disastrous

unheilvoll--pernicious; disastrous

die Unmündigkeit--not of age; minor

unnahbar--unapproachable; distant

unrentabel--unprofitable

unsagbar--can't be described in words

unsittlich--indecent; immoral

unterbinden--to put to a stop

unterdrücken--to suppress

die Unterdrückung, -en --suppression

untergraben--to undermine

die Untergrundbewegung, -en --underground movement

unterirdisch--subterranean

die Unterkunft, -"e --accomodation

Unterlaß: ohne Unterlaß--unceasingly

der Unternehmer, - --employer; contractor; owner; enterpreneur
das Unterpfand--security; pledge
untersagt--forbidden
unterstehen--to be subordinate
die Unterstützung, -en --support
untertänig--subservient
unterteilen--to subdivide
unterwerfen--to subject to, subjugate
die Unterwerfung, -en --subjugation; subjection; submission
unterworfen--subjected
unterzeichnen--to sign
unüberwindlich--insurmountable
unveräußerlich--inalienable
unverdorben--unspoiled; uncorrupted
unverhofft--unexpected
unverhüllt--open; unveiled; obvious
unverkennbar--unmistakable; obvious
unverletzlich--inviolable
unvermeidlich--unavoidable
das Unvermögen--inability
unvernünftig--unreasonable
unversehrt--undamaged; uninjured
die Unversehrtheit--(structural) integrity; intactness
unversöhnlich--irreconcilable
unvollendet--unfinished
Unwesen (sein U.) treiben--to terrorize
das Unwesen--nuisance; mischief
unwirtlich--inhospitable
die Unzahl, -en --large number
unzugänglich--inaccessible; reserved
unzuverlässig--unreliable
üppig--luxurious
die Uraufführung, -en --premiere performance
der Urheber, - --author; originator
der Urlaubsort, -e --vacation spot
der Ursprung, -"e --source
ursprünglich--originally
das Urteil, -e --judgment; sentence
der Urwald, -"er --primeval/virgin forest; jungle

V

vegetieren--to vegetate
das Veilchen, - --violet
verabscheuen--to detest, abhor
verabschieden--to ratify, pass (a law)
verächtlich--contemptuous; disdainful; derogitorily
die Veranlagung, -en --assessment; disposition; inclination
veranlassen--to cause
die Veranlassung, -en --instigation; command
verantwortlich--responsible
verarmen--to become impoverished
verästeln--to branch out
verbannen--to exile, banish
verbergen--to hide
verbissen--obstinate; grim; dogged
verblassen--to grow pale; fade

verblüffen--to startle; bewilder; flabbergast; to stagger
verbluten--to bleed to death
verbohrt--stubborn; obstinate
verbrecherisch--criminal
die Verbreitung, --en --expansion; dissemination; distribution
der Verbündete, -n --ally
verbürgen--to guarantee
verdächtig--suspicious
verdampfen--to evaporate
der Verdienst, -e --merit
der Verdienstorden, - --order of merit
verdrängen--to drive out, supersede, oust
der Verdruß--displeasure; irritation
verdüstern--to darken
die Veredelung, -en --refinement; ennobling; improvement
verehren--to admire
die Verehrung, -en --reverence; veneration; worship
der Verein, -e --club
vereinbaren--to agree
vereinzelt--isolated
vereiteln--to prevent
der Verfasser, - --author
die Verfassung, -en --constitution
verfassunggebend--constitutional
verfassungsmäßig--constitutional; according to the constitution
verfassungswidrig--against the constitution
verfechten--to fight for; advocate
der Verfechter, - --advocate; defender
verfeinern--to refine, purify; improve
verfemt--outlawed
die Verflechtung, -en --entanglement; involvement; interweaving; interlocking
verfolgen--to pursue; persecute
die Vergänglichkeit, -en --transitoriness; instability
vergegenwärtigen (sich)--to realize
das Vergehen, - --offence
die Vergeltung, -en --retribution; retaliation; revenge
die Vergewaltigung, -en --rape; assault
vergittern--to fence in
vergnügt--merry; enjoyed
das Vergnügungsviertel, - --amusement section
vergönnen (einem etwas)--to permit, allow, grant, not begrudge
vergöttern--to idolize
vergraben (sich)--to bury oneself
vergrößern--to extend
die Vergütung, -en --compensation
verhaften--to arrest
das Verhalten--behavior
verhältnismäßig--comparatively; relatively; proportional
die Verhandlung, -en --negotiation
verhängen (über)--(Urteil verhängen) to judge, condemn
das Verhängnis, -se --fate; doom; zum Verhängnis werden: to be one's doom
verhängnisvoll--fateful; fatal; disastrous
verharren--to remain; persist
verheeren--to devastate
verheerend--terrible
verheert--devastated
die Verheißung, -en --prophecy; promise
die Verherrlichung, -en --glorification

verhimmeln--to idolize

die Verhinderung, -en --prevention

verhöhnen--to mock

verhören--to examine, question, interrogate

verhüllen--to cover, veil, wrap up

verhüten--prevent

verinnerlichen--to internalize

verkehren--to frequent

die Verkehrsstraße, -n --thoroughfare

verkennen--to fail to recognize, misjudge

verknüpfen--to knot, tie, join, link, involve

verknüpft--acquainted; joined, linked

verkörpern--to personify

verkrachen (sich)--to break up

verkrüppelt--crippled

verkünden--to announce

verlachen--to deride, laugh at

die Verladevorrichtung, -en --loading device

verlagern--to shift

die Verläßlichkeit--reliability

der Verlauf--course

verlaufen--to pass, lapse, turn out

verlegen--to transfer; misplace

verleihen--to bestow, confer, lend, rent

verleiten (sich) lassen--to allow oneself to be misled

verleugnen--to deny

verlosen--to cast lots

verlottern--to squander, go to the dogs

der Verlust, -e --loss

vermeiden--to avoid

vermeinen--to suppose

vermessen (sich)--to dare to do

vermindern--to lessen

der Vermittler, - --mediator

das Vermögen--ability; fortune (of money)

vermutlich--supposedly

vernachlässigen--to neglect

vernarben--to heal, scar over

vernehmlich--audible

vernichten--to destroy

die Vernunftüberlegung, -en --reasonable thought

verödet--desolate

veröffentlichen--to publish

verpachten--to lease (out)

verpesten--to infect, poison, pollute

verpfuschen--to bungle, botch; wreck

der Verräter, - --traitor

verringern--to lessen, diminish

verrotten--to rot

versagen--to fail, deny, refuse

versäumen--to neglect, miss

verschaffen (sich)--to procure, get, obtain

verschärfen--to intensify

verscheuchen--to frighten away

verschieben--to shift

verschlagen--to drive off course

die Verschlechterung, -en --deterioration

verschleiern--to veil

die Verschleifung, -en --slurring

verschleppen--to abduct

die Verschlingung, -en --entwining; interlacing

verschmelzen--to melt; fuse; blend; merge

verschnörkeln--to adorn or disfigure with flourishes

verschnörkelt--ornate

verschollen--missing; presumed dead

verschreiben (sich)--to give a written pledge; jem. verschrieben sein to be loyal to someone

verschulden--to be responsible for

verschwenden--to squander

verschwommen--hazy; indistinct

die Verschwörung, -en --conspiracy; Verschwörungen anzetteln: to plot

verschwunden--extinct; disappeared

versehen--to furnish, provide, supply

versehentlich--inadvertently; by mistake

das Versetzblatt, -"er --empty page (at beginning of a book)

der Versfuß--metric foot in poetry

versinnbildlichen--to symbolize

versöhnen (sich...mit)--to be reconciled with

versöhnlich--consiliatory

die Verständnislosigkeit, -en --lack of understanding/ appreciation

das Versteck, -e --hiding place

die Versteifung, -en --bracing; reinforce; stiffening

verstockt--stubborn; obstinate

der Verstoß, -öße --offence

verstossen--reject

verstreuen--to disperse, scatter

verstümmeln--to mutilate

verteidigen--to defend

die Verteidigung, -en --defense

die Verteidigungsanlage, -n --defensive position

die Vertonung, -en --composition; setting (set to music)

vertraglich--contractual; according to contract

die Verträglichkeit--socialability

vertraut (sich...machen mit)--to become intimately acquainted with

die Vertreibung, -en --expulsion

vertreten--to act for, represent

der Vertreter, - --representative

der Vertriebene, -n --displaced person; refugee

verüben--to commit

verwalten--to administer

der Verwalter, - --administrator; manager

verwandeln--to transform, change

verweben--to interweave; intertwine

verwehren (einem etwas...)--to prevent, restrain someone from

verweigern--to refuse, deny

verweisen aus--to banish from, exile

verwelken--to fade, wilt, wither

verwerfen--to reject

verwerflich--objectionable; reprehensible

verwesen--to decompose, decay

die Verwesung--decay

verwickeln--to entangle; implicate; involve

verwirken--to forfeit; lose; incur

die Verwirklichung, -en --realization

die Verwirrung, -en --entanglement; confusion

verwischen--to obliterate; blot out

verwöhnen--to spoil

verworren--confused
verwurzeln--to be rooted in
verwüsten--to devastate
verzagen--to despair, lose courage
verzaubern--to bewitch; enchant; charm
verzehren--to consume
verzerren--to distort; deform
der Verzicht, -e --renunciation; resignation
verzieren--to embellish, adorn, decorate
verziert--decorated; adorned
die Verzierung, -en --decoration
verzögern--to defer; delay
die Verzückung, -en --ecstasy; rapture
die Verzweiflung, -en --despair
verzweigen--to branch out
der Vetter, -n --cousin (male)
das Vieh--cattle; animal; biest
die Viehwirtschaft--cattle industry
die Viehzucht, -en --cattle breeding; stock breeding
die Vielfalt, -en --variety
vielgerühmt--praised
vielgestaltig-- manifold; varied; multishaped
das Vielparteienchaos--political chaos due to many parties in parliament
vielstöckig--multistoried
die Vielzahl--multitude
die Vierung, -en --intersection of the naves in a church
die Virtuosenlaufbahn, -en --masterful career
die Virtuosität--virtuosity
das Vlies--fleece
völkerrechtswidrig--in opposition to international law
die Völkerwanderung--mass migration of peoples
die Volksabstimmung, -en --people's vote
der Volksaufstand, -"e --rebellion
der Volksentscheid, -e --plebiscite
der Volksmund--popular belief
die Volksseuche, -n --epidemic
volkstümlich--popular; national
vollberechtigt--fully entitled or authorized
vollenden--to complete, finish, perfect
vollends--completely
die Vollendung, -en --completion
der Vollmond, -e --full moon
vollziehend--executive
voran-gehen--to lead the way
die Voraussetzung, -en --assumption
die Vorbedingung, -en --prerequisite
der Vorbehalt, -e --reservation
vor-beugen--to prevent
vor-dringen--to push forward; penetrate
der Vorfahre, -n --ancestor
das Vorfahrtsrecht, -e --right of way
vorgehen--to proceed
der Vorgesetzte, -n --superior; employer
die Vorherrschaft, -en --predominance; superiority
vor-herrschen--to predominate
vorhistorisch--prehistoric
die Vorkehrung, -en --precaution; preparation
der Vorläufer, - --forerunner; precursor

vorlaut--forward

vor-legen--to propose, put forward

die Vorlesung, -en --(university) lecture

die Vorliebe, -n --preference; partiality

die Vormachtstellung, -en --supremacy

die Vormundschaft, -en --guardianship

vor-nehmen--to carry out

vornehmlich--especially

der Vorort, -e --suburb

der Vorrang, -"e --superiority; jem. den Vorrang streitig machen: to contest someone's priority

der Vorrat, -"e --stock; storage

das Vorrecht, -e --privilege; prerogative

der Vorschlag, -"e --suggestion; proposal

der Vorsitz, -e --chair; chairman

der Vorsitzende, -n --chairman

vor-täuschen--to feign

der Vorteil, -e --advantage

vorüber-gehen--to pass over/by

vorübergehend--temporary; passing

das Vorurteil, -e --prejudice

der Vorwand, -"e --pretense; pretext

vor-werfen--to reproach

vorwiegend--preponderately; before all; preferably

der Vorwurf, -"e --reproach

vorwurfsvoll--reproachful

vorzeitig--early; premature

vulkanisch--volcanic

W

die Wabe, -n --honeycomb

der Wacholder, - --juniper

der Wachtturm, -"e --watch tower

die Wade, -n --calf of leg

der Wadenstrumpf, -"e --knee-length stocking

der Waffenstillstand--armistice

der Wahlerfolg, -e --election victory

der Wahlkreis, -e --district

der Wahlsieg--electoral victory

die Wahnidee, -n --insanity; delusion

der Wahnsinn--insanity

wahnsinnig--crazy; insane

wahrhaft--truly

die Wahrsagerin, -nen --fortune teller

die Wahrung, -en --maintenance

die Währung, -en --currency

die Waise, -n --orphan

das Waisenkind, -er --orphan

die Walhalla--(mythol.) place where dead warriors assemble

der Waltende--ruler (God)

die Wanderung, -en --hike; migration; expedition

die Wandfläche, -n --face of a wall

die Wange, -n --cheek

das Wappen, - --coat of arms

der Wasserspeier, - --water spout

das Watt--shallows; sand bank

der Wechselgesang, -"e --antiphonal singing

der Wegelagerer, - --bandit
die Wehklage, -en --suffering
wehen--to blow
die Wehmut--melancholy; nostalgia
die Wehr--defense
wehren (sich)--to ward off
wehrlos--defenseless
die Wehrmacht--armed forces
wehrtüchtig--fit for service
die Weichsel--vistula
die Weide, -n --pasture
das Weideland, -"er --pastureland
weigern (sich)--to refuse
weihen--to consecrate, ordain
der Weiher, - --pond
weihevoll--solemn; holy; hallowed
die Weihnachtskrippe, -n --nativity scene
der Weihrauch--incense
weilen--to stay, linger
die Weisung, -en --direction; order
weitragend--looming over a large area
die Weltangst, -"e --fear of the world
die Weltanschauung, -en --world view; philosophy of life
die Weltentsagung, -en --renunciation of worldly things
weltfremd--unworldly; estranged from reality
der Weltruhm--world-wide fame
die Weltverneinung, -en --denial of reality
der Wendepunkt, -e --turning point
wendig--adept; gracious; agile; versatile
die Wendung, en --expression; term
der Werbespruch, -"e --advertising slogan
die Werft--in dock; ship(building) yard
die Werkgerechtigkeit--justification by works
die Wertarbeit, -en --excellent workmanship
das Wesen, - --substance; essence; being; nature; character
der Wesenszug, -"e --characteristic trait
wesentlich--essential; substantial
Wettbewerb: in den Wettbewerb treten--to take part in the competition
der Wettkampf, -"e --competition
wettmachen--to make good; make up for
der Wettstreit--contest
die Wickelbinde, -n --roll-bandage
widerrufen--to recant
der Widersacher, - --enemy
widersinnig—senseless
widerspiegeln--to reflect
der Widerstand--resistance; opposition
die Widerstandsbewegung, -en --resistance movement
widerstrebend--reluctantly
der Widerstreit, -e --struggle; fight
widerwärtig--nasty
widmen--to dedicate; devote
wiederauf-leben--to become alive again
die Wiederbewaffnung, -en --rearmament
wiehern--to neigh
die Wiese, -n --meadow
der Wilderer, - --poacher
die Willkür--arbitrariness; caprice; whim

der Wimperg, -e --gabled-hood moulding (church)
der Winkel, - --angle
der Winzer, - --vine-grower
der Wipfel, - --tree top
der Wirbelschlag, -"e --drum roll
wirksam--effective
die Wirren (Pl.)--disorder; confusion
das Wirtshaus, -"er --inn; restaurant; bar
die Witterung, -en --weather
witzig--clever; funny
die Woge, -n --wave; billow; surge
der Wogensturz--wave fall
wohlhabend--wealthy
wohlklingend--melodious
der Wohllaut, -e --melodious sound
der Wohlstand--prosperity; fortune
das Wohlwollen--good will
wölben (sich)--to arch, vault
die Wolfsschlucht, -en --wolves' canyon
die Wolleherstellung--wool production
die Wonne--delight
der Wortkampf, -"e --dialog; discussion
der Wortlaut, -e --wording
wörtlich--literal
das Wrack--wreck
die Wucht--power; force
wuchtig--massive; heavy; powerful
die Würde, -n --dignity; prestige; honor
der Würdenträger, - --dignitary
die Wurzel, -n --root
der Wüstenfuchs, -"e --desert fox (Rommel)
wüten--to rage

Z

die Zacke, -n --point; sharp corner
zagen--to be afraid; faint-hearted; hesitate
zäh--tough
die Zahlungsbilanz, -en --balance of payments
die Zahnradbahn--rack-railway
die Zange, -n --pliers; tongs; pinchers
die Zarenregierung, -en --czar government
die Zäsur, -en --cesura; pause
die Zauberei, -en --magic
die Zauberformel, -n --magic formula
der Zauberspruch, -"e --charm; magic spell
der Zaun, -"e --fence
der Zeichner, - --draughtsman; artist (of drawings)
der Zeitgenosse, -n --contemporary
die Zeitschrift, -en --magazine; journal
zeitweilig--temporary
das Zeitwort, -"er --verb
die Zelle, -n --segment; cell; compartment
zensiert--censored
die Zentralinstanz, -en --central authority
zerbersten--to burst asunder
der Zerfall--decay; disintegration

zerfleischen--to tear to shreds
zerlegen--to decompose; analyse; disperse
das Zerrbild, -er --caricature; distorted picture or image
die Zerrissenheit, -en --inner strife; disruption
die Zerrüttung, -en --disorder; ruin; derangement
zersausen--to dishevel, tousle
zerschlissen--tattered; worn to shreds
zersetzen--to dissolve
zersetzend--destructive; demoralizing
zerstören--to destroy
zerstückeln--to cut in pieces
die Zerstückelung, -en --division; dismemberment
zertrümmern--to demolish
das Zeughaus, -"er --arsenal
zierlich--graceful; dainty
der Zierrat--ornamentation
der Zigeuner, - --gipsy
zimmern--to construct
der Zinn--pewter
die Zinne, -n --battlement
der Zins, -en --interest
der Zirkel--compass; circle; group
zögern--to hesitate
zögernd--reluctantly
das Zölibat, -e --celibacy
der Zoll, -"e --customs duty
das Zollrecht, -e --right to collect duty
der Zollverein, -e --customs union
die Zote, -n --smut
zotig--shabby
die Zucht--breeding
die Zuckerrübe, -n --sugar beet
die Zufluchtsstätte, -n --shelter; hiding place
zu-fügen (einem etwas)--to inflict
der Zug, -"e --characteristic feature
der Zugang, -"e --access
zugängig--accessible; passable
zügellos--unrestrained; unbridled
das Zugeständnis, -se --concession; admission
zu-gestehen (einem etwas)--to grant, concede
zugrunde gehen--to perish
zugunsten--in favor of
zulässig--allowable; permissible
die Zumutung, -en --supposition; unreasonable demand
das Zündnadelgewehr, -e --needle-gun
zu-nehmen--to increase
die Zuneigung--inclination towards someone
die Zunft, -"e --guild
zur Neige gehen--to run short
zurecht-biegen--to put straight
zurück-pendeln--to swing back
zurück-schrecken--to back away
zurück-treten--to retire, step back
die Zusage, -n --promise; assent
der Zusammenbruch, -"e --collapse
zusammen-schließen (sich)--to unite
zusammen-schrumpfen--to shrink
der Zusammenstoß--collision

der Zusatz--addition
zu-schreiben--to attribute
zu-teilen--to allocate
zuverlässig--reliable
die Zuversicht--confidence
der Zuwachs--increase; growth
zuweilen--at times; occasionally; now and then
zu-weisen--to assign
zuwiderlaufen--to be contrary to
zuwiderlaufend--running counter or contrary to
zu-ziehen--to tighten; call in; sich etwas zuziehen: to incur; contract
zwangsmäßig--compulsory; by force
zwecklos--pointless
zweifelhaft--doubtful
zweitrangig--second-class; second-rate
der Zwerg, -e --dwarf
die Zwerggalerie, -n --dwarf-arched gallery
die Zwickmühle, -n --dilemma; predicament; jam
die Zwiebelkuppe, -n --onion shaped church cupola
das Zwiegespräch, -e --dialog
zwiespältig--disunited; divided; conflicting
zwinkern--to blink
der Zyklus, -len --cycle; course
der Zynismus—cynicism